KB231246

G2시대 중국법연구

G2시대 중국법연구

강효백 지음

한국학술정보(주)

머리말

　한·중 양국이 국교를 정상화한 지 18년이 지났다. 빛을 향해 질주하는 컴퓨터와 인터넷의 발전 속도와 경쟁이라도 하듯 두 나라의 교류는 급진전이 되어 왔다. 우리의 중국에 대한 이해도 정치, 경제, 사회, 문화, 언어, 역사, 지리 등 거의 모든 분야에서 괄목할만한 발전과 심화를 거둬 왔다. 하지만 중국의 법제 분야에 관한 관심과 이해는 유독 취약한 편이다.

　우리는 대부분 아직도 중국을 법치사회와는 관계없는, 인치와 관씨(關係)의 공산당 일당독재의 사회주의국가로만 알고 있다. 지난 18년 동안 중국진출 한국 기업들을 대상으로 수차례 실시한 설문조사에서도 기업들은 한결같이 중국의 법제 미비와 복잡하고 불명확한 법규를 기업 운영상 최대 애로로 들고 있다.

　중국은 세계무역기구(WTO) 가입 후 각 분야에서 법제화가 가속화하고 있고, 시행의 투명성도 개선되고 있으나 아직 선진국 수준과 비교하면 법규의 자의적인 운용과 중앙정부와 지방정부의 법규가 충돌하는 등 적지 않은 문제가 있다.

　그러나 인식의 오류는 자기 나라의 문화나 제도, 학습 과정에서 배양된 의식구조를 바탕으로 상대방의 세계를 이해하고 해석하려는 습성에서 출발한다.

　"로마에 가면 로마법을 따라야 한다"고 했다. 중국에도 이와 비슷한 속담이 많은데 그중 하나가 "입경수속(入境隨俗)"이다. 그 고장에 가면 그 고장의 풍속을 따라야 한다는 뜻이다. 로마에 가면 로마법을 따라야 하듯 중국에 가면 중국의 법을 따라야 한다. 그런데 적잖은 우리 기업들은 아직도 중국이 관씨를 중시하는 나라라고 지레짐작하고, 인맥형성에만 주력하면서 공식화된 투자환경인 중국의 법률법규, 정책의 파악에는 소홀히 하고 있다.

　이러한 인식의 오류와 잘못된 태도는 중국진출 실패의 근본요인이 되어 왔다. 실패의 근본 원인은 네 탓도 그들 탓도 아니다. 내 탓이요 우리 탓이다. 중국의 법제 미비보다는 중국 법제에 대한 무지와 오해이다. 그 중 중요한 것 10개만 들자면 다음과 같다.

　첫째, 우리나라의 시행령과 시행세칙, 조례 등에 해당하는 중국의 하위법령들은 '說明', '解釋', '意見', '通知' 등으로 표기되어 있다. 이들을 이름 그대로 단순한 '설명', 해석', '의견', '통지'로 잘못 알고 소홀히 대하다 낭패를 보는 일이 부지기수로 많다. 그래 놓고 "중국에는 법도 없다"라고 불평한다.

　둘째, 합자·합작·독자기업법 등 삼자기업법이 회사법(公司法)에 우선한다. 삼자기업법은 중국에 진출한 외자기업에 적용되는 법이고 회사법은 중국 국내기업을 규율하는 법이다. 또한 삼자기업법은 전국인민대표대회에서 제정한 기본법률로서 전인대 상무위원회에서 제정한 일반법률인 회사법보다 상위법이자 특별법이다.

셋째, 국제법이 국내법보다 우선한다. 개혁개방의 심화와 WTO(세계무역기구) 가입 및 글로벌화에 부응하기 위하여 중국은 조약이 국내법보다 우월한 효력을 지니는, 즉 국제법 우선원칙을 기본법률에 규정하였다. 이런 점을 우리 기업들은 의외라며 반기는데 꼭 좋아할 일만도 아니다. 과거 외자유치를 지상과제로 삼았던 중국이 세계 최대의 외환보유국가가 되자 외자에 대해 특혜를 부여하던 '초국민대우'를 접고 국제보편규범인 WTO의 '내국민대우'를 내세우고 있다. 최근 기업소득세법, 노동계약법 등의 제정에서 볼 수 있듯, WTO의무 이행 차원에서 방어적이던 중국이 이제는 법제개혁의 당위성을 무차별대우, 투명성 원칙 등 국제법에서 공격적으로 근거하고 있는 것이다.

넷째, 중국에서는 정책도 불문법의 일종이다. 관습법과 조리(條理)를 불문법으로 삼은 우리와는 달리, 중국은 "법률에 규정이 없는 경우 국가정책을 준수하여야 한다"라고 민법통칙에 규정하고 있다. 따라서 우리는 항상 중국의 정책 동향에 주의를 기울이고 정책변화에 능란하게 대응하여야 할 것이다.

다섯째, 분쟁이 발생하였을 경우 법원소송보다 중재로 해결하는 것이 좋다. 중재는 소송에 비해 시간과 비용절약이 가능할 뿐만 아니라 전문성과 보안성, 공정성이 강한 편이다. 중재인을 당사자가 지정하고, 외국인의 중재대리도 가능하여 중국 실정상 소송보다 더욱 공정성이 보장되어 외국인에게 유리하다.

여섯째, 사법(司法)분야가 낙후된 반면에 입법(立法)분야가 발달한 편이다. 중국의 법학연구방법론의 주류는 현재의 실정법을 기초로 하여 이것을 비판하면서 현행법 제도의 개정, 신입법의 형식으로 정립될 이상적 법규범을 사회적 여건 하에서 연구하는 법정책학, 또는 입법론적 방법론을 중시하는 경향이 농후하다. 이와 같은 연구경향은 개인의 인권보다 국가의 주권을 중시하는 중국정치체제와 밀접한 관련이 있다. 21세기 중국질주의 비결은 구호나 캠페인에 그치지 않고 정책을 구체적으로 법제화하여 강력히 실행하는 데 있다.

일곱째, 중국의 법전문직 양성경로가 다양하다. 법과대학의 학·석·박사 코스와 사법고시, 법률석사(JM, 중국 로스쿨)가 병존하는 이른바 '3궤제(三軌制, Triple-Track System)'를 채택하고 있다. 또한 법학필수과목의 범위가 넓다. 일례로 중국의 사법고시 필수과목은 법리학, 헌법, 법제사, 국제법, 국제사법, 국제경제법, 경제법, 민법, 형법, 법조인 직업도덕, 형사소송법, 민사소송법 및 중재법, 상법, 행정법 및 행정소송법 등 무려 14개 과목이나 된다.

여덟째, 중국의 법학방법론의 주류는 법사회학적 접근법이다. 치열한 학설논쟁과 함께 '의미에서 의미를 추출'하는 법해석학 위주인 한국법학과는 달리, 중국법학은 '사회현실로부터 의미를 추출' 해내어 제도화 방안을 모색하는 사회학적 법학연구에 주력한다. 미국과 함께 세계를 주도하려는 G2시대 중국의 법학자들의 공통적 관심사는 변화하는 국내외 상황에 적극적으로 대응할 수 있는 실용적인 법을 추구하는 것이다. 중국에서의 해석법학은 법학의 최소한의 기능일 뿐, 개혁개방과 부국강병을 위한 도구로써의 법의 추동적 기능을 강조하고 있다.

아홉째, 중국법은 의외로 쉽다. 보통 수준의 중문 독해 능력만 있으면 누구라도 이해할 수 있을 정도이다. 우리나라와 달리 중국의 법률용어는 일상용어와의 차이가 거의 없을 정도로 평이하기 때문이다.

끝으로, 중국법은 블루오션이다. G2시대 중국은 인치와 관씨의 나라에서 법과 제도에 의한 의법치국(依法治國)의 국가로의 전환을 강력하게 추진하고 있다. 특히 과거 최고지도층이 이공계 출신 일색이었던 것과는 달리, 포스트 후진타오 - 원자바오 시대를 이끌 시진핑(習近平) 부주석, 리커창(李克强) 제1부총리, 리웬차오(李源潮) 중앙조직부장, 리우엔둥(劉延東) 정치국원 등이 모두 법학도, 법학박사라는 메가트렌드의 변화에 주목하여야 할 것이다.

21세기 태평양시대, 지역학의 꽃이 중국학이라면 꽃 중의 꽃은 중국법이다. 우리나라의 무역 투자 상대국 1위인 중국과의 법무수요가 급증하고 있는데 공급은 절대적으로 부족하며, 활용가치가 높은 가장 장래성 밝은 분야이기 때문이다.

이 책은 필자가 2005년 3월 한국 최초로 대학(원)내에 독립학과로 설립된 '중국법무학과'의 주임교수를 맡고서부터 쓴 학술논문과 강의록 중에서 필수적이고 실용적인 부문을 발췌, 수정·보완하여 묶은 중국법 전반에 관한 논문총서라고 할 수 있다. 그러다 보니 책 곳곳에는 과욕의 흔적과 부족한 부분도 많다. 미흡한 점을 계속 보완해나갈 것을 약속드리며 강호제현의 따뜻한 격려와 이해, 기탄없는 지도를 바란다.

나에게 생명을 준 부모님과 그 생명을 보람차게 해준 스승님들께, 그리고 "아무개는 그의 스승 강 아무개보다 백배 훌륭하다." 후일 이런 평가를 받을 대학원과 학부, 특강 시의 모든 제자들에게 이 책을 바친다.

이 책을 출판하게 된 용기와 동기를 부여해주신 박시환 대법관님, 이세기 한중친선협회장님, 정익우 한중법학회장님, 조인원 경희대학교총장님, 조정원 WTF총재님, 왕싱쩡(王行增) 인민일보 전 총편집장님, 저우용캉(周永康) 중국정법위원회 서기님, 한다웬(韓大元) 중

국인민대학 법학원장님을 비롯한 모든 선배님과 한·중 양국의 벗들
에게 깊은 감사의 마음을 드린다. 끝으로 책을 출판해주신 채종준
한국학술정보(주) 대표님에게 심심한 사의를 표한다.

2010년 12월
경희대학교 서울캠퍼스에서
강효백

CONTENTS

CONTENTS

CONTENTS

CONTENTS

1. 한·중 양국의 법계와 법원 비교

Ⅰ. 서 론

중국진출 한국 기업들은 기업 운영상의 최대의 애로사항으로 중국의 법제미비와 복잡하고 불명확한 법규를 들고 있다.[1] 중국은 WTO 가입 후 각 분야에 있어 법제화가 가속화되고 있고, 시행의 투명성도 개선되고 있으나 아직 선진국 수준과 비교하면 법규의 자의적인 운용과 중앙정부와 지방정부의 법규가 충돌하는 등 적지 않은 문제가 있다.

그러나 인식의 오류는 자기 나라의 문화나 제도, 학습과정에서 배양된 의식구조를 바탕으로 상대방의 세계를 이해하고 해석하려는 습성에서 출발한다. 법제화가 곧 법치화로 정착되지 못하는 중국체제 변환과정의 특성에 대한 지적이나 불만에 앞서, 한국과 여러모로 다른 중국의 법체계와 법문화, 법의 연원을 한국의 그것을 기준으로 이해하고 해석하여 왔는가를, 최근 제·개정이 활발한 중국의 법률과 법규 및 그 동향에 대한 관심과 주의가 소홀하지 않았는가를 우

---

1) KOTRA가 2004. 5. 2. 행한 설문조사에 의하면 한국 기업이 직면하고 있는 문제점으로는 '법령의 미비나 불투명성'(24.5%), '세제의 미비나 그 운용의 불투명성'(21.1%), '법령의 자의적인 운용이나 불통일성'(21.0%) 등에 대한 불만이 많았으며, '관세율'(12.9%), '지적재산권 보호'(10.3%), '외자기업들 간이나 외자와 중국자본 간에 차별적 대우'(7.7%)를 문제시하는 기업도 있었다. 매일경제, 2004. 5. 11., 12쪽.

선 살펴보아야 할 것이다.

실례로 한국의 대통령령(시행령)과 행정각부의 부령(시행규칙)에 해당하는 중국의 하위법령들은 '條例', '規定', '說明', '意見', '通知', '解釋' 등으로 표기되어 있다. 실제 사업에 있어서는 상위법령보다는 하위법령이 훨씬 구체적이고 직접적인 영향을 미치는 것임에도 불구하고 중국의 하위법령들을 이름 그대로 단순한 설명이나 의견, 해석, 통지 등 규범적 효력이 없는 비법률성 문건으로 착각, 소홀히 대할 뿐만 아니라 일부 전문서적에서도 '준법률'이라는 출처불명의 비학술적 용어를 사용하여 서술하고 있다.[2] 또한 중국 국내기업에 관한 일반규범인 『회사(公司)법』을 외국인투자 기업에 제일 중요한 기본법률인 『합자기업법』, 『합작기업법』, 『외자기업법』, 즉 삼자기업법의 母法 또는 상위법으로 잘못 풀이하고 있다.[3] 실제로 장기간의 중국 현지에서의 실무경험에서 필자는 이러한 중국법의 연원에 대한 근본적인 무지와 오해가 결국 중국진출 실패의 결정적 요인으로 작용한 사례를 수없이 접하여 왔다.

필자가 채택한 본고의 연구방법은 비교법학방법론[4]이며 법 비교의 대상을 현행 한·중 양국의 실정법과 불문법의 법원성에 한정하

---

2) "준법률은 국가행정기관이나 사법기관 또는 국가지방기관이 제정하는 규범으로서 조례, 규정, 판법, 세칙, 조치 등의 명칭으로 존재하는 법원이다. 법체계상 준법률은 법률의 하위에 위치하기 때문에 법률을 보완하는 기능을 하고 ……." 한대원 외 14인 공저, 『현대중국법개론』, 서울, 박영사, 2002, 204쪽.

3) "투자와 관련된 중국의 최고법률은 회사법이며 회사법은 중국의 내자기업에 적용될 뿐만 아니라 외상투자 기업에도 적용된다" 법무법인 한결·허운학, 『중국투자에 필요한 중국법 해설』, 서울, 매일경제신문사, 2002, 36쪽.

4) 비교법학은 두 개 이상의 사회 또는 국가의 법 현상과 법제도를 비교 연구하는 법학방법론의 하나로서 프랑스의 법학자 레이몽 살레유가 주동이 되어 비교법의 국제회의가 파리에서 개최되었고, 그 후 비교법학이 세계적으로 활발히 연구되었다. http://100.naver.com/100.nhn?docid=81094

였다. 단 한국법 연원의 언급은 중국법의 연원을 설명하기 위한 단
초로서 중국의 法源에 중점을 두어 논급하고자 하였다. 본고의 연구
목적은 한·중 양국의 법원 명칭과 내용, 효력의 우선순위 상이점을
잘 이해하여 우리 기업의 대중국진출을 원활히 하는 데에 기여함을
그 목적으로 하였다.

Ⅱ. 한·중 법계

　법이 실정법으로서 나타나게 된 이후로는 법질서를 구성하는 여러
가지 형식 내지 종류가 존재하는데, 이러한 법의 형식 내지 종류를
법의 연원 또는 法源이라고 한다. 법원은 효력 있는 법이 어떤 형태
를 취하고 있는가 하는 존재형식의 관점에서 논의된다.[5] 즉 법규범
이 문장의 형식으로 나타나는가 또는 불문의 형식, 다시 말하면 사
회생활의 관습으로서 행해지는 것이 당연히 법으로서 인정되고 있는
가에 따라서 성문법과 불문법으로 구별된다.[6]
　한국 법체계는 고대 이래로 여러 차례 외국법을 계수하면서 나름
대로의 법문화를 이루어 왔다. 고대에는 중국의 唐律을, 중세에는
宋·元의 법을, 조선시대에는 明律을 계수한 터전에다가 일본강점
기에는 일본을 통해 서구의 대륙법계를 접목시켰고, 해방 이후에는
다시 대륙법을 위주로 영미법을 보완하여 받아들여 발전시킨 법체계
가 우리 법계이다. 조선시대에는 백성을 법의 주체로까지는 보지 않
았어도 법의 보호대상으로 보았다는 점에서 조선의 법사상은 민본주

---

5) 노병호·이영진, 『신법학개론』, 서울, 법문사, 2003, 36쪽.
6) 최종고, 『법학통론』, 서울, 박영사, 1992, 75쪽.

의를 바탕으로 삼고 있었다. 그러나 개화기와 일본강점기에는 왜곡
된 형태로나마 법제도의 근대화 기반이 다져졌고, 다른 한편으로는
식민지 지배하의 수탈체계를 정당화해 주는 법적 토대가 마련되었다.

중국법은 당률을 대표로 하는 중화법계라는 고유의 법계와 대륙법
계와 영미법계와 구소련법계 등 외국의 법계들로부터 영향을 받으며
발전하여 왔다.

중화법계는 중국봉건시대의 법률제도이며 당률을 대표로 한다. 한
대로부터 청대까지 지속되어 온 봉건체제하의 유가사상을 중심으로
하는 법률문화는 중화법계를 형성하였다. 중화법계는 모법으로서 봉
건법의 형성과 발전의 장기적인 과정을 거쳐 당률의 제정시기에 와
서는 완숙되어 한국, 일본, 동남아 등 여러 국가에 큰 영향을 끼쳤다.
중화법계의 특징으로는 법률보다 윤리를 앞세우며, 소송에 대한 관
념의 부재, 형법을 중시하고 민법을 경시하며, 행정과 司法의 불가
분 등을 들 수 있다.[7]

대륙법계는 청 말 이후부터 현대 중국법에 이르기까지 중국법제의
전 분야에 걸쳐 광범위한 영향을 끼쳐 왔으나 한국이나 일본에 비해
지배적인 위치는 아니라고 할 수 있다. 1950년대부터 1970년대 말
에 이르기까지 구소련의 사회주의법계는 중국법제에 결정적인 영향
을 끼쳐 왔는데 그것은 중국법제 전반에 잔존하고 있다. 1990년대
이후 중국은 개혁개방의 심화와 WTO 가입을 위하여 계약법과 소송
법, 섭외경제법, 해상법, 증권법 부문에서 영미법계의 영향을 많이
받았다. 홍콩 행정특별구법은 전적으로 영미법을 기반으로 하여 제
정된 것이다.[8]

---

7) 강효백, 『중국법통론』, 경희대학교출판국, 2007, 18쪽.
8) 단, 마카오특별행정구기본법은 포르투갈법계(대륙법계)를 기반으로 하여 제정된

〈표 1-1〉 중국법계에 영향을 끼친 외국법계

법계	법 분야	특히 영향을 받은 분야
대륙법계	소송법	심문제도
		형사사건에 부대민사소송
	민법통칙	민사법의 주체
		민사법률행위, 소멸시효
	담보법	저당과 담보
		담보권의 양도
	회사법	유한책임회사, 주식유한회사
		주식 및 자본출자제도
	행정법	국가배상, 행정책임
		행정행위, 행정처벌, 행정절차
영미법계	홍콩 특별행정구법	전반적인 영미법의 영향을 받음
	소송법	심문구성요건의 감면
		실체적 적법절차, 공동소송
		소의 병합, 증거개시제도 등
	증권법	약인(約因: CONSIDERATION)
사회주의법계	헌법	전반적 헌법체계
		최고재판소와 최고검찰원의 지위
	형법, 형사소송법	특징: 구역과 관제
		노동개조
	민법통칙	국유재산과 국유자원
	경제법	독립적인 법체계의 분류

Ⅲ. 한·중 성문법원

1. 헌법

헌법은 헌법제정권력의 결단으로 제정되고, 국회의 의결과 국민투

것임. 鄭成良, 『法理學』, 北京, 高等敎育出版社, 1999, 72쪽 참조.

표를 거쳐 개정되는 국가에서 최고의 지위를 갖는 법이다. 헌법은 단순히 국회에서 제정되는 법률과는 차원을 달리하는 최고규범으로서 헌법은 법률에 속하지 않는다. 헌법은 국민의 기본권을 확인하고, 권력분립을 규정함으로써 근대적 의미의 헌법을 구현하는 데서 나아가 사회국가적 요구에도 부응하는 여러 제도를 창설하고 국가 스스로 의무를 지고 있다. 헌법은 법률에 대하여 상위법으로서의 지위를 가지고 있어서 수권할 수 있으며, 이 수권의 범위에서 제정된 법률은 효력을 갖게 된다.

한국 헌법은 국가의 기본법이기 때문에 법적 안정성 차원에서 빈번한 개정을 막기 위하여 세계 대부분의 국가들은 헌법을 제정·개정할 때 일반 법률의 제정·개정보다 훨씬 까다롭고 복잡한 절차를 거치도록 규정하고 있다.9)

중국 헌법도 한국 헌법처럼 경성헌법으로서 헌법의 제정과 개정의 절차는 엄격하여 반드시 전국인민대표대회 상무위원회 또는 전국인민대표대회 대표 수 1/5 이상의 제의에 따라 전국인민대표대회 전체 대표의 2/3 이상의 동의를 거쳐야만 통과할 수 있다(중국 헌법 제64조). 중국『입법법』제3조는 "입법은 반드시 헌법의 기본원칙을 준수하여야 한다"고 규정하여 헌법이 국가의 최고규범이자 근본규범임을 명기하였다. 중국에서는 전국인민대표대회 및 그 상무위원회가 헌법의 실시를 감독하고 전국인민대표대회 상무위원회가 헌법 해석권을 가진다(중국 헌법 제67조). 최근 중국의 학자들은 중국특색의 헌법적용 및 헌법소송제도를 구축하여 헌법의 권위를 구현하도록 '헌법의 재판규범화'를 주장하고 있다.10)

---

9) 성낙인,『한국법의 세계화』, 서울, 법문사, 2006, 43쪽.

10) 葛洪義,『法理學』, 北京, 中國法政大學出版社, 2002, 233쪽.

2. 국가입법기관 제정법

　법률이란 광의로는 모든 성문법령을 의미하지만 협의로는 국가입법기관의 의결을 거쳐서 국가원수가 공포한 성문법을 말한다. 여기에서의 법률이란 협의의 법률을 말한다.

　한국의 법률은 입법기관인 국회에서 일정한 절차를 거쳐 제정하여 대통령이 공포한 법형식을 말한다. 민법, 형법, 상법 등은 법률의 예이다. 한국의 법률안은 국회의원과 정부가 제출한다(한국 헌법 제52조). 그러나 법률안의 의결은 국회의 전속적인 권한에 속한다. 중국의 법률은 전국인민대표대회 및 그 상무위원회에서 법률이라고 제정한 규범성 법률문건으로서 그 지위와 효력은 헌법 다음이다. 중국 헌법은 법률을 기본법률과 기본법률 이외의 법률(기타법률)로 구분한다.

1) 기본법률

　기본법률은 전국인민대표대회에서 제정하고 개정하는 것으로 형사, 민사, 국가기구와 관련된 기본적인 규범성 문건을 일컫는다(중국 헌법 제62조 제3호).[11] 2007년 4월 말 현재 중국의 기본법률은『형법』, 『민법통칙』, 『계약(合同)법』, 『혼인법』, 『상속법』, 『홍콩특별행정구기본법』 등 모두 24개이다(<표 1-1> 참조).[12] 기본법률은 전국인민대표대회만이 제정하고 개정할 수 있으며[13] 전국인민대표대회 폐회

---

11) 全國人民代表大會行使下列職權: (一) 修改憲法, (二) 監督憲法的實施, (三) 制定和修改刑事, 民事, 國家機構的和其他的基本法律。

12) 외국인의 대중국투자와 관련된『중외합자경영기업법』, 『중외합작경영기업법』, 『외자기업법』은 기본법률에 속한다.

기간 동안 전국인민대표대회 상무위원회는 전국인민대표대회 제정의 법률에 대하여 부분적인 보완과 개정을 할 수 있지만, 그 법률의 기본원칙에 저촉되어서는 안 된다(중국 헌법 제67조 제3호).[14]

전국인민대표대회에 기본법률안을 제출할 수 있는 권한을 가진 기관은 ① 전국인민대표대회 주석단, ② 전국인민대표대회 상무위원회, ③ 국무원, ④ 중앙군사위원회, ⑤ 최고인민법원, ⑥ 최고인민검찰원, ⑦ 전국인민대표대회 각 전문위원회 또는 한 개 대표단, ⑧ 30명 이상의 전국인민대표대회 대표 등이다. 기본법률안은 전국인민대표대회 전체 대표의 과반수 찬성으로 채택된다(중국 헌법 제64조).

<표 1-2> 중국 기본법률 일람표

순번	기본법률 명칭	제정 연월일
1	전국인민대표대회 및 지방각급인민대표대회선거법	1979. 7. 1.
2	지방각급인민대표대회 및 지방각급인민정부조직법	1979. 7. 1.
3	인민법원조직법	1979. 7. 1.
4	인민검찰원조직법	1979. 7. 1.
5	형법	1979. 7. 1.
6	형사소송법	1979. 7. 1.
7	중외합자경영기업법	1979. 7. 1.
8	혼인법	1980. 9. 10.
9	국적법	1980. 9. 10.
10	전국인민대표대회조직법	1982. 12. 10.
11	국무원조직법	1982. 12. 10.
12	상속(繼承)법	1985. 4. 10.
13	민법통칙	1986. 4. 12.
14	중외합작경영기업법	1988. 4. 13.

---

13) 중국학자들은 전인대가 제정하는 기본법률을 가리켜 '小憲法'이라고 칭하기도 한다. 葛洪義, 전게서, 63쪽.

14) 在全國人民代表大會閉會期間,對全國人民代表大會制定的法律進行部分補充和修改, 但是不得同該法律的基本原則相抵觸。

순번	기본법률 명칭	제정 연월일
15	외자기업법	1986. 4. 12.
16	행정소송법	1989. 4. 4.
17	홍콩특별행정구기본법	1990. 4. 4.
18	민사소송법	1991. 4. 9.
19	마카오특별행정구기본법	1993. 3. 31.
20	예산법	1994. 3. 22.
21	계약(合同)법	1999. 3. 15.
22	입법(立法)법	2000. 3. 15.
23	기업소득세법	2005. 3. 14.
24	물권법	2007. 3. 16.

출처: 中國 法律法規信息系統 http://law.npc.gov.cn:87/home, 法律出版社法規中心, 『學生常用法律手冊』, 北京, 法律出版社, 2006을 참고하여 필자가 직접 작성

2) 기타법률

기타법률은 전국인민대표대회가 당연히 제정해야 할 법률 이외의 기타법률을 전국인민대표대회 상무위원회가 제정하고 개정하는 규범성 문건을 말한다(중국 헌법 제67조 제3호).[15] 『회사법』, 『노동법』, 『특허법』, 『상표법』, 『대외무역법』 등은 전국인민대표대회 상무위원회에서 제정한다. '○○법'이라고 명칭하지 않은 전국인민대표대회 상무위원회가 제정한 決議, 決定, 規定, 條例 등은 협의의 법률과 동일한 효력을 가진다. 법률의 효력은 행정법규, 지방성 법규, 규장보다 우위에 있다. 법률 중에서도 전국인민대표대회가 제정한 기본법률은 전인대 상무위원회가 제정한 기타법률보다 우위에 있다. 전국인민대표대회는 전인대 상무위원회가 제정한 기타법률을 폐지하거나 개

---

15) 全國人民代表大會常務委員會行使下列職權: (一) 解釋憲法, 監督憲法的實施, (二) 制定和修改除應當由全國人民代表大會制定的法律以外的其他法律。

정할 수 있다(중국 헌법 제62조 제11호,[16] 입법법 제7조).[17]

전국인민대표대회 상무위원회에 기타법률 또는 기본법률의 개정안을 제출할 수 있는 권한을 가진 기관은 ① 전국인민대표대회 상무위원회 위원장회의, ② 전국인민대표대회 각 전문위원회 또는 한 개 대표단, ③ 국무원, ④ 중앙군사위, ⑤ 최고인민법원, ⑥ 최고인민검찰원, ⑦ 전국인민대표대회 상무위원회 위원장, ⑧ 전국인민대표대회 상무위원회 10명 이상 등이다.[18]

기타법률안은 헌법상에는 규정이 없는 대신 전국인민대표대회 조직법 제31조의 규정에 의하여 상무위원회 전체 구성원의 과반수가 찬성하여야 채택된다. 헌법은 무기명투표방식으로만 표결하는 데 비하여 법률은 거수가결방식이나 기타 방식으로 할 수 있다(전국인민대표대회조직법 제18조).

3. 중앙행정기관 제정법

입법기관의 의결을 거치지 않고 헌법에 근거하여 중앙행정기관에 의하여 제정된 성문법을 한국에서는 명령이라 하고 중국에서는 行政法規(국무원 제정), 部門規章(각부와 위원회 제정)이라고 한다. 양국의 중앙행정기관 제정법은 헌법과 법률 다음의 효력순위를 갖는다. 중앙행정기관 제정법은 제정권자를 표준으로 하여 한국에서는 대통

---

16) 改變或者撤銷全國人民代表大會常務委員會不適當的決定。

17) 全國人民代表大會制定和修改刑事、民事、國家机构的和其他的基本法律。全國人民代表大會常務委員會制定和修改除應当由全國人民代表大會制定的法律以外的其他法律；在全國人民代表大會閉會期間，對全國人民代表大會制定的法律進行部分補充和修改，但是不得同該法律的基本原則相抵触。

18) 葛洪義,『法理學』, 北京, 中國法政大學出版社, 2002, 233쪽.

령령(한국 헌법 제75조), 총리령(한국 헌법 제95조), 부령(한국 헌법 제95조)로, 중국에서는 행정법규(중국 헌법 제89조), 부문규장(제90조)로 분류한다.

1) 대통령령과 행정법규

한국의 대통령령은 대통령이 법률에서 구체적으로 범위를 정하여 위임한 사항에 대하여 제정한 명령, 즉 위임명령과 국회에서 제정한 법률을 집행하기 위하여 세부사항을 제정할 필요가 있을 때 제정한 명령, 즉 집행명령을 제정할 수 있다(한국 헌법 제75조). 대통령령은 총리령이나 부령에 재위임할 수 있다(한국 헌법 제95조 참조). 대통령령을 법 명칭으로는 「○○○법 시행령」이라고 한다.

중국의 행정법규[19]는 국가최고행정기관인 국무원이 헌법과 법률에 근거하여 제정하고 공포하는 규범성 법률문건의 총칭이다(중국 헌법 제89조). 행정법규의 효력은 헌법과 법률 다음으로 그 내용은 헌법과 법률과 저촉할 수 없다. 행정법규의 범위는 국가행정관리에 필요한 각종 사회관계, 예컨대 국가행정기관의 직권과 직책을 규정하거나 국가행정기관과 기타 국가기관, 사회조직, 기업 및 공민과의 관계 등을 규정하는 등 광범위한 내용을 포함한다. 행정법규의 명칭은 條例, 規定, 決定, 辦法, 暫行條例, 通知, 解釋 등 다양하다. 행정법규의 효력은 지방성 법규와 부문규장보다 우위에 있다. 국무원은 행정법규에 저촉되는 지방정부규장과 부문규장을 폐지하거나 개정할 수 있다.

---

19) 중국의 행정규칙은 우리나라의 행정조직 내부의 조직과 활동에 관한 추상적이고 일반적인 규율인 행정규칙과는 전혀 다른 개념이다. 중국의 행정규칙은 우리나라의 법규명령, 즉 대통령령에 해당한다고 볼 수 있다.

2) 부령과 부문규장

한국의 부령은 행정각부의 장이 소관 사무에 관하여 법률이나 대통령령의 위임에 의하여 제정한 명령, 즉 위임명령과 법률 또는 대통령령을 집행하기 위하여 세부사항을 제정할 필요가 있을 때 제정하는 명령, 즉 직권명령을 제정할 수 있다(한국 헌법 제95조).

한국의 부령을 법 명칭으로는 「○○○법 시행규칙」이라고 한다.[20]

중국의 부문규장은 국무원 소속의 각부, 각 위원회가 헌법과 법률, 국무원의 행정법규에 근거하여 본 부문의 권한 범위 내에서 제정하는 규범성 법률문건(헌법 제90조)을 가리킨다. 부문규장은 헌법과 법률 및 행정법규와 저촉되어서는 안 된다. 부문규장의 명칭 역시 實施細則, 暫行規定, 說明, 意見, 通知, 解釋 등 다양하다.

부문규장 간, 부문규장과 지방정부규장 사이에는 동등한 효력이 있으며 각자의 권한범위 내에 실시한다.

4. 자치법규

자치법규란 지방자치단체가 법령의 범위 안에서 지방자치에 관하여 제정한 법규를 말한다. 한국의 자치법규에는 조례와 규칙이 있는데, 조례는 지방자치단체가 지방의회의 의결을 거쳐 제정한 규범이고, 규칙은 지방자치단체의 장이 제정한 규범이다.

---

20) 한국에서도 명령이란 그 명칭에 구별되는 것이 아니다. 예컨대 각종 법률의 시행규칙은 「규칙」이란 명칭을 사용하고 있지만, 그 대부분이 부령이다. 「전문의의 수련 및 자격인정 등에 규정」은 대통령령임에도 불구하고 규정이란 명칭을 사용하고 있다. 서찬식, 『현대생활과 법률』, 서울, 도서출판이화, 2006, 32쪽.

중국의 자치법규는 지방성 법규와 지방정부규장이 있는데 지방성 법규는 지방인민대표대회가 제정한 규범이고, 지방정부규장은 지방인민정부가 제정하는 규범이다.

중국의 지방정부규장은 한국의 지방자치단체의 장이 법령과 조례가 위임한 범위 안에서 그 권한에 속하는 사무에 관하여 제정하는 규칙에 해당한다고 볼 수 있다. 지방정부규장은 부문규장과 함께 중국의 각종 법원 가운데 제일 많이 제·개정되고 있는 동시에 우리 기업인들이 제일 중시하여야 할 하위법규이다.

1) 조례와 지방성 법규

한국의 지방자치단체의회 제정법은 조례라고 하며 지방자치단체가 법령의 범위 안에서 그 지방사무에 관하여 제정하는 규범을 말한다 (한국 헌법 제117조). 중국은 이를 지방성 법규라고 총칭한다.

중국의 지방성 법규[21)는 지방국가 권력기관이 당해 행정구역의 실제상황에 근거하여 제정 공포한 규범성 법률문건의 총칭이다.[22) 중국 지방성 법규는 일반지방성 법규와 自治條例와 單行條例로 분류된다. 일반지방성 법규는 성·직할시·자치구 및 성·자치구 인민정부 소재지의 시와 국무원의 비준을 거친 대도시의 인민대표대회 및

---

21) 지방자치단체가 법령의 범위 안에서 그 사무에 관하여 지방의회의 의결을 제정하는 우리의 조례에 해당한다고 볼 수 있다.

22) 지방성 법규와 부문규장의 법률효력 관계에 대해서는 입법법 제86조가 상세한 규정을 하고 있다. 지방성 법규와 부문규장 간의 동일 사항에 대한 규정이 서로 일치하지 않을 경우, 국무원이 지방성 법규를 적용하여야 한다고 인정하면 지방정부는 지방성 법규를 적용하고, 부문규장을 적용하여야 한다고 판단하면 국무원은 전국인민대표대회 상무위원회에 동 건에 대한 결정을 제청한다. 강효백, 전게서, 28-29쪽.

그 상무위원회가 헌법, 법률 및 행정규칙에 저촉되지 않는 범위 내에서 현지 상황에 근거하여 제정하는 규범성 문건이다(중국 헌법 제100조).23) 자치조례와 단행조례는 자치구·자치주·자치현의 인민대표대회가 당해지역민족의 정치, 경제 및 문화적 특징에 근거하여 제정하는 규범성 문건이다(중국 헌법 제116조).

2) 규칙과 지방정부규장

한국의 규칙은 지방자치단체의 장이 법령 또는 조례가 위임한 범위 안에서 그 권한에 속하는 사무에 관하여 제정하는 자치법규를 말한다(한국 헌법 제117조 제1항). 한국의 조례와 규칙과의 관계는 법률과 명령과의 관계와 같이 상하관계에 있으므로 규칙은 조례를 위반하여 제정할 수 없다(한국 지방자치단체법 제16조).

중국의 지방정부규장24)은 성, 자치구, 직할시 및 성, 자치구, 직할시 인민정부소재지의 시와 국무원의 비준을 거친 비교적 큰 시의 인민정부에서 제정한다(중국 헌법 제107조). 지방정부규장은 헌법, 법률, 행정법규 및 동급 인민대표대회 및 그 상무위원회에서 제정하는 지방성 법규와 저촉되어서는 안 된다(중국 헌법 제107조).

---

23) 省、直轄市的人民代表大會和它們的常務委員會, 在不同憲法、法律、行政法規相抵触的前提下, 可以制定地方性法規, 報全國人民代表大會常務委員會備案。

24) 중국의 지방정부규장은 우리나라의 지방자치단체 장이 법령과 조례가 위임한 범위 안에서 그 권한에 속하는 사무에 관하여 제정하는 규칙에 해당한다고 볼 수 있다.

<표 1-3> 중국 법령의 명칭과 제·개정기관

법령의 명칭	전국인민 대표대회	전국인민 대표대회 상무위원회	국무원	각부· 위원회	지방인민 대표대회	지방 인민정부
憲法	●					
基本法律	●					
其他法律		●				
決定	●	●	●		●	●
規程		●	●		●	
條例		●	●		●	
暫行條例			●	●		●
辦法			●			●
通知			●	●		
實施細則			●	●		●
暫行規定				●		●
說明				●		●
意見				●		
自治條例					●	
單行條例					●	

출처: 강효백, 『중국법 통론』, 26쪽을 참조하여 재작성.

5. 특별 지역법규

1) 『제주특별자치도법』과 『홍콩특별행정구기본법』

한국에는 홍콩특별행정구를 모델로 한 2006년 7월 1일 제주특별
자치도가 출범하였다. 2006년 2월 국회를 통과하고 발효된 제주특별
자치도법은 외교국방사법을 제외한 여러 권한을 제주도 지자체가 가
지게 돼 스스로 정책을 수립, 집행할 수 있게 규정하였다. 또한 제주
특별자치도의 세율조정권을 대폭 상향 조정하는 등 재정권을 강화시
켜 주고, 교육자치와 자치경찰제 도입을 통해 실질적인 지방자치를

보장하도록 하였다.[25]

중국의 특별행정구는 '일국양제'의 구상과 중국 헌법 제31조[26]의 규정에 의하여 설치된 것으로 전국 기타 지역의 정치, 경제와 법률 제도와는 다르게 실행된다. 특별행정구에서는 전국 여타 지역의 경제와 정치, 법제와 다른 제도를 시행한다. 전국인민대표대회는 1990년과 1993년에 각각 『홍콩특별행정구기본법』과 『마카오특별행정구기본법』을 통과시켰다. 특별행정구의 기본법 규정에 근거하여 특별행정구는 특별한 자치권을 보유하고 있다.[27]

2) 『경제자유구역법』과 『경제특구법』

한국의 경우 인천과 부산, 광양 등을 동북아 비즈니스 중심지역으로 발전시키기 위한 "경제자유구역 지정 및 운영에 관한 법률"이 국회에서 2002년 11월 통과, 2003년 7월부터 시행되었다. 경제자유구역에 입주하는 외국인 업체들은 조세감면과 노동 · 교육 · 의료 등 각종 분야에서 규제완화 혜택을 받고 구역 내에 내국인 입학이 가능한 외국인학교가 설립되고 외국인이 운영하는 병원과 약국도 개설할 수 있다.[28]

중국의 경제특구는 개혁 · 개방기간 중 대외 경제무역을 발전시키기 위해 특수정책을 실행하는 구역으로서 경제특구의 인민대표대회와 인민정부는 전국인민대표대회 및 그 상무위원회로의 수권으로 규범성 문건을 제정할 수 있다. 1981년 전국인민대표대회 상무위원회

---

25) 세계일보, 2006. 3. 23. 2쪽.

26) 國家在必要時得設立特別行政區。在特別行政區內實行的制度按照具体情況由全國人民代表大會以法律。

27) 孫國華 · 朱景文, 『法理學』, 北京, 中國人民大學出版社, 2004, 275쪽.

28) 한국경제, 2006. 12. 14. 8쪽.

는 광동성과 복건성의 인민대표대회 및 상무위원회에 권한을 위임하여 소속 경제특구의 각종 단행경제법규를 제정할 수 있도록 하였다. 또한 1988년에 전국인민대표대회는 해남성 인민대표대회 및 상무위원회에 권한을 위임하여 해남성 경제특구 내에서만 실시하는 법규를 제정할 수 있도록 하였다.[29]

경제특구법규는 법률과 행정법규, 지방성 법규의 수권에 근거하여 규정된 것으로 당해 경제특구 내에는 경제특구법규가 적용된다.

6. 국제조약

조약은 국제법의 중요한 법원이다. 동시에 체결 당사국 국민의 권리·의무와도 관계가 있다. 따라서 조약이 국내법으로서 어떤 효력을 갖는가가 논란이 되고 있다. 한국 헌법은 헌법에 의하여 체결·공포된 조약과 일반적으로 승인된 국제법규는 국내법과 같은 효력을 갖는다고 규정하고 있다(한국 헌법 제6조). 한국에서 조약은 국회의 동의를 얻어 대통령이 비준, 공포하면 국내법과 동일한 효력을 갖는다.[30] 그리고 일반적으로 승인된 국제법규도 국내법과 동일한 효력을 갖는다.

중국에서 조약은 주요 법원 중의 하나다. 국제법 우선적용 원칙을 『민법통칙』, 『민사소송법』, 『행정소송법』 등 기본법률에 규정하였다. 『민법통칙』 제142조는 "중화인민공화국이 체결하거나 참가한 국제조약과 중화인민공화국의 민사법률 중에 상이한 규정이 있을 경우 국제조약의 규정을 적용한다. 단 중화인민공화국이 유보한 조항은 제외한다. 중화인민공화국 법률과 중화인민공화국이 체결 또는 참가한 국제

---

29) 沈宗靈, 『比較法研究』, 北京, 北京大學出版社, 2004, 412쪽.
30) 김명기, 『국제법원론(상)』, 서울, 박영사, 1996, 119쪽.

조약 중 규정이 없을 경우, 국제관례를 적용할 수 있다"31)라고 규정하고 있다. 또한 『민사소송법』 제238조와 『행정소송법』 제72조에도 "중화인민공화국이 체결하거나 참가한 국제조약이 동법과 다른 규정이 있을 경우, 국제조약의 규정을 적용하지만, 중화인민공화국이 유보한 조항은 제외한다."32)라고 규정하고 있다. 중국 학계 다수는 이들 헌법에 버금가는 효력의 기본법률상의 조항들을 국제조약이 오히려 중국 국내법보다 효력 면에서 우선하는 법원으로 인정하는 의미로 해석하고 있다.33) 조약은 한국에서 국내법의 동일한 효력인 데 비하여 중국에서는 조약이 국내법보다 우월한 효력을 보유한다고 할 수 있다.

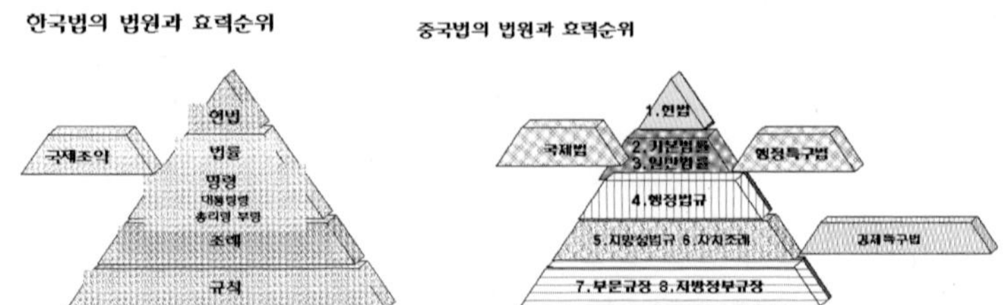

출처: 法律出版社法規中心, 『學生常用法律手册』을 참고하여 필자가 재작성

〈그림 1-1〉 한·중 법원 및 효력순위 비교도

---

31) 中華人民共和國締結或者參加的國際條約同中華人民共和國的民事法律有不同規定的, 适用國際條約的規定, 但中華人民共和國聲明保留的條款除外。中華人民共和國法律和中華人民共和國締結或者參加的國際條約沒有規定的, 可以适用國際慣例。

32) 中華人民共國締結或者參加的國際條約同本法有不同規定的, 适用國際條約的規定, 中華人民共和國聲明保留的條款除外。

33) 기본법률 이외의 기타법률의 제·개정권과 국제조약의 비준권은 전인대 상무위원회에 속한다. (중국헌법 제62조 14항; 決定同外國締結的條約和重要協定的批准和廢除) 따라서 엄밀히 말하자면 중국이 비준한 국제조약의 중국 국내법상 효력 순위는 극소수의 기본법률을 제외한 대다수의 기타법률보다는 상위에 위치한다고 보는 게 보다 정확한 해석이다. 孔祥儁, 『WTO法律的國內適用』, 北京, 人民法院出版社, 2002, 140쪽 참고

Ⅳ. 한·중 불문법원

1. 관습법

관습법이란 사회의 다수인에 의하여 동일행위가 장기간(다년간) 반복된 관습 또는 관행이 그 사회인(국민·주권)의 법적확신을 얻음으로써 국가권력에 의하여 강행되는 불문법을 말한다. 관습이 사회인의 법적확신을 얻음으로써 관습법이 된다. 따라서 관습은 비강제규범인 데 대하여 관습법은 강제규범이다. 관습에 위반될 때에는 사회적 비난이 있을 뿐인 데 대하여 관습법에 위반될 때에는 국가권력에 의한 일정한 제재가 가해진다.

한국에서 관습법 효력은 민법 제1조는 관습법에 대한 성문법의 우월을 인정하고 관습법은 원칙적으로 성문법의 규정이 없는 사항에 관해서만 그 보충적 효력이 인정된다. 또한 성문법이 특히 그 규정 내용과 다른 관습법의 존재를 인정하는 경우에 대해서는 성문법을 개폐하는 변경적 효력이 인정된다.[34]

또한 상법 제1조에 의하면 "상사에 관하여 본 법이 규정이 없으면 상관습법에 의하고 상관습법이 없으면 민법의 규정에 의한다"고 규정하고 있다. 따라서 상관습법이 민법의 규정에 우선하게 되며 이는 특별법은 보통법에 우선한다는 원칙에 의하여 상법에 대한 보충적 효력과 아울러 민법에 대한 변경적 효력을 인정한 것이다.

중국에서 관습법은 한국의 민법총칙 제1조와 같이 관습법의 법원성을 원칙적으로 인정하는 규정은 없다.『섭외경제계약법』제5조 "중

---

34) 박상기,『법학개론』, 서울, 법문사, 2004, 33쪽.

화인민공화국법률에 규정이 없는 경우에는 국제관례를 적용한다"『혼인법』 제50조 "민족자치지방의 인민대표대회는 현지민족혼인가정의 구체적 상황에 적절하게 변통하여 규정할 수 있다"와 같이 개별법규 조항으로 규정하였다.[35] 중국 전체 민·상법 분야에서『소비자보호법』의 1개 조항만 '慣例'라는 자구가 있을 뿐이다.[36] 중국 법학계는 관습법을 개별 법조문에 명기된 경우에 한하여 성문법을 보충하는 법원으로 인정한다. 즉 중국에서 관습법은 성문법에 존재하지 않을 경우에 적용되는 보충적 법원의 하나로 볼 수 있다.

2. 판례(법)

판례법이란 법원의 판결례에 법으로서의 효력이 부여된 것을 말한다. 판례를 법원으로 인정하게 되면, 어떤 유형의 사건에 관하여 법원의 판결이 한번 내려지면 그 판결은 마치 법률과 같은 의미를 가지게 된다. 영미법계 국가는 판례법계 국가라고도 하여, '선판결기속의 원칙'이 지배하고 있어서 상급법원이 어떤 법률문제에 대하여 판결을 내리면 그 후 당해 법원이나 하급법원은 동일한 법률문제에 관하여 선례에 기속되어 재판하여야 한다. 의회의 입법은 판례법을 보충하는 2차적 지위를 가지고 있다.[37] 이에 비하여 한국과 중국처럼

---

35) 현행 2,500여 개의 중국 단행법전에서 24개 단행법전 중 31개 조항에 '風俗習慣', 73개 단행법전 중 91개 조항에 '習慣', 39개 단행법전 중 46개항에 '慣例'라는 용어가 포함되어 있다.
   www.okfw.com/.../24/18873.html − 71k − 2005 − 10 − 22

36) 經營者提供商品或者服務, 應당按照國家有關規定或者商業慣例向消費者出具購貨凭証或者服務單据。

37) 김문현 외,『법학입문』, 서울, 법문사, 2006, 40쪽.

성문법체계를 가진 국가에서는 원칙적으로 판례를 법원으로 인정하지 않는다.[38]

한국의 경우 상급법원의 판결은 하급법원을 기속하는데, 상급법원의 판결은 당해 사안에 대한 기속력만을 갖는다. 그러나 상급법원은 정의 내지 법적 안정성의 요청상 동일한 사안에 대해서는 동일하게 판결하는 경향을 보이며, 하급법원은 상소심에서의 파기 가능성 때문에 상급법원의 선례를 답습하는 경향을 보인다. 그러나 선례가 사실상의 기속력을 갖는다고 하여 판례의 법원성을 인정할 수 없다는 것이 한국학계의 통설이다.[39]

중국은 기본적으로 성문법주의를 취하고 있기 때문에 한국과 마찬가지로 판례의 법원성은 인정되지 않는다. 다만 중국 학계 일각에서는 판례를 법원으로 인정하기는 어렵지만 판례의 작용을 강화하자고 주장하고 있다.[40]

중국역대왕조의 법률은 '律'을 핵심으로 하는 각종 성문법 令(행정법), 格(황제의 칙령), 式(시행세칙) 등이다. 이례적으로 1740년 제정 『大淸律例』에서 律과 例를 병렬시켰던 적이 있었다. '例' 또는 '條例'는 판례의 성격을 가졌으나 황제나 조정의 승인이 있어야만 보편적 효력을 가질 수 있는 것이었다.[41] 또한 청 말, 중화민국시기에는 沈家本의 「修整法律」에서 국민당정부의 『六法全書』까지, 일본과 독일의 대륙법계의 법률을 주로 수용하였기 때문에 중국 역사상, 판례는 영미법 발달사에서만큼 법원으로서 지위를 차지한 적이 없었다.[42]

---

38) 서찬식, 『현대생활과 법률』, 이화, 2006, 35쪽.

39) 김영규, 『법학개론』, 광주, 조선대학교출판부, 2002, 23쪽.

40) 葛洪義, 『法理學』, 北京, 中國法政大學出版社, 2002, 121쪽.

41) 朱景文, 『比較法總論』, 北京, 中國人民大學出版社, 2004, 186쪽.

중국의 정치제도는 인민대표대회제도로 국가의 행정기관과 사법기관은 인민대표대회에서 선출되고 인민대표대회제도의 감독을 받는다. 국가입법권은 전국인민대표대회와 전국인민대표대회 상무위원회가 행사하며 인민법원은 헌법과 법률에 따라 독립적으로 재판권을 행사할 뿐이지, 법규범을 창조할 권능은 없다.[43)

한편, 최고인민법원은 1985년부터 정기적으로 『最高人民法院公報』를 통하여 사법해석을 발표하고 있으나 이는 영미법계 국가의 판례법과는 전혀 다른 성격으로 단지 각급법원의 재판업무를 감독하는 의미를 지니는 것에 지나지 않는다(중국 헌법 제127조).[44) 또한 『전국인민대표대회 상무위원회의 법률해석업무의 강화에 관한 기능』에 따르면 법원의 재판 중 구체적으로 적용하는 법규는 최고인민법원이 해석을 진행하도록 규정하였다. 이 조항은 최고인민법원에 대하여 사법해석의 권한을 부여한 것이지만 사법해석은 개별 법규의 흠결을 보완하는 기능을 수행한다. 사법해석은 문자 그대로 일종의 '해석의 일례'이지 법원의 기능을 하는 영미법상의 판례법과는 근본적으로 다르다. 즉 최고재판소 사법해석은 당해 사건에 대하여 구체적인 규범으로 작용은 하지만 법원으로서의 효력은 인정되지 않기 때문에 후일 재판이나 하급법원의 판결에 대해서는 법적 기속력을 갖지 않는 것이다.[45)

---

42) 曾憲義, 『中國法制史』, 北京, 中國人民大學出版社, 2002, 201쪽.

43) 江平, 『比較法在中國』, 北京, 法律出版社, 2005, 399쪽.

44) 最高人民法院是最高審判機關。最高人民法院監督地方各級人民法院和專門人民法院的審判工作。上級人民法院監督下級人民法院的審判工作。

45) 舒國瑩·蔣傳光, 『法理學』, 北京, 中國人民大學出版社, 2002, 213쪽.

3. 조리, 국가정책

條理 또는 法理, 또는 법의 일반원칙이란 국가가 법적 규범의식
으로서 승인한 사회생활의 원리를 말한다. 스위스 민법 제1조는 이
와 같은 경우에 "법관은 자기가 입법자였다면 제정했을 규정에 따라
서 재판하여야 한다"라고 규정하고 있다. 이와 같은 법관은 입법자
의 지위에서 입법을 하고 그에 따라서 재판하여야 한다는 것이다.

법원은 특정한 구체적 사건에서 이에 적용할 법규가 없다 하여 재
판을 거부할 수 없으므로, 이러한 경우 법원은 그 법의 결함을 보충
하여 판결할 수밖에 없다.

한국 민법 제1조는 "민사에 관하여 법률에 규정이 없으면 관습에
의하고 관습법이 없으면 조리에 의한다"라고 규정하고 있다. 따라서
조리는 법률의 규정에 의하여 민사에 관하여 보충적 법원으로 승인
되고 있다. 조리와 성문법과의 형식적 관련에 관해서는 민법 제103
조에 "선량한 풍속 기타 사회질서에 위반된 사항을 내용으로 하는
법률행위는 무효로 한다"라고 규정하였다. 이 경우에 선량한 풍속
기타 사회질서라는 관념은 도덕이라든가 종교 등의 사회규범에 의한
평가를 말하는 것이 아니고 법적 규범에 의한 평가를 말한다.

중국 『민법통칙』 제6조는 "민사활동은 반드시 법률을 준수한다.
법률에 규정이 없는 경우, 국가정책을 준수하여야 한다"라고 규정하
였다.46) 이러한 법조항은 공산당 당헌, 강령, 지침, 정책 등이 사실
상 헌법과 법률에 우선하는 규범적 효력을 지닌 구소련을 위시한 사
회주의법계의 유산이라고 할 수 있다. 또한 조리는 중국에서 건국

---

46) "民事活動必須遵守法律, 法律沒有規定的, 應当遵守國家政策。

초기 상당기간 '사회주의 법의식'으로 표현되어 오다가 최근에는 '국가정책'에 내재된 속성, 전제, 요청이라는 의미로 해석된다. 그러나 肖光輝 교수를 비롯한 중국 학계 일각에서는 중국이 이미 사회주의 시장경제체제의 궤도에 진입한 상황에서는 '국가정책'을 법원으로 인정하는 것은 시의에 맞지 않을뿐더러 국가정책이 법률과 같이 법적 안정성이 없으며 공개성과 투명도가 낮아 법원으로 인정하는 것은 문제가 많다고 지적하고 있다.[47]

〈표 1-4〉 한·중 양국 불문법의 법원성 대조표

구 분	한 국	중 국
관습법	• 민법 제1조, 보충적 효력 인정 • 상법 제1조, 변경적 효력 인정	• 개별 법조문에 명기된 경우에 한하여 보충적 효력 인정, 변경적 효력 부인
판례	• 법원성 원칙적 부정 • 대법원 판례 법원성 사실상 인정	• 법원성 부인설 통설 • 최고재판소 사법해석은 해석의 일례
조리·국가정책	• 민법 제1조, 조리의 보충적 법원성 인정	• 민법통칙 제6조, 보충적 법원성 인정. 조리는 국가정책에 내재된 속성, 전제로 해석

출처: 상기 관련 내용을 정리하여 필자가 재작성

V. 결 론

한국은 개화기와 일제강점기를 통하여 독일법을 계수한 일본법을 거의 그대로 받아들인 대륙법계의 바탕 위에서 해방 이후에는 영미법계(미국법)를 일부 수용하였지만 전반적으로 대륙법계의 성문법주의에 속한다. 중국은 당률을 기반으로 하는 중화법계에다가, 근·현

---

47) 肖光輝·劇宇宏, 法律移植及其本土化現象的關聯考察, 『中國人民大學書報資料中心夏印資料: 法理學·法史學』, 2001, 108쪽.

대 이후는 독일과 일본의 대륙법계를, 건국 초기 1950년대에서 1970년대까지 사회주의법계(구소련법)를, 1990년대는 개혁개방의 심화와 WTO 가입을 위하여 영미법계를 수용하였기 때문에 이들 4개 법계가 시차를 두면서 중국 특유의 복합 중첩된 다차원적인 법원을 형성하게 되었다고 총평한다. 따라서 이러한 두 나라의 서로 다른 법계의 형성양상으로 말미암은 한·중 양국 법원의 상이점을 요약 정리하면 다음과 같다.

첫째, 한국 법원의 효력 계층은 헌법, 법률, 명령, 조례, 규칙 등 5단계이나 중국은 헌법, 기본법률, 기타법률, 행정법규, 부문규장, 지방성 법규, 자치조례, 지방정부규장 등 8단계 계층으로 이루어졌다.

둘째, 국가입법기관에서 제정한 법률, 즉 한국의 국회가 제정한 법률은 그 효력이 동일한 것과는 달리, 중국 법률의 효력은 기본법률과 기타법률로 구분된다. 즉 전인대가 제정한 기본법률은 전인대 상무위원회가 제정한 기타법률보다 우선적 효력을 지니는 상위법이다.

셋째, 한국은 법령의 명칭으로만 법원의 효력순위를 파악할 수 있지만, 중국은 결정, 규정, 조례, 판법, 통지, 설명, 의견 등 다양한 명칭들을 법원의 효력순위와 상관없이 사용하기 때문에 중국 법원의 효력순위를 파악하려면 해당 법규를 제·개정한 기관이 무엇인가를 살펴보아야 할 것이다.

넷째, 한국은 조약이 국내법과 동일한 효력을 지닌 것으로 헌법상 규정한 것과는 대조적으로 중국은 조약이 국내법보다 우월한 효력을 지니는, 즉 국제법 우선적용 원칙을 민법통칙 등 기본법률에 규정하였다.

다섯째, 불문법의 법원성에 관하여 한국은 민법과 상법에 각각 관습법의 보충적 효력과 변경적 효력이 있음을 규정하고, 판례의 법원성은 원칙적으로 부인하나, 조리는 보충적 법원성을 인정한다. 이에 비하여 중국은 '국가정책'의 보충적 법원성을 민법통칙에 규정하고, 관습법은 개별법 조문이 있는 경우에 한하여 보충적 법원성을 인정하며, 판례의 법원성은 부인하는 것이 학계의 통설이다.

2. 중국 헌법상 국체와 정체

Ⅰ. 중국의 국체

1. 국체 개설

국체는 국가의 성격이라고도 하며 주권이 누구에게 있느냐에 따라 분류한 국가형태를 말한다. 국체는 주권의 행사방법에 의한 분류인 정체와 구별된다. 국체는 국가의 조직형식을 의미하고 국가와 사회를 조직하고 관리하는 기본근거이다. 이를 사회주의 국가이론으로 풀이하면 국체란 국가의 정권을 어떤 계급이 장악하고 있고 어떤 계급이 지배계급과 연합관계를 맺고 있으며 어떤 계급이 피지배계급의 상태에 놓여 있는가를 가리킨다.[48]

중국 헌법 제1조는 "중화인민공화국은 노동자계급이 영도하고 노동자·농민연맹을 기초로 하는 인민민주독재의 사회주의 국가다"[49] 라고 규정하여 중국의 국체를 명확히 하였다. 또한 헌법 서언은 "중국에서 계급으로서 착취계급은 이미 소멸되었으나, 계급투쟁은 일정한 범위 내에서 장기간 존재한다. 중국인민은 중국사회주의 제도를

---

48) 中國社會科學院法學硏究所, 『法律辭典』, 北京, 法律出版社, 2003, 603쪽.
49) 中華人民共和國是工人階級領導的、以工農聯盟爲基础的人民民主專政的社會主義國家。

적대시하고 파괴하는 국내외의 적대세력과 적대분자에 대하여서 반드시 투쟁을 전개하여야 한다"50)고 명기하였다. 이러한 규정은 모두 중국 국체의 정의(定義)에 관한 것이다.

인민민주독재의 사회주의 국가에는 다음 다섯 가지 기본특징이 있다.

첫째, 인민민주독재는 실질적으로 무산계급독재이다.

양자 간에는 근본적인 성격에는 차이가 없다.

둘째, 노동자계급은 인민민주독재를 영도하는 역량이다.

셋째, 노동자·농민연맹은 인민민주독재의 계급기초이다.

넷째, 인민민주독재는 민주와 독재의 유기적 결합이다.

다섯째, 애국통일전선은 인민민주독재를 보장하는 역할을 한다.51)

2. 인민민주독재(人民民主專政)

1) 인민민주독재의 개념과 의의

무산계급(proletariat) 독재이론은 마르크스주의 국가학설의 근본 개념이다. 마르크스주의에 의하면 무산계급은 계급과 착취를 소멸시켜 전 인류를 해방시키는 위대한 역사적 사명을 실현시키기 위하여 무장투쟁을 통한 정권을 쟁탈한 후 반드시 무산계급독재의 국가를 건설하여야 한다는 것이다.52)

---

50) 在我國, 剝削階級作爲階級已經消滅, 但是階級斗爭還將在一定范圍內長期存在。中國人民對敵視和破坏我國社會主義制度的國內外的敵對勢力和敵對分子, 必須進行斗爭。

51) 강효백, 『중국법 통론』, 서울, 경희대학교 출판국, 2005, 50쪽.

52) 마르크스는 봉건사회의 붕괴와 더불어 자본주의 세력이 대두하게 되었지만, 결국 이와 동일한 갈등 지향적이고 변증법적인 방식으로 자본주의 자체 내부에서

1884년 마르크스와 엥겔스는 『공산당 선언』에서 "노동자혁명의 첫걸음은 곧 무산계급을 통치계급으로 격상시켜 민주를 실현하는 것이다"라고 하였는데 여기에는 무산계급독재의 사상이 포함되어 있음을 알 수 있다.

레닌은 러시아 혁명 실천과정에서 마르크스 엥겔스의 무산계급독재이론을 혁명의 지도 이념으로 발전시켰다. 레닌은 『국가와 혁명』에서 "자본주의에서 공산주의 과도기로 가는 것은 당연히 매우 풍부하고 다양한 정치형식을 거치지 않을 수 없다. 그러나 그 본질은 같은 것이다. 모두 무산계급독재인 것이다"라고 정의하면서 마르크스의 무산계급독재 이론의 기초 위에다 자신의 혁명관을 접목시켰다. 즉 각 국가의 서로 다른 상황이기 때문에 각 국가의 무산계급과 노동인민전쟁이 쟁취하는 해방의 구체적 혁명노선 역시 다른 것이다. 따라서 각국 현실상황에 적합한 무산계급독재 구체적 형식 역시 각자 각국의 특색을 지닐 수밖에 없다고 주장하였다.

2) 중국의 2단계 혁명이론과 인민민주독재이론

중국공산당은 이러한 마르크스-레닌주의와 중국의 구체적 실제상황을 서로 결합시켜 중국의 혁명은 반드시 신민주주의 혁명과 사회

성장하는 새로운 적대세력 즉 무산계급에 의해 변형될 것이라고 예견했다. 그에 따르면 부르주아지가 지배하는 동일한 기간 동안 인구의 대다수를 구성하는 노동자계급은 자본주의에서 부를 창출해 낸 장본인이 바로 자신들이라는 사실을 깨닫게 될 것이다. 그리고 전체적인 경제 사회구조를 변형시키도록 운명 지어진 노동자와 사회의 생산자들은 혁명을 일으켜 공산주의사회의 시작을 알릴 것이다. 이것은 인류의 다수집단이 승리자가 되는 최초의 성공적 혁명이 될 것이며, 계급구분과 계급투쟁의 종식을 의미할 것이라고 마르크스는 생각했다. 그때에는 오직 무산계급만 남게 될 것이기 때문이다.

주의 혁명, 두 단계의 혁명을 거쳐야 한다는 2단계 혁명이론을 제시하였다.

신민민주의 혁명단계는 오랜 자산계급독재의 질곡하에서 갓 해방된 상황에서는 무산계급만의 독재정권 수립이 현실적으로 불가능한 상태이다. 따라서 무산계급을 구심점으로 하여 여타의 모든 반제반봉건 역량을 일치단결시킨 연합정권의 수립이 우선되어야 한다고 설정하였다.

그 후 중국 혁명정세의 진전됨에 따라 이러한 과도기의 국가형태 계급구성에 약간의 변화가 발생하였다. 중국공산당의 토지혁명시기에는 '공농(工農)민주공화국' 정부를 주장하였고 항일전쟁시기에는 항일민족통일전선의 필요에 따라 '인민공화국'의 구호를 제창하였다.

해방전쟁시기, 모택동은 중국신민주주의혁명을 무산계급이 영도하는 인민대중의 반제국주의, 반봉건주의와 관료자본주의 혁명이라고 정의하였다.

1948년 말, 해방전쟁에서 최후의 승리를 목전에 앞둔 모택동은 『혁명을 끝까지 진행시키자(將革命進行到底)』에서 '인민민주독재'라는 단어를 처음으로 사용하였다. 즉 "인민혁명이 승리한 후 마땅히 무산계급이 영도하는 노동자·농민연맹을 주체로 하는 인민민주독재의 공화국을 건설하여야 한다"53)는 뜻이다.

1949년 6월, 모택동은 『인민민주독재를 논함(論人民民主專政)』에서 인민민주독재의 사상을 한 단계 더 구체화시켰다.

---

53) 『毛澤東選集』第4卷, 人民出版社, 1991年版, 1325쪽.

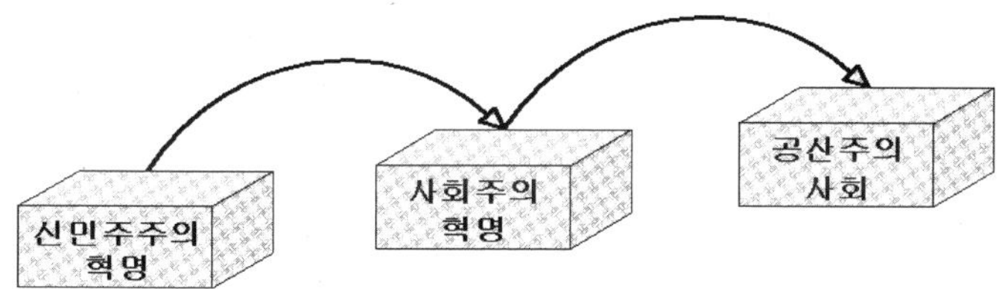

〈그림 2-1〉 중국의 2단계 혁명론

3) 중국 헌법상의 인민민주독재

1949년 9월, 중국인민정치협상회의가 통과시킨 임시헌법인『공동강령』제1조는 "중화인민공화국은 신민주주의, 즉 인민민주주의의 국가로서, 노동자계급이 영도하고 노동자·농민연맹을 기초로 하여 민주계급과 국내 각 민족을 단결시키는 인민민주독재를 실시한다"라고 규정하였다.

제헌헌법인 1954헌법의 제1조는 "중화인민공화국은 노동자계급이 영도하는 것으로 노동자·농민연맹을 기초로 하는 인민민주국가이다"라고 규정하였다.

사회주의 개조의 완성과 사회주의 제도의 확립에 따라 인민민주독재의 내용 역시 변화가 발생하였으며 인민민주독재는 실질적으로 무산계급독재가 되었다.

그러나 1975헌법과 1978헌법은 극좌사조의 지배 아래 '인민민주독재' 용어 사용을 폐기하고 국가정권의 독재적 직능을 강조하였다.

상술한 바와 같이 인민민주독재이론은 마르크스주의 무산계급독재 학설이 중국에서의 창조적 발전이라고 규정되어 왔다. 그러나 문화대혁명시기의 극좌파적 구호 "언제나 무산계급독재의 구호를 잊지 말자"의 계급투쟁은 백열화되어 중국 인민에게 거대한 재난을 초래하였다.

중국 공산당은 문화대혁명을 종식시킨 후 사상적 과오를 철저히 반성하고 정상을 회복하도록 하는 정책을 추진하였다. 1978년 12월 중국공산당 제11기 3중전회는 인민민주독재의 용어 사용을 회복하였으며 1979년 공포된 『형법』과 『형사소송법』 등 기본법률에는 '인민민주독재는 즉 무산계급독재'라는 표현을 사용하였다. 1982헌법은 이를 더욱 명확히 하여 서언 부문에 "인민민주독재는 실질적인 무산계급 독재"라고 규정하였다.

1982헌법은 제1조에서 "중화인민공화국은 노동자계급이 영도하고 노동자·농민연맹을 기초로 하는 인민민주독재의 사회주의 국가이다"54)라고 규정하는 한편 서언에서 중국의 인민민주독재는 실제상 무산계급독재라고 명시하였다.

4) 무산계급독재와 인민민주독재

인민민주독재와 무산계급독재는 ① 둘 다 동일한 국가 성격의 정권으로서 노동자계급이 영도하며 노동자·농민연맹을 기초로 하는 국가정권이다.

② 둘 다 사회주의체제의 국가내부의 계급관계이다. 즉 노동자계급과 노동인민은 국가의 주인이며 다만 소수적대세력에 대한 독재를 실시하는 것이다.

------

54) 중화인민공화국의 국가성격(국체)을 54헌법의 제1조는 "인민민주독재의 인민민주국가"로, 82헌법의 제1조는 "인민민주독재의 사회주의국가"로 규정한 것 이외에는 서로 완전히 일치한다.

③ 둘 다 동일한 역사적 사명, 즉 착취계급과 착취제도를 소멸시
켜 사회주의를 실현하여 궁극적으로는 공산주의사회를 위한 준비조
건이다.

마르크스주의에 의하면 각 국가의 상이한 상황에 따라 무산계급독
재 역시 상이한 특징과 표현방식을 갖는 것으로 중국의 인민민주독
재는 곧 무산계급독재의 중국적 표현방식이다. 그러나 구체적 특징
과 표현방식이 어떠하든지에 관계없이 무산계급독재의 기본내용은
동일하다.

3. 인민민주독재의 계급 구성

중국의 인민민주독재의 국가정권, 즉 그 계급구성으로 말하자면 노
동자계급을 영도로 하는 노동자 · 농민연맹을 기초로 건립된 것이다.

1) 노동자계급의 영도적 지위와 역량

중국 인민민주독재에서 노동자계급의 영도적 지위와 역량은 중국
노동자계급의 성격과 역사적 사명에 의하여 결정된 것이다. 노동자
계급은 선진생산력의 대표로서 원대한 목표와 함께 철저한 혁명정신
과 함께 엄격한 조직성과 기율성을 구비하여야 한다.[55] 노동자계급
만이 착취계급을 철저하게 소멸시켜 전체 인류의 위대한 역사적 사
명을 달성할 수 있기 때문이다.

중국 노동자계급은 노동자계급이 가지는 일반적 특징 이외에도 독

---

55) 周葉中, 『憲法』, 北京, 中國人民大學出版社, 2003, 195쪽.

특한 역사성을 구비하고 있다. 즉 그들은 농민계급과 긴밀히 연계하여 노동자·농민연맹을 결성하여 왔다. 역사적으로, 중국 노동자계급은 신민주주의 혁명 과정에서 주도적 지위를 차지하여 왔으며 향후 사회주의 혁명과 건설에서 노동자계급의 영도적 지위와 역량에는 어떠한 변화도 발생하지 않을 것이다.

2) 노동자·농민연맹은 인민민주독재의 기초

무산계급이 한 국가의 정권을 쟁취하고 또한 그 쟁취하고 난 이후의 정권을 얼마나 공고히 유지할 수 있는 관건은 모두 노동자·농민연맹에 달려 있다.

레닌은 노동자·농민연맹은 무산계급독재의 최고 원칙이며 소비에트정권 역량의 근거라고 수차례 강조하였다.

중국은 농업인구가 절대다수를 차지하는 국가로서 농민문제는 중국혁명과 건설과정에서 가장 중요한 핵심적 과제를 차지하여 왔다. 특히 중국에서의 노동자계급과 농민계급의 이해관계 일치성은 노동자·농민연맹의 출현을 용이하게 하였다.

신중국 혁명사를 회고한다면 노동자계급과 농민계급의 강력한 상호연맹은 중국 신민주주의 혁명과 사회주의 혁명의 승리를 거두게 된 주력군이자 원동력이었다. 향후 노동자·농민연맹은 중국의 사회주의현대화를 실현시키는 초석으로 계속 작용할 것이다.

3) 지식분자는 노동자계급의 일원

현 단계 중국에서의 지식분자와 노동자와 농민은 모두 자신의 노동을 생활의 주 소득원으로 삼고 있는, 즉 지식분자와 노동자, 농민 들은 업종이 다른 노동자일 뿐이다.56)

중국 사회주의 현대화건설 과정에서 지식분자는 노동자계급의 일부로 편입되었으며 사회주의 건설사업의 역군이다.

헌법 서언의 "사회주의건설 사업은 반드시 노동자, 농민과 지식분자에 의지하여야 한다"57)라는 규정은 지식분자의 지위와 역할을 국가의 근본규범에 명기한 것으로 의미가 큰 것이다. 또한 헌법 제23조에는 "국가는 사회주의에 봉사하기 위한 각종 전문인재를 배양하여 지식분자를 확충하고 여건을 개선하여 사회주의 현대화건설에 있어서 지식인의 역할이 충분히 발휘될 수 있도록 한다"58)라고 규정하고 있다.

4. 중국 인민민주독재의 특징

1) 인민과 적, 인민 내부의 계층

(1) 인민과 적

인민민주독재의 국체라 함은, 즉 인민이 국가의 주인이라는 것을 의미한다. 국가의 통치 지위에 있는 인민 이외의 적은 피통치계급이며 국가에서의 피통치계급의 지위에 놓여 있는 것을 말한다.59)

---

56) 焦洪昌 主編, 『憲法』, 北京, 北京大學出版社, 2005, 123 – 124쪽.

57) 社會主義的建設事業必須依靠工人、農民和知識分子, 團結一切可以團結的力量。

58) 國家培養爲社會主義服務的各種專業人才, 擴大知識分子的隊伍, 創造條件, 充分發揮他們在社會主義現代化建設中的作用。

59) 董和平, 『憲法學』, 北京, 法律出版社, 2004, 182 – 183쪽.

인민은 적과 서로 배치되는 개념이다. 인민과 적은 계급관계와 정치투쟁과 상호 연관되어 있으며 이 둘은 역사발전에 어떠한 작용을 하였는가에 따라 구분된다.

그의 존재와 활동으로 인류역사를 미래지향적으로 진보시켜 온 모든 진보적인 계급과 계층, 사회세력과 집단 및 개인은 모두 인민의 범위에 속한다. 반대로 그의 존재와 활동이 역사 발전을 퇴보시키고 저해하여 온 모든 계급과 계층 사회세력이나 집단은 모두 인민의 적이다. 역사발전에 미래지향적이냐 퇴행적이냐에 어떠한 역할을 하여 왔느냐는 인민과 적을 구분 짓는 경계이자 표준이며, 이것은 중국 인민민주독재의 국가 정체성의 근거로 작용한다.

인민은 하나의 역사 범주이다. 인민은 원래 있었던 것은 아니었으며 또한 영원한 존재도 아니다. 인민과 적 사이의 계급투쟁은 인류사에 끊임없이 공존과 공멸을 반복하여 왔으며 상이한 역사시기에 따라 인민의 개념과 범위도 변화되어 왔다.[60)]

중국의 임시헌법격인 『중화인민정치협상회의 공동강령』에 근거하면 중국의 인민은 노동자, 농민계급, 소자산계급, 민족자산계급 및 애국민주인사를 모두 포함하나, 봉건지주, 관료자본가, 반혁명분자 및 기타 반동분자는 모두 인민의 적이었다.

그러나 1956년 사회주의 개조가 기본적으로 완성된 후, 착취계급

---

60) 모택동의 인민과 적에 대한 정의 "항일 전쟁시기에서는 일체 항일의 계급, 계층과 사회집단은 모두 인민의 범위에 속하며 일본군국주의 매국노, 친일파들은 모두 인민의 적이었다. 해방전쟁시기에는 미국제국주의와 그들의 주구, 즉 관료자산계급, 지주계급 및 대표 이러한 국민당 반동파는 모두 인민의 적이었다. 이러한 적에 대하여 반대한 계급 계층 및 사회집단은 모두 인민의 범위에 속한다. 현재 사회주의건설시기의 사회주의 건설사업에 일체의 찬성하는 계급과 계층, 사회집단은 모두 인민의 범위이다. 사회주의 혁명에 저항하거나 적대시하고 사회주의 건설을 파괴하는 사회세력과 사회집단은 모두 인민의 적이다" 毛澤東選集, 제5권, 364쪽 참조.

은 이미 소멸되었으며 중국의 계급구조와 정치임무는 근본적으로 변화가 발생하였고 인민의 범위 또한 이전과 달라졌다.

현행 82헌법 서언에는 "사회주의건설 사업은 반드시 노동자와 농민, 지식분자에 의지하며 일체의 단결 가능한 역량을 단결시킨다"[61]라고 규정하고 있는데 이는 현재 중국의 현대화건설과 조국통일 대업을 이루는 계급과 계층, 사회세력은 모두 인민의 범위로, 사회주의 현대화와 조국통일을 저항하거나 파괴하려는 자는 모두 인민의 적으로 간주된다.

(2) 인민 내부의 계층

인민은 다시 몇 단계로 구분된다. 인민이 국가의 통치계급이라는 의미는 인민 내부의 각 계급 계층이 모두 동등한 지위와 역할을 한다는 것을 의미하지는 않는다.[62]

중국 현 단계의 정치현실과 헌법규정에 따르면, 인민은 노동자계급이 영도하는 것이며, 노동자 농민의 연맹을 기초로 사회주의 사업의 건설자, 사회주의 애국자와 조국통일의 애국자가 유기적으로 연결된 정체로서 인민 내부의 지위와 경계가 분명하나 지향점이 일치하는 정치연맹이다. 인민 중에서 노동자계급이 영도계급이며 노동자·농민연맹이 기초역량이며, 기타 사회주의 건설자와 애국자는 단결의 대상이다.

---

61) 社會主義的建設事業必須依靠工人、農民和知識分子, 團結一切可以團結的力量。

62) 董和平, 전게서, 184쪽.

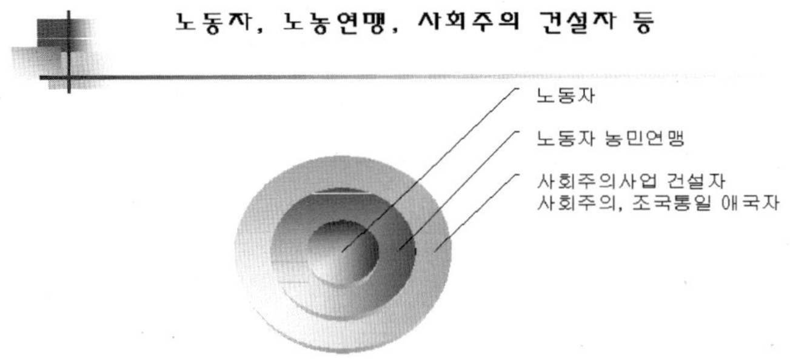

〈그림 2-2〉 중국인민내부의 계층

2) 민주와 독재의 결합

인민민주독재는 인민에게는 민주를, 적에게는 독재를 행하는 양면의 결합이다. 인민에 대하여 민주를 실시한다 함은 전체 인민이 국가의 주인으로서 국사와 국정에 참여하고 각종 민주적 권리를 누리는 것을 의미한다. 이는 현재 중국의 인민대표대회제도와 선거제도를 비롯하여, 즉 헌법과 법률 규정에 의하여 공민의 광범위한 민주적 권리와 자유, 기업직원대표대회, 촌민위원회, 주민위원회 등 기층 사회조직이 실시하는 자치 등에서 구현되고 있다.[63]

헌법에 근거하면 현 단계에서 인민의 범위는 전체 사회주의 노동자를 비롯하여 사회주의 애국자와 조국통일을 옹호하는 애국자를 모두 포괄하는 등 매우 광범위하다. 그중에서 사회주의 노동자는 주로 노동자, 농민과 지식분자 등 사회주의건설 사업의 주체를 지칭한다.

---

63) 周葉中, 전게서, 196쪽.

이처럼 중국의 인민민주독재는 최대다수의 인민에 대한 민주이다.

그러나 중국의 인민민주독재는 전체 인민에 대한 민주가 아니다. 중국현행 헌법 서언은 "중국에서 계급으로서 착취계급은 이미 소멸되었으나, 계급투쟁은 일정한 범위 내에서 장기간 존재한다. 중국인민은 중국 사회주의제도를 적대시하고 파괴하는 국내외의 적대세력과 적대분자에 대해서 반드시 투쟁을 전개하여야 한다"라고 명기하였다.

또한 헌법 제28조에는 "국가는 사회질서를 수호하고 반국가와 기타 국가안전에 위해를 끼치는 범죄활동을 진압하고 사회치안을 위해하고 사회주의 경제를 파괴하는 활동 및 기타 범죄활동을 제제하며 기타 범죄분자를 처벌하고 개조시킨다"[64]라고 규정하였다. 이러한 조항들은 인민민주독재가 인민에 대하여 민주정치만을 실시한다는 것과는 별개로 극소수의 적대세력과 범죄분자에 대해서는 독재를 실시한다는 의미를 내포하고 있다.

인민에 대하여 민주를, 적에 대하여 독재를 실시하는 양자 사이는 변증통일의 관계이다.[65] 인민에게 민주를 실시한다는 것은 적에게 독재를 실시한다는 전제조건이다. 즉 인민의 각종 민주적 권리가 보장되고 인민대중의 능동성과 적극성이 보장되는 사회주의 민주주의가 발전되어야만 극소수 적대세력에 대하여 유효적절한 독재를 실행할 수 있는 동시에 각종 범죄활동을 예방하고 처벌하는 권력을 공고히 하여야만 인민이 주인이 되는 민주권리의 실현을 보장할 수 있다는 것이다.[66]

---

64) 第二十八條 國家維護社會秩序, 鎭壓叛國和其他危害國家安全的犯罪活動, 制裁危害社會治安、破坏社會主義經濟和其他犯罪的活動, 懲辦和改造犯罪分子。 즉 헌법 수정안 제17조.

65) 殷嘯虎 主編,『憲法學』, 上海, 上海人民出版社, 2003, 171쪽.

66) 周葉中, 전게서, 197쪽.

5. 애국통일전선과 정치협상회의

1) 애국통일전선

(1) 통일전선의 개념

통일전선[67]은 무산계급독재이론의 중요 구성부분으로서 무산계급과 그 정당이 혁명과 건설의 과정에서 자신의 역량을 극대화하기 위하여 여타의 계급과 함께 단결 가능한 역량을 총동원함으로써 적극적 요소는 더욱 강화하고 소극적 요소는 적극적 요소로 전환시키는 광범위한 동맹세력을 형성하는 것을 말한다.

(2) 중국 통일전선의 변화와 추진방향

가) 통일전선의 변화

중국의 통일전선은 신민주주의 혁명시기와 사회주의 혁명시기의 상이한 역사단계를 밟아 왔다. 신민주주의 혁명시기 통일전선은 무산계급과 농민계급, 소자산계급, 민족자산계급 및 기타 애국자로 결성된 혁명정치연맹으로 그 임무는 제국주의와 봉건주의와 관료자본주의를 타도하여 인민민주정권을 수립하는 것이었다. 그러나 이러한 중국 통일전선의 내부 단결구조는 변화가 발생하였으며 착취계급은

---

67) 일정한 역사적 조건하에서 이해관계를 같이하는 정당·사회단체 또는 계급들이 동일한 목적을 실현하기 위하여 연합하는 전술·공동전선이라고도 한다. 이 전술은 공산당이 어떠한 목적을 달성하기 위하여 일시적으로 연합하는 데에서 출발한 것이다. 통일전선전술을 사용함에 있어서는 항상 공산당이 주도할 수 있거나 그 결과가 공산당에 유리하도록 유도할 것을 염두에 두고 전개한다. 만일 통일전선이 형성되어 공산당이 주도할 수 없을 경우에는 지체 없이 분열시키며 상호 대립시키려고 한다(naver 백과사전 참조).

이미 소멸되었고 계급은 점차 단순화하였으며 계급 간의 근본이익은 일치되어 갔다.

통일전선의 임무 역시 인민군중의 물질생활과 문화생활의 수요를 만족시키기 위한 사회주의 경제건설의 발전과 함께 변천하였다. 문화대혁명시기 통일전선전술은 정치적 좌절을 맞이하였으나 중공중앙 제11기 3중전회 이후 원래의 의미와 임무를 회복하였다.68)

중국공산당이 영도하는 통일전선은 중국신민주주의혁명 승리의 3대 法寶69)의 하나로 일컬어진다. 신중국 성립 이후 사회주의혁명 건설과정에서 통일전선은 계속 중국 인민민주독재의 주요 구성부분으로서 그 중요한 작용을 발휘하여 왔다.

나) 중국 통일전선의 두 가지 방면의 추진 방향

현행 헌법 서언은 "장기간의 혁명과 건설과정에서 중국공산당이 영도하고 각 민주당파와 각 인민단체가 참가하며, 전체 사회주의 노동자, 사회주의 사업의 건설자, 사회주의를 옹호하는 애국자와 조국통일을 수호하는 애국자를 포함하는 광범위한 애국통일전선이 결성되었고, 이 통일전선은 장차 계속하여 공고히 발전시킨다"70)라고 규정하고 있는데 이는 현재 중국의 애국통일전선은 두 가지 방면의 정

---

68) 殷嘯虎, 전게서, 171쪽.

69) 모택동은 중국공산혁명이 성공한 비결로서 첫째, 공산당의 건설, 둘째 무장투쟁, 셋째, 통일전선 등 3가지 법보(法寶) 덕분이라고 밝힌바 있다. 통일전선은 주요 적의 격멸을 위해 일시적인 통일노선을 걷는 것이 가능하다는 이론이다. 실제로 공산당은 2차 국공합작시 국민당보다 더 큰 적인 일본에 대항하기 위해 국민당과 통일노선을 밟았고 일본 괴멸 이후 다시 적이 되어 국민당을 추방하였다.

70) 在長期的革命和建設過程中, 已經結成由中國共産党領導的, 有各民主党派和各人民團体參加的, 包括全体社會主義勞動者、社會主義事業的建設者、擁護社會主義的愛國者和擁護祖國統一的愛國者的广泛的愛國統一戰線, 這个統一戰線將継續鞏固和發展。

치연맹을 포괄하여 추진하고 있음을 의미한다.

우선 중국 대륙 내의 노동자, 농민, 지식분자를 주체로 하는 전체 사회주의 노동자와 사회주의를 수호하는 애국자로 구성된 사회주의자들로서 사회주의를 정치이념으로 삼는 연맹이다.

다음으로는 해외의 타이완 동포와 홍콩, 마카오 해외교포들로서 조국통일의 옹호를 정치이념으로 하는 연맹이다. 이 또한 애국통일전선의 주요한 구성부분으로서 애국통일전선의 발전적 의미를 갖는다.

현 단계에서 중국 애국통일전선의 임무는 애국주의기치를 높이 들어 단결 가능한 일체의 역량을 총동원하여 사회주의 현대화건설을 위하여 봉사하며 조국통일의 대업을 위해 봉사하며 세계평화를 위하여 봉사하는 것이다.[71]

(3) 중국 애국통일전선의 특징

중국에서의 통일전선은 애국통일전선이라고 한다. 그것은 중국공산당의 영도하에 각 민주당파와 각 인민단체가 참가하며 전체 사회주의 노동자, 사회주의 사업의 건설자와 사회주의 애국자와 조국통일을 수호하는 애국자의 정치연맹이다.

중국의 애국통일전선은 다음과 같은 특징을 지닌다.

첫째, 중국공산당의 영도를 최고원칙으로 한다. 중국공산당은 인민의 핵심으로서 중국사회주의 사업과 애국통일전선의 영도핵심이다. 중국공산당의 확고한 영도 없이는 애국통일전선의 민주적 참여와 실제 효과는 보증하기가 어려울 것이다.

둘째, 애국주의를 중국통일전선의 정치기초와 범위로 설정하는 것이다.

---

71) 周葉中, 전게서, 197쪽.

애국은 중국 현 단계 통일전선 특색의 근거이며 애국주의는 정권의 기초이며 범위이다. 당파와 계급성, 어떠한 차별에 관계없이 애국자라면 누구라도 통일전선의 범주 내에 속하며 현대화건설과 조국통일대업에 봉사하는 국가사회발전의 중요한 역군의 하나가 될 수 있다. 따라서 애국통일전선에 포함하느냐의 관건은 '애국'이라는 기준에 달려 있으며 애국 이외에는 여타의 기준이 사실상 없는 상황이다.72)

2) 중국인민정치협상회의

(1) 중국인민정치협상회의의 헌법상 규정과 특성

중국통일전선 조직형식은 중국인민정치협상회의이다. 인민정치협상회의는 중국공산당과 각 민주당파와 각계인사가 장기적으로 합작한 중요 조직형식이며 또한 중국공산당이 영도하는 다당합작과 정치협상제도로서 인민민주를 고양하고 인민군중을 연계시키는 일종의 중요한 연결고리이다.

현행 82헌법 서언은 "중국정치인민협상회의는 광범위한 대표성을 지닌 통일전선조직으로, 과거 중요한 역사적 작용을 발휘하였고 앞으로도 국가의 정치생활, 사회생활과 대외우호활동에 있어서 사회주의 현대화건설과 국가의 통일과 단결을 수호하는 투쟁에서 보다 중요한 역할을 수행할 것이다. 중국공산당이 영도하는 다당합작제와 정치협상제도를 장기적으로 존재하며 발전시킨다"73)라고 규정하고

---

72) 董和平, 전게서, 185쪽.

73) 中國人民政治協商會議是有广泛代表性的統一戰線組織, 過去發揮了重要的歷史作用, 今后在國家政治生活、社會生活和對外友好活動中, 在進行社會主義現代化建設、維護國家的統一和團結的斗爭中, 將進一步發揮它的重要作用。中國共産党領導的多党合作和政治協商制度將長期存在和發展。

있는데 이것이 바로 인민정치협상회의 성격이라고 할 수 있다.

첫째, 현 단계 중국의 통일전선은 "중국 공산당이 영도하고, 각 민주당파와 인민단체가 참가하며, 전체 사회주의 노동자와 사회주의를 옹호하는 애국자, 조국의 통일을 옹호하는 애국자를 모두 포괄하는 광범한 정치연맹"인데, 인민정치협상회의는 바로 이러한 '통일전선'의 조직이라는 것이다.

둘째, 정협은 "사회주의 민주를 배양하고 정치협상과 민주감독을 실행하는 중요한 형식"이다. 정협은 국가기관이 아니므로 국가기구 체계에 들어가지 아니하고, 아무런 국가적 강제력을 가지지 아니한다. 중국공산당 역사상 제1기 인민정치협상회의(1949~1954)가 전국인민대표대회의 직권을 대행한 적이 있었지만, 과도적인 조치에 불과한 것이었다. 혹자는 정협을 일컬어 서구 양원제 국가의 상원에 해당하는 것이라고 주장하지만, 그것은 잘못된 인식이다.

셋째, 정협은 국가정치생활 중에서 중요한 작용을 한다. 그것은 국가생활 중의 중대한 문제에 대하여 토론을 진행하고 국가 영도기관에 대하여 건의를 제출할 수 있다. 전국인민대표대회가 열리는 때에는 정협 전국위원회가 동시에 열려서 열석회의를 가지기도 한다. 따라서 정협은 일반적인 인민단체와는 크게 다른 성격을 가진다.

(2) 중국인민정치협상회의의 기능

가) 정치협상

정치협상을 진행하는 것이 정협의 가장 중요한 직능이다. 여기서는 당파관계를 처리하거나 각 방면의 의견을 조정할 때에, 소수가 다수에 복종하고, 小黨이 大黨에 복종하는 방식을 취하지 아니한다.

공산당이 압도적인 우세와 절대다수를 점하고 있는 상황에서 진정한 민주는 협상일치의 원칙을 관철하는 것이라고 생각하기 때문이다. 인민정치협상회의는 공산당과 민주당파, 인민단체 및 각계인사 사이에 민주협상을 진행하는 중요한 장으로서, 국가의 중요한 사무와 중대한 방침·정책에 대한 협상을 통해, 각종의 의견을 널리 수렴하여 현실성 있고 치우치지 않은 바른 정책 결정을 도출하는 데 이바지할 뿐만 아니라, 상황에 대한 이해를 나누고 관점과 의견을 교환함으로써 공산당과 인민정부의 주장이 각 당파 및 각계인사들에 의해 이해되고 받아들여지게 하는 데도 이바지하는 것으로 설명되고 있다.

나) 민주감독

정협은 정부 업무에 대한 감독 기능도 수행한다. 그러나 그것은 국가권력기관인 인민대표대회의 감독과는 구별되는 특성을 가지고 있어서, 일종의 '민주감독'에 해당한다고 설명한다. 다만 정협의 감독 직능은 조직적인 감독이라는 면에서 인민군중의 직접적인 감독과도 구별되는 특성을 가지고 있다. 따라서 정협의 감독은 통일전선 각 방면의 의견을 조직적으로 반영하는 민주감독이라고 설명되고 있다.

정협이 민주감독의 역할을 수행하는 방식에는 여러 가지가 있을 수 있다. 국가의 중요한 사무 또는 지방의 사무에 대하여 건의, 의견 및 비평을 제기하는 것은 민주감독의 주요 형식이다. 그 밖에도 정협은 군중의 방문 또는 우편을 통해 의견을 받는 것 또는 정협 위원을 조직하여 조사, 연구 및 현지 시찰을 전개하는 것 등을 통해 상황을 이해하고 문제를 파악하는 일을 하는데, 이러한 일도 효과적인 감독 형식의 하나이다.

다) 기타

정치협상과 민주감독 외에, 정협은 다음과 같은 직능을 수행한다.

① 널리 인재를 모으고, 언로를 튼다.

② 여러 방면의 각계인사들에게 국가의 정책과 전문지식에 대한 교육을 실시하여 보다 적극적으로 국가의 현대화건설에 참여하고 공헌하도록 유도한다.

③ 구성원들의 역사적인 관련성과 사회적 관계를 이용하여 대만 동포와 홍콩·마카오 동포 및 해외 화교들과의 광범위한 연대관계를 맺는다.

Ⅱ. 중국의 정체

1. 정체의 개념과 종류

1) 정체의 개념

정체란 국가권력이 제한되어 행사되는가 그렇지 않은가에 따른 정부형태의 분류이다.

정체란 국가권력의 행사방법에 의한 정부형태의 분류를 말한다. 국체가 주권의 소재에 의한 분류인 데 반해, 정체는 주권으로부터 유래하는 통치권의 행사방법에 의한 분류인 점에서 국체의 변경은 혁명에 의해서만 가능하지만 정체의 변경은 헌법개정을 통해서도 이루어질 수 있다.[74]

2) 정체의 종류

(1) 자본주의 국가의 정체

가) 대통령제

대통령제는 정부와 의회가 독립된 채로 서로 분리되어 있는 완전한 권력분립적 정부형태를 말한다. 그 대표적인 제도로서는 미국식인 대통령제를 들 수 있다. 미국식 대통령제는 국민이 대통령을 직접 선거하고 4년의 임기가 보장되며 국회에 대해서 행정에 관한 책임을 지지 않는다. 또 국회는 상·하원으로 구성되고 정부는 국회해산권과 법률안 제안권 등을 가지지 않는다. 법원도 독립하여 위헌심사권을 행사하고 있다.

나) 의원내각제

의원내각제는 의회와 정부가 동등한 비중을 가져 상호 간 의존관계에 있는 정부형태를 말한다. 의원내각제에도 의회가 행정부에 우월한 프랑스식 의원내각제와 행정부가 의회에 우월한 독일식 의원내각제, 그리고 내각이 의회의 다수당에 의하여 구성되고 역시 정치현실상 수상·내각이 의회에서 우월한 영국식 내각책임제 등으로 분류할 수 있다.

다) 이원정부제

이원정부제란 의원내각제의 요소와 대통령제의 요소를 결합하여 가

---

74) 윤명선, 『헌법학』, 서울, 대명출판사, 2000, 148쪽.

지고 있는 제도를 말한다. 이원정부란 원칙적으로 위기에 있어서는 대통령이 행정권을 전적으로 행사하나, 평상시에 있어서는 내각수상이 행정권을 행사하며 하원에 대하여 책임을 지는 의원내각제의 형식으로 운영되는 것을 말한다. 이 제도는 독일 바이마르 공화국 등에서 발달된 제도이다. 이 제도의 현대적 유형으로 대표적인 것은 프랑스 제5공화국을 들 수 있고 그 외 오스트리아, 핀란드 등에서도 채택되고 있다.

라) 위원회제

위원회제는 스위스 연방정부가 채택하고 있는 정부형태인데, 이것은 연방의회에서 선출된 7명의 국무위원이 임기 4년의 정부를 구성하고, 그중 1인은 호선에 의하여 1년간 대통령이 되고 1인은 부통령이 되었다가, 1년 후에 대개 부통령이 대통령이 된다. 이와 같이 이 사회 형식으로 마치 동료 서로 간에 번갈아 가며 통치하는 것처럼 통치하기 때문에 집정부제라고도 한다.[75]

(2) 사회주의 국가의 정체

사회주의 국가의 기본특징은 인민군중이 정권을 장악하여 무산계급독재 또는 인민민주독재를 실시하는 것에 있다. 마르크스주의자들에 의하면 무산계급독재정권의 국가정권 조직형식, 즉 정체는 반드시 인민대표대회의의 공화국 형식이어야 한다.

따라서 사회주의 국가의 정체는 각국의 상황에 따라 약간씩 다른 형태를 나타내지만 그 본질적인 공통점은 인민대표제이다.

인민대표제의 특징은 ① 국가 일체의 권력은 인민에 속하며 인민은 국가의 주인이다. 인민은 직접선거 또는 간접선거로 대표 또는

---

75) 김철수, 『헌법학신론』, 서울, 박영사, 2003, 642 - 648쪽.

의원을 선출함으로써 각급 국가권력기관을 구성하여 국가와 사회를 관리하는 일체의 권력을 행사한다. ② 민주집중제의 원칙을 행사한다. 국가행정기관, 군대, 검찰, 재판기관은 모두 최고국가권력기관인 인민대표기관에서 선출되고 직접 인민대표기관의 감독을 받음으로써 국가권력의 통일적이고 집중적인 실시를 보장한다. ③ 노동자계급정당이 국가의 집권당이다. 당은 국가정권의 정치, 사상, 조직 면에서 총체적으로 영도하고 당은 국가의 정치지도자를 교육 선발하고 당의 방침과 정책을 제정 정립하며 국정의 기본방향을 제시한다.

2. 중국의 정부형태

중국 헌법의 제2조 "중화인민공화국의 일체 권력은 인민에 속한다", "인민의 국가권력행사기관은 전국인민대표대회와 지방각급인민대표이다"76)는 중국의 정권조직 형식, 즉 정체가 인민대표대회제도라는 것을 사실을 명확하게 규정한 것이다.

1) 인민대표대회제도의 개념

(1) 개념

중국 헌법에 근거하면, 인민은 권력을 직접 또는 간접으로 선출된 각급인민대표대회의 대표를 통하여 그들로 각급국가권력기관을 구성하여 인민을 대표하여 국가권력을 행사하는데 이것이 바로 인민대표대회제도이다.

---

76) 第二條　中華人民共和國的一切權力屬于人民。人民行使國家權力的机關是全國人民代表大會和地方各級人民代表大會。

중국 헌법은 서방국가의 헌법과 달리 '인민'과 '공민'을 구분한다. 즉 중국 헌법에는 일체의 권력은 인민에 속하는 것이지 공민에게 속하지 않는 것이다. 인민의 적은 국가권력을 향유할 수 없다. 구체적으로 정치권리가 박탈된 범죄분자와 해외의 반중국 중국공민은 선거권과 피선거권 기타 정치권리와 자유를 누릴 수 없다는 의미이다.[77] 그러나 만일 국가주권이라면 모든 공민이 주권자이다. 따라서 중국 헌법은 '국가주권(國家主權)'이라는 자구 대신 '일체권력(一體權力)'을 사용한다. 여기에서의 '일체권력'은 당연히 국가입법권, 행정권, 사법권 및 중앙과 지방정부의 기타권력을 의미한다.[78]

인민대표대회제도는 중국의 일체권력은 인민에게 속하며 인민은 보통선거로 대표를 선출하고, 민주집중제의 원칙에 따라 전국인민대표대회와 지방각급인민대표대회를 구성하여 통일 집중적으로 국가권력을 행사하고, 기타국가기관은 인민대표대회에서 선출되어 인민대표대회의 감독을 받으며 인민대표대회에 책임을 지고, 인민대표대회 상무위원회는 인민대표대회에 책임을 지고 인민대표대회는 인민에게 책임을 지며 결국 인민이 주인이 되는 근본정치제도이다.[79]

(2) 인민대표대회와의 구별

인민대표대회제도는 인민대표대회와 불가분적인 밀접한 관계에 있지만 서로 다른 개념이다.

---

77) 肖蔚云等, 『憲法學槪論』, 北京, 北京大學出版社, 2002, 145쪽.
78) 肖蔚云等, 전게서, 146쪽.
79) 인민대표대회제도는 중국인민이 중국공산당의 영도하에 장기혁명 투쟁 과정 중에서 정권을 건설한 역사경험을 총결산하여 창립한 이른바 중국 특색적 정권조직 형식이다. 殷嘯虎, 전게서, 176쪽.

가) 인민대표대회

인민대표대회는 중국의 국가권력기관인 동시에 중국 각급인민대표대회의 명칭이다.

인민대표대회는 광의와 협의의 개념으로 구분되며 광의의 인민대표대회는 대회전체회의와 상무위원회, 전문회의를 모두 포함하는 의미로 협의의 인민대표대회는 전체회의만을 가리킨다.

나) 인민대표대회제도

인민대표대회제도는 중국의 근본정치제도이며 인민대표대회를 핵심으로 하는 국가정권의 조직형식으로서 다음 두 가지 면을 포함한다.

첫째, 인민대표대회 자체의 선출, 조직, 권한 및 권한행사절차에 관한 규정 및 제도

둘째, 인민대표대회와 공민, 인민대표대회와 기타국가기관의 상호관계에 관한 일련의 규정과 제도이다. 이를 부연 설명하자면 인민대표대회와 인민의 관계, 인민대표대회와 기타 국가기관의 관계 및 중앙정부와 지방정부의 관계, 이러한 기관들의 조직과 권한 및 각급정부기관 간, 각급정부기관과 인민 간의 관계에 관한 제도와 원칙을 가리킨다. 그러나 인민대표대회제도는 기타 기관 행정, 재판 검찰 군사기관의 구체적 제도를 포함하지 않는다.

2) 인민대표대회제도의 연혁

(1) 인민대표회의

인민대표대회제도의 이론은 원래 마르크스레닌주의의 정권 건설과
대의제를 의미하며 그 모델은 러시아의 시월혁명 후 건립된 소련의
소비에트 제도이다.

인민대표대회제도는 중국에서 오랫동안 갖은 역경을 거쳐 발전하
여 온 것이다.

항일전쟁이 종식된 후, 국공 양당의 통일전선은 파괴되고, 모택동
은 중국혁명의 미래를 분석한『신민민주주의론』에서 중국의 정권조
직형식(정체)은 인민대표대회제도를 수립하는 것이지만 인민대표대회
제도 수립 이전에는 반드시 일종의 과도체제를 거쳐야 하는데 그것
이 바로 인민대표회의(人民代表會議)이다.

인민대표회의가 인민대표대회와 가장 크게 다른 점은 보통선거로
선출된 것이 아니라 협상으로 구성되었다는 점이다. 공산당은 인민
대표대회로서 국민당 시절의 참의회(參議會)를 대체하기로 결정하고
1948년부터 각지 해방구에 보편적으로 각급인민대표회의를 설립하였다.

모택동은 인민대표회의가 설립되는 즉시 인민대표회의는 자연히
현지 인민의 권력기관을 겸하며 모든 권력은 인민대표회의와 인민대
표회의가 선출한 정부위원회에서 나온다고 주장하였다.

신민주주의혁명(국공내전)에서 결정적인 승리를 거둔 1949년 9월,
중국공산당은 중국인민정치협상회의 제1차 전체회의를 개최하여『중
국인민정치협상회의공동강령』과 정협조직법, 중앙인민정부조직법을
통과시키고 중국인민정치협상회의 전국위원회와 중앙인민정부위원회
를 선출하였다. 이는 당시 제반 환경이 아직 성숙되지 않았던 차에

채택한 일종의 과도적인 조치였으며 중국인민정치협상회의 전체회의
는 전국인민대표대회의 직권을 대행하였다.

(2) 인민대표대회제도의 확립과 변화

1953년 겨울에서 1954년 봄, 중국 전역에 사상 최초로 보통선거
가 실시되고 그 보통선거에 의하여 지방 각급 인민대표대회를 개최
하였으며 또 그것은 지방각급 국가정권기관과 전국인민대표대회의
대표를 선출하였다.

1954년 9월, 제1기 전국인민대표대회의 제1차 전체회의를 개최하
여 신중국 최초의 헌법과 일련의 국가기관의 조직법 등 중요법률을
통과시켰다.

헌법과 국가기관의 조직법 실시는 중국인민대표대회제도가 정식으
로 확립되었음을 의미한 것이다. 그러나 문화대혁명기간 동안 지방
각급인민대표대회는 지방의 혁명위원회로 대체되었고 인민대표대회
제도는 이름만 남게 되었다.

1975년 1월, 제4기 전국인민대표대회 제1차 회의는 극좌적인 75
헌법을 통과시켰으나 인민대표대회제도를 회복한 것은 긍정적 의미
가 있었다.

1978년 2월 제5기 전국인민대표대회 제1차 회의는 헌법을 통과시
켜 국가영도자를 선거하고 결정하면서 지방각급인민대표대회의 회복
작업에 착수하였다. 1979년 7월 제5기 전국인민대표대회 제2차 회
의는 헌법수정안을 통과시켜 현과 현 이상의 각급인민대표에 상무위
원회를 설치하여 지방각급혁명위원회를 지방각급인민정부로 개칭하
고 현급인민대표를 선거인에 의하여 직접 선거하게끔 하였다.

1982년 헌법은 전국인민대표대회의 조직과 각종 업무제도를 개선

하고 전국인민대표대회 상무위원회의 직권을 확대하여 인민대표대회
제도를 더욱 정비하고 발전하게끔 하였다.

3) 인민대표대회제도의 기본원칙

(1) 민주집중제

민주집중제는 마르크스와 엥겔스에 의하여 처음으로 제기되었고,
레닌에 의하여 계승 발전된 국가체제 및 국가 운용상의 기본원리로
서 모든 사회주의국가에서는 당과 국가조직뿐만 아니라 여타 사회단
체조직의 구성 및 운용에 적용되고 있다. 마르크스 – 레닌주의적 민
주집중제의 구체적 내용은 당과 국가 영역으로 나누어 볼 수 있는데,
당내 표현으로는

① 당의 모든 영도기관은 상향식 선거에 의하여 이루어지고,

② 당의 하부기관은 상부기관에 정기적 보고를 하며,

③ 소수는 다수에 복종하고,

④ 하부조직은 상부조직에 복종하도록 되어 있다.

그리고 국가영역에서 민주집중제의 구체적 표현으로는,

① 영도기관의 선거제와 영도기관의 선거민에 대한 책임제,

② 국가사무에 대한 인민의 자발적인 관리제,

③ 부분의 전체에 대한 복종, 지방의 중앙에 대한 복종의 규율 등
   을 지적할 수 있다.

민주집중제는 중국공산당 정권에서 조직의 기본원칙으로 발전되어
왔다. 모택동은 중국공산당의 민주집중제에 포함되어야 할 네 가지

원칙으로 소수의 다수에 대한 복종, 개인의 집단에 대한 복종, 하부의 상부에 대한 복종, 전체 당원이 중앙에 대한 복종을 지적하였다. 그리고 민주집중제의 기본정신은 '집중지도하의 민주와 민주기초상의 집중'에 있다고 하였다. 민주집중제는 중화인민공화국 수립 시 임시헌법의 구실을 한 공동강령과 54헌법에서 현행 82헌법에 이르기까지 중국 정치체제의 일관된 기본조직원칙이다.[80]

(2) 민주집중제 원칙의 구현

민주집중제는 인민대표대회제도의 조직과 활동을 통하여 관철되고 국가기관과 인민군중의 관계를 처리하며 국가기관 내부 간의 관계, 국가기관 상호 간의 관계, 상하급 국가기관 간의 관계, 인민이 진정한 국가의 주인이 되는 사회주의 민주를 실현한다.

가) 인민대표대회와 선거민의 관계

전국인민대표대회와 지방각급인민대표대회는 인민의 직접 민주선거로 선출되고 인민에 대해서 책임을 지고 인민의 감독을 받는다. 각급인민대표는 민주적 선거로 선출되고 선거인 또는 선거단위는 자신들이 선출한 대표를 파면할 수 있다. 인민대표와 선거인 또는 선거단위의 관계는 인민이 국가의 주인인 반면 인민대표는 인민의 공복이며 인민이 국가권력기관에 파견한 대표에 지나지 않는다. 인민의 대표는 반드시 인민의 의지를 대표하고 집행하여야만 한다. 즉 전체 인민은 각급 인민대표대회의 조직과 활동을 통하여 일체의 권력을 행사하고 집행하는 것이다.

---

80) 강효백, 전게서, 54쪽.

나) 각급인민대표대회 내부 및 그들의 업무관계

소수가 다수에 복종하고 하급이 상급에 복종하고 지방이 중앙에 복종하는 원칙으로서 국가의 최고 권력은 전국인민대표대회에 집중된다.

다) 인민대표대회와 기타 국가기관의 관계

국가행정기관, 재판기관, 검찰기관 등 일체의 국가기관은 인민대표대회에서 선출하고 책임을 지며 인민대표대회의 감독을 받는다. 모든 국가기관의 정책과 활동은 인민대표대회가 통과한 법률과 결의를 위반하여서는 안 된다.

국가권력기관은 전국 및 지방각급인민대표대회이며 인민의 국가권력은 이들 인민대표대회에서 통일 집중적으로 행사된다. 전국인민대표대회는 전국의 모든 중대한 문제를 결정하고 지방각급인민대표대회는 해당 지역의 중대한 문제를 결정한다.

이것이 바로 중국의 인민대표대회제도와 자본주의국가의 의회제도가 가장 다른 점이다. 인민대표대회는 국가권력이 고도로 집중된 기관이고 권력의 고도 집중은 고도의 민주 기초 위에서 가능하다.[81]

라) 중앙과 지방의 관계

중앙과 지방의 국가기관 권한의 획정은 중앙의 통일적인 영도 아래 지방의 능동성과 적극성을 발휘하는 원칙에 따른다. 인민권력 통일의 구현에서 또한 지방의 특징을 근거로 적재적기에 적합한 지방을 발전시킨다.

---

81) 중국의 인민대표대회는 민주적 선거로 인하여 선출되는 것으로 진정한 인민의 의지와 이익을 대표하는 인민대표기관이기 때문이다. 殷嘯虎, 전게서, 179쪽.

4) 중국 인민대표제도의 특징

(1) 일원제

세계 각국 대의기관의 조직형식은 1원제 또는 복합구조이다. 단일구조는 대의기관이 일원제로 구성된 것이고, 복합구조는 대의기관이 양원제 또는 다원제로 구성되어 있다. 단일제 국가는 주로 한국, 중국, 북한, 스위스, 덴마크, 그리스 등이, 복합제 구조는 미국, 영국, 독일, 이탈리아, 일본 등이 채택하고 있다.

단일제 구조와 복합제 구조는 각국의 역사전통 및 국내통치의 실제수요 등 서로 다른 국가 상황에 따라 채택되는 것이다.

중국의 인민대표대회제는 중국의 역사전통과 구체적인 국가상황에 부합하는 것으로 일원제는 수십 년간 존재하였으며 중국인들에게 이미 익숙해졌고 일원제의 국정운영은 신속 편리하며 효율적이다. 그 밖에 중국의 국가권력은 통일적일 뿐만 아니라 일원제는 충분히 각 민족의 이익을 반영하고 양원제로 상호 견제할 필요성이 없다.

(2) 상설기관의 설치

대다수 국가의 대의기구는 상설기관을 설치하지 않는다. 의회는 연중 상시 활동하며 회기가 장기간이기에 이를테면 영국의회의 회기 220여 일, 프랑스 의회의 회기는 약 170일로 별도의 상설기관을 둘 필요성이 없다.

그러나 중국인민대표대회는 매년 1회 개최되며 회기는 15일 정도로 짧다. 각급인민대표대회 국가권력의 일상적인 실시를 보장하기 위하여 중국은 현급 이상의 인민대표대회에 상무위원회를 상설기관으로 설치하였다. 각급인민대표대회 상무위원회는 인민대표대회에 책

임을 지고 그의 감독을 받고 전국인민대표대회 및 지방인민대표대회
의 기능을 효과적으로 신속하게 발휘하게끔 한다.

(3) 인민대표대회 대표의 겸직제

서방국가의 의원은 대부분 전임 대표제를 채택한다. 전임 대표제
를 실시하여야만 입법기관의 직능을 충실히 이행할 수 있으며 그에
따라 의회는 상설적 국가기관이다.

중국의 인민대표대회는 상설기관인 상임위원회를 설치하였기에 전
임 대표제를 채택할 필요성이 없다. 중국 현재 각급인민대표대회 대
표는 인민대표대회 상무위원회의 간부 외에는 대부분 겸직대표를 맡
고 있다. 인민대표와 선거민의 연계에 이롭고 선거민의 의견을 청취
하고 선거민의 감독을 받기 용이한 것이다.[82]

5) 전국인민대표대회의 지위와 권한

(1) 전국인민대표대회

가) 지위와 구성

전국인민대표대회는 중국 최고권력기관이며 국가기관 중에서 최고
지위를 차지하며 국가권력을 통일 집중적으로 행사한다.

전국인민대표대회는 첫째, 전국 인민의 대표기관으로서 전국의 인
민을 대표하여 국가권력을 행사한다. 둘째, 전국인민대표대회가 행사
하는 직권은 최고의 국가권력이다. 셋째, 기타의 국가기관, 즉 최고

---

82) 殷嘯虎, 전게서, 180쪽.

의 국가행정기관, 최고의 국가 심판기관, 최고의 국가 검찰기관 등은 모두 전국인민대표대회에서 생성되고 그 감독을 받으며 그에 대해 책임을 진다. 전국인민대표대회는 성과 자치구, 직할시, 특별행정구 및 군대가 선출한 대표로 구성된다.[83]

나) 회의와 임기

전국인민대표대회는 매년 1회에 정기적으로 소집되는 정기회의와 1/5 이상의 전국인민대표대회 대표들의 요구에 의하여 집회하는 임시회의가 있다. 회의는 전체 대표 수의 2/3 이상 출석으로 개최되며 전국인민대표대회가 선출된 주석단이 회의를 주재한다.

전국인민대표대회 대표의 임기는 5년이다. 임기 만료 2개월 이전에 전국인민대표대회 상무위원회는 반드시 차기 전국인민대표대회 선거를 완료하여야 한다. 만일 선거를 실시할 수 없는 비상사태가 발생하였을 경우 전국인민대표대회 상무위원회 전체 인원 2/3 이상의 다수로 선거를 연기할 수 있으며 당해 전국인민대표대회의 임기를 연기할 수 있다. 비상사태가 종료된 후 1년 이내에 반드시 차기 전국인민대표대회를 선거하여야 한다.

다) 권한

① 전국인민대표대회는 헌법을 개정하고 헌법의 실행을 감독하고 기본법률을 제정한다. 헌법의 개정은 전국인민대표대회 상무위 원회 또는 5분의 1 이상의 전국인민대표대회 대표의 제의에

---

83) 1982년 헌법 제4차 수정안은 헌법 제59조 제1항에서 전국인민대표대회의 대표 선출 단위로 특별행정구가 첨가되었다. 지방 성, 자치구, 직할시와 군대 이외에 특별행정구가 전인대 대표 선출의 단위로 명시되었다는 것이다.

의하며, 전국인민대표대회 전체 대표의 3분의 2 이상의 다수로 통과한다.

② 국가주석의 제청에 근거하여 국무원총리를 선출하고, 국무원총리의 제청에 근거하여 국무원부총리, 국무위원, 각부 부장, 각 위원회 주임, 심계장, 비서장을 선출한다. 중앙군사위원회 주석을 선출하고 중앙군사위원회 주석의 제정에 근거하여 중앙군사위원회의 기타 구성원을 선출한다.

최고인민법원 원장과 최고인민검찰원장을 선출한다.

③ 국가의 국민경제사회발전계획을 심사 비준하고 국가예산과 예산집행의 상황보고를 심사 비준한다.

④ 전국인민대표대회 상무위원회의 부적당한 결정을 변경하고 취소하는 권한을 가진다.

⑤ 성, 자치구와 직할시의 설치를 비준하고 특별행정구의 설치 및 그 제도를 결정하고 전쟁과 평화에 관한 문제를 결정하는 등 최고국가권력기관으로서 당연히 행사할 기타의 직권을 행사한다.

라) 대표의 지위와 권한

전국인민대표대회 대표는 최고국가권력기관의 구성인원으로서 지위를 가진다. 성과 자치구, 직할시, 특별행정구와 군대에서 선출된 대표는 전국 인민의 이익과 의지를 대표하여 헌법과 법률규정에 의하여 국가권력행사에 참여한다.

전국인민대표대회 대표의 권한으로는 ① 전국인민대표대회에 참가하여 국가의 중대한 문제에 대하여 토론과 결정을 하며, ② 전국인민대표대회에 참가하여 법률절차에 의하여 의안 질의, 비평, 의견을 제기할 수 있는 권리, ③ 전국인민대표대회 대표는 전국인민대표대회 회의주석단의 허가를 거치지 않거나 전국인민대표대회 폐회기간에 있어서는 전국인민대표대회 상무위원회의 허가를 거치지 않고는 체포당하지 않고 형사재판을 받지 않을 권리, ④ 전국인민대표대회 대표의 전국인민대표대회 각종 회의석상에서의 발언과 표결에 대해서는 법적 책임을 추궁당하지 않을 권리, ⑤ 전국인민대표대회에 출석하는 대표는 적절한 수당과 물질적인 편리를 제공받을 수 있는 권리와 소수민족대표는 필요한 통역을 제공받을 권리가 있다.

(2) 전국인민대표대회 상무위원회

전국인민대표대회 상무위원회는 전국인민대표대회의 상설기관으로서 위원장 1명, 부위원장 약간 명, 비서장(사무총장) 1명과 위원 약간 명으로 구성된다. 전국인민대표대회 상무위원회의는 보통 두 달에 한 번 개최하며 필요에 따라 임시회의를 소집할 수 있다. 상무위원은 국가행정기관, 재판기관과 검찰기관의 직을 겸할 수 없다. 상무위원회 위원장과 부위원장의 임기는 2회에 한해 연임이 가능하다.

전국인민대표대회 상무위원회는 집단토론의 합의제 기관으로서 주요한 운영방식은 총의에 의하여 한다. 회의는 위원장이 소집하며 2개월에 한 번씩 집회하고 필요시에 법률이 정한 절차에 따라 소집한다. 전체 상무위원의 과반수가 출석하여야 회의를 개최할 수 있다.

가) 고유의 권한
① 헌법 해석과 헌법실시의 감독권
② 전국인민대표대회가 당연히 제정해야 할 법률 이외의 기타법률의 제정·개정과 법률해석권
③ 국무원, 중앙군사회원회, 최고인민법원과 최고인민검찰원업무

의 감찰

④ 헌법과 법률에 저촉되는 국무원 제정의 행정법규, 결정과 명령
의 취소 및 헌법, 법률과 행정법규에 저촉되는 성, 자치구, 직
할시 국가권력 제정의 지방성 법규와 결의의 취소

⑤ 전국인민대표대회 폐회기간 동안, 고위공직자의 임면권

⑥ 재외전권대사의 임면과 외국과 체결하는 조약과 주요협정의 비준
결정권, 군인과 외교관의 등급제도 제정권과 영전수여 결정권

⑦ 전국총동원 혹은 국부동원을 결정하고 전국 혹은 개별 성, 자
치구, 직할시의 계엄 결정권

나) 전국인민대표대회 폐회기간 중의 권한

① 전국인민대표대회 제정의 법률에 대하여 부분적 보완과 개정
권한

② 국민경제, 사회발전계획, 국가예산의 집행과정에서 발생되는
조정방안의 심사 비준권

③ 고위공직자의 감독권과 임면권 등이 있다.

3. 국제인권규약 가입에 따른 중국헌법상 기본권조항의 현황과 개선논의

I. 서 론

　미국을 위시한 서구사회의 '인권(人權, jus humanna, human rights, Menschenrechte)'[84]에 부정적 태도를 갖고 있던 중국이 1997년과 1998년 각각 국제사회의 대표적인 인권규범인 '경제적, 사회적 및 문화적 권리에 관한 국제규약(International Covenant on Economic, Social and Cultural Rights, 이하 'A규약'으로 칭함)'과 '시민적 및 정치적 권리에 관한 국제규약(International Covenant on Civil and Political Rights, 이하 'B규약'으로 칭함)'에 서명(signature)하였다. 이어 중국은 2004년 헌법 개정을 통하여 "국가는 인권을 존중하고 보장한다(國家尊重和保障人權)"라는 문구를 삽입하여 '인권'을 헌법에 수용하였다(헌법수정안 제24조, 즉 헌법 제33조 제3항(款)증보).[85]

---

84) human rights가 실정법에 명시적으로 등장하였던 것은 제2차 세계대전 후의 국제연합헌장이 최초, rights of man이라는 표현이 제일 먼저 쓰인 것은 토머스 페인의 인권의 권리(Right of Man)에서 사용된 것이 최초이다. 강희원, "인권에 관한 용어사적 고찰", 『경희법학』, 제45권 제1호(2010년 3월), 27쪽 참조

85) 중국 헌법은 제정에 가까운 전면개헌일 경우에는 1954년 헌법, 1982년 헌법이라 칭하며 기존조문을 전면 삭제하고 새로운 조문을 기재하는 대륙법계와 유사한 방법을 채택한다. 일부개헌일 경우에는 기존조문을 그대로 두고 새로 조문을 추가하는 미국 헌법전과 유사한 증보식을 택하며 이를 헌법수정안이라 칭한다. 강효백, 『중국법 통론』, 경희대학교출판국, 2007, 72쪽 참조.

개혁개방이 심화됨에 따라 중국은 국제연합(UN) 안전보장이사회 상임이사국이라는 국제법상의 높은 위상을 자긍하며 글로벌화에 부응하기 위한 국제표준에 부합하는 법제개선을 모색하여 왔다. 특히 2001년 세계무역헌장이라고 일컬어지는 세계무역기구(WTO)협정을 체결한 이후, WTO 체제의 요구에 부합되는『물권법』,『대외무역법』,『외자기업법』,『회사법(公司法)』등 주로 민상법과 경제법 분야의 법률·법규를 활발히 제·개정하여 왔다. 이와 대조적으로 중국은 국제인권규약(이하 '인권규약'이라 칭함)에 서명한 이후 A규약은 비준(ratification)하였으나 B규약은 비준하지 않고 있을 뿐만 아니라 인권 분야를 위시한 민주, 자유와 같은 인류의 보편적 가치 법제화는 정체 상태를 면치 못한 상황이 지속되어 왔다.[86]

그러나 '조화로운 사회건설(和諧社會)'과 '사람을 근본으로 삼음(以人爲本)'을 기치로 내건 후진타오(胡錦濤)를 중심으로 하는 제4세대 집권 2기 기점인 2008년을 분수령으로 중국의 인권관과 인권정책에 대한 전반적 변화 동향을 보이고 있다. 이와 함께 G2로 대변되는 중국의 달라진 국제적 위상으로 중국의 국제사회에 대한 참여의 폭이 확대되면서 국제사회와의 연계성과 상호 의존성이 심화되는 과정에서 국제사회의 글로벌 스텐다드 또는 보편적 기준에 대한 수용압박이 가중됨에 따라 중국 헌법학계를 중심으로 인권규약에 부합하는 헌법 수정 논의가 활발히 전개되고 있다.

따라서 인권의 국제법적 보장을 규정하여 가입국의 헌법률적인 효력과 지위를 가진 인권규약[87]과 이른바 '중국특색적 사회주의'를 기본

---

86) 중국은 A규약을 1997년 10월 27일 서명하고 2001년 2월 28일 비준하였으나, B규약은 1998년 10월 5일 서명한 후 2010년 8월 현재까지 비준하지 않고 있다.
87) 김철수,『헌법학신론』, 박영사, 2009, 268쪽.

원리로 한 현행 중국 헌법, 이들 두 헌법적 문건88)의 지도이념과 구체 내용이 어떻게, 어느 정도로 충돌하고 있는지, 또 그러한 충돌을 A규약의 실효적 이행과 B규약의 비준을 위해서 헌법해석 또는 헌법수정 등으로써 여하히 개선하려는가에 관한 중국 학계의 논점들을 파악하고, 나아가 그에 대한 평가와 전망을 하려는 데 본 연구의 목적이 있다.

본고의 연구접근방법론으로는 인권규약과의 비교를 통하여 중국 헌법상 기본권조항을 구명(究明)하려는 비교법학방법론과 아울러 현행 실정법을 비판하면서 헌법의 수정 방안을 논급하는 법정책학 또는 입법론적 연구방법론을 채택하고자 한다.89) 인권규약은 중국 헌법을 설명하기 위한 단초로서 중국 헌법상 기본권조항에 중점을 두어 분석하고자 한다.90)

논문의 연구범위와 대상은 인권규약과 중국 헌법상 기본권조항을 비롯한 인권관련 중국 국내법으로 한정하였다. 논문의 연구방법은 중국 인권관련 인터넷사이트와 관련기관 자료 및 선행연구를 중심으로 분석하였으며 최근 중국에서 연구 발표되고 있는 각종 전문서적과 학술지 게재논문을 주로 이용하였다.

---

88) 중국 헌법학계도 국제인권규약을 헌법전(憲法典), 헌법성 법률, 관습헌법 등과 함께 중국 헌법의 법원(法源) 하나로 인정하고 있다. 韓大元, 『憲法學基礎理論』, 中國政法大學出版社, 2009, 98－99쪽 참조.

89) 중국의 법학연구방법론의 주류는 현재의 실정법을 기초로 하여 이것을 비판하면서 현행법 제도의 개정, 신입법의 형식으로 정립될 이상적 법규범을 사회적 여러 여건하에서 연구하는 법정책학, 또는 입법론적 방법론을 중시하는 경향이 농후하다. 이와 같은 연구경향은 법을 사회변화의 도구로 활용하려는 사회주의 중국체제와 밀접한 관련이 있는 것으로서 실정법에 대한 강한 의존성과 '사회 현실에서 의미 추출'보다는 '의미에서 의미를 추출'해 내는 데 주력하는 한국의 법해석학 방법론과는 대조적이다. 孫國華·朱景文, 『法理學』, 中國人民大學出版社, 2004, 35－45쪽; 葛洪義, 『法理學』, 中國政法大學出版社, 2002, 51－56쪽 참조.

90) 沈宗靈, 『比較法研究』, 北京大學出版社, 1999, 200쪽.

Ⅱ. 국제인권규약과 중국헌법상 기본권조항

1. 국제인권규약

1) 국제인권규약의 성격

국제연합헌장의 인권조항이나 세계인권선언은 법적 구속력이 없고, 또한 극히 불충분한 것이었으므로, 유엔인권위원회(Commission on Human Rights)는 구속력이 있는 인권규약안의 기초에 착수하였다. 그 내용은 본래 자유권적 기본권에 한한 것이었지만, 생활권적 기본권도 규정할 것인가, 규정한다면 별개의 문서로 할 것인가에 관해 논의가 있었다. 결국 유엔 총회는 생활권적 기본권도 규정하기로 결정하였고 이에 따라 인권위원회는 성질이 다른 별개의 권리를 동일한 규약 속에 규정함이 적절하지 않다고 보고 1954년 2개의 규약 초안을 작성하여 최종기초를 위하여 1955년에 유엔 총회 제3위원회 (Social, Humanitarian and Cultural Committee)로 넘겼다. 그러나 유엔 총회의 승인은 미국정부의 지지철회와 냉전으로 인하여 계속 지연되다가, 결국 1966년에 A규약과 B규약이 유엔 총회에서 채택되었다. 이들 규약은 35개국이 비준(ratification)을 완료한 1976년에 각기 발효하였다.[91] 유엔 헌장과 세계 인권선언이 갖고 있지 않은 법적 구속력을 갖고 있는 인권규약은 제2차 세계대전 후 인권의 국제적 보장이라는 측면에서 가장 커다란 의의를 갖는다. 특히 개인의

---

91) 한국은 1990. 3. 16. A규약과 B규약에 국회의 비준을 받아 가입하였다. 박찬운, 『인권법』, 도서출판 한울, 2008, 143쪽 참조.

국제법적 지위를 향상시켰으며, 세계인권선언에 법적 구속력을 부여한 점은 높이 평가받고 있다.[92]

A규약에는 노동의 권리(제6조), 공정하고 유리한 노동조건의 보장(제7조), 노동조합의 결성·가입 및 파업의 권리(제8조), 사회보장을 받을 권리(제9조), 가정과 임산부 및 아동의 보호받을 권리(제10조), 적당한 생활수준을 유지할 권리(제11조), 육체적·정신적 건강을 향유할 권리(제12조), 교육받을 권리(제13조), 초등교육의 무상의무화계획수립(제14조), 문화생활에 참가할 권리(제15조), 이상의 권리를 보장함에 있어 일체의 차별금지(제2조 제2항)와 남녀평등(제3조)과 민족자결(제1조)이 규정되어 있다.

2001년 2월 28일 중국전인대 상무위원회는 A규약을 비준하면서 제8조 1(a) "모든 사람은 그의 경제적, 사회적 이익을 증진하고 보호하기 위하여 관계단체의 규칙에만 따를 것을 조건으로 노동조합을 결성하고, 그가 선택한 노동조합에 가입하는 권리, 그러한 권리의 행사에 대해서는 법률로 정하여진 것 이외의 또한 국가안보 또는 공공질서를 위하여 또는 타인의 권리와 자유를 보호하기 위하여 민주사회에서 필요한 것 이외의 어떠한 제한도 과할 수 없다"[93]를 유보하였다. 비준의 주요 내용은 다음과 같다.

① 중국 정부는 A규약 제8장 1조(A)를 『헌법』과 『공회법』(工會

---

92) 이병조·이중범, 『국제법신강』, 일조각, 2007, 764쪽.

93) (a) The right of everyone to form trade unions and join the trade union of his choice, subject only to the rules of the organization concerned, for the promotion and protection of his economic and social interests. No restrictions may be placed on the exercise of this right other than those prescribed by law and which are necessary in a democratic society in the interests of national security or public order or for the protection of the rights and freedoms of others.

法, 노동조합법),『노동법』등 관련 중국 국내법에 따라 처리한다. ②
1997년 6월 20일과 1999년 12월 2일 중국 주 유엔대표부가 유엔에
교부한 바에 근거하여 A규약을 홍콩특별행정구와 마카오특별행정구
에 적용하고『홍콩특별행정구기본법』과『마카오특별행정구기본법』
의 규정에 의하여 각 특별행정구 법률을 통하여 실시한다. ③ 조약
체결 자격이 없는 대만 당국이 1967년 10월 5일 중국 명의로 A규
약을 체결한 것은 불법으로 무효이다. 한편 중국 정부는 2003년 12
월 유엔에 A규약의 최초 이행보고서를 제출한 바 있다.94)

　　B규약에는 생명권보장(제6조), 고문과 잔혹한 형벌 또는 대우의
금지(제7조), 노예무역 · 노예제도 · 강제노동의 금지(제8조), 신체의 자
유와 안전에 관한 권리(제9조), 피구금자에 대한 인도적 대우(제10
조), 계약상의 의무를 이행할 능력이 없음을 이유로 한 투옥의 금지
(제11조), 거주 · 이전의 권리와 자국을 포함해서 어떤 국가든지 이
주할 권리 및 자국으로 귀국할 권리(제12조), 합법적으로 체류하고
있는 외국인에 대한 추방은 '법률에 의거한 결정'에 의해서만 가능
(제13조), 공정한 재판을 받을 권리(제14조), 형벌불소급의 원칙(제15
조), 인격권(제16조), 사생활 · 가족 · 가정 및 통신에 대한 자의적 또
는 불법적 간섭금지(제17조), 사상 · 양심 · 종교의 자유(제18조), 표
현의 자유(제19조), 전쟁을 선전하고 민족적 · 인종적 또는 종교적
증오를 옹호하는 행위의 금지(제20조), 평화집회의 권리(제21조), 노
동조합의 결성을 포함한 결사의 자유(제22조), 가족의 보호와 혼인의
권리(제23조), 아동의 보호받을 권리(제24조), 참정권(제25조), 법의
평등한 보호를 받을 권리(제26조), 소수자 구성원의 보호(제27조),

---

94) 王鐵崖,『國際法』, 法律出版社, 2007, 153 - 154쪽.

그리고 이상의 권리를 보장함에 있어 일체의 차별금지(제2조)와 남녀 평등(제3조)과 민족자결권(제1조)이 규정되어 있다.95)

2) A규약과 B규약의 차이

A규약은 이 규약에서 인정된 권리의 완전한 실현을 점진적(progressive)으로 달성함을 목표로 하고 있으며, 규약의 각 당사국은 목표달성을 위해 개별적으로 특히 경제적, 기술적인 국제적 지원과 협력을 통하여, 가입국의 제반여건과 상황이 허용하는 범위 내에서 최대한 그리고 적절한 수단을 동원하여 실천하는 상대적(qualified) 의무이행을 제시하였을 뿐이다.96) 이와 대조적으로 B규약은 각 당사국에 규약에서 인정된 권리들을 존중하고, 자국영토 내에 있거나 관할권하에 있는 모든 개인에 대하여 권리를 확보할 것을 요구하고 있으며 B규약의 비준 즉시 규약상의 모든 권리의 즉각적(immediate)이고 완전한 실현을 목표로 하고 있다.97) B규약상 권리를 보장하기 위해서는 가입국 정부의 실천 의지가 중요한 관건인 데 비해 A규약상 권리를 보장하는 데에는 경제력이 요구되고 필요할 경우 외부세계의 지원과 협력을 구하여야 한다.

A규약은 B규약과 달리 국가 간 고발제도와 개인의 국가 고발제도를 도입하지 않았다. B규약 제4조는 "국가의 생존을 위협하는 공공의 비상사태가 선포되는 경우" 당사국이 규약하의 의무를 위반하는

---

95) 이병조 · 이중범, 전게서, 669쪽.

96) 백충현, "국제인권규약 가입의 법적 의의", 『저스티스』, 제21권(1988년 12월), 7쪽.

97) Paul Sieghart, *The International Law of Human Rights*, Oxford University Press, 1983, pp.56 − 59.

조치를 취하는 것을 허용하면서도, 당사국은 비상사태하에서 생명권 및 사형제도(제6조), 고문 및 잔학형의 금지(제7조), 노예 및 강제노동의 금지(제8조), 민사책임불이행에 의한 구금의 금지(제11조), 소급처벌의 금지(제15조), 인간으로 인정받는 권리(제16조), 사상. 양심 및 종교의 자유(제18조) 등의 제 규정을 위반, 침해할 수 없다고 규정하였다(제4조 제3항). 이는 B규약 영역 내의 인권 사이에 서열이 있음을 인정한 것인데, 전자의 경우는 보통의 표준적인 인권으로 후자의 경우는 침해할 수 없는 인권으로 부르기도 한다.[98]

일반적으로 말하자면 A규약이 정부에 권력을 부여한 것이라면 B규약은 주로 정부의 권력을 구속하는 것이라고 할 수 있다. 그 때문에 각국은 A규약을 체결 비준한 후 B규약을 체결 비준하고 있다.[99]

2. 중국 헌법상 인권과 기본권조항

1) ‘인권’의 중국 헌법에의 수용 배경

중국이 공개적으로 인권을 거론한 것은 1989년 6월 천안문사건 이후부터이다. 천안문사건 이후 미국을 중심으로 한 서구 국가의 인권공세에 적극적으로 대응하기 위하여 중국 국내에서 인권문제와 관련한 논의가 개시되었다. 과거 인권 개념을 무조건 부정하고 배척하던 태도에서 벗어나 인권이라는 사상적 도구를 충분히 이용해 국내외의 각종 적대세력과 적극적인 투쟁을 진행해야 한다는 쪽으로 방

---

98) 김대순, 『국제법론』, 삼영사, 2007, 738 - 739쪽.

99) Joseph Wrongka, *Human Rights and Social Justice*, Sage Publications, 2008, p.63.

향을 틀기 시작하였다. 중국 학계는 인권과 사회주의 관계에 대하여 긍정적인 평가를 내리고 사회주의 중국의 인권상황이 갖는 특징과 우위성을 강조하면서 사회주의 인권상황이 자본주의의 인권상황보다 근본적으로 우월하다는 것을 밝히는 태세가 필요하다는 견해가 강조되었다. 중국 정부의 차원에서도 천안문사건으로 촉발된 내부적인 불안정과 외부로부터의 공세에 적극적으로 대응할 필요를 인식하였다. 이에 따라, 당시 장쩌민(江澤民) 중국공산당 총서기가 '인권문제의 연구를 심화시키는 것에 관한 지시'를 내리는 것을 계기로 여러 매체와 학술기관에서 인권문제와 관련한 논의가 활발하게 진행되었다. 이러한 토대 위에서 1991년 11월 2일 중국 최초의 인권백서가 중국공산당 기관지인 인민일보에 게재되었다.[100]

1997년 9월 개최된 중국공산당 제15기 전국대표대회에서 발표된 정치보고서에서 "공산당집권은 인민이 국가의 권력을 장악하고 민주선거와 민주적 정책결정 민주관리와 민주감독을 영도하고 지지하는 것이다. 인민이 법에 따른 광범한 권리와 자유를 향유하고 인권을 존중하고 보증한다"고 밝혔다. 인권 개념이 최초로 당의 정식 보고문건에 삽입된 것이고 인권이 중국 공산당지도층 사회주의건설의 중요 내용에 포함됨을 천명한 것이다.[101] 같은 해 10월 미·중 양국 정상회담 공동성명에서 "미·중 양국은 세계 인권선언 및 국제인권

---

100) 중국은 미국의 인권압박에 대응하여 1999년부터 해마다 『미국인권실태보고서』를 발표하고 있다. 미국이 안고 있는 인권문제를 부각시킴으로써 미국이 '정치적 의도'를 갖고 '이중 잣대'로 중국의 인권문제를 제기하고 있다는 점을 공격하면서, 중국의 정치체제를 정당화하고 인권상황을 합리화하고자 하는 의도를 갖고 있는 것으로 평가된다. 윤영덕, "개혁개방 이후 중국의 인권관과 인권정책—저항과 개입에 대한 국가의 대응—", 『민주주의와 인권』, 제8권 2호(2009년 6월호), 202쪽 참조.

101) 韓大元, 『共和國六十年法學論爭實錄, 憲法卷』, 廈門大學出版社, 2009, 253쪽.

규약의 인권 분야에서 적극적 역할에 대한 인식을 같이하고 쌍방은 인권과 기본적 자유를 촉진할 것"을 재확인하였다.[102]

중국이 인권관을 국제 규범적 차원으로 전환한 계기는 중국 정부가 1997년 10월 27일과 1998년 10월 5일 각각 A규약과 B규약을 서명한 것이다. 2004년 1월 27일 후진타오(胡錦濤) 국가주석은 프랑스 국회에서 한 연설에서 "A규약을 이미 비준한 중국은 현재 B규약의 비준을 면밀히 검토하고 있으며 제반 여건이 성숙되면 전인대 상무위원회에 B규약의 비준을 제청할 것이다"라고 밝혔다.[103] 2004년 3월 제10기 제2차 전인대는 헌법수정안을 통과시켜 국가의 인권의 존중 및 인권보장을 최초로 중국 헌법에 규정하였다.[104]

인권이 헌법에 수용된 이후에도, 중국은 인권을 존중하고 보장하고 인권사업을 전면적으로 발전시키는 것을 국민경제사회발전 제11차 5개년계획에 포함시켰다. 2007년 3월 원자바오(溫家寶) 총리는 내외신기자회견에서 "민주, 법제, 자유, 인권, 평등, 박애 등은 자본주의에만 있는 특유의 것이 아니라. 전 세계 유구한 역사과정 중에 공동으로 형성된 문명성과이자 인류공동으로 추구하는 가치관이다"라고 천명하였다. 2007년 9월 중국공산당 제17기 전체회의는 인권을 존중하고 보장하는 내용을 당장(黨章)에 명기하였다.

2) 중국의 인권과 기본권 개념

과거 중국의 헌법과 법률에서는 '인권(人權)'이라는 용어 대신 '공

---

102) 人民日報, 1997년 10월 29일.
103) http://www.cctv.com/news/china/20040129/100348.shtml(2010. 7. 25. 검색)
104) 韓大元, 전게서, 254쪽.

민의 기본적 권리(公民的基本的權利, 이하 '기본권'으로 칭함)'라는 용어가 주로 사용되어 왔다. 2004년 개헌 이전 중국의 헌법 본문에는 '공민의 기본권리' 자구만 있었으며 '인권'의 자구는 없었다. 오늘날 중국 학계에서 '인권'이란, 도덕적 가치 또는 권리, 자연권, 정치적, 국제법상의 인간의 기본권, 국내 헌법상의 권리, 법정(法定)의 권리와 비(非)법정의 기본권을 포괄하는 의미로 정의된다.[105] 기본권은 인권을 실정헌법에 법의 형식으로 제도화한 권리이기 때문에 법과 제도에 의해 의미가 확정된 내용을 포함한다. 즉 중국 헌법상의 기본권은 일종의 법정권리이고 인권은 법정권리와 함께 법에 정하지 않은 자연권, 도덕권, 저항권을 포함하는 개념으로 파악되고 있다.[106] 다시 이 둘을 엄격하게 구분하여 말한다면, 인권은 국가 이전에 존재하는, 특정한 시대와 장소를 존재 기반으로 하는 특정한 국가를 초월하여 보편적인 도덕적 정당성을 획득한 권리를, 기본권은 국가 내에서 특정한 시대와 특정한 장소를 존재 기반으로 하는 특정한 국가의 헌법에 제도화된 실정법적 권리를 의미한다.[107] 그러나 법현실적인 면에서 본다면, 인권과 기본권은 별다른 구분이 없으며 기본권은 한 나라의 국민이 법에 따라 향유하는 정치, 경제, 문화와 인신의 자유 등 각종 권리를 지칭하는 것으로 인권의 발전에 따른 인권의 국내법 규범화의 산물인 것이다. 인권의 부단한 법제화에 따라 기본권의 범위 역시 확대되어 가고 종국에는 기본권과 인권은 혼용하기에 이르렀다. 요컨대 인권과 기본권의 차이는 내용의 함의에서 나타나

---

105) 張慶福, 『憲政論叢』, 法律出版社, 2006, 190－191쪽.

106) 沈宗靈, 전게서, 196쪽.

107) 杜承銘, "人權主體憲政理念的差異與調適－我國加入公民權利與政治權利
　　　 國際公約的 憲法調整問題", 『廣東商學院學報』, 第84期(2006年 12月), 84쪽.

는 차이가 아니라 동일한 함의에 포함될 수 있는 외연에서 나타나는 차이라고 할 수 있다.108)

　중국 헌법상의 인권조항과 기본권조항의 관계에 대하여 일반적으로 인권은 기본권의 개괄성 원칙이고, 기본권은 인권의 구체적 표현으로 해석하고 있는 중국 학계는 인권과 기본권은 다른 가치이념과 헌법상 지위를 가지고 있음에도 불구하고 제2장 기본권 부문에 단 1개항으로 '인권'을 수용한 현행 헌법의 규정방식에 대해 비판적 견해를 보이고 있다.109) 중국 학계는 주로 헌법 본문 중의 인권조항과 기본권조항 관계의 법리해석과 설명에 치중하는 것보다는 향후 헌법 수정 시 인권조항의 위치설정에 대한 논의를 활발히 개진하고 있다.

　韓大元 교수는 인권조항을 헌법 전문에 포함시켜 인권보장을 헌법의 기본원칙으로 규정함으로써 개인 인권에 대한 국가의 의무성을 강화할 것을 주장하였고,110) 鄭永流, 程春明, 龍衛球 교수는 인권의 개괄성과 인권보장에 대한 국가의 적극적 역할을 강조하기 위하여 헌법 전문과 총강 부분에 두자고 제안하였다.111) 陳瑞洪 교수는 헌법이 열거하지 않은 기본권 이외의 자연권, 도덕권 등 기본권의 외연을 확대하기 위하여 헌법 전문의 제일 마지막 부분에 넣자는 견해를 제기하였다.112) 莫紀宏 교수는 인권조항이 헌법에 규정되지 않

---

108) 董和平・常安, 『中國憲法』, 法律出版社, 2009, 221－222쪽.

109) 向玉蘭, "論財産權的憲法保障－兼論國際人權公約與我國憲法的本文比較", 『中南財經政法大學研究生學報』, 第10卷－1期(2009年 5月), 172－173쪽.

110) 韓大元, "中國憲法本文中　人權條款　的規範分析", 『法學家』, 第146期 (2004年 6月), 100쪽.

111) 鄭永流・程春明・龍衛球, "中國憲法應如何設置人權", 『政法論壇』, 第202 期(2003年 4月), 276쪽.

112) 陳瑞洪, "論憲法作爲國家的根本法與高級法", 『中外法學』, 第26卷　4號 (2008年 8月), 168쪽.

은 기본권까지 포괄하는 제왕적 규정이 되기 위해서는 인권을 전문과 총강, 기본권 3군데 모두 명기하여야 한다고 주장하였다.113) 夏正林 교수는 현재의 "국가가 인권을 존중하고 보장한다"라는 조문에 연이어 "(국가는) 인권의 실현을 촉진한다"는 문구를 추가하자는 의견을 피력하였다.114)

3) 중국 역대 헌법의 기본권조항의 변화추이

중국의 제헌 헌법격인 1954년 헌법은 제3장에 중국공민의 권리의무 독립된 장(章)을 설치하고 정치, 경제, 문화 분야의 평등권, 거주이전의 자유,115) 언론, 집회, 결사의 자유권 등 모두 15개조의 기본권을 규정하였다. 문화대혁명시기의 1975년 헌법은 평등권 등 대부분의 기본권조항을 삭제하고 파업의 자유와 대자보 등을 붙일 자유 등 단 2개조로 축소하였다. 또한 의무조항을 권리조항의 앞에 배치하였다. 문혁파를 제거한 후 과도기에 제정된 1978년 헌법은 1954년 헌법의 대부분 기본권조항을 부활시켰다. 1982년 12월 4일, 제5기 전국인민대표대회 제5차 회의는 중국의 네 번째 헌법, 즉 현행헌법을 통과시켰다. 1982년 헌법은 형식·내용·제정절차 등이 현대적인 법체계를 갖추고 있고 중국적 현실을 감안하여 제정된 것으로 헌법으로서 명실을 갖추었다고 할 수 있다. 따라서 1982년 헌법 개정은 형식적으로는 헌법의 개정이라고 할 것이나 실질적으로는 새로

---

113) 莫紀宏, 『人權保障法與中國』, 法律出版社, 2008, 372－373쪽.

114) 夏正林, "憲法的人權保障機制研究", 『國家行政學院學報』, 第40卷 5號 (2004年 10月), 179쪽.

115) '거주이전의 자유' 조항은 현행 헌법인 1982년 헌법에도 없는 것으로 중국역대헌법사상 처음이자 마지막으로 있던 조항이다.

운 헌법의 제정이라고 할 것이다. 1982년 헌법 이후에도 시장경제와 현대화건설의 발전에 따라 전국인민대표대회는 1988년, 1993년, 1999년, 2004년 모두 4차례에 걸쳐 헌법수정안(부분개헌)을 통과시켜 1982년 헌법을 개정하고 보충하였다. 1982년 헌법의 기본권조항과 이전 헌법의 그것을 비교한다면 다음 세 분야에서 개선되었다.

첫째, 구조와 순서의 변화. 역대 중국 헌법은 공민의 기본권과 의무의 장을 제3장으로 국가기구의 뒤에 배치하였으나 1982년 헌법은 제2장으로 전면에 배치하였다. 총강과 국가제도, 사회제도의 규정을 더욱 밀접하게 연계시켜 배치한 것은 총강의 연속과 외연확대라고 볼 수 있다.

둘째, 조문수량의 증가. 1954년 헌법의 기본권조문의 수는 15개, 1975년 헌법은 2개, 1978년 헌법은 12개이나 1982년 헌법은 18개 조로 늘어났다(<표 3 - 1> 참조). 1982년 헌법은 1975년 헌법과 1978년 헌법에 규정된 파업자유권을 폐지하는 대신 공민의 인격존엄불가침권(제38조), 퇴직인 생활보장(제44조), 장애자 원조(제45조) 등 새로운 기본권조문을 추가하였다. 상당수의 조문에 항(款)의 수를 늘려 구체화하여 제33조의 평등권은 1954년 헌법에 비하여 2개항이 증가되었으며 제36조의 종교·신앙 자유는 3개항이 늘어났다. 제37조의 신체자유권은 1개항, 제41조는 2개항, 제42조 노동권은 3개항, 제45조 물질보장권은 2개항 등이 증보되었다(<표 3 - 2> 참조).

셋째, 내용의 규범화. 현행헌법이 규정된 공민의 권리와 자유는 역대헌법에 비하여 내용의 충실성을 강화하여 규범화하였다. 이를테면 1975년 헌법과 1978년 헌법의 "종교의 신앙과 불신의 자유와 무신론을 선전할 자유"의 자구를 삭제하는 대신 "종교단체와 종교사무는 외국세력의 지배를 받지 아니한다(宗敎團體和宗敎事務不受外國勢

力的支配)"로 개정하였다.

그러나 현행 중국 헌법은 여전히 기본권이 공권력의 행사와 불행사에 의하여 침해되었을 경우 이의 구제를 청구할 수 있는 제도인 헌법소원과 기본권침해의 내용을 담고 있는 법률에 대한 위헌법률심판제 등 기본권을 실질적으로 보장하는 데 필수불가결한 제도적 장치들이 결여되어 있다.

<표 3-1> 중국 헌법전의 변화

구 분	1954년 헌법	1975년 헌법	1978년 헌법	1982년 헌법
전문(序言)	있음	없음	있음	있음
장수	4		4	4
헌법조문 총수	106	30	60	138
경제 조문 수	12	6	8	13
기본권 조문 수	15	2	12	18
부칙	없음	없음	없음	없음
헌법수정안 (일부개헌)횟수			2차	4차

출처: 강효백, 『중국법 통론』, 경희대학교출판국, 2007, 73쪽 참조하여 보완 작성

<표 3-2> 중국 역대 헌법상 기본권조항의 변화

구 분		82헌법	78헌법	75헌법	54헌법
평등권, 인권조항(2004년 일부 개헌 시 증보)		제33조	○	×	○
정치권리와 자유	선거권과 피선거권	제34조	○	×	○
	언론·출판·집회·결사·행진·시위권	제35조	○	×	○
	감독권	제41조	○	×	○
종교신앙의 자유		제36조	○	×	○
신체의 자유	신체자유권	제37조	○	×	○
	인격존엄권	제38조	×	×	×
	주거불가침권	제39조	○	×	○
	통신자유와 통신비밀권	제40조	○	×	×

3. 국제인권규약 가입에 따른 중국헌법상 기본권조항의 현황과 개선논의 99

구 분		82헌법	78헌법	75헌법	54헌법
사회 · 경제권리	노동권	제42조	○	×	○
	휴식권	제43조	○	×	○
	퇴직자 생활보장권	제44조	×	×	×
	물질적 원조권, 장애자 구조권	제45조	×	×	○
교육 · 문화권리	교육을 받을 권리	제46조	○	×	○
	과학기술, 예술창작의 권리	제47조	○	×	○
기타의 권리	여성의 남녀평등권	제46조	○	×	○
	혼인, 가정, 아동, 노인의 권리	제47조	○	×	○
	화교의 권리	제48조	○	×	○

출처: 강효백, 『중국법 통론』, 경희대학교출판국, 2007, 79쪽을 참조하여 재작성.

Ⅲ. 충돌현황

1. 인권관

1) 보편성/계급성

A규약과 B규약의 서언은 국제연합헌장에 선언된 원칙에 따라 모든 사람이 고유의 존엄성 및 평등하고 양도할 수 없는 권리를 인정하여116) 인권을 인간이면 계급과 신분에 관계없이 누구나 당연히 갖는 것으로 간주되는 불가침의 자유와 천부(天賦)의 권리로 보는 자유주의적 인권관을 반영하고 있다.117) 인권규약상 인권의 주체는 추

---

116) Considering that, in accordance with the principles proclaimed in the Charter of the United Nations, recognition of the inherent dignity and of the equal and inalienable rights of all members of the human family is the foundation of freedom, justice and peace in the world.

상적, 보편적, 일원적 인간이다.

중국 헌법상 인권의 주체는 헌법 제2조의 "중국의 일체 권력은 인민에게 있다(中華人民共和國的一切權力屬於人民)"와 헌법 제2장의 "공민의 기본권리과 의무(公民的基本權利和義務)"에서 알 수 있듯, 공민(公民)과 인민(人民)의 계급적, 이원적 주체이다.[118] 인권의 보편성에 대한 중국 학계의 기본입장은 인권은 반드시 각 국가의 구체적인 상황과 결합되어야만 한다는 것이다. 인권은 국가와 민족의 역사와 문화, 지리적 환경, 사회제도, 경제발전 수준 등에 의해서 결정되는 역사적 산물로서 각각의 역사발전 시기에 따라 각기 다른 인권문제가 제기되며, 각 국가의 인권에 대한 이해와 인권보장을 위한 정책들도 차이를 보인다고 주장한다. 중국의 인권관은 인간의 자연적 속성보다는 인간의 사회적 속성을 강조하고, 인권 역시 보편적 특성보다는 계급적 특성이 더욱 근본적이라는 관점으로서 서구 자유주의 인권은 자산계급의 특권이자 자본의 특권으로 타락했다고 비판한다.[119] 중국은 상호존중과 상호양해의 기초 위에서 세계 각국과의 인권문제에 대한 교류와 협력을 추진하지만 각국 국민이 자유롭게 선택한 정치, 경제, 문화와 법률제도를 존중해야 하고, 자국의 제도와 가치관을 타국에 강압하면 안 된다는 입장을 강조하여 왔다. 중

---

117) Rhona K. M. Smith, *International Human Rights* (2nd ed.), Oxford University Press, 2005, p.18.

118) 사회주의 중국에서 인민과 공민의 개념은 구분된다. 계급적 시각에서 인민은 노동자 · 농민 · 지식인 · 민족자본가 등을 가리키는 용어이고 공민은 국법의 지배를 받는 중국의 국적을 가지고 있는 국가의 구성원을 말한다. 秦前紅 · 陳俊敏, "論我國人權憲政体制的變遷 – 國際人權公約与我國憲法的冲突与協調", 『淮陰師范學院學報』, 第4卷 26期(2006年 6月), 126쪽.

119) 1791년 프랑스헌법은 재산의 과다에 따라 국민을 적극국민과 소극국민으로 구분하고 당시 프랑스는 1,000만여 명에게 소극국민 노동자의 선거권을 부여하지 않았다. 王月明, 『憲法學基本問題』, 法律出版社. 2006, 252쪽.

국 학계는 이러한 인권의 상대주의적 입장이 이미 국제사회의 동의
를 획득했다고 강조하는데 그 근거로 1993년 비엔나 국제인권대회
에서 채택된 선언문을 들고 있다.[120]

2) 고유성/국가부여성

A규약과 B규약의 서언은 "이러한 권리는 인간의 존엄성으로부터
유래함을 인정하며(Recognizing that these rights derive from the
inherent dignity of the human person)"라고 규정하여 인권의 근원
에 대하여 인간에게 없었던 인권을 부여한 것이 아닌, 이미 선재(先
在)하는 천부인권적 고유의 자연권임을 선언하였다. 인권은 국가 또
는 법률에서 나오는 것이 아니라 인간 자신에서 나오는 것이며 법률
은 이러한 인간의 고유한 권리인 인권을 확인하고 보호하는 역할을
할 뿐이라는 이념을 바탕으로 한다.[121]

중국 헌법은 인권의 근원 문제를 명기하지 않았으나 전문에 "본
헌법은 법률의 형식으로 중국 각 민족인민의 분투 성과를 확인(本憲
法以法律的形式確認了中國各族人民奮鬥的成果)"함으로써 공민
의 기본권이 고유의 것이 아니라 국가가 부여한 것이라는 기본이념
을 암시하였다. 또한 중국 헌법 전문에는 국가의 근본임무는 중국특

---

120) 인권을 둘러싼 담론에서 첨예하게 대립되는 두 가지 접근법은 보편주의와 상
  대주의로서 개발도상국과 선진국 사이에 활발한 논쟁이 되고 있다. 상대주의
  는 윤리적 상대주의와 규범적 상대주의 둘로 나누는데 전자는 인권이 서구에
  서 나온 개념이므로 보편 인권 자체가 서구의 이념적 가치를 반영한다고 본다.
  후자는 인권을 무기 삼아 타 문화를 비판하고 변화시키려 하는 것은 또 다른
  식민주의라는 입장이다. 윤영덕, 전게논문, 165 - 168쪽 참조

121) Steiner, Alston and Gooman, *International Human Rights in Context* (3rd
  ed.), University Press, 2008, p.360.

색의 사회주의 이론에 근거하여 사회주의 현대화건설에 역량을 집중
하는 것122)이라고 규정하였는바 이는 인권의 존중 내지 보호를 기본
이념으로 하는 세계 보편적 국가들의 헌법례와 명확하게 구별되는
것이다. 중국 헌법상 인권이 추구하는 가치는 인간의 권리와 자유의
보장이 아니라 부국부민을 실현하고 인민해방을 위한 일종의 도구적,
수단적 가치로서 인권은 인간 자신에게서 나오는 것이 아니라 국가
가 부여한 것이기 때문에 국가는 개인의 권리와 자유를 형식적 적법
절차만 통한다면 얼마든지 제한하여도 그 제한의 정당성이 인정되고
법률의 권리침해 여부를 판단할 필요가 없게 된다.123) 즉 중국 헌법
상 기본권조항은 천부인권이 아닌 국가에 의해 부여되는 국가 내의
권리로 보장되고 있어 자연권으로서의 권리, 인간의 권리가 아니라
법률로 얼마든지 제한할 수 있는 '명목적 또는 장식적 권리'의 나열
에 불과한 것으로 볼 수 있다.

3) 인권우위/주권우위

A규약과 B규약의 서언은 모두 "세계인권선언에 따라 공포와 결핍
으로부터의 자유를 향유하는 자유 인간의 이상은 모든 사람이 자신
의 시민적, 정치적 권리뿐만 아니라 경제적, 사회적, 문화적 권리를
향유할 수 있는 여건이 조성되는 경유에만 성취될 수 있다"고 규정
하였다.124) 이러한 인권규약의 인권관은 국가권력(主權)에 대한 인

---

122) 國家的根本任務是, 根據建設有中國特色社會主義的理論, 集中力量進行社
會主義現代化建設。

123) 총 4개 장 138개조로 구성된 중국 현행헌법에는 '國家'라는 자구가 156차례
나 명기되어 있다.

124) Recognizing that, in accordance with the Universal Declaration of Human

간권리(人權)의 우월적 지위를 구현하는 이념을 추구하고 있다. 프랑스 대혁명의 '인간과 시민의 권리 선언' 제16조의 "인권이 보장되지 않고 권력이 분립되지 않는 사회는 헌법을 가졌다고 볼 수 없다"의 이념을 수용한 것이다.

중국 헌법은 주권이 인권보다 우위에 있으며, 개인적 인권과 집단적 인권이 결합되어야 한다는 국가주권 우위관을 구현하였다. 인권 문제에 있어서 주권원칙을 강조하는 중국의 입장은 민족주의와 결합되면서 서구사회에 대응하는 하나의 대항 이데올로기를 형성하였다. 중국의 인권은 단지 개인적 권리만을 의미하는 것이 아니며 민족적이고 사회적인 인권으로서의 집단적 인권도 중요한 구성요소임을 강조하여 왔다. 이는 중국 근대사 속에서 외세로부터의 자주권 수호와 민족국가의 수립, 서구의 제국주의와 패권주의에 맞선 정치적 독립과 평등의 실현, 자유와 민주를 이끌어 내었던 주권이 집단적 인권으로 인식된 결과라고 할 수 있다. 다시 말해 주권과 인권의 관계에 대한 중국의 인식은 개인보다는 국가와 민족에 치우쳐 있는 국가주권상위의 집단주의적 인권의식이라고 요약될 수 있다. 국가, 사회 전체 이익의 지상주의를 강조하고 국가가 개인의 기본권과 이익을 실현하는 책임과 의무를 소홀히 하는 이념이 헌법 조항으로 표출되어 있다.[125]

Rights, the ideal of free human beings enjoying freedom from fear and want can only be achieved if conditions are created whereby everyone may enjoy his economic, social and cultural rights, as well as his civil and political rights.

125) 吳佳淸·杜承銘, "比較与調試: 我國加入<公民權利与政治權利國際公約>的憲法調整問題", 法律出版社, 2006, 9쪽.

2. 조항의 충돌현황

1) 조항의 유무

인권규약에 비하여 중국 헌법은 기본권에 대해 현저하게 개략적으로 규정하였다. 인권규약에는 있으나 중국 헌법규정에 없는 기본권 조항은 파업권(A규약 제8조 d), 생명권 및 사형제도(B규약 제6조), 강제노동의 금지(B규약 제8조), 산모에의 특별보호(A규약 제10조 제2항), 거주이전의 자유(B규약 제12조), 소급처벌의 금지(B규약 제15조), 사생활 명예 및 신용의 존중(B규약 제17조), 사상과 양심의 자유(B규약 제18조), 표현의 자유(B규약 제19조), 공무에의 참가(B규약 제25조), 고문 및 잔혹형의 금지(B규약 제7조), 신체의 자유 및 체포ㆍ구금의 요건(B규약 제9조), 공정한 재판을 받을 권리(B규약 제14조) 등 모두 14개 조이다.

(1) 파업권

A규약 제8조 1(d)은 특정 국가의 법률에 따라 행사될 것을 조건으로 파업(strike)을 할 수 있는 권리를 보장하고 있다.126) 중국 헌법에는 파업권 조항이 없음은 물론, 노동법, 노동계약법, 노동조합법 등 노동관련 법률에도 파업권을 노동자의 권리로 인정하지 않으며 이들 법률에는 오히려 파업을 금지하고 처벌하는 조항들이 산재해 있어 노동자의 단체행동권에 대한 공권력의 개입과 탄압을 합법화하고 있다. 특히 중국이 A규약에 가입하면서 유보한 조항이 A규약 제

---

126) The right to strike, provided that it is exercised in conformity with the laws of the particular country.

8조 1(a) 노동조합가입권(단결권)이지, 제8조 1(d) 파업권(단체행동권)이 아니라는 점을 상기하면 이는 인권규약 가입국의 명백한 의무 불이행에 해당한다.

(2) 생명권 및 사형제도

B규약 제6조 제1항에 의하면 모든 인간은 고유한 생명권을 가진다. 이 권리는 법률에 의하여 보호된다. 어느 누구도 자의적으로 자신의 생명을 박탈당하지 아니한다.[127) B규약상의 생명권은 인간의 정신적, 신체적 상황과 무관하게 인정되는 권리로서 태아의 경우에도 수태 시로부터 생명권의 주체가 된다고 해석된다.

중국 헌법 제25조의 "국가는 인구의 증가와 경제 및 사회발전이 서로 조화를 이루도록 한다(國家推行計劃生育使人口的增長同經濟和社會發展計劃相適應)"와 제49조의 "부부 쌍방이 가족계획을 실행할 의무가 있다(夫妻雙方有實行計劃生育的義務)"와 같이 산아제한이라는 국가의 기본정책을 국민 의무의 하나로 헌법에 명문화하였다. 중국 형법에도 낙태죄에 관한 형벌조항이 없으며 가족계획을 위반한 부녀에게 강제성 낙태를 실시하고 있는 실정이다. 또한 B규약 제6조에는 "사형은 극도로 중한 범죄(most serious crimes)에 한하여 선고되고 법원의 최종판결에 의해서만 집행된다(동 제2항). 사형선고를 받은 사람은 특사 또는 감형을 추구할 권리를 가진다(동 제4항)"고 규정하여 사형에 대한 엄격한 제한 요건을 명시하였다. 중국 헌법에는 사형에 대한 제한조항이 없을 뿐만 아니라 1997년 개정된 형법에도 B규약상의 '극도로 중한 범죄'라고 볼 수 없는 경제 범죄를 포

---

127) Every human being has the inherent right to life. This right shall be protected by law. No one shall be arbitrarily deprived of his life.

함하여 68개 죄종의 범죄자를 사형에 처할 수 있도록 규정하였다.

(3) 거주이전의 자유

B규약 제12조 제1항은 "합법적으로 어느 국가의 영역 내에 있는 모든 사람은, 그 영역 내에서 이동의 자유 및 거주의 자유에 관한 권리를 가진다"[128]고 규정하여 광범위한 거주이전의 자유를 보장하였다.

중국 제헌헌법인 1954년 헌법에는 거주이전의 자유 조항이 있었으나 1975년 헌법에는 삭제되었다. 현행헌법인 1982년 헌법은 1975년 헌법에 삭제되었던 기본권조항들을 대부분 회복시켰으나 이 조항만은 누락시켜 거주이전의 자유를 인정하지 않았다. 한편 전인대 상무위원회는 1958년 1월 9일 「호구등기조례(戶口登記條例)」를 제정·시행하여 자유로운 인구이동을 금지하는 호구제도를 실시했다. 중국에서는 한곳에 거주하면 자동적으로 현지의 호구를 취득하게 되는 것이 아니라 정부로부터 호구를 취득해야만 합법적으로 그곳에서 거주할 권리를 가지게 된다. 호구에 대한 관리는 각 지방정부의 한 부서인 각급 공안 당국이 담당하게 하는바 이는 호구제도 자체를 유지하면서 인구의 이주를 엄격히 제한하기 위한 것이다(「호구등기조례」 제2조).[129]

(4) 강제노동의 금지

B규약 8조 (a)에 따르면 어느 누구도 강제노동을 하도록 요구되지

---

128) Everyone lawfully within the territory of a State shall, within that territory, have the right to liberty of movement and freedom to choose his residence.

129) 中華人民共和國公民, 都應当依照本條例的規定履行戶口登記。現役軍人的戶口登記, 由軍事机關按照管理現役軍人的有關規定辦理。居留在中華人民共和國境內的外國人和无國籍的人的戶口登記, 除法令另有規定外, 适用本條例。

아니한다. 범죄에 대한 형벌로 중노동을 수반한 구금형을 부과할 수 있는 국가에서, 권한 있는 법원에 의하여 그러한 형의 선고에 따른 중노동을 시키는 것을 금지하는 것으로 해석되지 아니한다.[130]

중국 헌법 제42조는 "공민은 노동의 권리와 의무가 있다. 국가는 공민의 의무노동 종사를 제창한다"고 규정하였다. 중국 헌법이 노동을 권리인 동시에 의무로 규정한 것은 사회주의 체제 내에서 노동을 국가적인 생존배려의 반대급부로 파악하는 노동의 공(公)기능적 이해로 해석되는 이면에는 강제노동을 허용하는 것으로 볼 수 있다. 중국 형법에도 단기적으로 범죄자의 신체자유를 박탈하고 강제노동을 통하여 개조하는 형벌인 '구역(拘役)'[131]을 형벌의 유형으로 설정하였다.

2) 범위와 내용의 충돌

인권규약상의 조항과 중국 헌법상의 기본권조항은 자구상 일치하거나 유사한 조항이 다수 있다(<표 3 - 3> 참조). 그러나 후자는 권리의 실제 보호범위와 정도가 전자에 미치지 못하거나 인권보호의 실제 내용이 상호 충돌하는 경우가 대부분이다.

---

130) (a) No one shall be required to perform forced or copulsory labour; (b) Paragraph 3(a) shall not be held to preclude, in countries where imprisonment with hard labour may be imposed as a punishment for a crime, the performance of hard labour in pursuance of a sentence to such punishment by a competent court.

131) 主刑的种類如下: (一) 管制, 二) 拘役, (三) 有期徒刑, (四) 无期徒刑, 五) 死刑。 중국형법 제33조 참조. 구역은 管制(보호관찰)와 유기징역 사이에 위치한 형벌로 인민법원이 판결하고 공안기관이 집행한다. 구역의 형기는 1개월 이상에서 6개월 이하이며 여러 죄를 병과할 경우에는 1년을 넘지 못하는 형벌 유형의 하나로 한국의 拘留와는 구별된다. 강효백, 전게서, 199 - 200쪽 참조

〈표 3-3〉 국제인권규약과 중국 헌법 기본권조항의 자구상 유사 조항

중국 헌법상 기본권조항			A 규약	B 규약	비고
제1장 총강	제4조	민족자결권	제1조	제1조, 제27조	
제2장 공민의 기본 권리와 의무	제33조	평등권, 인권보장	제2조	제3조	
	제34조	참정권		제25조	
	제35조	언론, 출판, 집회, 결사, 행진, 시위		제19조, 제20조	
	제36조	종교의 자유		제18조	
	제37조	인신의 자유, 불법구금 불법수사금지		제9조, 제10조	
	제38조	인격존엄 불가침권	제12조	제6조, 제7조, 제8조, 제16조	
	제39조	주거불가침권		제12조	
	제40조	통신의 자유와 통신의 비밀		제19조	
	제41조	비평과 건의권		제19조	
	제42조	노동의 권리와 의무	제6조, 제7조, 제8조*	제22조	
	제43조	휴식권	제7조		
	제44조	정년퇴직제도	제7조		
	제45조	물질적 구조권 사회보험 의료위생	제9조, 제11조		
	제46조	교육받을 권리 의무	제12조, 제13조, 제14조		
	제47조	문화예술창작 권리	제15조		
	제48조	부녀의 권익 남녀	제10조		
	제49조	혼인 가족계획 노인 아동보호	제10조	제23조	
기본 권리와 의무	제50조	화교의 권리		제16조	
	제51조	일반적 법률유보 제한	제4조	제4조	

* 중국은 A규약 제8조 1(a) 노동조합가입권(단결권)을 유보하여 비준.
출처: 국제인권규약과 중국 헌법을 참조하여 필자가 직접 작성.

(1) 민족자결권

A규약과 B규약은 모두 민족자결권을 제1조로 "모든 민족은 자결권을 가지며, 자기의 정치적 지위를 자유로이 결정하고 자기의 경제적, 사회적 및 문화적 발전을 자유로이 추구할 권리를 가지며(동 제1항),[132] 천연의 부와 자원을 자유로이 사용·처분할 수 있으며, 어떠한 경우에도 자기의 생존수단을 박탈당하지 않는다(동 제2항)"고 규정하였다.

중국 헌법 전문과 제4조는 각각 "국가의 민족독립 쟁취와 수호 및 민족경제 발전을 위한 정의로운 투쟁을 지지하며 세계평화와 인류진보사업의 촉진을 수호하기 위하여 노력한다. 중화인민공화국의 각 민족 인민은 모두 평등하다. 국가는 소수민족의 합법적 권리와 이익을 보장하고, 각 민족의 평등, 단결, 상호협조 관계를 옹호하며 이를 발전시킨다. 어떠한 민족적 멸시와 압박을 금지하며, 민족단결을 파괴하고 민족분열을 조장하는 행위를 금지한다"고 규정하였다. 중국 학계는 다민족국가인 중국이 민족자결권의 명확한 정의와 설명이 없을 경우에는 오해를 야기하고 민족분열을 유발할 위험성을 미연에 방지하기 위하여 인권규약상의 민족자결권을 중국 헌법상의 민족자치권과 관련시켜 개별적 인권에 기초한 집단적 인권(collective human rights)으로 해석하고 있다.[133] 즉 중국 헌법상에서의 민족자치권 의미는 강력한 중앙집권의 단일제 국가통일의 전제하에서의 자치권이며 소수민족 집거지역에 자치기관의 설립을 통하여 행정적인 자치를

---

132) All peoples have the right of self-determination. By virtue of that right they freely determine their political status and freely persue their economic, social and cultural development.

133) 吳佳淸·杜承銘, 전게서, 92쪽.

실현하는 것을 의미하는 것으로 해석하여 인권규약상의 민족자결권과의 충돌을 회피하고 있다.

(2) 종교 · 신앙의 자유

B규약 제18조 1에 의하면 모든 사람은 사상, 양심 및 종교의 자유에 대한 권리를 가지며 이러한 권리는 스스로 선택하는 종교나 신념을 가지거나 받아들일 자유와 단독으로 또는 다른 사람과 공동으로, 공적 또는 사적으로 예배, 의식, 행사 및 선교에 의하여 그의 종교나 신념을 표명하는 자유를 포함한다.[134]

중국 헌법 제36조에 따르면 어떠한 국가기관, 사회단체나 개인도 공민에게 종교를 신앙하거나 신앙하지 않도록 강제할 수 없고, 종교를 신앙하는 공민과 신앙하지 않는 공민을 차별할 수 없다. 국가는 정상적인 종교 활동을 보호한다. 누구든지 종교를 이용하여 사회질서를 파괴할 수 없고, 공민의 신체건강을 해치거나 국가교육제도를 방해하는 활동을 할 수 없다. 종교단체와 종교사무는 외국세력의 지배를 받지 아니한다. 중국에서 종교의 자유는 신앙자유에 치중되었으나 종교를 믿지 않을 자유, 외세의 간여 배제에 대하여 방어적으로 규정하였다. 중국 헌법상 신앙의 개념에는 신과 피안에 대한 관련성이 없는 마르크스 · 레닌주의나 유가사상, 도가사상도 포함되는 것으로 해석되는 점이 특징이다.[135]

---

134) Everyone shall have the right to freedom of thought, conscience and religion. This right shall include freedom to have or to adopt a religion or belief of his choice, and freedom, either individually or in community with others and in public or private, to manifest his religion or belief in worship, observance, practice and teaching.

135) 중국에서는 불교, 도교, 기독교, 이슬람교 등은 종교로, 마르크스레닌주의(馬列主義)는 신앙으로 구별하고 있다. 중국공산당 당원의 신앙은 당연히 마르크스

3) 제한성 규정의 충돌

인권규약은 개별적 법률유보 중에서 명시된 특정의 전제조건이나 특정의 목적에 따라서만 법률로 기본권을 제한하는 가중적 법률유보를 취하였다.[136] 인권규약은 우선 권리의 내용을 규정한 다음 제한과 예외를 규정하고 제한 또는 예외에 대한 구체적 열거를 하고 권리의 종류와 내용이 다르면 그 상황 역시 다르게 규정하여 실체적 권리에 관한 규범을 인권보호에 적응시키려는 구체화의 추세에 맞추고 있다. 규약에 보장된 인권을 제한하기 위해서는 반드시 입법권자가 제정하는 법률에 의하거나 법률의 근거가 있어야 한다는 자구를 명기함으로써 인권규약상의 법률유보는 법률적 근거 없이 행해지는 행정권이나 사법권으로부터 인권을 보호해 주는 기능을 하게 된다.

중국 헌법은 주로 '의법(依法)', '법률규정에 근거하여(依照法律規定)' 등의 자구를 사용한 단순법률유보형식을 채택하였다.[137] 중국 헌법상 법률유보는 국가권력이 권리를 제한하는 방식, 목적, 한도 등 제한에 대한 한계가 없으며 입법기관의 입법내용 한계 및 인권을 제한하는 범위의 예외성 규정도 없다. 그러므로 중국 헌법상 법률유

레닌주의여야 한다. 肖蔚雲, 『憲法學槪論』, 北京大學出版社, 2002, 208 - 209쪽 참조.

136) B규약 제19조 제3항: 서면 인쇄 예술형태 의사표현의 자유행사는 특별한 의무와 책임이 따른다. 따라서 그러한 권리의 행사는 일정한 제한을 받을 수 있다. 다만, 그 제한은 법률에 의하여 규정되고 (a) 타인의 권리 또는 신용의 존중, (b) 국가안보 또는 공공질서 또는 공중보건, 도덕의 보호를 위하여 필요한 경우에만 한정된다.

137) 중국 헌법 제10조와 제13조 제2항은 각각 "국가는 공공이익의 필요를 위하여 법률규정에 의거(依照法律規定)하여 토지에 수용·징발을 하고 보상을 지급할 수 있다", "국가는 법에 따라(依法) 공민의 사유재산권과 상속권을 보호한다"고 규정하였다.

보는 행정권이나 사법권으로부터 기본권을 보장해 주는 것이 아니라 입법권자에게 기본권제한을 수권하는 의미와 자유재량권을 부여하는 것으로 인식되기 쉽다. 중국 헌법에 보장된 기본권이라도 법률적 근거만 있다면 얼마든지 제한할 수 있다는 해석이 가능함으로써 중국 헌법상 법률유보는 오히려 입법권자에게 기본권제한의 문호를 개방해 주는 역기능을 하고 있다.

IV. 개선논의

1. 헌법해석을 통한 헌법변천

헌법해석을 통한 헌법변천 내지 헌법변질[138]로서 헌법규범 특성상 고도의 개방성과 원칙성과 추상성을 활용하여 국가의 근본대법인 헌법의 수정 없이 인권규약을 수용하자는 의견으로 주로 중국 관방에서 개진되어 왔다. 구체적으로 말하자면 이미 비준한 A규약의 관련규정을 현행 중국 헌법상 기본권조항을 최대한 확대해석하여 이를 A규약상의 권리와 유사한 내용으로 포장하자는 견해이다. 그러나 중국에서의 헌법해석 개념은 헌법소송을 전제로 하지 않는, 즉 헌법소송과 무관한 헌법해석으로서 헌법의 말뜻을 그대로 존중한다는 소극적인 의미가 더 강하게 나타나게 된다. 헌법과 모순되는 국가행위는

---

138) 헌법변천 또는 변질(Verfassugswandlung)은 어떤 헌법규범이 외형상으로는 고쳐지지 않은 채 시대의 변천 내지 역사의 발전에 따라 헌법제정 당시와는 다른 내용의 규범으로 기능한 것을 뜻한다. 명시적으로 헌법조문 내지 문구 자체가 고쳐지는 것을 내용으로 하는 헌법개정과는 다르다. 허영, 『한국 헌법론』, 박영사, 2007, 49쪽 참조.

그것이 아무리 반복 내지 계속되어 존재한다고 하더라도 기존의 헌법하에서 헌법의 법원으로 인정될 수 없으며 헌법은 헌법개정절차에 의하지 않는 한 합법적으로는 변경할 수 없는 것이다. 이러한 방안은 인권규약과 충돌되는 현행 헌법을 개정하기 전에는 현실적으로 별다른 방법이 없기 때문에 소극적으로 수용하고 있지만, 현재처럼 헌법소송과 무관한 헌법해석을 통한 헌법변천을 인권규약과 중국 헌법의 궁극적 충돌해결방안의 하나로 거론하는 중국학자는 거의 없다.

2. 유보 비준방안

중국 정부는 1998년 B규약을 체결한 후 외교부, 사법부(司法部), 최고인민법원 등으로 TF를 조직하여 B규약의 비준을 위한 제반사항을 검토하여 왔으나 2010년 8월 현재까지 조약체결 기관인 전인대 상무위원회는 비준을 하지 않고 있다. 전인대 상무위원회가 비준을 하지 않고 있는 가장 중요한 이유는 B규약이 A규약에 비하여 이행의무의 강제성이 강하다는 점과 함께 B규약 조항들이 중국 헌법에는 전혀 없거나 유사한 조항이 있더라도 그 내용이 B규약에 명백하게 배치되는 것들이 대부분으로 아무리 헌법을 확대해석한다 하더라도 B규약을 비준하여 이를 현행 중국 헌법 체제 내에서 적용하는 것이 거의 불가능한 실정 때문이다. 그러므로 중국은 B규약상의 일부 조항의 수용을 배제, 또는 부분적으로 변경하거나 보다 구체적인 의미를 천명함으로써 자국에 대한 조약상의 의무를 부분적으로 배제하는 공식적인 선언인, 즉 유보(reservation)하여 비준하는 방안을 추진하여 왔다. 구체적으로 생명권 및 사형제도, 강제노동의 금지, 산모에의 특별보호, 거주이전의 자유, 소급처벌의 금지, 사생활 명예 및 신용의 존중, 사상과 양심의 자유, 표현의 자유, 공무에의 참가, 고문 및 잔혹형의 금지, 신체의 자유 및 체포·구금의 요건, 공정한 재판을 받을 권리 등 중국 헌법에 없는 B규약상의 조항을 유보하여 비준하자는 방식이다.

이러한 유보 비준은 가입국의 요구가 부분적으로, 다양하게 대립되는 다자조약에서 그로 인한 법적 무정부 상태의 혼란을 배제하고 전체적으로는 조약의 골격을 유지하면서 중국에는 개별적으로 조약의 수정효과가 발생하는 장점이 있다. 그러나 문제는 현행 중국 헌법상 기본권보장 범위와 수준 이내에서 B규약을 비준할 경우 유보하여야 할 조항이 B규약의 '일부'가 아니라 '대부분'이라는 사실이다.

3. 헌법 수정 방안

韓大元, 焦宏昌, 董和平, 莫紀宏, 夏正林, 陳瑞洪, 鄭永流, 程春明, 龍衛球 등을 비롯한 다수의 중국학자들은 궁극적으로 현행헌법을 수정하여 인권규약과의 충돌을 입법적으로 해결하여야 한다는 데 논점이 대체적으로 일치한다. 그러나 그 세부 방안에는 학자마다 각자 다양한 논의를 개진하고 있으며 다음 세 가지 개편안으로 구분된다.

첫 번째 개편안은 헌법 전문이나 총강에 인권에 대한 중국의 기본태도와 인권규약의 적용원칙을 명기하고 기본권 장에 일반적 인권조항을 삽입하여 인권의 구체적인 내용을 규정하자는 것이다. 이는 인권의 개괄성과 인권보장에 대한 국가의 적극성을 강조하기 위하여 韓大元, 董和平, 陳瑞洪, 夏正林, 鄭永流, 程春明, 龍衛球 교수 등이 주장하는 견해로서 중국·학계 다수의 지지를 받고 있다.139)

---

139) 鄭永流·程春明·龍衛球, 전게논문, 276쪽.

두 번째 개편안은 헌법 본문에 인권의 일반조항을 신규 제정하고 인권규약에 따라 기존 법률에다 기본권보장을 보강하자는 견해이다. 이는 焦宏昌, 張文顯, 劉紅臻 교수의 주장으로서 인권규약과 중국 헌법의 관계에 부합하고, 실시에도 용이한 장점이 있다고 평가받고 있다.140)

세 번째 개편안은 헌법에 인권의 일반조항을 신규 제정한 후 전인대 상무위원회가 제정한 기타법률이 아닌, 전인대 제정의 기본법률141)인 『인권기본법』을 제정하자는 견해이다. 莫紀宏 교수는 인권조항이 기존의 헌법상 기본권조항은 물론 규정되지 않은 기본권까지 포괄하는 제왕적 규정이 되기 위해서는 전문과 총강 기본권 3군데 전부 넣어야 한다고 주장하며 총 10개 장 106개조의 『중화인민공화국 인권보장법』을 개인적으로 제정하기까지 하였다. 이러한 莫교수의 개편안은 비록 소수설이긴 하나 이론의 높은 독창성으로 중국 학계뿐만 아니라 중국관방의 주목을 받고 있다.142)

V. 결 론

중국이 인권규약을 체결하고 인권을 헌법에 수용한 목적은 헌법의

---

140) 賀鑒, "論中國憲法與國際人權法對三代人權的保護", 『法律科學(西北政法大學學報)』, 第12-2卷(2001年 4月), 165쪽.

141) 중국 헌법은 전인대에서는 헌법과 기본법률을 제·개정하고 전인대 상무위원회에는 기본법률을 개정하고 기타법률과 조약을 제·개정 폐지할 권한을 부여하며 입법권을 이원화하고 있다(중국 헌법 제62조 제3호, 제67조 제2호, 제11호, 제14호). 강효백, 전게서, 75-78쪽 참조.

142) 莫紀宏, 『人權保障法與中國』, 法律出版社, 2008, 372-373쪽.

보호 아래 인권보장을 법제화하여 시행하겠다는 국정의지를 천명함
과 아울러 미국을 위시한 국제사회로부터 중국의 인권탄압에 대한
비난을 방어하고 국제인권관련기관과의 교류와 협력을 강화하기 위
한 것으로 보인다.

일반적으로 조약의 비준은 가입국과의 관계에서 조약상의 의무준
수에 동의하는 법적 의사표시를 포함한다. 국제의무와 양립할 수 없
는 과거의 관행 또는 조치가 계속 국내적으로 시행될 때는 국제법위
반이 성립된다. 국제 판례의 입장도 국내법규정이 조약규정에 우선
할 수 없으며 가입국은 국제조약상의 국제의무이행을 확보하는 데 필
요한 국내법의 수정을 법적 의무로 지적하고 있다. 즉 가입국은 조
약의무의 국내적 시행과 관련하여 조약규정에 부합되지 않는 기존의
국내법은 개정 또는 폐지하고 필요한 입법적인 보완을 강구함으로써
조약체결의 입법적 성격이 요구하는 국제법원칙을 국내법에 도입하
도록 할 의무가 있다.[143) 중국의 경우 A규약의 실효적 이행과 B규
약의 비준을 위해서는 엄밀히 말해, 편법 내지 미봉책에 지나지 않
는 현행헌법의 확대해석 방식이나 유보비준 방식보다는 인권규약상
의 의무이행에 적합하도록 헌법의 기본권조항을 보강하는 헌법수정
방안이 가장 근본적이고 합리적인 조정방안으로 평가된다.

실질적인 국민의 기본권보호 및 인권규약의 국내법 적용에 영향을
미치기 위해서는 위헌심사제도와 헌법소원제도 등의 확립이 필요한
데다가 인권규약과 중국 국내법이 상충될 시 국제법의 국내적용과
효력지위 문제 등에 대한 규정이 없는 현행 중국 헌법으로는 법리적
해결방도를 찾기 어렵기 때문에 인권관련조항을 보강하는 방향으로

---

143) 백충현, 전게논문, 12쪽 참조.

의 헌법 수정의 당위성이 갈수록 부각되고 있다. 따라서 글로벌스탠다드에 접근하는 새로운 중국의 인권관을 구현하는 인권법제시스템을 형성하기 위해서는 상술한 헌법 수정방안 중 헌법에 인권의 일반조항을 신규 제정한 후 인권관련기본법인 『인권기본법』을 제정하자는 주장이 비교적 합리적인 개선방안이라고 판단된다.

이와 아울러 1982년(제6기 전인대) 헌법 전면개정 이후, 1988년(제7기 전인대), 1993년(제8기 전인대), 1999년(제9기 전인대), 2004년(제10기 전인대)까지 지속적으로 헌법을 부분 개정하여 점진주의적 접근(gradualist approach)으로 현대국제사회의 보편적 가치 규범에 근접시켜 온 중국특색의 개헌 추세와 동향을 감안한다면, 그동안 답보상태에 머물렀던 인권관련 법제가 중국 제5세대 집권기이자 제12~13기 전인대 임기(2012~2021) 중에 헌법상 인권 및 기본권조항을 보강하는 방향으로 일부 개헌된 이후, B규약의 비준과 『인권기본법』 제정 등 인권의 법제화가 점진적으로 진행될 것으로 전망된다.

*중국 현행헌법의 제1차–제4차 부분개헌 일람표

	연도	수정 조항 수	수정된 조항
1차	1988	2	10, 11
2차	1993	9	서언, 7, 8, 15, 16, 17, 42, 98
3차	1999	6	서언, 5, 6, 8, 11, 28
4차	2004	14	서언 4부분, 11, 13, 33, 59, 67, 81, 80, 98, 136

	1988	1993	1999	2004
정치 선언 관련		1. 중국이 사회주의초급단계에 처해 있음을 확인 2. 중국특색사회주의 건설이론의 제기 3. "중국고도문명, 고도민주적 사회주의국가"를 "중국은 부강, 민주, 문명의 사회주의국가를 건설"로 개정	1. 중국은 장기적으로 사회주의 초급단계에 처해 있음 2. 중국특색사회주의 도로에 따른 건설 3. 등소평 이론을 지도사상으로 확립	1. 3개 대표를 지도사상으로 확립 2. 사회주의 건설자의 내용을 증기함 3. 물질문명과 정치문명과 정신문명의 협조발전을 확립
경제 제도	1. 사영경제의 사회주의 공유제경제의 보충임을 승인 2. 국가가 사영경제의 합법적 권익을 보호하고 사영경제에 대한 지도와 감독 및 관리를 실행 3. 어떠한 조직과 개인도 점유권 침해, 매매 또는 기타 방식으로 토지의 사용권을 불법으로 양도할 수 없다.	1. "국영경제"를 "국유경제"로 개칭 2. 국유기업은 법률이 규정한 범위 내에 자주경영권을 가진다고 개정 3. 가정청부경영을 농촌경제의 주요형식으로 확인 4. 국가가 사회주의 시장경제를 실시함을 확립 5. 집체경제조직권한의 확대	1. 사회주의 초급단계에서의 국가는 공유제를 주체로 삼아 다양한 소유제경제 공동발전을 기본경제제도로 견지하고 노동에 따라 분배하는 주체와 다양한 분배방식이 병존한다고규정, 국가기본 경제 제도와 분배제도에 대한 조정 확립 2. 농촌잡체경제체제의 완비를 가정청부경영을 기초로 하여 통합과 분리가 결합하는 이중경영체제를 실행한다고 규정 3. 개체경제 사영경제 등 비공유제경제는 사회주의시장경제의 중요 구성부분임을 확인	사영경제 등 비(非)공유경제와 관련해서 "국가는 비공유경제의 발전을 지지하고 인도한다"라는 문구를 첨가

	1988	1993	1999	2004
공민 자유 권리 보장			"국가는 사회질서를 수호하고 국가와 기타 반혁명활동을 진압한다"를 "국가는 사회질서를 수호하고 반국가와 기타 국가안전을 위해하는 범죄활동을 진압한다"로 개정	1. "국가는 인권을 존중하고 보장한다"라는 조항을 신설 2. 국가는 공공이익의 필요에 의하여 법률의 규정에 따라 보상이 부여되는 토지 징수 또는 징용을 할 수 있다. 3. 공민의 합법적 사유재산은 침범을 받지 않는다. 국가는 법률의 규정에 따라 공민의 사유재산권과 상속권을 보호한다고 규정 4. 국가는 건설 경제발전 수준에 부합하는 사회보장제도를 건립
국가 권력 구성 직권 임기 등 내용		1. 중국공산당(영도)의 다당합작제와 정치협상제도의 장기적 존재와 발전을 확인 2. 현(縣)급 인민대표대회의 임기를 '3년'에서 '5년'으로 개정	1. 중화인민공화국은 법에 의하여 국가를 다스리고 사회주의법치국가를 건설한다는 문구를 보충하였다.	1. 전국인민대표대회는 성, 자치구, 직할시, 특별행정구 및 군대가 선출하는 대표로 구성한다. 2. "계엄결정"을 "긴급 상태로 진입을 결정"으로 개정 "계엄령 공포"를 "긴급 상태 진입을 선포"로 개정
국가				의용군 행진곡을 국가로 확인

4. 홍콩특별행정구의 제도적 특성

I. 서 론

  덩샤오핑(鄧小平)은 1978년 12월 중국공산당 11기 3중 전회에서
"사회주의를 핵심으로 하되, 경제체제는 사회·자본주의 두 개를 병
행할 수 있다"는 '일국양제(一國兩制: One Country Two Systems)'
이론을 제시하였다. 이후 일국양제는 홍콩과 마카오의 귀속과 원활
한 관리 및 대만을 흡수통일을 하기 위한 이론적 근거로 활용되어
왔다. 덩샤오핑은 1979년 3월 영국의 홍콩 총독과 홍콩귀속[144]에 대
한 첫 협상을 벌였다. 1982년 9월 영국 대처수상의 방중을 계기로
홍콩 문제 협상을 개시했다. 중·영 양국 정부는 계속 홍콩의 미래
에 대해 외교협상을 진행하여 1984년 12월, 중·영 양국 정부는 「홍
콩 문제에 관한 공동성명」(이하 '공동성명'이라 함)을 발표하였다.
공동성명에서 영국은 1997년 7월 1일 홍콩을 중국에 반환하여 영토
와 인민에 대한 주권을 중국에 이양하기로 결의했다. 중국 정부는
홍콩에 특별행정구를 설립하여 외교와 국방 이외의 사무는 홍콩특별

---

144) 한국에서 통용되고 있는 '홍콩返還'의 용어는 원래 일본 언론의 造語로서 영
  국입장(British colony's return to China)에서 나온 것이다. 중국에서는 이를
  '香港回收'라고 칭하고 있으나 이 역시 중국 입장이 강하게 드러난 용어로서
  둘 다 적절하지 않다고 판단되어 필자는 비교적 가치중립적 용어인 '홍콩歸
  屬'을 사용하고자 한다.

행정구(이하 '홍콩특구' 또는 '특별행정구'이라 함)가 행정관리권·입법권·독립적인 사법권과 종심권(終審權)을 포함한 고도의 자치권을 향유하고, 홍콩의 현행 법제의 기본적 불변, 현행 사회·경제제도 50년간의 불변을 보장하였다. 그리고 이를 『홍콩특별행정구 기본법』(이하 '홍콩기본법' 또는 '기본법'이라 함) 내에 규정하기로 하였다. 1990년 4월 4일 제7기 전국인민대표대회 제3차 회의에서 홍콩기본법을 통과하고 같은 날 양상쿤(楊尙昆) 국가주석이 공포하였다. 홍콩기본법은 모두 9개 장 160개 조항과 3개의 부록이 첨가되어 있다.

1987년 4월 중국, 포르투갈 양국은 중·영 공동성명과 흡사한 내용의 『마카오 문제에 관한 공동성명』을 발표하였다. 1993년 3월 31일 제8기 전국인민대표대회 제3차 회의에서 『중화인민공화국 마카오 특별행정구 기본법』(이하 '마카오 기본법'이라 함)을 통과하고 당일 장쩌민(江澤民) 국가주석이 공포했다. 이에 따라 홍콩과 마카오는 각각 1997. 7. 1.자로 1999. 12. 20.자로 중국에 귀속되어 중국의 특별행정구가 되었다. 중국은 대만과는 아직 통일의 전망이 구체화되지 않고 있지만, 중국 정부는 여러 차례 성명을 발표하여, 국민당과 제3차 합작관계를 수립하여 '일국양제'의 방침으로 '조국통일' 문제를 해결하여 대만을 중국의 특별행정구로 하기를 원한다고 밝힌 바 있다.

이러한 중국의 특별행정구는 세계사에서 유례를 찾기 어려운 독특한 국가구조와 중앙-지방정부의 모델이다. 특별행정구와 관련한 기존의 연구들은 주로 '일국양제'를 중심으로 한 이데올로기 또는 정치통합이론에 중점을 두어 왔으며 홍콩특구 법제 자체와 제도적 장치 면에서 고찰한 연구 성과는 희소한 실정이다. 따라서 본 연구의 의의와 목적은 홍콩기본법을 비롯한 법적 근거를 통한 중국특별행정구의 제도적 특성을 파악하는 것으로서 2006년 7월 1일 출범한 한국의 제주특별자치도145)의 제반 법제정비와 향후 남북한 통일모델 모색에 필요한 참고자료를 제공함에 있다. 본 연구의 범위는 마카오특구에 비해 큰 비중을 차지하는 홍콩특구146)의 근본규범인 홍콩기본법을 선정하였다.

본 연구가 채택한 연구방법은 가급적 이데올로기 접근법을 배제한, 법적, 제도적 접근법으로서 국제법과 중국국내법 및 전문서적과 논문 등을 통한 문헌 연구 외에 인터넷상의 자료를 참고하였다. 본 연구는 제Ⅱ장에서 홍콩특구 설립의 이론적 근거인 일국양제와 법적 근거인 공동성명과 중국 헌법을 살펴보고, 제Ⅲ장에서 홍콩기본법상의 홍콩특구의 법적 지위와 특성을 파악하고, 제Ⅳ장에서는 홍콩특구 권력구조의 제도적 특성을 살펴본다. 제Ⅴ장에서는 전체 내용을 요약하기로 한다.

Ⅱ. 홍콩특구설립의 이론적ㆍ법적 근거

1. 일국양제

일국양제는 사회주의 국가 안에서 특정지역에 특별행정구를 건립하여 상당히 장기간 기존의 자본주의 시장경제 제도와 생활방식을 유지하는 것을 허용하는 것을 말한다. 일국양제의 본질은 '일국'이

---

145) 조선일보, 2006. 6. 22. 12쪽.

146) 마카오특구의 면적은 23.8㎢, 인구는 약 50만 명에 비해 홍콩특구의 면적은 1,097㎢, 인구 약 700만 명이다.
http://www.51766.com/DestinationGuides/10072/[2007. 1. 17.] 참조.

'양제'의 전제와 기초이며 '일국'과 '양제'는 병렬적 관계가 아니라 '일국'하의 '양제'인 주종 관계이다(何靜, 2006). '양제'의 주체는 사회주의 제도로서 중국 내 일부 지역에서 자본주의제도를 유지하되 이는 전국의 사회주의제도를 더욱 발전시키기 위한 것으로 다음 여섯 가지 함의를 포괄한다(焦洪昌, 2005).

첫째, 일국양제의 기초는 '한 개의 중국'이다. 홍콩, 마카오, 대만은 분할할 수 없는 중국의 구성부분이며 중화인민공화국정부만이 국제적으로 전체 중국을 대표한다는 전제하에 할 수 있으며 특별행정구 기존의 자본주의제도를 장기적으로 유지할 수 있다.

둘째, 일국양제의 핵심목표는 중국의 완전한 통일이다. 일국양제는 통일의 실현을 위하여 주권원칙을 수호하면서 대만, 홍콩, 마카오의 역사와 현실을 충분히 감안하여 고도의 융통성을 발휘하여 제정된 것으로 특별행정구의 설립근거로 작용한다.

셋째, 일국양제의 '양제'는 중국 내에 2개 종류의 제도를 장기적으로 공존·공동발전을 모색한다. 특별행정구 내에 기존의 사회제도와 생활방식, 외국과의 경제문화관계 유지, 사유재산과 토지, 기업소유권, 합법적 상속권 및 외국인의 투자 등에 확실한 법적 보장을 부여한다.

넷째, 일국양제의 주체는 사회주의이다. 덩샤오핑은 "일국양제는 사회주의 국가체제 내에 일부 특정지역에 한해 자본주의를 잠시 동안이 아닌, 수십 년에서 백 년까지 허용하는 것으로 전체 중국 국가의 주체는 사회주의라는 것을 분명히 하는 것이다"라고 주장하였다(鄧小平, 1994).[147)

---

147) 鄧小平은 "우리는 모두 炎黃자손이다. 선조들이 완성하지 못하였던 진정한 통일의 실현을 우리가 완수하자. 후세사람은 우리를 기념할 것이다. 만일 우리가 조국통일을 완수하지 못한다면 후세와 역사는 우리를 반드시 책망할 것이다"라고 말했다.

다섯째, 일국양제의 구체적 실행에 있어서 홍콩, 마카오와 대만은 약간씩 다르게 실시한다. 대만은 독자적인 자신의 군대를 유지할 수 있으며 통일 후에도 중국대륙은 중앙행정공무원을 대만에 파견하지 않을 것이며 중국 중앙정부기관의 요직에 대만의 각계인사를 상당수 임명할 것이라고 전국인민대표대회 제6기 제2차 회의에서 통과된 『정부공작보고』에 제시하였다. 중국은 대만통일을 일국양제[148]의 근본방침에 따라 하나의 중국 원칙, 분열과 대만독립 반대, 외세 간섭 배제를 기본원칙으로 설정, 양안 간의 교류확대와 대만의 국제적 고립유도를 통한 흡수통일을 추구하고 있다(李壽初, 2006).

2. 공동성명

1984년 12월, 중·영 양국 정부 대표가 서명한 홍콩 문제에 관한 공동성명(Joint Declaration)은 국제조약의 일종이다(김명기, 1996). 중국이 체결하거나 승인한 국제조약과 양자 다자간 국제협정도 중국의 법원 중의 하나다(董和平·韓大元·李樹忠, 1999).

『民法通則』 제142조는 "중화인민공화국이 체결하거나 참가한 국제조약과 중화인민공화국의 민법 중에 상이한 규정이 있을 경우 국제조약의 규정을 적용한다. 단 중화인민공화국이 유보한 조항은 제외한다. 중화인민공화국 법률과 중화인민공화국이 체결 또는 참가한 국제조약 중 규정이 없을 경우, 국제관례를 적용할 수 있다"[149]라고 규정

---

148) 일국양제에 대한 대만 측 주장으로는 ① 일국양부(一國兩府): '하나의 중국과 두 개의 대등한 정부', ② 일국양구(一國兩區): '중국은 하나지만 현실적으로 대륙과 대만지구로 분할되어 각자가 독자적이고 대등한 정치 실체로서의 지위를 보유', ③ 일변일국(一邊一國): '대만해협을 사이에 재한 한쪽에 한나라씩 존재'한다. http://blog.naver.com/uuuau?Redirect=Log&logNo=40008353316[2004. 11. 29.]

하였다. 또한 『海商法』 제268조 제1항은 "중화인민공화국이 체결하거나 참가한 국제조약이 동법과 다른 규정이 있을 경우, 국제조약의 규정을 적용하지만, 중화인민공화국이 유보한 조항은 제외한다"150)라고 규정하였다. 이들 조항은 조약이 오히려 중국 국내법보다 효력 면에서 우선하는 법원으로 인정하는 의미로 해석되고 있다(孔祥儁, 2002).

공동성명은 홍콩특구 설립의 국제법적 근거로서 홍콩의 안정과 번영을 위해 홍콩귀속 후에는 일국양제의 기본방침 아래 중국 본토는 사회주의를, 홍콩은 자본주의를 그대로 실시하되 '홍콩인이 홍콩을 다스리고(港人治港)', '고도의 자치를 보장'하며 홍콩의 현행 사회제도, 경제제도, 생활방식을 '50년간 불변'할 것임을 약속했으며, 홍콩에 중국 중앙정부가 직할하는 특별행정구를 설치하여 특별히 대우한다는 것이다. 공동성명이 확립한 중국－홍콩 간의 권력배분원칙은 외교와 국방은 중국 정부의 권한이나 홍콩특구는 중국 정부로부터 권한을 위임받아 특정분야에서 '대외업무'를 처리하는 것이다. 중국 정부와 학계는 '외교업무'는 국가주권의 정치 분야임을, '대외업무'는 경제, 문화 분야임을 구분할 것을 강조하고 있다(Yash Ghai, 1977).

한편 공동성명의 부록「중국의 홍콩의 기본방침정책의 구체적 설명」제1절 총강과 제2절 법제 등에는 홍콩정부가 1977년 이후에 세계 각국과 체결한 국제협약과 국제사회에서 통용되는 국제관례의 법적 효력을 모두 인정한다고 규정하였다.

---

149) 中華人民共和國締結或者參加的國際條約同中華人民共和國的民事法律有不同規定的, 适用國際條約的規定, 但中華人民共和國聲明保留的條款除外。中華人民共和國法律和中華人民共和國締結或者參加的國際條約沒有規定的, 可以适用國際慣例。

150) 中華人民共國締結或者參加的國際條約同本法有不同規定的, 适用國際條約的規定, 中華人民共和國聲明保留的條款除外。

또한 제3절 법원과 사법, 제6절 경제와 상업업무, 제8절 해운, 제9절 민간항공, 제11절 대외관계와 제14절 여행과 이민 등 분야에 걸쳐 홍콩 특구는 계속 자유항지위를 유지하며 GATT에 가입할 수 있으며 '중국 홍콩'의 명의로 경제, 무역, 금융, 해운, 통신, 관광, 문화, 체육 등 단독으로 세계 각국, 각 지역 및 국제기구와의 관계를 유지하고 발전시킬 수 있으며 관련협정을 체결하고 이행할 수 있다고 상세히 규정하였다.

3. 중국 헌법

헌법은 한 나라의 근본법이고 최고의 법적 지위와 효력을 가지고 있다. 헌법은 국가 최고 권력의 상징이며 기타법률 법규의 효력은 헌법에서 나온다. 중국 헌법은 중국의 사회·경제와 정치제도, 근본임무, 각종 기본원칙 방침, 정책, 공민의 기본권리와 의무 및 각 주요 국가기관의 구성과 직권, 직책 등을 규정하였고 사회생활 각 영역의 가장 근본적이고 기본적인 문제를 규정하였다(許崇德, 2004). 헌법은 최고 권력기관인 전국인민대표대회에서 제정하고 개정한다(헌법 제62조). 모든 법률, 행정법규와 지방성 법규는 모두 헌법과 저촉되어서는 안된다. 헌법 제31조는 "국가는 필요시 특별행정구를 설립할 수 있다. 특별행정구 내에서 실시하는 제도는 구체적 상황에 따라 전국인민대표대회가 법률로 정한다"151)라고 규정하여 덩샤오핑의 '일국양제' 구상을 국가의 근본규범으로 명문화하였다. 중국 내에 특별한 경우에 한하여 특정 지역 내에 예외가 있을 수 있음을 규정한 이 조항은 단일제국가체제 안에서 이질적인 체제를 수용함으로써 중국의 완전한 통

---

151) 國家在必要時得設立特別行政區。在特別行政區內實行的制度按照具体情
　　況由全國人民代表大會以法律規定。

일실현과 국제분쟁을 해결하기 위한 취지로 제정된 것이다(吳愛明, 2003).
헌법 제62조 제13호 "전국인민대표대회가 특별행정구의 설립 및 그
제도를 결정한다"에서 알 수 있듯 헌법 제31조는 일종의 수권조항[152)
으로서 헌법 제1조의 "중화인민공화국은 노동자계급이 영도하며, 노동
자농민연맹을 기초로 하는 인민민주독재의 사회주의 국가이다. 사회주
의제도는 중화인민공화국의 근본제도이다. 어떠한 조직 또는 개인이
사회주의제도를 파괴하는 것을 금지한다"[153) 등을 비롯한 제2조, 제5
조, 제6조 등의 적용을 받지 않는다(韓大元 · 胡錦光, 2002).

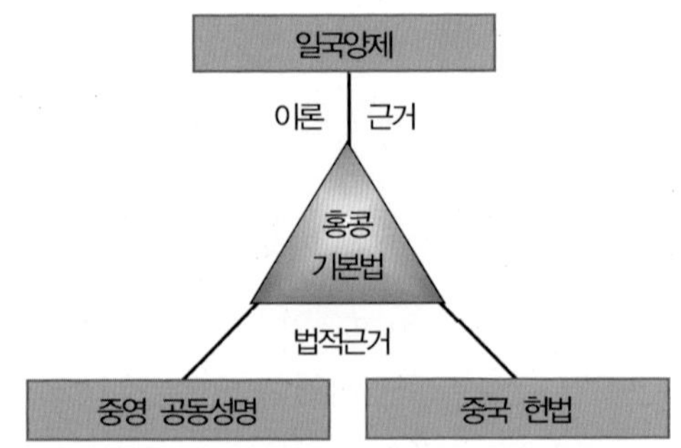

출처: 『鄧小平文選』, 중영 공동성명, 중국 헌법 등을 참조하여
필자가 작성.

〈그림 4-1〉 홍콩기본법의 이론적 · 법적 근거

---

152) 필자는 2007. 1. 18.(목) 中國人民大學 法學院을 방문하여 韓大元 헌법학
　　교수와 면담하였다. 한 교수는 헌법(유추)해석 또는 입법을 통한 보완작업 없
　　이 헌법 제31조 문언 해석만으로 중국 내 특정지역에 자본주의 정치체제와 법
　　제를 시행할 수 있다는 결론을 도출하기란 곤란하다는 문제점을 지적하였다.
　　또한 한 교수는 홍콩기본법, 마카오기본법 등 각 개별 기본법으로 규정하는 것
　　보다는 차후에 국가대법인 헌법을 개정하여 이를 보다 구체적 · 현실적으로 규
　　정하여야 한다는 견해를 피력하였다.

153) 中華人民共和國是工人階級領導的以工農聯盟爲基礎的人民民主專政的社
　　會主義國家。社會主義制度是中華人民共和國的根本制度。禁止任何組
　　織或者個人破壞社會主義制度。

Ⅲ. 홍콩특구와 홍콩특구의 법적 지위와 특성

1. 홍콩기본법의 법적 지위와 특성

중국에서의 법률은 전국인민대표대회 및 그 상무위원회에서 법률이라고 제정한 규범성 법률문건으로서 그 지위와 효력은 헌법 다음이다. 중국 헌법은 법률을 기본법률과 기본법률 이외의 기타법률로 구분한다.

기본법률은 전국인민대표대회에서 제정하고 개정하는 것으로 형사, 민사, 국가기구와 관련된 기본적인 규범성 문건을 일컫는다(헌법 제62조 제2항 제3호).[154] 홍콩기본법, 마카오기본법을 비롯해『형법』, 『민법통칙』, 『계약(合同)법』, 『혼인법』, 『상속(繼承)법』 등이 있다(강효백, 2005). 기본법률은 전국인민대표대회만이 제정하고 개정할 수 있다. 단 헌법 제67조 제3항의 규정에 의하면, 전국인민대표대회 폐회기간 동안 전국인민대표대회 상무위원회는 전국인민대표대회 제정의 법률에 대하여 부분적인 보완과 개정을 할 수 있지만, 그 법률의 기본원칙에 저촉되어서는 안 된다.[155]

중국사회주의와 홍콩자본주의 법제체계의 교차점에 위치한 홍콩기

---

154) 전국인민대표대회는 아래 열거의 직권을 행사한다. ① 헌법의 개정, ② 헌법실시의 감독, ③ 형사, 민사, 국가기구 및 기타 기본법률의 제정과 개정(制定和修改刑事、民事、國家机构的和其他的基本法律).

155) 기타법률은 전국인민대표대회가 당연히 제정해야 할 법률 이외의 기타법률을 전국인민대표대회 상무위원회가 제정하고 개정하는 규범성 문건을 말한다. 『회사(公司)법』, 『노동법』, 『특허법』, 『상표법』, 『문물보호법』 등은 전국인민대표대회 상무위원회에서 제정한다. 'ㅇㅇ법'이라고 명칭하지 않은 전국인민대표대회 상무위원회가 제정한 '결의', '결정', '규정', '조례(條例)' 등은 협의의 법률과 동일한 효력을 가진다. 강효백, 2005, 『중국법통론』, p.45 참조.

본법은 다음과 같은 특징이 있다.

첫째, 법률의 지위와 효력 면에서 볼 경우, 기본법은 중국 전국인민대표대회가 헌법에 근거하여 제정한 기본법률로서 홍콩 특구의 법적 체계에서 최고의 지위를 차지한다. 어떠한 법률도 기본법에 저촉되어서는 안 되며 전국인민대표대회만이 기본법을 개정할 수 있다. 기본법은 헌법과 유사한 구조, 즉 서언 제1장 총칙, 제2장 주민의 권리의무, 제3장 정치체제, 제4장 경제, 사회, 문화 등의 章節로 구성되어 있어 '小憲法'이라고 부르기도 한다(廖鳴衛, 2003).

둘째, 법률의 적용범위와 성격 면에서 볼 경우, 기본법은 전체 중국 영역에서 유효하며 각 성, 자치구, 직할시, 각급국가기관, 사회단체도 반드시 준수하여야 하는 전국적인 법률인 한편 홍콩특구에 주로 적용, 시행되는 특별법 성격의 법률이다.

셋째, 법률의 내용 면에서 볼 경우, 기본법은 중국 정부와 홍콩특구, 특별행정구 내부의 기본관계를 총체적으로 규율, 조정하는 기본법률로서 구체적 관계를 규율하는 기타법률과 구별된다.

끝으로, 법률의 입법 취지 면에서 볼 경우, 기본법은 중국사회주의 현대화 목표에 부응하고 홍콩특구의 자본주의제도를 보장하고 이를 규범화하기 위하여 제정된 것이다(何華輝, 1998).

기본법의 해석권은 전국인민대표대회 상무위원회에 속하며 전국인민대표대회 상무위원회의 위임을 받아 특별행정구법원은 특별행정구 자치범위 내의 조항을 해석하는 권한을 가진다. 기본법의 개정권은 전국인민대표대회에 속하며 기본법의 개정안 제안권은 전국인민대표대회 상무위원회와 국무원, 특별행정구에 속한다. 홍콩특구가 기본법 개정안을 제출할 경우 홍콩특구 입법회 재적의원의 2/3 이상의 다수로 가결한 후 행정장관은 동법 개정안에 서명한 후 전국인민대표대회 주석단을 통하여 전국인민대표대회에 제출한다. 동 개정안은 전국인민대표대회는 재적과반수 찬성을 얻어 최종 가결된다(기본법 제158－159조). 이론적으로는 전국인민대표대회 상무위원회가 기본법에 관한 해석권을 가지지만 실제에 있어서는 홍콩법원이 전국인민대표대회 상무위원회의로부터 권한을 위임받아 자치권의 범위 내에서 사법적인 해석권을 가진다(肖蔚云, 2000).

2. 홍콩기본법상 홍콩특구의 법적 지위와 특성

기본법 제1조는 "홍콩특별행정구는 중국의 불가분(an inalienable part)한 부분이다"156)라고 규정하여 홍콩특구가 단일제 국가인 중국으로부터 분리할 수 없는 구성부분이며 중국 중앙정부가 홍콩특구를 포함한 전체 중국의 통일과 주권과 영토의 완전성을 보호할 책무를 진다는 것을 선언하였다(韓大元·胡錦光, 2002).

기본법 제2조는 "홍콩은 고도의 자치권과 행정, 입법 및 최종판결을 포함한 독립적 사법권을 향유한다"157)라고 명기하였다. 이는 기본법이 헌법에 의하여 제정되었으며 홍콩의 제도와 정책은 기본법에 근거한다는 것을 의미한다. 홍콩특구의 자치권은 미국의 연방 각주의 자치권을 초과하는 고도의 자치권이다. 그러나 '고도의 자치'는 전국인민대대회로부터 수권한 자치이지 홍콩특구 고유의 권력이거나 별개의 중앙정부로부터 나오는 자치권은 아니다(殷嘯虎, 2003). 홍콩특구의 자치권범위가 고도의 광범위한 것일지라도 그 자치권의 연

---

156) 香港特別行政區是中華人民共和國不可分离的部分。

157) 全國人民代表大會授權香港特別行政區依照本法的規定實行高度自治, 享有行政管理權、立法權、獨立的司法權和終審權。

원은 중앙인민정부의 수권으로부터 나오는 것으로 최종권한은 여전히 중앙인민정부가 장악하고 있다(Marius Oliver, 1993).

상기 기본법 제1조와 제2조에 이어 기본법 제12조는 "홍콩특별행정구는 중화인민공화국의 고도의 자치권(high degree of autonomy)을 향유하는 지방행정구역으로서 중앙인민정부에 직할된다"[158]라고 규정하여 홍콩특구의 법적 지위를 재확인하였다. 홍콩의 기존 법령은 기본법과 저촉되지 않거나 홍콩과 마카오 특별행정구의 입법기관이 개정한 것 이외에는 기존의 효력을 유지한다. 원칙적으로 중국 내지의 법률은 특별행정구에 실시되지 않는다(기본법 제14조).

기본법 제18조는 "특별행정구에서 실시하는 법률은 본 법과 기본법 제8조가 규정한 특별행정구 기존의 법률과 특별행정구 입법기관이 제정하는 법률이다"라고 규정하였다. 특별행정구의 기존 법률 중 기본법과 저촉되는 경우, 홍콩특구 성립 시에 홍콩 기존 법률은 전인대 상무위원회가 기본법과 저촉한다고 공포한 것을 제외한 모든 경우에는 홍콩특구법률을 준거한다. 홍콩특구 성립 이후에 기존법률과 기본법이 저촉될 경우 기본법이 규정하는 절차에 따라 그 법률을 개정하거나 효력을 정지한다(기본법 제19조).

홍콩특구의 기존 법률 및 입법회가 제정한 법률은 판례법 위주의 영미법계에 속하고 중국법률은 성문법 위주의 대륙법계에 속한다(廖鳴衛, 2003). 두 지역의 법률이 충돌할 경우 기본법을 우선 적용한다(기본법 제20조). 홍콩특구의 자치권은 공동성명과 기본법이 국제법과 국내법 차원에 승인하고 확립한 것으로 나오는 법률상(de jure) 자치권에 속하는 것이라고 할 수 있다. 중국 정부가 실제로 보유하는

---

158) 香港特別行政區是中華人民共和國的一个享有高度自治權的地方行政區域, 直轄于中央人民政府。

권한의 영역은 홍콩특구가 주권국가가 아니기 때문에 '중국, 홍콩'의 명의로 권한을 행사할 수 없는 여지뿐이다(Roda Mushkat, 1986).

기본법은 전국인민대표대회가 제정하고 홍콩특구 입법기관은 기본법과 법률이 정하는 절차에 근거하여 하위법령을 제정한다. 단 이 법령들은 전국인민대표대회 상무위원회에 등록하여야 한다. 홍콩특구의 외교업무는 중국 정부가 통일적으로 관할한다. 홍콩특구의 방위업무는 중국 정부가 파견한 군대에 의하여 책임진다. 단 현지 주둔비는 홍콩특구가 부담하지 않으며 방위업무를 맡는 군대는 홍콩특구의 내정을 간섭하지 않는다. 즉 외교 국방 및 기타 국가주권과 관련한 분야 이외의 분야에 대하여 중앙정부는 일체의 간여를 하지 않는다(射慶奎, 2006).

기본법 제22조의 규정에 의하면 중앙정부의 각부, 성, 자치구, 직할시는 기본법에 근거하는 자치관리의 사무를 간여할 수 없다. 중앙 각부, 각 성, 자치구, 직할시가 홍콩특구에 관련기관을 설치할 경우 홍콩특구의 동의와 중앙정부의 승인을 얻어야 하며 홍콩특구의 기관 및 공무원은 홍콩특구의 법률을 준수하여야 한다. 홍콩특구는 중앙정부의 지방행정구역으로서 홍콩특구는 중앙정부의 직접적인 관할하에 놓여 있으며 중앙정부와 홍콩특구 사이에 어떠한 중간 계층도 존재하지 않는다. 여기에서의 중앙정부는 국무원을 지칭하는 것으로 국무원 내의 각부와 위원회를 의미하는 것은 아니다(朱景文, 2004). 중앙정부는 홍콩특구의 외교 및 방위에 관한 관리를 책임진다. 행정장관과 행정기관의 기타 주요관리를 임명한다. 전국인민대표대회 상무위원회는 홍콩특구에 긴급사태선포를 결정할 수 있다(기본법 제18조).

홍콩특구에 거주하는 중국공민은 법률이 정한 바에 따라 국정에 참여할 수 있다. 중앙정부와 각부, 성, 자치구, 직할시는 특별행정구에 간섭을 할 수 없다. 홍콩특구는 반국가, 국가분열, 동란의 선동, 중앙정부 및 국가기밀절취행위를 방조, 조장하는 입법을 할 수 없다. 외국의 정치적 조직 또는 단체가 홍콩특별행정구에 정치활동을 금지하고 홍콩특구의 정치적 조직 또는 단체와 외국의 정치적 조직 또는 단체와 연계활동을 할 수 없다고 규정하고 있다(기본법 제23조).

홍콩특구의 재정수입은 전액 특별행정구의 수요에 사용하며 중앙정부에 납부하지 않는다. 중앙정부는 홍콩과 마카오 홍콩특구에 세금을 징수하지 않는다. 홍콩특구는 자체적으로 화폐를 발행하고 금융정책을 실시한다. 홍콩달러는 계속 유통되며 그 발행권은 홍콩특구정부에 속한다(기본법 제105조). 외환시장과 증권 및 선물시장은 계속 개방된다(沈宗靈, 1996).

홍콩특구는 '중국, 홍콩'의 명의로 경제, 무역, 금융 및 통화, 선박, 통신, 관광, 문화 및 체육 분야를 비롯한 적절한 분야에서 외국과 외국의 지역 및 관련된 국제기관과의 관계, 협정의 체결 및 이행을 유지하고 발전시키는 권한을 가진다(기본법 제116조). 홍콩특구의 대표는 중국 대표단의 일원으로 명시된 것에 한하며 홍콩특구에 영향을 미치는 적절한 국제기구 또는 회의에 참여하거나 기타 인민정부 및 중요한 국제기구 또는 회의가 허용하는 기타 입장에서 수행하고 '중국, 홍콩'의 명의로 그들의 견해를 표현할 수 있다. 홍콩특구는 '중국, 홍콩' 명의로 국제기구 및 회의에 명시된 것에 제한 없이 참여할 수 있다(기본법 제152조).

중국이 당사자거나 당사자가 될 국제협정의 홍콩에서 적용은 홍콩정부의 견해를 청취한 이후에 홍콩의 지역상황 및 필요에 따라 중국이 결정한다. 당사자가 아니지만 홍콩에서 이행되는 국제협정은 계속해서 홍콩에서 이행된다. 중국 정부는 필요시 기타 관련 국제협정

을 홍콩에 대해 적절히 이행할 수 있도록 홍콩정부에 권한을 위임하
거나 협조한다(기본법 제153조).

Ⅳ. 홍콩특구 권력구조의 제도적 특성

1. 홍콩특구의 권력구조

1) 행정부

(1) 행정장관

행정장관은 홍콩특구의 수장으로서 특별행정구정부를 지휘, 감독
하며 중앙정부에 책임을 지는 이중적 법적 지위를 가진다. 행정장관
은 대외적으로 홍콩특구를 대표하고 대내적으로 행정 관리권을 장악
하며 중앙정부에 대하여 정부 주요관리의 임면건의권과 각급법관을
임면할 권한과 함께 입법회에서 제정한 법안거부권과 입법회 해산권
을 보유한다. 행정장관은 현지에서 선거 또는 협상에 의하여 선임되
며 중앙정부가 임명한다(기본법 제45조). 행정장관의 임기는 5년이며
1회에 한하여 연임할 수 있다(기본법 제46조). 행정장관은 다음과 같
은 경우에 궐위된다.

① 중대한 질병 또는 기타 사유로 인하여 직무수행이 불가능할 경우
② 두 번에 거쳐 입법회의에서 통과한 법안서명을 거부하고 입법
회를 해산한 경우, 새롭게 선출된 입법회 전체 의원의 2/3이 쟁점상
황이 된 원안을 통과하였을 경우, 행정장관은 여전히 서명을 거절할

수 있다.

③ 입법회가 재정예산 또는 기타 중요법안의 통과를 거부사유로 입법회를 해산하였을 경우, 새롭게 재선된 입법회는 여전히 원래 쟁점 상황이 된 입법의 통과를 거부할 경우, 홍콩특구의 행정장관이 일시적으로 직무수행이 불가능한 경우, 정무국장, 재정국장, 사법국장이 그 직무를 임시로 대리한다. 행정장관이 궐위될 경우, 6개월 내에 홍콩특구기본법 제45조의 규정으로 새로운 행정장관을 선출한다(기본법 제46조). 기본법 제47~50조 규정에 근거한 행정장관의 주요 직권은 다음과 같다.

행정장관은 특별행정구의 주요정책을 결정하고 법령의 공포와 그 시행을 통하여 특별행정구의 행정을 지휘 감독한다. 또한 입법회가 의결한 법안은 반드시 행정장관이 서명하고 공포하여야만 효력을 발생한다. 행정장관이 입법회가 의결한 재정예산안에 대해 서명할 경우에는 행정장관은 재정예산과 결산을 중앙정부에 보고하여야 한다. 입법회가 발의한 공채발행 또는 지출에 관한 결의는 반드시 행정장관의 서면동의를 얻어야 한다. 행정장관이 입법회가 의결한 법안이 홍콩특구의 전체 이익에 부합하지 않다고 판단할 경우 3개월 내에 동 법안을 입법회에 환부할 수 있다.

행정장관은 중앙정부에 대해 홍콩특구의 주요 관원의 임면 제청권과 행정회의 구성원 또는 행정위원의 위촉권을 갖는다. 행정장관은 법률이 정한 절차에 따라 각급 법원의 법관과 공무원을 임면한다.

행정장관은 중앙정부가 특별행정구에 위임한 대내외사무의 집행권 및 처리권을 가진다. 또한 입법회가 정부가 제출한 재정예산안을 거부하였을 경우 행정장관은 입법회에 예비비 지출을 요청할 수 있다. 그러나 특별행정구의 사법독립 원칙에 의하여 기본법은 사법권에 관한 행정장관의 권한을 엄격히 제한하였다(李景治, 1999). 한편 행정장관은 법정절차에 따라 형사범죄의 형벌을 사면하거나 감경할 수 있다.

(2) 홍콩특구정부

홍콩특구정부는 행정장관 휘하의 행정기관이다. 홍콩특구정부의 주요 관리는 홍콩특구에 계속하여 15년 이상 거주한 자로서 해외에 영주권이 없는 중국 공민[159] 중에서 행정장관이 임면한다(기본법 제57조).[160]

기본법 제59조와 제60조는 홍콩특구 각 부문별, 염정공서(廉政公署),[161] 심계서와 사(司), 국(局), 처(處)에 대하여 상세히 규정하고 있다. 홍콩특구정부는 입법회가 통과하고 행정장관이 서명하여 효력이 발생한 법률을 집행하고 정기적으로 입법회에 출석하여 시정보고를 하며 입법회의 질의에 대한 답변을 한다. 또한 홍콩특구정부는 정책의 제정과 집행, 각종 행정사무의 관리, 중앙정부가 수권한 대외사무의 처리, 예산안 편성권과 결산, 의안과 법안의 제출권을 가진다.

(3) 행정회의

행정회의는 행정장관의 정책결정을 보좌하는 자문기관이다(焦洪昌, 2005). 행정회의는 정부 주요 관리와 입법회 의원 및 시민단체가 위촉하는 인사 중에 행정장관이 임면하는 인사로 구성된다. 행정회의는 행정장관이 주재하며 행정장관은 법안의 제출, 행정법규의

---

159) 중국 국적 또는 홍콩 거류권(시민증)이 있는 자를 의미한다.

160) 마카오 특구 정부의 주요관원은 마카오에서 15년 이상 계속 거주한 중국공민이 담임한다. 마카오기본법 제46조 참조.

161) 일종의 공직자 부패방지 감시 및 사정기관이다.

제정, 입법회 해산 등 주요정책을 결정하기 전에는 반드시 행정회의
에 자문을 구하여야 한다. 단 인사임면과 기율제도 및 긴급 상황에
서 채택하는 조치 등은 제외한다(기본법 제63조).

2) 입법부

입법회는 홍콩특구의 입법기관이다. 입법회는 각종 법안을 제출·심
의·의결하는 입법권을 비롯하여 탄핵, 재정예산의 통과, 행정장관시
정보고의 청취와 변론의 진행, 행정부 업무에 대한 질의·질문권 등
을 가진다. 입법회는 행정부를 견제하는 기능을 하지만 중국 중앙정
부관할하의 지방 국가기관이라는 권한의 범위를 초과하여서는 안 된
다. 입법회의 구성과 자격에 대해서는 기본법 제67조는 "홍콩특구입
법회는 외국에 거류권(시민권)이 없는 자로서 홍콩특구에 영주하는
주민 중 중국 공민으로 구성한다. 단 중국 국적은 없지만 홍콩특구
에 영주하는 주민과 해외에 거류권이 있으나 홍콩특구에 영주하는
주민은 홍콩특구 입법회 의원으로 당선될 수 있다. 단 이들이 점하
는 비율은 입법회 전체 의원의 20%를 초과할 수는 없다"라고 규정
하고 있다.162) 입법회 제1기 의원의 임기는 2년으로 하고 제2기 이
후의 임기는 4년으로 한다(기본법 제68조). 제1기 입법회 의원 수는
직능단체에서 30명, 선거위원회에서 10명, 지역구에서 직접선거로
선출한 20명 등 모두 60명으로 하지만 점차 직선 선출의원의 비중
을 점진적으로 증원하기로 한다.163)

---

162) 마카오특구의 입법회의의 자격요건은 홍콩과 달리 마카오특구에 영주하는 주
　　민이어야 한다. 마카오기본법 제68조 참조.
163) 마카오 특구의 제1기 입법회는 직접선거로 선출한 8명, 간접선거로 선출된 자

입법회는 기본법과 기타법률이 정한 절차에 따라 법률의 제정과 개정, 폐지를 할 수 있다(기본법 제73조). 입법회가 통과시킨 법안은 행정장관이 서명하여야만 법적 효력을 발생한다. 홍콩특구 성립 이후, 그 입법기관이 제정한 법률은 당연히 전국인민대표대회 상무위원회에 등록되어야 한다. 단 이러한 등록 여부는 법률의 효력발생에 아무런 영향을 미치지 않는다. 전국인민대표대회 상무위원회가 만약 특별행정구의 입법기관이 제정한 법률이 기본법에 합치되지 않는다고 판단할 경우는 법률을 파기 환송한다. 전국인민대표대회 상무위원회에서 파기 환송된 법률은 즉각 그 효력이 상실된다(기본법 제74조).

입법회는 행정부의 재정예산안과 기채에 대한 동의권을 가진다. 또한 행정장관이 중대한 위법 또는 권력남용행위를 범하였는데도 자진 사임하지 않을 경우에는 입법회는 탄핵절차를 진행할 수 있다. 정원의 1/4 이상의 입법회 의원이 연명으로 행정장관의 중대한 위법 또는 권력남용행위를 열거함으로써 탄핵소추를 발의한다. 입법회는 독립된 조사위원회의 조사를 거친 후 종심법원의 수석 법관에게 조사위원회의 구성을 위촉하게 하고 동 위원회의 의장을 담당하게 할 수 있다. 조사위원회의 조사를 거친 후 제반 상황이 상술한 탄핵소추 사항에 해당할 경우 입법회 전체 의원의 2/3 다수로 탄핵안을 가결한 후 중앙정부에 동 탄핵소추의 승인을 제청한다(기본법 제77조). 따라서 입법회는 행정장관의 탄핵소추안을 의결하는 권한만을 가지며 행정장관의 거취의 최종결정권은 중앙정부에 있다(李壽初, 2006).

가 8명, 행정장관이 지명한 자 7명 모두 23명으로 구성한다. 이후 직접선거의 비중을 점차 확대하여 나가되 2009년에 입법회의 구성에 대하여 새로운 규정을 하기로 명기하였다. 마카오기본법 제69조 참조.

3) 사법부

 "홍콩특구의 각급법원은 독립하여 재판하며 어떠한 간섭도 받지 않으며 법관의 직무상 행위는 법적 추궁을 받지 않는다. 종심권은 홍콩특구의 종심법원에 속한다(기본법 제80조). 홍콩특구의 법원은 종심법원, 고등법원, 구역(區域)법원, 재판서(裁判署)법정, 기타 전문법원 등으로 구분된다(기본법 제81조). 종심법원은 4인의 상임재판관과 1인의 초빙재판관 등 5인의 종심재판관으로 구성한다. 초빙재판관은 영미법을 적용하는 영역의 법관을 초빙하여 종심재판에 참여하게 하는 재판관을 말한다. 고등법원은 상소법정과 원심법정을 설립한다. 구역법원과 초급법원은 필요에 따라 전문법정을 설치한다. 행정법원은 행정과 세무소송을 관할하는 법원이며 행정법원의 재결에 불복할 경우 중급법원에 상소할 수 있다.

 홍콩특구의 사법권은 특별행정구 내 여타 기관의 간섭을 받지 않으며 중국 내지의 사법기관을 포함한 어떠한 기관의 간여를 받지 않을 뿐만 아니라 중국 최고인민법원도 특별행정구의 재판에 간여할 수 없음을 의미한다(周葉中, 2003). 따라서 중국 헌법 제127조 "최고인민법원은 지방 각급인민법원 및 전문인민법원의 재판업무를 감독하고 상급인민법원은 하급인민법원의 재판업무를 감독한다"[164]의 규정은 특별행정구에 적용되지 않는다.

---

164) 最高人民法院監督地方各級人民法院和專門人民法院的審判工作, 上級人民法院監督下級人民法院的審判工作。

2. 제도적 특성

1) 행정부와 입법부의 상호견제

행정부의 입법부에 대한 견제장치 중 주요한 것은 행정장관의 부결권과 입법회 해산권이다. 행정장관은 입법회가 통과시킨 법률이 본 특구의 전체 이익에 부합하지 않는다고 인정할 경우, 3개월 내에 입법회에 원안을 환부하고, 그 재의를 요구할 수 있다. 이를 중국 헌법학자들은 행정부의 '입법부에 대한 상대적 부결권'으로 칭한다(韓大元·林來梵, 2004). 행정장관이 재의를 요구한 법안을 입법회 전체 의원의 2/3 이상의 다수결 표수로 재통과시켰을 경우 행정장관은 동 법률안의 서명을 거부하고 입법회를 해산하고 새로운 선거를 실시할 수 있다. 행정부가 제출한 재정예산안 또는 기타 중요법안의 통과를 입법회가 거부할 경우 행정장관은 입법회를 해산할 수 있다(기본법 제49조). 행정장관이 입법회를 해산할 경우에는 행정장관은 우선 입법회 대표단과 협상을 진행하여야 하며 협상이 실패하였을 경우에 한해서만 입법회를 해산할 수 있다. 또한 행정장관은 입법회를 해산하기 전에 반드시 행정회의에 자문을 구하여야 하며 행정장관의 임기 내에 입법회를 단 1회에 한하여 해산할 수 있다(기본법 제50조).

행정부권한에 대한 입법부의 견제장치 중 주요한 것은 다음과 같다. 행정부는 반드시 입법회가 제정한 법률을 준수하고 집행하여야 한다. 입법회는 행정장관의 시정보고를 청취하고 정부업무에 대한 청문할 수 있으며 행정부는 성실하게 답변에 응할 책임과 의무를 진다. 행정장관은 종심법원장, 고등법원 원장을 임면할 경우에는 반드시 입법회의 동의를 얻어야 한다. 행정장관이 서명하지 않고 입법회에 환부한 법안에 대해서는 입법회는 전체 의원의 2/3 다수결로 그 법률안을 재통과시켰을 경우 행정장관은 입법회를 해산하지 않는 한 행정장관은 반드시 동 법률안에 서명하여야 한다. 행정장관이 2회에 걸쳐 법률안에 대한 서명을 거부하고 입법회를 해산하였을 경우와 새로 선출된 입법회가 여전히 그 법률안을 2/3의 다수결로 통과시켰을 경우, 행정장관은 그 법률안에 서명하여야 하며 만약 서명을 거부할 경우, 행정장관은 반드시 사임하여야 한다. 한편 입법회가 정부가 제출한 예산안 또는 주요 법안을 거절한 사유로 해산되었을 경우에 새로 선출된 입법회가 여전히 원래의 예산안 또는 주요법안의 통과를 거부하면 행정장관은 반드시 사임하여야 한다(기본법 제52조). 또한 입법회는 법률이 정한 절차에 따라 전체 의원의 3분의 2 이상의 찬성으로 행정장관에 대한 탄핵안을 제출할 수 있다(기본법 제73조).

기본법은 행정과 입법의 상호 간 원활한 의사소통과 협조를 위한 규정을 마련하였다. 입법회 회기 중에는 행정부는 반드시 대표를 참석시켜 회의에 발언하도록 하고 관련 문제에 대해 설명을 하도록 하여 상호 이해와 협조를 원활하게 한다(기본법 제74조). 또한 행정회의는 행정장관의 협조정책결정기관으로서 반드시 약간 명의 입법회 의원을 포함하여야 한다(기본법 제48조). 행정회의는 상당수 입법회 의원으로 구성되어 있기 때문에 행정부와 입법부의 상호 조율기능을 발휘할 수 있다(周偉, 2000). 입법회 일부의원은 선거위원회에서 선출되는데 선거위원회는 행정장관을 선출한 선거위원회와 동일한 기관이기 때문에 선거위원회 선출의원은 당연히 행정장관을 지지하는 성향에 속한다고 할 수 있다.

2) 행정장관의 우월적 지위

행정장관은 특별행정구의 수장으로서 특별행정구를 대표하며 홍콩특구 정부를 지도, 감독하는 역할을 수행하기 때문에 행정장관의 법적 지위는 일반적인 행정기관보다 우월하다(王薇, 2003). 전체 홍콩특구를 대표하는 수장의 신분으로서 행정장관만이 홍콩특구를 대표하여 중국 중앙정부에 연락하고 보고할 수 있으며 외국 정부수뇌의 내방을 접견하는 등 각종 의전활동을 할 수 있다. 행정장관은 대통령제 국가의 국가원수와 행정부 수반을 겸하는 대통령제 국가에서의 대통령과 흡사한 지위와 권한에 더하여 입법회를 해산하는 권능까지 보유하고 있어 행정부 우위의 특징을 지녔다.

홍콩특구정부는 행정장관을 통해서 법안을 입법회에 제출할 수 있는 반면 입법회 의원이 발의한 법안은 반드시 행정장관의 서면과 공포를 하여야만 효력이 발생한다(기본법 제74조). 이러한 입법취지는 행정장관의 우월적 지위를 확보하고 입법의원들의 세비 인상 등 자신들의 권익만을 위하는 무분별한 입법안의 제출을 방지하는 데에 그 목적이 있다. 행정장관은 법안서명의 거부권을 가질 뿐만 아니라 이를 입법회에 환송하여 재심을 요구할 수 있으며 입법회를 해산할 수 있다. 행정부 소속 공무원의 입법회에서 증언과 입법회에 대한 각종 증거제출은 행정장관의 사전 재가를 얻어야만 가능하다. 행정회의는 제반 안건을 토론·심의·건의하여 행정장관이 적절한 정책결정을 보좌하는 기능을 수행한다. 행정회의의 위원은 상당수가 행정부 소속 관리로 구성하는 규정을 감안하면 행정회의 제도 자체가 실질적으로 홍콩특구가 행정장관 우위체제임을 확인할 수 있는 것이다(傅思明, 2000).

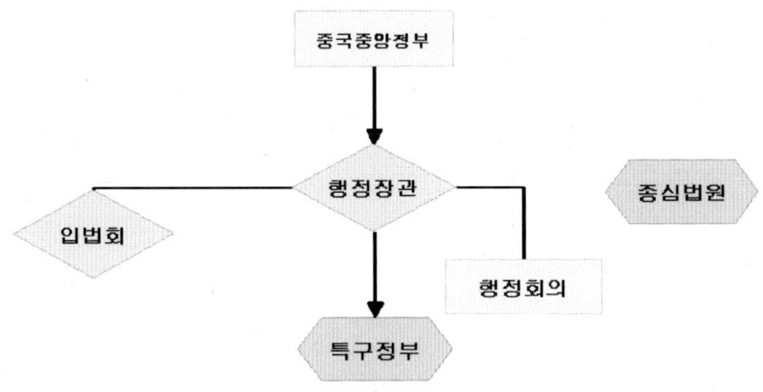

출처: 홍콩기본법을 참조하여 필자가 작성.

〈그림 4-2〉 홍콩특별행정구의 권력구조도

Ⅴ. 결 론

홍콩특구는 덩샤오핑의 일국양제 구상을 중국사회주의와 홍콩자본주의를 결합시킨 홍콩기본법으로 제도화한 중국의 특수지방행정구역이다. 기본법상 홍콩특구의 법적 지위와 권한은 중국 내 일반 지방정부와 지방민족자치정부는 물론 연방제국가하의 개별 회원국의 그것을 초과한다. 그러나 중국과 홍콩특구의 관계는 중앙정부와 1개 주권국가 내부의 1개 지방정부의 관계로서 병렬적 수평관계가 아닌, 상명하복의 수직관계이다.

홍콩특구 정치체제는 일견 중국의 인민대표대회제와 서구의 대통령제와 내각책임제 등 각기 상이한 정체들의 장단점을 취사선택하여 통합, 새로운 정체를 창출한 것처럼 보인다. 그러나 기본법상 홍콩특구 권력구조 내부에서 우월적 지위를 지니는 행정장관을 중국 중앙정부가 최종 임면하는 규정과 홍콩의 입법회가 기본법 범위 내의 하위법규만을 제·개정할 수 있는 규정, 이러한 법규 또한 중앙의 전국인민대표대회에 의하여 거부 환송될 수 있는 규정 등으로 비추어 보아 홍콩특구 정치체제는 과거 영국식민지 시절의 총독제를 부분적으로 답습한 것으로 판단한다.

홍콩특구 제도는 중국이 홍콩과 마카오의 원활한 회수 및 관리, 나아가 대만을 흡수통일하기 위하여 창안된 장치일 뿐 아니라, 고도의 자치권 역시 홍콩특구 자체의 권력이 아닌, 중앙정부로터 1997~2047년, 50년간 한시적으로 권한을 위임받아 중국내지와 점진적으로 일체화되는 '중국특색의 지방자치제도'로 총평한다.

홍콩특구 제도는 중국사회주의 단일국가구조 내부에 홍콩 자본주의체제가 일부 공존하는, 즉 중국을 단일제 국가구조에서 특수단일제 국가구조로 변화시켰으며 향후 중앙과 지방 간 권한의 합리적 배분과 조화를 추진하는 중국정치체제 개혁과정에서 중요한 기제로 작용할 것으로 전망한다.

5. 중국토지수용제도의 현황과 문제점

Ⅰ. 서 론

　현재 중국에서는 매일 평균 200여 건의 집체소요가 발생하고 있다. 대부분 개혁·개방 이후 지방정부가 헐값 보상금만 주고 농민의 토지를 수용함에 따라 일어난 토지분쟁이다. 이 같은 집체소요 사건은 특히 최근 들어 급증하고 있으며 1993년 8,700건에 불과하던 집체소요 사건이 2006년도에는 87,000건으로 10배 늘었다. 중국은 매년 약 266,700ha의 농지를 수용하고 있고 그 가운데 절반이 농민에 속한 경작지로 매년 약 100만 명의 농민이 삶의 터전을 잃고 있다.165)

　지방정부가 공공이익이라는 명분을 내세워 적절한 보상과 이주대책 없이 농민들의 토지를 수용하는 사례가 늘면서 농민들의 불만이 높아져 집단시위를 유발하는 등 토지수용 문제는 중국사회의 안정을 위협하는 주요 원인이자 광대한 농촌지역의 보편적인 법적 문제로 대두되고 있다.

　이와 같이 토지수용과 관련하여 발생하는 사회현상은 중국이 사회주의시장경제의 기치 아래 개혁개방과 경제발전의 필연적인 부수물이라고 할 수 있다. 중국은 당면한 여러 사회모순 가운데 해결이 시급한 토지수용 문제, 즉 개인 권익에 대한 공권력 침범이 가장 집중

---

165) 한겨레신문, 2006. 01. 17. 21쪽; 서울신문, 2006. 01. 23. 18쪽.

된 상황166)을 개선하고자 최근 물권법 등을 제정하는 등 제도적 장치를 내놓고 있으나 당초 기대한 만큼의 규범적 효과는 거두지 못하고 있는 실정이다.

따라서 토지수용제도가 중국이 시장경제 시스템을 최종적으로 확립하는 중요한 시금석이 될 것이라는 점에서 중국 토지수용제도의 현황과 문제점을 파악하고 그 개선전망을 탐색하는 것은 의미 있는 연구과제의 하나라고 생각한다.

또한 근래 중국진출에 진출한 외자기업 중에는 토지수용에 따라 공장과 사무실의 퇴거를 요구받는 사례가 빈발하고 있는 등 외자기업들이 겪는 토지분쟁 중 상당수가 수용대상토지인 점을 감안하면 중국진출 한국 기업들에 미치는 영향도 클 것으로 예상되기 때문에 중국의 토지수용법제의 내용과 향후 관련 동향파악 및 그 대응책을 한국 기업들에 제공하는 것에 본 연구의 의의와 목적이 있다.

본 연구가 채택한 연구방법은 중국 국토자원부와 인력자원 및 사회보장부167)의 인터넷사이트와 관련기관 자료 및 선행연구를 중심으로 분석하였으며 중국의 관련 법규의 분석과 더불어 최근 중국에서 연구되어 발표되고 있는 각종 학술지 게재논문 및 정기간행물을 주로 이용하였다. 본 연구는 제Ⅱ장에서는 중국토지수용제도의 개념정립, 법적 근거, 수용절차를 일별하고 제Ⅲ장에서는 불완전한 농지소유권과 공공이익의 모호성 등 중국토지수용제도의 문제점을 파악한 후 제Ⅳ장에서는 이를 종합 평가하고 향후 동향을 전망하고자 한다. 제Ⅴ장 결론에서는 전체 내용을 요약하기로 한다.

---

166) 周曉林, "征地工作中若干問題的思考", 『中國土地科學』, 12 - 1(2001), 25쪽.
167) 2008년 3월 중앙정부조직개편으로 노동 및 사회보장부(勞動和社會保障部)에서 인력자원 및 사회보장부(人力資源和社會保障部)로 개편되었다.

Ⅱ. 중국토지수용제도의 현황

1. 중국토지수용제도의 개념정립

서구 자본주의 국가와 구별되는 중국토지제도의 기본구조는 토지의 사회주의 공유제와 토지소유권의 도농2원적구조이다. 중국은 사회주의 공유제하에 소유권과 사용권의 양권분리(兩權分離) 이론의 기초를 확립하여 중국은 토지와 건물을 구분하여 생산도구인 토지는 사유화할 수 없지만 건물은 생활자료에 속하므로 사유화가 가능하다.

중국의 토지는 소유권에 따라 국유토지와 집체토지로 분류된다. 도시지역의 토지는 국가소유이며(헌법 제10조 제1항)[168] 농촌과 도시근교지역의 토지는 집체소유이다(헌법 제10조 제2항).[169]

집체토지는 농민들로 구성된 향진의 지방 경제조직이 소유한 농촌과 도시근교지역의 토지를 말하며 1950년대 말부터 1970년대 중후반까지 시행하였던 人民公社시대의 산물로서 농민을 일정 토지에 집중시켜 집체경제조직을 조성하였던 것에 그 역사적 배경이 있다.[170]

집체토지는 토지수용절차를 거쳐 국유토지로 성격을 바꾸거나 토지소유권을 포기함으로써 자동적으로 국유토지로 바뀌는 경우 이외에는 그 소유권이 변경되지 않는다.

원래 토지수용제도[171]는 시민적 법치국가에서 공익사업을 위하여

---

168) 城市的土地屬于國家所有。

169) 農村和城市郊區的土地, 除由法律規定屬于國家所有的以外, 屬于集体所有; 宅基地和自留地、自留山, 也屬于集体所有。

170) 북한의 협동단체토지소유권과 유사한 것으로 볼 수 있다. 이은영,『물권법』제4판(박영사, 2006), 423쪽 참조.

171) 공용수용은 공익사업 기타 복리행정상의 목적을 위하여 타인의 특정한 재산권

보상을 전제로 개인의 특정한 재산권을 강제적으로 취득할 수 있는 재산권보장에 대한 예외적 조치로서 확립된 것이나[172] 중국에서 토지수용제도는 국가가 공공이익의 필요에 의하여 법률에 정한 절차에 따라 집체토지를 국유토지로 변경하는 제도로 정의되고 있다.[173]

〈표 5-1〉 세계 주요 법계의 토지소유권과 토지사용권

구 분	독일	프랑스	미국	영국	일본	중국
토지소유권구조	토지와 건물은 동일의 부동산				토지와 건물은 별개 부동산	
토지소유권 개념	절대적 소유권		상대적 소유권		절대적 소유권	불완전 소유권
사용권과의 관계	사용권 우선				소유권 우선	사용권 절대 우선

출처: 정우형, 『부동산공법의 이해』(법원사, 2007), 3쪽의 표; 王利明, 『物權法論』(中國政法大學出版社, 2003), 415-439쪽의 내용을 참조하여 재작성.

국가가 집체토지를 건설용지로 변경하려고 할 경우에는 토지수용 절차를 통하여 집체토지를 국유토지로 변경한 후, 그것에 기한부의 건설용지사용권을 설정하고서 국가가 사업시행자 등에게 출양(出讓, 이하 '매각'이라 함)한다. 사업시행자는 도로 등의 인프라를 정비 구획 정리하여 건물 등을 건설하려고 하는 자에게 전양(轉讓, 이하 '양도'라 함)한다.[174]

을 법률의 힘에 의하여 강제적으로 취득하는 것을 말하는 것인데 대체성을 갖는 물건은 원칙적으로 공용수용이 인정되지 아니하며, 통상 비대체적인 물건인 토지의 수용을 의미하므로, 일반적으로는 토지수용이라고 한다. 류하백, 『토지수용과 기본권 침해』(부연사, 2007), 25쪽 참조.

172) 고전적 토지수용 개념은 특정한 공익사업을 위한 특정한 토지의 강제적 취득을 그 개념적 징표로 하나 현대적 의미의 수용 개념은 그것을 복리행정상의 목적을 위한 재산권의 강제적 취득으로 확장시킨 것이다. 석종현, 『손실보상법론』, 제2판(삼영사, 2005), 305쪽 참조.

173) 程信和/劉國臻, 「房地産法學」(北京大學出版社, 2006), 14쪽.

174) 국가가 토지 사용권을 처음으로 매각하는 시장이고 2급 토지시장이란 이 토지가 개발업자에 의해 아파트, 관광지 등으로 개발되어 양도되고 거래가 이루어

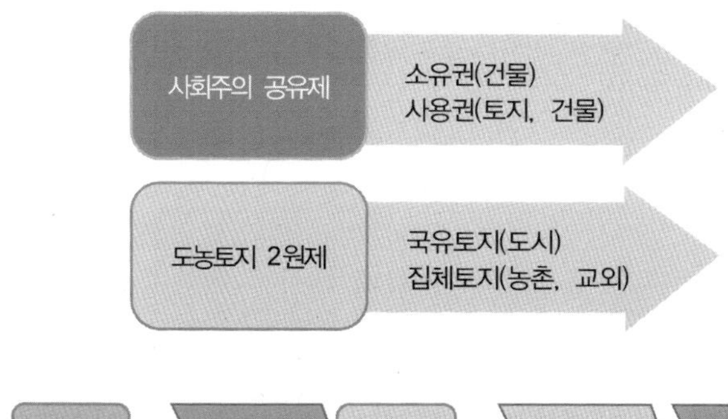

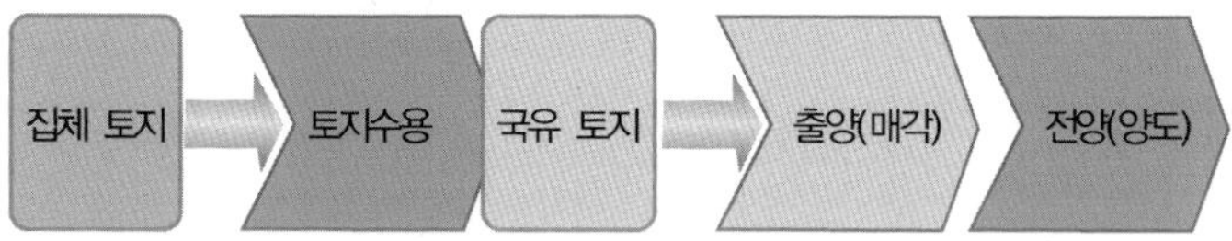

출처: 王小莉, 『土地法』(法律出版社, 2001), 15-29쪽, 王利明, 『物權法論』(中國政法大學出版社, 2003), 439-453쪽을 참조하여 작성

〈그림 5-1〉 토지수용에 의한 집체토지의 국유토지화

토지사용권의 매각을 1급 토지시장, 양도를 2급 토지시장이라 일컫는데 전자는 국가와 토지사용자와의 공법상 관계이고 후자는 토지사용자 간의 사법상 관계이다.[175]

사업시행자가 집체토지를 사용하려고 할 경우에는 반드시 토지관리주관부문의 심사허가와 토지수용절차를 통하여 변경된 국유토지를 매입 또는 양도방식으로 토지사용권[176]을 취득할 수 있다. 따라서

지는 시장이다. 국가가 1급 시장에 토지를 매각하는 때 생기는 막대한 이익은 국가에 귀속한다. 房紹坤, 『房地産法』(北京大學出版社, 2007), 279-280쪽 참조

175) 馮秋燕, "不動産征收衝突的法律制度性成因及化解路徑分析", 『法學雜誌』 17-3(2007), 125쪽.

176) 토지사용권은 등기 후에야 취득할 수 있기 때문에 용익물권설이 중국 학계의 통설이다. 蒲杰, 『房地産開發法律實務與理論研究』(法律出版社, 2007), 33쪽 참조

농민은 농지를 임의로 처분하거나 다른 용도로 전용할 수 없는 등 농촌지역의 집체토지는 도시지역의 국유토지에 비하여 많은 법적 제한을 받고 있다.

중국토지수용에 관한 법적 근거는 憲法 제10조 제3항의 규정 "국가는 공공이익의 필요에 의하여 토지에 대하여 법률의 규정에 따라 보상이 부여되는 수용(征收) 또는 징발(征用)을 할 수 있다"[177]를 비롯하여 『物權法』, 『土地管理法』, 『도시부동산관리법』(城市房地産管理法), 「土地管理法實施條例」, 「국가건설수용토지조례」(國家建設征用土地條例), 『건설용지심사보고재결관리방법』(建設用地審査捕批管理判法), 『수용토지공고판법』(征用土地公告辦法), 「중대형수리발전공사건설수용토지보상및이주정착조례」(中大型水利水電工程建設征地補償和移民安置條例), 「도시부동산철거관리조례」(城市房地産拆遷管理條例), 「도농토지사용권매각및양도잠정조례」(城鎭土地使用權出讓和轉讓暫行條例) 등 법률·법규에서의 파편적 조문에 의하여 규율되고 있으나 토지수용에 관한 전문적인 법률, '토지수용법'[178]은 아직 없는 실정이다(<표 5 - 2> 참조).

---

177) 國家爲了公共利益的需要, 可以依照法律規定對土地實行征收或者征用并給予補償。

178) 한국의 경우 2002. 2. 4. '토지수용법'과 '공공용지의 취득 및 손실보상에 관한 특례법'을 통합하여 '공익사업을 위한 토지 등의 취득 및 손실보상에 관한 법률'을 제정하였다. 석종현, 『토지공법론』, 제5판(삼영사, 2006), 435 - 436쪽 참조

〈표 5-2〉 중국토지수용의 법적 근거

법률 법규의 명칭	제정기관	法源의 유형	제정 연도	최근 개정 연도
헌법	전국인민대표대회	헌법	1982	2004
물권법	전국인민대표대회	기본법률[179]	2007	
토지관리법	전인대 상무위원회	기타법률	1986	2004
도시부동산관리법	전인대 상무위원회	기타법률	1994	
토지관리법실시조례	국무원	행정법규[180]	1988	2004
국가건설수용토지조례	국토건설부	부문규장[181]	1982	2002
건설용지심사보고재결관리 방법	국토건설부	부문규장	1999	2004
수용토지공고판법	국토건설부	부문규장	2002	
중대형수리발전공사건설 수용토지보상조례	국토건설부	부문규장	2002	
도시부동산철거관리조례	국토건설부	부문규장	2001	2003
도농지역토지사용권매각 및 양도 잠정조례	국토건설부	부문규장	2004	

출처: 中国大陆房地产政策与建设法律法规数据库大全http://www.law110.com/law/index.htm을 참고하여 작성

2. 물권법상의 토지수용관련규정

중국의 물권법은 2007년 3월 16일 전인대에서 채택되어, 같은 해

---

179) 중국법률의 효력은 전국인민대표대회가 제정한 기본법률과 전국인민대표대회 상무위원회가 제정한 기타법률로 이원화되어 있다. 小憲法으로 불리는 2008년 5월 말 현재 25개에 불과하며 기타법률보다 우선적 효력을 지닌다. 강효백, "한중법의 연원에 관한 비교연구", 『중국학연구』, 제40집(2007), 331쪽.

180) 중국의 행정법규는 한국의 행정조직 내의 조직과 활동에 관한 추상적이고 일반적인 규율인 행정규칙과는 전혀 다른 개념이다. 중국의 행정법규는 한국의 법규명령, 즉 대통령령에 해당한다. 강효백, 전게논문, 332쪽.

181) 중국의 부문규장은 국무원 소속의 각부, 각 위원회가 헌법과 법률, 국무원의 행정법규에 근거하여 본 부문의 권한 범위 내에서 제정하는 규범성 법률문건으로 한국의 부령에 해당한다. 강효백, 전게논문, 333쪽.

10월 1일부터 정식 발효되었다. 중국이 시장경제의 기초가 되는 사유재산권을 기본법으로 보장했다는 데 의의가 있는 물권법은 토지수용 요건을 '공공이익의 수요'로 제한하고 토지수용 시 보상원칙과 내용을 명기하였다.

물권법 제42조는 "공공 이익을 위해 법률이 규정하는 권한과 수속에 따라, 집체소유 토지와 조직, 개인의 건물 및 기타부동산을 수용할 수 있다. 집체소유 토지를 수용하는 경우, 법에 의거하여 토지보상액, 이주보조비와 지상 부착물 및 재배 중인 농작물의 보상액 등 비용을 전액 지불하고, 피수용지 농민의 사회보장비용을 마련하며 생활을 보장하며 합법적 권익을 보호해야 한다. 조직, 개인의 건물 및 기타 부동산을 수용하는 경우, 법에 의거하여 철거 · 이전보상을 하고, 피수용자의 합법적 권익을 보호해야 한다. 개인주택을 수용하는 경우는 여기에 추가하여 피수용자의 거주조건을 보장해야 한다. 어떠한 조직 및 개인도 수용보상액 등 비용을 횡령, 유용, 자의 배분, 유보 및 체불을 해서는 안 된다"라고 규정하였다.[182] 즉 공공 이익의 필요시 집체토지의 수용을 허용하고 있으며, 토지수용 시, 토지보상액, 이주보조비와 지상 정착물 및 재배 중인 농작물의 보상과 아울러, 농민의 사회보장비용을 마련하고 생활을 보장하도록 규정하였다.[183]

물권법 제44조는 "위험 · 재난구조 등 긴급한 필요 발생 시 법률

---

182) 爲了公共利益的需要, 依照法律規定的權限和程序可以征收集體所有的土地和單位、个人的房屋及其他不動産。征收集體所有的土地, 應当依法足額支付土地補償費、安置補助費、地上附着物和靑苗的補償費等費用, 安排被征地農民的社會保障費用, 保障被征地農民的生活, 維護被征地農民的合法權益。征收單位、个人的房屋及其他不動産, 應当依法給予拆遷補償, 維護被征收人的合法權益; 征收个人住宅的, 還應当保障被征收人的居住條件。 任何單位和个人不得貪汚、挪用、私分、截留、拖欠征收補償費等費用。

183) 이상태, 『중국물권법』(건국대학출판부, 2007), 32 − 35쪽.

이 규정한 권한과 절차에 따라 조직, 개인의 부동산 또는 동산을 수용할 수 있다. 수용된 부동산 또는 동산에 대해서는 사용 후에 피수용인에게 반환해야 한다. 조직, 개인의 부동산 또는 동산이 수용되거나, 또는 수용된 후에 훼손, 멸실된 경우 보상을 해야 한다"라고 규정, 긴급상황하의 임시수용 및 보상을 명시하였다.[184]

제59조 제3호는 토지보상액의 집체 구성원 간의 분배를 규정하였다.[185]

제121조는 "부동산 또는 동산의 수용 또는 수용으로 인하여 용익물권이 소멸되었거나 용익물권의 행사에 영향을 미치는 경우 용익물권자는 동법 제42조와 제44조의 규정에 따라 보상을 받을 권리를 가진다"라고 규정하여 임대건물(용익물권)의 보상을 보장하였다.[186]

또한 제132조[187]와 제148조[188]는 각각 "도급토지가 수용된 경우, 토지도급경영권자는 이 법 제42조 제2항의 규정에 따라 보상받을 권리를 규정한다", "건설용지사용권의 기한이 만료되기 전, 공공의 이익을 위해 당해 토지를 미리 수용하는 경우, 제42조의 규정에 따라 당해 지상의 건물 및 기타 부동산에 대해 보상하고 상응하는 매각대금을 반환하여야 한다"라고 규정하였다. 즉 물권법은 도급토지가 수

---

184) 因搶險、救灾等緊急需要，依照法律規定的權限和程序可以征用單位、个人的不動産或者動産。被征用的不動産或者動産使用后，應当返還被征用人。單位、个人的不動産或者動産被征用或者征用后毁損、滅失的，應当給予補償。

185) 土地補償費等費用的使用、分配辦法。

186) 因不動産或者動産被征收、征用致使用益物權消滅或者影響用益物權行使的，用益物權人有權依照本法第四十二條、第四十四條的規定獲得相應補償。

187) 承包地被征收的，土地承包經營權人有權依照本法第四十二條第二款的規定獲得相應補償。

188) 建設用地使用權期間届滿前，因公共利益需要提前收回該土地的，應当依照本法第四十二條的規定對該土地上的房屋及其他不動産給予補償，并退還相應的出讓金。

용된 경우 상당한 보상을 받을 권리를 강화하고 수용 시 상응하는 토지사용권 매각금은 물론, 지상건물에 대한 보상을 포함하였다 (<표 5-3> 참조).

<표 5-3> 토지수용관련 물권법 조문

물권법	내 용	비고
제42조 제1항	수용의 각종재산의 총칙적 규정: 공공이익, 법률규정의 권한과 절차	
제42조 제2항	집체토지수용의 보상항목 및 원칙	
제42조 제3항	부동산 및 기타부동산수용의 보상원칙	
제42조 제4항	수용 보상액의 지불보장	
제44조	긴급상황하의 임시수용	
제59조 제3호	토지보상액의 집체 구성원 간의 분배	
제121조	토지수용 시 용익물권에 대한 보상	
제132조	집체토지수용 시 토지도급경영자에 대한 보상	
제148조	건설용지사용권기한만료 전 회수	

출처: 중국 물권법을 참조하여 작성.

3. 토지수용권의 법적 성격

토지관리법은 국가가 직접 수용한 경우(제46조)와 사업시행자의 신청을 통하여 수용한 경우(제47조)를 구분하여 규정하였다. 수용권자의 주체가 국가인 경우에는 수용자에 관하여 의문이 없으나 국가 이외의 공공단체 또는 사인인 경우에는 그 수용자가 누구인가에 대해서는 국가수용권설과 사업시행자수용권설 등으로 견해가 있다.

국가수용권설은 토지수용의 본질은 국가에 의한 재산권의 박탈로서 토지수용권은 공공수요의 효과를 발생케 하는 권능이라고 본다. 이 설은 중국 학계의 통설로서 수용권과 같은 능력을 가지는 것은 국가 이외에는 없다는 것을 전제로 하여 수용권의 주체는 언제나 국가라고 보는 견해이다. 국가수용권설은 사업시행자는 수용권의 주체가 되지 못하며, 단지 국가에 대하여 수용권의 행사를 청구할 수 있는 지위에 있게 되는 수용청구자가 되는 것으로 본다.189)

사업시행자수용권설은 肖澤晟 교수 등이 주장하는 학설로서 토지수용의 본질을 특정한 공익사업을 위한 재산권의 강제적 취득이라고 보기 때문에 수용권을 토지수용의 효과를 향수할 수 있는 법상의 능력이라고 본다. 사업시행자가 재산권취득의 효과를 향수하는 자이므로 사업시행자가 수용권의 주체가 되는 것이며 토지관리법 제47조에 보상금을 농촌집체에 지불하도록 되어 있음을 들어 사업시행자보상의 원칙은 사업시행자수용권설에 따른 것이라 주장한다.190) 그러나 국가수용권설을 통설로 취하는 중국 학계는 보상의 의무를 지는 것은 수용권의 주체인 국가로 본다. 따라서 국가 자신이 사업시행자로부터 보상금을 징수하여 피수용자에게 지급하여야 하지만, 절차상의 편의를 위하여 직접 사업시행자게 보상하게 하는 데 불과한 것이라 해석한다.

사업시행자의 토지수용신청권의 법적 성격에 관하여 江平을 비롯한 중국학자 다수는 사업시행자가 국가로 하여금 토지를 수용할 권리를 행사하도록 청구하는 것이기 때문에 토지수용청구권은 공권의 범주에 속한다고 주장한다.191) 토지수용은 국가의 명의로 진행하며 권리인의 동의를 구할 필요가 없으며 국가는 필요시 타인의 재산을

---

189) 개발업자가 재산권취득의 효과를 향수하는 자이므로 개발업자가 수용권의 주체가 되는 것으로 보는 개발업자수용권설이 한국의 통설이다. 석종현,『토지공법강의』(삼영사, 1999), 126쪽; 석종현,『손실보상법론』제2판(삼영사, 2005), 332－333쪽 참조.

190) 征收土地的, 按照被征收土地的原用途給予補償。 韓紅根, "農村集体土地所有者主体的确認与利益保障",『法學』, 23－5(1996), 47－48쪽.

191) 江平,『中國土地立法研究』(中國政法大學出版社, 2001), 36쪽.

직접 사용할 수 있는 것으로 토지수용의 주체는 국가일 뿐이며 토지수용권을 중앙과 지방정부에 부여하는 의미이며 정부는 국가를 대표한다는 견해이다.

張文顯 등 일부학자는 토지수용신청권은 국가에 대한 강제력을 발생할 수 없으므로 개인의 사권 범주에 속하는 것이라고 주장한다. 그러나 사권설을 따를 경우에는 토지수용 청구의 합법성 여부를 명확하고 공정하게 판단하여야 할 법규가 없기 때문에 토지수용청구권자의 권익이 보호받지 못한다는 비판을 받고 있다.[192]

4. 토지수용절차

국가가 직접 토지를 수용하거나 사업시행자로 하여금 정부토지관리부서에 수용을 신청하게 하여 토지소유권을 집체소유에서 국가소유로 이전하게 한다.

국가가 직접 수용권자가 되는 경우에 아무런 절차가 필요 없으며 수용권자인 국가가 수용통고를 함으로써 또는 무조건 내지 보상금액의 결정을 조건으로 하여 당연히 수용의 절차를 완비한다. 사업시행자가 토지수용을 신청하는 경우 법률에 규정한 일정한 행정절차를 거쳐서 행하여지는데 다음과 같은 단계로 행하여진다(<그림 5-2> 참조).[193]

---

192) 張文顯, 『法理學』(高等敎育出版社, 1999), 92쪽.
193) 蒲杰, 『房地産開發法律實務與理論硏究』(法律出版社, 2007), 17-23쪽.

출처: 蒲杰, 『房地産開發法律實務與理論硏究』(法律出版社, 2007), 17 - 23쪽의 내용을 참고로 하여 작성

〈그림 5 - 2〉 중국 토지수용절차

1) 토지수용의 기획 및 연도계획적합성심사신청

사업시행자는 수용할 토지를 예비 선정한 후 국토자원국, 건설행정주관부문과 기획부문에 수용할 토지의 기획 및 연도계획 적합성 여부를 심사 신청한다(「토지관리법실시조례」 제19조).

토지관리부서는 토지이용의 총체적 기획과 토지이용연도계획에 근거하여 심사하고 그 결과를 사업시행자에게 통보한다.

2) 토지수용예심신청 및 건설항목예심의견서 취득

적합통고를 받은 사업시행자는 국토자원부문에 건설항목의 타당성 심사 예심신청을 한다. 국토자원부문은 사업시행자가 제출한 자료를 심사하는데 건설항목의 국가토지공급정책 적합성, 건설항목 부지표준과 총규모의 관련규정 부합성, 건설자금의 보장성 등을 조사한다. 국토자원부문은 예심신청을 수리한 날로부터 20일 이내에 이를 수리하여야 하며 건설항목예심의견서를 사업시행자에게 발급하여야 한다. 만일 20일 이내에 예심의견서를 발급할 수 없다면 국토자원국의 허가를 받아 10일간 연장할 수 있다. 건설항목예심의견서의 유효기간은 2년으로 발급일로부터 기산한다.

3) 건설항목 부지선정 의견서심사

사업시행자는 건설부문의 요구에 근거하여 건설항목타당성논증보고서를 작성하여 건설부문에 제출하면 건설부문은 이를 심사한 후 건설항목부지선정의견서를 발급한다. 사업시행자는 규정에 근거하여 부지선정비를 납부하여야 한다.

4) 환경보호영향평가 및 노동허가수속 심사

환경보호법과 건설항목환경보호관리판법의 규정에 근거하여 사업시행자는 건설항목부지선정 의견서를 환경보호부문에 제출하여 환경보호영향평가 수속을 진행하여야 한다. 일부 건설항목은 노동행정부문에 동 건을 제출하여 건설항목공사 노동안전위생평가관리판법에 의거하여 심사를 받아야 한다.

5) 성정부, 국무원 심사허가

기본농지와 기본농지 이외의 경지가 35헥타르를 초과하거나 기타 토지가 70헥타르를 초과하는 토지를 수용하기 위해서는 국무원의 심사 · 批准(이하 '허가'라고 함)194)를 받아야 한다. 기본농지 외의 경작지가 35헥타르 이하거나 기타 토지 70헥타르 이하의 토지를 수용하려 할 경우 성, 자치구, 직할시 정부의 허가를 받아야 하며 이는 국무원에 보고하여야 한다(토지관리법 제45조).195)

6) 이주정착 및 토지수용수속

토지를 수용할 경우 수용한 토지의 원래 용도에 따라 보상한다. 농경지를 수용한 보상금용에는 토지보상금, 이주정착보조비 및 지상부착물과 미수확 농작물의 보상금이 포함된다. 농경지를 수용한 토지보상금은 농경지 수용 전 3년 평균 연작물의 보상금이 포함된다. 농경지를 수용한 이주정착보조비는 이주정착대상 농업인구수로 생산액의 6~10배로 한다. 농경지를 수용한 이주정착보조비는 이주정착대상 농업인구수로 계산한다. 이주정착대상 농업인구수는 수용한 농경지량을 수용 전 피수용 단위 일인당 농경지 점유량으로 제하여 계산한다. 이주정착대상 농업인구의 일인당 이주정착보조비 기준은 농

---

194) 공익사업을 위한 토지 등의 취득 및 보상에 관한 법률상 토지수용권 또는 사용권의 설정(사업인정)은 형성적 행정행위의 일종인 특허에 해당한다. 유해웅, 전게서, 71쪽; 박균성, 『행정법강의』(박영사, 2004), 230쪽 참조.

195) 征收下列土地的, 由國務院批准: (一) 基本農田; (二) 基本農田以外的耕地超過35公頃的; (三) 其他土地超過七十公頃的。征收前款規定以外的土地的, 由省、自治區、直轄市人民政府批准, 并報國務院備案。征收農用地的, 應当依照本法第四十四條的規定先行辦理農用地轉用審批。其中, 經國務院批准農用地轉用的, 同時辦理征地審批手續。不再另行辦理征地審批; 經省、自治區、直轄市人民政府在征地批准權限內批准農用地轉用的, 同時辦理征地審批手續, 不再另行辦理征地審批, 超過征地批准權限的, 應当依照本條第一款的規定另行辦理征地審批。

경지 수용 전 3년 평균 생산액의 4~6배로 한다. 단 1헥타르당 농경지 수용 이주정착보상금은 최고로 수용 전 3년 평균 연 생산액의 15배를 초과하지 못한다(토지관리법 제47조 제1항).196)

사업시행자는 허가된 토지수용방안을 근거로 토지관련행정부서와 함께 보상, 이주정착방안을 논의한다. 수용대상 소재지 관할 향과 촌은 농촌집체경제조직과 농민의 의견을 청취한다. 현인민정부가 허가한 후에는 시, 현정부토지행정주관부서는 보상기준에 이의가 있을 경우에는 현급 이상 지방정부의 협의를 구하고 협의가 이루어질 수 없을 경우 토지를 수용한 지방정부가 재결한다. 그러나 보상과 이주정착에 관한 분쟁사항은 토지수용실시에 영향을 미치지 않는다. 수용토지의 각 항목 비용은 보상과 이주정착방안 심사허가 후 3개월 내에 전액을 지불하여야 한다(「토지관리법실시조례」 제25조).197)

---

196) 征收土地的, 按照被征收土地的原用途給予補償。 征收耕地的補償費用包括土地補償費、安置補助費以及地上附着物和靑苗的補償費。征收耕地的土地補償費, 爲該耕地被征收前三年平均年産値的六至十倍。征收耕地的安置補助費, 按照需要安置的農業人口數計算。需要安置的農業人口數, 按照被征收的耕地數量除以征地前被征收單位平均每人占有耕地的數量計算。每一个需要安置的農業人口的安置補助費標准, 爲該耕地被征收前三年平均年産値的四至六倍。但是, 每公頃被征收耕地的安置補助費, 最高不得超過被征收前三年平均年産値的十五倍。

197) 行政主管部門根据經批准的征用土地方案, 會同有關部門擬訂征地補償、安置方案, 在被征用土地所在地的鄕(鎭)、村予以公告, 听取被征用土地的農村集体經濟組織和農民的意見。征地補償、安置方案報市、縣人民政府批准后, 由市、縣人民政府土地行政主管部門組織實施。對補償標准有爭議的, 由縣級以上地方人民政府協調; 協調不成的, 由批准征用土地的人民政府裁決。征地補償、安置爭議不影響征用土地方案的實施。征用土地的各項費用應当自征地補償、安置方案批准之日起 3 个月內全額支付。

7) 건설용지변경허가증 발급

　건설용지로 변경할 필요가 있는 농업용지의 경우 농업용지 용도변경허가신청을 하여야 한다. 성 · 자치구 · 직할시 정부에서 심사 허가한 도로, 도관 · 배선공사와 대형 사회간접자본 건설항목, 국무원에서 허가한 건설항목에서 사용하는 토지 중 건설용지로 변경할 농업용지가 있는 경우 국무원에서 심사 허가한다.

　토지이용 종합계획에서 확정한 도시 · 촌락 · 장거리 건설용지규모 범위 내에서 해당계획을 실시하기 위하여 농업용지를 건설용지로 변경할 경우에는 토지이용 연도계획에 따라 원래 토지이용 종합계획을 심사 허가한 기관에서 나누어 분할하여 심사 허가한다. 농업용지 용도변경을 이미 심사 허가한 범위 내에서 구체 항목 건설용지는 시 · 현 정부에서 허가한다(토지관리법 제44조).[198)]

8) 국유토지 유상사용 계약체결

　건설용지변경허가증이 발급되면 집체토지는 국유토지로 전환된다. 국토자원국과 사업시행자는 국유토지유상사용계약을 체결하고 사업시행자는 약정한 토지가격을 납부한다. 그중 상업, 관광, 오락과 아파트 분양 등 각종 영리성 부지는 반드시 경매, 입찰공고 방식으로 매각한

---

198) 建設占用土地, 涉及農用地轉爲建設用地的, 應当辦理農用地轉用審批手續。省、自治區、直轄市人民政府批准的道路、管線工程和大型基础設施建設項目、國務院批准的建設項目占用土地, 涉及農用地轉爲建設用地的, 由國務院批准。在土地利用總体規划确定的城市和村庄、集鎮建設用地規模范圍內, 爲實施該規划而將農用地轉爲建設用地的, 按土地利用年度計划分批次由原批准土地利用總体規划的机關批准。在已批准的農用地轉用范圍內, 具体建設項目用地可以由市、縣人民政府批准。

다. 국유토지사용권매각계약체결 시에 반드시 기획설계조건서 및 설계
도를 국유토지사용권유상사용계약서의 주요 내용에 포함하여야 한다.

9) 국유토지 사용증서 발급신청[199]

사업시행자는 국토관리부문과 체결한 토지사용권 유상사용계약에
근거하여 국유토지사용증서발급을 신청한다.

Ⅲ. 중국토지수용제도의 문제점

1. 농지소유권의 불완전성

민법통칙 제71조는 "재산소유권이라는 것은 소유권자가 법에 의해
자신의 재산에 대한 점유, 사용, 수익 및 처분을 할 권리가 있음을
가리킨다"[200]라고 규정한 바와 같이 중국에서의 소유권 개념은 점유,
사용, 수익과 처분 등 4가지 권능을 포함하는 것이다. 그러나 농민이
보유하는 집체토지소유권의 실질은 토지의 점유권과 사용권 즉 토지
경작권[201]에 지나지 않으며 수익권과 처분권은 제한되고 있다.

---

199) 한국의 토지수용절차는 ① 사업승인, ② 토지 물건의 조서작성, ③ 협의, ④
　　　재결의 4단계로 행하여진다. 그러나 중국에서는 ③과 ④의 단계를 생략하거나
　　　극히 간략한 절차로 끝난다. 석종현, 전게서, 140쪽 참조.

200) 財産所有權是指所有人依法對自己的財産享有占有、使用、收益和處分的
　　　權利。 이러한 규정은 한국 민법 제211조의 "소유권은 소유자가 소유물을 사용·수
　　　익·처분할 권리를 가지는 것을 내용으로 한다"와 유사하다. 김준호, 『물권법』
　　　(법문사, 2006), 151쪽 참조.

201) 집체토지권 농업용의 토지도급경영권이나 농민의 거주용 가옥을 위한 택지사

권리의무의 주체는 상호 평등하게 거래행위에 참여할 수 있고 소유하는 재산에 대한 자유로운 처분권을 갖는 것이지만 농민은 어떠한 경우에도 직접 토지시장에 참여할 수 없으며 여하한 방식과 경로를 통하여 집체토지의 부가가치를 증식시켰을지라도 그것에 상응하는 수익을 획득할 수 없다.

국가가 농업용 토지를 수용하여 상업용 토지로 변경하는 것은 실제로는 농민의 집체토지소유권을 강제로 박탈하여 국유토지로 전환하는 것이다. 즉 토지수용으로 인한 재산권의 이전은 시장에서의 공평한 거래가 아니라 국가의 우월적 지위에서 나오는 강제적 행정행위이다.[202] 농업용 토지를 상업용 토지로 변경하는 것은 사실상 시장행위로서 권리의무의 주체 쌍방 간의 협상을 통한 토지거래가 이루어져야 하는 것이 법리에 합치하는 것이나 현실적으로는 집체토지소유권에 대한 국가의 강제적인 박탈행위로 이루어지고 있다.

국가는 시장원리와 관계없이 토지관리법 등에 규정된 토지수용심사권을 최대한 확대해석하고 수용에 따르는 보상 등 제반 사항을 농민의 동의나 협상을 구할 필요가 없이 일방적으로 결정하고 집행하는 반면, 농민은 정부의 수용조치에 반드시 복종하여야 할 의무를 진다. 만약 농민이 제시한 보상조건이나 수용을 불응할 경우 국가는 공권력을 동원하여 강제집행을 하게 되어 있다.[203]

용권밖에 설정할 수 없으며, 건설용지사용권을 설정하는 것은 인정되지 않기 때문에 용익물권에 해당한다. 王利明, 『物權法論』(中國政法大學出版社, 2003), 116－117쪽 참조.

202) 행정행위의 개념은 행정청이 구체적인 사실에 대한 법집행으로서 행하는 외부에 대하여 직접·구체적인 법적 효과를 발생시키는 권력적 공법행위이다. 박균성, 전게서, 215쪽 참조.

203) 한편 여기서 주목하여야 할 점은 개혁개방 이래 시장경제의 발전으로 인하여 보상기준에 대하여 이의를 제기할 수 있는 분위기가 조성되어 가고 있다는 것

이러한 중국 농민의 농지소유권은 자유롭게 처분할 수 없는 불완전 소유권으로서 국가에 의하여 수용되는 경우에 약간의 보상금과 정착보조금을 받을 수 있는 권리에 불과하다.

즉 농지소유권의 불완전성은 토지자원의 낭비현상과 도·농 간의 지역격차를 심화시키고 사회불안을 조성하는 근본적 원인이 되고 있다.[204]

헌법 제12조와 제13조, 제19조는 각각 "국가는 집체재산권의 합법적인 권익을 보호하고 어떠한 조직이나 개인도 어떠한 수단으로도 국가와 집체재산을 침범하거나 파괴할 수 없다", "공민의 합법적 사유재산은 침범할 수 없으며 국가는 법률규정에 의하여 공민의 사유재산권과 상속권을 보호하고 합법적으로 취득한 개인재산권은 국가의 보호를 받는다", "국가는 집체경제조직을 장려한다"라고 규정하였다.[205] 이러한 헌법조항들은 합법적인 사유재산 또는 집체재산은 사회주의시장경제체제하에서 국유재산권과 평등한 지위를 갖는 것을 의미한다. 이와 같은 견지에서 볼 경우 농민의 토지소유권에 대하여 법률로써 제한을 가하여야 할 합헌적 근거는 취약하다.

2. 공공이익의 모호성

공공이익은 중국의 거의 모든 토지수용관련법규[206]에 규정되어 있

______

이다. 상하이 지역의 실제 지불된 토지수용보상금이 매년 증가하는 현상은 토지시장의 수급관계를 실제 반영하고 있는 것을 보여 주는 일례이다. 溫世揚, "物權法的中國特色與時代精神", 『江西社會科學』, 35 - 3(2007), 75쪽 참조

204) 蒲杰, 전게서, 28쪽.

205) 헌법 제12조: 國家保護社會主義的公共財産。禁止任何組織或者个人用任何手段侵占或者破坏國家的和集体的財産。헌법 제13조: 公民的合法的私有財産不受侵犯。國家依照法律規定保護公民的私有財産權和継承權。헌법 제19조: 國家鼓勵集体經濟組織。

으나 공공이익의 개념과 범위에 대해서는 명확한 정의를 내리지는 않았다. 원래 공공이익이라는 일종의 상징적인 개념이기에 구체적 내용을 가지고 말하기 곤란하여 개념규정의 어려움이 널리 인정되고 있다. 공공이익이라는 명확한 의미의 내용도 갖지 않은 채 행정기관의 재량에 의거하는 기준이 되어 왔다. 이러한 결과는 공공이익이라는 개념이 일상 자명한 것으로 사용되고 있는 반면 아주 넓은 외연을 갖고 있기 때문이다.[207]

어떠한 사업 또는 시설이 공공이익을 위한 것인지에 대해서는 일반적·추상적으로 단정하기는 곤란한 것이나, 수용에 따른 상대방의 재산권침해를 정당화할 만한 공공이익의 존재가 쌍방 이익의 비교형량 결과로 입증될 수 있는 것이다. 즉 공공이익의 인정 여부는 수용을 통해 얻어지는 공익과 수용이 재산권자에게 주는 불이익 또는 피수용자의 재산보유 이익과 형량하여 국가가 개별적으로 판단한다.[208]

공공이익의 개념에 대하여 중국 학계는 일반적으로 전체 사회구성원이 직접 이익을 누릴 수 있는 것으로 정의하고, 이를 다시 당해 사업이 순수한 수익목적 내지는 영리목적을 위한 경우, 한정된 특정 소수인의 이익을 위한 경우, 당해 사업이 사람의 사회·경제·문화 생활상 직접적인 필요성이 극히 적은 경우, 사업주체가 당해 토지를 직접 자기 목적을 위하여 공용하지 아니한 경우 등에는 수용을 위한 공공이익이 아닌 것으로 구분하고 있다.[209]

또한 공공이익사업의 구체적 범위는 공공도로교통, 공공위생, 재해

---

206) 『헌법』 제10조 제3항, 『물권법』 제42조, 『토지관리법』 제2조, 『도시부동산관리법』 제19조, 「도시지역토지사용권매각과 양도잠정조례」 제46조 참조.

207) 유해웅, 전게서, 226－227쪽.

208) 房紹坤, 전게서, 281쪽.

209) 周曉林, "征地工作中若干問題的思考", 『中國土地科學』, 21－4(2001), 38－41쪽.

방지, 국방, 과학 및 문화교육사업 및 환경보호, 문물고적 및 명승유적 보존, 수원지 및 상수원보호구역, 삼림보호 등을 포함하는 것으로 이해하고 있다.[210]

그러나 실제로는 정부뿐만 아니라 민간의 건설업체까지 그들의 영리활동에 부수하여 지역발전이나 고용증대 등과 같은 효과가 있다는 이유를 들면, 지방정부는 공공이익의 요건을 충족시키는 것으로 판단하여 토지수용을 인정하는 사례가 늘고 있다. 즉 중국 토지수용에서의 공공이익은 수용이 가능한 기준이 될 뿐, 수용의 근거는 되지 못한다. 국가가 공공이익이란 이유로 토지를 수용하는 것은 합법적이고 정당한 행위라고 할 수 있지만 이처럼 외연이 확대된 공공이익이라는 명분 아래 토지수용권을 남용한다는 것은 개선이 요구되는 법제의 흠결이라고 할 수 있다.[211]

3. 보상기준 및 체계의 부적정성

세계 각국은 자국의 실정에 부합하는 토지수용보상제도를 수립하여 '정당', '공평', '공정', '합리'의 보상원칙을 확립하였다. 프랑스는 토지수용의 전부, 직접, 현물보상원칙을, 일본은 정당한 보상원칙을 규정하였다. 미국은 수용 당시 시가로 보상하되 수용 당시의 사용가치뿐만 아니라 미래 개발이익까지 포함시켰다. 이들 나라와 대조적으로 중국은 실정법상으로 보상의 원칙적 기준을 명기하지 않았다.

---

210) 孫憲忠, 『論物權法』(法律出版社, 2001), 499쪽.

211) 지방정부가 외부의 투자를 유치할 목적으로 각종 개발구를 남설한 결과 1997 - 2003년간 경지면적은 약 1억 畝가 감소하였으며 2003년 말 현재 전국 6,015개의 개발구 중에 국무원 및 성급정부의 허가를 받아 건설한 것은 1,818개에 불과하다. 光明日報, "我國人增地減矛盾越來越明顯", 2004. 4. 19. 2쪽.

헌법 제10조 제3항은 "법률의 규정에 따라 보상이 부여되는 토지수용을 할 수 있다"라고 규정하여 보상의 범위에 대하여 '상당한 보상' 또는 '정당한 보상'의 문구가 없이 법률에 유보하는 형식을 취하고 있다.212) 토지수용보상 관련 주요법률인 토지관리법 제2조 제4항에도 "반드시 보상을 부여하여야 한다"라고만 하여, 역시 보상의 원칙적 기준을 명시하지 않았다.213) 이러한 규정들을 중국 법학계는 일반적으로 '相應보상', '適當보상'으로 해석하고 있다.214) 이것은 재산권을 침해하는 공공목적의 성질에 비추어 타당하고 합리적인 보상이면 되고, 그 산정의 기초가 합리적이면 반드시 그 재산의 실세가격인 전액을 보상하지 않더라도 된다는 상당보상설과 비교적 근접한 해석이라고 할 수 있다.

토지관리법 제47조는 "토지를 수용할 경우 수용한 토지의 원래 용도에 따라 보상하고 농경지를 수용한 보상금에는 토지보상금, 이주정착보조금 및 지상 부착물과 미수확 농작물의 보상금이 포함된다"라고 규정하여 보상의 범위를 국한하였다.215) 이렇게 협소한 보상범위로 산정된 보상금은 1畝(약 200평)당 최저 5,000위안에서 최고 14,000위

---

212) 한국 현행헌법 제23조 제3항 후단은 "보상은 법률로써 하되, 정당한 보상을 지급하여야 한다"라고 규정하였다. 이 규정의 해석상 학설이 대립되고 있다. 침해된 재산의 객관적 가치의 완전한 보상이어야 한다는 완전보상설과 사회관념에 비추어 타당 내지 합리적인 보상이면 된다는 상당보상설, 구체적 사정을 감안하여 때로는 완전보상을 하고 때로는 상당보상을 하면 된다는 절충설로 나뉜다. 중국 현행헌법상의 보상기준은 보상기준을 법률유보사항으로 한 한국의 1972년 유신헌법과 유사하다 하겠다. 김철수, 『헌법학개론』, 제17판(박영사, 2005), 660쪽 참조

213) 國家爲了公共利益的需要, 可以依法對土地實行征收或者征用幷給予補償。

214) 劉東生, "行政征用制度初探", 『行政法學研究』, 18-2(2000), 25쪽.

215) 征收土地的, 按照被征收土地的原用途給予補償。征收耕地的補償費用包括土地補償費、安置補助費以及地上附着物和靑苗的補償費。

안으로 농민의 최저생활유지에도 미달할 만큼 낮은 액수이다.216)

국토자원부는 2002년 「토지수용보상금과 관련한 지도의견」을 제
정하여 보상액이 과도하게 낮아 농민의 생활수준이 현저히 낮아지는
경우에 한해서 보상금과 정착보조비 총액을 과거 3년간 평균 생산액
의 30배를 지급한다고 하였지만 이러한 보상금기준 역시 토지의 시
장가격을 기초로 산정한 것은 아니다.

따라서 중국의 각지 지방정부가 경쟁적으로 농지를 수용, 토지사
용권의 매각을 통하여 거액의 자금을 취득하고 있는 동인 중의 하나
는 지방정부재원에 압박 요인이 될 수 없을 만큼 미미한, 시가의
1/10에 미달하는 저렴한 보상금 때문이다.

또한 법률규정과 달리 실제로는 농민에게 보상금을 직접 지불하지
않고 사업시행자로 하여금 간접적으로 지불하고 있는 것도 각종 폐
해의 원인이 되고 있다. 수용대상토지의 원래 소유권자가 불명확하
여 소수의 토호들이 농촌집체의 명의로 시가에 훨씬 미달한 토지보
상액마저 가로채는 사례가 발생하고 있다.217)

한편 2004년 초, 국토자원부가 전국각지의 토지수용보상금의 체불
상황을 조사한 바에 의하면 98.8억 위안이었으나 국토자원부와 관계
기관이 체불금을 청산하여 준 이후에도 여전히 체불금은 38.9억 위
안에 달했다.218) 이처럼 막대한 보상금 체불 현상을 심화시키는 요

---

216) 보상액은 현지의 경제발전상황과 연동하여 산정하는데 동부지역은 중서부지역
보다 높은 편으로 2006년 말 현재 중부지역 200평당 평균 약 3만 위안의 토
지보상액이 지급되었다. 중대형 수리사업 다목적 댐 건설 토지수용 보상액에
대해서는 보상기준의 상한선은 일반 토지수용에 비하여 높게 산정한다. 陳小
君, 『農村土地法律制度研究』(中國政法大學出社, 2004), 264쪽 참조.

217) 國家依法實行國有土地有償使用制度。但是, 國家在法律規定的范圍內划
撥國有土地使用權的除外。

218) 孫文盛, "認眞貫徹党中央國務院部署, 堅決糾正征地中侵犯農民利益問題",

인의 하나는 사업시행자가 보상금을 완불하기 전에는 수용예정지에 진입할 수 없다는 법규가 없기 때문에 사업시행자는 보상금을 완불하지 않아도 언제라도 농민의 토지를 점용하여 각종 공사를 진행하고 있을 수 있기 때문이다.[219]

4. 권리구제장치의 미비

중국현행 토지관리법과 및 실시조례를 비롯한 토지수용관련법규는 토지수용사업시행신청인 또는 피수용인에게 행정소송을 제기할 권리를 명시하지 않고 있으며 실제로도 법원은 각종 이유를 들어 토지분쟁 소송을 진행하기를 회피하고 있다.[220]

「토지관리법실시조례」 제25조에 따르면 시, 현인민정부 토지행정주관부서가 토지수용방안을 근거로 관련기관과 함께 수용보상, 이주정착방안, 토지수용소재지의 향, 진 촌에 공고하여 수용된 토지의 농촌집체경제조직과 농민의 의견을 청취하도록 하고 있다.[221]

우선 의견청취의 본래 의미는 토지수용결정 전에 먼저 행정관리상대방의 의견을 청취하여 다시 결정하는 것이다. 그러나 상기 실시조례에 규정된 '의견청취'는 보상과 이주정착방안이 공고된 후 진행

---

http://www.mlr.gov.cn.

219) 李延榮, "從征地改革看征用補償制度的完善", 『法學雜志』, 42 - 1(2004), 188쪽.

220) 程洁, "土地征用糾紛的司法審査權", 『法學研究』, 21 - 4(2004), 499쪽.

221) 農村村民建住宅需要使用土地的, 應当先向村農業集体經濟組織或者村民委員會提出用地申請, 經村民代表會或者村民大會討論通過后, 報人民政府批准. 其中需要使用耕地的, 由鄕級人民政府審核, 經縣級人民政府土地管理部門審査同意后, 報縣級人民政府批准; 需要使用原有宅基地、村內空閑地和其他土地的, 報鄕級人民政府批准。

하는 것으로 '의견청취'의 본래 의미와는 본말이 전도되어 있다. 또한 수용결정 후에 보상과 이주정책방안을 수정하는 것은 행정관청 자신이 자신의 과실을 인정하는 것이 되어 의견청취의 효과가 실현되기가 어렵다.

「토지관리법실시조례」 제26조는 "피수용토지의 농촌조직과 농민은 토지보상기준에 이의가 있을 경우에 한하여 현급 이상 지방당국과의 협의를 하고 협의가 성립하지 않으면 토지수용을 허가한 관할당국에 이의신청을 할 수 있으나 이주 및 정착에 관한 이의를 신청할 수 없다"라고 규정하였다. 여기에서의 '협의'는 엄밀히 말하여 법으로 정한 구제절차와 수단이 아니며 분쟁당사자 쌍방에게 법적 구속력이 없다. 협의가 성립하지 않으면 관할당국에 이의신청을 할 수 있다는 규정 역시, 관할당국이 분쟁의 당사자인 동시에 분쟁의 조정자 지위를 겸하게 되는 법리적 모순을 내재하고 있다.

더구나 실제에 있어서 정부는 농민의 의견청취절차를 생략하고 보상방안도 공개하지 않고 수용절차를 강행하고 있는 여건에서는 농민이 이의신청을 할 엄두조차 내기 어려운 실정이다.222) 수용절차가 완료되지 않았는데도 사업시행자가 해당 농지에 무단으로 진입하여 중장기를 동원하여 농지를 훼손하여도 행정적 법적 구제수단이 없는 등 공권력의 사유재산권 침해 시 법적 보호의 실효성은 여전히 문제점으로 남아 있다.223)

---

222) 선양(沈陽)시 홍구(虹區)에 거주하는 농민 7명이 토지보상기준에 불복하여 촌정부에서부터 區정부까지, 다시 랴오닝(遼寧)성 정부까지 이의신청을 하였으나 아무런 회신을 받지 못하였다. 이에 농민들은 선양시 법원에 소송을 제기하고 중앙의 국토자원부에까지 이의신청을 하였으나 2년이 넘도록 답신을 받지 못하자 결국에는 국토자원부를 최고재판소에 고발하는 사건이 발생하였다. 沈陽今報, 2004. 10. 18. 3쪽.

223) 符啓林, 『房地産法』, 第3版(法律出版社, 2004), 38쪽.

5. 이주정착 및 고용관련 법제의 모순

집체토지를 수용당한 농민에게 경제적인 보상만을 지급하는 것만
으로 토지수용이 파생하는 제반 사회문제를 해결할 수 없다.224) 이
주정착과 고용관련법제의 정비는 중국사회안정 차원에서 해결이 시
급하고 긴요한 당면 문제의 하나이다.

일부 지방정부는 지방성 규범을 제정하여 수용대상 농민에게 주택
구입자금을 지급하거나 현존하는 주거용 건축물에 이주시키거나 또
는 농민에게 주택용지를 제공하여 주택을 신축하게 하는 방식을 제
시하고 있으나 중앙정부 차원의 전국적이고 통일적인 법률은 아직
제정되지 않았다. 토지수용으로 생활근거를 상실하게 되는 피수용자
를 위하여 이주정착금을 지급하거나 주택을 제공하는 등 이주정착을
지원하는 시스템이 전반적으로 부실하다.

농촌 집체토지수용으로 인한 농경지 면적의 감소로 인해 농촌에는
과잉 노동력이 많이 존재하는 반면, 경제발전으로 일부 지역의 노동
력 수요가 급증하고, 도농격차가 날로 심화되고 있는 상황에서 노동
력의 이동은 더 이상 막을 수 없는 대세가 됐다.

이에 따라 1958년에 제정된 이후 농민이 도시로 이주하는 것을
막아 온 호구토지연계제(土地和戶口掛勾制)225)를 수용대상자 농민

---

224) 노동 및 사회보장부는 정부의 토지수용에 따라 지난 10년간 4억 명이 토지를
    잃었고 향후 5년간 매년 300만 명이 농토를 잃고 도시로 일자리를 찾아 고향
    을 떠나는 농민공이 될 것이라고 발표하였다. 人民日報, 2006. 01. 23. 9쪽.
225) 호구토지연계제도는 전체 국민을 농민과 도시민으로 구분하고, 거주이전의 자
    유를 금지하여 농민이 도시로 이주하는 것을 막았다. 호구토지연계제도를 통해
    도시인구를 20% 선에서 제한한 것은 도시에서 계획경제, 배급제도, 단위제도
    를 실시하기 위해 도시인구 증가로 인한 정부의 부담을 축소하기 위한 조치였
    다. 호구토지연계제는 국가가 개인을 통제하기 위한 가장 기초적인 제도적 장

에게 더 이상 적용할 수 없게 되었다.

이러한 시대상황하에서 토지수용관련법규가 수용대상농민의 직장 재배치를 강제한 규정과 중국 노동법이 규정한 고용계약의 자유 원칙은 상호 모순된다.226) 즉 수용으로 인하여 농지를 잃은 농민을 기업이 고용하도록 강제하는 것은 국가에 의한 노동배치제를 전면적으로 폐지하여 노사 간의 자유로운 노동계약제도(노동법 제17조)227)를 채택하고, 일정한 사유에 의한 해고사유(노동법 제23조 – 제32조)를 명기한 노동법 규정들과 상치된다. 이를테면 노동자의 취업연령이 만 18세 이상, 정년퇴직 연령이 남 60세, 여 50세 이하로 제한한 양로보험퇴휴규정 제12조는 강행규정으로서 사업시행자는 이에 부합하지 않는 연령의 피수용 농민을 재취업시킬 수 없다. 또한 노동자가 노동계약 또는 노동법규를 위반하였을 경우 기업은 일방적으로 노동계약을 해제할 수 있기 때문에 농민이 직장에 일단 취업하였더라도 그의 장기적인 고용은 법적으로 보장을 받을 수 없는 것이다.

Ⅳ. 평가 및 전망

중국 정부는 개혁개방 이후 도시지역의 국유토지에 대해서는 시장화를 추진했으나 농촌지역의 집체토지는 여전히 계획경제 관리방식

치였고, 인구이동 금지는 개혁개방 전까지 철저하게 시행되었다. 宋志紅, "我國物權法中征收征用制度之理解與評釋", 『中國國土資源經濟』, 18 – 10(2007), 79 – 82쪽 참조.

226) 중국 노동법은 노동조합부문을 제외하면 자본주의 국가의 노동법과 크게 다르지 않는 입법형식 및 내용을 가지고 있다. 강효백, 전게서, 300 – 301쪽 참조.

227) 訂立和變更勞動合同, 應當遵循平等自愿、協商一致的原則。

을 유지했다. 이러한 국유토지와 집체토지가 병존하고, 토지수용은 계획경제 방식대로, 토지거래는 시장경제 메커니즘에 의해 처리하는 '양궤제(Dual Track System)'는 중국 토지수용제도가 내재하는 근본적인 문제점으로 총평된다.

양궤제하에서 집체토지 소유자인 농민은 불리한 지위에 처하게 되고 수용된 토지의 거래가격은 토지보상액을 훨씬 웃돌고 지방정부와 부동산사업시행자는 막대한 토지수용수익금을 취득하는 반면 농민들은 헐값에 토지를 빼앗기게 되는 수밖에 없다.

2007년 제정·시행된 물권법은 토지수용 시 보상 문제에 대해 효율적으로 대처할 수 있는 법적 기반이 마련된 것으로 평가되나 공공이익과 국가규정의 합리적 보상 및 철거 이전의 구체적 내용이 없다. 물권법의 시행으로 공권력을 동원한 강제철거가 어려워지고, 막대한 보상금 부담으로 지방정부의 개발정책 추진에 상당한 제동이 걸릴 것이다. 또한 물권법은 수용보상금의 충분한 지급, 토지를 잃은 농민의 생활보장 등은 규정되어 있지만 그 토지매각이익을 어떻게 배분하는가에 대해서는 명확한 기준이 없으며 소유권과 사용권의 분리원칙하에서 농촌 집체토지에 대한 국가의 일방적 토지수용을 유지한 것은 아쉬운 부분이다.

상술한 물권법 등 기존 법규에 파편적으로 규정된 토지수용관련법규는 국가의 효율적인 공권력의 행사에 초점을 맞추고 농민의 합법적 권익의 보장은 소홀히 한 것으로 판단된다.

지방정부에 대한 책임 추궁을 강화하고 보상금에 농민의 사회보장비용, 취업 등 권익과 생활문제 보장을 의무화하는 등 각종 법규를 내놓았으나 임대양도권, 담보권, 자유매매권 등 농민에게 완전한 토지소유권을 부여하지 않는 한 미봉책에 지나지 않는 것으로 사료된다.

중국은 현재 도시와 농촌 간 소득격차와 농민의 불만 해소를 최대 현안으로 삼고 있어 농민의 소득수준을 높일 수 있는 토지보상 가격 현실화가 가까운 시일 내에 이뤄질 것이다. 공공용지로 전환할 목적으로 하는 농지수용에 대해서는 보상 기준을 높이고, 상업적 용도를 목적으로 하는 농지수용 보상액은 시장기능에 맡겨 농민들이 현재보다 높은 보상을 받을 수 있도록 하는 등 향후 농촌의 집체토지는 도시의 국유토지에 준하여 보호를 받는 방향으로 조정되고 농민에게 정부의 토지수용에 대한 이의를 제기할 권리를 보장하고 시장가격을 기준으로 공정한 보상을 받도록 할 것이다.

농촌의 집체토지와 도시의 국유토지 구별은 토지수용으로 인하여 집체토지가 국유토지로 전환됨에 그치고 국유토지와 같이 시장가격을 기준으로 집체토지에 보상을 주도록 도시와 농촌의 건설용지를 통일적으로 관리하고 도시의 국가소유토지의 토지 양도방식, 연한, 가격의 확정과 수익, 배분, 저당권 등을 농촌의 집체소유토지에도 준용할 수 있게 할 것으로 관측된다.

그러나 중국 토지수용 문제의 본질은 토지소유권의 이전, 즉 농촌 집체소유권에서 국가소유권으로의 변동으로서 정부의 무분별한 토지 수용행위를 규제하고 보상원칙을 단편적으로 규정하는 것보다는 농민들이 완전한 토지소유권을 보유할 수 있도록 제도화하는 것이 토지수용 문제의 근본적인 해결책이라고 생각한다.

따라서 공공이익의 개념과 범위를 정립하고 수용과 보상절차와 방법을 개선하는 등 농민의 권익을 보장하면서도 효율적으로 토지자원을 이용하고 지방정부의 토지 난개발 행위를 억제하는 제도적 장치로서의 토지수용법이 제정될 것으로 전망한다.

V. 결 론

중국은 지방정부가 공공이익이라는 명분으로 농민들의 토지를 자의적으로 헐값에 수용한 다음 상업용으로 전환하는 방법으로 농민들의 토지를 침해하는 사례가 늘면서 농민들의 폭동을 유발하는 등 사회 불안요인이 되어 왔다.

지방정부의 토지수용권의 남용과 보상금 기준 및 범위의 불합리성, 수용절차의 비민주성, 보상금 체불, 철거민 이주대책 미비 등 중국 토지수용에서 파생되는 제반 문제점의 근원은 농민의 불완전한 토지소유권에서 출발한다.

농촌집단 토지수용 과정에서 농업용 토지를 비농업용 토지로 변경할 경우 국가소유 토지로 소유권을 변경하여야만 하며 농촌집단 토지소유권자는 직접 토지시장에 참여할 수 없다. 농업용 토지를 수용하여 상업용 토지로 변경하는 것은 사실상 시장행위로서 수용자와 피수용자 사이 협상을 통한 거래가 이루어져야 하는데, 현실적으로는 집체토지소유권에 대한 강제적인 박탈행위로 이루어지고 있다.

이러한 현상은 국유토지와 집체토지가 병존하고, 토지수용은 계획경제 방식대로, 토지거래는 시장경제 메커니즘에 의해 처리하는 '양궤제'에 근원한다. 양궤제하에서 농민은 불리한 지위에 처하게 되고 수용된 토지의 거래가격은 토지보상액을 훨씬 웃돌고 지방정부와 사업시행자는 막대한 토지수용수익금을 취득하는 반면 농민들은 헐값에 토지를 빼앗기게 되는 수밖에 없다. 중국농민이 보유하는 집체토지소유권의 실질은 불완전한 소유권으로 경작권에 지나지 않으며 토지수용에 이의를 제기할 수 있는 권리도 없다. 외연이 확대된 공공이익이라는 명분 아래 토지수용권은 정부에 의하여 자의적으로 남용되어 경지면적의 격감과 도·농 간의 지역격차를 심화시키고 사회불안을 초래하는 근본원인이 되고 있다.

따라서 중국 토지수용 문제의 근본적인 해결책은 농민들이 완전한 토지소유권을 보유할 수 있도록 물권법과 토지관리법 등 각종 법규에 파편적으로 규정된 취약점을 보완하여 체계적이고 전문적인 법적 장치를 마련하는 것이다. 중국 정부는 완전한 토지수용권 부여를 포함하여 토지수용 대상자의 합법적 권익을 보장하면서 토지자원의 효율적 이용을 극대화할 수 있는 공정하고 투명한 보상원칙과 법적 절차를 규율한 토지수용법 제정을 추진 중인 것으로 파악된다.

그러나 현재의 '처분권 없는 소유권'인 농촌집체소유권을 개혁하여 농민들에게 완전한 토지소유권을 부여하는 문제는 중국사회주의 공유제 체제의 기초를 근본부터 흔들 수 있는 의미가 있기 때문에 그것의 조기 실현 가능성은 낮은 것으로 전망한다.

6. WTO가입에 따른 중국부동산법제의 변화와 문제점

Ⅰ. 서 론

  개혁개방 이전 중국의 사회주의 계획경제 이론에 의하면 모든 부동산의 사유화가 금지되고 국가는 국유의 토지를 그 사용을 필요로 하는 단체나 개인에게 무상으로 사용하도록 하였다. 이러한 체제는 제도와 정책적으로 소비자주권은 완전히 배제된 채 단지 계획자주권만이 강조되는 형태로서 생산력이 낙후된 국가에서의 실현에는 강제성과 방대한 행정체계의 수립이 수반되었다.

  1990년대 중국은 냉전체제 종식 이후 국제정치질서에 보다 능동적으로 대처하고 그동안의 개혁개방 과정 중에서 나타난 각종 자본주의적 요소들을 합리화하기 위하여 사회주의시장경제라는 계획과 시장이 내재적으로 결합된 중국 특유의 체제 모델을 수립하였다.

  2001년 WTO 가입 이후 중국은 사회주의시장경제체제의 완성을 위하여 1980∼1990년대의 경제현대화에서 제도현대화, 즉 법과 제도에 의한 의법치국(依法治國) 국가로의 전환을 강력하게 추진하고 있다.228)

  이러한 상황에서 사회주의 중국의 마지막 남은 계획적 상품경제체

---

228) 胡鞍鋼, 『國家制度建設』, 淸華大學出版社, 2005, 2－3쪽.

제 영역이라 할 수 있는 부동산공유제를 WTO시장경쟁체제와 어떻게 조화하여 나갈 것인가, 국유재산제를 견지하면서 토지사유제를 부정하는 노선을 언제까지 고수할 것이며 그러한 원칙의 틀 안에서 시장메커니즘의 영역을 얼마만큼 확대시켜 나갈 것인가 등의 문제는 초미의 관심사라고 할 수 있다.

한편 중국에 진출한 부동산 관련 외국기업들은 WTO 가입에 따른 지속적인 부동산 관련 법제개선으로 비록 법률적 리스크가 상당부분 감소한 것이 사실이나, 여전히 토지와 건물법과 정책에 대한 이해부족과 중국법규변화에 대한 적절한 대응부족으로 인하여 상당한 제한을 받고 있는 것이 현실이다.

특히 적지 않은 한국 기업들은 중국이 아직 인간관계 및 인정 등의 요소를 중시하는 나라라는 인식을 갖고 관계자 및 현지 정부와의 밀접한 인맥형성에만 주력하고 가장 중요한 공식화된 투자환경인 중국의 법률과 법규, 규범화된 국가정책229)의 동향파악에는 소홀히 함으로써 중국진출 실패의 근본요인이 되어 왔다. 또한 중국부동산에 관한 선행연구는 마르크스 정치경제학 또는 서구이론에 편중된 경제학적, 경영학적 고찰이나 국지적 시장분석, 단일 프로젝트의 운영현황에 집중된 것이 대부분이며 중국 특유의 공식화된 법제 환경에 대한 체계적이고 심층적인 국내연구 성과는 희소한 편이다.

따라서 이 연구는 WTO 가입에 따른 중국부동산법제의 변화와 문제점 분석 및 향후 전망을 법과 경제를 단일의 질서체계로서 통일적으로 접근하는 법경제학적 접근방법230)과 함께 현재의 실정법을 비

---

229) 중국에서는 '국가정책'이 성문법원을 보충하는 불문법원으로서 기본법률에 규정되어 있다. 중국 「民法通則」 제6조: "민사활동은 반드시 법률을 준수한다. 법률에 규정이 없으면 국가정책을 준수하여야 한다(民事活動必須遵守法律, 法律沒有規定的, 應当遵守國家政策)."

판하면서 신입법의 형식으로 정립될 이상적 법규범을 사회적 여러 여건하에서 연구하는 법정책학적 접근방법[231])으로 고찰함으로써 한국의 중국진출부동산관련기업[232])에 대해 실용적인 참고자료를 제공하려는 데 주요 목적이 있다.

논문의 연구범위와 대상은 부동산과 관련한 WTO 협정 및 「중국가입의정서(Protocol on Accession of China)」 등 중국이 WTO 가입 시 이행을 약속한 문건과 「물권법(物權法)」, 「토지관리법(土地管理法)」, 「도시부동산관리법(城市房地産管理法)」 등을 비롯한 중국 국내 부동산법규로 한정하였다. 논문의 연구방법은 중국 국토자원부(國土資源部)와 주택·도농건설부(住房和城鄉建設部)[233])의 인터넷사이트와 관련기관 자료 및 선행연구를 중심으로 분석하였으며 최근 중국에서 연구 발표되고 있는 각종 전문서적과 학술지 게재논문을 주로 이용하였다.

본 연구는 제Ⅱ장에서는 WTO GATS와 「중국가입의정서」 중 부동산 관련 내용을 일별하고 제Ⅲ장에서는 중국부동산법체제와 WTO 가

---

230) Eric A. Posner, *Law and Economics*, New York, Foundation Press, 2000, p.27.

231) 오늘날의 법규범이 종래의 권리의무규범적 성격에서 벗어나 자원분배적·문제해결적 성격을 강하게 띠면서 사회 및 국가의 동태적 통합과정을 긍정하고 그 현실적 필요성에 부합하여 통합과정을 촉진하는 정책을 위한 조정도구로 구비되어 가고 있는 시점에서, 법정립에 있어서 정의 및 효율성, 목적 달성이라는 가치를 반영하는 법정책론적 관점을 중시하고 있다. 박용도, 『입법학용어해설집』, 한국법제연구원, 2002, 250-251쪽 참조.

232) 2004년 말 현재 중국에 부동산업종에 투자한 개인 또는 업체는 모두 46개이다. 이 중 부동산 임대 및 부동산 공급 등을 제외한, 실질적인 부동산 개발업종에 종사하는 것으로 신고한 개인 또는 업체는 약 31개이며, 이 중 10여 개 업체가 100% 단독출자를 통하여 현지법인을 설립하였다. 재정부 해외투자인 포넷, 『2004년 현지법인현황 자료집』, 2005, 9-10쪽 참조.

233) 2008년 3월, 중앙정부조직 개혁조치 일환으로 종래의 건설부(建設部)를 주택·도농건설부(住房和城鄉建設部)로 개편하였다.

입에 따른 변화를 파악한 후 제Ⅳ장에서는 중국부동산법제의 문제점
과 그 원인을 분석한다. 제Ⅴ장 결론에서는 향후 전망을 하기로 한다.

Ⅱ. WTO협정 및 중국의 이행약속

1. WTO 서비스무역일반협정

1) GATS의 부동산관련규정

WTO와 부동산과 관련이 있는 기본규칙은 서비스무역일반협정
(General Agreement on Trade in Services: GATS)에서 구현된다.
1995년 1월 1일부터 발효된 WTO GATS는 서비스무역을 규율하는
최초의 다자간 무역규범으로서 서비스무역에 적용되는 다자간 원칙
및 규칙의 틀을 제공하기 위한 국제협정이라 할 수 있다. GATS의
목적은 점진적으로 서비스무역을 확대함으로써 모든 무역상대국의
경제성장을 촉진하는 것을 목적으로 한다. 특히 GATS는 개발도상국
들의 서비스무역에의 참여증대와 그들의 국내서비스 능력과 그 효율
성 및 경쟁력 강화 등을 통한 서비스 수출 확대를 촉진시킴으로써
개도국의 경제발전을 도모하는 것에 중점을 둔다.[234]

GATS는 WTO 설립협정의 부속서 1B에 규정되어 있으며 총 6부
29조의 본문, 부속서 및 결정·양해사항의 3부분으로 구성되어 있
다. GATS 일반협정은 전 회원과 어느 분야이든 간에 서비스의 무역

---

234) 최승환, 『국제통상법』, 법영사, 2006, 383 – 384쪽.

과 관련된 정부가 구매하거나 제공하는 서비스를 제외한 모든 서비스를 규율하는 일반적 원칙 및 규정을 명시한 기본협정(framework convention)이며, 제2부에 규정된 이에 따른 일반적 의무는 표현 그대로 WTO 각 회원이 양허계획서에 규정된 한도 내에서만 적용되는 제3부 구체적 약속의 의무와는 구별된다. 즉 GATS의 회원국에 대한 기본요구는 협정본문상의 일반적 의무와 원칙(general obligations)과 국별양허계획서에 수락한 범위 내의 특정분야별 양허약속(specific sectoral commitments)에서 찾아볼 수 있다.

서비스업종 분류표를 보면 서비스를 사업, 통신, 건설, 유통, 교육, 환경, 금융, 은행, 건강, 여행, 오락, 운송, 기타 등 12개로 구분하였다(이춘삼, 1999). 이 중에서 사업서비스, 건설과 관련 공사서비스, 환경서비스 부문 등이 부동산과 관련이 깊은 부문으로 GATS의 관련 주요 내용은 다음과 같다.

2) 주요 내용

(1) 투명성 원칙

투명성(Transparency) 원칙은 무역관련 규칙의 자의적인 해석과 적용을 방지함으로써 국제무역규범의 예측 가능성을 제공하고 협정의 실효성을 확보하기 위한 것이다. 회원국은 협정의 운용과 관련된 모든 조치를 의무적으로 공표하여야 한다. 서비스교역에 중대한 영향을 미치는 새 법령이나 행정지침, 또는 그 변경내용은 즉시, 그리고 적어도 1년에 한 번씩 서비스교역이사회에 통보하여야 한다. 문의처는 협정발효 후 2년 내에 설치되어 운영되어야 한다(WTO Secretariat, 1999).

서비스교역에 있어서는 국내법규가 이에 대한 가장 중요한 통제수단으로 되어 있다. 바로 이 때문에 양허한 업종의 서비스교역에 일반적으로 적용되는 모든 조치는 합리적이고 객관적이며 공평한 방법으로 집행되어야 한다. 양허된 서비스의 공급에 허가가 필요한 경우, 신청은 신속히 처리되어야 하며, 주무 당국은 신청서 제출 후 합리적인 기간 내에 그 결정사항을 신청자에게 통보하여야 한다.

양허된 서비스의 공급에 허가가 필요한 경우, 신청은 신속히 처리되어야 하며 주무당국은 신청서 제출 후 합리적인 기간 내에 그 결정사항을 신청자에게 통보하여야 한다(박덕영 · 이재형, 2006).

(2) 시장접근 원칙

시장접근(Market Access)에 관해 각 회원국은 다른 회원국의 서비스 및 서비스 공급자에 대해 자국의 양허표상에 합의되고 명시된 조건과 제한보다 불리한 대우를 해서는 안 된다(제16조 제1항). 각 회원국 정부의 국별 양허계획서에는 자국 시장에의 접근을 보장한 서비스 분야나 업종 · 시장접근에 대한 제한 및 조건, 추가적 자유화 약속과 관련된 제반조치, 그리고 적절한 경우에는 그 약속의 이행을 위한 일정 등이 기재되어 있다. 시장접근이 양허된 분야에 대해 양허계획서에 달리 규정되어 있지 않은 이상, 각 회원은 다음 조치를 취하거나 유지하지 말아야 한다. 서비스 공급자의 수에 대한 제한, 서비스 전체 거래액 및 총자산에 대한 제한조치, 숫자단위로 표시된 전체 영업횟수 및 총산출액에 대한 제한조치, 특정 서비스 분야에 고용되거나 서비스 공급자가 공급하는 전체 자연인의 수에 대한 제한조치, 특정 종류의 법인이나 합작회사의 형태를 취하도록 제한하는 조치, 그리고 외국인의 지분이나 투자총액에 대한 제한 등이 그것이다.

(3) 독점 및 배타적 서비스 공급자와 상업 관례

회원국은 자국영역 내의 모든 독점 및 배타적 서비스 공급자 (monopolies and exclusive service providers)가 관련시장에서 독점 및 배타적 서비스를 제공함에 있어 최혜국대우와 구체적 약속에 따른 회원국의 의무에 일치하지 않는 방식으로 행동하지 않도록 보장한다 (제8조 제1항). 회원국들은 서비스 공급자들의 일정한 경쟁제한적 관행들이 경쟁을 제한하여 서비스거래에서 제약요인으로 작용할 수 있음을 인정하고, 다른 회원국의 요청이 있으면 그러한 관행을 철폐하기 위한 협의에 응하여야 한다. GATS는 서비스무역의 자유를 저해하는 기업의 불공정거래행위를 규제할 회원국의 의무에 대해 규정하고 있다. 다른 회원국의 독점 및 배타적 서비스 공급자가 상기한 의무에 일치하지 아니하는 방식으로 행동한다고 믿을 만한 사유를 가지고 있는 회원국의 요청이 있을 경우, 서비스무역이사회는 그러한 공급자를 설립, 유지, 승인하고 있는 회원국에 대하여 관련된 운영에 관한 구체적인 정보의 제공을 요청할 수 있다. WTO 설립협정의 발효일 이후 회원국이 구체적 약속의 대상이 된 서비스의 공급과 관련된 독점권을 부여할 경우, 동 회원국은 늦어도 독점권의 시행 예정일로부터 3개월 이내에 서비스무역이사회에 통보하며, 이 경우 양허표의 수정에 관한 제21조 규정이 적용된다. 제9조는 독점 및 배타적 서비스 공급자를 제외한 기타 서비스 공급자의 제한적 영업 관행에 대해 규정하고 있다.235)

(4) 내국민대우 원칙

GATS상의 내국민대우(national treatment) 원칙은 GATT와 달리

---

235) WTO Secretariat, "Guide to the Uruguay Round Agreements", *Kluwer Law International,* 1999, pp.148 – 175.

상당히 제한적이다. GATT의 경우 내국민대우는 각 회원국이 수입 제품에 대한 내국세 및 무역관련국내규칙의 적용에 있어 국내 동종 제품과 무조건적으로 동등한 대우를 부여해야 하는 일반적 의무로서 규정된 데 비해, GATS의 경우 내국민대우는 회원국의 일반적 의무로서가 아니라 구체적 약속의 형태로 규정되어 있다는 점에서 다르다. 각 회원국은 양허계획서에 기재된 분야에서 그 조건 및 자격요건에 따라, 다른 회원의 서비스 및 서비스 공급자에 대해 자국의 동종 서비스나 서비스 공급자에게 부여하는 대우보다 불리하지 않는 대우를 하여야 한다. 내국민대우를 위해 국내의 서비스나 서비스 공급자에게 취해지는 조치와 형식적으로 다른 조치를 취할 수는 있으나, 자국의 서비스 및 서비스 공급자에게 유리하게 경쟁의 조건을 바꾸게 된다면 내국민대우에 위배되는 것으로 간주된다.236)

서비스거래에 있어서는 형식적으로 동일한 조치라도 결과적으로 차별이 될 수 있다. 반면에 형식적으로는 다른 조치라도 동등한 대우가 될 수도 있다. 이 조항은 그 적용범위에 있어서도 각 회원의 양허계획서에 기재된 분야와 그 조건 및 자격조건이 부관으로 되어 있어서 GATT법에서 일반적으로 인정되었던 내국민대우에 비해서는 종합적으로 보장되는 것은 아니다.

2. 중국 WTO 가입 시 부동산업에 대한 약속

중국이 체결하거나 승인한 국제조약과 양자, 다자간 국제협정도 중국의 法源 중의 하나다. 『민법통칙(民法通則)』 제142조는 "중화인

---

236) 장효상, 『국제통상법』, 법영사, 2000, 59 – 62쪽.

민공화국이 체결하거나 참가한 국제조약과 중화인민공화국의 민법 중에 상이한 규정이 있을 경우 국제조약의 규정을 적용한다. 단 중화인민공화국이 유보한 조항은 제외한다. 중화인민공화국 법률과 중화인민공화국이 체결 또는 참가한 국제조약 중 규정이 없을 경우, 국제관례를 적용할 수 있다"237)라고 규정하고 있다. 또한 『해상법(海商法)』 제268조 제1항은 "중화인민공화국이 체결하거나 참가한 국제조약이 동법과 다른 규정이 있을 경우, 국제조약의 규정을 적용하지만, 중화인민공화국이 유보한 조항은 제외한다"238)라고 규정하고 있다.239) 이들 조항은 국제조약이 오히려 중국 국내법보다 효력 면에서 우선하는 법원으로 인정하는 의미로 해석되고 있다(孔祥俊, 2002).

중국의 WTO 가입은 중국이 국제무역에서 상응하는 권리를 누리는 동시에 WTO협정과 부속문건에서 약속한 바를 이행할 의무가 있음을 의미한다. 「중국가입의정서」상에서 부동산업과 관련한 중국 정부가 수락한 내용을 종합하면 다음과 같다.

첫째, 개발도상국으로서 중국은 WTO협정을 근거로 하여 일반 개발도상국보다 특별한 대우를 받기로 하는 대신에 모든 외국의 개인과 기업과 외상투자기업자에게 무차별대우를 부여하기로 하였다. 이것은 중국에 진출한 WTO 회원국의 기업과 중국 국내법에 의하여 설립된 외상투자기업에 대하여 중국 내 기업과 개인과의 공평한 경

---

237) 中華人民共和國締結或者參加的國際條約同中華人民共和國的民事法律有不同規定的, 适用國際條約的規定, 但中華人民共和國聲明保留的條款除外。中華人民共和國法律和中華人民共和國締結或者參加的國際條約沒有規定的, 可以适用國際慣例。

238) 中華人民共國締結或者參加的國際條約同本法有不同規定的, 适用國際條約的規定, 中華人民共和國聲明保留的條款除外。

239) 「民事訴訟法」 제238조와 「行政訴訟法」 제72조 등에도 국제법 우선적용원칙을 규정하고 있다.

쟁기회를 부여한다고 해석된다.240) 모든 기업은 자사의 영리상 이윤 추구원칙에 따라 경영활동을 진행하고 중국 정부는 직접적이지 않거나 간접적인 방법으로 국유기업 또는 국가투자기업의 경영상 결정에 영향을 끼칠 수 있다. 또한 「가입의정서」에 별도의 규정이 없는 한 WTO의 내국민대우의 규정은 전면적으로 준수할 것을 수락하였는데 이는 외자기업에 대한 중국부동산 산업주체로서의 자격 및 지위에 대한 법적 확인을 의미하는 것이다.

둘째, 「중국가입의정서」 부속문서 Ⅳ(Products and Services Subject to Price Controls)에 따라 가격을 통제하는 상품과 서비스에 대하여 국가가 가격을 결정하는 원칙을 준수할 것을 약속하였다. 정부간행물 「중화인민공화국 물가 공보」에 국가가 정한 상품과 서비스 단가 및 변경상황, 가격 책정 메커니즘과 그 정책을 공개하고 가격개혁정책을 더욱 심화시킬 것을 수락하였다. 이는 부동산 분야에 대한 투자개발활동이 공평, 합법, 투명한 경쟁환경하에서 이루어질 수 있게끔 시장경제의 기본요구에 부응하기 위한 것이다.

셋째, 중국은 현행 법률과 행정법규, 부문규장, 지방성 법규가 WTO협정 및 「중국가입의정서」와 합치하지 않을 경우 중국 정부는 적시에 관련법규를 개정하거나 폐지하고 향후 WTO협정 및 「중국가입의정서」에 부합하는 새로운 법을 제정할 것을 약속하였다. 중앙정부가 제정한 법률과 법규 및 기타 조치와 지방정부가 제정한 법규와 기타 조치가 WTO협정과 가입의정서상의 의무와 상호 합치할 것을 보장한 이러한 수락은 중국이 기존 부동산 법률체계를 정비하여야 할 책무를 진다는 것을 의미한다.

---

240) 沈木珠, 『WTO規制下中國商貿法制的走向』, 武漢大學出版社, 2007, 46 - 50쪽.

넷째, 중국은 자문위원을 지정하거나 전문가로 구성된 연락사무소를 설립하여 그로 하여금 WTO협정과 관련된 모든 행정행위의 합법성을 신속하게 심사하도록 하였고 그러한 자문위원 또는 연락사무소는 공정한 활동이 보장된 독립적인 행정기관으로서 심사의 결과가 특정 행정기관에 어떠한 실질적 이익을 주어서는 안 될 것을 보장하였다. 중국은 관련 법률과 법규가 WTO협정과 가입의정서 중에 행정행위의 사법심사 절차를 요구하는 사항과 상호 일치하도록 법률과 법규를 개정할 것을 수락하였는데 이것은 중국부동산 관리운영 체제에 새로운 변혁을 불러일으키는 계기가 되었다.

다섯째, 중국은 세제분야에서 WTO협정을 준수하고 WTO의 관련 규칙을 전면적으로 시행하기로 하였다. 최혜국대우원칙과 내국민대우원칙, 반보조금원칙, 예측 가능한 세법의 투명성과 통일성의 요구에 따라 현행세제를 개혁하고 완비하기로 하였다. 모든 국내세법과 WTO규칙이 서로 충돌하는 것은 개정하고 폐지를 약속하였는데 이는 중국이 부동산업과 관련한 복잡다단한 세제를 개혁하고 부동산기업경영의 원가를 절감하겠다는 의지를 나타낸 것으로 평가된다.

끝으로, 중국 정부는 두 부문에서 중국부동산시장의 대외개방을 약속하였다. 첫째 부분은 총양허(general commitments), 즉 수평양허로 내용상 모든 서비스 활동을 포함하고 둘째 부분은 구체양허(specific commitments)로 구체적 업종을 지칭하는 것으로 양허표 중에서 열거한 업종이 없을 경우에는 어떠한 양허도 없는 것으로 간주한다. 이러한 양허표에 기재되는 자유화 수준별 양허는 다시 3가지로 유형으로 분류된다. 첫째는 완전자유화약속(full commitment)으로 시장접근이나 내국민대우에 대한 제한을 전혀 하지 않겠다고 약속하는 경우, 두 번째는 부분자유화약속(commitment with limitation)으로 시장접근이나 내국민대우에 관한 규칙에 위반되는 조치를 구체적으로 자세히 명시하고 더 이상의 다른 제한조치는 취하지 않겠다고 약속하는 경우, 세 번째는 약속하지 않으므로(no commitment) 시장접근이나 내국민대우를 규율하는 규칙에 위반되는 조치를 도입하거나 유지할 수 있는 자유로운 상태에 있는 경우를 의미한다. 중국은 부동산 매매 또는 임대 서비스를 제공하는 기업 또는 기관을 설립하는 데 대한 모든 법적 규제를 철폐하고 임대료지급을 계약조건으로 하는 부동산 서비스업의 전면 개방을 약속하였다(胡振杰, 2002). 또한 프로젝트단위 건설 원가가 동일한 도시 평균 건설 원가의 2배 이상의 고부가가치 부동산 건설 프로젝트를 제외한 모든 분야에 대하여 전면적인 개방을 약속하였고 합자기업 형태의 부동산 프로젝트와 부동산 관련 건축 및 공공개발 분야의 진입과 외자 측의 출자 총액이 국내기업보다 많은 경우를 허용하였다.

「중국가입의정서」 부속문건 Ⅸ의 서비스무역 양허표(Schedule of Specific Commitments on Services)에서 중국의 모든 토지는 국가소유를 원칙으로 하며, 기업과 개인이 사용하는 토지는 거주용도는 70년, 공업용도는 50년, 교육, 과학, 문화, 공공위생 및 체육용도는 50년, 상업, 관광, 오락용도는 40년, 종합이용과 기타 용도는 50년의 최장기 제한을 준수하여야 한다고 명기하였다.

Ⅲ. 중국부동산법제 및 WTO 가입에 따른 변화

1. 중국부동산법제의 체계

중국의 부동산법률규범은 국가최고규범인 헌법을 정점으로 하고,

기본법률로서의 『물권법』, 부동산전문법률로서의 『토지관리법』, 『도시부동산관리법』을 중심으로 하고 그 아래에 국무원이 제정한 행정법규가 위치한다. 하위법규로는 국무원의 소속 각부와 위원회가 제정한 부문규장, 각급 지방정부가 제정한 지방성 법규 순으로 자리하고 그 아래에 다시 '국가정책'이라는 중국특색의 비성문법이 저변에 위치하는 피라미드 체계를 이루고 있다.

1) 상위법규

(1) 헌법

국가의 근본대법이자 최고규범으로서 중국 헌법은 부동산제도에 대하여 다음과 같은 원칙적 규정을 하였다. ① 도시의 토지는 국가소유에 속한다. 농촌과 도시교외의 토지는 법률의 규정에 의하여 국가소유에 속하는 것을 제외하고 집단소유에 속한다. 주택단지와 개인점유의 농지, 개인점유의 임야 역시 집단소유에 속한다(헌법 제10조 제1항). ② 국가는 공공이익의 필요에 의하여 법률의 규정에 따라 보상이 부여되는 토지수용 또는 징용을 할 수 있다(헌법 제10조 제2항). ③ 어떠한 조직이나 개인도 토지를 침범하여 점유하거나 매매 또는 기타 형식으로 불법적으로 토지를 양도할 수 없다. 토지의 사용권은 법률의 규정에 따라 양도할 수 있다(헌법 제10조 제3항). ④ 토지를 사용하는 모든 조직과 개인은 반드시 합리적으로 토지를 이용하여야 한다(헌법 제10조 제4항). ⑤ 공민의 합법적 사유재산은 침범할 수 없다.241) 국가는 법률규정에 의하여 공민의 사유재산권과

---

241) 2004년 3월 14일, 제10기 전국인민대표대회 제2차 회의는 기존의 헌법규정 "국가는 공민의 합법적인 수입과 저축, 부동산 및 기타 합법재산의 소유권을

상속권을 보호한다(헌법 제12조 제1항).

(2) 기본법률

중국 헌법은 법률을 기본법률과 기본법률 이외의 (일반)법률로 구분한다.242) 전국인민대표대회에서 제정하고 개정하는 것으로 형사, 민사, 국가기구와 관련된 기본적인 규범성 문건을 일컫는다(헌법 제62조 제3호).243) 2007년 3월 16일 전인대에서 채택되어, 같은 해 10월 1일부터 정식 발효된 『물권법』은 기본법률에 속한다. 『물권법』은 WTO 가입 이후 중국이 시장경제의 기초가 되는 사유재산권을 공식적으로 기본법률로 보장했다는 데 의의가 있다. 토지소유권과 주택소유권, 토지사용권, 부동산 상린관계 및 부동산 저당과 임대차를 규율한 『물권법』은 재산권의 귀속에 관한 기본적인 규정이 없던 지금까지의 불안정한 상태에 종지부를 찍게 할 뿐만 아니라, 수많은 단행법에 분산되어 있던 규정들을 통합하여 체계적으로 통일적으로 정리하였다.

(3) 법률

법률은 전국인민대표대회가 당연히 제정하여야 할 기본법률 이외의 법률로서 전국인민대표대회 상무위원회가 제정하고 개정하는 규범성 문건을 말한다(헌법 제67조 제3호). 1986년 6월 전인대 상무위

　　보호한다"를 "공민의 합법적 사유재산은 침해되지 않는다"로 개헌하여 사유재
　　산권 보호를 강화하였다.

242) 강효백, "한중 법의 연원에 관한 비교연구", 『중국학연구』(제40집), 2007, 328 -
　　335쪽.

243) 2008년 4월 말 현재 중국의 기본법률은 물권법, 계약법, 홍콩특별행정구 기본법
　　등 모두 25개이다. 전인대가 제정한 기본법률은 전인대 상무위원회가 제정한 법
　　률보다 우위에 있다(헌법 제62조 제11호, 「입법법(立法法)」 제88조 제1호).

원회가 제정한 『토지관리법』은 유상매각토지사용권제도, 양도, 상속, 저당과 임대차가 가능한 재산권, 즉 유통 가능한 부동산을 창출하여 현재의 부동산시장을 형성하는 데 기여하였다. 1994년 7월 전인대 상무위원회가 제정한 『도시부동산관리법』은 부동산개발용지, 부동산개발, 부동산양도, 저당 임대차 등 부동산거래시장을 규율하였다. 『토지관리법』과 『도시부동산관리법』은 중국부동산법제의 2대 축을 형성하고 있다.244) 그 밖에 부동산 관련 법률은 『도시규획법(城市規劃法)』, 『건축법(建築法)』, 『공개입찰법(招標投標法)』 등 민법, 경제법, 행정법 법률 분야에 산재되어 있다.

(4) 행정법규

행정법규245)는 국가최고행정기관인 국무원이 헌법과 법률에 근거하여 제정하고 공포하는 규범성 법률문건의 총칭이다(헌법 제89조). 행정법규의 효력은 헌법과 법률 다음으로 그 내용은 헌법과 법률에 저촉될 수 없다. 이를테면 1990년 국무원이 제정한 『도시국유토지사용권매각 및 양도잠정조례』(城鎭國有土地使用權權出讓和轉讓暫行條例)는 도시국유토지의 소유권과 사용권의 분리원칙에 따라 토지사용권의 매각과 양도제도를 실시하였고 중국 내외의 회사, 기업 기타 조직과 개인은 조례의 규정에 따라 토지사용권을 취득하여 개발·이용·경영하도록 하였다.

---

244) 전인대 상무위원회는 『토지관리법』과 『도시부동산관리법』 중 일부 조항을 각각 2004년과 2007년에 개정하였다.

245) 중국의 행정법규는 한국의 행정조직 내의 조직과 활동에 관한 추상적이고 일반적인 규율인 행정규칙과는 전혀 다른 개념이다. 중국의 행정법규는 한국의 법규명령, 즉 대통령령에 해당한다.

2) 하위법규

(1) 부문규장

부문규장(部門規章)246)은 국무원 소속의 각부, 각 위원회가 헌법과 법률, 국무원의 행정법규에 근거하여 본부 위원회의 권한 범위 내에서 제정하는 규범성 법률문건을 가리킨다. 토지와 건물을 2원화하여 토지 관련 부문규장은 국토자원부가, 건물 관련 부문규장은 주택·도농건설부가 제정하고 집행한다. 국토자원부가 제정한「국가건설수용토지조례」(國家建設征收土地條例),『건설용지심사보고재결관리판법』(建設用地審査捕批管理辦法) 등과 건설부가 제정한『도시상품건물분양관리판법』(城市商品房預售管理辦法),『도시부동산개발관리잠정판법』(城市房地産開發管理暫行辦法),『도시건물임대관리판법』(城市房屋租賃管理辦法),「도시부동산양도관리규정」(城市房地産轉讓管理規定),「도시부동산중개서비스관리규정」(城市房地産中介服務管理規定) 등이 있다.

(2) 지방성 법규

지방성 법규247)는 성, 자치구, 직할시 및 성, 자치구, 직할시 정부소재지의 시와 국무원의 승인을 거친 비교적 큰 도시의 정부에서 제정한다. 지방성 법규는 헌법, 법률, 행정법규 및 동급 인민대표대회 및 그 상무위원회에서 제정하는 지방성 법규와 저촉될 수 없다(헌법 제

---

246) 중국의 부문규장은 국무원 소속의 각부, 각 위원회가 헌법과 법률, 국무원의 행정법규에 근거하여 본 부문의 권한 범위 내에서 제정하는 규범성 법률문건으로 한국의 부령에 해당한다.

247) 중국의 지방성 법규는 지방자치단체가 법령의 범위 안에서 그 사무에 관하여 지방의회의 의결을 통하여 제정하는 한국의 조례에 해당한다.

107조). 「북경시부동산임대판법(北京市房地産租賃辦法)」, 「상해시외자
부동산투자규정(上海市外資房地産投資規定)」 등 지방성 법규는 중
국 부동산 관련 각종 法源 중에서 가장 많이 제·개정되고 있다.

(3) 국가정책

중국 「민법통칙」 제6조는 "민사활동은 반드시 법률을 준수한다.
법률에 규정이 없는 경우 국가정책을 준수하여야 한다"라고 규정하
였다. 이러한 법조항은 공산당 당헌, 강령, 지침, 정책 등이 사실상
헌법과 법률에 우선하는 규범적 효력을 지닌 구소련을 위시한 사회
주의법계의 유산이라고 할 수 있다.[248] 중국 학계 일각에서는 중국
이 이미 사회주의시장경제체제의 궤도에 진입한 상황에서는 '국가정
책'을 법원으로 인정하는 것은 시의에 맞지 않을뿐더러 국가정책이
법률과 같이 법적 안정성이 없으며 공개성과 투명도가 낮아 법원으
로 인정하는 것은 문제가 많다고 지적하고 있다.[249] 개혁의 필요성
에 적응하고 법제화할 여건이 아직 성숙하지 않을 경우 중국공산당
과 국무원은 정책성 문건을 발표하여 부동산 관련 업무의 근거로 삼
아 왔다. 이를테면 1997년 4월 15일 중공중앙과 국무원이 공포한 「
토지관리 및 실질적인 경지보호 강화와 관련한 통지(關于進一步加
强土地管理, 切實保護耕地的通知)」, 즉 중앙 11호 문건은 토지관
리체제와 운영메커니즘의 개혁조치로서 1년여의 시행을 거쳐 성과를
거두자 1998년 8월 『토지관리법』 개정 시에 이를 조문화하여 증보
하였다(<그림 6－1>, <표 6－1> 참조).

---

248) 강효백, 『중국법통론』, 경희대학교출판사, 2005, 27쪽.
249) 黃文平, 『經濟, 法律與政府政策』, 中國經濟出版社, 2007, 29－30쪽.

〈그림 6-1〉 중국부동산법 체계도

〈표 6-1〉 중국부동산 주요 법률·법규체계도

법률 법규의 명칭	제정기관	法源의 유형	제정 연도	최근 개정 연도
헌법	전국인민대표대회	헌법	1982	2004
물권법	전국인민대표대회	기본법률	2007	
토지관리법	전인대 상무위원회	법률	1986	2004
도시부동산관리법	전인대 상무위원회	법률	1994	2007
도시규획법	전인대 상무위원회	법률	1989	
건축법	전인대 상무위원회	법률	1997	
공개입찰법	전인대 상무위원회	법률	1999	
토지관리법실시조례	국무원	행정법규	1988	2004
외상투자개발단지토지잠정관리판법	국무원	행정법규	1990	
도시국유토지사용권매각양도잠정조례	국무원	행정법규	2002	
국가건설수용토지조례	국토자원부	부문규장	1982	2002
건설용지심사보고재결관리방법	국토자원부	부문규장	1999	2004
도시상품건물분양관리판법	건설부	부문규장	2002	
도시부동산철거관리조례	건설부	부문규장	2001	2003

출처: 中国大陆房地产政策与建设法律法规数据库大全http://www.law110.com/law/index.htm를 참고로 하여 작성.

2. WTO 가입에 따른 중국부동산법제의 변화

1) 토지사용권 매각 방식의 조정

중국은 1980년대 중반부터 『토지관리법』과 『도시부동산관리법』 등의 법제 마련을 통하여 토지사용제도 개혁을 본격적으로 추진하고 국유토지의 토지사용권을 분리하여, 상품화와 유상양도매각제도를 시행하여 왔다. 그러나 WTO 가입 이전에는 90% 이상이 협의에 의한 매각방식으로 진행되었으며 그 절차가 투명하지 못하였다. WTO 가입 후 시장화된 입찰방식을 보편적으로 채택하고 있는 외국기업들이 중국 부동산시장에 진출하게 되자, 중국의 토지사용권 매각방식도 제도적 변화를 모색하게 되었다.250)

2002년 5월 국토자원부는 「입찰·경매 등의 공개방식에 의한 국유토지사용권의 매각에 관한 규정(招標拍賣挂牌出讓國有土地使用權規定)」을 제정하여 각종 경영성 토지에 대하여 협의에 의한 매각 방식을 금지하였다. 협의에 의한 매각의 경우 당사자 간의 협의에 의하여 가격이 정하여지므로 부패한 공무원들은 이와 같은 방식을 악용하여 매우 낮은 가격으로 민간업자에게 토지사용권을 제공하는 부패문제가 만연하였다. WTO 투명성의 원칙에 상치되는 이와 같은 현상을 시정하기 위하여 중국 정부는 경영성 토지 매각은 협의·입찰·경매에 의하는 종래의 방법을 바꾸어 공개의 가격경쟁인 입찰과 경매에만 의하도록 하였다. 부동산업체가 토지사용권 매입 공개입찰에 경쟁적으로 참여하면서 토지사용권 가격이 오르자 주택 원가도 올

---

250) 王利明, 『物權法論』, 中國政法大學出版社, 2003, 81－88쪽.

랐으며 지방정부는 가급적 많은 토지를 개발용지로 설정, 사용권을 매각함에 따라 중국 소비자들의 의식도 변했다. 주택에 대한 개념이 주거의 공간에서 사고파는 '상품'의 하나로 인식되기 시작하였다.[251]

2) 토지사용권 기한만료 자동연장

WTO 가입 이전 중국의 토지는 국가소유이며, 기한부 토지사용권을 유상으로 매각 받아 사용하고 있어, 기한만료 후 지상 주택과 건물에 대한 재산권 행사 문제는 불분명한 상태로 남아 있었다. 2007년 3월 제정된 『물권법』은 여러 행정관리법규에 산재된 사유재산 관련 법규정을 재산권에 초점을 맞추어 기본법률로 통합한 것으로 주택건설용지 사용권의 자동연장을 허용하여 주택의 사유재산화를 사실상 인정하였다. 『물권법』은 주택건설용지에 대해 기한 만료 후 자동으로 연장된다고 규정함으로써(물권법 제149조), 주택은 사실상 영구적인 사유재산으로 인정받게 되었다.[252]

단 공업·상업용지의 경우, 토지사용권 기한 만료 시 『도시부동산관리법』에 따라 처리된다고 규정함으로써 주택과는 달리 공장 등 지상건물의 경우, 기한 만료 후 재산권이 보장되지 않는다. 따라서 토지사용의 기간 만료 시 소정의 토지매수금을 지불하고 허가신청절차를 다시 밟아야 하며, 이때 공공이익을 이유로 연장이 불허되고 토지가 국가로 회수될 수 있다. 또한 건설용지사용권을 회수하는 때에는 당해 토지 위에 있는 건물 기타의 부동산에 대하여 보상을 하여

---

251) 朱淑梅, 『中國經濟行政法治與國際化』, 同濟大學出版社, 2002, 79쪽.
252) 全人大常委法制工作委員會民法室, 『物權法』, 北京大學出版社, 2007, 153 – 156쪽.

야 하며, 매각대금의 상당부분도 반환한다(물권법 제148조). 또한 농촌토지도급경영권에는 존속기간이 정해져 있지만, 그 기간이 만료되더라도 국가의 관련 규정에 따라 계속 연장할 수 있다고 해석된다. 이러한『물권법』상의 조항은 중국의 WTO「가입의정서」부속서 Ⅸ에도 명시된 내용과 부합하는 것이다.[253]

3) 외자의 부동산개발 투자억제

중국 WTO 가입 이후 부동산 가격이 끊임없이 상승하였고 대부분 도시에서의 주택판매가격 상승현상이 뚜렷하게 나타나자 외국자본이 부동산시장에 대량으로 유입되었다. 중국 정부는 외자에 의한 부동산 과열현상을 억제하기 위하여 근래 정책성 법규를 내놓고 있는데 그 대표적 예가 건설부 등 6개 부와 위원회가 2006년 7월, 연합으로 제정한 「부동산시장 외자진입과 관리에 관한 규범에 관한 의견(關于規范房地産市場外資准入和管理的意見)」이다. 동 의견은 다음과 같이 외자의 중국 내 부동산개발시장진입을 엄격히 규제하였다. ① 국외기구와 개인이 중국 내에서 자가용도가 아닌 부동산을 투자·구매할 경우에는 상업원칙을 준수하며 외상투자부동산관련규정에 따라 외상투자기업설립을 신청하여 한다. 관련부문의 심사승인을 받은 후 승인된 경영 범위 내에서 업무에 종사하여야 한다. ② 외상투자부동산기업 투자총액은 1,000만 달러 이상으로, 등록자본은 투자총액의 50% 이상이어야 한다. 투자총액이 1,000만 달러 미만일 경우에는

---

253) 住宅建設用地使用權期間屆滿的, 自動續期。非住宅建設用地使用權期間屆滿后的續期, 依照法律規定辦理。該土地上的房屋及其他不動産的歸屬, 有約定的, 按照約定; 沒有約定或者約定不明確的, 依照法律、行政法規的規定辦理。

등록자본관련규정에 의한다. ③ 외상투자부동산기업의 설립은 상무부와 공상행정관리기관에서 법정 절차에 따라 설립허가와 등기수속을 진행하고 1년 기한의 외상투자기업허가증서와 영업허가증을 발급한다. 외상투자기업은 건설용지사용권매수대금을 납부 후에 상기 토지관리 부문에 국유토지사용증 발급신청을 하여야 하고 발급받은 국유토지사용증에 의거하여 상무주관 부문은 정식 외상투자기업허가증을 발급한다. 공상행정관리기관은 외상투자기업허가증과 영업기한이 일치된 영업허가증을 발급하고 외상투자부동산기업은 이를 세무기관에 가서 등록하여야 한다. ④ 외상투자부동산의 주식과 프로젝트의 양도 및 국내외투자기업의 인수합병은 상무주관 부문이 관련 규정과 정책에 따라 엄격히 심사를 진행하여 한다. 투자자는 반드시 국유토지사용권매각계약, 건설용지계획허가증, 건설공사계획허가증 등의 보증서와 국유토지사용증 부동산 주관부문의 변경등록증명 및 세무기관에서 발급한 관련납세증명자료를 제출하여야 한다. ⑤ 외국투자자가 주식양도 및 기타 방식으로 국내부동산기업을 흡수합병 또는 합자기업의 중국 측 주식지배권을 매입할 경우 반드시 직원재배치계획을 실행하고, 은행채무를 완전 변제하고 자기보유자금으로 1회에 모든 양도금을 지불하여야 한다. 기록과 실적이 불량한 국외투자자는 상술한 모든 투자활동을 금한다.254)

또한 2007년 11월, 국가발전개혁위원회와 상무부는 국무원의 승인을 받아 공동으로 「외상투자산업지도목록(外商投資産業指導目錄)」을 제정하여 장려, 허가, 제한, 금지의 4부문으로 분류하여, 장려, 제한, 금지산업은 동 목록에 명확히 규정하고 있다. 중국 정부가 동 목

---

254) 房紹坤, 『房地産法』, 北京大學出版社, 2007, 289－290쪽.

록을 통해 장려하는 외상투자 업종은 보통주택의 개발 및 건설부문이고 호텔, 고급빌라, 오피스 빌딩 등에 대한 외국투자를 제한하고 있다.

상술한 바와 같이 중국 정부는 WTO 가입 시 이행을 약속한 바 있는 부동산시장 전면개방과는 달리 외국자본에 대하여 여전한 부동산시장 진입억제정책 내지 제한적인 개방정책을 유지하고 있다.

Ⅳ. 중국부동산법제의 문제점 및 원인 분석

1. 문제점

1) 비시장적 · 행정관리적 성격의 부동산법제

WTO는 무역자유화의 기능을 추진하여 각 회원국이 시장경제를 기초로 자유경쟁을 전개하도록 하고 시장경제는 토지자원배치를 시장메커니즘에 의한 조절을 기반으로 하여 토지자원이용효율을 제고하는 것이다.[255] 중국이 WTO에 가입하면서 약속한 자국의 토지사용권시장의 전면개방은 WTO국제관행에 부합한 토지시장관리모델을 창출하고 토지사용권 유상사용제도를 확립 등 토지사용권제도 개혁의 속도에 박차를 가하겠음을 의미하는 것이었다. 그러나 실제 중국 부동산시장은 정부의 토지사용권 불하와 자의적인 토지사용권의 양도, 재양도 등 음성적 시장의 존재로 인하여 시장법칙과는 무관하게

---

255) 曾華群, 『WTO規則與中國經貿法制的新發展』, 廈門大學出版社, 2005, 57－60쪽.

진행되고 있다. 기업과 정부, 중개업소와 소비자를 포괄하는 시장주체의 합법적 권익을 보호하는 법제가 미비한 환경에서 원활한 부동산 시장메커니즘의 운용을 기대하기 어렵다. 중국 부동산기업 중 극소수만이 『회사법』에 근거하여 유한회사나 주식회사 형태로 되어 있고 대부분은 명확한 법적 근거 없이 설립된 음성적 업체들로서 규범적인 시장변화에 부응할 수 없다.

WTO시장경제체제제하의 부동산법은 평등한 법적 주체 사이에서 부동산의 점유, 양도 등으로 발생하는 사회관계를 규율하는 규범으로서 공공이익 등 특별한 경우를 제외하고는 부동산거래를 보호하기 위한 것이다. 그러나 그것과는 대조적으로 중국 부동산법은 시장경제메커니즘에 배치되는 행정 관리적 성격이 뚜렷하다.

『토지관리법』, 『도시부동산관리법』, 「도시사유건물관리조례」 등 중국부동산법제의 명칭에는 '관리'라는 자구를 흔히 볼 수 있는데 이는 사회주의 계획경제시대에 국가가 생산수단 전반을 농단하던 제도적 유물이라고 볼 수 있다.[256]

2) 하위법규 중심의 상호모순 중첩적 법체계

중국부동산 관련 법규는 부문규장(부령) 이하의 하위법규가 절대다수를 차지하고 있는 반면에 행정법규(총리령) 이상의 상위법규는 극소수인데다가 조문의 내용도 추상적이고 포괄적 규정이 대부분이다.

또한 정부기관의 숫자만큼이나 많은 부문규장은 한 건에 여러 법

---

256) Randy Peerenboom, "Competing Conceptions of Rule of Law in China", Randy Peerenboom (ed.), *Asian Discourses of Rule of Law*, NewYork, Routledge Curzon, 2007, pp.113 – 137.

규가 중첩 적용되는 이른바 '일사다법(一事多法)' 현상을 노정하고 있다(房紹坤, 2007). 특히 현행체제는 토지와 건물을 분리하여 토지는 국토자원부가, 건물은 주택·도농건설부가 관리하는데 이러한 체제는 여러 가지 폐단을 유발하는 근원이 되고 있다. 따라서 중국 학계는 토지와 건물의 통합관리화에 대한 공감대가 대체적으로 형성되어 있으나 구체적으로 누가 어떻게 통합 관리할 것인가에 대한 견해의 대립으로 답보상태에 머물러 있다. 국토자원부와 주택·도농건설부가 각자의 관할과 이해관계에 기반을 두고 부문규장을 남발함으로써 부동산의 통일적 관리와 운영이 곤란하다. 부동산등기관련 규정만 하더라도 국토자원부의「토지등기규칙(土地登記規則)」과 주택·도농건설부의「도시건축물권속등기관리판법(城市房屋權屬登記管理辦法)」이 서로 모순 충돌하여 현실 생활에서 여러 가지 문제점을 초래하고 있다.

그리고 중국 헌법은 지방정부에 대하여 헌법과 기본법률, 법률, 행정법규의 범위 내에서 입법권을 부여하였으나 실제에 있어서 지방정부는 상위법규에 저촉되는 지방성 법규를 자의적으로 제정하고 있다.257) 대부분 私權과 公權의 경계가 모호한 지역보호주의적인 지방성 법규는 공익을 빙자한 사사로운 지역 이권이 공정하고 투명해야 할 시장질서 전반을 개입, 교란시키는 불량제도장치로 작용한다. 이는 WTO GATS의 투명성 원칙에 배치될 뿐만 아니라 중앙정부가 제정한 법률과 법규 및 기타 조치와 지방정부가 제정한 법규 기타 조치가 WTO협정과「중국가입의정서」상의 의무와 상호 합치할 것을

---

257) 특히 부문규장(한국의 부령에 해당)과 지방성 법규가 불일치할 경우,『입법법』제86조는 국무원이 전인대 상무위원회에 동 건에 대한 결정을 제청하는 것으로 규정하고 있으나, 실제로 이러한 제청이 이루어진 경우는 2008년 4월 말 현재까지 단 한 건도 없었다.

약속한 것에 대한 위반이다.

3) 외자에 대한 차별대우

외국자본의 중국부동산시장에 유입은 주로 다음과 같은 방식으로 이루어졌다.

첫째, 직접 외자부동산투자회사를 설립하거나 중국 경내 부동산개발기업에 지분참여를 하는 방식이다. 둘째, 간접투자형식으로 부동산개발기업의 채권을 구매하거나 외자부동산중개기구가 전매방식으로 대량의 부동산을 매입하여 다시 상업적으로 판매하는 방식이다. 셋째, 외자은행이 부동산개발기업과 개인에게 대출을 해 주는 방식이다. 넷째, 외국인이 외환을 유입하여 부동산 구매결제에 사용하는 방식이다.

실제에 있어 첫째와 둘째 방식을 통한 외자진입이 대부분을 차지하고 있는데 토지사용권을 무상으로 할당받거나 유상으로 매입하는 방식을 취하더라도 국내부동산업체와 달리 경매나 공개입찰에 의한 방식이 아니라 협의에 의한 방식을 취하게끔 하는 특혜를 부여하고 있다.

그와 반면에 외자기업은 중국 경내에 새로운 법인을 설립하지 않고 직접 부동산 개발활동에 종사할 수 없으며 외자기업에 한하여 고급호텔과 빌라, 고급오피스 빌딩 및 국제회의센터, 대형 테마공원의 건설 및 경영을 제한하고 있는 등 차별대우를 하고 있다. 전자는 외자기업에 대한 '超國民待遇'라면 후자는 외자기업에 대한 '次國民待遇'로서 전자와 후자 모두 WTO무차별대우원칙과 배치된다고 할 수 있다.

중국은 계획경제에서 시장경제로, 폐쇄적 경영에서 개방적 경영으로 전환하는 특수한 경영환경에 처해 있기 때문에 외상투자에 대한 정책도 점진적으로 변화되고 있다. 다만, 사회경제의 급속한 발전에도 불구하고 외상투자 산업지도 목록이 실제수요보다 늦게 제정된다는 비판이 가해진다. 예컨대 일부 제한류의 항목은 경제개방과 시장 발전의 변화와 더불어 제한류에 존치할 이유가 없지만, 지도목록의 사후수정으로 인하여 외상투자의 걸림돌이 되고 있으며 동시에 중국의 경제발전에도 불리하다고 평가된다.

2. 문제점 원인 분석

1) 사회주의 토지공유제의 고수

법경제학에서는 재산제도를 공유(共有, common property), 국유(國有, state property), 사유(私有, private property)로 분류한다. 공유란 자연에 대해 비배타적이고 비양도적인 소유형태를 말한다. 공유의 대상이 되는 재화는 누구든지 자유로이 사용·수익할 수 있으나(비배타성), 아무도 그 재화를 제3자에게 양도할 수 없다(비양도성). 국유란 재화에 대한 배타성은 있으나 양도성은 없는 권리를 의미한다. 국유의 대상이 되는 재화는 국가가 정하는 특정인들에게만 사용·수익하게 할 수 있으나 그 재화를 사용·수익하는 특정인은 제3자에게 양도할 수 없다. 사유란 배타성과 양도성을 모두 가진 권리이다. 사유의 대상이 되는 재화는 소유자가 타인의 사용·수익을 배제할 수 있을 뿐 아니라 자유로이 그 재화를 제3자에게 처분할 수 있다.[258]

---

258) 이은영, 『물권법』, 박영사, 2006, 5-6쪽.

WTO시장경제체제하의 대다수 국가들의 물권법은 이러한 소유개념 중 사유를 원칙으로 하고 있는 반면 중국의 『물권법』은 국유와 공유를 원칙으로 하고 있다.

『물권법』이 중국의 WTO 가입 직후인 2002년부터 8회에 걸친 장기간의 논쟁을 거친 2007년 3월에 제정된 가장 주요한 원인은 국유로 되어 있는 토지의 사유재산권 인정 등은 사회주의 공유제 원칙에 반하는 내용 때문이다.

이러한 토지공유제 원칙은 중국 헌법상 원칙일 뿐만 아니라 각종 부동산법률이 견지하는 제1원칙이다. 헌법 제10조는 "도시의 토지는 국가소유에 속한다. 농촌과 도시교외의 토지는 법률의 규정에 의하여 국가소유에 속하는 것을 제외하고 집단소유에 속한다. 주택단지와 개인점유의 농지, 개인점유의 임야 역시 집단소유에 속한다"라고 규정하였다. 『토지관리법』 제8조는 "도시 시구역의 토지는 국가소유에 속한다. 농촌과 도시교외의 토지는 법률이 국가소유로 규정한 것을 제외하고는 농민집단소유에 속한다. 택지·자류지·자류산은 농민집단소유에 속한다"라고 규정하였다. 『물권법』 제47조는 "도시 지역의 토지는 국가소유에 속한다. 법률에 의하여 국가소유로 규정되어 있는 농촌 및 도시근교의 토지는 집단소유에 속한다"라고 규정하였다. 즉 중국의 도시지역 토지는 국유에 속하며 농촌과 근교의 토지는 공유에 해당한다. 사회주의 토지공유제하에서 부동산개발용지는 도시의 국유토지에 국한하며 공유토지는 국유토지로 수용한 후에 부동산시장에 진입할 수 있게 되어 있다. 국유·공유의 2원적 토지소유제는 국가가 직접 시장에 개입하는 제도로서 사유재산을 기반으로 한 WTO 체제의 자유경쟁에 의한 시장진입 원칙과 정면으로 배치될 뿐만 아니라 중국이 아직 자본주의 경제의 경쟁과 무정부 상태를 계획적이고 비례적인 발전규율(The law of planned proportional development)로 대체한다는 사회주의 계획경제이론의 틀)[259]을 완전히 탈피하지 못하고 있는 증거의 하나라고 할 수 있다.

2) 토지사용권의 불완전성

개혁개방 이전 중국이 채택한 토지의 무상분배제도는 계획경제의 비효율성이 극심하게 나타났다. 사용가치가 다른 토지를 동일한 교환가치로 분배하여 주다 보니, 필요 이상으로 토지를 많이 분배받는 문제 등 토지 사용의 비효율성이 극대화되었다. 그리하여 도입한 제도가 토지소유권과 토지사용권제로서 토지의 소유권은 국가에 유보하고 일정한 사용료를 받고 그 사용권한을 설정해 주는 것이다. 즉 사회주의의 토지 공유제를 유지하면서도 토지의 상품화를 달성하는 핵심 수단이 토지사용권 제도이다.[260] 토지사용권은 건설용지사용권, 토지도급경영권 및 택지사용권으로 분류되며 물건을 사용·수익할 권리를 내용으로 하는 용익물권의 범주에 속한다. 건설용지사용권은 국유토지상에, 토지도급경영권은 집체토지 또는 국유토지상에, 택지사용권은 집체토지상에 설정되는데 이 3종의 용익물권은 토지소유권과 토지사용권을 서로 분리한 결과이다. 토지사용권의 존속기한을 정하고 기한 만료 시에 토지사용권 및 지상건축물 및 기타 정착물을 국가에 무상으로 반환하는 것을 원칙으로 하되 토지사용을 계속하려

---

259) Patrick McAuslan, "Developing a Land Market in China", Holder, J. and Harrison (eds.), *Law and Geography*, Oxford, Oxford University Press, 2002, pp.135 - 187.

260) 李延榮·周珂, 『房地産法』, 中國人民大學出版社, 2002, 25쪽.

할 경우 재계약을 하여야 하며 계약연장 여부는 국가의 허가에 달려 있다. 토지에 대한 배타적 지배권의 범위가 확정되어야 비로소 자유스런 교환가능 영역이 확정된다. 또한 그래야 비로소 교환경제인 시장경제가 작동될 수 있고 활성화될 수 있다.261) 그러나 중국의 토지사용권은 독립적인 재산권이 아니라 토지소유권에 부수되는 제한물권으로서 그 효력은 대륙법계 국가의 지상권보다 취약한 것이다. 이처럼 불완전한 토지사용권제도는 중국사회주의체제하의 경제체제개혁과정의 결과물이지 당초 사회주의 제도설계의 원안은 아니다. 중국의 경제체제개혁과정에서 기업의 소유권과 경영권을 분리한 데서 착안하여 이를 원용한 것으로 파악된다.

3) 명령경제체제

국가경제와 민생에 중대한 비중을 차지하는 부동산 분야에 대한 정부의 개입은 시장경제국가에서도 흔하게 볼 수 있는 보편적인 현상이다. 거의 모든 국가는 토지의 합리적 이용과 공공이익을 위하여 일정한 규제와 관리를 한다.

그러나 중국 부동산 관련 법률행위는 민간부문의 *私法*적 경로와 시장경제메커니즘에 이루어지는 것이 아니라 정부부문의 공법적 수단과 방식을 통하여 이루어진다. 토지 소유자이자 토지와 지상건축물의 관리자인 정부의 이중적 지위는 부동산권자의 권리를 위축시키고 있다. 정부는 시장주체의 일방인 동시에 시장의 룰을 제정, 운용하면서 시장주체의 상대방을 감독하고 그의 위법행위까지 처벌한다.

---

261) Winer Katz, *Foundations of the Economic Approach to Law*, New York, Free Press, 1998, pp.45 - 63.

정부는 계약체결부터 등기까지 부동산 거래의 모든 과정에 개입하고 관리·감독한다. 이를테면 부동산개발업체가 1건의 토지프로젝트를 발주하기 위해서는 건설용지계획허가증, 건설공사허가증, 시공허가증 등을 위시한 각종 정부발급허가증을 취득하여야 하며 정부는 부동산개발 투자금액과 목적 및 개발유형과 위치를 통제하는 등 모든 부동산개발의 절차에는 정부의 공권력이 개입되게 되어 있다. 정부 자신이 부동산 서비스의 독점 및 배타적 서비스 공급자인 중국 정부의 이중적 지위는 WTO GATS의 독점 및 배타적 서비스 공급자가 그 지위를 남용하지 못하도록 관련회원국이 보장하여야 한다는 규정을 원천적으로 무력화시키고 있다. 한편 이러한 상황은 중국이 과거 국가가 지령성 계획과 행정명령으로 자원을 분배하던 명령경제체제(command economic system) 내지는 계획경제체제의 테두리 내에서 온존하고 있다고 볼 수 있다.262) 명령경제체제는 개인의 경제적 자유 그리고 그 법적 표현인 사유제는 인정받지 못하거나 최대한 제약을 받으며 자원배분은 계획 당국의 명령과 지시에 따라야 한다. 즉 WTO 가입 이전이나 이후나 중국의 부동산법규체제는 여전히 명령경제를 기본적 경제체제로 삼고 있으면서 부분적으로 시장경제를 채택하고 있음을 알 수 있다(<표 6-2> 참조).

---

262) 현대국가의 경제체제는 크게 두 가지로 나눌 수 있다. 하나는 시장과 私有가 결합한 시장경제체제(market economic system)이고, 다른 하나는 명령과 국·공유가 결합한 명령경제체제 내지는 계획경제체제이다. 박세일, 『법경제학』, 박영사, 2000, 167-168쪽.

<표 6-2> 부동산 관련 WTO시장경제체제와 중국 사회주의시장경제 비교

구 분	WTO 시장경제체제	중국 사회주의시장경제
발전목표	경제무역자유추구	사회주의제도 공고화
자원배치	공개적 시장에서 경제법칙에 따른 자원배치	국가의 거시조절하에 시장이 자원분배에 대한 기초적 작용 발휘
토지소유	사유제 주도	공유제 주도 도시토지: 국가소유 농촌토지: 집단소유
소유권과 사용권과의 관계	소유권과 사용권의 균형	사용권 절대적 우선
토지사유권	상대적 · 절대적 소유권 인정	처분권 없는 불완전 소유권
건물사유권	인정	과거 모호한 상태였으나 『물권법』 제정으로 인정
부동산시장	모든 경제활동이 시장을 통해 진행	시장체계 육성에 중점
부동산시장 경쟁	적자생존	제한적 적자생존
부동산 가격	시장이 결정	정부통제를 가미한 시장 가격 위주의 가격체제
부동산 법제	완전한 자유경쟁원칙을 보장하는 법률체제	법제화 방향 발전

출처: 胡鞍鋼, 『國家制度建設』, 淸華大學出版社, 2005, 2-16쪽; 沈木珠, 『WTO規制下中國商貿法制的
走向』, 武漢大學出版社, 2007, 46-50쪽의 내용을 참고로 작성.

V. 결 론

WTO의 가입은 사회주의시장경제체제의 중국부동산업계에 거대한 충격을 가져왔다. 부동산 법제를 정비 · 발전시키고 WTO 체제에 적응시키는 문제는 중국의 당면 과제 중의 하나이다. WTO 가입에 따른 중국부동산시장의 국제규범화와 사회주의시장경제 법률체계의 정비와 아파트와 오피스텔의 대량 출현으로 부동산법의 기능이 관리기능에서 점차 부동산권자의 권리보호와 평등한 주체 간의 거래를 조정하는 기능으로 전환되고 있다. 이러한 변화는 중국 부동산법의 이론기초에 변화를 발생케 하였으며 법체제의 전면적인 정비와 개정과 함께 비교적 완비된 부동산기본법규범을 확립하는 청사진이 마련될 것으로 예견된다. 따라서 부동산시장경제에 대한 충격을 주지 않는 범위 내에서 WTO규칙과 부합하지 않는 부동산법규는 점진적으로 개정·폐지될 것으로 보인다.

중국 정부는 우선 상호모순 중첩 현상이 심각한 부문규장과 지방성 법규 등 하위법규에 대한 대대적인 정비작업을 추진한 후 중국부동산법규의 양대 축인『토지관리법』과『도시부동산관리법』중에서『물권법』과 상충되거나 불필요한 부분을 제거하고 투명하고 공개적인 부동산 입법 메커니즘, 가칭『부동산기본법』을 제정하여 WTO 체제와의 효과적인 접목의 제도화를 추진할 것으로 전망된다.

한편 외국계 자본이 진출하고자 하는 주요 업종에 대하여 제한적인 개방정책을 계속하되 중국의 서민주택 개발 프로젝트에 대한 우대정책 등을 강화하여 건실한 외국계 자본의 유입을 유도하는 법적 근거를 마련할 것으로 보인다.

그러나 私人에게 완전한 토지사유권을 부여하는 문제는 장기간의 논란 끝에 제정된『물권법』의 유보적인 내용에서 감지할 수 있듯 중국사회주의 공유제체제의 기초를 근본부터 흔들 수 있는 의미가 있기 때문에 그것의 조기 실현 가능성은 낮은 것으로 판단된다.

7. 사실혼 관계의 재중탈북여성 및 그 자녀의 법적 지위에 관한 중국법제[*]

Ⅰ. 서 론

　1990년대 중반 북한의 식량난이 악화됨에 따라 중국으로 탈북하는 북한주민의 수가 급격히 증가했다. 재중탈북자의 80~90%가 여성264)으로 추정되고 있으며 그들은 대개 5~10년 이상 중국에 장기 체류하며 중국 남자와 사실혼 관계에 있다. 재중탈북여성들은 주로 접경지대인 동북 3성에 거주하고 있는데 정확한 숫자를 파악하기 어렵지만 약 5~20만 명265)으로 추산된다. 한국에서 생활하고 있는 탈북 주민에 대한 실태조사와 연구는 다양하게 실시되어 왔으나 재중

---

　　* 이 연구는 국가인권위원회 • BASPIA가 공동으로 주최한 <재중탈북여성의 인신매매 및 현지정착에 대한 인권을 기반으로 한 접근> 학술세미나에서 발표(2009. 6. 26.)한 것을 수정 보완한 것이다.

264) 조사된 탈북자의 75.5%가 여성이며 특히 연변의 동북 3성 지역에서의 여성탈북 비율이 90.9%에 이르고 있다. 임채환, "중국 내 탈북자의 성격 분석",『한국동북아논총』, 제19집(2001), 13쪽 참조.

265) 국제 여성 인권 NGO 바스피아(BASPIA) 자료에 의하면 재중탈북여성의 수를 우리정부는 최대 5만 명, 중국에서 활동 중인 NGO는 5~10만 명으로 추정하고 있다. "재중장기체류탈북여성의 상황",『BASPIIA 자료집』(2007), 1쪽 참조. 한편 중국에서 현지 실태조사를 벌인 'NGO인 좋은 벗들(1999 조사)', '북한인권시민연합(2004 조사)'은 각각 최대 30만 명, 10만 명이라는 수치를 제시하고 있다. 백영옥, "중국 내 탈북여성실태와 관한 연구",『북한연구학회보』, 제6권 제1호(2002), 248쪽 참조.

탈북자, 특히 재중탈북여성에 대한 선행연구는 희소한 수준이다. 그
것들마저 국내외의 주된 연구경향은 재중탈북여성들이 「난민의 지위
에 관한 협약」상의 난민, 이른바 정치적 난민266)에 해당하는가, 탈출
동기를 불문하고 국제법상 난민으로 인정되어 보호받을 수 있는가가
주종을 이루고 있다. 그런데 현행 국제법 체제하에서 탈북자가 난민
인가 아닌가의 여부를 판단하는 권한은 일차적으로 당사국인 중국에
있기 때문에 무엇보다 우선 탈북자와 관련한 중국 국내법의 정확한
이해가 필요하다.267) 재중탈북여성의 조사와 지원활동을 전개하고
있는 NGO와 종교단체 그리고 언론 등을 통해 이들에 대한 실상이
파편적으로 소개되어 왔으나 이들의 현지 중국의 국내법률ㆍ법규 및
법정책268) 차원에서의 학술적 연구활동은 전무한 실정이다.269)

---

266) "…… 정치적 의견(political opinion)을 이유로 박해를 받을 우려가 있다는 충
분한 이유가 있는 공포(well-founded fear of being persecuted)로 인하여 국
적국 밖에 있는 자로서 ……", 「난민의 지위에 관한 협약(Convention relating
to the Status of Refugees)」 제1조 A(2).

267) 현 단계의 국제사회에서 국제법의 국내적 실시는 실제에 있어서 국가의 의사
에 달려 있음은 부인할 수 없다. 이병조ㆍ이중범, 『국제법신강』 제6판(일조각,
1996), 29쪽 참조.

268) 중국은 관습법이나 판례의 法源性은 인정하지 않으나 '국가정책'을 法源의
일종인 기본법률로 규정하고 있다. 또한 중국의 법학방법론은 치열한 학설논
쟁과 함께 '의미에서 의미를 추출'하는 법해석학 위주인 한국의 법학방법론에
비하여 '사회현실로부터 의미를 추출'해 내는 법사회학적 접근법과 함께 현재
의 실정법을 비판하면서 신입법의 형식으로 정립될 이상적 법규범을 연구하는
법정책학적 접근법을 중시하는 경향이 농후하다.

269) 문숙재ㆍ김지희ㆍ이명근, "북한 여성들의 탈북동기와 생활실태—중국 연변지
역의 탈북여성들을 중심으로—", 「대한가정학회지」, 제38권 5호(2000). 이금
순, "북한여성의 이주혼인과 인권문제", 「탈북여성관련 전문가 간담회 자료」
국가인권위원회(2007. 4.). 박영자, "재중 탈북자 현황과 실태", 「재중탈북자인
권관련전문가 간담회 자료」 국가인권위원회(2007. 3.) 등 선행연구들은 주로
탈북여성의 성격과 생활실태, 재중 탈북자들이 희망하는 진로, 여성과 아동 탈
북자 증대와 인권침해 실태 등에 초점이 맞추어져 있다.

현재 중국은 인치와 관계(關係)의 나라에서 법과 제도에 의한 의법치국(依法治國) 국가로의 전환을 강력하게 추진하고 있다.270) 인식의 오류는 자기 나라의 문화나 제도, 학습 과정에서 배양된 의식구조를 바탕으로 상대방의 세계를 이해하고 해석하려는 습성에서 출발한다. 법제화가 곧 법치화로 정착되지 못하는 중국체제 변환과정의 특성에 대한 지적이나 불만에 앞서, 중국 특유의 공식화된 법제환경에 대한 전반적이고 체계적인 연구가 긴요하다. 사실혼 관계로 장기체류 중인 재중탈북여성과 자녀들이 겪고 있는 권리의 박탈 또는 침해의 근본 원인을 규명하기 위해서 중국 현지 지역사회의 법률과 제도를 정확하게 파악할 필요가 있다. 따라서 본 연구의 의의와 목적은 사실혼 관계에 있는 재중탈북여성과 자녀의 법익보호와 관련한 『혼인법』을 비롯한 중국의 국내법과 법정책동향의 심층 분석을 통하여 중국 내 탈북여성들과 그 자녀들에 대해 유리하게 적용될 수 있는 여지를 최대한 확보하고 합법적인 지원책 모색에 필요한 참고자료를 제공함에 있다. 본 연구의 연구범위와 대상은 탈북여성과 관련한 중국의 국내법인 『헌법』, 『형법』, 『혼인법(婚姻法)』, 『국적법』, 「호구등기조례(戶口登記條例)」 등을 위주로, 「난민의 지위에 관한 협약(Convention relating to the Status of Refugees), 이하 '「난민협약」'으로 칭함」 등 중국이 가입한 국제조약을 보충으로 한정하였다. 전문서적과 학술논문 통계자료 등을 통한 문헌 연구 외에 中國人權研究會(www.humanrights.cn) 등 인터넷상의 자료를 최대한 수집·참고하는 한편 2004년에서 2006년까지 77명의 중국 내 여성

---

270) 과거 중국최고지도층이 이공계 출신 일색이었던 것과는 달리, 포스트 후진타오 – 원자바오 시대를 이끌 시진핑(習近平) 부주석, 리커창(李克强) 제1부총리는 모두 법학도 출신이라는 추세 변화에 주목하여야 할 것이다. 강효백, "중국법 체계에 깊은 이해 있어야", 「머니투데이」, 2008. 9. 26. 참조

탈북자를 직접 접촉하여 연구보고서271)를 작성한 바 있는 이혜영 BASPIA 공동대표를 비롯한 관련 전문가들의 자문을 통하여 연구방법을 보완하였다.

본 연구는 제Ⅱ장에서 우리나라를 비롯한 세계 보편적인 국가들의 법체계와 달리, 독특한 중국법의 특징과 탈북자 관련 중국법 체계를 일별하고 제Ⅲ장에서는 사실혼 관계에 있는 재중탈북여성의 지위에 관련한 중국법제를 파악하고 제Ⅳ장에서는 재중탈북여성 자녀의 지위에 관한 중국법제와 그 법정책 동향을 분석한 후 제Ⅴ장 결론에서는 간략한 평가 및 대책을 제시하기로 한다.

Ⅱ. 중국법제의 특징 및 탈북자 관련 중국법제

1. 중국법제의 특징

개혁개방 이후 중국 질주의 비결은 구호나 캠페인에만 그치지 않고 정책을 구체적으로 제도화하여 실천한 데 있다. 덩샤오핑 이후 역대 중국 최고지도층은 사회변화의 도구로 법제를 활용하는 데 역점을 두었다.272) 즉 개혁개방 이후 중국 최고지도층은 개혁과 개방

---

271) 이혜영 BASPIA 공동대표가 2004년에서 2006년까지 77명의 중국 내 여성 탈북자를 현지에서 직접 접촉하고 작성한 보고서는 '이론에서 이론을 도출한 것'이 아니라 '실제에서 대안을 도출한 것'으로 학술적·실용적 의미가 크다고 평가되고 있다. Haeyoung, Lee, "Findings from Hae-young Lee's Interviews of North Korean Women in China Between 2004-2006", *LIVES FOR SALE-Personal Accounts of Women Fleeing North Korea to China*(Washington, D.C: Committee for Human Rights in North Korea, 2009), pp.17-49.

272) 강효백, "중국법제 오해 심각하다", 매일경제, 2007. 10. 24. 참조

이 진행되는 과정에서 필요한 경우 일정한 절차에 따라서 법률과 제도를 수정·보완하는 데 적극적인 움직임을 보이고 있다. 이것은 법치에 대한 중국 지도부의 인식이 마오쩌둥 시대와는 상당히 달라졌음을 시사한다. 마오쩌둥 시대에는 법률을 단순한 성문화된 구호에 불과하다고 생각하고 경시하는 경향이 많았다. 따라서 시대의 격변으로 현실과 법률과의 괴리가 발생해도 법률을 수정·보완하지 않고 방치하였다. 법률보다는 이념과 정치를 중시했던 마오쩌둥 시대와는 달리 개혁개방시대에는 법치를 강조하고 있기 때문에 현실정치와 정책의 변화에 따라 법률의 수정·보완을 단행하여 정책의 합법성을 확보하는 일은 중요한 것이었다. 특히 주요 정책노선이나 제도 개선을 정착하려고 하고, 그로 인하여 사회적 변화의 제도화를 추진하려고 할 경우 그런 정책과 노선의 법적 근거를 마련하기 위해 필요한 시기에 필요한 범위 내에서 법률을 수정·보완하고 있다. 이러한 중국법률체계와 비교법적 특징은 본서의 '1. 한·중 양국 법계와 법원 비교'를 참조바란다.

2. 탈북자 관련 중국법제 및 법정책

1) 난민·인권에 관한 법적 근거

중국의 헌법은 제32조에 "중국은 중국 국경 내에서 외국인의 합법 권리와 이익을 보호하고, 중국 국경 내의 외국인은 반드시 중화인민공화국의 법률을 준수하여야 한다. 중국은 정치적 원인으로 피난을 요청하는 외국인에 대하여 비호권을 부여할 수 있다"라고 규정[273]하여 외국인의 권리와 의무 및 정치적 난민에 대한 비호권의 부여 가능성을 명시하였다.

 2004년 3월 14일, 제10기 전국인민대표 2차 회의는 헌법을 개정하여 중국 헌정사상 최초로 인권보장 조항인 제33조 제2항에 "국가는 인권을 존중하고 보장한다(國家尊重和保障人權)"를 명기하였다. 중국이 헌법에 인권조항을 규정한 목적은 헌법의 보호 아래 인권 보장을 철저히 시행하겠다는 국정 의지를 천명함과 아울러 미국을 위시한 국제사회로부터 중국의 인권탄압에 대한 비난을 방어하고 국제 인권관련기구와의 교류와 협력을 강화하기 위한 것이다. 중국은 오랫동안 서구제국 특히 미국으로부터 인권문제에 관해 집중적인 공격을 받아 왔다. 특히 중국은 최근 미국에 대해 미국이야말로 인권을 이중적인 잣대로 사용하고 있는 나라라고 비판하면서 미국 국무성의 연례 인권보고서에 대항하는 『미국의 인권기록(美國的人權記錄)』을 해마다 발간하고 있다. 여기에서 중국은 미국의 인종차별, 교정시설 내에서의 인권침해, 빈부차이 등을 부각시키고 있다.274) 2004년 이후 중국 정부가 재중탈북자에 대해 종래의 강경책에서 유화적 태도로 전환하여 온 것은 국가의 근본대법이자 최고규범인 헌법에 인권조항을 신설한 것과 밀접한 관련이 있다고 할 수 있다.275)

---

273) 中華人民共和國保護在中國境內的外國人的合法權利和利益，在中國境內的外國人必須遵守中華人民共和國的法律。中華人民共和國對于因爲政治原因要求避難的外國人，可以給予受庇護的權利。

274) 박찬운, 『인권법』(한울, 2008), 62쪽 참조. 중국 국무원이 발행한 2008년도 미국인권보고서 내용을 참고하려면 http://www.gov.cn/jrzg/2009-02/27/content_1244388.htm 검색할 것(2009년 6월 22일 접속).

275) 이전의 중국 헌법과 법률에서는 '인권(人權)'이라는 용어 대신 '공민의 기본적 권리(公民的基本的權利)'라는 용어가 주로 사용되어 왔다. 인권의 기본내용이 공민의 기본적 권리의 내용에 포함되어 있다는 것이다. 중국은 인권문제에 있어서 세계 각국과 유익한 교류와 협력을 추구하지만 이러한 협력은 오로지 상호존중과 상호양해의 기초 위에서 각국 공민이 자유롭게 선택한 정치, 경제,

중국 정부는 1982년 「난민협약(1951)」과 「난민의정서(1967)」에 가입하여 인종, 종교, 국적, 특정 사회집단의 구성원 또는 정치적 견해를 이유로 박해를 받아 국적국 혹은 거주국을 탈출하거나 거주하기를 원치 않는 경우에 해당하는 자를 보호하고 강제송환금지 원칙을 준수해야 할 의무가 있다. 그러나 중국은 탈북자를 난민으로 인정하지 않고 다만 경제적 이유로 불법 입국한 '불법경제이민'으로 보고 있다. 중국은 탈북자들이 식량 확보 등 경제적 이유로 북한을 탈출한 밀입국자인 만큼 탈북자 문제는 중국과 북한의 양자 관계의 사안이며 제3국이나 국제기구가 간여할 사항이 아니라는 입장을 견지하고 있다. 중국은 경제적 손실, 사회적 혼란을 이유로 탈북자의 난민지위를 인정할 경우에는 대량 탈북사태와 그에 따른 경제적 손실, 사회적 혼란을 이유로 탈북자의 난민지위를 인정할 가능성은 희박하다.

중국이 비록 국내법에 대한 국제법 우위원칙을 기본법률들에 규정하였다고 하더라도 중국 당국의 논리는 탈북자는 「난민협약」과 「난민의정서」상의 '난민'이 아니기 때문에 탈북자는 국제적 문제가 아니라 중국 내부의 문제이고 국제법을 적용할 대상이 아니라 중국 국내법에 따라 처리하여야 한다는 것이다.

문화와 법률제도를 존중해야 하고, 자기의 제도와 가치관을 타인에게 강압하면 안 된다는 점을 강조하여 왔다. 강효백, 전게서, 60쪽 참조.

〈표 7-1〉 탈북자 관련 중국 국내법

중국 헌법 법률 법규 및 관련조항	제정연도	개정 폐지연도
憲法 제32조, 제33조	1982	2004
刑法 제241조, 제322조	1979	1997
婚姻法 제8조, 제25조, 제32조	1980	2001
婚姻登記管理條例 제24조	1994	2003년 폐지
婚姻管理條例 제4조, 제5조	2003	
혼인법적용에 관한 최고법원 사법해석(關于婚姻法適用最高法院 司法解釋) 제4조	2001	
中國公民和外國人的婚姻登記業務的規定	2002	
國籍法 제4조, 제6조, 제7조	1980	
인구 및 가족 계획법(人口及生育計劃法) 제8조	2001	
戶口登記條例 제3조	1958	
義務敎育法 제2조, 제10조	2006	
民法通則 제142조	1987	
吉林省邊境管理條例	1993	지방성 규범

출처: 中國司法部 http://www.legalinfo.gov.cn/ 참조하여 필자가 작성

2) 탈북자 처리에 관한 법적 근거

(1) 越境 금지의 법적 근거

중국은 자국 안으로 들어온 탈북자들을 불법체류자로 간주하여 단속하는 것을 1997년 3월 14일에 전면 개정한 『형법』 제320조와 제322조에 규정하였다. 타인을 조직하여 국경을 몰래 넘은 자는 2년 이상 7년 이하의 유기징역에 처하고 벌금을 병과한다. 다음에 열거한 상황의 하나에 해당하는 자는 7년 이상의 유기징역 또는 무기징역에 처하고, 벌금 또는 재산몰수를 병과한다. ① 타인을 조직하여 국경을 몰래 넘은 집단의 수괴, ② 여러 차례 타인을 조직하여 국경을 몰래 넘거나 또는 타인을 조직하여 국경을 몰래 넘은 인원수가

많은 경우, ③ 피조직인의 중상, 사망을 초래한 자, ④ 피조직인의
인신자유를 박탈 또는 제한한 자, ⑤ 폭력, 협박의 방법으로 검사에
항거한 자, ⑥ 위법소득 액수가 거액인 자, ⑦ 기타 사안이 특별히
중한 자, 상기의 죄를 범하고 피조직인에 대하여 살인·상해·강간·
유괴하여 매매하는 등의 범죄행위가 있거나 또는 공무집행자에 대하
여 살인·상해 등 범죄행위를 한 자는 병합처벌의 규정에 의하여 처
벌한다(형법 제320조).276) 국경관리법규를 위반하고 국경을 몰래 넘
은 자로서 사안이 중한 자는 1년 이하의 유기징역, 구류 또는 보안
처분에 처하고 벌금을 병과한다(형법 제322조).277)

(2) 인신매매 처벌의 법적 근거

초기 탈북여성들은 대부분 탈북과 함께 곧바로 인신매매의 대상이
되었다. 한 인권단체의 보고서에 따르면 중국 범죄자들에 의해 인신
매매로 팔려 간 탈북여성들이 약 5만 명에 달한다고 보고하고 있
다.278) 중국은 여성인구가 남성인구에 비해 7천여만 명이나 부족한
심각한 성비 불균형으로 인하여 인신매매로 인한 강제결혼은 탈북여
성에게 국한된 문제가 아니라 중국 전역의 사회 문제였다. 이에 따
라 개정『형법』제240조는 부녀와 아동을 유괴하여 인신매매를 하

---

276) 組織他人偸越國(邊)境的, 處二年以上七年以下有期徒刑, 幷處罰金; 有下
列情形之一的, 處七年以上有期徒刑或者无期徒刑, 幷處罰金或者沒收財
産五)以暴力、威脅方法抗拒檢査的; (六)違法所得數額巨大的; (七)有其他
特別嚴重情節的。犯前款罪, 對被組織人有殺害、傷害、强奸、拐賣等犯
罪行爲, 或者對檢査人員有殺害、傷害等犯罪行爲的, 依照數罪幷罰的規
定處罰。

277) 違反國境管理法規, 偸越國境, 情節嚴重的, 處一年以下有期徒刑、拘役或
者管制, 幷處罰金。

278) 재중탈북여성 "성폭행, 인신매매, 2중결혼, 자식과 생이별, 차라리 탈북 말리고
싶다", 신동아(2006. 1.). 216－218쪽.

였을 경우에는 사안에 따라 엄중하게 처벌하는 규정을 하였다. 즉 "부녀, 아동을 유괴하여 매매한다 함은 매매할 목적으로 부녀, 아동을 속여서 유괴, 납치, 매수, 판매, 인수인계, 중간전달 행위 중의 하나를 한 자는 5년 이상 10년 이하의 유기징역에 처하고, 벌금을 병과한다. 다음에 열거한 상황의 하나에 해당하는 경우에는 10년 이상의 유기징역 또는 무기징역에 처하고, 벌금 또는 재산몰수를 병과한다. 사안이 특별히 중한 자는 사형에 처하고 재산몰수를 병과한다. ① 부녀, 아동을 유괴하여 매매한 집단의 수괴, ② 부녀, 아동 3명 이상을 유괴하여 매매한 자, ③ 유괴되어 매매된 부녀를 간음한 자, ④ 유괴되어 매매된 부녀를 기만, 강박하여 매음하거나 또는 이를 타인에게 팔아 매음하게 한 자, ⑤ 매매할 목적으로 폭력·협박 또는 마취의 방법을 사용하여 부녀, 아동을 납치한 자, ⑥ 매매할 목적으로 영아 및 유아를 유괴한 자, ⑦ 유괴되어 매매된 부녀, 아동 또는 그 친족에게 중상, 사망 또는 기타 중대한 결과를 초래한 자, ⑧ 부녀, 아동을 국외에 매매한 자"279) 중국 전역에 인신매매로 인한 인권침해와 사회질서 교란 사례가 부각되면서 상기 형법에 따라 지속적이고 집중적인 단속과 엄격한 처벌을 실시한 결과 탈북여성에 대한 조직적인 인신매매도 2004년 전후로 크게 근절되었다.

---

279) 拐賣婦女、儿童的, 處五年以上十年以下有期徒刑, 并處罰金; 有下列情形之一的, 處十年以上有期徒刑或者无期徒刑, 并處罰金或者沒收財産; 情節特別嚴重的, 處死刑, 并處沒收財産: (一) 拐賣婦女、儿童集團的首要分子; (二) 拐賣婦女、儿童三人以上的; (三) 奸淫被拐賣的婦女的; (四) 誘騙、强迫被拐賣的婦女賣淫或者將被拐賣的婦女賣給他人迫使其賣淫的; (五) 以出賣爲目的, 使用暴力、脅迫或者麻醉方法綁架婦女、儿童的; (六) 以出賣爲目的, 偸盜嬰幼儿的; (七) 造成被拐賣的婦女、儿童或者其親屬重傷、死亡或者其他嚴重后果的; (八) 將婦女、儿童賣往境外的。拐賣婦女、儿童是指以出賣爲目的, 有拐騙、綁架、收買、販賣、接送、中轉婦女、儿童的行爲之一的。

(3) 강제송환의 법적 근거

　중국 국무원 산하 연구소가 동북 3성을 실사하여 작성한『북한의 탈북자 및 사회현상 보고서(關于逃離朝鮮越境人和社會現象報告)』에 의하면 송환탈북자는 1996년 589명, 1997년에는 5,493명 1998년에는 6,300명으로 증가하고 있는 것으로 나타나고 있으나 이들 중 여성의 수가 얼마인지는 알려지지 않고 있다. 2000년 봄에는 중국 당국이 탈북자 색출강화에 5,000명을 강제 송환하였다.[280] 미국난민위원회(USCR)는 2003년 중국으로부터 매주 평균 150명의 탈북자가 강제 송환되었다고 발표한 바 있다.[281] 1982년「난민협약」의 가입국으로서 중국은 탈북자들이 귀국 시 박해를 받을 가능성이 있는 상황에서 그들을 강제송환조치를 해서는 안 된다(「난민협약」 제33조).[282] 그러나 중국 정부는 탈북자는 난민이 아니라 '일시적 유민이자 불법적인 월경자'이며 이 문제는 국제적 문제가 아니라 중국 내부의 문제이자 북한과의 양자 문제라고 규정하고 중국에 들어온 탈북자 단속 및 북한으로의 강제송환을 단행하고 있다. 탈북자 강제송환의 중국 국내법 근거는 제8기 길림성 인민대표대회 상무위원회 제6차 회의가 1993년 11월 12일 제정하여 1998년 1월 1일부터 시행되고 있는「길림성 변경관리조례(吉林省邊境管理條例)」[283]이며 국제법적 근거는 북한과 체결한 양자조약들이다. 상호 국경을 넘어온 월경자를 본국에 강

---

280) South China Morning Post, 2000. 5. 26.

281) 백영옥, 전게논문, 252쪽.

282) No Contracting State shall expel or return a refugee in any manner whatsoever to the frontiers of territories where his life or freedom would be threatened on account of his race, religion, nationality, membership of a particular social group or political opinion.

283) law.baidu.com/pages/chinalawinfo/1678/0/7(2009. 6. 16. 접속)

제 송환하는 것을 원칙으로 하는 「중·조탈주자 및 범죄인 상호인도협정(1966)」과 「중·조 국경지역관리협정(1986)」을 체결하였다. 1997년 북한의 극심한 기아 상태로 탈북자가 급증하자 북한과 송환절차를 신속화하고 불법월경자의 개념을 확대하는 「중조 국경지역 업무협정(1998)」을 체결하였다. 2003년도에는 북한과 「중·조민형사법협조조약」을 체결하여 중국으로부터 탈북자 조사 및 신병인도에 관한 협조 근거를 마련하였다(<표 7-2> 참조). 중국의 논리는 다자조약인 「난민협약」과 북한과 체결한 「중·조관리협정」 등 양자조약들과의 어느 하나에 상대적 우위가 있는 것이 아니라 상호 적용범위를 달리하는 것으로서 탈북자는 난민이 아니고 불법입국자로서 양자조약에 따른 강제송환을 한다는 것이다.

<표 7-2> 중국이 가입한 탈북자 관련 조약

구분	조약 명칭	채택연도	중국 가입연도
다자 조약	유엔헌장	1945	1972
	난민의 지위에 관한 협약(난민협약)	1951	1982
	난민의정서	1967	1982
	유엔아동권리협약	1989	1990
	경제적, 사회적 문화적 권리에 관한 국제규약	1966	1996
	종족차별철폐에 관한 국제규약	1965	1983
	여성차별철폐에 관한 국제규약	1979	1980
	고문 및 비인도적 굴욕적 대우나 처벌방지에 관한 국제규약	1984	1986
양자 조약	중·조 탈주자 및 범죄인상호인도협정	1966	1966
	중·조 국경지역관리협정	1986	1986
	중·조 국경지역업무협정	1998	1998
	중·조 민형사법협조조약	2003	2003

출처: 中國外交部 http://www.mfa.gov.cn와 中國司法部 http://www.legalinfo.gov.cn/를 참고하여 필자가 작성.

3) 중국 정부의 탈북자 처리에 관한 준거법 변화

중국 정부는 압록강과 두만강의 국경을 완전히 봉쇄하는 것은 현실적으로 불가능할 뿐만 아니라 기아에 지친 북한주민들의 월경을 막기에는 역부족이어서 시기별로 집중단속, 묵인을 반복하여 왔다. 강제송환정책의 실시동향을 총체적 시각에서 파악하면 2003년 3월 '조화로운 사회건설(和諧社會)'을 기치로 내건 후진타오(胡錦濤)를 중심으로 하는 제4세대의 집권을 분수령으로 완화정책으로 전환하는 추세에 있다고 할 수 있다. 그 후 역대 중국 외교부 대변인들은 탈북자는 난민이 아니라는 점을 일관되게 강조하고 있지만 점차 약간의 변화된 태세를 보이고 있다. 2004년 2월 17일 외교부 대변인 장치위에(張啓月)는 기자회견에서 "중국 국경 내로 불법 월경하고 있는 대다수 북한인들은 불법입국자이지 난민이 아니다. 이에 대해 중국은 국제법, 국내법과 인도주의정신에 따라 처리할 것이다"라고 말했다. 2006년 9월 19일 외교부 대변인 친강(秦剛)은 기자회견에서 "탈북자는 경제적 원인으로 중국에 불법 입국한 불법입국자이지 난민은 아니다. 그들의 행위는 중국의 법률을 위반했으며 중국의 사회치안을 교란하였기 때문에 중국 정부는 국내법, 국제법과 인도주의원칙에 따라 적절히 처리할 것이다"라고 밝혔다. 2007년 1월 23일 외교부 대변인 리우지엔차오(劉建超)는 기자회견에서 "중국에 불법 입국한 북한인에 대하여 중국의 국내법, 인도주의정신을 가미한 국제법에 따라 처리할 것이다. 국제사회도 중국의 입장을 명확히 이해할 것이며 우리는 계속 이러한 정책을 추진하여 나갈 것이다"라고 말했다. 이들 역대 중국 외교부 대변인들이 열거한 탈북자 처리에 관한 준거법과 원칙들의 순서를 검토해 볼 경우 2004년의 '① 국제법→② 국내법→③ 인도주의 정신'에서 2006년의 '① 국내법→② 국제법→③ 인도주의정신' 순으로 바뀌었으며 국내법을 국제법 앞에 놓은 것이 특기할 만하다. 이는 다시 가장 최근인 2007년에 '① 국내법→② 인도주의 정신을 감안한 국제법' 순으로 재수정되었는데 미세하지만 주목할 만한 탈북자에 대한 중국 정부의 법정책 변화의 추세를 발견할 수 있다.[284]

Ⅲ. 사실혼 관계의 탈북여성 지위에 관한 중국법제

중국 내 탈북여성의 거주형태와 관련하여 특징적인 점은 절반 이상의 탈북자들이 결혼생활을 하고 있다는 사실이다.[285] 여기서 결혼이라 함은 일반적인 중국인 남녀 사이의 결혼이 아니라 중국 남성과 북한 여성의 섭외혼인이며 법률혼이 아니라 인신매매에 의한 매매혼, 또는 소개에 의한 사실혼 관계이다.

1. 중국의 혼인법

1) 일반적 결혼에 관한 중국법 규정

(1) 결혼의 법정조건

결혼은 반드시 남녀 쌍방의 완전한 자발적인 의사에 의하여야 한다. 어떠한 일방도 강요하거나 간섭할 수 없다. 결혼은 반드시 법정

---

284) 程雲, "難民地位國際公約和朝鮮 '難民' 問題之研究", 大連海事大學 法學碩士學位論文(2007. 9.), 18－19쪽.

285) 문숙재·김지희·이명근, 전게논문, 145쪽.

연령에 도달하여야 한다. 법정연령은 법률상 규정한 결혼의 최저연령이다. 『혼인법』286) 제6조에 의하면 중국공민이 결혼의 법정연령은 남자는 만 22세, 여자는 만 20세이다.287) 결혼은 반드시 일부일처제에 부합하여야 한다. 즉 혼인당사자가 배우자가 없는 상황에서 결혼할 수 있다. 배우자가 없는 자는 미혼이거나 이혼 또는 배우자 일방이 사망한 경우이다. 다음과 같은 경우는 결혼을 금지하고 있다. 첫째, 혼인법은 직계혈족과 3대 이내의 방계혈족에 대하여 결혼을 금지한다. 직계혈족은 자기와 직접 혈연관계에 있는 친족으로서 자기를 낳고 또한 자기가 낳은 각 세대의 친족이다. 3대 이내의 방계혈족은 자기로부터 계산하여 3대에 해당하는 혈족으로, 즉 자기와 같은 조부모, 외조부모로 하는 친족이다. 둘째, 혼인법은 나병 등 의학상 결혼에 적합하지 않은 질병을 앓는 경우 결혼을 금지한다. 이러한 질병은 반드시 법률규정과 의학상의 감정에 근거하여야 하며, 개인이 임의적으로 해석하여서는 안 된다(<표 7 - 3> 참조).

---

286) 현행 중국 『혼인법』은 1980년 9월 10일 제5기 전국인민대표대회 제3차 회의에서 통과된 것을 2001년 4월 28일 제9기 전국인민대표대회 상무위원회 21차 회의에서 개정한 것이다.

287) 結婚年齡, 男不得早于二十二周歲, 女不得早于二十周歲。晩婚晩育應予鼓勵。

〈표 7-3〉 중국의 결혼 법정조건

필수조건	완전한 자유의사	쌍방
		남자: 만 22세
		여자: 만 20세
	일부일처	
금지조건	근친	직계혈족
		3대 이내의 방계혈족
	의학상 결혼에 부적합한 질병	나병
		불치병
법정절차	등기	

출처: 중국의 『혼인법』을 참고로 필자가 작성.

(2) 결혼의 법정절차

남녀가 혼인관계 성립을 위하여 반드시 혼인등기(婚姻登記: 혼인신고)를 하여야 한다. 『혼인법』 제8조는 "결혼을 하려는 남녀 쌍방이 반드시 혼인등기기관에 직접 가서 결혼등기를 하여야 한다. 본법의 규정에 부합하면 등기를 하고 결혼증을 발급한다. 결혼증을 취득하는 즉시 부부관계가 확립된다"288)라고 규정하는 것과 같이 국가가 부부관계의 합법성과 유효성을 확인하는 법정절차이다. 『혼인법』의 하위법인 「혼인등기조례」 제4조와 제5조에 근거하면, 중국 내 주민의 혼인등기를 취급하는 기관은 현급 인민정부의 민정부문 또는 향·진 인민정부, 성, 자치구, 직할시의 인민정부가 지정한 혼인등기 취급기관이다. 중국혼인등기절차는 신청, 심사와 등기의 세 단계가 있다.

첫째, 남녀 쌍방 모두가 직접 일방의 호구가 소재하는 지역의 혼인등기기관에 직접 가서 결혼등기를 신청한다. 신청을 할 때에 본인의

---

288) 要求結婚的男女双方必須親自到婚姻登記机關進行結婚登記。符合本法規定的, 予以登記, 發給結婚証。取得結婚証, 卽确立夫妻關系。未辦理結婚登記的, 應当補辦登記。

호구증명과 주민신분증을 소지하고 본인이 배우자가 없다는 사실과 상대방이 직계혈족과 3대 이내의 방계혈족 관계가 아니라는 사실을 서명 확인한다. 이혼을 한 적이 있는 경우는 이혼증을 소지하여야 한다. 둘째, 혼인등기기관은 남녀 쌍방 당사자의 결혼신청에 근거하여 당사자가 소지한 증명서의 진위 여부, 합법성과 쌍방의 법정혼인연령 도달 여부, 배우자 유무, 본인의 완전한 자원 여부, 중혼 여부와 결혼을 금지한 질병의 유무 등에 대해 면밀히 심사하여야 한다. 셋째, 혼인등기기관은 당사자의 결혼신청에 대해 심사를 마친 후, 결혼 조건에 부합하면, 즉시 등기하여야 하고, 결혼증을 발급한다. 이혼한 사실이 있는 경우 그 이혼증을 말소해야 한다. 심사를 거친 후 결혼등기조건에 부합하지 않는 경우에는 등기를 하지 않는다. 단 이에는 반드시 서면의 형식으로 등기를 수리하지 않는 이유를 설명하여야 한다.[289]

2) 섭외혼인에 관한 중국법 규정

(1) 섭외혼인의 개념

섭외혼인(涉外婚姻: 국제결혼)은 광의와 협의로 구분한다. 광의의 섭외혼인은 각기 다른 국적의 사람, 또는 같은 국적의 사람이 외국에서 결혼, 재혼 또는 이혼하는 것이며 국제사법으로 규율한다. 협의의 섭외혼인은 중국인과 외국인이 결혼, 재혼, 이혼하는 것이다. 협의의 섭외혼인 주체는 일방이 중국 국적자이며 다른 일방은 외국 국적자이다.

『혼인법』은 섭외혼인에 관한 조항이 없으며 「중국공민과 외국인의 혼인등기업무 몇 가지 규정(中國公民同外國人辦理婚姻登記的

---

289) 강효백, 전게서, 159 - 161쪽.

几項規定)」 등 주로 하위법규와 지방성 규범으로 규율하고 있다.290)

(2) 섭외혼인의 법정절차

중국인과 외국인이 중국 내에서 결혼하려면 남녀쌍방은 반드시 함께 중국인의 호구소재가 있는 성, 자치구, 직할시 인민정부가 지정한 혼인등기관리기관에 직접 가서 등기를 신청한다. 섭외혼인 당사자는 반드시 다음 열거한 서류를 제출하여야 한다. ① 중국인의 제출 서류: 본인의 신분증과 호적증명, 본인의 호구가 소재하는 현급정부 또는 직장에서 본인의 성명, 성별, 출생일, 민족, 혼인상태, 직업 관련 증명서, ② 외국인의 제출 서류: 본인의 사진과 기타 신분증, 여권 또는 공안기관이 발급한 외국인 거류증, 또는 외사부서가 발급한 신분증, 임시거류증, 거류증, 본국의 외교부가 수권한 기관 또는 주중 대사관 또는 영사관이 인정한 본국 공증기관의 혼인상황증명서, ③ 공동 제출 서류: 혼인등기관리기관이 지정하는 병원에서 발급한 혼인건강검사증명서, 섭외혼인당사자는 상술한 서류를 지참하여 혼인등기관리기관에 결혼신청을 한다. 혼인등기기관의 심사를 거쳐 중국 혼인법과 중국공민과 외국인혼인등기수속 규정에 의하여 등기수속을 마치면 혼인등기기관은 1개월 내에 결혼증을 발급한다.291)

---

290) 楊大文, 『婚姻家庭法學』, 夏旦大學出版社, 2005, 125쪽.

291) www.lihun66.com/hylaw/hyjtgj/215542948.html(2009년 6월 15일 접속)

2. 사실혼 관련 중국법제

1) 중국의 '사실혼'

중국에서 사실혼(事實婚)은 배우자가 아닌 남녀가 비록 혼인등기를 하지 않았지만 결혼의 실질요건에 부합하고 부부의 명의로 공동생활을 하는 것을 가리킨다.[292] 중국에서 사실혼이라는 용어는 국민당 정부의 중화민국시기에 일본의 혼인신고를 요건으로 하는 법률혼주의를 채택하면서 생겨난 것이다. 중국은 사실혼과 별도로 '불법동거(非法同居)'를 구별하여 부르고 있는데 이는 남녀 쌍방이 결혼등기를 하지 않고 부부공동생활관계를 지속하지 않은 일시적 동거 상태이거나 비록 남녀 쌍방이 결혼등기를 하였으나 실제로는 『혼인법』에 규정한 결혼의 법정조건에 부합하지 않는 부부공동생활관계를 말한다. 그러나 사실혼과 불법동거의 법적 효력은 동일하여 양자를 구별하여야 할 실익은 없다고 할 수 있다.[293] 사실혼은 중국의 농촌지역과 국경지역에서 혼인 총수의 60~80% 높은 비중을 차지하고 있다.[294] 이와 같이 사실혼이 성행하는 것은 혼인등기가 없는 혼인도 혼인으로 보는 전통적 혼인관의 영향과 광활한 국토면적에 따른 원거리 교통의 불편과 혼인등기제도의 불비 기타법률지식의 희박 때문이다.[295]

---

292) 한국에서의 사실혼 개념은 사실상 혼인생활을 하고 있으면서도 법률상 방식, 즉 혼인신고를 하지 않았기 때문에 법률상 혼인으로 인정되지 않은 부부관계를 말한다. 김주수, "사실혼의 개념과 사실혼 보호이론의 재검토", 『숭실대학교 법학논총』, 제2집(1999), 127쪽 참고

293) 史尙寬, 『親屬法論』(中國政法大學出版社, 2008), 131쪽.

294) 劉紅芬, "試述我國事實婚姻制度的完善", 『西南民族學院學報・哲學社會科學版』, 제23권 제9호(2002. 9.), 96쪽.

295) 楊大文, 『婚姻家庭法』(中國人民大學出版社, 2007), 109쪽.

2) 사실혼에 대한 중국법제의 변화

중국법제는 사실혼의 법적 효력에 대하여 ① 승인주의→② 상대적 불승인주의→③ 불승인주의→④ 상대적 승인주의의 4단계 변화를 보여 왔다.

(1) 승인주의(1980년 이전)

1949년 10월 중화인민공화국 정부 수립 이후 중국 당국은 전통적으로 혼인의식을 거행하거나 혼인의식을 거행하지 않더라도 여타 부부관계로 인정할 만한 객관적 실체가 있을 경우 혼인으로 인정하였다. 1953년 3월 인민정부 법제위원회는 「혼인문제에 관한 해답(有關婚姻問題的解答)」에서 "결혼등기수속만 하지 않은 사실혼은 여전히 부부관계의 효력을 인정한다"라고 규정하였다.296) 중국이 오랜 세월 동안 사실상의 혼인으로서 혼인성립을 인정하였던 기존의 관습법을 전적으로 무시한다는 것은 법과 현실 사이에 괴리가 발생할 소지가 많은 것이다. 이를 미연에 억제하고 부부 쌍방과 자녀의 행복, 가정의 안정성을 보호하기 위해서 공산화 이후의 중국 당국 역시 혼인등기를 하지 않은 사실혼에 대해 승인주의를 채택하게 되었다.297)

(2) 상대적 불승인주의(1980~1994)

1980년 9월 1일 제5기 전국인민대표대회 3차 회의가 처음 제정한 구『혼인법』제8조는 "결혼등기 후, 남녀 쌍방의 약정에 의하여 여

---

296) 事實婚姻, 僅欠缺結婚登記手續的, 仍承認其夫妻關系的效力。
297) 陳柏峰, "關于我國婚約制度的立法思考", 广西政法管理干部學院學報, 제16집(2001. 9.), 156쪽.

성은 남성가정의 구성원이 될 수 있고, 남성 역시 여성가정의 구성원이 될 수 있다"라고 규정[298]하여 혼인의 성립에 관하여 '결혼등기'를 요구하는 법률혼주의를 채택하였다. 즉 사실혼은 위법이며 특별교육을 받아야 하는 것이 원칙이지만 남녀 쌍방이 혼인의 의사가 있고 사회적으로 정당시되는 실질적인 혼인 생활을 공공연하게 영위하고 있으나 결혼등기를 하지 않은 경우에 한하여 예외적으로 사실혼 관계를 인정하였다. 그러나 여전히 사실혼은 성행하였으며 특히 농촌지역에서는 혼인등기를 하는 부부가 희소한 실정은 개선되지 않았다. 따라서 구 『혼인법』 제8조의 규정은 중국인의 실제 생활관습과 성문법 규정이 상호 괴리된 전형이라고 할 수 있다.[299]

(3) 불승인주의(1994~2001년)

사실혼과 법률혼의 법적 효력이 별다를 바 없는 법제 환경은 중국인들로 하여금 번거로운 법률혼을 회피하고 사실혼 상태가 만연하도록 하는 풍조를 조장하게 하였다. 이에 따라 중국 국무원 민정부(民政部)는 1994년 2월 1일 「혼인등기관리조례(婚姻登記管理條例)」를 제정·시행[300]하였다. 이 조례 제24조에는 "법정결혼연령에 미달한 주민은 부부명의로서 동거하거나 결혼조건에 부합한 당사자는 결혼등기를 하지 않고 부부로 동거하는 혼인관계는 무효이며 법률의 보호를 받지 않는다"라고 명기하여 사실혼 관계를 법적으로 인정하지 않았다. 이때부터 중국에서 결혼등기수속을 하지 않은 혼인은 무

---

298) 登記結婚后, 根据男女双方約定, 女方可以成爲男方家庭的成員, 男方也可以成爲女方家庭的成員。

299) 王薇著, 『非婚同居法律制度比較研究』(人民出版社, 2009). 65쪽.

300) 한국의 부령에 해당하는 「婚姻登記管理條例」는 2003. 8. 8. 한국의 대통령령 또는 총리령에 해당하는 「婚姻管理條例」가 제정되어 폐지되었다.

효이며 어떠한 법적 보호를 받을 수 없게 되었다.[301]

(4) 상대적 승인주의(2001년 이후)

2001년 WTO 가입을 전후하여 중국은 자국의 법제를 세계의 보편적인 규범에 부합시키려는 법제 개선 작업을 활발하게 전개하였다. 상술한 사실혼 불승인주의는 사실혼에 대한 세계문명국가들의 보편적 규정에 부합하지 않을 뿐만 아니라 사실혼이 압도적 다수를 차지하고 있는 중국농촌 현실에 배치되고 특히 여성과 자녀의 법익을 보호하는 데 불리한 것으로서 각종 사회 문제를 야기하는 근원으로 작용하였다. 이에 따라 중국 전인대 상무위원회는 2001년 4월 28일 구 『혼인법』을 대폭 개정하여 신 『혼인법』을 실시하였다. 신『혼인법』 제8조는 "결혼하려는 남녀 쌍방은 직접 혼인등기기관에 가서 결혼등기수속을 하여야 한다. 본 법에 규정한 것에 부합할 경우 혼인등기기관은 결혼증을 발급해 주고 결혼증을 취득하는 즉시 부부관계로 된다. 결혼등기를 하지 않은 경우에는 결혼보충등기를 하여야 한다"[302]라고 규정하였다. 연이어 같은 해 10월 5일 중국 최고인민법원이 제정한 「중국혼인법적용에 관한 약간문제에 대한 해석(關于适用中華人民共和國婚姻法若干問題的解釋)」 제4조에 "남녀 쌍방이 혼인법 제8조의 규정에 따라 결혼보충등기를 한 혼인관계의 효력은 쌍방이 혼인법에 규정한 혼인의 실질요건에 부합할 시를 기산한다"[303]라고 명시하였다. 이는 사실혼 관계에 있는 일방이 이혼소송

---

301) 滕威·胡傳伶, 『中外事實婚制度比較硏究』(中國法院出版社, 2005), 153쪽.

302) 要求結婚的男女双方必須親自到婚姻登記机關進行結婚登記。符合本法規定的, 予以登記, 發給結婚証。取得結婚証, 卽确立夫妻關系。未辦理結婚登記的, 應当補辦登記。

303) 男女双方根据婚姻法第八條規定補辦結婚登記的, 婚姻關系的效力從双方

을 할 경우 법으로 정한 결혼의 실질요건에 부합하기만 하면 인민법원은 결혼보충등기를 하도록 조정하되 그 조정을 어느 일방이 거부하면 사실혼 관계를 해제하라는 판결지침인 것이다. 이러한 『혼인법』과 최고인민법원의 해석은 사실혼을 법률혼의 취지에 어긋나지 않는 범위에서 이에 준하는 보호를 할 수 있는 결혼보충등기제도를 마련함으로써 중국이 사실혼의 법적 효력에 대한 불승인주의에서 상대적 승인주의로 전환하였음을 의미하는 것이다.

3. 사실혼 관계의 탈북여성에 대한 중국의 법정책

상술한 바와 같이 중국은 현재 자신의 의사에 반하는 강제결혼, 혼인적령미달, 근친혼, 중혼, 의학상 혼인에 부적합한 질병자 등, 『혼인법』에 규정된 실체적 필수조건을 위반한 혼인관계를 제외한 부부의 공동생활 관계는 사실혼으로서 법적 보호를 하고 있다.[304] 이처럼 사실혼에 대한 중국의 법제 환경이 불승인주의에서 상대적 승인주의로 변함에 따라 사실혼 관계에 있는 재중탈북여성들도 객관적으로 사회통념상 부부공동생활로 인정될 만한 사실이 존재할 경우 법률혼이나 다름없는 법적 보호를 받을 권리가 있다. 중국 정부는 탈북자 발생을 방치할 경우 북한주민의 대량 탈출로 이어질 것을 우려해 지속적인 단속과 강제송환을 통해 탈북자의 급격한 증가를 억제하는 한편 탈북자 문제가 국제적으로 공론화되는 것을 피하기 위하여 모호한 상태로 유지하면서 현안에 따라 변통하여 처리하여 왔

均符合婚姻法所規定的結婚的實質要件時起算。

304) 李志萍, "我國婚姻法領域人權保障的特点探討", 中共福建省委党校學報, 제81권(2008. 11.), 60쪽.

다.305) 그러나 최근 동북 3성의 지방정부 차원에서 장기 정착하고 있는 사실혼 관계의 탈북여성에 대한 법률의 집행 양태에 변화의 조짐을 볼 수 있다. 2004년 12월 1일 한국의 국가인권위원회가 주최한 북한인권 국제심포지엄에 발표자로 초대된 中國人權硏究會의 Yang Chengming은 "중국 내의 북한인: 도전과 해결책"이란 주제의 발표문을 제출하였다. 그의 발표문에는 매우 획기적인 내용이 있었는데 탈북자 관련 문제를 해결하고 더 많은 탈북자들이 중국으로 월경하는 것을 예방하기 위해서 중국 정부는 개선책을 실시하고 있다고 명시한 것이다.

탈북자들 중 다음과 같은 조건을 가진 자는 거주허가를 받을 수 있다. ① 중국인과 결혼한 지 3년 이상이 되어 자녀를 낳고 법과 규범을 준수하는 북한 여성, ② 현재 중국에 있는 친척과 동거 중인 북한 여성이나 아동 중, 북한으로 송환될 경우 자활능력이 없고 중국에 남기를 희망하는 자, ③ 6·25전쟁 이전에 중국인이었거나 중국인 부모를 가진 북한인으로 생존을 위해 중국으로 귀환한 자. 위의 조건에 해당하지 않는 탈북자들은 발견될 경우 북한으로 송환되는데, 특히 중국 국내 관련 법률과 법규, 정책을 위반한 자는 반드시 송환하며 2001년 이후 중국에 입국한 경우에 그렇게 한다.

실제로 중국 길림성 일부 지역들에서 탈북여성들에게 임시 거주권을 발급해 주거나 유사한 보호를 제공하고 있다. 연변조선자치주(延邊朝鮮族自治州) 내의 한족(漢族)이 많이 사는306) 훈춘시(琿春市),

---

305) 백영옥, 전게논문, 253쪽; 임채완, 전게논문, 73쪽.
306) 2008년 현재 연변의 각 도시 조선족 인구비율은 룽징(龍井) 67%, 옌지(延吉) 59%, 투먼(圖們) 57%, 허룽(和龍) 60%를 차지하나, 훈춘은 29%, 왕칭은

왕칭현(汪淸縣) 등 일부 농촌 지역에서는 2001년 이후, 중국 남성들과 결혼 형태로 살고 있고 중국에서 자녀를 낳은 북한 여성들에 대해서 현지 지방공안 당국에서 찾아와 신분에 대한 조사를 실시하고 사진을 찍어서 이를 우호적인 문건으로 작성하는 사례가 늘고 있다. 또한 일부 지역의 공안 당국과 파출소에서는 공공연하게 탈북여성들에게 현재 살고 있는 지역을 벗어나지 않는 한 안전을 보장해 주고 호구(戶口)를 부여해 주겠다는 약속을 하고 있다.307) 이러한 최근의 동향은 탈북여성의 개인적 인권을 보호하기 위해서라기보다는 현지에 장기 정착하고 있는 탈북여성과 사실혼 관계에 있는 다수의 중국 가정과 56개 다민족으로 구성되어 있는 중국사회의 안정을 보호하기 위한 것이라고 분석된다.

Ⅳ. 재중탈북여성 자녀의 지위에 관한 중국법제

1. 혼인법과 가족계획법

『혼인법』 제25조는 "혼인 외의 출생자(非婚生子女)는 혼인 중의 자녀(婚生子女)와 동등한 권리가 있으며 어떠한 사람도 위해를 가하거나 차별대우를 해서는 안 된다. 혼인 외 출생자를 직접적으로 부양하고 있지 않은 생부와 생모는 반드시 자녀가 독립된 생활을 할 때까지 생활비와 교육비를 부담한다"308)라고 규정하였다. 사실혼 관

28%를 점하고 있다. http://www.yanbian.gov.cn/(2009년 6월 22일 접속)

307) 이해영·서대교, "재중 탈북자 문제에 대한 현실적, 점진적 그리고 건설적 접근", 『재중 탈북자 인권관련 전문가 간담회 자료』(2007. 3.), 79-80쪽.

계의 일방 당사자가 다른 일방 당사자에게 혼인관계의 해제를 요구할 경우 혼인법 제32조에 규정한 이혼조건에 부합되지 않으면 인민법원은 법에 의거하여 이혼을 승인하지 않는다.309) 사실혼 관계와 불법동거 관계를 불문하고 남녀 쌍방이 이혼 시에 그 자녀부양 문제는『혼인법』의 이 규정에 의하여 처리한다.310)

　『인구 및 가족계획법(人口与計划生育法)』은 전인대 상무위원회가 2001년 12월 29일 제정하고 2002년 9월 1일 제정하였는데 동법 제2조는 각 성, 각 자치구, 직할시 인민대표대회 및 상무위원회가 현지의 경제, 문화발전 수준과 인구상황 등에 맞추어 구체적 하위법규를 제정하도록 하고 있다. 이를테면「창춘시 혼인 외 출생영아 출생등기규정(長春市非婚生育嬰儿出生登記規定)」 제6조는 2003년 8월 7일 이후부터 혼인 외 자녀의 모 또는 부는 ① 의료기관에서 발급하는 출생증명서, ② 모친 또는 부친의 호적 거주신분증, ③ 모친 또는 부친의 호구소재지 가족계획부서가 발급한 사회부양비납부영수증, ④ 친자감정증명서를 지참하여 모 또는 부의 호구가 소재하는 파출소에 호구등기를 할 수 있다고 규정하였다. 그 외에도 보육증을 필요로 하는 지역의 부모는 반드시 호구소재지의 파출소에 일정액수의 사회부양비(가족계획위반과태료)를 지급하고 가족계획조치를 취한 후 가족계획기관에서 발급하는 증명을 지참하여 공안기관에 가서 호구를 등기한다. 이처럼 중국의 일부 지역에서는 실제로 혼인 외의

---

308) 非婚子女享有与婚生子女同等的權利，任何人不得加以危害和歧視。不直接撫養非婚生子女的生父或生母，應当負担子女的生活費和教育費，直至子女能獨立生活爲止。

309) 男女一方要求离婚的，可由有關部門進行調解或直接向人民法院提出离婚訴訟。

310) 我國全面推進戶籍制度改革，人民日報，2002. 8. 14.

출생자가 상응하는 수속을 한 후에는 혼인 내의 자와 동등한 권리를 누리는 중국사회의 일원이 될 수 있는 구체적인 제도 장치를 마련하고 있다.

2. 호구제와 국적법

중국 전인대 상무위원회는 1958년 1월 9일「호구등기조례(戶口登記條例)」를 제정·시행하여 자유로운 인구이동을 금지하는 호구제도를 실시했다. 호구(戶口)란 우리나라의 호적과 주민등록 및 여권을 통합한 것과 같은 개념으로서 호구제도의 입법취지는 도시로의 비합법적인 인구유입을 통제하여 도시인구의 증가로 발생하는 정부의 사회경제적 비용 증가를 억제하는 것이다. 호구는 국가가 개인을 통제하기 위한 가장 기초적인 제도적 장치였고, 인구이동 금지는 개혁 전까지 철저하게 시행되었다. 거주이전의 자유가 없는 상황에서 개인은 국가가 정해 준 공동체에 의존해서만 생활할 수 있었다. 그러나 개혁개방 이후 비공식적 인구이동이 급증하여, 2004년 농민공이 중국 전체 인구의 약 10%에 달했다.[311] 개혁기 중국의 대규모 인구이동은 사회주의적 '제도'와 자본주의적 '시장' 간의 충돌이라고 볼 수 있다. 2003년부터 북경, 심양, 광주 등 일부 대도시에는 중국 사회변화를 반영하여 호구제도 개혁을 본격적으로 추진하기 시작했다. 그 결과 농민공은 2000년대 초기까지의 '불법체류자'라는 이미지에서 벗어나 도시 빈민화되고 있다.

중국에서는 한곳에 거주하면 자동적으로 현지의 호구를 취득하게

---

311) 劉伯文, "我國戶籍制度改革的總体趨勢", 『經濟体制改革』, 제36권(2007. 1.), 2-3쪽.

되는 것이 아니라 반대로 정부로부터 호구를 취득해야만 합법적으로 그곳에서 거주할 권리를 가지게 된다. 시장경제 국가에서 중국의 호구에 대응하는 개념은 국적이라고 할 수 있다. 즉 한 나라의 국민이 외국으로 이주하여 영주권을 취득하려면 외국 정부의 정식 허가를 받아야 하는 것처럼 중국에서 한 지역의 거주자가 다른 지역으로 이주하여 그 지역의 호구를 가진 정식 주민이 되려면 그 지역 지방정부의 허가를 받아야 한다.312) 또한 중국에서는 사람들이 태어날 때부터 부모와 동일한 종류의 호구를 부여받게 되는데 이를 변경할 경우에는 반드시 정부의 허가를 받아야 한다. 중국에서 호구에 대한 관리는 각 지방정부의 한 부서인 각급 공안 당국이 담당하고 있다.313) 이는 호구제도 자체를 유지하면서 인구의 이주를 엄격히 제한하기 위해 강력한 권위를 가진 기구가 필요하기 때문이다. 또한 중국에서는 자국민뿐만 아니라 중국 국경 내에 거주하는 외국인과 무국적자도 법령에 별도의 규정이 없는 한 호구에 등록하도록 되어 있다(호구등기조례 제2조).314)

중국의 『국적법(國籍法)』은 1980년 전국인민대표대회가 9월 10일 제정·실시하였다. 동법 제4조와 제6조에 따르면 부모 쌍방 또는 일방이 중국공민일 경우 본인이 중국에서 출생하였다면 중국국적을

---

312) 이러한 호구제도를 실시하고 있는 국가는 세계에서 중국과 북한, 아프리카의 베닝 3개국뿐이다. 현재 중국 각계는 전근대적인 호구제도를 폐지하거나 대폭 개선하자는 제안을 내놓고 있다.
www.66law.cn/channel/forum_thread_id54700(2009년 6월 16일 접속)

313) 戶口登記工作, 由各級公安机關主管。

314) 中華人民共和國公民, 都應当依照本條例的規定履行戶口登記。現役軍人的戶口登記, 由軍事机關按照管理現役軍人的有關規定辦理。居留在中華人民共和國境內的外國人和无國籍的人的戶口登記, 除法令另有規定外,适用本條例。

취득한다. 부모가 국적이 없거나 국적이 불명확할 경우 본인이 중국에 정주하고 있고 중국에서 출생하였다면 중국 국적을 취득한다.[315) 또한 외국인 또는 무국적자가 중국 헌법과 법률을 준수하길 원하고 ① 중국인의 近親族, ② 중국에 정주할 것, ③ 기타 다른 정당한 사유가 있을 것 등의 요건 중에서 하나를 구비한다면 중국국적취득 신청을 거쳐 귀화시킬 수 있다(국적법 제7조).[316) 그러나 세계 보편적인 국가와 달리 중국의『국적법』은 실제 법집행에 있어 그다지 중시되지 않으며 중국현실생활에 미치는 영향도 미약한 편이다. 즉 명목상으로는『국적법』이「호구등기조례」의 상위법이지만 실제로는 전자는 일반법, 후자는 특별법의 기능을 수행하여 후자를 우선 적용하는 경향이 농후하다. 또한 중국이 1990년 가입한「유엔아동권리협약」제7조 제1항에 따르면 중국은 중국 영토 내에서 태어난 모든 아동의 신분을 출생 직후 보장해야만 한다.[317) 이 협약은 또한 모든 아동이 국적을 가질 권리를 가진다고 규정하고 있으며 특히 중국 국적의 취득 없이는 해당 아동이 무국적이 될 수 있는 경우라면 협약 가입국으로뿐만 아니라 중국의「호구관리조례」와『국적법』에 의거해서 중국은 이 권리를 보장할 의무가 있는 것이다.[318)

---

315) 父母双方或一方爲中國公民, 本人出生在外國, 具有中國國籍; 但父母双方或一方爲中國公民并定居在外國, 本人出生時卽具有外國國籍的, 不具有中國國籍。

316) 外國人或无國籍人, 愿意遵守中國憲法和法律, 并具有下列條件之一的, 可以經申請批准加入中國國籍: 一、中國人的近親屬; 二、定居在中國的; 三、有其它正当理由。

317) The child shall be registered immediately after birth and shall have the right from birth to a name, the right to acquire a nationality and, as far a possible, the right to know and be cared for by his or her parents.

318)「호구등기조례」는 사실혼 관계에 있는 재중탈북여성의 자녀에 적용되는 법제인 데 비하여『국적법』은 북한에서 중국으로 이주해 온 아동들에 적용될 수

3. 탈북여성의 자녀에 대한 중국의 법정책

『혼인법』과 『인구 및 가족계획법』, 「호구등기조례」와 『국적법』
등 중국 관련 국내법들에 의하면 사실혼 관계 당사자 간의 혼인 외
출생자 지위는 혼인 중의 자녀와 완전히 같은 법적 보호를 받는다.
이와 마찬가지로 사실혼 관계에 있는 재중탈북자의 자녀들도 법률혼
관계에 있는 일반 중국인 자녀들과 동등한 법적 보호를 받을 권리가
있다. 즉 재중탈북여성들은 자신과 자신의 자녀들의 인권 문제에 대
해서 정당한 권리를 주장할 수 있는 권리보유자인 것이다. 중국 내
국인들에게도 극도의 불만이 팽배해 있는 호구제도는 재중탈북여성
들과 그 자녀들에게는 가장 심각한 문제의 하나가 되고 있다. 중국
남성은 북한 여성과 사실혼 관계를 지속하고자 하는 욕구가 클수록
출산을 선호하게 되어 그들 사이 자녀의 호구취득을 비롯한 법적 지
위 문제에 당면하게 된다.

그러나 중국학교는 취학과 계속된 학업을 필수조건으로 호구를 비
롯한 신분증명을 요구하고 있는 관계로 교육의 기회로부터 소외되는
위험에 놓여 있는 것이다. 중국인과 사실혼 관계에 있는 재중탈북여
성들은 자녀를 학교에 보내려는 절박한 시도로 호구담당공무원에게
뇌물을 주거나 중국인 자녀의 호구를 도용하거나 위조호구를 불법
매매하기도 하는데 이는 모두 불법적이며 불안정한 대책일 뿐이다.
더욱이 호구가 없는 재중탈북여성이 자녀를 호구에 올리는 것은 곧
불법체류자인 자신의 신분을 노출하는 것이 되기 때문에 중국인 남
편들은 고통스러운 선택에 직면해 있다. 즉 그들은 불법경제이민자

있는 법이라고 할 수 있다.

로 체포되어 북한으로 강제 송환될 수 있는 생모를 드러내는 위험을 감수하고 자녀를 호구에 등록하거나 자녀를 호구에 등록하지 않음으로써 교육의 기회를 포기해야 하는 것이다.[319]

이혜영의 현지보고서 「LIVES FOR SALE」에 의하면 연변조선족자치주 내의 특정지역, 즉 조선족 비율이 비교적 적은 훈춘시, 왕칭현 등지[320]에서는 북한여성들이 중국에서 낳은 자녀들이 취학연령에 이름에 따라 공식적인 법적 절차를 거쳐 호구를 올려 주고 있다. 기존에는 뇌물성 거액을 제공하거나 북한 여성들이 강제 송환되어서 없을 때에만 가능했던 탈북여성이 낳은 자녀의 호구신청을 최근 마을부녀회장과 파출소에서 직접 찾아와 탈북여성 본인의 호구소지 여부와 관련 없이 500위안만을 받고 등록을 해 주기 시작한 지역이 생겨나고 있다.[321]

V. 결 론

이제까지 재중탈북여성에 대한 논의의 중점과 방향은 외부적 접근, 즉 난민지위 인정을 요구하는 국제법적 접근이나 국제여론의 환기와 외교적 압력의 방식을 취해 왔다. 그러나 이와 같은 접근방식은 현실성과 실효성이 낮을 뿐만 아니라 오히려 중국의 반발을 사서 탈북

---

319) Human Rights Watch(2008. 4.). pp.2 - 3.

320) 2008년 현재 연변의 각 도시 조선족 인구비율은 룽징(龍井) 67%, 옌지(延吉) 59%, 투먼(圖們) 57%, 허룽(和龍) 60%를 차지하나, 훈춘은 29%, 왕칭은 28%를 점한다. http://www.yanbian.gov.cn/(2009년 6월 22일 접속)

321) 이해영 · 서대교, 전게자료, 81쪽.

여성들에 대한 탄압을 가중시키게 되는 등 부작용을 빚을 위험성을 내장하고 있다고 판단한다. 현행 국제법 질서하에서 탈북자가 난민인가 아닌가의 여부를 판단하는 권한은 일차적으로 당사국인 중국에 있으며 중국 정부가 재중탈북여성에게 합법적인 공간을 제공하지 않는 한 한국 정부가 개입할 수 있는 현실적인 방법이 없다. 따라서 탈북여성의 인권보호를 위해서는 그들을 난민으로 인정하지 않으려는 중국의 입장을 변화시킬 것을 주장하는 것이 논의의 기조를 형성하는 접근방식은 지양하여야 할 것이다. 중국에서 결혼하여 5~10년 이상 장기 체류하며 중국 남자와 사실혼 관계에서 자녀가 있는 여성들은 이미 중국이 생활터전이나 다름없다. 이런 상황에서 정부 차원의 입국조치보다는 중국에서 삶의 향상이 탈북여성들이 원하는 것일 것이다. 중국 정부는 중국인과 혼인한 외국인 및 이들 사이에 출생한 자녀들에게 법적 지위를 보장하고 있으나 북한 여성의 경우는 본인들의 중국체류 자체가 불법이며 강제송환의 위험으로 인해 공식적인 법적 절차를 받을 수 없는 실정은 법 집행과 대상의 형평성 일반원칙에도 배치된다. 따라서 무엇보다 중요한 것은 재중탈북여성들의 정확한 실태파악과 함께 현재 그들이 거주하고 있는 중국 현지의 법제와 법정책 동향을 예의 주시함은 물론 이러한 법제 정보를 재중탈북여성들에게 제공하여 합법적인 자구책과 자생력을 갖추도록 하는 메커니즘 구축이 필요하다. 중국에 장기 체류하면서 사실상의 결혼 관계를 유지하고 있는 경우에 실질적인 보호방안이 보다 적극적으로 모색되어야 한다. 탈북여성을 난민법상 난민으로 인정하지 않는다 하더라도 사실혼과 법률혼의 효력을 동일하게 인정하는 현행『혼인법』등을 비롯한 관련 중국 국내법에 근거하여 특정 지역에서만 제한적으로 신분을 보장해 줄 것이 아니라, 중국 전역의 모든 탈북여

성에게 내국민과 동일한 대우를 해 주도록 접근하는 등 이들의 권익
과 법률 지원을 위한 한·중 양국 간 법률 공조 체계 구축이 절실하
다고 판단된다.

8. 중국 경제기술개발구와 경제특구의 비교

Ⅰ. 서 론

鄧小平의 1978년 개혁개방 선언 이후 중국은 국가의 목표를 경제건설에 두고 대내적으로 경제체제를 개혁하는 한편, 대외적으로 개방정책을 펼쳐 왔다. 경제체제개혁은 제반 경제시스템을 경제개발에 가장 적절한 형태로 바꾸어 나가는 것으로 그 방향은 시장경제의 도입이며, 대외개방이란 세계의 모든 나라들과 경제·무역 및 기술교류를 강화하는 것으로 수출과 외자유치 증대를 주된 내용으로 하고 있다.322) 鄧小平은 개혁개방을 선언하면서 불균형 지역개발 차원의 '선부론(先富論)'이라는 개념을 제시하였다. 즉 동부 연안지역을 우선 발전시킨 다음 내륙으로 발전 공간을 확대한다는 것으로 과거 계획경제체제 당시의 평등주의에 입각한 '균부론(均富論)'을 폐기하였다. 선부론에 입각한 대외개방전략기지가 1980년 3월 설립된 深圳, 珠海, 汕頭, 廈門의 경제특구(經濟特區)이다. 이는 물가, 임금, 금융, 기업관리 등을 포함한 모든 면에서 중국 국내의 경제체제와는 달리 특별한 경제관리체제를 실시하는 '특정경제지역'으로서 수출증대를 통한 외화가득과 선진기술의 도입을 주요 목적으로 하였다.

---

322) 강효백, 『열린 공단과 닫힌 공단』, 한겨레신문사, 1998. 4. 4. 6쪽.

　1980년대 중반 이후 대외개방지역의 확대요구와 외국인 직접투자의 증가로 인하여 중국 정부는 경제특구와는 다른 배경과 새로운 목적을 가진 '개발구(開發區)'를 설립하였다. 따라서 중국의 특정경제지역은 경제특구와 개발구, 크게 두 가지로 구분되는데 개발구는 경제기술개발구(經濟技術開發區), 첨단산업개발구(高新産業開發區), 보세구(保稅區), 수출가공구(出口加工區), 변경경제합작구(邊境經濟合作區), 관광개발구(旅游度假區) 등 6가지 유형[323]과 국가급, 성(省)급, 시(市)급, 현(縣)급, 향·진(鄕·鎭)급 등 5개 등급으로 세분된다.[324]

---

323) 중국의 개발구(Development Zones)는 天津을 비롯한 54개의 National Economic
　　and Technological Development Zone, 中關村을 비롯한 51개의 National Hi
　　-Tech Industrial Development Zone, 天竺 등 15개의 Export Processing
　　Zone, 張家港 등 12개의 Free Trade Zone, 丹東 등 14개의 Border and
　　Economic Cooperation, 無錫 등 11개의 Tourist and Holiday Resort 등 6종
　　의 개발구가 있다. 경제특구와 개발구는 설립배경, 목적, 특징, 발전방향 등이
　　상이한데도 일부에서는 경제특구로 일괄 지칭(남덕우 외, 2003)하고 있는데 이
　　는 시정할 점이라고 생각한다. http://www.cadz.org.cn(中國開發區協會 홈페
　　이지) 참조.
324) 張召堂, 『中國開發區可持續發展戰略』(北京, 中共中央黨校出版社), 2003,
　　52-53쪽.

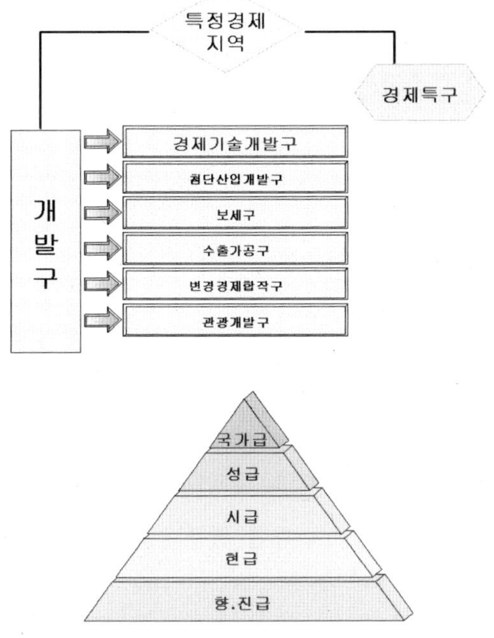

〈그림 8-1〉 중국 특정경제지역의 유형과 등급

이들 각종 각급 개발구 중에서 중국경제발전과 외자유치에 가장 큰 기여를 한 것은 국가급 경제기술개발구(이하 개발구 또는 국가급 개발구로 약칭)로서 2004년 8월 현재 국가급 개발구 54개[325]가 동부 연해도시와 중·서부 내륙 중심도시에 걸쳐 광범위하게 분포되어 있다. 국가급 개발구의 이미 개발된 총면적은 약 400만 평방킬로미터로 중국국토 총면적의 약 0.005%에 지나지 않으나 2003년 연간

---

325) 2004년 8월 말 기준 국가급 경제기술개발구는 54개, 성급 경제기술개발구의 수는 563개, 시급 이하의 경제기술개발구 수는 6,000여 개이며 2004년 1월부터 시급 이하 경제기술개발구에 대하여 대대적 정비가 이루어지고 있다. 본 연구자가 2004. 9. 27.(월) 中國開發區協會를 방문하여 동 협회 고급연구원 趙愛玲과의 면담 시 파악한 내용 참조

대외무역액 전체 무역액의 11.8%, 외자유치실적은 전국의 19.9%를 차지하는 등 각종 경제지표가 경제특구를 오히려 능가하고 있다. 그럼에도 불구하고 중국의 특정경제지역에 대한 기존의 연구 성과들은 대부분 1980년대 초반에 설립된 동남연해 일부지역의 5개 경제특구[326]의 관찰에 중점을 두어 온 데 비하여 개방정책이 전면적으로 심화 확대된 1980년대 중반 이후부터 江澤民 집권 전반기 지역협조 발전론의 1990년대까지, 다시 江澤民 집권 후반기의 서부대개발(西部大開發)의 2000년대 초에 이르기까지, 그리고 여기에서 다시 2003년 3월 출범한 胡錦濤 정부가 전력 추진하고 있는 '동북진흥(東北振興)' 지역개발전략의 현재에 이르기까지[327] 중국의 특정경제지역 가운데 가장 장기간에, 가장 넓은 지역 범위에 걸쳐 지속적으로 설립·전환·확산되어 온 개발구에 대한 연구는 희소한 실정이다.

또한 2003년 말 현재 중국에 진출한 460개의 세계 500대 기업 중 279개[328]가 국가급 개발구에 입주하여 있고 중국에 진출한 한국의 기업 중 대다수가 입주[329]한 개발구에 대한 고찰이 그 중요성에

---

326) 1983년에는 海南島를 개방지구로 지정하였다가 1987년에는 이를 경제특구로 추가 지정하였고 또 1988년 3월에는 이를 독립된 성으로 승격시켰다.

327) 현재 중국 정부가 서부대개발 정책 이상으로 주력하고 있는 동북진흥 전략은 동북지역 노후공업기지를 혁신하여 금융과 정보기술(IT), 바이오 기술 등 첨단산업을 육성해 동북지역을 국가의 신성장 축으로 육성한다는 전략이다. http://www.mofcom.gov.cn(중국상무부홈페이지), http://www.cadz.org.cn 참조.

328) 2003년 말 현재, 세계 500대 기업 중 廣州개발구는 78개, 大連개발구는 45개, 靑島개발구는 32개가 입주하고 있다. 이들 3대 개발구는 무려 155개의 세계 500대 기업을 유치하여 전체 개발구가 유치한 수의 절반이 훨씬 넘는 압도적 비중을 차지하고 있다. http://www.getdd.gov.cn(廣州개발구홈페이지), http://www.ddz.gov.cn(大連개발구홈페이지), http://www.qda.gov.cn(靑島개발구홈페이지), http://www.cadz.org.cn 등 참조.

329) 2004년 6월 말 현재 靑島개발구에 투자한 한국 기업은 237개이며, 개발구에 투자된 금액은 7억 1천만 달러에 이른다. 이 중 세계 500대 기업에 포함되는

비추어 미흡한 상황임을 감안하여 이 글은 이러한 문제점의 보완적 기능을 강화하고자 한다. 그리고 한국의 산업단지가 동북아에서 궁극적인 비교우위를 확보해 나갈 수 있도록 유념하는[330] 국제적인 시각을 구비하기 위해서는 중국 개발구의 성과 및 동향 파악이 긴요함과 아울러 한국경제의 동북아 경제중심을 구현할 핵심정책의 하나인 한국의 경제자유구역 설립논의에 참고자료를 제공하는 데 이 글의 부차적 목적이 있다.

본 연구는 첫째, 개발구의 정책특성 및 관리체제특성, 그리고 발전특성을 파악하고, 둘째, 개발구의 정책과 실적을 경제특구와의 비교분석을 통하여 살펴보며, 셋째, 개발구의 한계와 문제점에 대한 체계적인 탐색을 하며 향후 발전방향을 전망한다.

본 연구의 범위는 중국의 각급 각종 개발구 중에서 54개의 국가급 경제기술개발구를 선정하였다. 채택한 연구방법으로는 전문서적과 논문, 통계자료 등을 통한 문헌 연구 외에 신문과 잡지, 중국 산업부 (産業部) 홈페이지와 현지 개발구들의 홈페이지 등 인터넷상의 자료를 참고하는 한편 중국 개발구에 관한 정보를 종합 관리하고 있는 중국 北京 朝陽區의 중국개발구협회를 2004년 2월부터 9월까지 수차 직접 방문하여 관계자들과의 인터뷰 등을 통한 연구방법을 보완하였다.

신도리코가 2003년 투자한 뒤 반년도 안 돼 1천만 달러를 증자했고, LG도 1억 달러 이상을 투자했으며 포스코는 스테인리스 생산을 위해 2억 6,900만 달러를 투자할 계획이다. http://www.xinhuanet.com(중국 新華通信 홈페이지) 2004. 6. 27. 참조.

330) 그동안 공단을 지역 간 격차해소와 국민경제의 균형 있는 발전전략의 일환으로 건설하여 왔다. 이제는 거기에 한 걸음 나아가 외자유치를 공단의 존재이유로 바꿔야 한다. 즉 내향형 공단에서 외향형 공단으로 발상과 전략을 시급히 수정해야 한다. 강효백, "공단운영 전면개편 외자유치 전진기지로", 중앙일보 1998. 5. 21. 6쪽.

Ⅱ. 개발구의 특성

1. 정책 특성

개발구의 거시 정책은 1984년 5월 4일 중공중앙이 국무원에 하달한 문건 "연해지역도시좌담회기요(沿海地域都市座談會紀要)"에서 출현했다. 이 문건은 경제특구 설립 후, 중국이 확대 개방한 14개 연해 항구 도시에서 개발구를 설립할 수 있으며, 경제 특구의 몇 가지 특수 우대 정책을 실행할 수 있도록 하였다.[331]

개발구는 주로 제조업을 위한 일종의 공업단지로서 개발구의 입지는 지역의 경제구조를 변화시키는 중요한 동인[332] 중의 하나다. 개발구는 중국경제체제를 계획경제에서 시장경제로 전환시키는 과정에서 대외개방 창구와 경제발전 성과를 전국 각지에 확산시켜 국가 전체의 경제구조를 변화시키는 기지 역할을 한다. 개발구는 외부의 역량을 지역경제 성장거점으로 활용하는 수출산업 위주의 외향형(外向型) 신도시로서 원활한 외자유치환경 조성을 위주로, 첨단기술개발과 국제보세업무수행의 부차적 기능을 수행한다. 개발구는 다양한 경제체제를 공동 발전시키는 종합실험장으로서 공유제 경제와 비공유제 경제가 공존한다. 국유기업, 사영기업 등의 국내기업과 외국인 투자의 독자·합자·합작기업, 1국 2체제하의 홍콩, 마카오의 기업이 투자한 합자·합작기업 등 국내외 모든 유형의 기업이 입주 가능하다. 즉 중국의 개발구는 외자유치와 기술이전, 대외 무역과 선진 공

---

331) 李勇, 『中國經濟特區可持續發展問題硏究』, 北京, 中國經濟出版社, 2000, 216쪽.
332) 이정록, "공업단지의 입지와 지역변화에 관한 연구: 여천산단을 사례로", 『한국경제 지리학회지』 5(2), 2002, 137－155쪽.

업을 중점 입주대상으로 설정하고 상업, 운송, 건축, 농업, 금융, 정보, 서비스, 보험업을 장려하는, 국가주도의 산업지구(industrial district)의 발전 내지 산업의 집적지 형성을 모색한다.333) 개발구 내에서는 세금감면혜택과 토지사용, 시설의 임대, 임금, 용수, 전력, 가스 등 다양한 특혜정책이 시행된다.

2. 관리체제 특성

국가급 개발구의 설립은 현지 성급정부를 통하여 국무원에 설립허가신청을 하고 국무원은 상무부334)에 위임하여 거시관리와 구역조정과 업무지도를 진행한다. 개별 개발구 관리체제의 유형은 크게 나누어 세 가지다.

첫째 유형으로는 정부 주도 관리형이다. 개발구가 소재한 지방정부에서 개발구의 건설과 관리를 통제하는 조직구조이다. 관리위원회를 설립하여 개발구 내의 도시계획 토지사용 심사 및 승인, 건설프로젝트 심사 및 승인, 건설공정관리, 제반 출입국 관리, 노무, 세무, 자금운용 등 기타 행정 등에 대해서 개발구가 소재한 행정단위급에 해당하는 권한을 행사한다. 관리위원회는 상급정부에서 파견한 인원으로 구성된 비상설기구로서 국가급 개발구의 관리위원회 최고책임자인 주임(主任)은 대부분 부성장급(직할시의 경우는 부시장)이 겸

---

333) Begovic B., "The Economic Approach to Optimal City Size", *Progress in Planning*, New York, Pergamon Press, 1991, 113 – 115쪽.

334) WTO 가입으로 경쟁원리를 도입할 필요성과 함께 국내 산업정책과 대외부문의 통합 필요성이 커짐에 따라 중국 정부는 2003년 3월 國家經濟貿易委員會가 가지고 있던 국내 상업부문 관리기능과 對外貿易經濟合作部의 대외무역 및 투자 관련 기능을 통합하는 商務部를 신설하였다. http://www.mofcom.gov.cn 참조

임한다. 개발구 내 각 기업활동에 대한 관리와 통제는 지방정부의 주관업무 부문에서 담당하고, 관리위원회는 각 부문 간 조직과 협조만 담당할 뿐이며, 개발구 내의 일반적인 건설관리 및 경영관리에 직접 참여하지 않는다(陸立軍, 2003). 杭州와 昆山 개발구가 이의 대표적 유형이다. 또 다른 형태는 현지정부가 개발구의 법정 대표로서 현지정부가 개발구관리위원회를 직할하는 것으로 連雲港 개발구가 이 유형에 속한다.

둘째 유형으로는 정부·기업 이중 관리형이 있다. 정부기관에 준하는 성격인 개발구관리위원회와 국유독자기업형태인 총공사(總公司)를 설치하여 관리한다. 관리위원회는 개발구의 건설과 발전을 총괄하며 상급정부의 상공, 세무, 공공안전 등 상응하는 직능을 대행한다. 총공사는 개발구의 기초시설건설, 외자기업유치, 기업관리, 업종관리, 토지사용권허가, 환경보호관리, 장기계획관리 등을 맡는다. 총공사의 최고책임자인 총경리(總經理)는 관리위원회 주임 또는 부주임이 겸임한다. 관리위원회는 경제와 행정관리기능을 부담하나 정부기관이 아니며 법률적 지위가 명확하지 않다. 관리위원회의 권한은 상급정부의 지시문건 혹은 하급지방법규에 근거하는데 이들은 법률적 근거가 불명확하고 상급법령과 저촉되는 내용이 많음에 따라 유관 직능부문과 저촉되는 일이 자주 발생한다.[335] 大連, 天津 등을 비롯한 국가급 개발구의 대부분이 채택하고 있는 이 관리유형은 개발구 체계가 확립되어 갈수록 관리위원회의 권능은 비대해지고 총공사의 기능은 관리위원회에 종속되어 버리는 경우가 많아 일단 기업이 유치된 이후 사후관리는 거의 이루어지지 않는다는 것이 이 관리

---

335) 張召堂, 中國開發區可持續發展戰略, 北京, 中共中央黨校出版社, 2003, 52 - 53쪽.

유형의 가장 큰 폐단이다. 그러나 제반업무가 관리위원회로 실제적으로 집중됨으로써 일원화된 관리체계에서의 신속한 서비스 제공 기능을 발휘할 수 있는 명확한 장점이 있다.

셋째 유형으로는 관리위원회 독립 관리형으로 소재 행정단위로부터 독립된 관리위원회가 권한을 부여받아 개발구 내의 행정, 경제 등 일상업무 등에 대하여 정부주도관리의 권한을 행사하며 전반적인 종합관리를 한다. 정부의 통제는 최소화되는 한편 개발구 관리위원회의 자율성은 강화된다. 上海漕河涇 개발구가 이 유형에 해당한다. 관리위원회가 최대한의 재량권을 가지고 외국인 직접투자 대상에 다양한 형태의 인센티브를 제공할 수 있다.

3. 발전 특성

1) 도입기

1984년 1월 鄧小平은 廣東, 上海, 福建 시찰에서 北京으로 돌아온 직후 개혁개방의 가속화를 촉구하면서, "경제특구를 설립하고 개혁개방정책을 수행하는 과정에 몇 가지 지도사상을 명확히 할 필요가 있다. 수렴이 아니라 개방이다. 현재 기존 경제특구 외에도 몇몇 연해도시, 大連, 靑島 등 몇 개 도시를 더 개방해야 할 것이다"라는 개발구에 대한 지도지침을 제시하였다. 국무원 특구판공실(特區辦公室)은 당중앙서기처와 국무원의 결정에 근거하여 연해지역도시 좌담회와 개발구 설립에 관한 세미나를 개최하였다.[336] 1984년 4

------

336) 鮑克, 『中國開發區硏究』, 北京, 人民出版社, 2002, 56-61쪽.

월, 경제특구의 성과를 확대하고 공업발전과 대외개방을 가속화하고
해외자본 유치와 선진기술의 지속적인 도입을 위하여 14개 동부 연
해도시를 대외개방도시로 지정하고 이들 도시에 경제특구와 유사한
국가급 개발구를 설립하기로 결정하였다. 연이어 珠江, 閩南, 長江
델타 일대를 각각 연해경제개방구(沿海經濟開放區)로 지정하여 외
자도입과 수출용 농산물의 생산기지로 개발해 나가기로 하였다. 개
혁개방은 점(도시)에서 선(해안선의 도시들을 연결)으로 나아가 면
(지역)으로 확대되었다. 도입기 개발구 설립의 이론적 토대는 경제특
구와 일치한다. 鄧小平의 "먼저 발전한 지역은 발전이 늦은 지역을
발전하도록 이끌어 최종적으로 공동부유에 도달하게 된다"라는 선부
론을 기반으로 연해지역 우선 개발을 역설하였다. 1984년 9～12월
에 大連, 泰皇島, 天津, 烟台, 靑島, 連雲港, 南通, 寧波, 廣州,
湛江 등 10개의 개발구 설립을 필두로, 1985년 1월 福州, 1986년
8월 上海의 閔行, 虹橋와 1988년 6월 上海의 漕河涇에 모두 14
개의 개발구가 설립되었다.337) 이 시기 개발구들은 선진기술의 도입,
과학적 관리경험의 보급, 경제정보의 전달, 인재양성과 확산 등의 측
면에서 경제발전을 선도하는 역할을 수행하도록 외자유치와 기술도
입 등 대외경제활동의 자주권이 부여되고, 국내외 투자기업과 화교
기업 등에 대한 우대 조치를 실시하였다. 개발구가 입지한 지역은
대부분 동부 연해 경제도시 근교에 집중되었고 廣東성의 廣州개발
구를 제외하면, 각 성의 정치중심인 성도에 설립된 개발구가 없는
것이 도입기 개발구의 특징으로 볼 수 있다.

---

337) 皮黔生 · 王愷, 『走出孤都 – 中國經濟技術開發區槪論』, 北京, 三聯書店,
    2004, 40 – 72쪽.

2) 전환기

1980년대 선부론 시기 개발구의 성공요인 중의 하나는 평등주의를 버리고 지역격차를 적극 용인한 것이었다. 그러나 1990년대 들어서 개방정책을 추진하면서 표방했던 것처럼 연해지역의 발전이 내륙지역으로 파급되는 전이효과는 나타나지 않았다. 오히려 내륙이 원료 공급 기지화하는 양상 속에 일부 연해지역 성과 시의 경제력 신장을 바탕으로 한 발언권 확대 및 지방분권화 현상이 나타나기 시작했음은 물론 지방이기주의의 만연, 내륙 지방정부들의 상대적 박탈감 증대와 경제적 낙후라는 개혁 부작용이 야기되었다. 중국의 지역개발 정책이 내륙으로 확산된 것은 당시 江澤民 총서기가 1991년 제7기 전국인민대표대회 4차 회의에서 지역 간 분업과 우위 요소의 상호보완 및 협조발전을 제시하면서부터이다. "지역우위를 발휘하고 전국의 통일된 계획, 연해와 내륙, 경제발전 지역과 비교적 덜 발전된 지역의 관계를 정확히 처리하여 지역경제의 합리적 분업, 우위의 상호보완, 협조발전의 방향으로 나아가는 것을 촉진한다"라고 밝힘으로써 종전의 선부론적 견해와는 다른, 지역 간 분업과 우위요소의 상호보완을 내용으로 하는 지역 간 협조발전의 견해를 제기하였다. 이는 1992년 당중앙 제4호 문건에 지역 간 협조발전과 전방위 개방을 공식 포함함으로써 중앙당의 견해로 격상되었다.[338] 1992년을 기점으로 중국의 지역개발 정책은 연해 우선발전 전략에서 내륙발전을 중시하는 지역협조발전론[339]으로 전환되었다. 이것은 새로운 지역개

---

338) 馬洪·王夢奎, 『中國發展研究』, 北京, 中國發展出版社, 2003, 121－135쪽.
339) 당시 吳敬璉 등을 비롯한 중국 학계 일각에서는 이 시기를 대외개방을 연해지역에서 중서부지역으로 전환하여 갔다고 하여 전방위 개방정책시기라고 지칭하였지

발정책으로서 지역 간 협조발전을 통해 연해와 내륙 간 경제력 격차를 축소함으로써 지역 간 경제력 균형과 공동부유를 달성하려는 목표를 가진 정책이며, 정책의 주요 내용은 내륙에 대한 투자확대, 연해와 내륙 간 긴밀한 경제협력과 분업, 연해의 내륙에 대한 지원과 투자 장려, 지역 간 산업구조의 조정, 내륙개방의 확대 등이 있다.

이러한 지역협조발전론에 따라 동부 연해지역에만 입지한 개발구도 중·서부와 동북지역으로 방향을 전환하였다. 1992년 3월에서 1994년 8월까지 福建東山, 惠州大亞湾, 福淸融僑 등 연해지역에 14개, 蕪湖 등 중부에 2개, 하얼빈, 長春, 沈陽 등 동북부340)에 3개, 重慶, 우루무치 등의 서부지역에 3개, 모두 22개의 개발구가 신규 설립되었다. 이 전환기 개발구의 특징은 연해지역 일변도 정책에서 중부, 서부, 동북부로의, 합리적인 자원배분을 통한 지역경제의 균형개발을 추진하는 방향으로의 전환이다. 이 밖에도 福建東山은 현대수출과학영농을, 福淸融僑는 화교 자본 유치를, 惠州大亞湾 개발구는 주변지역종합개발 추진 등 각 지역의 특색에 부합한 개발구 정책을 추진한 점을 들 수 있다.

3) 확산기

지역 간 경제격차를 줄이기 위해 선부론에서 전환을 가한 지역협

만, 2000년대 이후부터 呂政, 王關義, 鮑克를 비롯한 중국 학계 대부분은 이 시기를 지역협조발전론시기 또는 전방위개방정책 진입 전 단계로 통칭하고 있다.

340) 중국 학계와 관방은 중국 국토를 동부, 중부, 서부로 구분할 경우, 동쪽 끝에 위치한 동북지방을 중부로 간주하여 왔다. 그러나 필자는 동북지역의 실제 지리적 위치와 최근 동북진흥 사업이 대대적으로 추진됨에 따라 동북지역을 중부에서 따로 구분해 내어 지칭하려는 움직임이 중국 학계 일각에서 일고 있는 현재 상황을 감안하여 이 지역을 동북부로 별도 구분하여 고찰하고자 한다.

조발전론의 성과는 미미하였다. 중앙의 지역 간 경제 협조정책의 추진에도 불구하고 오히려 지역 간 격차가 심화되는 현상까지 나타났다.341) 중국 정부는 경제성장보다는 지역 간 균형을 통한 경제 안정에 역점을 두어야 한다는 것을 깊이 인식하게 됨에 따라 지역 간 격차에 대한 중국 정부의 보다 확실하고 강력한 정책이 필요하였다. 2000년 3월 朱鎔基 총리는 제9기 전국인민대표대회 3차 회의에서 "서부대개발의 실시는 중서부 지역의 발전을 가속화하는 것이므로 이는 내수 확대, 국민경제 성장의 지속, 지역경제의 협력발전을 촉진하고 공동부유를 실현하며 민족단결을 강화하여 사회 안정과 국경방위에 아주 중요한 의의를 갖는다"라고 선언하였다. 또한 "현재, 그리고 앞으로 일정기간 서부대개발의 중점은 기초시설 건설을 가속화하고 지역특성에 맞는 경제와 비교우위적 산업과 과학기술교육을 발전시켜 서부지역을 진흥하는 데 둘 것"임을 천명하였다.

서부대개발은 선부론의 폐해를 바로잡기 위해, '신균부론(新均富論)'에 입각한 중국의 지역 간, 계층 간 균형 발전을 모색하겠다는 신호였으며342) WTO 가입이 임박한 상황에서 취해진 대비성 정책이었다.343) 한편, WTO 가입에 따른 전면적 시장개방에 앞서 내륙지역 산업 경쟁력 제고는 필수적이었다. 개발구는 연해지역에서 중부지역으로, 중부에서 서부 내륙 도시로 대폭 확산되는 일대 전기가 이루어졌다. 외국인 기업을 서부지역에 집중 투자토록 하기 위해, 국무원은 중서부 각 성, 시, 자치구가 그 중심도시에서 기존의 성급 개발구

---

341) 張幼文, 『中國國際地位報告』, 北京, 人民出版社, 2004, 35 – 57쪽.

342) 박장재, "중국의 지역경제 발전 현황과 서부대개발 정책의 의의", 『중국학연구』 18, 서울, 중국학 연구회, 2000, 157쪽.

343) 胡鞍鋼 · 王紹光 · 周建明, 『國家制度建設』, 北京, 清華大學出版社, 2004, 54 – 56쪽.

중의 하나를 선택하여 국가급 개발구로의 승격을 국무원에 비준 신청할 수 있도록 특별 조치하였다.

2000년 2월, 合肥, 西安, 鄭州, 成都, 長沙, 昆明, 貴陽 등 7개 내륙성의 수부(首府)에, 2000년 4월 江西의 제1도시 南昌과 신장 위구르자치구의 제2도시인 石河子에, 같은 해 7월에는 각각 내몽고와 靑海의 呼和浩特와 西寧에, 2001년 5~6월에는 廣西, 山西, 寧夏의 중심도시인 南寧, 太原, 銀川에, 같은 해 9월에는 티베트의 라싸에, 가장 최근인 2002년 3월에는 蘭州의 기존 성급개발구를 국가급 개발구로 승격 출범시켰다. 이 시기 개발구 특징은 첫째, 신설 개발구의 17개 전부가 중부에 8개, 서부에 11개로 중·서부지역에 분포되었고, 둘째, 대부분 내륙 각 성의 중심도시에 입지하였고 셋째, 성급에서 국가급으로 승격되었다. 2004년 8월 현재 54개 국가급 경제기술개발구 동부연해·중·서부·동북부의 입지 지역 분포 비율은 28:10:11:5이다(<표 8-1> 참조).

〈표 8-1〉 개발구(국가급 경제기술) 입지 지역 변화표

(단위: 개)

구 분	동부 연해	중부	서부	동북부	계
도입기	14	0	0	1	15
전환기	14	2	2	4	22
확산기	0	8	9	0	17
계	28	10	11	4	54

출처: 向鈞, "我國開發區二次創業面臨的新形勢與對策", 『中國開發區』, 第101期, 2004, 21-27쪽 참조

Ⅲ. 경제특구와의 특성비교분석

1. 정책비교

정책의 이론적 근거, 즉 불균형성장론 또는 균형성장론 여부와 그 정책이 제한된 지역 내의 시험인가, 아니면 전국적 범위의 국가 전략적 사업 여부를 우선 살펴본다면 경제특구는 1980년대 鄧小平의 선부론에 입각하여 동남부 연해의 3개 성에만 국한하여 설립된 것으로 제한된 지역 내에서의 자본주의 경제제도의 실험장이다. 즉 경제특구는 사회주의 계획경제가 적용되는 본토 가운데 자본주의 시장경제가 적용되는 섬 같은 외딴 지역을 특정하여 국가 경제발전의 원천으로 삼겠다는 특정 지역 중심의 불균형성장 전략을 기반으로 하여 설립되었다.

개발구는 1980년대 경제특구와 마찬가지로 불균형성장이론 선부론에 기초하여 동부(14개), 동북부(1개)로 동부 연해지역에 집중 설립되었지만(李義平, 2000) 1990년대부터는 균형성장이론인 지역협조발전론을 근거하여 동부(15개) 외에도 중부(3개), 서부(2개)와 동북(3개) 지역에 설립하고, 다시 2000년대에는 서부대개발 정책에 입각하여 중부(6개)와 서부(10개)에 추가 설립되었다. 그 결과 개발구는 2004년 8월 현재 전국 22개 성과 5개 자치구, 4개 직할시에 골고루 광범위하게 분포(<그림 8-2> 참조)되어 '전국의 경제지역화'를 위한 전국적 범위 국가 전략적 사업이 되었다.

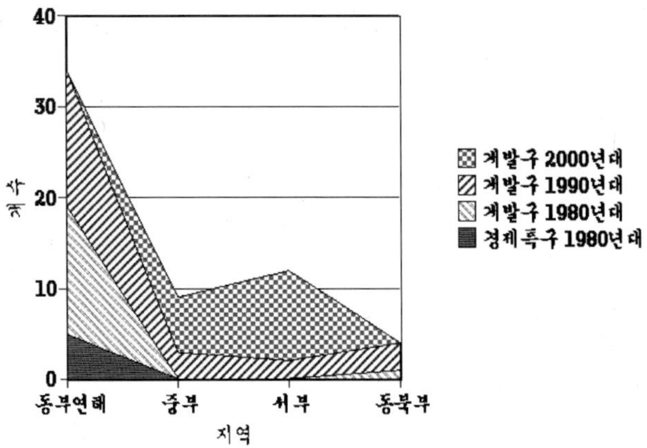

〈그림 8-2〉 경제특구와 개발구의 입지 지역 변화 비교

둘째, 관리체제 면의 특성을 비교하면 경제특구가 중국 개혁개방의 선행 실험 지역으로, 특수한 경제 정책과 융통성 있는 경제조치, 특수한 경제관리 체제를 실행하는 행정구역[344](張敦富, 2001: 18)인 데 비하여 개발구는 경제특구와 같이 독립된 행정구는 아니지만 특정 경제활동을 증진시키기 위해 다른 지역에 적용되지 않는 일련의 정책 우대조치를 적용시켜 줌으로써 국내외 기업들이 해당 지역에 진출하여 기업을 설립하여 경영 활동을 벌이도록 유도하기 위해 해당 성과 시 정부의 직접관리 감독하에 개발구 관리위원회가 행정관리를 담당하고 기술의 개발, 첨단 산업의 발전을 목표로 하는 특정경제 지역이다.

셋째, 역할과 기능 면에서 비교 고찰하면 경제특구는 개발도상국가의 경제개발 초기 단계의 수출가공지역과 수출자유지역을 합쳐 놓은 공업과 무역이 결합한 대외지향적 특정경제지역으로 외국인 직접투자유치를 통해 고용확대, 선진외국기술의 습득과 수출상품 생산에

---

344) 張敦富,『區域經濟學 原理』, 北京, 中國輕工業出版社, 2001, 15-18쪽.

필요한 원자재, 기계, 설비에 대한 관세의 면제, 통관절차의 간소화와 관련 행정서비스가 지원되나 이러한 우대는 내수 판매에는 적용되지 않는다. 개발구는 제조업 부문의 외국인 투자 유치를 활성화할 목적으로 조성한 생산중심형 특정 경제지역으로 대외무역, 금융, 상업, 창고, 운수, 서비스 등을 포괄하면서 국내외기업들이 활동하기에 유리한 공간적 입지 여건 조성에 주력하는 한편 산업집적의 이익을 추구하기 위한 것이다.[345] 즉 개발구는 경제특구의 역할과 기능에 더하여 규제의 완화와 함께 기업투자에 다양한 인센티브를 제공하여 외국인 투자 활성화를 도모하는 한편 국내외 산업의 집적을 바탕으로 산업경쟁력을 제고시키기 위한 것이다.

넷째, 유입자본의 특성 면으로 볼 경우, 경제특구의 입주업종은 위탁가공 및 노동집약적 업종이 많으며 해외유입 자본은 주로 홍콩, 타이완, 싱가포르 등 화교자본 및 외국자본이나 개발구는 제조업 수출산업과 기술집약적인 하이테크산업이 많으며 해외기업뿐만 아니라 국내기업도 유치하고 있다(<표 8 - 2> 참조).

〈표 8-2〉 경제특구와 개발구의 특성 비교표

구 분	경제특구	국가급 경제기술개발구
설립시기	• 1980년대 선부론, 지역불균형 개발시기	• 1980년대 선부론, 지역불균형 개발시기 • 1990년대 지역협조발전론 • 2000년대 서부대개발, 신균부론 지역균형개발 시기
위치	• 5개 전부 동남부 연해지역에만 위치 －廣東 3개(1980. 8.) －福建 1개(1980. 10.) －海南 1개(1988. 4.)	• 동부 연해지역에서 중부지역으로, 다시 동북과 서부지역으로 전국에 확산 －동 14개, 동북 1개(1984. 9. － 1989. 5.) －동 15개, 중 3개, 동북 3개, 서부 2개(1992. 3. － 1994. 8.) －중 6개, 서부 10개(2000. 2. － 2002. 3.)

---

345) 대한국토 · 도시계획학회, 『지역경제론』, 서울, 보성각, 1999, 75 － 77쪽.

구 분	경제특구	국가급 경제기술개발구
설립목적	• 지식·기술·관리·대외정책의 창구 • 자본주의 경제제도의 종합 실험장	• 외국인 직접투자와 선진기술을 유치 • 도시경제발전 및 현대화 달성 • 산업의 집적을 바탕으로 산업경쟁력 제고
지역범위	• 제한된 지역 내에서의 실험	• 국가 전체의 발전을 위한 전략적인 사업
관리기관	• 경제특구 정부기관	• 경제기술개발구 관리위원회
입주업종	• 위탁가공 및 노동집약적 산업 위주	• 제조업, 수출산업, 기술집약적인 하이테크 산업
유입자본	• 주로 홍콩, 대만, 싱가포르 등 화교자본 및 소규모 외국자본 입주	• 세계 500대 기업 등 미국, 일본, 유럽의 다국적 기업 다수 입주 • 국내 기업 입주 비중 높음

출처: 주상하이 대한민국 총영사관, 2002, 푸동개황(본 연구자가 작성한 것)을 참고로 재작성.

끝으로, 외국인투자기업의 우대정책 면에서 경제특구는 외국인투자기업인 생산형기업과 비생산형기업을 불문하고 일률적으로 15%의 기업소득세율을 적용하지만 개발구는 생산형기업에 한하여 이러한 대우를 받을 수 있다. 경제특구와 개발구에 설립된 생산형 외자기업은 경영기간이 10년 이상인 것으로 누적 이익획득 연도부터 제1년도와 제2년도는 기업소득세를 면제하고, 제3년도부터 제5년도까지는 50% 감세 혜택을 받는다. 그러나 서비스업의 외자기업으로 경제특구에 설립된 경우에 한하여 1년 동안 면세와 2년 50% 감세를 받으나 개발구는 이러한 우대세제 해택이 없다. 또한 경제특구는 담배, 술 등의 수입에는 공상통일세(工商統一稅)가 반감되고, 이를 제외한 다른 수입화물에 대해서는 공상통일세가 완전히 면제됨에 따라 경제특구는 외부와 단절된 독자적 소비재 시장이 형성된다. 개발구는 생산에 관계되는 설비, 원재료 부품의 수입에 대해서만 공상통일세가 면제됨으로써 경제특구와 같은 독자적인 소비시장은 형성되지 않고 있다.

2. 실적비교

경제특구와 개발구의 공통된 설립근거인 해외직접투자유치의 실적 추이를 비교하면, 1990년, 5개 경제특구의 외자유치액은 11.2억 불, 전체 비중은 10.9%로, 같은 해 15개 개발구의 외자유치액은 11억 불, 비중은 10.7%를 점하여 서로 비슷한 실적으로 출발하였다. 지역불균형 문제가 심화되었을 시기인 1994년, 경제특구의 외자유치액 비중은 14.1%로 증가되었음에 비하여 개발구의 수는 37개로 늘어났음에도 불구하고 전국 비중은 11.4%를 기록하여 경제특구에 미치지 못하였다. 그러나 4년 후인 1998년부터는 경제특구와 개발구가 각각 12.1%, 16.7%를 차지하고 개발구의 외자유치액은 경제특구보다 1.5배 이상으로 역전되었으며 서부대개발 원년인 2000년에 이르러서는 개발구가 여전히 경제특구보다 1.46배 많아 이 추세는 지속되었다. 서부대개발의 본격적인 추진으로 개발구 수가 54개로 증가된 2003년, 개발구의 외자유치액과 전국 비중은 각각 105.1억 불, 19.9%로 급증하여, 경제특구의 51.6억 불, 9.8%에 비하여 2배 이상의 실적을 거두었다(<표 8-3>, <그림 8-3> 참조).

〈표 8-3〉 경제특구와 개발구의 외자유치액 추이 비교

(단위: 억 불)

구 분		1990년	1994년	1998년	2000년	2003년
전국합계		102.9	432.1	585.6	593.6	527.2
경제특구	총액	11.2	61.3	71.0	58.0	51.6
	비중	10.9%	14.1%	12.1%	9.8%	9.8%
개발구	총액	11.0	49.4	87.6	84.7	105.1
	비중	10.7%	11.4%	16.7%	14.3%	19.9%
개발구/경제특구의 실적 배율		0.98배	0.81배	1.52배	1.46배	2.02배

출처: 『1990-2003 中國統計年鑑』 참조하여 재작성.

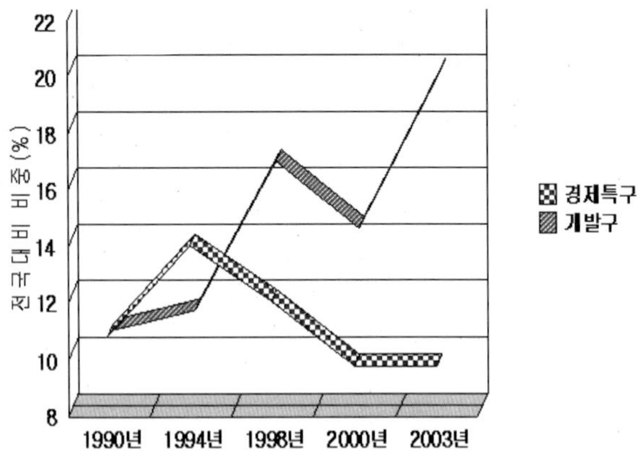

〈그림 8-3〉 경제특구와 개발구의 외자유치액 추이 비교

외자유치액 이외의 경제지표를 비교하면, 2003년 말 현재 기준, 5개 경제특구의 국내총생산(GDP)은 2,649억 위안(元)으로 전국의 2.27%인 데 비하여 54개 국가급 개발구의 국내총생산은 4,985억 위안으로 전국의 4.27%를 점하여, 개발구가 경제특구에 비하여 1.88배가 많다. 공업생산액은 경제특구가 2,403억 위안, 전국의 5.85%인 데 비하여 개발구는 3,602억 위안, 전국의 8.78%로 개발구가 경제특구에 비하여 1.5배 많고, 무역총액은 경제특구가 978억 불, 전국의 11.5%인 데 비하여 개발구는 1,008억 불, 전국의 11.8%로 개발구가 경제특구에 비해 근소한 우세를 보이고 있다. 그리고 2003년 말 현재 중국에 세계 500대 기업 중 460개 대기업이 진출하고 있는데 경제특구에는 56개, 전국의 12.2%를 차지하고 개발구는 279개, 전국의 41.2%를 점유한다. 경제특구에 비하면 5배 가까이 많다. 이상에서 알 수 있듯이 현재 중국 경제에서 개발구는 경제특구에 비해서 경제지표 거의 전 부문에서 압도적 우위를 점하고 있으며 수출과 외

자유치증진 등 대외개방과 중국경제발전의 전략기지로서 가장 중요한 역할을 수행하여 온 것으로 판명된다(<표 8-4> 참조).

<표 8-4> 경제특구와 개발구의 경제지표 비교표(2003년)

구 분	전 국	경제특구		개발구		개발구/경제특구 배율
		총액	비중	총액	비중	
GDP(백억 元)	116,694	3,493	3.13%	4,895	4.27%	1.40
공업생산액(억 元)	41,045	2,403	5.85%	3,602	8.78%	1.50
총무역액(억 불)	8,512	978	11.5%	1,008	11.8%	1.03
세계 500대 기업 유치 수	460	56	12.2%	279	60.1%	4.98

출처: 張幼文,『2003 中國統計年鑑』, 北京, 人民出版社, 2004; 劉國光,『2004 中國國際地位報告』, 北京, 人民出版社, 2004, 270-281쪽;『2004年 中國經濟形勢分析與豫測』, 北京, 社會科學文獻出版社, 151-157쪽 등을 참조하여 재작성.

3. 분석 및 평가

경제특구는 중국 국내경제와 거의 단절된 상태에 있기 때문에, 중국 경제와의 산업연관효과는 미흡하다. 국민소득 증대에 대한 기여는 직접적인 경로를 통한 소득발생분에 그치며 경제발전에 대한 직접효과가 크지 않다.[346]

그리고 1980년대 중반기에 들어서서 중국경제의 대외개방은 지역적으로 '경제특구→14개 연해항구도시→연해지역→연강(沿江)지역→변방지역→중서부지역'으로, 여기에서 다시 2000년대에는 '서부대개발→동북진흥전략' 등 전방위로 확산되었다. 또한 '경제특구→경제기술개발구→첨단산업개발구→보세구→변경경제합작구→관광개발

---

346) 陸大道,『中國區域發展的理論與實踐』, 北京, 科學出版社, 2003, 556-557쪽.

구'로, 다시 2000년대에는 '수출가공구'347)라는 보세구와 경제기술개
발구를 통합한 다양하고 새로운 유형의 특정경제지역이 속출하였다.

따라서 원래 경제특구가 독보적으로 누리던 각종 우대정책과 특수
조치 등을 경제기술개발구를 비롯한 여타 특정경제지역에도 부분적
이나 전부, 또는 그 이상으로 우대조치를 하여 줌으로써 경제특구만
'특별'하지 않게 되어, 경제특구의 우대가 감소된 것이나 마찬가지가
되었다.

또한 선부론시기의 동남연해지역의 5개 경제특구 중심의 경제발전
전략은 중국경제의 양적 고도성장을 가져왔으나, 다른 한편으로는
지역경제구조의 불균형, 산업구조 및 조직의 왜곡, 지역이기주의에
의한 시장분할 현상 등 많은 문제를 야기했다. 경제특구가 위치한
동남부연해지역은 그동안의 개혁개방으로 충분히 부유해진 만큼 이
젠 소외된 중서부 내륙과 동북지방이 본격적으로 개발되어야 한다는
논리를 근거로 하는 지역협조발전론. 서부대개발, 동북진흥 등 1990
년대 이후 최근까지 등장한 일련의 지역균형개발정책은 경제특구가
해외자본유치를 비롯한 중국 경제에서 차지하는 비중을 현저하게 약
화시키는 결과를 초래하였다. 뿐만 아니라 그동안 경제특구의 가장
큰 외자유인책이었던 각종 우대조치와 특수조치가 2001년 중국이
WTO에 가입한 이후 내국민대우원칙 등 WTO기본규범과 상충됨에
따라 기존의 우대조치들이 대폭 감소 또는 철폐될 수밖에 없게 되었
고 이는 당연히 외자유치실적의 부진으로 이어졌으며, 결국은 경제
특구의 존재의의에까지 회의를 품는348) 상황에까지 처하게 되었다.

---

347) 중국국무원은 가공무역관리의 강화 및 완비, 범화, 수출가공구의 건전한 발전
의 촉진, 대외무역수출의 확대 장려 목적으로 2000년 4월 27일, 중국 15개 지
역에 수출가공구를 설립하였다. http://www.cadz.org.cn 참조.

이와는 대조적으로, 개발구는 경제특구에 준하는 각종 우대정책과 특수조치를 향유하였지만 경제특구처럼 과도하게 그것들에만 의존하지 않은데다가 20년간 부단한 변화와 혁신을 모색하고, 전환과 확산을 추진함으로써 외자유치와 선진기술과 경영관리방식 도입에 괄목할 만한 성과를 거두어 왔다. 경제특구와 같은 동남부 연해지역에 입지한 개발구는 물론, 동부 연해지역, 중·서부와 동북지역 등 전국 각지에 입지 지역을 계속 확산시켜 온 개발구는 지역경제를 활성화하고 그 효과를 주변 지역과 중국 전역에 광범하게 파급함으로써 '전국의 특정경제지역화'에 기여하였다.349)

Ⅳ. 개발구의 한계와 문제점

1. 제도적 측면

국가급 개발구는 국무원의 행정명령 형식으로 개발구 법적 권능이 부여되고 성급 이하의 개발구들은 개발구 소재지 인민대표대회가 제정하는 「개발구관리조례」(開發區管理條例) 등의 적용을 받는다. 그러나 전국에 통일적으로 적용되는 개발구 관련 제도적 보장 시스템350)은 마련되지 않고 각 지방행정기관이 별개의 개발구관리기관인

---

348) 林善浪·吳肇光, 『核心競爭力與未來中國』, 北京, 中國社會科學出版社, 2003, 145－170쪽.

349) 王關義, 『中國經濟五大特區可持續發展戰略研究』, 北京, 經濟管理出版社, 2004, 100－122쪽. 이러한 평가는 본 연구자가 2004. 2. 11.(수) 中國開發區協會를 방문하여 협회 부주임 趙景春의 브리핑을 청취한 내용과도 일치한다.

350) 이에 비하여 경제특구는 법적 보장이 상대적으로 잘 확보되어 있다. 1981년

개발구관리위원회를 설치·운영한다. 국가급 개발구라 하더라도 그의 법적 지위와 권능은 경제특구는 물론 성과 자치구의 행정기관에 비하더라도 취약하다. 개발구의 규칙은 성과 자치구가 제정한 조례와 충돌할 경우 개발구의 규칙은 효력을 상실한다. 개발구 관리위원회를 '정부'로 간주하지만 실제는 중국행정단위에 '개발구'라는 법적 기관은 실재하지 않는다. 해외직접투자기업들은 진출시장의 독특한 법적 환경에 대해 철저히 분석하기 마련이다. 중국 개발구의 법적 성격, 지위, 권능의 불투명은 외자기업들로 하여금 개발구에 착근하기 어렵게 만들고 개발구 미래에 대한 확신을 가질 수 없게 하고 있다. 정책의 불안정성과 개발구의 법적 지위와 권능을 보장받지 못하는 상황은 중국 정부의 정책을 임시변통의 계략으로 의심하게끔 하며, 결국 개발구 설립의 주요 목적인 외자유치에 커다란 장애요인이 되고 있다.

개발구는 대담한 체제개혁을 단행하여 국제규범에 부합하는 투자환경을 조성하고 '저비용·고효율' '작은 정부, 큰 시장'의 관리체제 구축을 위해 노력하여 왔지만 관리위원회 권능의 한계가 불분명하고 상급기관이 개발구에 파견한 기관인 건설, 환경, 상공, 공안, 세무, 세관, 검역 등 각 부문이 관행에 따라 운영되는 까닭에 개발구와 지방정부 간의 업무협조가 원활하지 않다(徐明棋, 2003). 중앙정부는 종적인 집중관리를 강조하는 데 반하여 지방정부는 조례의 제·개정을 통해 개발구에 각종 특혜를 부여하려는 등 개발구를 둘러싸고 중

전국인민대표 상무위원회는 廣東과 福建성의 인민대표대회 및 상무위원회에 권한을 위임하여 소속 경제특구의 각종 단행경제법규를 제정할 수 있도록 하였다. 또한 1988년에 전국인민대표대회는 海南성 인민대표대회 및 상무위원회에 권한을 위임하여 海南경제특구 내에서만 실시하는 법규를 제정할 수 있게 하였다. 강효백, "WTO무역관련투자조치협정과 중국의 외국인 투자법제에 관한 연구", 『한국동북아논총』, 9(1), 광주, 한국동북아학회, 2004, 27쪽.

앙과 지방, 상급기관과 하급기관의 정책 충돌 현상351)이 빈발한다.

현행 중국 개발구의 관리 체계는 행정편의주의의 산물로서 외국투자자의 이익을 보장하는 제도적 장치가 미약하다. 이에 대한 타개책으로 중국 정부는 최근 개발구 관리위원회에 자율적 권한을 보장하고 사회주의시장경제가 필요로 하는 개발구관리체계 확립 차원에서 가칭 '개발구관리기본법(開發區管理基本法)'을 제정하여 통일적인 개발구 관련 법률체계를 구축하고 개발구의 특성과 직능을 명확하게 함으로써 개발구 발전을 제도적으로 보장받을 수 있게 하는 구체적 작업을 진행하고 있다.352)

2. 정책적 측면

외국인투자기업에 대한 세금감면 등 우대정책은 중국의 WTO 가입 이후의 '우대의 균등화 및 보편화정책' 추진으로 감소되었다. 경제체제개혁과 시장경제화가 심화됨에 따라 개발구 자체의 메리트는 상실되었으며 일부 개발구는 많은 외자를 유치할 목적으로 외국인투자기업에 대해 토지무상제공, 세금납부기한 무기한 연장 등 과도한 우대정책을 남발하고 있다.353) 1980년대 동부 연해지역을 중심으로 한 불균형 경제발전 전략은 개발구의 과반수가 편중되어 있는 양적

351) Potter B. P. *Foreign Business Law in China: Past Progress and Future Challenges*, CA, San Francisco, 1990 Institute Press, 1995, 81－87쪽.

352) 陳俊, "WTO與中國經濟特區立法創新研究", 『法學硏究』90, 北京, 中國法學硏究會, 2003, 101－117쪽의 내용을 본 연구자가 2004. 7. 12.(월) 中國開發區協會를 방문하여 동 협회 고급연구원 趙愛玲과의 면담 시 집중 확인한 결과와 일치한다.

353) 朱厚論, 『中國區域經濟發展戰略』, 北京, 社會科學文獻出版社, 2004, 69－70쪽.

포화현상을 가져왔다. 여타 지역, 특히 동북지역 소재 개발구 수는 4 개소에 불과할 뿐만 아니라 그것마저 大連을 제외한 나머지 개발구 는 저효율과 만성적자에 시달리고 있다.

廣州개발구와 같이 상호 유기적인 네트워크를 창설[354]한 수준으로까지 발전한 지역도 있으나 고급인력 부족, 마케팅의 곤란, 다양한 체계적인 행정서비스 부족 등 소프트웨어 측면은 전반적으로 취약한 상태이다. 전자통신설비의 廣州개발구, 중화학공업 위주의 大連개발구 등 소수를 제외하고는 중국의 개발구는 대체로 산업별 집적보다 다종 산업의 양적 성장에 주력하고 있으며 산업 클러스터 형성단계에는 이르지 못하고 있다.[355]

개발구 내에 중소기업의 숫자는 많으나 입주 기업 상호 간의 유기적 연계를 이루지 못한 파편적 형태에 불과하다. 가공수출과 부품조립형 위주의 개발구 내 기업은 현지 기업과의 산업 가치사슬(value chain)의 연결 상태가 부실하여 과학기술력을 일정 수준 보유한 기업이라 하더라도 그것에 상응하는 관리 인력의 결핍 등 소프트웨어의 취약성으로 인하여 상품화의 단계에 이르지 못하고 있는 실정이다. 개발구 내의 기업은 개별 기업 단위일 뿐이지 이를 전체 산업에로의 확산은 요원하다. 산업집적지의 기능 고도화를 위해서는 업종별 특화 및 관련 기업들의 군집화가 이루어지는 것이 바람직하나, 중국 개발구는 몇몇 개발구를 제외하고는 기업 간 네트워크가 활성

---

354) 廣州 개발구의 경우 1984년 廣州 국가급경제기술개발구로 시작하였으나 1991년에는 廣州첨단산업개발구가 승인되었고 1992년에는 廣州 보세구, 2000년에는 廣州 수출가공구가 승인을 받는 다양한 기능을 추가하면서 복합적인 기능의 산업직접지로 부상하고 있다. www.getdd.gov.cn(廣州개발구 홈페이지) 참조

355) 吳敬璉, 『比較·第十一輯』, 北京, 中信出版社, 2004, 21-30쪽.

화될 수 있는 혁신공간으로서는 매우 미흡한 수준에 있으며 대체로
다업종의 다다익선적인 유치에 역점을 두고 있다.

또한 부품과 원자재의 외부 의존도가 높아 완성품과의 일관 생산
체제 구축이 미흡하다. 이는 특히 수출품이나 첨단제품의 경우 그
정도가 심한데, 중국의 전반적인 생산용 원자재 및 부품의 수준이
국제적인 기준에 못 미치기 때문이다. 부품, 원자재의 높은 외부 의
존도로 인해 원자재, 부품의 중국 내 및 해외 가격 및 수급상황에
따라 개발구 입주 기업의 생산이 큰 영향을 받을 수도 있다.

V. 결 론

2001년 중국의 WTO 가입을 계기로 중국경제가 세계경제에 더욱
밀착되어 가면서 개발구는 새로운 기회와 도전에 직면하면서 개발구
자체의 설립근거도 변화하였다. 중국은 기술력과 경쟁력을 갖춘 다
국적기업들을 중심으로 하는 해외자본을 유치하는 구조적 전환 차원
에서 개발구 역시 즉 제조업 중심의 수출가공지역에서 첨단 산업기
지로의 전환을 모색하고 있다. WTO 가입은 자유무역원리에 입각한
새로운 개발모델을 추구하는 출발점이 될 것이지만 중국은 자국이
아직 개발도상국가라고 인식하는 한 외자유치추진과 수출촉진정책을
계속 추진할 것이며 이의 전략 기지인 개발구 발전 정책을 중단하지
않을 것으로 관측된다.

이와 반면 경제특구는 홍콩, 마카오, 타이완과 중국의 남부를 광역
적 의미에서 하나의 경제권으로 묶는 데 기여를 했다고는 할 수 있
으나 외자유치와 기술이전이라는 측면에서는 그다지 큰 기능을 발휘

하지 못하였다. 1980년대 중국 개혁개방 초기의 창문 역할을 했던 경제특구는 그 현실적인 면에서 많은 변화가 있었고 특히 2001년 WTO 가입 이후 중국에서 경제특구의 역사적 사명은 이미 완수했으며 향후 기대역할도 홍콩·마카오·타이완과 대륙의 동남부연해지역 廣東·福建·海南 등을 하나로 통합하는 가칭 '남중국해 경제자유무역구(南中國海 經濟自由貿易區)의 건립구상'356) 외에는 여타 유형의 특정경제지역과의 뚜렷한 차별성과 경쟁력이 없는, 총체적인 쇠퇴 추세에 처해 있다고 분석된다.

한편 중국 정부는 국가급 경제기술개발구를 제외한 성급 이하의 개발구에 대한 대대적인 정비작업을 일정기간 전개해 나갈 것으로 보이며 현급 이하의 소규모 개발구는 폐지되거나 상급 개발구에 통합될 것이다. 이는 단순한 소속의 개편이 아니라 개발구 면적, 규모 등의 변혁 차원이다. 다른 한편으로는 경제특구 전부와 29개 국가급 경제기술개발구를 포함하여 각종 유형의 특정경제지역이 포화상태를 보이고 있는 동부 연해지역보다는 아직 계발단계에 있는 중·서부 및 동북부지역의 개발구 성장전략에 주력할 것이 확실시된다. 특히 본 연구자는 현 胡錦濤 정부가 최우선으로 추진하고 있는 '동북진흥'지역 개발전략으로 인하여 동북지역에 입지한 기존 4개 국가급 개발구의 비중과 역할이 더욱 커질 것으로 예상됨과 아울러 동북지역 주요 도시에 약간 수의 국가급 개발구 증설 가능성도 있다고 사료된다.

또한 중국은 개발구 간 선택과 집중의 차원에서 개발구별 유망 산업의 분담 유치를 통해 각 개발구 간 상대적 비교우위를 확보하여,

---

356) 王關義, 앞의 책, 121쪽.

개발구 간 소모성 경쟁을 지양하고 개발구의 개발비용을 줄일 필요성이 커지고 있음에 따라 중국 정부는 지리적으로 인접한 복수의 개발구 운영시스템을 공동으로 활용하여 기업유치에서부터 관리, 운영에 이르기까지 긴밀한 협력 체제를 구축하는 방안357)을 검토하고 있는 것으로 관찰된다.

개발구의 외자유치전략은 양적인 투자유치에서 산업구조개선 측면의 질적인 투자유치로, 우대정책 위주에서 내국민대우 정책으로, 특정한 투자 인센티브에 의존하기보다는 개발구 내 외국인투자기업의 경영자주권과 투자권익을 보장하는 한편, 정부업무효율개선, 투융자체제 개선 및 내·외자 기업 간 지배구조의 결합 등을 통한 개발구의 경쟁력을 강화할 수 있도록 하는 방향으로 전환될 것으로 예견된다.

요컨대, 중국의 국가급 경제기술개발구는 지역균형개발전략 차원에서 중·서부지역 특히 동북지역에 역점을 두는 성장을 지속할 것이되 WTO 원칙에 근거한 시장경제질서와 세계통상적인 법규에 부합하게 제도를 정비하고 관리체제를 혁신하는 등 이른바 중국특색의 경영 메커니즘 구축을 통한 개발구 발전의 새로운 전기 마련을 모색할 것으로 전망된다.

---

357) 2004. 9. 27.(수) 본 연구자는 상기 방안의 확인차 중국개발구협회를 방문하여 黃衛國, 趙愛玲 등 고급연구원들과의 인터뷰를 실시하였다. 그들은 경제기술개발구, 첨단기술개발구, 수출가공구, 보세구를 통합 관리한 광저우개발구의 실례를 들면서 중국도 향후 몇 년 이내에 靑島개발구와 大連개발구 등 개발구 간 상호 유기적인 네트워크의 구축이 활성화될 것이라고 강조하였다.

9. 중국 2004년 대외무역법

Ⅰ. 서 론

중국은 개혁개방 이후 국가의 목표를 경제건설에 두고 대내적으로 경제체제를 개혁하는 한편, 대외적으로 개방정책을 펼쳐 왔다. 경제체제개혁은 제반 경제시스템을 경제개발에 가장 적절한 형태로 바꾸어 나가는 것으로 그 방향은 시장경제의 도입이며, 대외개방이란 세계의 모든 나라들과 경제·무역 및 기술교류를 강화하는 것으로 수출과 외자유치 증대를 주된 내용으로 하고 있다.[358]

기술과 자본의 축적이 미비한 개혁개방 초기 단계에서 중국은 먼저 수출증대보다 외자유치에 주력하였다. 시장경제가 보완적 위치에 있었던 상황에서 계획적인 상품경제 및 사회주의시장경제로 넘어가는 과도기에서는 특히 화교자본과 미국, 일본, 서유럽 등의 외국자본이 위험을 무릅쓰고 중국에 들어오게끔 하기 위한 외자유치에 관한 제도적 장치 마련이 시급하였다. 따라서 중국은 『중외합자기업법(1979년)』, 『외국인투자기업법(1986년)』, 『중외합작기업법(1988년)』 등 세 개의 외국인 투자관련 기본법인 이른바 '삼자기업법(三者企業法)'을 제정하였고 중국 중앙과 각급 지방정부가 1999년 말까지 제

---

358) 강효백, "중국 국가급 경제기술개발구의 특성과 전망: 경제특구와의 비교를 중심으로", 『국제지역연구』, 국제지역학회, 2004, 320 – 338쪽.

정하고 실시한 각종 투자 관련 하위법규359)의 수는 1,200여 개가 넘을 만큼 외자유치정책의 법제화과정에 주력하였다.

2001년 중국이 WTO에 가입하기 이전까지 약 20년간 급증하여 온 외국기업의 투자규모는 중국 경제가 급성장하는 데 견인차 역할을 하여 왔다. 그러나 과도한 특혜부여를 유인수단으로 한 외자유치를 통해 고속 성장에 매달린 결과, 지역·업종·개인 간 소득격차가 커지고 중국경제가 외국자본에 과도하게 의존한다는 우려가 대두되었다. 따라서 중국 정책 당국은 멀리는 1990년대 초반부터, 가까이는 2000년대 초부터 개방정책의 중점을 점진적으로 기존의 '외자유치'에서 '수출증대'로 전환하였으며 외자유치에 비하여 상대적으로 소홀히 하였던 대외무역 분야의 제도적 장치마련과 정비에 주력하였다.

특히 1994년 5월 12일 대외무역에 관한 기본법인 『중화인민공화국 대외무역법』(이하 '구 대외무역법', 또는 '구법'으로 약칭한다)을 제정하고 같은 해 7월 1일부터 시행함으로써 44년간 지속되었던 무역에 관한 임시법 체제360)를 청산하여 공식적인 법률적 무역관리시대로 전환하였다. 구 대외무역법은 'GATT 재진입'과 'WTO 가입'을 위한 협상 필요성 때문에 제정된 것으로 중국대외무역질서 수호와 발전에 중요한 작용을 하였다. 그러나 구법을 시행한 지 10년 후인 2004년, 중국은 구법 제정 당시와는 전혀 다른 상황으로 발전하였다. 무역총액은 세계 11위에서 4위로 급성장하였음은 물론 오랜

---

359) 중국의 대외무역법규의 法源을 효력순으로 열거하면 ① 憲法, ② 基本法律, ③ 其他法律, ④ 行政法規, ⑤ 部門規章, ⑥ 地方性規章 등이 있다. 『대외무역법』을 제외한 대부분의 대외무역 관련 법규는 국무원이 제정하는 행정법규와 상무부가 제정하는 부문규장, 그리고 지방정부가 제정하는 지방성 규장에 해당된다. 강효백, 『중국법 통론』, 경희대학교출판국, 2005, 21-24쪽.

360) 1950년 제정한 임시법 형태인 「대외무역관리 잠정(暫行)조례」가 1994년 대외무역법 제정 시까지 대외무역 관련 기본법의 지위와 기능을 수행하여 왔다.

숙원이었던 WTO에 가입한 지 3년이 되었으며 WTO 가입 3년 이내에 중국의 모든 기업들에 대부분의 상품에 대해 수출입을 할 수있는 권한을 부여할 것 등 여러 가지 가입 시 약속한 사항을 이행하기 위해서도 새로운 대외무역 기본법이 필요하게 되었다. 중국은 WTO 회원국으로서 누리는 권리와 부담하는 의무를 고려하고 WTO의 원칙을 중국 국내법에 적응시킨 『중화인민공화국 대외무역법』(이하 '신대외무역법', 또는 '신법'으로 약칭한다)을 작성하여 2004년 4월 6일 제10기 전국인민대표대회 상무위원회에서 동법을 통과시켜 2004년 7월 1일부터 시행하였다.

신대외무역법 시행 이듬해인 2005년 중국무역총액은 1조 4,221억 달러로 2004년에 이어 2년 연속 1조 달러대를 넘어섰으며 미국, 독일에 이은 세계 3위를 기록하였으며 2005년 한국의 대중국 수출액은 620억 달러, 수입액은 386억 달러, 총 1,006억 달러로 2003년에 이어 3년 연속 한국의 대외무역상대국 제1위를 차지하고 있다.[361]

따라서 본 연구의 주요목적은 한국의 최대무역상대국이자 세계 무역 3대국인 중국의 대외무역질서를 규율하는 기본법인 신대외무역법의 연구 분석을 통하여 중국에 대한 한국 기업들의 진출전략 수립과 무역 업무에 참고자료를 제공하는 데 있다.

본 연구의 구성은 제Ⅱ장에서 신대외무역법의 입법배경을 개괄해 보고 제Ⅲ장에서는 신대외무역법의 구성과 주요 내용을 파악하며 제Ⅳ장에서는 신대외무역법의 특징과 개선되어야 할 문제점을 살펴보는 데 주안점을 둔다. 제Ⅴ장 결론에서는 전체 내용을 요약하기로 한다.

---

361) 한겨레신문, 2006. 1. 21., 5쪽.

Ⅱ. 신대외무역법의 입법배경

1. 대내적 배경

구 대외무역법은 지방정부에 분산되었던 무역시책들이 전국적으로 통일을 기하게 되고 중앙정부는 대외무역의 지도권과 관리권을 행사하게 규율하여 대외적인 협상에 통일적인 태도를 취할 수 있게 되었으며, 대외무역법 제정 이전의 각종 무역 관련 법규를 통일하고 국제무역규범에 접근시키는 투명성을 확보하였다는 평가를 받았다. 그러나 모두 8개 장 44개로 구성된 원칙적·추상적인 조항의 구법으로서는 중국 대외무역관리체제의 급변과 대외무역발전에 부응하는 기본규범으로서의 기능은 근본적 한계에 봉착하게 되었다.

대외무역체제개혁이 가속화됨에 따라 중국대외무역경영권 주체는 끊임없이 확대되어 갔으며 특히 WTO 가입 후 3년 내에 무역경영권을 개방하여야 함에 따라 심사허가제에서 등록제로의 전환을 적극적으로 추진하여야 하였다. 무역경영 주체 분야는 국유제와 집체소유제 사영경제 등 각종 소유제 간의 공평경쟁과 내자와 외자의 공동발전 구조가 형성되었으며 무역경영관리 분야 역시 수출입상품의 쿼터허가증 제한이 대폭 축소되는 등 무역체제개혁의 심화로 인하여 구법상의 무역경영권에 대한 규제성 규정을 완화하는 전면적인 법제정비가 필요하게 되었다.362) 전국인민대표 상무위원회가 신대외무역법을 공포하기 하루 전, 2004년 4월 5일, WTO는 세계 각국의 대외무역액 순위를 발표하였는데 2003년 중국 총무역액은 8,512억 달러

---

362) 黎學玲, 『中國涉外經貿法』, 人民法院出版社, 2004, 42-43쪽.

세계 제4위로, 구법이 공포·제정된 전년도인 1993년의 중국 총무역
액은 1,957억 달러, 세계 제11위에 비한다면 초고속 성장을 거듭한
것으로 중국 국민경제에 대외무역이 차지하는 비중은 근본적인 변화
가 발생하였으며 대외무역은 중국 국민경제의 가장 중요한 성장엔진
으로 작용하게 되었다(<표 9-1>, <표 9-2> 참조).

<표 9-1> 중국의 대외무역 추이

(단위: 억 달러)

연도	총 무역액	수출	수입	무역수지	비고
1978	206.4	97.5	108.9	-11.4	개혁개방원년
1979	293.3	136.6	156.8	-20.2	헌법일부개정
1980	378.2	182.7	199.5	-12.8	
1981	440.2	220.1	220.2	-0.1	
1982	416.1	223.2	192.9	30.4	헌법전면개정
1983	436.2	222.3	213.9	8.4	
1984	535.5	261.4	274.1	-12.7	
1985	690.0	273.5	422.5	-149.0	
1986	738.5	309.4	429.0	-119.6	
1987	826.5	394.4	432.2	-37.8	
1988	1,027.8	475.2	555.7	-77.5	헌법일부 개정
1989	1,116.8	525.4	591.4	-66.0	천안문사태 발생
1990	1,154.4	620.9	533.5	87.5	
1991	1,357.0	719.1	637.9	81.2	
1992	1,655.3	849.4	805.9	43.6	
1993	1,957.0	917.4	1,039.6	-122.2	헌법일부 개정
1994	2,366.2	1,210.1	1,156.2	53.9	대외무역법 제정
1995	2,808.6	1,487.8	1,320.8	167.0	
1996	2,898.8	1,510.5	1,388.3	122.2	
1997	3,251.6	1,827.1	1,423.7	404.2	
1998	3,239.5	1,837.1	1,402.4	434.7	
1999	3,606.3	1,949.3	1,657.0	292.3	헌법일부 개정
2000	4,743.0	2,492.1	2,251.9	241.2	
2001	5,096.5	2,661.0	2,435.5	225.5	WTO 가입

연도	총 무역액	수출	수입	무역수지	비고
2002	6,207.7	3,255.7	2,952.0	303.7	
2003	8,515.7	4,384.7	4,131.0	253.7	
2004	11,547.0	5,933.1	5613.9	319.2	대외무역법 전면개정
2005	14,221.1	7620.1	6601.0	1019.0	

출처: 중국 상무부 홈페이지(http://www.mofcom.gov.cn/)를 참조하여 재작성.

〈표 9-2〉 중국 신구 대외무역법 제정 전년도 대외무역액 대조표

(단위: 억 달러)

구분	1993년 (구법 제정 전년도)	2003년 (신법 제정 전년도)	03년/93년 성장
수출	917.4	4,384.7	4.78배
수입	1,039.6	4,131.0	3.98배
무역총액	1,957.0	8,515.7	4.36배
무역총액순위	세계 제11위	세계 제4위	7계단 상승

출처: 중국 상무부 홈페이지(http://www.mofcom.gov.cn/)를 참조하여 재작성.

　또한 중국 국무원은 WTO 가입 전후 새로운 변화에 적응하기 위하여 화물무역, 기술무역, 반덤핑, 반보조금, 세이프가드 등에 관한 행정법규, 즉「화물수출입관리조례(貨物進出口管理條例)」,「수출화물원산지규칙(出口貨物原産地規則)」,「수출입품검사법실시조례(進出口産品檢驗法實施條例)」,「출입국동식물검역법실시세칙(進出境動植物檢疫法實施細則)」,「반덤핑(反傾銷)조례」,「반보조금(反補貼)조례」,「세이프가드조치(保障措置)조례」 등을 제정하였고 상무부363)의 전신인 대외무역경제합작부도 「수출상품관리잠정규정」(進口産品管理暫行規定), 『일반상품수입쿼터관리잠정판법(一般産品進口配額管理暫行辦法)』,「수출허가증관리와 신청 및 수령에 관한 약간 규정(關

---

363) 2003년 3월, 대외경제부문을 관장하던 대외무역경제합작부는 국내 산업관련 업무를 관장하던 국가경제무역위원회와 통합되어 상무부로 확대 개편되었다.

于出口許可證和申領的若干規定)」, 「수입상품경영관리잠정규정」(出口産品管理暫行規定), 「수출입대리업무를 규율하는 약간규정」(規範進出口代理業務的若干規定)」, 『대외경제무역업종 표준화관리판법(外經貿行業標準化管理辦法)」, 「수출입경영자격관리에 관한 관련규정(關于進出口經營資格管理的有關規定)」, 「대외무역장벽조사잠정규칙(對外貿易壁壘調査暫行規則)」 등 수많은 부문규장을 공포하였다. 행정법규와 부문규장 등의 하위법규들이 상위법규인 대외무역법의 틀을 깨고 저촉하는 조항이 발생하였다. 상무부가 2001년 7월 10일 공포한 「수출입경영자격관리에 관한 관련 규정』은 대외무역경영자격을 심사허가제에서 등록제로 전환하였으나 상위법인 구대외무역법에는 여전히 대외무역경영자격의 심사허가제로 규정되어 있는 등 중국대외무역 발전과정에서 발생하는 새로운 상황변화에 부응할 수 없었기 때문에 동법의 전면개정에 대한 대내적 요구가 자연히 높아지게 되었다.

2. 대외적 배경

1) WTO가입 약속 이행

WTO 가입은 중국이 국제통용규범의 WTO규칙을 운용함으로써 자국을 보호하고 발전시키는 데 유리한 조건을 제공하였다. 중국은 WTO가 자국에 부여한 권리를 최대한 충분하게 활용하기 위하여 이에 상응하는 국내법을 통하여 건전하고 구체적인 실시 메커니즘과 절차의 개선이 필요하였다. 즉 중국이 이행하기로 약속한 WTO 회원국으로서 권리와 의무를 국내법으로 전환하여 대외무역법과 그 하위법규로 그 구체적 이행을 보장하여야 하였다.

『WTO 설립협의서』 제16조 제4항은 각 회원국은 그 법률 규칙 및 행정절차가 협의가 규정한 의무에 부합할 것을 보증하여야 한다고 하였다. 또한 『중국가입실무단보고서』 제67조에 의하면 중국은 그 국제조약의무를 일관되게 충실히 이행하고 전면적으로 국제의무를 이행하도록 무역관련 또는 무역에 영향을 주는 법률 법규를 WTO규칙에 부합하도록 보증하여야 한다. 중국은 효과적으로 통일된 방식으로 WTO협정을 실시하기 하기 위하여 현행 국내법을 개정하고 WTO규칙에 완전히 부합하는 새로운 법을 제정하여야 한다.

이에 따라 WTO 규칙과 WTO 가입 시 이행을 약속한 사항에 근거하여 관련 법규의 대대적인 정비를 진행하였다. 2001년 초부터 2003년 말까지 3년간 중국 정부는 전국인민대표대회, 국무원과 각부를 통하여 화물무역, 서비스무역 및 투자 관련 법률, 행정법규, 부문규장 등 2,300여 건의 법규를 정비하였고, 지방정부도 약 19만여 건의 지방성 법규와 지방정부규장 및 정책조치를 정비하였다.

그중에서 국내외로부터 제일 주목을 받은 조치는 대외무역관련 기본법인 대외무역법의 전면개정이었다. 신법은 중국의 WTO 가입협정 스케줄에 따른 대외무역개방을 강화하기 위한 법제정비과업의 일환으로 이루어진 것이다.364)

2) FTA 및 지역협력강화

21세기 중국 대외무역은 국제화, 즉 지역경제의 블록화와 글로벌 경제의 일체화 추세에 맞춰 성장하고 있다. 1994년 1월 미국과 캐나다

---

364) 王劍, "促進對外貿易的快速發展", 『人民司法』(04 - 6), 2004, 63 - 66쪽.

자유무역지역은 멕시코를 포함시켜 새로운 북미자유무역지역(NAFTA)을 형성하였고 1999년 1월 1일, EU 11개 국가는 권역 내 경제와 무역에 유로달러를 사용하기 시작하였다. 1994년 11월 15일 인도네시아에서 거행된 아시아태평양 경제협력기구(APEC) 비공식정상회담은 아시아 태평양지역과 세계 경제협력의 노선과 방향을 확립하였는데 선진국은 2010년 전까지 개발도상국은 2020년 전까지, 역내무역과 투자자유화를 실현하기로 결정하였으며 중국은 이러한 회담성과를 이루는 데 중추적 역할을 하였으며 FTA(자유무역협정)를 위주로 하는 지역무역은 현대 국제경제무역발전의 중요한 특징이 되었다. MFN(최혜국대우원칙)의 예외로서 WTO는 자유무역협정과 관세동맹을 허용하였다. 권역무역의 발전은 한편으로는 다자무역협상의 장애를 제거하는 데 기여하였으나 다른 한편으로는 그것이 수반하는 더욱더 큰 우대조건은 지역 외의 기타 국가의 무역이익에 피해를 가져다줄 수 있다. 대외무역진흥과 개혁개방과 경제개혁을 더욱 가속화하기 위하여 중국은 WTO 가입 후 적극적으로 다자무역체제에 참여하는 동시에 적극적인 자세로 지역경제협력 특히 FTA에 주력하였다. 중국은 APEC의 정식회원국으로서 중국-아세안 자유무역지역의 설립에 관한 협상을 개시하였으며 2003년 10월 8일 중국 국무원 총리 원자바오(溫家寶)는 인도네시아 발리에서 ASEAN 10개국 정상과 함께 중국의 동남아 우호협력조약 체결식에 참가하였다. 이는 중국이 중국-아세안 자유무역지역 설립을 위한 협상 진도의 가속화를 의미한다.[365]

한편 한중일 3국간 무역자유화 수준은 높아지고 삼국 간의 협력관

---

365) 項雪平, "外貿法修訂案槪評", 『浙江樹人大學學報』(1-15), 2005, 72-78쪽.

계는 내실 있는 발전 속에서 지역블록화의 초보적 형태로서 발전되어 가고 있다. 또한 중국 내의 4개 관세지역, 즉 중국대륙, 홍콩, 마카오, 타이완 등 4개 단독관세지역 간의 경제무역협력도 강화되고 있다. 2003년 6월 29일과 10월 17일 중국 중앙정부는 홍콩과 마카오특별행정구와 『경제무역관계 강화를 위한 협정(Closer Economic Partnership Arrangement: CEPA)』366)에 서명하였는데 이는 내지와 홍콩, 마카오, 타이완 등 4지역 간의 자유무역구 설립의 가능성을 의미한다고 하겠다.

이러한 대외적 환경 변화를 반영하여 신법은 제5조에 "중화인민공화국은 호혜평등의 원칙에 의거하여 기타 국가 및 지역과의 무역관계를 촉진·발전시키며 관세동맹협정, 자유무역협정 등 지역경제무역협정을 체결하거나 가입하여 지역경제조직에 참여한다"367)고 규정하여 FTA 등 지역협력 강화내용을 추가하게 되었다. 법률이 특정 사회경제 관계를 그 조정대상으로 하는 것이라면 개혁과 발전으로 출현한 새로운 사회경제 관계는 법률의 확인과 보장을 필요로 한다. 대외경영주체의 다원화와 대외무역경영자격의 허가제에서 등록제로의 변화, 지역경제의 블록화 등에 부합하는 법률의 확인과 보장을 요구하는 것이다.

---

366) 이 협정을 중문으로는 「關于建立更緊密經貿關係的按排」라고 하는데 '협정'이라는 용어 대신 '안배'라는 용어를 사용한 이유는 2국 간의 협정이 아니라 중앙정부와 지방정부 간의 협정이라는 의미를 포함하는 것이다.

367) 中華人民共和國根据平等互利的原則, 促進和發展同其他國家和地區的貿易關系, 締結或者參加關稅同盟協定、自由貿易區協定等區域經濟貿易協定, 參加區域經濟組織。

Ⅲ. 신대외무역법의 구성 및 주요 내용

1. 신대외무역법의 구성

모두 11개 장(章) 70개조로 구성된 신대외무역법은 구 대외무역법을 대폭 개정한 것으로 신법을 제정하였다고 하여도 과언이 아니다. 구법 중 11개 조항만을 유지하였으며 제11조, 제12조, 제13조 제2관과 제3관 및 제22조의 일부 내용을 삭제하였고 나머지 30개 조항의 내용을 수정하였으며 3개 장 29개의 조항을 신설하였다(<표 9-3> 참조). 신설된 3장의 내용은 각각 무역과 관련한 지적재산권 보호, 대외무역 조사, 대외무역 구제로서 신법은 더욱 폭넓은 적용범위를 지니게 되었으며, 행정심의가 간소화됨과 아울러 체계화되었다. 또한 중개기관, 금융지원 등의 대외무역 촉진 시스템을 체계화하였으며, 무역방어와 무역구제 조치 등의 법률적 시스템을 체계화하였다. 신법에 추가된 주요 내용은 다음과 같다.

① 총칙에 FTA 등 지역협력 강화내용, ② 상품수출입에 대한 자동허가 관리제 및 수입이나 수출을 제한하는 기술에 대해 허가증 관리를 실시, ③ 상품의 인증·검사·검역에 대해 통일된 상품합격평가제 실시, ④ 대외무역 활동 과정에서의 부당·불공정 행위 제한 및 위반 행위에 대한 조치규정, 대외무역발전전략 제정, ⑤ 대외무역 관련 공공정보서비스시스템 구축, 중소기업의 대외무역지원, 대외무역업자의 해외시장개척 및 투자 장려 내용 등이다.

〈표 9-3〉 중국 신구 대외무역법 구성 대조표

신대외무역법				구 대외무역법			
章	條	내용	비고	章	條	내용	비고
11개 장	70개조			8개 장	44개조		
제1장 총칙	제1조	제정목적	개정	제1장 총칙	제1조	제정목적	
	제2조	대외무역의 적용범위와 정의	개정		제2조	대외무역의 정의	
	제3조	주관행정기관	유지		제3조	주관행정기관	
	제4조	대외무역정책	개정		제4조	대외무역정책	
	제5조	평등호혜, FTA	개정		제5조	평등호혜	
	제6조	최혜국대우, 내국민대우	개정		제6조	최혜국대우, 내국민대우	
	제7조	금지, 제한 등의 대응조치	유지		제7조	금지, 제한 등의 대응조치	
제2장 대외무역경영자	제8조	대외무역경영자의 정의	개정	제2장 대외무역경영자	제8조	대외무역경영자의 정의	
	제9조	상품 기술무역경영자의 조건	개정		제9조	상품 기술무역경영자의 조건	
	제10조	서비스무역경영자 조건	개정		제10조	서비스무역경영자 조건	
	제11조	국영무역관리	개정		제11조	무역경영자의 지위	폐지
	제12조	무역대리제도	개정		제12조	무역경영자의 의무	폐지
	제13조	무역경영자의 의무	개정		제13조	무역대리제도	일부 폐지
					제14조	서류, 자료의 제출	
제3장 화물·기술수출입	제14조	화물, 기술 수출입의 자유	유지	제3장 화물·기술수출입무역	제15조	화물, 기술 수출입의 자유	
	제15조	수출입자동허가	개정		제16조	화물, 기술 수출입의 제한	
	제16조	화물, 기술 수출입의 제한	개정		제17조	화물, 기술 수출입의 금지	
	제17조	화물, 기술 수출입의 금지	개정		제18조	수출입 제한, 금지품목 공포	
	제18조	수출입제한 및 금지품목 공포	유지		제19조	쿼터, 허가증 관리제도	
	제19조	쿼터, 허가증 관리제도	개정		제20조	쿼터 분배원칙, 방식	
	제20조	쿼터 분배원칙, 방식	개정		제21조	문물, 야생동식물 수출입 제한	

신대외무역법				구 대외무역법			
章	條	내용	비고	章	條	내용	비고
	제21조	통일적 상품합격평가제도 실시	신설				
	제22조	수출입상품 원산지관리규정	신설				
	제23조	문물, 야생동식물 등의 수출입제한	개정				
제4장 국제서비스무역	제24조	시장진입 및 내국민대우	유지	제4장 국제서비스무역	제22조	국제서비스무역정책	일부 폐지
	제25조	국제서비스무역 관리	유지		제23조	시장진입 및 내국민대우	
	제26조	국제서비스무역의 제한	개정		제24조	국제서비스 무역의 제한	
	제27조	국제서비스무역의 금지	개정		제25조	국제서비스 무역의 금지	
	제28조	서비스무역시장진출허가리스트	신설		제26조	국제서비스 무역의 관리	
제5장 지적재산권 보호	제29조	지적재산권 보호정책과 조치	신설				
	제30조	지적재산권자 권리남용방지 조치	신설				
	제31조	지적재산권 관련 보복조치	신설				
제6장 대외무역질서	제32조	대외무역질서위반에 대한 조치	개정	제5장 대외무역질서	제27조	대외무역 사업자의 금지행위	
	제33조	대외무역질서위반에 대한 처벌	개정		제28조	외화결제 및 사용	
	제34조	대외무역경영자의 금지행위	개정		제29조	세이프가드조치	
	제35조	외환관리준수의무	개정		제30조	반덤핑조치	
	제36조	대외무역질서위반자 공개	신설		제31조	반보조금조치	
제7장 대외무역조사	제37조	대외무역 조사사항	신설		제32조	처리	
	제38조	대외무역 조사절차	신설				
	제39조	협력과 비밀준수의무	신설				

신대외무역법				구 대외무역법			
章	條	내용	비고	章	條	내용	비고
제8장 대외무역 구제	제40조 제41조	대외무역구제 조치일반	신설				
		반덤핑조치	개정				
	제42조	제3국 반덤핑조치	신설				
	제43조	반보조금조치	개정				
	제44조	세이프가드조치	개정				
	제45조	서비스무역 분야 무역구제 조치	신설				
	제46조	제3국으로 인한 무역구제 조치	신설				
	제47조	구제조치요구 및 보복조치	신설				
	제48조	협의 회담 분쟁해결	신설				
	제49조	사전경보응급메커니즘 구축	신설				
	제50조	반회피조치	신설				
제9장 대외무역 촉진	제51조	대외무역발전전략 메커니즘구축	신설	제6장 대외 무역 촉진	제33조	대외무역금융기구 기금	
	제52조	대외무역금융기구 기금설립	개정				
	제53조	신용대출, 보험, 수출환급세	신설		제34조	신용대출, 보험, 수출환급세	
	제54조	무역공용정보서비스시스템구축	신설		제35조	협회 상회설립	
	제55조	해외시장개발 장려	신설		제36조	중국국제무역촉진조직	
	제56조	협회 상회설립	개정		제37조	민족자치 경제낙후지역 지원	
	제57조	중국국제무역촉진조직	유지				
	제58조	중소기업의 대외무역지원 촉진	신설				
	제59조	민족자치구 경제낙후지역 지원	유지				

신대외무역법				구 대외무역법			
章	條	내용	비고	章	條	내용	비고
제10장 법적책임	제60조	법적책임	개정	제7장 법적 책임	제38조	밀수 책임	
	제61조	상품 기술 수출입 밀수	개정		제39조	원산지증명, 허가증 위조 변조	
	제62조	서비스 무역 밀수	신설		제40조	기술의 부정수출입	
	제63조	제34조 위반 처벌	신설		제41조	직원의 처벌	
	제64조	통관 및 외환매매 수속 불허	개정				
	제65조	직원의 처벌	개정				
	제66조	행정심판 행정소송	신설				
제11장 부칙	제67조	군수품 문화제품 별도법규적용	신설	제8장 부칙			
	제68조	국경무역관련	유지		제42조	국경무역관련	
	제69조	본법의 단독관세지역 비적용	유지		제43조	본법의 단독관세지역 비적용	
	제70조	시행시기	개정		제44조	시행시기	

출처: 2004년 중국대외무역법과 1994년 중국대외무역법을 참조하여 재작성.

2. 신법의 주요 내용

1) 총칙부문

제1장 총칙에 제1조 "대외개방의 확대와 대외무역경영자의 합법적인 권익보호"를 추가하고 제5조 "관세동맹협정, 자유무역협정 등 지역경제무역협정을 체결하거나 가입하여 지역경제조직에 참여한다"를 추가하였다. 이는 주로 정상적인 수출입무역에 서비스기능의 법적 보장을 제공하겠다는 의미로 해석된다.

2) 대외무역경영자

제2장 대외무역경영자에 새롭게 규정하여 대외무역경영자의 자격 조건을 취소하였다.

신법 제8조는 "대외무역활동의 주체는 공상등기 또는 기타 영업수속, 본 법과 기타 유관법률, 행정법규의 규정에 의거하여 대외무역경영활동에 종사하는 법인과 기타조직 또는 개인이다"368)라고 규정하여 개인이 대외무역에 종사할 수 있도록 하였다.

또한 상품무역과 기술무역 경영권에 대한 심사허가제를 삭제하고 등록제로 전환하였다. 즉 구법 제9조 제1관의 대외무역 사업자가 상품수출입과 기술수출입의 대외무역사업을 행하는 경우는, 5가지의 조건 ① 자신의 명칭과 조직기구, ② 명확한 대외무역사업의 경영범위, ③ 대외무역사업에 종사할 때와 필요한 장소와 자금 및 전문인력, ④ 타인에 위탁하여 행한 수출입 업무가 규정실적에 달성하거나 또는 필요한 수출입의 공급원을 가질 것, ⑤ 법률, 행정법규에 정해진 기타의 조건을 구비하여 국무원의 대외경제무역주관기구의 허가를 반드시 받도록 하였었다. 이것을 신법 제9조는 상품수출입 또는 기술수출입에 종사하는 대외무역 사업자는 국무원 대외무역 주관부처 또는 주관부처가 위탁한 기구에 등록을 하여야 한다고 개선하였다.369)

그리고 『WTO 중국가입의정서』 제5조 제1호의 "중국은 WTO 가입 3년 후 대외무역권 심사허가제를 폐지하며 중국의 모든 기업은

---

368) 本法所稱對外貿易經營者, 是指依法辦理工商登記或者其他執業手續, 依照本法和其他有關法律、行政法規的規定從事對外貿易經營活動的法人、其他組織或者个人。

369) 從事貨物進出口或者技術進出口的對外貿易經營者, 應当向國務院對外貿易主管部門或者其委托的机构辦理備案登記。

법에 따라 등록을 한 후 국영무역상품으로 배당된 비율 이외의 모든 상품을 다룰 수 있는 권한을 가진다. 부분적인 수입권을 향유하는 외국인투자기업은 중국이 WTO에 가입한 때로부터 3년 내에 단계적으로 완전한 무역권을 가진다”에 따라 구법의 기업행위에 관한 2개 조항을 삭제하고 일부 상품수출입 무역에 국영무역관리의 규정(제11조)을 추가하였다.

3) 상품수출입 및 기술수출입

제3장 상품수출입 및 기술수출입에 1개 조문을 추가하여 국무원 대외무역 주관부처는 수출입 모니터링의 수요에 기초하여 수출입이 자유로운 일부 상품에 대해서 수출입 자동허가를 실시하고 리스트를 공표한다. 자동허가를 실시하는 수출입상품 관련 바이어, 납품자는 세관의 통관수속을 할 경우 사전에 자동허가신청을 하였을 경우, 국무원 대외무역 주관부처 또는 위탁한 기구는 허가를 하여야 한다. 자동허가수속을 하지 않은 경우 세관은 통과시키지 않는다. 자유로운 수출입에 속하는 기술은 국무원 대외무역 주관부처 또는 위탁한 기구에 계약등록을 하도록 하고 있다. 즉 신법은 국가의 수출입 상황 모니터링의 필요에 부응하기 위하여 일부 자유수출입상품에 대하여 수출입자동허가제를 신설하였다. 수출입 제한 또는 금지 조항을 합병하고 증가시켰는데 “인류 건강이나 안전 보호, 동식물의 생명이나 건강보호, 환경보호를 위하여 수입이나 수출을 제한 또는 금지하여야 할 경우(제16조 제2호)”, “황금 또는 백은 수출입과 관련한 조치를 실시하기 위하여 수입 또는 수출 제한이 필요한 경우(제16조 제3호)”, “수출 경영질서가 심각하게 혼란하여 수출제한이 필요한 경

우(제16조 제6호)”, “법률, 행정법규의 규정에 의하여(제16조 제10호)” 수출이나 수입을 제한하거나 금지할 수 있다고 규정하였다.

제17조에 “국가는 핵분열, 핵반응물질 또는 이런 물질을 파생하는 물질과 관련된 상품, 기술의 수출입 및 무기, 탄약 또는 기타 군용물자와 관련된 수출입에 대해 모든 필요한 조치를 취하여 국가안전을 수호할 수 있다”를 추가하고 “국가는 일부 상품에 대해 관세쿼터관리를 실시할 수 있다(제19조 후단)”, “국가는 통일적인 상품합격 평가 제도를 실시하며, 법률과 행정법규의 규정에 따라 수출입상품에 대해 인증, 검사, 검역을 실시한다(제21조)”와 “국가는 수출입상품에 대해 원산지관리를 한다(제22조)”를 추가하였다.

4) 국제서비스무역

인류 건강 또는 안전을 보호, 동물·식물의 생명 또는 건강을 보호, 환경보호를 위하여 제한 또는 금지하여야 할 경우(제26조 제2호)를 국제서비스무역의 내용에 추가하고 “국제서비스무역 시장진입 허용리스트를 제정, 조정 및 공표(제28조 하단)”, “국가는 군사와 관련된 국제서비스무역 및 핵분열, 핵반응 물질 또는 이런 물질을 파생하는 물질과 관련된 국제서비스무역에 대하여 모든 필요조치를 취하여 국가의 안전을 수호할 수 있다(제27조 상단)”를 추가하였다.

5) 대외무역 관련 지적재산권 보호

신법은 대외무역 관련 지적재산권 보호와 3개 조항을 신설하였다. 즉 신법 제29조는 수입한 상품이 지적재산권을 침해 및 대외무역질서에 해를 끼칠 경우 국무원 대외무역 주관부처는 일정기간 동안 침해자가 생산·판매한 관련 상품의 수입을 금지하는 등 조치를 취할 수 있도록 하고 있다.[370]

신법 제30조는 지적재산권을 남용하여 대외무역질서에 위해를 가하는 행위를 열거하였는데, 즉 지적재산권 권리자가 피허가자가 허가계약에 있는 지적재산권에 대한 유효성에 대해 의문을 제기하는 것을 제지하고 강제적으로 일괄적인 허가를 하는 것, 허가계약서에 배타적인 반환조건을 규정하는 등 한 가지 행위가 있으면서 대외무역의 공정한 경쟁질서에 해를 끼칠 경우 국무원 대외무역 주관부처는 필요한 조치를 취하여 피해를 해소할 수 있다고 규정하였다.

그리고 신법 제31조는 기타 국가 또는 지역이 지적재산권 보호 분야에서 중국의 법인, 기타 조직 또는 개인에게 내국민대우를 부여하지 않거나 중국에서 온 상품, 기술 또는 서비스 및 그 제공자에게 충분하고 유효한 지적재산권 보호를 제공하지 못할 경우 국무원 대외무역 주관부처는 본 법 및 관련 법률법규의 규정에 따라 그리고 중국이 체결하거나 참가한 국제조약, 협정에 근거하여 그 국가나 지역의 무역에 필요한 조치를 취할 수 있도록 하였다.

6) 대외무역질서

제6장 대외무역질서에 대하여 신법은 "대외무역활동 과정에 반독점 관련 법률, 행정법규의 규정을 위반한 행위가 있어서는 안 된다

---

370) 國家依照有關知識産權的法律、行政法規，保護与對外貿易有關的知識産權。進口貨物侵犯知識産權，并危害對外貿易秩序的，國務院對外貿易主管部門可以采取在一定期限內禁止侵權人生産、銷售的有關貨物進口等措施。

(제32조 제1관)", "대외무역활동 과정에 부정당한 저가로 상품판매, 내통하여 응찰, 허위광고 발표, 상업적인 수뢰 등 부정당한 경쟁행위가 있어서는 안 된다(제33조 제1관)"라는 조항을 추가하였다. 또한 제34조 대외무역과정에 있어서 금지행위의 예시에 "수출입 원산지표기의 위조·변조, 원산지 증명서, 수출입 허가증과 쿼터증명 또는 기타 수출입 증명서류의 위조, 변조 또는 매매(제34조 제1호)", "밀수(제34조 제3호)", "법률, 행정법규가 규정한 인증, 검사, 검역 회피(제34조 제4호)"를 추가하고 "본 법 규정을 위반하고 대외무역질서에 피해를 줄 경우 국무원 대외무역 주관부처는 사회에 공고(제36조)" 가능 조항과 국가의 외환관련규정 준수의무(제35조)를 추가하였다.

7) 대외무역조사

제7장 대외무역조사는 새롭게 증가된 장으로 모두 3개 조항으로 구성되어 있다.

대외무역질서를 수호하기 위하여 국무원 대외무역 주관부처는 단독 또는 국무원 관련 부처와 협동하여 법률, 행정법규의 규정에 따라 아래 사항을 조사할 수 있다.

① 상품수출입, 기술수출입, 국제서비스무역이 국내 산업 및 그 경쟁력에 대한 영향, ② 관련 국가 또는 지역의 무역장벽, ③ 법에 따라 반덤핑, 반보조금 또는 세이프가드 등 대외무역구제 조치의 실시를 확정하기 전에 조사해야 할 사항, ④ 무역구제 조치를 회피한 행위, ⑤ 대외무역 중의 국가안전이익과 관련된 사항, ⑥ 본 법 유관조항의 규정을 집행하기 위해 조사해야 할 사항, ⑦ 대외무역질서에 영향을 주어 조사해야 할 기타 사항 등 7가지 사항에 대하여 국

무원 대외무역 주관부처는 단독 또는 국무원 관련 부처와 협동하여 법률, 행정법규의 규정에 따라 조사할 수 있다고 규정하였다(제37조).

그리고 제38조에는 조사의 절차와 방법 및 요구를 규정하였다. 즉 대외무역조사를 가동하면 국무원 대외무역 주관부처가 공고를 낸다. 대외무역조사를 가동하면 국무원 대외무역 주관부처가 공고를 낸다. 조사는 서면설문, 청문회개최, 현지조사, 위탁조사 등 방식으로 진행한다. 국무원 대외무역 주관부처는 조사결과에 따라 보고를 제출하거나 판정을 내림과 동시에 공고를 발표한다고 규정하였다.

8) 대외무역구제

제8장 대외무역구제는 구법의 제5장 대외무역질서에서 반덤핑, 반보조금, 세이프가드조치 3개 조항을 추출한 다음 거기에 내용을 추가하여 모두 11개 조항에 1개 독립된 장으로 설정하였다. 대외무역구제에 관한 신법은 "제3국의 요소가 중국에 이미 육성된 국내 산업에 실질적인 손해를 초래하거나 손해의 위협 또는 국내 산업에 실질적인 장애를 야기한 경우 국가는 필요한 구제조치를 취할 수 있다(제41～46조)"와 "중국과 경제무역조약, 협정을 체결한 국가나 지역이 조약이나 협정을 위반하여 중국이 동 조약, 협정에 따라 향유하는 이익이 상실 또는 피해를 보게 하거나 조약 또는 협정의 목표실현을 저해할 경우 중국 정부는 해당 국가나 또는 지역의 정부가 적당한 구제조치를 취하도록 요구함과 아울러 관련 조약, 협정에 따라 관련 의무를 중지할 수 있다(제47조)", "국무원 대외무역 주관부처는 본 법 및 관련 법률의 규정에 따라 대외무역의 양자 또는 다자간 협의, 회담 및 분쟁을 해결한다(제48조)"는 조항을 신설하였다.

또한 "상품수출입, 기술수출입, 국제서비스무역의 사전경보응급 메커니즘을 구축하여 대외무역과정의 돌발 및 이상 상황에 대응하고 국가의 경제안전을 수호해야 한다(제49조)"는 조항을 신설하였다.

9) 대외무역촉진

제9장 대외무역촉진은 "대외무역발전전략을 제정하고 대외무역촉진 메커니즘을 구축·개선(제51조)", "대외무역 공공정보서비스시스템을 구축하여 대외무역 사업자와 기타 사회대중에게 정보서비스를 제공(제54조)"을 명기하여 사회의 정부에 대한 서비스 행정에 대한 수요를 충족시키려고 하였다. 그리고 "대외무역 사업자의 국제시장 개발을 장려하며, 대외투자, 대외공사청부 및 노무협력 등 다양한 형식으로 대외무역을 발전시킨다(제55조)"와 "국가는 중소기업의 대외무역을 지원 및 촉진한다(제58조)" 등 조항들은 중국 대외무역의 고속성장 과정에 출현한 새로운 변화와 대외무역의 건전한 발전을 촉진할 필요에 따라 신설한 것이다.

10) 법적 책임 및 부칙

구법은 대외무역에 관한 법적 책임으로는 모두 4개 조항의 원칙적 규정만 있었다. 신법은 대외무역관리에 있어서 출현하는 새로운 상황과 문제점과 대외무역관리의 현실적 수요를 결합시켜 기존 관련법의 법적 책임을 보충하여 개선시켰다. 한편으로는 각종 수단을 통하여 대외무역위법행위에 대한 처벌의 강도를 강화시켰는데 이러한 수단은 형사처분과 경영허가의 취소를 포함하였을 뿐만 아니라 벌금,

몰수 등 행정처벌과 무역업종사금지, 통관신고 및 통과수속, 외환의
결재 및 매매에 대한 일체의 업무 불허조치 등이 포함된다. 다른 한
편으로는, 각종 처벌수단과 관련법률 법규 간의 연계를 전면적으로
감안하여 통일적인 처벌규정을 보충하였다.

또한 신법은 부칙에다 "군수품, 핵분열과 핵반응 물질이나 이런
물질을 파생하는 물질과 관련된 대외무역관리 및 문화제품의 수출입
관리는 법률, 행정법규의 다른 규정이 있을 경우 그 규정을 따른다"
를 추가하였다.

Ⅳ. 평가 및 문제점

1. 평 가

1) 대외무역권의 자유화

첫째, 신법은 WTO의 자유무역원칙을 존중하여 구법의 자유무역
제한규정을 개정하고 대외무역의 자격제한을 철폐하고 시장경제발전
의 규율에 부합하도록 하여 중국의 대외무역확대에 견실한 법적 근
거를 마련하였다고 할 수 있다.

신법은 중국 내 무역업의 완전자율화를 규정하고 있지는 않으나,
구법과 비교하면 대외무역권의 개방 등에서 커다란 개선점을 보이고
있다. 특히 금기시되어 왔던 개인에 대한 무역업의 개방과, 무역업자
로 하여금 일반상품뿐 아니라 당국의 사전허가 없이 기술수출입도

가능하게 한 조치는 변화하는 무역환경요인의 적절한 반영과 아울러 중국의 대외무역체제를 WTO 기준에 더욱 적합하게 맞춘 것으로 평가된다.

둘째, 신법에서는 구법에서 인정되지 않았던 사항으로 대외무역경영자의 범위에 개인을 포함시키고 있다. 이는 개인에게도 대외무역경영권을 허용한 최초의 획기적 조치인 것이다. 대외무역의 고속성장과 WTO 가입 후 회원국으로서의 이행하여야 할 의무는 중국으로 하여금 대외무역주체의 범위를 개인까지 확대하는 것을 절실히 요구하였다.

구법에 의하면 화물수출입과 기술수출입에 종사하는 대외무역경영자는 법정 조건에 부합할 뿐만 아니라 국무원 대외경제무역 주관부서의 허가를 받아야 하였다. 그러나 이러한 까다로운 조건에서 대외무역경영권을 보유한 법인과 기타 조직은 극소수였고 대부분 개인이 대외무역대리제도를 통하여 무역업을 하여 왔는데 이는 중국 대외무역의 발전에 심각한 장애요인으로 작용하였으며 세계 각국이 통용되는 자유무역 원칙과 WTO의 무역 자유정신 실질에도 배치되는 것이었다.

1999년 3월 15일 제3차 헌법수정안(82헌법의 제3차 일부개정) 제5조는 "법률범위 내의 개체경제와 사영경제 등 비공유경제는 사회주의시장경제의 중요한 구성부분"이라고 규정하였다.371) 따라서 개인의 대외무역사업 참여를 배제하였던 구법은 헌법에도 위반되었다.

신법은 일반 국민들 개인의 신분으로 수출입 무역활동에 종사할 수 있게 되었으며 중국에서 대외무역 활동에 종사할 수 있는 경영주

---

371) 중국은 일부개헌일 경우에는 '헌법수정안'이라고 칭하며 기존조문을 그대로 두고 새로 조문을 추가하는 미국헌법전과 유사한 증보식을 택하고 있다. 강효백, 전게서, 40쪽 참조.

체를 더욱 다양화하였다.[372] 이는 대외무역 경영자의 범위가 확장되었다는 의미로서, 대외무역 경영권의 문턱이 낮아졌다. 그러나 개인의 자격으로 대외무역에 종사하려면 먼저 공상행정관리국에 등록해야 하며, 그 후 다시 대외경제무역기관, 세관, 외환관리국 등에 등록해야 효력이 발생하며, 관련기관 또한 효과적으로 관리할 수 있는 점도 감안했을 것으로 판단된다.

대외무역권이 중국에 진출한 외자기업들에도 개방되어 대중국무역과 국제비즈니스 형태를 대폭 변화시켰다. 중국 각지에서 진출한 현지법인은 무역경영권이 부여되고 현지법인은 중국에서 생산된 제품을 직접 중국으로부터 세계로 수출할 수 있게 되었다. 또 현지법인은 세계로부터 원재료, 중간재, 완제품을 직접 중국에 수입하여 최종 수요자에게 판매할 수 있게 되었다.[373] 결국 외국의 본사가 지휘해 왔던 중국 비즈니스에 있어 거래주체는 중국에 있는 현지법인으로 이동하게 되었다. 이러한 현상은 단순히 무역상사뿐만 아니라 외국의 제조업자에게도 나타나게 되었다. 외국의 제조업자가 중국에 설립한 현지기업에도 무역권이 부여되므로, 현지기업은 가장 비용효과가 좋은 원재료, 중간재를 직접 세계로부터 수입할 수 있고, 또 생산한 제품을 직접 중국에서 세계로 판매할 수 있게 된 데 힘입어 2005년도의 중국 무역총액은 신법 제정 전년도인 2003년도에 비하여 비약적으로 성장되었다(<표 9 - 4> 참조).

---

372) 劉會春, "試論中國對外貿易法修訂之意義", 『廣州大學學報』(3 - 12), 2005, 64 - 67쪽.

373) 안재진, "최근 개정된 중국대외무역법의 주요 내용 평가와 시사점", 『상품학연구』, 제23집 제2호, 서울, 상품학연구회, 2005, 45 - 48쪽.

〈표 9-4〉 2004년 대외무역법 제정 전년과 후년의 무역총액 비교

	신법제정 전년도 2003년	신법 제정 후년도 2005년	05년/03년 증가
수출	4,384.7	7,620.1	1.74배
수입	4,131.0	6,601.0	1.60배
무역총액	8,515.7	14,221.1	1.67배
무역총액순위	세계 제4위	세계 제3위	1계단 상승

출처: 중국 상무부 홈페이지(http://www.mofcom.gov.cn/)를 참조하여 재작성

셋째, 심사허가제에서 등록제로의 대외무역권 전환이다. 과거 개인 및 법인이 무역업에 종사하기 위해서는 까다로운 허가절차를 거쳐야 하였으나 등록제로 전환한 것은 큰 변화라고 할 수 있다. 또한 상품과 기술 무역에 관한 자동수출입허가제를 채택하였다. 중국은 오랜 기간 동안 모든 상품과 기술무역에는 수출입허가증제도를 채택하여 대외무역경영자에게 불필요한 행정적 부담을 주었으며 수출입의 제한과 왜곡현상을 초래하여 왔다.[374] 자동수출입허가제도는 대외무역경영자가 일부 자유수출입화물에 대하여 국무원에 무역신청 절차만 거치면 어떠한 제한이나 조건 없이 자동적으로 무역허가를 획득하는 것을 의미한다. 단 법률, 행정법규와 국무원 대외무역 주관부문이 등록을 요하지 않는다고 규정한 것은 예외이다.[375] 이러한 자동수출입허가제는 한 국가의 무역 자유화 수준을 나타내는 지표로서 수출입 수속절차를 간소화하여 무역에 드는 비용을 절감하게 하고 대외무역의 통계적 근거를 제공한다.

---

374) 王劍, "促進對外貿易的快速發展", 『人民司法』(04-6), 2004, 63-66쪽.

375) 從事貨物進出口或者技術進出口的對外貿易經營者, 應当向國務院對外貿易易主管部門或者其委托的机构辦理備案登記; 但是, 法律、行政法規和國務院對外貿易主管部門規定不需要備案登記的除外。備案登記的具体辦法由國務院對外貿易主管部門規定。

2) 대외무역 관련 지적재산권 보호의 강화

무역 관련 지적재산권은 WTO 체제의 3대지주376)의 하나로서 주요 무역국의 국가이익을 보호하는 제도적 장치로 중시되어 가고 있다. 구법에는 지적재산권에 관한 내용이 소량 분산 규정되었지만 그나마 권리인의 권리를 보호하는 데 중점을 둔 것으로 권리인의 권리남용에 대한 내용은 없었다.

중국의 WTO 가입 후, 관세 장벽이 파괴되자 지적재산권 장벽은 기술 장벽, 환경보호 장벽 등과 함께 서구 선진국이 중국의 대외무역을 견제하는 주요 수단이 되었고 지적재산권분쟁에 제소당하는 사례가 속출하였다. 현재 중국은 세계에서 복제품이 제일 많은 국가로 비난을 받고 있으며 미국, 일본, EU로부터 지적재산권 보호를 위한 조치를 취하라는 요구를 계속 받아 왔다.377) 비록 기존의 『특허법』, 『상표법』 및 『저작권법』은 모두 WTO TRIPs협의에 근거하여 개정한 것이나 필경 이러한 법률은 지적재산권 영역 내의 법률관계를 조정한 것일 뿐인 국제무역과 직접 관련한 지적재산권 내용은 포함되지 않은 것이다. 실제 대외무역에 있어 중국 수출입제품에 대한 외국의 지적재산권제소는 갈수록 증가하여 왔으며 이를 중국 측 입장에서 해석하면 분쟁사건의 대부분은 권리인의 권리남용 건으로 이에 관한 자국의 지적재산권을 보호하는 전문 법규가 없었기 때문에 중국 측 대외무역경영자는 더욱 불리한 입장에 처하였다.378)

---

376) WTO 협정 부속서 1은 1A: 무역에 관한 다자간 협정 MTAs, 1B: 서비스무역에 관한 일반협정 GATS, 1C: 무역관련 지적재산권협정 TRIPs 3건의 부속서로 구성되어 있다.

377) 李莉 · 杜宛晏, "我國新對外貿易法初探", 『經濟論壇』, 2004, 48쪽.

378) 薛榮久, "對外貿易法修訂研究", 『國際貿易探索』(4 - 7), 2004, 45 - 48쪽.

따라서 신법에서는 지적재산권을 침해한 상품의 수입을 금지하고 기존 수입품도 지적재산권을 침해하거나 대외무역질서를 교란한 것으로 판명될 경우 수입금지 조치를 취한다고 규정하였다. 또한 중국 기업과 개인의 지적재산권을 보호하기 위한 조치를 취하지 않은 국가에 대해서는 국제조약과 협정에 따른 대응조치를 취할 수 있도록 하였다.

신법은 중국 내에 설정되어 있는 지적재산권을 통해 합법적으로 수입상품에 대한 제한조치를 취할 수 있는 것과 함께 지적재산권자의 권리남용을 방지하거나 예방하기 위한 법적 근거를 제공한 것에 의의가 있다. 특히 신법 제31조는 이른바 중국판 스페셜 301조[379]로서 대외무역에서 지적재산권의 정당한 이익을 수호하겠다는 적극적 의지의 표현이나 미국의 스페셜 301조처럼 일방적인 행동과 조치는 회원국과의 마찰을 초래할 가능성도 없지 않다.

신법의 입법취지 중 실제적으로 제일 우선하는 것은 WTO 가입시 약속한 조건을 이행하는 것보다는 대외무역에서 중국 기업이 지적재산권 분쟁을 피할 수 있도록 하는 것이라고 생각한다. 지적재산권은 기타 권리와 마찬가지로 상대적인 것이며, 합리적이고도 적절한 제한이 필요하다. 따라서 중국 국내법의 형식을 통해 지적재산권에 있어서 열세에 처해 있는 중국 국내기업을 보호하는 것은 해결이 시급한 문제이다. 그러나 신법이 오랜 기간 동안 서구에 의해 지적되어 온 중국의 지적재산권 침해현상을 전면적으로 개선하는 데 도움이 될 것인가를 판단하기는 어려울 것이다.

---

379) 스페셜 301조란 미국의 Omnibus Trade Act 182조를 말하는 것으로 지적재산권 분야만 적용하는 통상법 조항임. 일반적인 불공정 무역에 대한 제재기준이 있는 통상법 제301조에서 지적재산권 분야만 따로 떼어 내어 제301조와 같은 효력을 갖는 규정으로 신설한 것임.

3) 대외무역조사

　대외무역조사는 대외무역관리의 중요한 내용으로서 대외무역관리에 있어서 없어서는 안 될 제도이다. 신법은 최대한도로 국내 산업 이익을 보호하기 위하여 미국과 한국의 법률을 참조하여 국가의 화물수출입, 기술수출입, 국제서비스무역에 대한 국내 산업 및 그 경쟁력의 영향에 대한 조사를 진행한다는 것을 명기하는 한편 조사의 주관기관, 방식, 조치 등을 규정하였다.

　대외무역조사를 단 1개 조항으로 규정한 구법 제32조에 비하여 신법은 조사주체와 조사사항(제37조), 조사절차와 방식(제37조), 협력과 준수의무(제39조) 등으로 구체적 규정을 신설하였다. 즉 조사의 주체를 국무원 대외무역 주관부문 또는 기타 부문으로 확정하였고 조사사항을 반덤핑, 반보조금 및 세이프가드 관련뿐만 아니라 무역장벽과 관련 국가안전 이익의 사항, 대외무역 구제조치의 회피행위를 규제하는 등을 추가하여 대외무역에 영향을 주는 모든 대외무역질서와 관련한 사항을 조사범위에 포함시켰다. 또한 조사의 절차 및 방식을 완비하고 대외무역조사 시 비밀유지 의무를 명기하였다.

　대외무역조사규정을 신법에 추가시킨 것은 최근 몇 년간 중국이 빈번하게 부딪히는 무역마찰 문제를 해소하고 타국의 무역보호주의를 피하고 중국 국내 산업의 이익을 최대한 보호할 수 있는 명확한 법률적 근거를 확보하기 위한 것이다.

4) 무역구제제도

　구법 제5장의 대외무역질서에서 반덤핑, 반보조금, 세이프가드의

내용은 규정되어 있었고 국무원은 2001년 11월 「반덤핑조례」, 「반
보조금조례」, 「세이프가드조례」 등의 행정법규를 제정하였고 이들을
2004년 3월 개정하였으며 상무부의 전신인 대외무역경제합작부는
2002년 9월 「대외무역장벽조사잠정규칙」380)을 공포하였다. 그러나
이러한 법률 행정법규 부문규장 등은 내용이 분산되어 있는데다가
상응한 절차법이 미흡하였기 때문에 잦은 무역 분규 건으로 중국이
전 세계 국가로부터 반덤핑조사의 과녁이 되는 등 막대한 손실을 입
어 왔는데도 효과적인 무역구제 조치를 취할 수 있는 제도적 장치가
되지 못했다.381)

따라서 신법 제45조는 서비스무역 분야에서도 무역구제 조치를 할
수 있도록 추가 규정하고 있으며 신법 제46조는 제3국에 의한 제품
의 수입제한이 국내 산업에 손해나 손해의 위협을 초래하거나 저해
할 경우에 필요한 무역구제 조치를 취할 수 있도록 규정하고 있다.382)
그러나 상기 내용은 WTO협정에 명확한 근거규정은 없는 것이며 신
법에서는 WTO협정에서는 규정되어 있지 않은 무역구제 조치에 대
한 우회행위의 방지조치에 관한 규정도 마련하고 있다. 대외무역 구
제조항의 신설은 중국이 무역상대국의 차별적이고 부당한 법령이나
정책관행, 반덤핑 등 부당한 조치에 따른 피해를 받지 않겠다는 것
을 표명하는 동시에 중국은 향후 불공정 무역행위 지역에 적극적으
로 조사 및 시정을 요구함으로써 국내 산업을 보호하려는 강력한 정

---

380) 한국은 적극적 무역구제제도를 미국 슈퍼 301조(1988년), EU 무역장벽규정
　　 (TBR, 1995년 1월), 중국 대외무역장벽조사잠정규정(2002년)에 이어 세계 네
　　 번째로 도입하였다. 매일경제, 2006. 2. 16., 6쪽.

381) 沈木珠, 『國際貿易法研究』, 法律出版社, 2002, 64－67쪽.

382) 因第三國限制進口而導致某种産品進入我國市場的數量大量增加, 對已建
　　 立的國內産業造成損害或者産生損害威脅, 或者對建立國內産業造成阻碍
　　 的, 國家可以采取必要的救濟措施, 限制該産品進口。

책수단으로 이용될 것이다.

2. 개선하여야 할 문제점

1) 구체적 하위법규의 미비

대외무역법은 기본법으로서 하위법에 대한 지침 작용을 하여야 하나 여전히 원칙적 규정이 많으며 그 구체적 집행에 관한 규정이 미흡하다. 일부 신규 증가된 조항 역시 원칙적 규정에 머물러 있고 상응한 하위법규와 정책조치가 수반되어야만 법 내용의 효율적인 이행이 가능한 부분이 많이 남아 있다.

즉 법률은 있지만 실시 및 세칙규정이 없고, 정부담당자에 의하여 법률해석이 달라지는 등 신법 이행에 관한 문제는 WTO 가입 전과 비교하여 근본적인 해결이 나타나지 않고 있는 상황이다.383)

신법은 실제적인 측면에서 법 내용의 효율적인 이행은 여전히 관련된 행정적 규제의 변경이나 개정이 없이는 불가능한 것으로 보인다. 신법은 대외무역경영자를 개인까지 확대하고 대외무역심사허가제를 등록제로 개선하였으나 개인의 대외무역사업등록의 구체적 절차, 대외무역계약 체결 효력, 수출환급세의 혜택 부여 여부, 납세와 세금환급, 은행대부와 외환관리 신용장 개설 등에 대한 하위규정이 전혀 없다. 이 밖에도 화물과 기술수출입의 비관세조치 및 서비스무역의 비관세조치에 대해서도 공개적이고 투명한 절차법적인 실시세칙이 마련되어 있지 않다.

---

383) 劉俊, 『區域貿易安排的法學進路』, 中信出版社, 2004, 102쪽.

2) WTO원칙에 미흡

WTO 체제는 기본이 되는 원칙으로 무차별원칙, 즉 최혜국대우원칙과 내국민대우원칙을 제시하고 있다. 회원국은 한 국가에 부여한 대우보다 불리하지 않은 대우를 다른 회원국에 무조건적으로 즉시 부여하여야 한다는 최혜국대우원칙과 예외, 회원국은 내국인에게 부여한 대우와 동일한 대우를 회원국 국민에게도 부여한다는 내국민대우원칙과 그 예외를 GATT와 GATS, TRIPs 등 WTO협정문에 광범위하게 규정하고 있다. 또한 WTO 체제는 관리나 편의 등에 있어서 타국이 자국에 인정해 주는 만큼 자국도 타국에 대하여 인정해 준다는 상호주의원칙과 국제경제활동의 자유가 점점 커져 감에 따라 상품과 경제활동에서 실질적으로 시장접근이 보장되어야 한다는 시장접근의 원칙과 국가의 무역에 관한 제도나 관리가 투명해야 한다는 투명성의 원칙을 명시하고 있다. WTO가 제시한 원칙에 비하여 신법 제6조는 "중화인민공화국은 대외무역에 관련해 체결하거나 가입한 국제조약, 협정에 근거하여 타 체결국이나 참가국에 최혜국대우, 내국민대우 등 대우를 부여하거나 호혜, 평등 원칙에 의해 상대방에게 최혜국대우, 내국민대우 등 대우를 부여한다"라고만 규정하였고 최혜국대우, 내국민대우의 원칙과 호혜평등의 원칙을 제외한 나머지 원칙에 대한 언급이 없다. 중국이 WTO에 가입한 지 4년째에 대외무역법을 전면 개정하였음에도 불구하고 이들 원칙을 미기한 것은 아쉬운 점이라고 할 수 있다.

또한 국제서비스무역을 규정한 제4장에는 서비스무역의 수입에만 초점이 맞추어져 있고 수출에 대한 내용이 없다. 또한 제9장 '대외무역의 촉진'에는 서비스무역촉진에 관한 문구가 없다. 서비스무역은 상품무역이나 기술무역에는 없는 서비스무역 특유의 기본원칙과 예외규정이 있으나 신법은 이를 명기하지 않았다. 즉 내국민대우원칙과 시장진입원칙을 제외한 서비스무역 중의 최혜국대우 면제 및 예외와 점진적 자유화원칙은 규정하지 않았다. 주목할 만한 점은 신법은 GATS의 방식에 따라 일반예외와 안전예외로 구분하였으나, 그 일반예외의 규정 중에 GATS가 허용한 서비스무역에만 적용하는 예외규정, 즉 허위와 사기행위 방지규정, 개인정보 처리 시의 프라이버시 보호, 평등하고 유효한 과세의 예외조항 등이 없는 점은 보완하여야 할 사항이라고 평가된다.

3) 단독관세지역 규정 미흡

중국 본토와 홍콩, 마카오, 타이완 4개의 단독관세지역 간의 무역규모가 급증되어 가는 추세와 함께 최근 중국과 홍콩, 마카오는 FTA와 유사한 CEPA를 체결하였고 타이완과 CEPA를 체결하는 문제에 대해 높은 관심을 가지는 등 경제무역 관계는 갈수록 긴밀하여지고 있다. 그러나 신법 제69조는 구법 제43조를 그대로 유지하여 "중국의 단독관세지역은 본 법을 적용하지 않는다(中華人民共和國的單獨關稅區不適用本法)"고 하여 중국의 단독관세지역 중요성에 비하여 지나치게 간략하게 규정하였다. 따라서 중국 본토와 홍콩, 마카오 단독관세지역의 법적 지위의 확정을 비롯하여 단독관세지역 사이의 서비스무역에서 내국민대우 부여 문제, WTO의 분쟁해결, 중국 단독관세지역 간의 WTO 분쟁해결 적용방식 등 시급한 해결이 요청되는 문제들을 대외무역 관련 법규의 기본법으로 명확히 규정할 필요성이 있다고 판단된다.

V. 결 론

신법은 대외무역관리의 법적 근거 마련에 편중된 구법에다가 서비스 기능을 강화하고 WTO 회원국으로서의 권리와 의무를 국내법화한 것이라고 총평할 수 있다.

또한 신법 전체를 일관하는 가장 뚜렷한 특징은 중국 국내 산업의 이익보호를 위해 WTO원칙이 허용범위 내에서 불평등하고 불공정한 무역조치에 대한 대응조치를 추가함으로써 WTO 가입 이후의 추세에 대응하려는 것이다.

중국은 신법을 통해 중국이 자유무역, 공정무역을 표방하는 국가이며 WTO 양해각서 이행을 위하여 노력한다는 입장을 표명함으로써, 분쟁상대국의 이해를 구하는 동시에 계속되는 무역장벽 시비를 줄일 수 있기를 기대하고 있다.

대외개방의 진전에 수반한 무역환경의 변화에 대응하기 위한 것으로 중국 대외무역업의 방향을 제시하는 제도적인 규정으로 평가되는 동시에 향후 사회주의시장경제의 발전을 촉진하는 데 있어서 중요한 작용을 하게 될 것으로 보인다.

그러나 신법의 가장 중요한 실제적 입법취지는 WTO 가입 시 약속한 조건을 이행하는 것보다는 대외무역에서의 중국 기업이 지적재산권 분쟁을 피할 수 있도록 하는 것이라고 분석된다. 따라서 중국 측 입장에서는 국내법의 형식을 통해 지적재산권에 있어서 열세에 처해 있는 국내기업을 보호하려고 하겠지만 신법이 중국의 지적재산권 침해현상을 전면적으로 개선할 수 있을 것인지는 긍정적으로 전망하기가 곤란하다.

그리고 중국의 체제전환에서 가장 큰 장애요인의 하나로 작용하는 것은 법제화가 곧바로 법치화로 정착되지 않는다는 점을 주의하여야 할 것이다. 실제적인 측면에서 법 내용의 효율적인 이행은 여전히 관련된 행정적 규제의 변경이나 개정이 없이는 불가능할 것으로 보인다. 따라서 우리의 대통령령에 해당하는 행정법규와 부령에 해당하는 상무부가 제정하는 각종 부문규장 및 각 지방정부가 제정하는 지방성 법규 등의 파악과 적용에 각별한 관심을 기울여야 할 것이다.

10. 중국 대외무역구제 제도

I. 서 론

대외무역에 지대한 영향을 미치는 중국무역구제제도의 법제와 운용메커니즘 등을 정확하게 이해하고 대처할 수 있어야 한중경제 관계의 확대발전을 도모할 수 있다.

중국은 자국 산업 보호수단으로 종전까지 관세와 비관세(장벽)를 사용했지만 WTO 가입 이후 반덤핑, 반보조금, 세이프가드 등 WTO 규정에 부합하는 수단을 적극 활용하고 있다.

한국은 중국의 최대 수입규제대상국으로서 중국의 경제성장과 대외무역량의 확대속도, 일부산업의 경기과열과 무역수지적자 시정을 위한 최근의 긴축경제기조 등을 감안한다면 중국의 수입규제는 더욱 확대될 전망이다.

특히 한중 간 외교관계 수립 이후 지속되고 있는 중국의 대한국 무역수지역조현상과 우리나라 주요 수출상품의 높은 중국시장(의존도)을 고려할 뿐만 아니라 중국의 수입규제 조치가 주로 우리나라가 수출을 많이 하고 있는 원부자재에 집중돼 있고 범위도 갈수록 확대될 전망[384]이어서 이에 대한 대책 마련이 시급한 상황이다.

---

384) 2004년 4월 말까지, 중국이 1997년 신문용지 사건 이후 제소한 총 30건의 반덤핑 조사 중 22건이 한국산 제품이다.

이를 위해서는 중국무역구제제도의 체계와 운영에 대한 정확한 분석과 이해가 긴요하다.

Ⅱ. WTO 무역구제제도

무역구제제도란 특정 물품의 수입으로 인해 (국내)산업이 피해를 입거나 입을 우려가 있을 경우 해당 (수입)물품에 대해 관세조치 및 비관세조치 등의 구제 조치를 취해 국내 산업을 보호하는 제도를 말한다. 이러한 무역구제제도는 좁은 의미에서 반덤핑관세, 상계관세, 세이프가드로 구분할 수 있으며 보다 의미를 확대하면 불공정무역행위조사제도를 포함한다.

1. 반덤핑관세(Anti-Dumping Duty System: AD)

외국물품이 정상가격(수출국 국내시장 가격) 이하로 국내에 들어와 국내 산업이 실질적인 피해를 받거나 받을 우려가 있을 때 또는 국내 산업의 확립을 지연시킬 때 반덤핑 여부를 조사하게 된다. 조사 결과 반덤핑 판정이 내려지면 정상가격과 덤핑가격의 차액 범위 내에서 반덤핑관세를 부과함으로써 공정한 가격경쟁이 이뤄지도록 한다.

여기서 덤핑판정의 주요 기준은 수입물품에 덤핑행위가 존재하는지, 해당 물품의 수입으로 국내 산업에 피해가 야기됐는지, 덤핑행위와 국내 산업에 대한 피해 간에 인과관계가 존재하는지 등이다.

2. 상계관세(Countervailing Duty System: CVD)

수출국 정부로부터 보조금을 받아 수출경쟁력이 높아진 물품이 수입돼 국내 산업이 실질적인 피해를 받거나 받을 우려가 있을 때 또는 국내 산업의 확립이 지연될 때 상계관세를 부과하게 된다. 이때 부과되는 관세는 정부 보조금 범위 내에서 결정된다. 상계관세도 반덤핑관세와 마찬가지로 수입되는 특정물품에 대한 보조금 지급행위가 존재하는지, 해당 물품의 수입으로 국내 산업에 피해가 야기됐는지, 보조금 지급행위와 국내 산업에 대한 피해 간에 인과관계가 존재하는지 등이 관세 부과의 주요한 잣대이다.

3. 세이프가드(Safeguard: SG)

반덤핑관세와 상계관세가 불공정한 거래를 대상으로 하는 것과 달리 세이프가드는 공정한 거래에 대한 조치이다. 수출국의 공정한 수출행위에 의한 수입이라도 특정물품의 수입이 급격히 증가해 국내 산업이 심각한 피해를 받거나 받을 우려가 있을 때, 조사를 실시해 수입수량을 제한하거나 관세율을 인상하는 등의 구제조치를 취하게 된다.

반덤핑과 반보조금, 세이프가드 이 세 가지는 모두 수입에 의해서 수입국 내의 산업이 피해를 입는 것을 방지하기 위한 WTO 체제하에서의 합법적인 산업피해구제제도라는 데 공통점이 있다. 이러한 일종의 보호무역조치는 세계적으로 자국의 산업보호를 위해 날로 늘어나고 있는 실정이다.

세 가지 조치 모두 자국 산업의 피해가 증명되어야 하나 그 피해 정도에서는 차이가 있다. 바로 반덤핑이나 반보조금에서 자국 산업의 실질적인 피해와 세이프가드에서 자국 산업의 심각한 피해에 차이가 있다. 반덤핑이나 반보조금에서의 실질적인 피해에 비해서 세이프가드의 심각한 피해가 더욱 높은 정도의 피해를 의미하는 것이라고 할 수 있다.

그리고 반덤핑과 반보조금을 비교해 보면 이 두 조치는 유사한 점이 매우 많이 있다. 덤핑과 보조금에 대한 조치는 때로는 특별상쇄수입관세(보조금의 경우에는 상계관세)의 형태를 갖는다. 반덤핑관세와 마찬가지로 상계관세도 특정 국가의 수입품에 부과되므로 GATT의 관세양허원칙과 모든 무역상대국을 동등하게 대우한다는 무차별원칙에 위배되는 것이다. 양 협정은 회피조항(Escape Clause)을 규정하고 있으나, 이들 또한 관세를 부과하기 전에 수입국 국내 산업의 피해를 입증하는 충분한 조사의 수행을 기초로 하고 있다. 이처럼 이 두 조치는 많이 유사하다고 할 수 있으나, 근본적으로 다른 점이 존재한다.

표와 같이 덤핑은 개별 회사에 의한 행위이지만, 보조금은 회사에 직접적으로 보조금을 지급하거나 또는 회사의 요청에 따라서 특정 소비자를 보조하는 형태를 띤 정부나 또는 정부기관의 행위이다. 그러나 WTO는 회원국과 회원국 정부의 기구이기 때문에, WTO는 사기업이나, 덤핑행위와 같은 사기업의 행위를 규율할 수 없다. 그러므로 반덤핑협정은 단지 정부가 사기업의 덤핑행위에 취할 수 있는 조치에 관해서만 규정하는 것이다. 보조금과 관련해서 정부는 보조금을 지급하거나 또는 다른 국가의 보조금지급에 대하여 대응조치를 취하는 두 가지의 방향으로 행동할 수 있다. 그러므로 보조금 및 상계조치에 관한 협정은 보조금과 그 대응조치의 양자를 모두 규율하고 있다.

〈표 10-1〉 반덤핑과 반보조금의 비교

조치형태 \ 차이점	반덤핑	반보조금
행위주체 측면	개별회사의 행위 (덤핑행위의 주체)	정부의 행위 (보조금지급행위의 주체)
정부조치 측면	사기업의 덤핑행위에 취할 수 있는 대응 조치에 관해서만 규정	보조금을 지급하는 조치와 그 대응조치의 양자를 모두 규정

세 가지 무역구제 조치에는 근본적인 차이점 외에 조사과정에서부터 처리과정에 이르기까지 많은 부분에서 유사한 점과 차이점을 가지고 있다.

〈표 10-2〉 WTO 협정상의 반덤핑, 반보조금, 세이프가드

구분	반덤핑	반보조금	세이프가드
개념	외국상품의 덤핑행위로 국내 산업이 피해를 입거나, 피해를 입을 우려가 있을 경우 국내 산업을 보호하기 위하여 당해 덤핑상품에 조세를 부과하는 조치	보조금의 지급을 받은 물품의 수입으로 국내 산업이 피해를 받거나 받을 우려가 있을 때 당해 수입물품에 내하여 해당 보조금에 상당하는 상계관세를 부과하는 조치	공정무역에 의한 수입일지라도 수입의 증가로 인해 국내 산업이 심각한 피해를 입거나 우려가 있는 경우 당해 물품의 수입을 일시적으로 제한하는 긴급대응조치
발동 요건	*덤핑의 결정-수출된 물품의 수출가격과 수출국 내의 동 제품의 정상가격과 비교하여 수출가격이 정상가격보다 낮을 시 *국내 산업에 대한 피해 결정	피해의 판정-보조금이 수입국의 기존산업에 '실질적인 피해' '실질적인 피해우려'를 야기할 때, '새로운 국내 산업의 확립에 대해 실질적 지체'	국내생산에 비해 절대적, 상대적인 수입증가, 동종, 직접 경쟁상품을 생산하는 국내 산업에 심각한 피해나 피해 우려, 수입증가와 국내 산업 피해 간의 인과관계 증명
자국 산업 피해 조사	*국내 산업의 서면신청으로 조사 개시 *기한-조사개시결정공고 일로부터 12개월 내 *조사의 종결-제소자의 신청철회, 수출자의 만족할 만한 가격조정 예 비(최종)판정 시 무시할 수 있는 경우	*국내 산업의 서면신청으로 조사 개시 *기한-조사개시결정공고일로부터 12개월 내 *조사의 종결-수출국 정부의 보조금 중단 또는 삭감, 수출업자의 자발적이고 만족할 만한 가격수정 약속	*국내 산업의 신청 *조사 당국의 국내 산업의 피해에 대한 결정은 사실에 근거, 당해 산업의 상황에 영향을 미치는 객관적이고 계량 가능한 모든 관련 요인(점유율, 판매, 생산성, 가동률, 고용수준 등)을 평가

구분	반덤핑	반보조금	세이프가드
잠정 조치	확정반덤핑관세부과 전 국내 산업의 피해확대방지 목적으 로 예비판정에 따라 잠정조 치 가능	보조금이 국내 산업에 피해를 야기했다는 긍정적 예비판정에 따라 잠정조치 가능 (조사개시일로 60일 후에 적 용 가능, 4개월 초과 못 함)	지연되면 회복되기 어려운 피 해가 있는 긴급한 상황, 심각한 피해를 야기했다는 긍정적 예 비판정에 따라 잠정조치 가 능(200일 이내의 기간)
확정 조치	*가격약속, 반덤핑관세, 우 회수출방지조치 등	*보조금의 추정액에 상당하 는 금액 이하로 상계관세 를 부과, 담보의 제공을 명 하는 조치	*관세인상, 수량제한, 구조조정지원
조치 존속 기한	5년 (종결 시 국내 산업에 피해를 초래할 것을 입증하지 못하 는 한)	5년 (단, 보조금이 지속되는 한 존속된다)	4년(단, 기한연장의 정당한 증 거가 있을 시는 8년)

Ⅲ. 중국 대외무역구제제도의 체계

1. 중국 대외무역구제법체계

1994년 대외무역법에 근거하여 국무원은 1997년 3월 25일 「반덤핑 및 반보조금조례」를 제정·공포하였다. 이 조례는 반덤핑조사와 반보조금조사에 대한 실체적이고 절차적인 조항들로 이루어져 있다. 그러나 조례의 선언적 규정, 조사자의 재량권 남용 가능성, 조사절차의 투명성 결여, 조례제정의 WTO협정 불일치 등이 문제점으로 제기되었다.

동 조례에 의거해 1997년 12월 10일 중국 최초로 미국(한국) 캐나다산 수입신문용지를 대상으로 반덤핑조사가 시작되었다. 2002년 새로운 반덤핑조례가 시행되기 전까지 12건의 반덤핑조사가 진행되었으며, 이 기간 동안 반보조금 및 세이프가드조사는 신청되지 않았다.

　WTO 가입이 확정된 직후인 2001년 11월 26일 국무원은 새로운 「반덤핑조례」, 「반보조금조례」, 「세이프가드조례」를 2002년 1월 1일부로 시행한다고 공포하였다.

　이들 3개의 조례제정 및 개정은 중국 무역구제제도의 내용과 실무적 집행절차를 개선시키고 합리화시키는 조치였다. 2002년 덤핑조례 시행 첫해에 중국은 동판지, PVC, 철강제품 등 무려 9건의 수입품에 대해 반덤핑조사를 진행하였다.

　구 대외무역경제합작부는 국무원에서 제정된 3개의 조례에 근거하여, 2002년 2∼3월에 걸쳐 부문규장 18건을 제정, 공포하였다.

1) 「반덤핑조례」 관련 부문규장

　1. 반덤핑가격약속잠정규칙, 2. 반덤핑관세환급잠정규칙, 3. 반덤핑물품범위조절절차에 관한 잠정규칙, 4. 반덤핑설문조사잠정규칙, 5. 반덤핑신규수출업체제조사잠정규칙, 6. 반덤핑조사개시에 관한 잠정규칙, 7. 반덤핑조사공개정보열람잠정규칙, 8. 덤핑 및 덤핑마진의 중간재심사잠정규칙, 9. 반덤핑조사정보공개잠정규칙, 10. 반덤핑추출조사잠정규칙, 11. 반덤핑현지조사잠정규칙

2) 「반보조금조례」 관련 부문규장

　1. 반보조금조사질의서규칙, 2. 반보조금조사공청회규칙, 3. 반보조금현장조사규칙, 4. 반보조금조사개시규칙 등

3) 「세이프가드조치」 관련 부문규장

1. 세이프가드조사공청회규칙, 2. 세이프가드조사개시규칙, 3. 세이프가드에 관한 생산품범위조정규칙

중국은 2004년 4월 개정된 대외무역법의 기초 아래, 「반덤핑조례」, 「반보조금조례」, 「세이프가드조례」 등 대외무역 구제조치 관련 법규를 대외개방 확대와 정책의 투명성 확보에 초점을 두고 개정하여 2004년 6월 1일부터 시행하고 있다. 이것은 WTO의 관련 법칙에 부합되게 개정한다는 의의가 있으며, 향후 무역환경의 평등한 경쟁과 국내 산업의 권익을 지켜 나가기 위한 더욱 힘 있는 법적 보장을 제공해 줄 것이라는 기대효과가 있다.

〈표 10-3〉 중국 대외무역구제법체계

구 분	제정 기관	반덤핑	반보조금	세이프가드
법률	전인대 상무위	대외무역법	대외무역법	대외무역법
행정 법규 (총리령)	국무원	반덤핑조례	반보조금조례	세이프가드조례

부문규장 (부령)	구 대외 무역 경제 합작부	1. 반덤핑가격약속잠정규칙 2. 반덤핑관세환급잠정규칙 3. 반덤핑물품범위조절절차에 관한 잠정규칙 4. 반덤핑설문조사잠정규칙 5. 반덤핑신규수출업체제조사잠정규칙 6. 반덤핑조사개시에 관한 잠정규칙 7. 반덤핑조사공개정보열람잠정규칙 8. 덤핑 및 덤핑마진의 중간재심사 잠정규칙 9. 반덤핑조사정보공개잠정규칙 10. 반덤핑추출조사잠정규칙 11. 반덤핑현지조사잠정규칙	1. 반보조금조사질의서 규칙 2. 반보조금조사공청회 규칙 3. 반보조금현장조사규칙 4. 반보조금조사개시규칙 등	1. 세이프가드조사공청화규칙 2. 세이프가드조사개시규칙 3. 세이프가드에 관한 생산품범위조정규칙
부문규장 (부령)	구 국가 경제 무역 위원회	1. 산업피해조사공청회규칙과 조사 2. 판정에 관한 규정	1. 산업피해조사공청회규칙과 조사 2. 판정에 관한 규정	1. 산업피해조사공청회 규칙과 조사 2. 판정에 관한 규정

2. 중국 대외무역구제기관

1) 일원화 수직형 시스템

2003년 3월 개최된 제10기 전국인민대표대회 제1차 회의에서 승인된 국무원 조직개편계획에 따라 종전에 무역구제조사와 집행을 담당했던 대외무역경제합작부와 국가경제무역위원회의 기능은 상무부라는 새로운 조직으로 통합되었다. 상무부의 주요기능은 시장운영과 유통질서의 규범화에 관한 정책법규의 연구 및 초안 작성, 시장체제의 구축 및 완비 촉진, 유통체제개혁의 심화, 시장운영과 상품의 수급상황에 대한 감독 및 분석, 국제경제협력 주선, 반덤핑, 반보조금 관련 사항 조정 및 산업피해조사 등이다.

이는 국내무역과 대외무역을 이원적으로 관리하던 정부체계를 중국 최초로 통합 관리하고 정부조직기구를 대외무역체제의 개혁과 시장지향적인 체제로 개편하였음을 의미한다. 즉 중국의 대외무역조사기관은 종전의 미국형 이원적인 병렬형에서 EU형에 가까운 일원화된 수직형 시스템으로 변경된 것이다. 비교법적으로 비교해 볼 때, 수직형을 취하는 국가의 조사기관은 조사를 진행하는 기간이 비교적 짧아 일반적으로 9개월에서 12개월 내에 조사개시로부터 최종판정까지의 전반 과정을 종료하며 덤핑이 성립될 확률이 비교적 높다. 반면에 병렬형은 조사기간이 비교적 길어 통상 12~18개월이 소요되고 최종판정에서 반덤핑이 성립되는 확률은 50% 미만이다. 실제로 상무부 출범 이후 조사업무의 진행속도가 빨라지는 등 효율성이 제고되고 있다.

상무부 산하 무역구제담당부서인 '수출입공평무역국'과 '산업피해조사국'의 조직과 주요업무는 다음과 같다.

2) 수출입공평무역국

상무부 수출입공평무역국은 10처 1실로 이루어져 있다.

주요업무는 첫째, 반덤핑·반보조금·세이프가드 등 수출입 공평무역과 관련된 작업 및 대외업무를 관할한다. 수입사건의 접수, 조사개시, 공고, 생산품범위조정, 정보공개, 이해당사자에 대한 통보 등을 책임진다. 또한 세이프가드, 덤핑상품 수입, 보조금을 받은 상품의 수입증가에 대한 조사와 판정을 한다.

둘째, 산업피해조사국과 함께 상무부 명의로 발표되는 관련 공고를 제정하고, 실행을 감독하고 평가한다.

셋째, 수출가격 가격수락과 관련된 협의와 교섭을 책임지고, 수출가격 수락을 체결하며 실행을 감독한다.

넷째, 중국에 수출하는 외국상품의 반덤핑, 반보조금, 세이프가드에 대한 응소 및 관련 작업을 지도, 조정하며 응소 메커니즘을 제정한다.

다섯째, 각국의 무역과 투자에 관한 법률, 법규, 정책을 분석하고 중국에 대한 차별적인 내용이나 정책에 대해 협의, 교섭을 진행하고, 이에 대한 작업을 실시한다. 또한 수출입상품과 관련된 상황을 분석하며, 전 세계 무역투자 장벽에 관한 조사 및 경고 네트워크와 메커니즘을 수립하고, 정기적으로 각국 무역투자 환경에 관한 조사를 한다.

여섯째, 관련 부처를 조정하여 다자간 또는 쌍방 간의 무역협상 중 무역구제 조치와 도 관련된 내용에 대해 중립적인 입장을 견지하고 관련 협상에 참여한다. 같은 맥락에서 WTO의 반덤핑, 반보조금, 세이프가드에 관한 협의에 명시된 다자간 또는 쌍방 간의 협상을 책임진다.

3) 산업피해조사국

상무부 산업피해조사국 조직은 7개 처로 구성되어 있는데 다음과 같다. 주요업무는 반덤핑(조사 1처), 반보조금(조사 3처), 세이프가드(조사 2처) 조사와 관련하여 국내 산업이 입은 피해 및 인과관계를 조사하고 판정한다. 사건과 관련한 산업피해조사의 예비판정과 최종판정의 초안을 책임지고 사건이 미치는 공공이익 문제에 관한 조사와 이에 대한 의견을 제시한다. 사건과 관련된 수출가격수락에 관한 협상에 참여하고 체결한다. 상무부 명의로 발표된 공고제정에 참여하고 사건과 관련된 우회방지에 관하여 조사하고 판정한다. 또한 산업피해경고 메커니즘 수립방안을 제정하고 실시한다.

Ⅳ. 「반덤핑조례」

1. WTO 가입 약속사항

중국은 WTO 가입 시 반덤핑 및 반보조금 관련 규칙·절차를 WTO의 반덤핑협정 및 보조금협정에 부합하도록 개정할 것을 약속하였다. WTO 작업반은 중국의 반덤핑 및 반보조금 조사 관행이 GATT 1994 제Ⅵ조(반덤핑 및 상계관세)와 배치된다는 우려를 표명하였다. 특히 중국의 덤핑마진 산출 근거가 이해당사들에게 공개되지 않고, 수입 증가와 피해 간의 인과관계 판정이 충분한 근거를 토대로 한 객관적인 검토에 의해 행해지고 있지 않다고 지적하였다.

이에 대해 중국은 WTO 가입에 따라 반보조금 및 상계관세에 관한 규칙·절차를 WTO의 협정에 부합하도록 개선할 것을 약속하였다. 그 대신 중국을 비시장경제제국으로 취급하는 특례를 (15)년간 인정하였다. 즉 중국 이외의 WTO 가입국이 중국산 제품에 대하여 반덤핑 조치 또는 반보조금조치에 대한 조사를 실시할 경우, 가격비교 및 보조금액의 산정에 관하여 중국을 '(비)시장경제제국'으로 취급하는 특례(예: 정상가격 산정 시 제(3)국 국내가격과 생산비용을 지표로 사용할 수 있고, 보조금 수령자의 이익 산정 시 중국의 공여조건이 아닌 제3국에 있어서의 공여조건을 감안하여 이익금액을 산정할 수 있음)가 가입 후 15년간 인정된 것이다.

2. 2004년 「반덤핑조례」

상기가입 약속에 따라 2001년 11월에 「반덤핑조례」와 「반보조금조례」를 공포하여 2002년 1월 1일부터 시행하고, 이를 다시 2004년 3월 31일 개정하였다. 이에 따라 기존의 「반덤핑 및 반보조금조례」는 폐지하였다.

2004년 「반덤핑조례」의 특징은 다음과 같다.

첫째, 조사기관의 통일이다. 신조례에서는 과거 대외경제무역합작부와 경제무역위원회가 책임지던 반덤핑 조사를 (상무부)가 모두 관할하는 것으로 되어 있다. 상무부가 통일된 원칙과 절차로 조사를 행함으로써, 외국의 업체들이 「반덤핑조례」의 가장 큰 문제로 지적한 조사과정의 복잡함과 중복을 줄인다는 방침이다.

둘째, "반덤핑 관세는 (공공이익)에 부합해야 한다"는 조항이 추가됐다. 과거 반덤핑 관세가 특정산업의 요구에 따른 수입제한 기능을 주로 했다는 비난을 피하기 위해, 공공이익이라는 정당성을 내세웠다.

셋째, 반덤핑관세의 (소급)적용을 강화했다. 종전에는 수입상품이 국내 산업에 손해를 입힌 사례가 있거나, 단기에 대량으로 수입된 경우에 한해서 반덤핑관세 부과 결정일로부터 90일 전까지 소급하여 반덤핑관세를 부과할 수 있었다. 하지만 신조례에서는 상무부의 조사 결과 상기 사항에 모두 해당될 경우 반덤핑관세를 소급 적용할 수 있다고 명시하면서, 반덤핑관세의 소급적용에 대한 구체적인 기간을 명시하지 않음으로써 소급기간을 연장한 것으로 판단된다.

또한 상기의 경우에 해당하는 상품은 수입계약을 체결하기 전에 수
입상품에 대한 수입등기를 하게 하여 수입절차를 까다롭게 변경했다.

3. 주요 내용

1) 반덤핑 주관기관

구 조례는 반덤핑과 손해의 조사분석은 서로 다른 기관이 맡는 것
으로 하고 있으나 2003년 3월 국무원 기구개혁으로 상무부가 설립
된 후 상무부는 반덤핑 주무부처가 되었으며 신조례는 이것을 확인
하고 상무부는 통일적으로 반덤핑과 손해의 조사와 확정을 결정한다
(제1조).385) 그중에 농산품의 반덤핑 관련은 국내 산업 손해조사회와
(농업부)가 공동으로 담당한다. 국무원 관세세칙위원회는 (임시) 반
덤핑세를 포함한 반덤핑세의 세율과 징수를 결정하는 기관이고 세관
(海關總署)은 반덤핑세의 징수를 집행하는 기관이다.

인민법원은 최종결정에 불복할 경우나 반덤핑세 징수 여부의 결정
및 추징, 세액반환, 새로운 수출경영자에 대한 징세결정에 불복할 경
우, 또는 재심결정에 불복할 경우에 제기한 행정소송을 처리한다(「반
덤핑조례」 제59조).386) 제1심 반덤핑 행정소송은 피고인 소재지 고
급인민법원이 지정한 (중급)인민법원 또는 피고인소재지 고급인민법
원이 관할한다.

---

385) 對傾銷的調查和确定, 由商務部負責。

386) 对依照本条例第二十五条作出的终裁决定不服的, 对依照本条例第四章作
　　 出的是否征收反倾销税的决定以及追溯征收、退税、对新出口经营者征税
　　 的决定不服的, 或者对依照本条例第五章作出的复审决定不服的, 可以依
　　 法申请行政复议, 也可以依法向人民法院提起诉讼。

2) 반덤핑 및 손해의 확정

덤핑이란 정상적인 무역과정 중에서 수입제품이 (정상가치)보다 낮은 가격으로 중국시장에 진입함을 말한다(「반덤핑조례」 제3조).[387) 정상가치의 확정방법과 구별은 수입제품의 정상가치는 상황에 따라 다른 방법으로 구별하여 확정하여야 한다. 첫째, 수입제품의 동종 제품이 수출국 국내시장의 정상무역과정 중, 불변가격이 있는 경우에는 그 불변가격을 정상가치로 한다. 둘째, 수입제품의 동종 제품이 수출국 국내시장의 정상무역과정 중, 판매되지 않았거나 또는 동종 제품의 가격, 수량을 공평하게 비교할 수 없는 경우, 당 동종 제품이 적당한 제3국에 수출된 불변가격 또는 당 동종 제품이 원산국(지역)에서의 생산원가에 합리적인 비용, (이윤)을 가한 것을 정상가치로 한다.

셋째, 수입제품이 원산지에서 직접 수입되지 않은 경우에는 전관 제(1)항 규정에 의해 정상가치를 확정한다. 그러나 제품이 수출국을 통과할 뿐, 수출국에서 생산되지 않았거나 또는 수출국에 불변가격이 없는 경우에는 (원산지)에서의 당 동종 제품의 가격을 정상가치로 한다(제4조).

수입제품의 수출가격도 상황에 따라 다른 방법에 구별하여 확정해야 한다.

첫째, 수입제품이 실제 지불된 또는 지불해야 하는 가격이 있는 경우에는 당 가격을 수출가격으로 한다. 둘째, 수입제품이 수출가격이 없거나 또는 가격이 확실치 않을 경우에는 당 수입제품이 독립적인 구매자에게 판매된 가격에 근거하여 추정한 가격을 수출가격으로

---

387) 傾銷, 是指在正常貿易過程中進口産品以低于其正常价値的出口价格進入
　　中華人民共和國市場。

한다. 그러나 당 수입제품이 독립적인 구매자에게 판매되지 않은 경우 또는 수입 시의 상태로 판매되지 않은 경우에는 (상무부)가 합리적인 기준에 근거하여 추정한 가격을 수출가격으로 한다(제5조).

3) 덤핑마진의 산정

수입제품의 수출가격이 정상가치보다 (낮은) 부분을 덤핑마진이라고 한다. 수입제품의 수출가격과 정상가치는 가격에 영향을 주는 불변요인을 고려하여 (공평), 합리적인 방식에 의해 비교하여야 한다. 덤핑마진의 확정은 가중평균 정상가치와 모든 비교수출거래의 가중평균가격을 비교하거나, 또는 정상가치와 수출가격은 일일이 거래한 기초로 비교해야 한다. 수출가격이 구매인, 지역, 시기에 따라 매우 큰 차이가 존재하여 전관 규정에 한 방법으로 비교할 수 없는 경우에는 가중평균 정상가치와 (단일)수출거래가격으로 비교할 수 있다.

4) 손해의 확인

덤핑이 국내 산업에 조성한 손해 확정 시, 아래 사항을 심사해야 한다.
(1) 덤핑수입제품의 양, 여기에는 수입제품의 절대수량 또는 국내 동종 제품과 비교할 때 생산 또는 소비된 양의 대량 증가 여부, 또는 덤핑 수입제품의 대량 증가 가능성을 포함한다.
(2) 덤핑수입제품의 가격, 여기에는 덤핑수입제품의 가격 삭감 또는 국내 동종 제품의 가격에 대한 대폭의 억제, 압박 등의 영향 발생을 포함한다.
(3) 덤핑수입제품이 국내 산업의 관련 경제요소와 지표에 주는 영향

(4) 덤핑수입제품의 수출국(지역), 원산국(지역)에서의 생산능력, 수출능력, 피조사제품의 재고상황

(5) 국내 산업에 손해를 조성한 기타의 요인

5) 반덤핑조사관련

반덤핑조사는 아래의 절차에 따라 진행한다.

(1) 신청: 국내 산업 또는 국내 산업을 대표하는 (자연인), 법인 또는 관련 조직(이하 신청인이라 통칭함)은 본 조례의 규정에 의해 상무부에 반덤핑조사의 서면신청을 제출할 수 있다.

(2) 입건(조사개시): 상무부는 신청인이 제출한 신청서 및 관련 증거 접수일로부터 60일 내 당 신청이 국내 산업 또는 국내 산업을 대표하여 제출한 것인지에 대한 심사, 신청서내용 및 첨부한 증거 등에 대한 심사를 실시하고 아울러 입건 여부를 결정해야 한다(제16조).

특수상황하에서는 상무부가 반덤핑조사의 서면신청을 받지 못했지만 충분한 증거가 있어 덤핑과 손해 및 양자 간에 인과관계가 존재한다고 인정되는 경우에는 입건을 결정할 수 있다(제18조).

(3) 조사 및 공고: 반덤핑조사는 마땅히 입건조사결정 공고일로부터 (12)개월 내 완료해야 하며 특수한 상황이 있는 경우에는 연장할 수 있으나 6개월을 초과할 수 없다(제26조).

6) 반덤핑조치

(1) 임시반덤핑조치

초보적인 판정에 의해 덤핑이 성립된다고 확정되고 아울러 국내 산업에 손해를 조성한 경우 임시 반덤핑세를 징수하고 보증금, 보증서 또는 기타 형식의 담보제공을 요구할 수 있다(제28조). 임시반덤핑조치 실시 기한은 임시반덤핑조치 결정 공고 규정 실시일로부터 4개월을 초과하지 않는다. 특수한 상황하에서는 9개월까지 연장할 수 있다(제30조).

(2) 가격수락

덤핑 수입제품 수출경영자는 반덤핑 조사기간에 상무부에 가격 변경 또는 덤핑가격에 의한 수출을 중지한다는 가격수락을 할 수 있다(제31조). 수출경영자가 제출한 가격수락을 접수할 수 있고 아울러 (공공이익)에 부합한다고 인정하는 경우, 상무부는 반덤핑조사의 중지 또는 종지를 결정하고 임시반덤핑조치 또는 반덤핑세 징수 조치를 취하지 않을 수 있다(제33조 제1관).

단 가격수락은 자원의 원칙에 의하여야 한다. 상무부는 수출경영자에게 가격수락을 건의할 수 있으나 가격수락을 강제할 수 없다. 상무부는 덤핑 및 덤핑으로 인해 조성된 손해에 대해 긍정적인 초보적 판정 결정을 하기 전에 가격수락을 제안하거나 또는 가격수락을 접수해서는 안 된다(제33조 제3관).

(3) 반덤핑세

최종 결정에 의해 덤핑이 성립된다고 확정되고 아울러 국내 산업에 손해를 조성한 경우, 반덤핑세를 징수할 수 있다. 반덤핑세는 마땅히 공공이익에 부합해야 한다(제37조).

(4) 반덤핑세 추징

최종결정에 의해 실질손해가 존재한다고 확정되고 아울러 그 이전에 이미 임시반덤핑조치를 취한 경우, 반덤핑세는 이미 임시반덤핑조치를 취한 기간에 대해 세액을 추징할 수 있다(제43조).

(5) 재심

재심은 반덤핑세를 포함한 가격수락의 계속적인 이행 필요성에 대하여 진행할 수 있다. 반덤핑세의 유효기간 내에 이해관계 당사자는 재심을 상무부에 청구할 수 있다. 단, 발효된 후 상무부는 정당한 이유가 있는 상황하에서 반덤핑세의 계속적인 징수 필요성에 대한 재심을 결정할 수 있다. 가격수락 필요성에 대한 재심은 상무부가 정당한 이유가 있다고 판단하는 경우 진행할 수 있다. 재심결과에 근거하여 상무부가 본 조례 규정에 의해 반덤핑세의 유보, 수정 또는 취소 건의를 제출한다. 국무원관세세칙위원회는 상무부의 건의에 근거하여 결정을 하며 상무부가 공고한다. 또는 상무부가 본 조례 규정에 의해 가격약속의 유보, 수정 또는 취소결정을 하고 아울러 공고한다(제50조). 재심기한은 재심개시 결정일로부터 12개월을 초과하지 않는다(제51조).

4. 문제점

첫째, 조례의 구체성이 부족하다. 실제로 중국「반덤핑조례」는 전체 59개조에 총 6,000자에 불과한 법규로서, 반덤핑제도에 대하여 너무 간소하고 개괄적으로 규정되어 있다. 중국「반덤핑조례」의 제정은 비시장경제국가인 중국에서 시장원리와 질서유지를 목표로 하는 제도인 반덤핑 관련 규범이 도입 및 운용되기 시작했다는 점에서 상징적인 의미는 존재하지만,「반덤핑조례」자체만으로는 적극적이고 구체적인 법적용에는 문제가 많은 법률이라고 할 수 있다. 특히 분쟁의 특성상 전문성과 기술성이 고도로 요구되는 반덤핑 분쟁에서는 더욱더 많은 문제점을 드러내고 있다.

둘째, 덤핑의 정의가 모호하다.「반덤핑조례」제2장 제3조 덤핑의 정의는 WTO반덤핑협정의 정의와 유사하지만, (동종)상품(like products)이라는 용어가 포함되어 있지 않다는 점에서 모호한 정의를 제시하고 있다. 즉「반덤핑조례」는 단순하게 수입된 수출품의 가격이 수출품의 정상가격보다 낮을 경우 덤핑이라고 정의하고 있고, 동종 상품이라는 용어는 사용하고 있지 않아 이는 중국 조사 당국에 반덤핑조사와 관련하여 더 많은 재량권을 행사할 수 있는 여지를 주고 있다.

셋째, 정상가격(normal value)의 결정에 있어서 수출국의 국내시장가격 측정기준에 대한 구체적인 언급이 없다. 앞에서 살펴본 바와 같이「반덤핑조례」에 나타난 정상가격은 수입상품과 동일 또는 유사한 상품의 수출국 시장가격을 의미하는 것이다. 그러나 수입상품과 동일 또는 유사한 상품이 수출국 시장에 없을 경우에는 '동종 또는 유사한 상품'의 제3국 수출가격 또는 해당 상품의 제조원가에 '합리적 비용'과 이윤을 합한 가격으로 규정되어 있다(「반덤핑조례」제4조 제2호).[388]

그러나 '동종 또는 유사한 상품'이 어떤 상품인지에 대한 규정이 불명확하고 또한 '합리적 비용과 이윤'이 과연 무엇인지에 대한 규정도 불명확하다. 참고로 WTO반덤핑협정 제2.2조는 정상가격으로 이용되는 구성가격은 원산지국에서의 생산비에 합리적인 금액의 관리비, (판매비), 일반비용과 이윤을 합산한 가격으로 산정하도록 규정하고 있다.

넷째, 국내 산업 피해결정에 대한 구체적인 기준이 마련되어 있지 않다는 점이다. 중국 「반덤핑조례」 제2조에는 "반덤핑규제의 성립을 위해서는 덤핑으로 인해 수입국의 국내 산업이 실질적인 피해를 입거나 또는 피해의 우려가 있거나, 또는 국내 산업의 설립을 실질적으로 지연시켜야 한다고 규정"389)되어 있다. 중국 「반덤핑조례」에는 이러한 규정과 함께 실질적인 피해에 대한 판정기준에 관해서는 어느 정도 구체적인 기준을 제시하고는 있지만 "실질피해의 위협(實質損害威脅)"이나 "국내 산업 설립의 실질적 (저해)(對建立國內産業造成實質阻碍)"에 대해서는 구체적인 기준이나 근거를 제시하고 있지 못하다. 다만 한국과 관련된 신문지 사례를 통해서 중국 당국은 피해에 관한 고려요소의 증가에 따라 장래에 지속적인 대량 덤핑수출의 가능성이 있다고 판정될 때를 피해의 우려가 있는 경우로 결정하였다. 그러므로 중국 「반덤핑조례」는 대외통상법제의 불투명성과 보호주의라는 비판을 피하기 위해서는 본 요건에 대한 구체화가 요구되고 있다. 그리고 '국내 산업 설립의 실질적 저해'이라는 요건에

---

388) (二)進口産品的同類産品, 在出口國(地區)國內市場的正常貿易過程中沒有銷售的, 或者該同類産品的价格、數量不能据以進行公平比較的, 以該同類産品出口到一个适当第三國(地區)的可比价格或者以該同類産品在原産國(地區)的生産成本加合理費用、利潤, 爲正常价値。

389) 進口産品以傾銷方式進入中華人民共和國市場, 幷對已經建立的國內産業造成實質損害或者産生實質損害威脅, 或者對建立國內産業造成實質阻碍的, 依照本條例的規定進行調査, 采取反傾銷措施。

의한 반덤핑규제의 발동은 현재 산업구조가 고도화되어 있는 선진제
국들에서는 찾아보기 힘든 예이다.

그러나 중국경제는 시장경제로 전환을 시작한 지 오래되지 않았으
며, 국가적 차원에서 고도 기술산업이나 기타 중요 제조업에 대해
집중적인 투자와 지원을 시작했다는 점에서 볼 때 향후 동 요건에
의한 반덤핑규제의 발동은 빈번히 발생할 여지가 있다. 즉 '국내 산
업 건립의 실질적 저해'이라는 요건은 현존하는 피해가 아닌 (장래)
피해의 우려를 근거로 남용되어 자국의 국내 산업을 보호할 소지가
많으므로, 우리나라로서는 동 조항에 대한 구체적인 기준제시를 강
력하게 요구해야 할 것이다.

다섯째, 중국「반덤핑조례」제27조 제4호를 보면 덤핑마진 혹은
덤핑상품이 "(무시) 가능한 소량(可忽略不計的)"일 때 반덤핑조사
를 중지하여야 한다고 규정하고 있다.390) 하지만 어느 정도의 양을
무시하여야 하는지에 대한 언급은 없다.

WTO 반덤핑협정 제5조 제18항 후단의 규정에서는 이러한 무시
가능한 양에 대한 기준을 수출가격과 비교하여 백분율로 표시된 덤
핑마진이 2% 미만인 경우 "최소허용 수준(de minimis)"으로 간주한
다고 규정하고 있다. 그리고 특정국가로부터 덤핑 수입된 물량이 수
입국 내에서 동종 상품 구입량의 3% 미만을 점유한 것으로 판명되
는 경우에는 수입국의 전체 수입량 중 3% 미만을 점유하고 있는 국
가들의 수출량 합계가 수입국의 동종 상품 수입 총량의 7%를 초과
하지 아니하면, 이는 '무시할 만한(negligible)' 수준으로 본다고 구
체적으로 기준을 제시하고 있다. 그러므로 중국 반덤핑 당국은 미소

---

390) 傾銷進口產品實際或者潛在的進口量或者損害屬于可忽略不計的;

마진에 대한 심도 깊은 분석과 연구를 통하여 이에 대한 구체적인 기준을 수립하여야 하겠다.

여섯째, 우회덤핑에 관한 부문이다. 중국 「반덤핑조례」 제55조를 보면 적당한 조치를 통해 반덤핑조치(회피)행위, 즉 덤핑우회행위를 방지할 수 있다고 규정하고 있다.[391] 하지만 어떠한 행위가 우회덤핑이며, 또한 우회덤핑 방지조치로서 어떠한 조치를 취할 수 있는지에 대한 언급은 없다. 그러므로 이에 대한 구체적인 기준의 제시가 필요할 것이다.

일곱째, 다른 국가들에 의한 차별적 반덤핑조치에 대한 중국 반덤핑 당국의 일방적 보복조치를 규정한 조항이다(제40조).[392] 이는 「WTO 분쟁해결규칙 및 절차에 관한 협정(Understanding on Rules and Procedures Governing the Settlement of Disputes)」 제23조 위반 가능성이 크다. WTO DSU 제23조는 국가 간의 분쟁에 대한 DSU 분쟁해결절차에 따르지 않은 일방적인 문제해결을 금지하고 있는 조항으로, 중국 정부가 DSU에 규정된 절차에 따라 반덤핑분쟁을 해결하지 않고 자국의 「반덤핑조례」 제40조에 의거하여 문제를 해결한다면 이는 WTO DSU 제23조를 위반할 가능성이 큰 것이다. 따라서 중국이 WTO에 가입한 이후 「반덤핑조례」 제40조의 존재와 동 조항에 의한 분쟁의 해결방안은 국제사회의 많은 비판을 초래하고, 이에 따른 통상마찰도 격화시키고 있다.

이 밖에도 반덤핑 운용절차가 당국의 내부규정에 맡겨져 있어 투명성 결여의 문제가 있고, 조사시한을 최장 (18)개월까지로 규정하고 있으나 단계별 시한을 규정하고 있지 않아 피소기업들이 대처하기가

---

391) 商务部可以采取适当措施，防止规避反倾销措施的行为。

392) 任何国家(地区)对中华人民共和国的出口产品采取歧视性反倾销措施的，中华人民共和国可以根据实际情况对该国家(地区)采取相应的措施。

어렵다는 점도 지적되고 있다.

요컨대, 중국의 「반덤핑조례」는 구체성과 명확성이 결여되어 있다. 특히, 덤핑마진과 관련된 규정들은 WTO 반덤핑협정에서 제시하는 구체적인 기준과 조건을 충족시키지 못하고 있다. 이런 WTO 반덤핑협정과의 불일치는 중국 조사 당국이 반덤핑조사 시 자국의 규정을 (남용)할 수 있는 근거를 제공하여 줄 수 있다.

5. 대응책

중국은 지금까지 반덤핑조치로 인하여 세계에서 가장 큰 피해를 입은 국가로 알려져 왔다. 그러나 중국이 향후에 세계 최대시장의 하나로 등장하고 그로 인하여 세계 각국의 제품이 중국시장에 중국제품과 경쟁하게 되는 경우를 상정한다면 중국은 장래 세계 최대의 반덤핑조치국의 하나로 등장할 가능성이 매우 크다. 이와 관련하여 중국이 우리나라 최대 무역상대국에 해당한다는 점을 고려한다면 향후에 예상되는 중국의 반덤핑공세는 우리의 대중국수출에 큰 장애로 등장할 가능성이 있기 때문에 중국의 「반덤핑조례」 및 관행이 갖는 문제점의 개선을 위해서는 다각적인 방안을 모색하여야 할 것이다.

첫째, 한중 양국 간에는 반덤핑분쟁과 같은 통상 분쟁의 사전예방 노력을 강화할 필요가 있다. 한중 양국 간 (정례)협의회를 통하여 양국의 산업피해 구제제도 운용에 관한 정보를 교환하고 관계법과 정책변화에 대한 의견을 교환할 필요성이 있다는 것이다. 이런 측면에서 1999년 8월에 체결된 「한중 산업피해구제 분야에서의 협력증진 양해각서」는 매우 의미 있는 시도라고 볼 수 있다. 이와 관련하여 덤핑사전예고제와 같은 방안을 도입할 필요성이 있을 것이다. 이는 한

중 양국 내에서 반덤핑제소가 이루어질 시에 일정기간 동안 조사개시결정을 유예하고 사전가격조정이나 사전합의 등과 같은 사전노력을 시도해 보자는 것이다. 실제로 한국과 중국은 한국산 아트지의 덤핑 문제를 놓고 2001년 8월 민간업계들 간의 협상을 통하여 덤핑제소 문제를 해결한 예가 있다.

둘째, 정부가 적극적으로 중국의 반덤핑 조사과정에 참여하는 방안이 있다. 반덤핑제도의 특성상, 조사에 대한 대응은 개별 조사대상 기업의 책임이지만, 조사과정에 정부가 조사에 관한 정부의 입장을 적극 전달한다면 의외의 결과가 나올 수 도 있다.

셋째, WTO(분쟁)해결제도를 적극 활용하는 방법이다. 중국 조사당국이 WTO반덤핑협정에 위배되는 방법으로 자국의 반덤핑법을 운영하거나 악용한다면 WTO분쟁해결제도를 적극 활용하는 방법을 고려하여야 할 것이다.

Ⅴ. 「반보조금조례」

1. WTO가입 약속사항

중국은 WTO 가입교섭 시 "중국은 개발도상국이므로 개도국 예외조항(보조금 협정 제27조 및 농업협정 제6조)이 적용되어 선진국과 같은 보조금 삭감 등의 의무를 지지 않는다"라고 주장하였다.

한편, 가입국 측은 중국은 세계경제 속에서 큰 지위를 점하고 있으므로 보통의 개도국으로 취급할 수 없다는 입장을 표명하였다. 결국, 중국은 가입 시 보조금협정이 규정하는 수출보조금 및 국내산품 (우선)사용보조금을 철폐하기로 약속하였다.

더구나 농산품에 관한 수출보조금에 대해서도 유지 및 도입하지 않을 것을 약속하였다. 농업협정상 개발도상국에 대해서는 삭감약속의 대상에서 제외할 수 있도록 하는 일부 보조(제6조 제2항)에 대해 중국은 삭감대상으로 하며, 또한 원래는 삭감대상이 되는 보조금에 해당하지만 소액인 경우 삭감대상에서 공제할 수 있으며 상한선을 농업총생산액의 8.5%까지 하기로 약속하였다(동 협정상 선진국은 5%, 개도국은 10%까지 인정). 그러나 중국에서는 많은 국유기업이 존재하는 등 정부의 자금지원에 의한 무역장벽 문제가 제기될 가능성이 많다는 점에서 WTO 회원국들이 우려를 표시하였다.

특히 미국 산업계는 특별히 중국이 공업용 탄산소다, 목재제품, 섬유유리, 자동차 유리, 강철 등의 제품에 수출보조금 등의 각종 보조금을 지원하고 있다고 우려를 표명하였다. 산업제품에 대한 중국의 수출보조금 등 대부분의 보조금들이 내부조치들의 결과로서 공포되지 않거나, 혹은 국유은행에 의한 정책자금 대출, 미상환 원금 및 이자에 대한 자동대출연기, 시장금리 이하의 자금지원, 에너지, 원료 혹은 노동력 제공의 보장 등을 통해 공급되고 있다. 수출보조금의 철폐·비도입을 비롯한 보조금 관계의 WTO 협정 준수가 필요하다.

2. 주요 내용

1) 보조금의 특정성

반보조금조치는 수입상품에 보조금이 존재하고, 이미 확립된 국내 산업에 실질적인 피해 및 피해위협을 야기하였거나 또는 국내 산업을 확립하는 데 실질적인 장애를 야기한 경우 동 조례의 규정에 따라 조사를 진행하며 반보조금조치를 취한다.

동 조례에 의하여 조사를 진행하고 반보조금조치를 취하는 보조금은 반드시 특정성이 있어야 하고 보조금의 특정성을 확정함에 있어 보조금을 받은 기업의 수량과 기업이 보조금을 받은 액수, 비율, 시간 및 보조금 지급방식 등 요소도 고려해야 한다.

2) 보조금의 피해 및 수입상품의 영향평가

보조금에 의한 피해는 보조금이 이미 확립된 국내 산업에 실질적 피해 및 피해 위협을 야기하거나 또는 국내 산업 확립에 실질적 장애를 야기하는 것을 말하고 실질적 피해 위협에 대한 확정은 사실에 근거하여야 한다.

보조금 수입상품의 영향을 평가함에 있어 국내 동종 상품의 생산에 대해 단독으로 확정하여야 하는데 국내 동종 상품의 생산에 대해 단독으로 확정할 수 없는 경우, 국내 동종 상품을 포함한 범위가 제일 좁은 상품 또는 생산을 심사하여야 한다.

3) 반보조금 조사

반보조금 조사는 국내 산업 또는 국내 산업을 대표하는 자연인·법인 또는 관련 조직은 일정한 요건을 갖추어 상무부에 반보조금조사신청서를 제출할 수 있다. 상무부는 조사를 개시하기로 결정하기 전에 보조금 사항과 관련하여 조사를 받을 가능성이 있는 수출국(지역) 정부에 협의를 요청하여야 한다.

조사 진행의 조사기관은 질의서, 표본추출, 청문회, 현지조사 등의 방식을 이용하여 이해관계자로부터 상황을 파악하고 조사를 진행할 수 있고, 관련 이해관계자와 이해관계국(지역) 정부에 의견을 진술할 기회와 논거를 제공할 기회를 제공하여야 한다.

자료제출은 이해관계자와 이해관계국(지역) 정부는 자신이 제공한 자료를 비밀자료로 처리해 줄 것을 신청할 수 있고, 조사기관이 신청을 정당하다고 인정하면 그 자료를 비밀자료로 처리하여야 하며, 동시에 이해관계자와 이해관계국(지역) 정부에 비밀성격을 띠지 않는 동 자료의 요약문을 제공할 것을 요구할 수 있다.

4) 최종판정

최종판정은 예비판정에 보조금과 피해 및 양자 간의 인과관계가 성립된다고 확정한 경우 상무부는 조사결과에 근거하여 각각 최종판정을 내려야 하며, 상무부에서 그 결과를 공고하고 최종판정을 내리기 전에 최종판정에서 기초한 기본사실을 이해관계자와 이해관계국(지역) 정부에 통지하여야 한다.

5) 잠정반보조금조치 및 가격수락

잠정반보조금조치는 예비판정에서 보조금이 성립된다고 확정했으며, 이로 인해 국내 산업에 피해가 발생하였을 경우 잠정반보조금조치를 취할 수 있다.

가격수락은 반보조금조사기간과 수출국 정부가 보조금 또는 기타 관련 조치를 취소·제한하겠다는 약속을 하거나 수출자가 가격수정의 약속을 하는 경우 상무부는 이를 충분히 고려해야 하고, 수출경영자와 수출국 정부가 수락을 하지 않거나 가격수락제안을 접수하지 않는다는 사실은 반보조금건에 대한 조사와 확정에 영향을 미치지 않는다.

6) 상계관세

상계관세는 협상을 완성하기 위한 노력이 효과를 거두지 못한 상황에서 최종판정 중 보조금이 성립된다고 확정하고, 또 이로 인하여 국내 산업에 피해가 발생한 경우 상계관세를 부과할 수 있으며 상계관세의 납세자는 보조금상품의 수입자가 된다. 상계관세의 세액은 최종판정에서 확정한 보조금액을 초과하지 못한다.

7) 재심

재심은 상계관세가 효력을 발생한 후, 상무부는 정당한 이유가 있는 경우에는 상계관세의 계속적인 부과 필요성에 대한 재심을 진행할 것을 결정할 수 있으며, 재심기한은 재심개시일로부터 12개월을 초과하지 않아야 하고, 재심기간에 재심절차는 반보조금조치의 실시를 방해하지 않아야 한다.

3. 전망

중국 「반보조금조례」393)의 가장 큰 특징은 WTO보조금 협정 제15조 7의 규정 "실질적 피해의 우려에 대한 판정은 사실에 기초하여 단순히 주장이나 (추측) 또는 막연한 가능성에 기초하여서는 안 된다"는 조항이 생략되어 있어 중국이 반보조금조사를 할 경우 '실질적인 피해우려'에 근거하여 상계조치를 남용할 가능성이 크다는 것에 있다. 그리고 중국은 2002년에 동 조례를 제정한 후 현재까지 교역상대국에 대해 (보조금) 관련 조사를 한 적이 없으며, 이에 비추어 볼 때, 상계관세와 관련된 거래상대국과의 대외분쟁은 많지 않을 것으로 보인다.

Ⅵ. 「세이프가드조례」

1. WTO 가입 약속사항

중국은 세이프가드에 대하여 GATT 및 세이프가드 협정을 준수하여야 한다고 약속하였다. 구체적으로 중국은 원래 세이프가드에 관한 법제를 가지고 있지 않아 WTO 협정에 부합하는 제도를 새로이 정비하기로 한 것이다.

또한 중국산품을 대상으로 하는 수출자율규제 등의 소위 (회색)조치는 세이프가드협정에서 인정되지 않으므로 중국과 수입 측 가입국과의 합의에 의해 일정기간 내에 폐지하기로 약속하였다(가입의정서 부속서 7).

중국은 상술한 바와 같이 2002년 1월 1일부터 시행한 「보장조치

---

393) 2004년 「반보조금조례」는 조례 내용상에 특별한 개정사항 없었다. 관련 정부 기관의 명칭이 대외무역경제합작부에서 상무부로 수정되는 등의 정도로 개정되었다.

(세이프가드)조례」를 2004년 3월 31일 개정, 같은 해 6월 1일부터 실시하였다. 신 조례는 총 5장 34조로 구성되어 있으며 주요 개정내용은 다음과 같다.

첫째, 구 조례는 예비판정 후에 최종결정을 내려 세이프가드를 발동하였으나 신 조례는 예비판정을 (생략)하고 바로 최종결정을 내릴 수 있도록 하였다. 즉 과거에는 수입제품의 증가로 국내 산업이 심각한 피해를 입거나 그러한 우려가 있을 경우, 관련 사항을 조사하고 그 결과에 기초하여 예비판정을 내리고, 다시 일정기간의 추가조사를 거쳐 최종결정을 내렸다.

예비판정에서 세이프가드조치가 취해질 것으로 판정이 난 경우, 최종결정 시까지 대상국에는 그 결과에 대응할 시간적 여유가 주어졌던 것이다. 실제로 그 기간을 이용하여 세이프가드조치 실시 전에 양국 간의 협상을 통하여 분쟁을 해결한 경우도 있었다.

둘째, 세이프가드 실시기한을 최장 (10)년으로 연장하였다. 종전 세이프가드의 실시기한은 4년을 초과하지 못하고 그 피해 정도가 심각한 경우에 한하여 실시기한을 4년 더 연장할 수 있었다. 그러나 개정안에서는 실시기한을 종전과 같이 4년을 초과할 수 없다고 규정하였으나, 연장기한을 6년으로 하여 최장 10년까지 늘렸다. 이는 WTO 세이프가드 협정에 명시된 최대 연한 (8)년보다 긴 것으로 향후 다른 WTO 회원국의 반발이 예상된다.

<대중국 특별 긴급수입 제한>

1. 가입국이 중국 상품만 대상으로 하는 특별 세이프가드 허용
중국 상품에 대하여 가입국이 발동하는 세이프가드는 1999년 11월의 미·중 합의에 근거하여, 「경과적 품목별 세이프가드」가 인정되도록 하였다. 일반 세이프가드가 통상 MFN베이스로 발동되는 데 비해, 이는 (중국) 상품만을 대상으로 하는 특별 세이프가드이다.
구체적으로는 WTO 가입국은 중국의 가입시점부터 12년간의 특례로서 중국 상품의 수입급증에 의해 국내 산업에 현저한 피해 또는 피해의 우려를 초래하는 시장교란이 존재하는 경우 당해 중국 상품에 대하여 본 세이프가드를 적용할 수 있다.
가입국은 중국에 협의를 구하고 협의로 합의에 이르는 경우에는 시장교란을 방지 또는 구제하는 조치를 채택하는 한편, 60일 이내에 합의에 도달하지 못하는 경우에는 당해 가입국은 양허의 철회 또는 수입제한 조치를 할 수 있다.

2. 중국산 섬유·섬유제품에 대한 특별 세이프가드 인정(2008년까지)
WTO 회원국은 중국산의 섬유·섬유제품의 수입에 의해 시장이 교란되어 무역질서와 발전을 저해할 우려가 있는 경우, 중국에 협의를 요청할 수 있고 중국은 협의를 요청받은 경우 요청이 있은 달로부터 이전 14개월 기간 중 최초 12개월 (수출량)의 7.5% 증가분 이내로 수출 수량을 억제할 수 있다. 협의 요청 후 90일 이내에 합의에 도달하지 못하는 경우, 원칙 1년 이내의 기간 동안, 협의 요청국은 상기 수량 이하로 수입을 억제할 수 있다.

* 중국 최초의 세이프가드조치

2002년 4월 19일 중국의 강철공업협회와 상해寶鋼그룹, 鞍山강철, 무한강철, 수도강철, 한단강철 등은 대외무역경제합작부에 국내 강철생산품 수입상황과 국내 산업경제상화의 정보자료를 제출하면서 일부 강철수입제품에 대하여 임시 세이프가드조치를 채택할 것을 요구하였다. 상무부는 심사를 거쳐 대외무역법과 「세이프가드조례」의

규정에 근거하여 예비 판정하고 세이프가드조치를 채택하였다.

2. 주요 내용

1) 제소와 제소자적격의 문제

중국 「세이프가드조례」는 수입제품의 수량이 증가하고 동종 제품 또는 직접적인 경쟁제품이 국내 산업에 심각한 손해 혹은 심각한 손해 위협을 초래하는 행위에 대하여 국내 산업과 관련된 사람이나 법인 기타 조직이 상무부에 제소하면서 시작된다.

제소에 대하여 상무부는 제소자적격을 심사하여 입건조사 여부를 결정하게 된다. 제소자적격의 문제에서 국내 산업은 중국 국내의 동종 제품 또는 직접적인 경쟁제품의 전부 생산자나 또는 그 총생산량이 국내 동종 제품 또는 직접적인 경쟁제품의 전체 생산에서 차지하는 정도가 주요한 정도인 생산자를 의미한다. 그러나 이러한 제소가 없더라도 상무부에서 국내 산업이 수입제품의 수량증가로 인하여 손해를 입었음을 입증한 충분한 증거를 가지고 있을 경우에는 직권으로 입건을 결정할 수도 있다. 이러한 조사결정에 대해서는 WTO에 통보를 하여야 한다.

2) 세이프가드조사

세이프가드조사에서 수입제품의 수량증가에 관련된 조사와 결정을 담당하게 되는 것은 상무부에서 실시하게 된다. 여기서 수입제품의 수량증가는 수입제품의 수량이 국내생산량과 비교하여 절대적 또는 상대적으로 증가한 것을 의미한다.

손해에 대한 조사와 확정은 상무부에서 책임지게 되며 농산물 관련 세이프가드조치에 관한 조사에 대해서는 상무부와 농업부에서 함께 진행하게 된다. 그리고 국내 산업에 대한 손해 여부를 확정할 경우에는 수입제품의 절대적·상대적 성장률과 증가율, 증가한 수입제품이 국내시장에 차지하는 점유율, 그리고 수입제품이 국내 산업에 가져다주는 영향 부분에는 국내 산업의 생산량, 판매수준, 시장점유율, 생산율, 설비이용률, 흑자와 적자, 취업 등 다양한 분야에서의 영향 등을 고려하여야 하고, 그 외의 국내 산업으로 인해 손해를 초래하는 기타 요소 등도 심사하여 손해 여부에 대해 최종적으로 결정하여야 한다.

3) 정보의 입수 및 조사의 운영

「세이프가드조례」에서는 심각한 손해 위협의 확정에 대해서는 반드시 사실에 의거해서 행하여야 하고, 고소나 추측 또는 극소 가능성에만 의거하지 말아야 한다. 또한 수입제품의 수량증가로 인한 국내 산업의 피해를 확정할 경우에는 수입증가 외의 요소가 국내 산업에 가져다주는 피해를 수입의 증가에 의한 것으로 귀결해서는 안 되는 것도 밝히고 있다. 이와 유사한 맥락으로 「세이프가드조례」에서는 상무부가 수입제품의 증가와 국내 산업의 손해 사이에 존재하는 인과관계를 입증할 시에 객관적인 증거에 의거하여야 함도 규정하고 있다.

세이프가드 조사 시에 수입업자와 수출업자 및 기타 이해관계인들의 의견과 진술의 기회를 보장하고 있다. 즉 설문지나 또는 청문회 등 기타 방식으로 조사를 진행할 수 있음을 명확히 규정하였다. 그리고 조사를 통하여 수입한 자료 중 자료공급 측에서 기밀이 필요하다고 인정하는 경우, 상무부는 이를 기밀자료로 처리하여야 한다. 물론 이러한 기밀자료는 자료공급 측의 동의를 거치지 않고 마음대로 누설해서는 안 된다. 그리고 수입제품의 수량증가와 피해에 관련된 조사결과 및 그 이유에 대한 설명은 상무부에서 공고하고, 관련 사항은 WTO 세이프가드위원회에 통보한다.

4) 잠정조치

수입제품의 물량 증가에 관한 명확한 증거가 있고 잠정세이프가드조치를 발동하지 않으면 국내 산업에 구제할 수 없는 피해를 초래하는 (긴급)한 상황인 경우 예비판정에 따라 잠정세이프가드조치를 발동할 수 있다. 잠정세이프가드조치는 관세율 (인상) 방식을 취한다(제16조).[394]

잠정세이프가드조치의 발동은 상무부가 건의하며 국무원 관세세칙위원회가 상무부의 건의에 따라 결정하고 상무부가 이를 공고한다. 세관은 공고에 규정된 실시일로부터 집행한다. 잠정세이프가드조치를 발동하기 전에 상무부는 관련 상황을 WTO 세이프가드조치위원회에 통보해야 한다(제17조). 잠정세이프가드의 실시기간은 잠정세이프가드조치 발동 결정 공고에 정해진 실시일로부터 (200)일을 초과하지 못한다(제18조).

---

394) 有明确証据表明進口産品數量增加，在不采取臨時保障措施將對國內産業造成難以補救的損害的緊急情況下，可以作出初裁決定，并采取臨時保障措施。臨時保障措施采取提高關稅的形式。

5) 세이프가드 최종조치

최종판정으로 수입제품 수량이 증가하고 이로 인해 국내 산업에 피해가 있었다고 확정된 경우 세이프가드조치를 발동할 수 있다. 세이프가드조치의 실시는 (공공이익)에 부합해야 한다. 세이프가드조치는 관세율 인상, 수량 제한 등의 방식을 채택할 수 있다. 여기서 차이점은 잠정조치는 관세의 방식으로 행하여지지만 최종조치는 관세와 수량제한 두 가지 방법 중 어떤 것도 채택할 수 있다.

이 중 관세율 인상 방식을 통한 세이프가드조치 발동은 상무부가 건의하고 국무원 관세세칙위원회가 상무부의 건의에 기초해 결정하며 상무부가 이를 공고한다. 수량제한에 따른 세이프가드조치 발동은 상무부가 결정하고 이를 공고한다. 세관은 공고에 규정돼 있는 실시일로부터 집행한다(제18조).

수량제한조치를 발동할 경우 제한 후의 수입량은 최근 대표적인 (3)개 연도의 평균 수입량보다 적어서는 안 된다. 단 심각한 피해 방지 또는 구제를 위해 상이한 기준의 수량제한조치를 발동할 이유가 있는 경우 이에 제외된다.395)

그리고 수량제한조치 발동 시 관련 수출국(지역) 또는 원산지 국가 간의 쿼터가 필요할 경우 상무부는 관련 수출국(지역) 또는 원산지 국가(지역)와 수량 할당에 대해 협의할 수 있다(제21조). 그러나 제22조 세이프가드조치는 현재 수입되고 있는 제품에 대해 실시해야

---

395) 采取數量限制措施的, 限制后的進口量不得低于最近 3 个有代表性年度的平均進口量; 但是, 有正当理由表明爲防止或者補救嚴重損害而有必要采取不同水平的數量限制措施的除外。采取數量限制措施, 需要在有關出口國(地區)或者原産國(地區)之間進行數量分配的, 商務部可以与有關出口國(地區)或者原産國(地區)就數量的分配進行磋商。

하며(제22조), 심각한 피해 방지와 구제 및 국내 산업 조정에 필요한 범위에 한정한다(제23조).

6) 기한 및 재심사

세이프가드조치의 실시기한은 최고 (4)년으로 하되 다음 조건에 부합할 경우 세이프가드조치의 실시기한을 적절히 연장할 수 있다. ① 심각한 피해를 방지하거나 구제하기 위해 세이프가드조치가 계속 필요하다고 인정될 경우, ② 관련 국내 산업이 현재 조정 중에 있다는 증거가 있을 경우, ③ 대외통지, 협상에 관한 의무를 이미 이행하고 있는 경우, ④ 연장 후의 조치가 연장 전의 조치보다 엄격하지 않는 경우

세이프가드조치 한 건에 대한 실시기한 및 그 연장기한은 최장 (10)년을 초과할 수 없다. 한편 세이프가드 실시기한이 3년을 초과한 경우 상무부는 실시기한 내에 해당 조치에 대해 중간 재심사를 해야 한다. 심사내용은 세이프가드조치가 국내 산업에 미치는 영향, 국내 산업의 조정 상황 등을 포함한다.

또한 동일 제품에 대해 세이프가드조치를 재차 실시할 경우 1차 실시한 세이프가드조치와의 시간 간격이 1차 세이프가드조치를 실시한 기간보다 짧으면 안 되고 최소 2년이어야 한다. 그러나 아래의 조건에 부합되고 실시기한이 180일 또는 180일 이내인 세이프가드 조치는 이러한 제한을 받지 않는다. ① 해당 제품에 대한 세이프가드조치가 실시일로부터 이미 1년이 경과한 경우, ② 세이프가드조치 실시일로부터 5년 이내에 동일 제품에 대해 2차 이상 세이프가드조치를 실시하지 않은 경우(제30조)

7) 보복조항

중국은 과거 세이프가드규정이 없던 시기에도 1994년 대외무역법 제7조에 근거하여 외국의 세이프가드조치에 대한 일방적 보복조치를 강행했던 경험이 있다.

제5장 부칙 제31조 "어떠한 국가, 지역도 중국의 수출상품에 대해 (차별)적인 세이프가드조치를 취할 경우 중국은 그 차별 정도에 따라 그 국가, 지역에 대해 상응한 보복조치를 취할 수 있다"라고 규정하고 있다.396)

중국은 외국의 세이프가드조치에 대한 일방적 보복조치 가능성의 길을 법적으로 열어 두고 있다. 또한 동 조항의 세부지침이 없는 관계로 어느 정도의 조치가 차별적인 보장조치인지, 그리고 상응한 대책의 수준이 어느 정도인지가 불분명하기 때문에 다분히 정치적인 결정에 의존할 수밖에 없을 것이다.

3. 전망

중국이 자국 제품의 수출급증에 따른 외국의 세이프가드조치 발동에 대해서도 (보복)조치의 가능성을 열어 놓고 있지만, 동 조항에 대한 세부적인 지침은 어디서도 찾아볼 수 없다. 즉 어느 정도의 조치가 차별적인 보장조치인지에 대한 최소한의 근거조차도 공개하고 있지 않다는 점이다. 그리고 상응한 대책의 수준이 어느 정도인지에 대한 근거도 없다.

---

396) 任何國家(地區)對中華人民共和國的出口産品采取歧視性保障措施的，中華人民共和國可以根据實際情況對該國家(地區)采取相應的措施。

실제로 한·중 간의 마늘분쟁[397]에서는 한국이 중국산 마늘에 대해 고율의 긴급수입제한관세를 부과하자, 중국은 이를 이유로 한국의 주종 대중수출상품인 (휴대폰)과 폴리에틸렌에 대해 수입금지조치를 내렸다. 즉 상응한 대응이 양적이나 질적 수준에서 지켜지지 않고, 단지 조치 대 조치로서의 대응으로 상응한 대응을 강구하였다고 볼 수 있다.

또한 WTO세이프가드협정에서는 동 조치의 발동 후 일반적 세이프가드에서는 (4)년, 대중국 특별 세이프가드조치에서는 2~3년 동안의 보복조치발동을 허가하지 않고 있다. 그러나 중국 측의 보복조치는 이러한 규정도 무시하고 있는 것이다.

그러므로 한·중 마늘분쟁에서 우리가 겪었던 대중국 세이프가드조치 발동에 따른 중국의 일방적 보복조치 시행으로 이어지는 한·중 간 세이프가드 분쟁 가능성은 여전히 존재하고 있다.

물론 중국은 WTO 정식회원국으로서 WTO 규범을 지켜야 할 의무가 있기 때문에 추후 중국과의 세이프가드분쟁이 발생하였을 시에는 양국의 세이프가드제도와 WTO협정에 근거하여 WTO 분쟁해결절차를 통하여 해결할 수 있기 때문에 중국과의 무역보복조치를 일방적으로 사용하지는 않을 것으로 보인다.

---

397) WTO 세이프가드협정의 관련 규정에 의하여 한국 정부는 중국 측과 2차에 걸쳐 보상방안을 협의하였으며, 재정경제부는 2000년 6월 1일부터 3년간 무역위의 건의원안대로 간 마늘의 냉동 및 초산조제마늘에 대하여 긴급관세를 부과한다는 내용을 2000년 5월 31일 관보에 게재하고 긴급수입제한조치를 발효하였다. 이에 2000년 6월 7일 중국은 우리나라 휴대전화 및 폴리에틸렌에 대해 잠정수입중단조치를 내린바, 우리정부와 중국은 2000년 6월 말부터 7월 중순까지 마늘 관련 통상협상을 실시하게 된다. 동 협상결과를 반영하여 2000년 8월 2일 재정경제부는 현행 긴급관세 적용시한을 2003년 5월 31일에서 2002년 12월 31일로 5개월 단축하고 매년 중국산냉동 및 초산마늘 2만 톤가량에 대하여 저율의 기본관세를 허용하며 저율의 기본관세(50%)로 수입 가능한 물량을 중국산 마늘로 도입하는 것으로 세이프가드조치 내용을 변경한 바 있다.

Ⅶ. 결 론

중국이 무역구제제도를 도입한 역사가 일천하고 조사기관의 인력이 부족함에도 불구하고 운용 면에서 괄목할 만한 성과를 내고 있다.

중국이 무역구제제도를 도입한 기간에 비해 현재의 법률체계와 제도운용은 상당히 높은 수준이다. WTO협정의 규정과 선진국가의 운용 사례를 기초로 한 행정법규와 20건이 넘는 (부문규장)의 제정, 정예 인원으로 수행하고 있는 조사건수, 조사방법의 질적인 발전 등은 중국 무역구제 조사 당국의 업무체계화 수준이 상당히 정착되었음을 보여 준다. WTO가 인정하는 무역구제제도는 중국 대외통상정책의 중요한 수단이 되고 있다. 국내 산업보호와 국제수지 방어를 위하여 과거와 같이 정부의 직접 개입이나 행정규제는 불가능하므로 무역구제제도를 적극 활용할 것은 확실시된다.

한편 중국의 시장경제와 유통체제의 규범과 운영정책을 총괄하는 상무부가 무역구제조사기관이 되므로 자국 산업보호를 위한 (보호)무역주의 경향을 강화할 것으로 예견된다.

중국이 국내 수입의 확대로 인한 무역수지 악화를 막기 위하여 환율조정과 특소세 및 부가가치세 등 세제정책을 활용하거나, WTO 협정에서 보장된 (반덤핑) 제소와 세이프가드조치를 발동할 가능성이 크다.

특히, 중국 정부가 반덤핑을 이용한 수입관리를 강화하면서 우리의 對중국 주력 수출품목이 그 규제대상이 되고 있다. 중국의 반덤핑 제소와 세이프가드 발동에 대한 예방 노력을 강화해야 할 것이다.

구체적인 방안으로 아래 두 가지를 들 수 있다. 첫째, 중국의 보복위협에 대해서 대응보복으로 맞받아치면 그냥 위협에 굴복하는 것보다 나은 협상성과를 얻을 수 있을 것이다. 이를 위해 정부는 관련

부처 간 정책 조정을 통해 대외적으로 한목소리를 가지고 대응해야 한다. 또한 기업에서는 동종 협회를 통해 의견을 통일하고, 통상 관련 지식을 가진 전문가를 선정하여 협상에 적극적으로 임해야 한다.

둘째, 일단 수입규제가 실시되면 적극적인 이의 제기를 해야 한다. 중국의 반덤핑 조사에 대해 적극적으로 거부활동을 하고 필요시 대정부 항의까지 필요하다. 또한 법에 보장된 덤핑 재심제도를 최대한 활용하여 예비판정에서 부과된 덤핑관세율을 최대한 감소시켜야 한다. 사례에서 보면 재심청구 등 적극적인 대응을 한 제품의 평균 덤핑관세율이 6.5%였던 것에 반해, 대응하지 않은 업체들의 평균 덤핑관세율은 57.9%로 나타났다. 특히 미국의 경우 전문가를 통한 협상과 정부 차원의 종합적인 대응을 통해 우리나라보다 낮은 수준의 덤핑관세율을 부과받고 있다.

따라서 우리나라도 무역협상 전문가를 양성하고 무역마찰 발생 시 정부 차원의 적극적인 대응이 필요하고, 기업은 정부에 관련 정보를 제공하는 등 능동적으로 협력해야 한다. 한 나라의 무역정책은 외국과의 교역을 활성화시키면서, 자국의 산업을 보호해야 하는 상반된 기능을 가지고 있다. 이에 따라 세계 모든 나라는 외국과의 무역마찰을 최소화하면서, 자국의 이익 증대를 위한 무역정책을 운영하고 있다.

우리나라도 WTO 회원국의 의무를 충실히 이행하면서, 동시에 국내 산업을 최대한 보호할 수 있는 무역정책을 집행하여야 하지만, 특히 우리의 최대 무역상대국인 중국의 무역정책을 잘 이해하고, 이에 기반을 둔 적절한 정책을 수립해야 한다.

11. WTO TRIMs협정에 따른 중국의 외국인투자법제

Ⅰ. 서 론

중국의 경제발전 요인으로서 외국인투자에 관한 법적 장치와 제도개선은 중국경제에서 차지하는 비중의 확대와 함께 주요 문제로 부각되고 있다. 2003년 말 현재 중국의 외국인 투자 기업 수는 약 45만 개, 투자유치 누계액은 6천억 달러에 이르렀고 세계 500대 기업 중 약 400개 업체가 중국에 진출하고 있으며 아시아로 유입되는 외국인 투자의 70% 정도를 중국이 유치하였다.[398]

중국의 외자유치정책의 성공은 중국의 경제정책이 가지는 내부적인 개혁과 외부적인 개방의 전략에서 찾을 수 있다. 개혁개방 초기에 기술과 자본의 축적이 미비한 상태에서 외자유치는 결정적 역할을 하였으며 특히, 화교자본과 미국, 일본, 서유럽 등의 외국자본이 위험을 무릅쓰고 중국에 들어오게끔 하기 위해서는 외자유치에 관한 제도적 장치를 법제화하는 것이 시급했다.

이에 따라 중국 정부는 1979년 『中外合資經營企業法』(이하 『합자기업법』이라 칭함)을 제정하여 외국인 투자자는 중국에서 최초로 법적 지위를 확보하게 되었으며 『합자기업법』은 이후 중국이 경제특

---

398) 中華人民共和國商務部 http://www.mofcom.gov.cn.

구, 대외개방도시 설치 등 개방정책을 추진하는 기본법으로 작용하였다. 이어 중국은 1986년, 외국인투자기업 측이 100%를 단독 투자하는 『外國人投資企業法』(이하 『외자기업법』이라 칭함)399)을 제정하고, 1988년에는 『中外合作經營企業法』(이하 『합작기업법』이라 칭함)을 제정하였다. 이 세 개의 외국인 투자 관련 기본법을 일컬어 삼자기업법(三資企業法)이라고 칭하며 그것의 하위법령으로 중국 중앙과 각급 지방정부가 2002년 말까지 제정하고 실시한 각종 행정규칙, 시행세칙, 조례 등의 수는 1,500여 개가 넘는다.

중국의 외국인 투자유치정책의 법제화는 중국 사회의 내부개혁과 상호 보완적인 역할을 하면서 중국 사회를 질적, 양적으로 변모시켰으며, 그 자체가 중국 개혁개방과 경제발전의 중요한 과정이라고 할 수 있다. WTO 가입 이후 중국의 외자유치 정책 성공 여부는 외자 관련 법제의 정비와 무역관련투자조치에 관한 협정(TRIMs협정)400)을 비롯한 WTO 체제로의 원만한 통합 여하에 달려 있다.

TRIMs협정은 WTO 규칙의 중요한 문건의 하나로서 그 원칙은 중국의 외국인 투자법제에 반드시 구현되어야만 하는 것으로 중국 정부는 외국인 투자에 대한 규제를 점차 완화시키는 법제 정비를 추진하여 왔지만 여전히 외자 관련 법제의 중첩과 상충, 세계 규범과의 불합치 등의 문제점이 잔존함으로써 외국인 자본유치에 장애요인이 되고 있다.

---

399) 일각에서는 외국 측이 100% 단독 투자하는 『외자기업법』상의 외자기업을, 외국 측이 일부 투자하는 합자기업과 합작기업과의 구별을 명확히 하기 위하여 '독자기업'이라고 칭하기도 한다. 같은 이유에서 『외자기업법』도 『독자기업법』으로 칭해지곤 한다.

400) Agreement on Trade - Related Investment Measures: 이하 TRIMs협정으로 약칭함.

이에 따라 본 연구는 제Ⅱ장에서 WTO 체제의 국제투자규범화와 관련하여 미국을 위시한 선진국 측과 중국을 비롯한 개도국 측 간의 대립과 협상의 결과물인 TRIMs협정의 주요 내용을 개괄해 보고 제Ⅲ장에서는 『회사법』과 『계약법』에 비해 상위법인 중국 외자법체계의 다차원적 중복과 모순이 혼재하는 특징을 파악해 본다. 제Ⅳ장에서는 외국인 투자법체계의 주축을 이루는 삼자기업법의 현황과 함께 중국 정부가 최근 TRIMs협정에 근접하도록 개정한 투자법규의 주요 내용을 TRIMs협정에 대비하면서 살펴보다 향후 개선되어야 할 몇 가지 문제점에 주안점을 둔다. 제Ⅴ장 결론에서는 전체 내용을 요약하면서 중국의 외국인 투자법제의 향후 발전추이를 전망하기로 한다.

Ⅱ. 무역관련 투자조치협정

1. 협상의 경과

TRIMs는 외국인 직접투자와 관련하여 무역의 흐름을 제한하거나 왜곡시킬 수 있는 규제나 유인을 말한다. GATT 차원에서 국제투자 문제가 본격적으로 거론된 것은 1980년대 중반 우루과이라운드협상 (이하 UR협상이라 칭함)에서부터라고 할 수 있다. 즉 무역의 흐름을 제한 또는 왜곡할 수 있는 투자조치의 규제를 규율하기 위한 협상을 개시한다는 내용이 UR협상의 출범을 알린 1986년 푼타델에스테 선언에 포함되었다.[401] 그러나 UR협상에서도 국제투자 문제 자체가

---

401) 余勁松, "TRIMS協議研究", 『法學評論』, 제26-2호(2001), 100쪽.

협상의 대상이 된 것은 아니었고, 다만 무역의 자유로운 흐름을 왜곡하는 투자조치만을 일종의 비관세장벽의 차원에서 다루었을 뿐이었다.402) 1993년 말 UR협상에서 타결된 TRIMs협정은 상품무역에 제한적 또는 왜곡효과를 미치는 투자조치에 대한 규제를 목적으로 하고 있으며 이 협정에 따라 회원국은 협정에 위배되는 자국의 모든 투자조치를 통고하고 이를 WTO 발효 후 일정기간 내에 폐지할 것을 의무화하고 있다. 개도국은 무역관련 투자조치를 GATT의 규정으로도 다룰 수 있으므로 사안별 검토를 주장한 반면, 선진국은 기존의 규정과 함께 별도의 법규를 제정하는 한편 간접적인 효과를 갖는 조치와 기존의 투자조치까지 규제대상으로 하자고 맞섰다.403) 결국 UR교섭 과정에서 개도국의 입장이 반영되어 당초의 안보다 느슨한 형태의 규범으로 결론이 났다.404) TRIMs협정은 상품무역에 관련되는 조치에만 적용되고 서비스 교역 관련 투자조치나 무역제한 및 왜곡효과와 무관한 일반적 투자조치는 이 협정에서 제외되었다.

2. 주요 내용

1) 내국민대우원칙

TRIMs협정과 GATT 1994의 제3조 내국세 및 규제에 관한 내국

---

402) 김인숙, "WTO에서의 다자간투자협정체결논의와 전망", 『통상법률』, 제53호 (2003), 96쪽.

403) 개도국 측으로서도 그들이 희망한 전반적인 예외가 인정되지 않았고, 다국적기업의 국제무역 왜곡관행에 대한 규제가 포함되지 않았다는 데 불만을 가지고 있다. 윤기관 외, 『국제통상의 이해』, 법문사, 1998, 327쪽 참조

404) M. Mashayekhi & M. Gibbs, Lesson from the Uruguay Round Negotiation on Investment, *Journal of World Trade*, Vol.33, 1999, pp.7－10.

민대우원칙에 위배되는 투자조치는 금지된다.405) TRIMs협정의 부속서에 포함된 TRIMs 금지 예시 목록상의 GATT 1994 제3조 및 제4항, 즉 내국민대우규정에 저촉되는 TRIMs의 예는 특정 품목, 특정 물량 혹은 금액, 또는 국내 생산량이나 금액의 일정비율을 정하여 국산품 혹은 국내조달품을 구매하거나 사용을 강제하는 조치로 일종의 현지제품 구매의무제도다. 외국인투자기업에 국내에서 생산된 부품을 꼭 사용해야 한다고 강제하는 것은 바람직하지 않다. 외국기업이 국내에 진출하고 싶어도 이런 의무가 있다면 외국기업은 진출 의지가 약해질 것이다. 물론 국내부품이 우수하고 경쟁력이 있다면 이런 의무를 부여하지 않아도 국내부품을 사용할 투자협정으로 국내부품 조달 의무 부여가 불가능한 것이다. 이런 의무가 부담으로 작용하는 경우는 국내부품이 경쟁력이 없는 경우일 것이다. 경쟁력이 없는 국내부품 산업을 육성하기 위해 의무를 부여한다면 이는 적절한 정책이라고 할 수 없다. 과거 수입대체 등과 같은 내향적 정책을 통해 국내 산업을 보호하여 관련 국내 산업을 육성한 성공적 사례는 거의 없다. 오히려 보호가 경쟁력을 더 약화시키는 결과만 초래하는 것이 일반적이다.406)

2) 수량제한금지원칙

TRIMs협정은 당해 기업의 수출물량이나 금액만큼으로 수입품의 구매나 사용하는 조치 등이 포함된다. 이는 수입연계제도인데, 생산

---

405) GATT 1994 art. Ⅲ.

406) TRIMs협정은 'local contents'를 부과할 수 없도록 제한한다. Thomas Weishing Huang, "The Impact of WTO Treaties on Investments in China", http://www.fas.harvard.edu/%7Easiactr/haq/200102/0102a002.htm 참조.

을 위하여 외국에서 원재료나 부품을 수입하는 경우 그 물량을 수출과 연계하여 허가하는 것이다. 일반적으로 수출자유지역이 설정되면 원자재나 중간재에 대한 수입에 대하여 관세를 면제하여 주는 등 자유로운 생산 활동을 보장하지만, 반면 그곳에서 생산되는 물량을 전부 수출케 하는 등의 조치를 취하는 수가 많다.407)

GATT 1994 제11조 제1항(수량제한의 일반적 금지)에 저촉되는 무역관련투자조치는 금지된다. ① 국내생산에 사용되는 물품의 수입을 제한하거나 수입을 해당 기업의 수출물량이나 금액만큼으로 제한하는 조치, ② 외환취득을 당해 기업에 대한 외환유입과 연계시킴으로써 국내생산에 필요한 물품의 수입을 제한하는 조치, ③ 특정 품목, 특정 물량 혹은 금액, 또는 국내 생산량이나 금액의 일정비율을 정하여 수출이나 수출을 위한 판매를 제한하는 조치를 열거하고 있다. 당초 미국 대표가 제시하였던 규제대상은 그 수가 무려 열 가지나 되었다. 국산부품 사용의무, 수출의 최저한도 제한, 무역수지의 균형요구, 판매시장의 지정조치, 특정제품의 국내제조의무, 국내기업의 시장 확보를 위한 생산제한, 기술이전의무, 과실송금의 제한 및 외환통제, 외국인 지분참여에 의한, 재정적 특혜를 제공하는 투자유인 등이다.408)

3) 개발도상국 우대조치 및 경과조치

개도국은 내국민대우 및 수량제한의 일반적 금지원칙에 위배되는 조치를 철폐하여야 한다는 점에서 선진국에 비하여 유예기간을 유리

---

407) 김인숙, 전게논문, 94-95쪽.
408) 장효상, 『국제통상법』, 법영사, 2000, 473-474쪽.

하게 허용하고 있다.

특정산업은 개도국이 경제수준을 향상하기 위해 특정산업의 설립
을 촉진할 수 있도록 관세양허를 수정·철회하는 것을 허용하고 있
다. 또한 개도국이 대외자금능력의 보호와 경제개발계획의 실시에
필요한 외화준비금을 확보하기 위해 수입허가상품의 수량과 가격을
제한함으로써 수입을 통제할 수 있도록 허용하고 있다. 그러나 당해
국은 이런 조치를 취함에 있어 이해관계국과 협의해야 한다. 또한
개도국은 생활수준의 향상을 위한 특정산업의 설립을 촉진하기 위해
GATT 1994의 어떠한 규정으로부터 일탈할 수 있다. 그러나 이러한
포괄적 의무면제를 개도국에 허용함에 있어 이해관계국과의 합의 또
는 미합의 시 적절한 보상을 조건으로 허용한다.[409] 이 협정에는
GATT 1994상의 모든 예외조치가 적용된다. 따라서 제20조의 일반
적 예외와 제21조의 안보를 위한 예외가 인정된다. 회원국은 WTO
협정 발효 후 90일 이내에 이 협정에 위배되는 자국의 모든 무역관
련 투자조치를 상품교역에 관한 이사회에 통고하여야 한다. 모든 회
원국은 위와 같이 통고된 조치를 선진국은 2년, 개도국은 5년, 그리
고 최빈개도국은 7년 이내에 폐지하여야 한다.[410] 상품교역에 관한
이사회는 WTO협정 발효 후 5년 이내에 본 협정의 기능을 검토하
고, 필요에 따라서는 그 내용의 수정을 각료회의에 제안하게 되어
있다. 이 검토과정에서 투자정책에 관한 조항의 추가 여부도 고려하
여야 한다.[411]

---

409) GATT 1994 art. XVIII.

410) TRIMs협약 제5조 제2항.

411) 장효상, 전게서, 475쪽.

3. 평가와 한계

TRIMs협정 제1조는 이 협정이 상품무역에 관련된 투자조치에 적용된다고 규정하고 있기 때문에 문제의 조치가 상품무역에 관련된 투자조치인가에 대한 판단이 최우선적으로 이루어져야 한다. 현재 서비스교역을 통한 국제거래가 증가하는 추세를 WTO가 반영하고 있지 못함을 보여 주고 있다.[412] 결과적으로 이 협정에서는 선진국이 금지를 주장하던 기술이전의무, 외국인 주식참여제한, 투자 인센티브 등과 개도국 측에서 주장한 경쟁제한행위 규제도 그 대상에서 제외되고 외국인 투자유치 문제도 보조금 및 상계관세 부문에서 일반적으로 다루기로 하였다. 결국 금지대상 무역관련 조치의 범위를 직접적인 무역왜곡 효과를 갖는 조치로 제한하는 데 그침으로써, 그 파급효과는 크지 않을 것으로 예상된다. 그렇지만 명백한 무역왜곡 효과를 갖는 투자조치를 규제하는 최초의 다자간 규범이라는 데 중요한 의미를 가진다.[413] 개발도상국 중국은 WTO의 회원국으로서 TRIMs협정에 대한 중국 경제발전 수준과 상응하는 책임과 의무를 부담해야 할 것이다.

---

412) 김인숙, 전게논문, 99쪽.
413) 이신규, 『국제통상의 이해』, 도서출판두남, 2001, 308 - 309쪽.

Ⅲ. 중국의 현행 외국인 투자법제의 특성

1. 헌법 및 기본법적 보호

1) 헌법적 보호

중국 헌법 제18조는 "중화인민공화국은 외국의 기업과 기타 경제조직 혹은 개인이 중화인민공화국 법률의 규정에 따라 중국에서 투자하고, 중국의 기업 혹은 기타 경제조직과의 각종 형식의 협력관계를 맺는 것을 허용한다. 중국 내의 외국기업과 기타 외국경제조직 및 중외합자경영의 기업은 모두 중화인민공화국법률을 준수해야 한다. 그들의 합법적 권리와 이익은 중화인민공화국법률의 보호를 받는다"라고 규정하고 있다.

또한 중국 헌법 제32조는 "중화인민공화국은 중국 내 외국인의 합법적 권리와 이익을 보호하고 중국 내 외국인은 중화인민공화국의 법률을 반드시 준수해야 한다"라고 규정하였다. 이 두 헌법 조항은 중국의 외국인 투자법제의 최고 근본규범으로서 법률과 행정법규와 지방법규 등 외자관련제반 법령 및 중국이 체결하거나 참여한 쌍무 또는 다자간투자조약에 최고지도원칙으로 적용된다.[414] 세계 다수 국가들의 헌법은 중국 헌법 제32조와 유사한 '외국인 보호'를 규정하고 있지만[415] 중국 헌법 제18조처럼 '외국인 투자자의 권익보호'를 명문으로 규정하고 있는 헌법례는 매우 드물다.[416]

---

414) 周成新, "論中國對外國投資的法律保護", 法學評論, 제152호(1990), 11쪽.
415) 陳安, 『國際投資法學』, 北京大學出版社, 1999, 29쪽.

2) 기본법적 보호

중국 헌법에 따라 법률417)을 구분한다면 기본법418)과 기본법 이외의 기타법률419)로 대별된다. 헌법상 최고국가권력기관420)인 전국인민대표대회가 제정하는 기본법은 헌법 다음의 권능을 보유한다. 『합자기업법』, 『독자기업법』, 『합작기업법』 등 삼자기업법과 『민법통칙』, 『계약법』 등 극소수의 주요 법률은 전국인민대표대회가 제정하였다.

〈표 11-1〉 중국의 주요 법률 및 제·개정 기관 일람표

주요법률	제정기관	제정시기	개정기관	개정시기	비 고
[민법 분야]					
민법총칙 (民法通則)	전국인민대표대회	1986년	–	–	
계약법(合同法)	전국인민대표대회	1999년	–	–	
담보법	전인대상무위	1995년	–	–	

---

416) 중국 이외에 헌법 차원에서 보장하는 국가는 불가리아로서 1991년 제정 헌법 제19조 제3항의 "외국투자자는 최고의 법률보호를 향유한다"가 유일하다. CL Bulgaria－Constitution, Article 19. 3) All investments and economic activity by Bulgarian and foreign persons and corporate entities shall enjoy the protection of the law. http://www.oefre.unibe.ch/law/icl/bu00000_.html 참조.

417) 여기에서의 법률은 협의적 의미에서의 법률을 말한다.

418) 『중화인민공화국 헌법』 제62조: 전국인민대표대회는 아래 열거의 직권을 행사한다. 동 3항: 형사, 민사, 국가기구 및 기타 基本法律의 제정과 개정.

419) 『중화인민공화국 헌법』 제67조: 전국인민대표대회 상무위원회는 아래 열거의 직권을 행사한다.
동 2항: 전국인민대표대회가 당연히 제정하여야 할 법률 이외의 其他法律의 제정과 개정.
동 3항: 전국인민대표대회 폐회기간 동안 전국인민대표대회 제정의 법률에 대하여 부분적인 보완과 개정을 하지만, 그 보완과 개정은 당해 법률의 기본원칙과 저촉될 수 없다.

420) 『중화인민공화국 헌법』 제57조.

주요법률	제정기관	제정시기	개정기관	개정시기	비 고
[상법 분야]					
公司法(회사법)	전인대상무위	1993년	전인대상무위	1999년	
보험법	전인대상무위	1995년	전인대상무위	2002년	
증권법	전인대상무위	1998년	–	–	
합영(合伙)기업법	전인대상무위	1993년	–	–	
개인 독자기업법	전인대상무위	1999년	–	–	
[대외통상법 분야]					
合資企業法	전국인민대표대회	1979년	전국인민대표대회	1990, 2001년	제·개정 모두 전국인민대표대회
外資企業法	전국인민대표대회	1986년	전인대상무위	2000년	
合作企業法	전국인민대표대회	1988년	전인대상무위	2000년	
對外貿易法	전인대상무위	1994년	–	–	

출처: 法律出版社法規中心, 『學生常用法律書册』, 法律出版社, 2002 참조하여 재작성.

기본법 이외의 기타법률은 전국인민대표대회 상무위원회(이하 전인대상무위)가 제정한다. 이를테면 『회사법』, 『보험법』, 『증권법』, 『대외무역법』 등은 전인대상무위가 제정한 것으로 대부분의 법률이 이에 속한다(<표 11 - 1> 참조). 따라서 삼자기업법은 모두 전국인민대표대회가 제정한 기본법[421]으로 전인대상무위가 제정한 기본법 이외의 기타법률인 『회사법』과 『대외무역법』 등에 비하면 한 차원 높은 상위법이라고 할 수 있다.

---

421) 특히 1979년 전국인민대표대회에서 제정된 『합자기업법』은 1990년과 2001년 두 차례의 개정도 전인대 상무위원회가 아닌 최고국가권력기관인 전국인민대표대회에서 이루어졌음을 주목해야 할 것이다.

2. 중복입법과 교차입법

1) 행정법규 및 부문규정

행정법규는 중국의 최고 행정기관인 국무원에서 헌법과 법률(기본
법과 기본법 이외의 기타법률을 통칭하는 의미)에 근거하여 제정한
규범성 문건을 말한다. 그 법률지위와 효력은 헌법과 법률 다음이
다.[422] 국무원에서 공표한 결정과 명령, 결의, 통지 등이 규범성 문
건일 경우 모두 '행정법규'류의 法源에 속한다. 예를 들면 삼자기업
법의 실시조례 또는 실시세칙과 1986년의 『외국인투자장려에 관한
규정(關于激勵外商投資的規定)』과 1990년 『외국인투자개발경영토
지임시관리규칙(外商投資開發經營成片土地暫行管理判法』이   해
당된다. 국무원 소속의 각부, 위원회는 자신의 직권 범위 내에서 규
정을 제정·공포할 수 있다. 이것을 일반적으로 부문규정 또는 부위
(部委)규정이라고 하는데 그 효력은 행정법규보다 낮다. 예를 들면
1995년 대외무역경제합작부가 제정한 『외국인투자주식유한공사의
약간 문제의 임시규정(關于外商投資股分有限公司若干問題的暫
行規定)』 등이 있다. 외국인투자와 관련하여 100여 개의 행정법규
및 부문규정이 이에 해당한다.

2) 지방성 법규

지방성 법규는 성, 자치구, 직할시의 인민대표대회 및 그 상무위원

---

422) 한대원 외 14인 공저, 『현대중국법개론』, 박영사, 2002, 29쪽.

회에서 제정 또는 비준한다. 각급 지방의 외국인투자기업 관련 법규와 지방성 법규는 헌법, 법률, 행정법규와 어긋나지 않는 범위 내에서 시행된다. 1979년에서 1999년까지 각급 지방정부단위에서 제정한 외자관련법규의 총수는 무려 1,489개에 이른다.[423)

3) 경제특구 수권입법

중국의 경제특구는 개혁개방기간 중 대외경제무역을 발전시키기 위해 특수정책을 실행하는 구역을 말한다. 1981년 전국인민대표대회 상무위원회는 광둥(廣東)성과 푸젠(福建)성의 인민대표대회 및 상무위원회에 권한을 위임하여 소속 경제특구의 각종 경제법규를 제정할 수 있도록 하였다. 또한 1988년에 전국인민대표대회는 하이난(海南)성 인민대표대회 및 상무위원회에 권한을 위임하여 하이난 경제특구 내에서만 실시하는 법규를 제정할 수 있도록 하였다. 그리고 1992년에는 전국인민대표대회는 선전(深圳)시 인민대표대회와 인민정부에 그 권한을 위임하여 각각 법규와 규장을 제정할 수 있도록 하였다. 1994년과 1996년에는 전국인민대표대회는 샤먼(廈門)과 주하이(珠海), 산터우(汕頭) 등 3개 경제특구가 소재하는 시 인민대표대회 및 상무위원회에 각자 경제특구 내에서 실시하는 법규를 제정할 수 있도록 권한을 위임하였다.[424)

---

423) 이옥자, "중국외자유치의 현황과 전망", 『밖에서 본 중국의 외국인 투자법제』, 제8회 한중법학회 국제학술회의록(2002), 36쪽.
424) 허운학, 『중국투자에 필요한 중국법 해설』, 매일경제신문사, 2002, 24 – 25쪽.

3. 양궤제(Dual Track System) 입법체계

개혁개방 초기, 중국은 계획경제체제를 기본바탕으로 시장 경제적 요소를 보충으로 가미하는 체제로 중국 경제주체는 여전히 국유기업들이 대부분을 차지했다.

1979년 『합자기업법』을 필두로 중국 정부는 외국인 투자자에 대해 시장경제의 교두보를 제공하여 주기 위해 외국인 투자 법제화를 꾸준히 추진하였다. 그 결과 계획경제체제하의 중국 국내 기업과 시장경제체제하의 외국 자본의 양궤제 입법체계라는 중국 특유의 법체제가 출현하였다. 국내기업을 위한 법제가 전반적으로 미비한 가운데서도 삼자기업법을 위시한 외자관련법체계는 외국인 투자자들에게 제도적 보호장치로 작용하였다.

양궤제체계는 개혁개방 초기 특수한 중국적 상황에 의해 채택된 것이다. 1992년 10월 제14차 중국공산당전체대표회의에서 사회주의 시장경제체제목표를 확립한 이후부터는 양궤제체계는 더 이상 중국 경제체제개혁의 현실과 발전목표에 부응할 수 없게 되었다. 더욱이 WTO 체제로의 편입에 상응하는 법제화를 추구해야 할 현 상황에 비추어 볼 때 양궤제체제의 고수는 외국자본 유치를 저해하는 가장 큰 장애요인 중의 하나라고 할 수 있다.[425]

4. 기업 유형에 따른 입법모델

중국의 외국인 투자법체제 특징의 하나는 기업의 유형에 따라 각

---

425) 陳安, 전게서, 274쪽.

기 서로 다른 법이 제정된 점이다. 삼자기업법 및 삼자기업법의 하위법규는 외국인투자기업의 비준, 등기, 토지, 세무, 재무회계, 노무, 금융 및 수출 등 방면의 단행법규로 제정되어 왔다. 이러한 기업 유형에 따른 입법모델은 제정 당시에는 시대적 상황에 대한 대응성이 높았으며 철저하게 시행되는 장점이 있었을 뿐만 아니라 『회사법』이 제정되기 전의 상황과도 일정한 정도로 부합되는 면이 있었다.

1986년 국무원이 『외국기업인 투자장려에 관한 규정』 등 일련의 법령을 공포하였는데 여기서 기업유형과 무관한 개념인 '외국인투자기업'이 처음 출현하였다. 여기서 한 걸음 더 나아가 단일화된 외국인투자기업법규, 이를테면 1991년 『외상투자기업 및 외국기업소득세법』이 제정된 이후부터는 그것은 합자기업, 합작기업 및 독자기업 등 삼자기업과 단일화된 외국인투자기업 유형의 융합된 개념인 모든 형태의 외국인투자기업에 일괄 적용되는 것으로 발전했다.

1990년대 이전까지 삼자기업법은 중국의 민·상법체계의 공백을 대신하는 기능을 수행하였다. 그러나 1993년 이후, 제정된 『회사법』, 『계약법』 등의 민·상법체계와 기존의 삼자기업법체계 간의 모순과 상치는 갈수록 심화되어 가고 있다.

Ⅳ. TRIMs협정에 따른 중국의 외자법제 조정

1. TRIMs협정에 따라 개정된 외자법제의 주요 내용

중국은 TRIMs협정과 상치되고 현실과 법제와의 괴리를 극복하기 위하여 삼자기업법에 대한 대대적인 정비작업을 전개하였다.426) 『외자기업법』과 『합작기업법』은 2000년 10월 31일 전국인민대표자 회의를 통하여 개정안이 통과되었고, 『합자기업법』도 2001년 3월 15일에 개정안이 통과되었다. 2001년 4월 24일에는 『외자기업법 시행세칙』이, 2001년 8월 18일에는 「합자기업법 실시조례」가 개정되었다. 중국은 그동안 삼자기업에 대하여 TRIMs협정과 상치되는 이행의무를 부과하고 있었는데, 수출실적요구조항, 무역수지균형의무, 중국 내 우선구매의무 등이 대표적이다.

1) 수출실적요구조항의 삭제

『외자기업법』 제3조 제1항 "외자기업 설립은 반드시 중국 국민경제 발전에 부합해야 하며 또한 선진기술과 설비를 갖추어야 하며, 생산제품의 전부 혹은 대부분을 수출해야 한다"라는 기존의 규정을 "외자기업 설립은 반드시 중국 국민경제 발전에 부합해야 하며, 국가는 수출주도형 혹은 기술집약형 외자기업의 설립을 장려한다"라고 수정하였다. 즉 '수출의무'를 '수출장려'로 개정하였으며 1986년 제정·실시된 『외상투자 장려에 관한 규정』 중의 관련 규정도 개정하였다. 동 법규는 내수시장의 진입장벽에 대한 제거를 규정한 TRIMs협정에 위배되었다. TRIMs협정의 부속서 금지 예시 List 2(c), 즉 "기업제품의 수출이나 수출을 위한 판매를 특정 제품, 물량, 금액으로 제한하거나 국내 생산물량, 금액과 비례하여 제한을 금하는 규정"을 위배하였을 뿐만 아니라 합자기업의 중국 내수시장 진출과정에서 중국 국내기업들의 효율성 향상과 경쟁력 제고라는 긍정적 효과가

---

426) 戴德生, "WTO與『貿易有關投資措置協議』與中國加入", 『現代法學』, 제
　　 23 − 3호(2002), 125쪽.

나타난 것도 개정이유라고 볼 수 있다.

2) 무역수지 균형의무의 삭제

『합작기업법』제20조의 "합작기업은 반드시 스스로 외환수지 균형을 해결해야 한다. 합작기업이 스스로 외환수지 균형을 해결할 수 없을 경우 국가의 규정에 의거하여 관련 기관에 협조를 요청할 수 있다"와 『외자기업법』제18조 제3항의 "외자기업은 외환수지 평형을 자체 해결해야 한다" 등의 이른바 무역수지 균형의무조항은 모두 삭제되었다.

또한 『외자기업실시세칙』제3조의 "외자기업의 제품은 주관부서의 비준을 거쳐 중국 역내에서 판매하며, 이로 인해 기업의 외환수지평형을 이루지 못할 경우 중국시장 판매를 비준한 기관이 해결책임을 진다"도 삭제되었다. 이러한 무역수지균형 의무조항의 삭제는 TRIMs협정의 부속서 금지 예시 List 2(b), 즉 "기업의 외환취득을 그 기업의 외환도입관련 액수로 제한함으로써 기업이 국내생산에 사용되거나 국내생산과 관련된 제품의 수입을 제한하는 조치를 금지" 규정에 부합하기 위해서이며 중국 내 외자기업들이 수출을 하지 않고도 은행을 통한 외환의 직접조달이 가능해진 실정을 반영한 것이라고 할 수 있다.

3) 중국 내 우선구매의무조항의 삭제

『외자기업법』 제15조 후반부의 "동등 조건하에서 중국산을 먼저 구매해야 한다"는 내용을 삭제하고, 전반부를 "외자기업은 비준받은 범위 내에서 필요한 원·부자재 및 연료 등을 공평·합리의 원칙에서 국내시장 혹은 국제시장에서 구매할 수 있다"로 수정하였다. 『합자기업법』 제9조 제2항은 "합자기업은 비준된 경영 범위 내에서 필요로 하는 원료, 에너지 등의 물자를 중국 국내에서 구매할 수 있고, 국제시장에서 구매할 수도 있다"로 개정되었다.[427] 따라서 외자기업은 필요한 기계설비, 원자재, 연료, 부속품, 사무용품 등을 중국 내 또는 외국에서 구입할지 여부를 결정할 권리가 있으나, 조건이 같은 경우에는 중국 내에서 구입하도록 되어 있다. 동 규정은 "기업이 국내생산품을 특정제품 혹은 일정수량·금액만큼을 구매·사용하도록 하거나 국내 생산량 및 금액의 일정 비율만큼 구매·사용하도록 하는 것이나 기업이 자신이 수출하는 국산제품의 물량이나 금액만큼만 수입물품을 구매·사용할 수 있도록 하는 조치를 어떠한 형식으로도 기업의 구매를 제한하여 해당 지역의 상품구매를 강제해서는 안 된다"라는 TRIMs협정의 부속서 금지 예시 List 1(a)에 저촉되는 것이었다.

2. 향후 개선되어야 할 문제점

TRIMs협정은 WTO규칙의 중요한 문건의 하나로서 그 원칙은 중국의 외국인 투자법제에 반드시 준수되어야만 한다. 이에 따라 중국

---

427) 『합자기업법 실시조례』 제57조에 동법 관련 상세한 규정을 해 두고 있다.

은 중국 내 외국인투자기업은 내국민대우원칙과 수량제한금지원칙 및 투명성 요구를 제도화하여 실행하여야 할 의무를 진다.428)

중국은 WTO 가입 전후에 TRIMs협정과 배치되는 삼자기업법을 수정하였지만 아직도 많은 문제점이 잔존한다. 따라서 중국의 외국인 투자법제의 전범(典範)인『합자기업법』을 위주로 주요 논점을 살펴보고자 한다.

1) 투자주체

『합자기업법』은 여러 차례 수정을 거쳤지만 투자주체자격규정에 관해서는 큰 변화를 보이지 않았다.『합자기업법』제1조는 "중화인민공화국은 대외경제협력과 기술교류를 확대하기 위하여 외국기업 기타 경제조직 혹은 개인의 평등호혜 원칙에 의거하여 중국 정부의 비준을 거쳐 중화인민공화국 경내에서 중국 기업 또는 기타 경제조직과 공동으로 합영기업 설립을 허용한다"라고 규정하고 있다. 즉 외국 측은 기업이나 개인도 투자주체가 될 수 있으나 중국 측 투자주체는 회사 또는 기타 경제조직으로 제한하고 개인은 투자주체가 될 수 없다. 이 규정은 TRIMs협정 중 내국민대우원칙에 부합하지 않아 법적 충돌을 야기함은 물론 중국 경제발전의 요구에도 적합하지 않는 것이다.429)

「개인기업임시조례(私營企業暫行條例)」제22조는 "개인기업은 국

---

428) 侯富强, "TRIMS協議對中國外資立法的衝擊與對策",『當代法學』, 제18권 제5호(2003), 78쪽.

429) 吳建依·黃賢宏, "試論外商投資法與『TRIMS協議』的沖突與協助",『河北法學』제21-2호(2003), 73쪽.

가 법률과 규정에 근거하여 외국의 기업과 기타 경제조직 혹은 개인과 함께 합자경영기업과 합작경영기업을 설립한다"라고 규정하였다. 개인기업의 유형은 개인독자, 개인합자, 개인유한책임회사의 세 가지로 분류하여 개인의 외자기업에 대한 투자권한을 인정하고 있다.『개인독자기업법』430) 제2조는 "본 법이 지칭하는 독자기업은 중국 내에 설립된 것으로 자연인이 투자하여 재산은 투자자 개인소유이며 투자자의 개인재산은 기업채무에 무한책임을 부담하는 경제실체"라고 명시하여 내국민을 포함한 자연인이 중국 국내에 투자하여 기업을 설립할 수 있다. 그와 반면에『합자기업법』은 여전히 개인과 외국기업 투자 개인 간의 합자나 합작기업의 설립을 허용하지 않고 있다. 이는『개인독자기업법』과「개인기업임시조례」등과 충돌할 뿐만 아니라 중국 경제발전 상황에도 부합하지 않는 것이다.431)

TRIMs협정에 부합되려면 외자기업의 투자주체 범위의 확대가 필요하다. 개인도 중국 측 투자주체로 외국투자자와 협력하여 공동으로 자유롭게 합자기업을 설립 · 경영하게끔 관계법규의 개선이 요구된다. 법인과 개인은 구별되어야 하므로 법률은 개인에 대해 투자참여를 허용하는 동시에 개인기업임을 표시하는 규정을 마련하여야 할 것이다.

2) 자본출자방식

국제적으로 회사출자액의 납입에는 두 가지 입법례가 있다. 실제자본납입제와 인정자본납입제로서 전자는 자본을 전부 납입하여야 회사가 설립되는 제도이고 후자는 회사자본을 장정에 기재하고 등기

---

430) 1999년 8월 30일 제9기 전인대 상무위원회 제정, 2000년 1월 1일 시행.
431) 沈木珠, "完善中國外商投資法的若干建議",『政治與法律』, 제17 – 1호(1997), 4쪽.

한 후 설립 시에 자본의 일부를 납부함으로써 회사가 설립된 후 여분의 자본은 분할 납부하면 되는 제도다.

실제자본제는 자본의 충실을 강조하나 회사설립과 자금의 이용효율을 높이는 데 불리하고 인정자본제는 효율을 중시하나 채권자의 이익보호가 미흡하다. 「합자기업법 실시조례」 제22조는 "합자기업의 등록자본은 등기관리부상의 자본총액을 쌍방이 각각 인정한 출자의 총합이다"라고 규정하여 『합자기업법』은 인정자본제를 채택하고 있다. 합자기업의 설립 시 출자도 역시 인정자본을 기초로 한다. 즉 자본충실의무와 관련하여 외자기업은 설립 후 일정기간 내에 일괄 또는 분할 납부하도록 되어 있다. 그러나 『회사법』 제23조는 "유한책임회사의 등록자본은 회사등기기관등기의 전체 주식 실제납부의 출자액"이라고 규정하고 있다. 『회사법』 회사자본 납부에 채택한 것은 실제납부제다. 회사는 반드시 자본 확정의 원칙, 자본유지의 원칙, 자본불변의 원칙을 견지하여야 하며 반드시 정관에 자본총액을 명확히 정하고 사원이 전부 인수하여야 하며 각자가 인수한 자본을 전액 납입하여야 한다.

외국인 투자법제의 출자인정자본제 채택은 TRIMs협정의 내국민대우원칙에 배치되는 것이며 '유령회사' 현상을 초래하고 투자 일방의 출자거부를 발생케 하는 원인이 되고 있다.432)

3) 기업 유형

『합자기업법』 제4조 제1항은 "합자기업의 형식은 유한책임회사(이

---

432) 전정기, "中國 WTO 加入에 따른 通商法制 改編과 우리나라의 對中 通商政策 樹立에 關한 研究", 『通商法律』, 제45호(2002), 63쪽.

하 '유한회사'라고 칭함)"라고 정하였는데 이는 개혁개방 초기 중국 경제발전 상황에 적합하였던 규정이었다.

개혁개방이 돌이킬 수 없는 대추세인 현재, 유한회사 형태의 합자 기업은『회사법』과 배치될 뿐만 아니라, 실제 중국 경제발전의 상황 에도 부합하지 않는다. 유한회사와 주식회사는 서구에서 일반적인 기업의 조직 유형이다.

『회사법』제2조는 "본 법에서 회사는 중국 내 설립한 유한회사와 주식회사를 가리키는 것이다"로 정하고 있다. 합자기업은 중국법에 의거하여 중국 내에 설립된 것으로 마땅히 기업조직법, 즉『회사법』 의 규범에 규율된다. 실제로 유한회사는 사원이 그 출자액을 한도로 회사에 대하여 책임을 부담하고 회사는 그 전부의 자산으로 회사의 채무에 대하여 책임을 부담하는 기업법인이다.433) 유한회사는 주식회 사처럼 주식을 발행하거나 증자 및 출자금의 양도는 법규로 엄격한 제한을 받는다. 합자기업이 일정 규모로 발전하여 확대재생산이 필요 할 경우 주식회사 형태가 외자유치에는 유리하다고 볼 수 있다.434)

1993년 10월, 대외무역경제합작부는「주식회사형식의 중외합자기 업설립에 관한 문제의 통지」를 공포하고 연이어 1995년 1월「외상 투자주식유한회사설립에 관한 약간 문제의 임시규정」을 제정하여 인 민폐와 특정주식으로 외자가 설립한 합자기업은 외국투자자에게 개 방을 확대하고 개혁을 심화하는 제도적 장치를 마련하였다. 중국이 합자기업발전을 촉진하고 더욱 많은 외자를 유치 이용하기 위해서는,

---

433)『회사법』제3조 제1항 및 제2항. 郭碁, "從投資激勵看 TRIMs協議與招商 引資的衝突調適",『當代法學』, 제18권 제10호(2003), 111－112쪽 참조.

434) 劉筍,『WTO法律規則體系對國際投資法的影向』, 中國法制出版社, 2001, 95쪽.

TRIMs협정에 합치되게 투자자가 자신의 투자규모와 발전계획에 근거하여 다양한 회사 유형을 자유롭게 선택할 수 있게끔 하는 법제개선이 검토되고 있다.435)

4) 내부기구

외국인투자기업의 성패 여부는 기업 내부 기구의 원활한 기능의 작동 여부에 따라 좌우된다. 선진국이나 개발도상국을 막론하고 회사법과 상법 혹은 외자관련법에서 외자기업의 내부관리조직을 명확하게 규율하고 있다. 각국의 관련 외자기업의 내부기구를 개괄하면 일반적으로 주주총회, 이사회, 이사(대표), 감사회 등으로 구성되어 있다. 현행 중국의 관련법규는 외자기업은 주로 유한회사의 체제를 채택하고 있으며 이사회는 합자기업의 최고의사결정기관으로 합자기업의 일체의 중대한 문제를 결정한다.

유한회사의 조직기구는 사원총회, 이사회, 경리(대표), 감사회로 구성되고 사원총회는 회사의 최고의사결정기관으로서 전체 사원으로 구성된다. 사원총회는 광범위한 직권을 행사하고 이사회는 사원총회에 대해 책임을 진다.

그러나 합자기업은 조직 유형상으로는 유한회사를 채택하고 있음에도 불구하고 사원총회가 아닌 이사회를 최고의사결정기관으로 설정하고 이사회에 광범위한 직권을 부여하는 등『회사법』과는 상치된 규정436)으로 인하여 실제 경영상에 많은 폐단을 야기하고 있다.

합자기업의 이사회 제도는 1980년대 이전의 국영기업의 내부기구

---

435) 黃輝, 『WTO與國際投資法律事務』, 吉林人民出版社, 2001, 296쪽.
436) 『합자기업법』 제6조.

와 비교할 경우 큰 발전이라고 할 수 있으며 상응한 정책을 적시에 시행 가능한 장점을 구비하고 있다. 그러나 일체의 중대 문제는 이사회로 하여금 결정케 하는 제도는 긴급한 결단을 내려야 하는 상황에서는 기업의 생산과 경영에 장애를 유발한다. 중국 이외에 이러한 외자관련법체제를 유지하는 외국의 입법례로서는 헝가리가 유일하다.437)

중국의 『합자기업법』에 따르면 이사회는 합자기업의 설립요건에 필수기관이지만 사원총회는 임의기관이다. 개혁개방 초기에 합자기업의 중국 측 사원 수는 극히 제한된 실정으로 대개 두셋의 합자기업 사원이 이사회에 참가하여 의사를 표시하고 기업의 정책결정에 참여하였다. 어떤 의미에서 합자기업에서는 사원이 이사이며 사원총회는 이사회 속에 함몰되어 있다.

합자기업이 『회사법』상의 유한회사 규정을 준용하여 사원총회, 이사회, 경리(대표), 감사회 등 내부관리기구를 설치할 수 있게 개정된다면 TRIMs협정과도 합치되는 한편 기업운영의 권한과 책임의 한계가 투명해지고 합리적이고 과학적인 경영관리의 원활을 기할 수 있다.438) 합자기업 자체가 특수한 기업 유형이라지만, 기업 경영 메커니즘은 세계통용의 관리방식을 채택하는 것이 바람직하며, 그런 측면에서 외국투자자의 행위준칙으로서 『회사법』의 포괄적 적용도 신중히 검토해 볼 만한 방안이라 할 수 있다.439)

---

437) 法律出版社 編輯部, 『中國投資法律指南·第1輯』, 法律出版社, 1999, 70-72쪽.
438) 張梅, 『外國投資企業法律의 統一』, 法律出版社, 1999, 70-72쪽.
439) 吳建依·黃賢宏, 전게논문, 73-74쪽.

V. 결 론

중국 정부는 1970년대 말에서부터 1980년대 말에 걸쳐 삼자기업법을 제정한 이래 외자유치를 위한 법제 개선작업을 지속적으로 전개하여 왔다. 내자와 외자가 별개로 적용되는 중국특유의 양궤제 경제법제는 중국 경제체제 전환시기의 환경에 부응하고 외자유치의 촉진제 기능을 하여 중국에 투자한 외자기업들에는 경영 성공과 실패를 자신이 부담하게 한 반면에 중국 내 국유기업에는 계획경제체제하에 정부의 보호우산 아래서 생존이 가능하게 함으로써 상당기간 그 존재의 합리성을 인정받았다.

그러나 이러한 양궤제는 1990년대 후반 중국의 개혁개방이 심화되고 시장경제체제가 수립되어 감에 따라 국내기업의 시장경쟁력이 외자기업과 비해 손색이 없을 정도로 강화되면서부터는 과도한 법적 규제와 행정적 간섭을 완화하고 계획경제의 색채를 탈색시키는 방향으로의 조정 작업이 점진적으로 진행되어 왔다.

2001년 WTO 가입을 전후한 시점에 중국은 결국, 국내자본과 외국자본이 동일한 시장경제체제하의 도전과 기회에 당면하는 체제, 즉 양궤제에서 단궤제(Mono – Track System)로의 방향전환을 모색하여야 하는 국면에 이르게 되었다.

따라서 중국은 현행 외국인 투자법제를 TRIMs협정에 부합하도록 외자기업의 내국민대우 기준을 투명하고 공평하게 적용되는 제도화를 추진하고 외자기업에 대한 차별을 엄격히 제한하는 한편 국내기업에 대한 역차별도 시정하는 내용의 새로운 법규 제정을 가속화하고 법에 따른 업무진행을 강화하고 있다.

국내기업보다 외국기업을, 중서부지역보다 연해지역을, 일반지역보다 경제특구와 경제기술개발구, 하이테크개발구 등의 특정지역을 차별적으로 우대하는 불평등한 법제를 평등하고 공평한 경쟁이 보장되는 법제로의 개편작업이 활발히 추진되고 있다. 동서부 간 균형발전과 중국 전체를 단일시장으로 묶는 전략적 차원에서 일회성 이벤트 성격이 짙은 외자유치 프로그램의 남발을 지양하고 외자기업의 경영기간 연장과 경영범위 확대의 제도적 보장을 모색하는 한편 대규모·고위험·고수익의 중장기적인 하이테크산업 및 농업종합개발프로젝트와 에너지, 교통 등 SOC 프로젝트의 유치에 주력함으로써 업종 간 균형발전을 유도하는 제도적 장치 강화에 역점을 두고 있다. 즉 중국 투자관련 법제화의 중심이 과거의 지역 중심에서 향후 업종 중심으로 이동하는 추세는 반드시 주목하여야 할 부분이라고 할 수 있겠다.

또한 중국 정부는 세계통용의 투자규범과의 유기적인 통합을 이루는 투명하고 체계적인 투자법제를 발전시키기 위하여 기존의 투자법제를 TRIMs협정에 합치되도록 관련 법규를 정리, 개편하는 데 노력을 기울이고 있음이 분명하지만 또 다른 한편으로는 중국 정부는 TRIMs협정 가운데 개도국에 허용한 예외조항과 유예 및 경과조치 조항들을 발굴하여 최대한 활용하기 위한 움직임에도 주의를 기울여야 하겠다. 중국은 TRIMs협정 중 '예외조항'을 활용하여 경제발전 동력을 외자투자유치에 지나치게 의지하던 상황을 극복하려고 하고 있다. TRIMs협정에 따라 개발도상국인 중국은 국민생계의 중요한 영역에서는 내국민대우원칙의 배제가 가능하다. 즉 내국민대우는 중국이 양허한 부문과 영역에 국한된다. 중국은 5년에서 7년간의 과도기 동안 TRIMs협정을 비롯한 국제규범이 허용한 긴급보장조치, 일반적 예외를 최대한 활용하며 점진적으로 외자관련 법제를 완비하여 법률의 사각지대를 없애려고 노력할 것으로 예견된다. 즉 중국은 저촉되지 않는 법규는 계속 유지하되 국내법에 없는 외국투자기업에 대한 내국민대우 및 최혜국 대우 문제에 대한 명확한 규정을 마련할 것이다. 그 구체적 입법 작업으로 현재 중국 학계에서는 삼자기업법을 존속시키되 부분 개정하자는 방안, 삼자기업법을 전면 철폐하는 대신에 새로운 외국인 투자 기본법을 제정하자는 방안, 삼자기업법을 하나의 법제로 합병한 통합외자법을 제정하되 외자기업의 형태, 내부 조직기구, 설립, 출자, 경영관리 등 국내법제로 흡수 가능한 일정부분은 『회사법』을 준용하도록 개정하는 방안 등 대략 세 가지 방안이 활발히 논의되고 있다. 이들 중 세 번째 방안, 즉 통합외자법 제정방안이 가장 큰 설득력을 얻고 있는데 그 중요한 이유 가운데 하나는 삼자기업법의 재편작업을 거치는 과정에서 얻게 되리라고 기대되는 결과물, 이른바 '일목요연한 중국의 외국인 투자법제'는 투명성을 강조하는 TRIMs협정 원칙에 적극적으로 부응할 수 있다는 점이라고 사료된다.

12. 내국민대우원칙에 따른 중국 외자기업법제 개편논의와 전망

Ⅰ. 서 론

중국은 기술과 자본의 축적이 미비한 개혁개방 초기 단계에서 외자유치의 제도적 장치 마련에 주력하였다. 즉 외국인투자기업(이하 '외자기업'이라 함)에 대한 특혜를 법적으로 보장한 『中外合資企業法』(1979년, 이하 『합자기업법』이라 함), 『外資企業法』(1986년, 이하 『독자기업법』이라 함),440) 『中外合作企業法』(1988년, 이하 『합작기업법』이라 함) 등 이른바 『삼자기업법』을 비롯한 外商投資企業法441)(이하 『외국인투자기업법』 또는 『외자기업법』이라 함)을 연이어 제정하였다.

외국인투자기업법은 대외개방을 더욱 가속화시켜 외자유치에 커다란 공헌을 하였으며 중국 경제가 급성장을 하는 데 견인차 역할을 하여 왔다. 그러나 1990년대 중반 이후 개혁개방이 심화되고 사회주

---

440) 외국 측이 단독으로 100% 단독 투자한 외자기업법상의 외자기업을, 외국 측이 일부 투자한 합자기업과 합작기업과의 구별을 명확히 하기 위하여 '독자기업'이라고 통칭한다. 같은 이유에서 외자기업법도 '독자기업법'으로 통칭한다.

441) 삼자기업을 비롯하여 외국투자자가 중국 정부의 인가를 통하여 중국 내에서 중국의 합자자 또는 합작자와 공동으로 설립하거나 독립적으로 설립하는 기업을 가리켜 外商投資企業(foreign-invested enterprise)이라고 한다. 따라서 外商投資企業法이란 중국이 제정한 외상투자기업이 설립·변경·종료와 경영관리과정에서 발생되는 경제관계를 조정하는 법률규범 총체를 말한다. 余勁松, 『國際經濟法』, 北京, 北京大學出版社, 2002, 211쪽. 中國商務部 홈페이지 http://www.mofcom.gov.cn/ 참조.

의시장경제체제가 점진적으로 구축되는 것에 비해 외자기업법제는
새로운 변화에 적응하지 못하고 주로 과도한 특혜부여를 유인수단으
로 한 외자유치를 통해 고속 성장에 매달린 결과, 중국 경제가 외국
자본에 과도하게 의존한다는 우려와 함께 내·외자기업 간의 모순이
날이 갈수록 뚜렷해지고 있다는 지적을 받아 왔다.

2001년 WTO 가입을 전후하여 중국은 내국민대우 등 WTO원칙
에 부합되도록 외자기업법을 일부 개정하여, 외환수지 균형 의무, 원
부자재 현지조달 의무, 무역수지 균형 의무 등 외자기업에 불리한
투자 및 기술이전 관련 제한을 철폐하였다. 그러나 개정된 외자기업
법은 법규 상호 간, 상·하위 법규 간 중복과 모순 현상,『회사법(公
司法)』등 기타 민·상사법 간의 부조화 현상이 여전히 남아 있다.
특히 중국 국내기업들로부터 개정된 외자기업법은 외자기업에 대한
차별대우, 즉 '次國民待遇'를 완화하는 데만 중점을 두었지, 외자기
업에 대한 '超國民待遇',442) 즉 국내기업에 대한 역차별에 대해 어
떠한 변화나 실질적인 개선도 없었다는 비판을 받아 왔다.

이에 따라 중국 학계는 중국특색의 '초국민대우'와 WTO의 '내국
민대우' 원칙이 상호 조화된 법제 정비 문제를 핵심으로 한 외자기
업법제 개편논의를 다양하게 전개하였으며 법제 개편논의라는 큰 주
류에 대한 작은 지류의 한 흐름으로서 일부 중국 조세전문가들은 기
업소득세를 내자기업과 외자기업에 동등하게 적용하는 가칭『내·외
자단일기업소득세법』의 제정을 지속적으로 제기하여 왔다.

이러한 기업소득세 단일화 주장은 중국 상무부를 중심으로 외자유

---

442) 중국에서는 외자기업을 국내기업보다 우대하는 것을 '超國民待遇', 그 반대의
경우를 '次國民待遇'라고 칭한다. 呂岩峰·何志鵬·孫璐,『國際投資法』,
北京, 高等敎育出版社, 2005, 294-295쪽.

치에 차질을 우려한 정책당국자들의 반대로 답보상태에 머물러 있었다. 그러나 2006년 2월 중국이 세계 최대의 외환보유국가가 되고 국내투자가 과열되면서 외자의 무분별한 자국진출을 규제하는 법제개편 논의가 다시 대두되었다.[443] 2006년 8월 전국인민대표대회 상무위원회가 내·외자기업의 기업소득세를 단일화하는 소득세법 개정안 심의에 착수하면서부터 이러한 법제개편 논의는 단순한 '주장'에서 일약 '법제화'로 가시화되었다. 중국 법제개혁의 진정한 시금석이 될 것이라는 점에서 국내외의 이목이 집중되어 있는 이 법안은 2008년부터 시행될 것으로 예상되고 있다.[444]

기업소득세 단일화는 과거 외자기업이기 때문에 우대를 해 주는 방식에서 산업·지역에 따라 선별적으로 중국 기업과 차별 없이 우대 정책을 시행하는 방향으로의 일대전환을 의미하는 것이다. 그러나 변화의 방향은 결정되었어도 어떤 단계와 속도로 추진할 것인가에 대해서는 각계의 의견이 일치하고 있지 않은 실정이다.

이런 상황에서 향후 중국의 외자기업에 대한 내국민대우가 기업소득세 분야에만 국한되지 않고 수출입관세감면, 부동산 임대에 대한 우대 등 외자기업에 대한 각종 우대조치들이 폐지되어 중국 기업들과 동등한 환경하에서 경쟁하는 '게임의 새로운 룰'이 출현할 것인가, 즉 기업소득세 개편을 시발점으로 전체 외자기업법제의 개편이 수반될 것이라면 그 법제개편의 구체적인 시기, 폭과 깊이, 형태는 어

---

443) 2006월 7월 말 현재 중국 외환보유액은 9,545억 달러를 기록했으며 9월 중으로 1조 달러를 넘어설 것으로 전망하고 있다. 중국 국가외환관리국(SAFE) http://www.safe.gov.cn/

444) 2006년 6월 중국 재정부 王建凡 세정국장은 내·외자기업의 소득세를 단일화하는 것을 세제개혁의 중점사항이 될 것이라고 밝히면서 이에 대한 입법 절차를 2006년 말까지 완료하고 2007년 3월 전국인민대표대회에서 통과시킨다는 구체적인 일정표를 내놓았다. http://finance.sina.com.cn/money/swgh/20060810/14422810452.shtml

떤 것이 될 것인가 등 몇 가지 검토하여야 할 문제가 제기되고 있다.

따라서 본 연구의 의의와 목적은 한국의 최대투자대상국[445]인 중국의 외자기업법제의 현황과 문제점, 그리고 내국민대우원칙에 따른 외자기업법제의 개편논의에 대한 평가와 분석, 전망을 통하여 한국 기업들의 대중국 투자전략 수립과 참고자료를 제공하는 데 있다.

본 연구는 제Ⅱ장에서 내국민대우원칙과 관련한 WTO협정과 중국의 WTO가입의정서 및 가입실무단 보고서상의 이행을 약속한 내용을 일별하고 제Ⅲ장에서는 외자기업법제의 문제점과 함께 내국민대우에 따른 법제개편의 필요성을 파악한 후 제Ⅳ장에서는 외자기업법제의 모델과 법제개편에 관한 주요 논의를 검토한 후 제Ⅴ장 결론에서는 내국민원칙에 따른 외자기업법제 개편논의를 종합 평가하고 향후 동향을 전망하고자 한다.

Ⅱ. 내국민대우원칙 관련 WTO협정 및 중국의 이행약속

1. WTO협정상의 내국민대우원칙

1) 의의

내국민대우(National Treatment)[446]란 조약 당사국이 자국영역 내

---

445) 2005년 말 현재 한국 기업의 대중 투자누계는 15,510건 135.5억불로 한국은 중국에 가장 많은 투자를 하는 국가이다. 현재 중국 내에는 약 3만여 개의 한국 기업이 진출해 있는 것으로 추산되고 있다. 주중국 한국대사관 홈페이지 htttp://www.koreaemb.org.cn/contents/politics/serv2 - 72 - 03.aspx?bm = 2&sm = 3&fm = 2

에서 다른 당사국의 국민 및 제품에 대하여 자국민 및 자국 제품에 게 부여하는 것과 동등한 권리를 부여하는 것을 말하는데 자국민대 우 또는 내외국민평등대우라고도 칭한다.447)

내국민대우원칙은 최혜국대우의 원칙과 함께 GATT 및 WTO의 핵심적인 원칙을 구성하는 무차별주의를 구현시키는 것이다. 최혜국 대우(Most-Favored-Nation Treatment)원칙이 각 수출국 간에 경 쟁상의 기회균등을 보장하는 것이라면 내국민대우원칙은 수입제품과 국내제품 간의 차별금지 또는 내외국인 간의 차별금지를 의미한다.

내국민대우는 외국에서도 본국에서와 같이 경제활동을 할 수 있게 한다는 측면에서 개인의 경제활동 자유를 신장시키는 역할을 한다. 이러한 가운데 내국민대우는 무역의 자유화를 실현시키는 역할을 하 는 것이다. 자유로운 국제무역관계의 형성을 위해 내국민대우원칙은 국제통상에 있어서 최혜국대우원칙 이상으로 실질적인 측면에서 중 요성을 가지는 것이다. 또한 내국민대우는 상대국가의 국민이나 물 품에 대하여 자국의 그것과 동등하게 대우함으로써 국가 간의 선린 과 평등관계를 도모하는 가운데 안정되고 개방된 국제사회를 형성하 는 역할을 하게 된다.

GATT 및 WTO협정상의 여타 의무와는 달리 내국민대우원칙은 체약국 정부의 국내조치에 직접적인 영향을 미치고 국내정책과 쉽게

---

446) 중국에서는 내국민대우를 한국, 일본과는 달리 '國民待遇'라고 통칭하고 있으 며 그 기원을 중국 춘추전국시대에 두고 있다. 王傳麗, 『國際經濟法』, 北京, 中國政法大學出版社, 2003, 202쪽 ; http://law.npc.gov.cn:87/home/begin1.cbs 필자는 과거 일제시대에 일본인을 내국민으로, 식민지인을 외국민으로 구분하 던 습성이 잔존하는 일본식 용어인 '내국민대우'보다는 '국민대우'로 칭하는 것이 국제통상규범 표준용어인 'National Treatment'에 더욱 부합된다고 생각 한다.

447) 최승환, 『국제경제법』(제3판), 법영사, 2006, 178쪽.

마찰을 일으킬 수 있다. 특히 중국과 같은 개발도상국에서는 내국민대우원칙과 국내정책과의 조화가 해결하기 어려운 난제라고 할 수 있다. 낙후한 산업을 활성화시키고, 전략적 산업을 육성하며, 소득의 재분배, 국가 내의 지역 간 균형적인 발전을 유지하는 등의 제반 목표를 달성하기 위한 국내 경제정책이 필요하다. 이러한 목표를 달성하기 위한 정책의 수행과정에서 외국인 및 외국물품을 내국인 및 내국물품과 동등하게 대우한다는 것은 쉬운 일이 아니다. 내국민대우가 더 넓게 주어진다면 국내정책수행을 위한 국가의 주권행사에 대한 제한은 그만큼 커지게 된다. 따라서 자유무역 달성을 위한 내국민대우를 어느 범위까지 허용하고, 국내정책수행을 위한 주권행사를 어느 범위까지 행사하느냐를 결정하는 것이 필요하게 된다.[448]

2) 적용

GATT 및 WTO협정상 내국민대우는 상품무역, 지적재산권에 적용되는 기본원칙이며 서비스무역에 대해서도 적용할 수 있다. 내국민대우는 양허되지 않은 관세품목에 대해서도 적용된다. 1994년 GATT 제3조에 규정된 내국민대우는 ① 수입제품에 대한 내국세 및 그 밖의 내국과징금, ② 수입제품의 판매·판매를 위한 제공, 구매, 운송, 유통 또는 사용에 영향을 주는 법률, 규정 및 요건, ③ 특정 수량 또는 비율로 상품을 혼합하거나 가공 또는 사용을 요구하는 국내수량규제에 대해 적용된다. 제3조 제1항은 상기 조건들이 수입제품이나 국내제품에 대하여 국내생산을 보호하기 위하여 적용되어서

---

448) 조영정, 『국제통상법의 이해』, 무역경영사, 1999, 85 – 86쪽.

는 아니 된다는 기본원칙을 선언하고 있다.449)

내국민대우원칙은 어떠한 법령, 규칙, 요건 및 과세도 국내시장에서 국내제품과 수입제품 간의 '경쟁조건'을 수입제품에 불리하게 수정하지 못한다. 최혜국대우와 같이 내국민대우 또한 동종 제품에 대한 법률상의(de jure) 차별뿐만 아니라, 사실상의(de facto) 차별도 금지한다. 즉 내국민대우 의무는 국내제품에 대한 유리한 조치와 수입제품에 대한 불리한 조치를 모두 금지하며, 실제적 및 잠재적 차별을 모두 금지하므로 차별적인 조치가 실제로 집행되지 않았다는 이유로 내국민대우 의무의 면제를 원용할 수 없다. 다만 내국민대우는 '동종의 국내제품'에 부여하고 있는 대우보다 불리하지 아니한 대우를 수입제품에 부여하는 것을 의미하므로 수입제품에 대한 보다 유리한 대우는 제3조에 위반되지 않는다.450)

수입품의 판매 조건에 관한 국내 규제와 관련하여 수입품이 국내에서의 판매, 구입, 운송, 분배 또는 사용에 영향을 미치는 법령 및 요건에 관하여 국내상품의 경우보다 더 불리하게 취급하여서는 안 된다. 개인이나 사기업이 수입품에 대해 제한적인 조치를 취하였다고 하더라도 GATT 및 WTO협정상 내국민대우는 정부 간의 문제를 규율하는 것이기 때문에 민간부문의 조치에 대해서는 직접적으로 규율할 수 없다고 할 것이다.

또한 수량규칙과 관련하여 GATT 제3조 제5항 내지 제7항은 혼

---

449) The contracting parties recognize that internal taxes and other internal charges, and laws, regulations and requirements affecting the internal sale, offering for sale, purchase, transportation, distribution or use of products, and internal quantitative regulations requiring the mixture, processing or use of products in specified amounts or proportions, should not be applied to imported or domestic products so as to afford protection to domestic production.

450) 최승환, 전게서, 179 - 180쪽.

합 상품에 대해 규율하고 있다. 즉 특정한 수량 또는 비율에 의한 상품과 혼합, 가공 또는 사용 등에 있어서 자국산의 특정 수량 또는 비율을 사용해야 할 의무를 부과하여서는 안 되며, 특정의 수량 또는 비율을 국외의 공급원 사이에 할당하는 방법으로도 사용할 수 없다는 것을 천명하고 있다.

3) 예외

내국민대우는 GATT 및 WTO협정의 기본원칙이기는 하나, 이에는 일정한 예외가 허용된다.[451] GATT 제3조 제8항에서는 정부조달과 영화필름의 경우는 예외적으로 적용되지 않음을 규정하고 있다. 정부기관이 정부용으로 구입하는 물품에 대해서는 국산품의 우선 구매를 허용하고 있다. 정부조달에서의 내국민대우 예외는 정부조달의 재원이 내국민들의 세금으로 이루어진 만큼 국산품의 구입에 우선적으로 사용할 수 있다는 데에 있다. 그러나 정부조달 부분이 각국의 GNP에서 차지하는 비중이 높아짐에 따라 정부의 국내생산자 우대 경향은 국제무역에 있어 심각한 무역장애로 등장하게 되었고 동경라운드에서 정부용 구입물품 등의 시장개방을 도모하기 위해 정부조달에 관한 협정이 체결되어 정부조달 부문에 있어서 내국민대우원칙이 적용되는 범위가 보다 확대되었다.[452] 영화에 대해서는 국내제작영화의 상영시간을 할당하는 스크린 쿼터제를 시행할 수 있다. 영화에

---

451) 중국 학계에서는 특히 내국민대우원칙에 대한 예외 분야에 대한 연구와 관심이 집중되어 있다. 鐘立國, 『中國: WTO法律制度的適用』, 吉林人民出版社, 2002, 71 - 75쪽 참조.
452) 이은섭, 『국제통상법』, 부산대학교 출판부, 1999, 85쪽.

대해서 국산영화를 차별적으로 보호하도록 허용하는 것은 영화가 국내문화정책과 밀접한 관련성을 가지기 때문이다.

또한 GATT 제20조는 내국민대우 의무뿐만 아니라 공중도덕, 인간 및 동식물의 생명·건강이나 유한자원의 보호 등을 위해서는 예외적 조치를 취하는 것을 인정하고 있다. 내국민대우원칙 예외의 일반적인 예외로서 허용되는 사항은 GATT규정에 대한 예외가 되기 때문에 내국민대우도 적용에서 제외된다. 물론 이 예외의 경우에도 예외조치가 국가 간에 불공평한 차별의 수단이 되거나 위장된 제한 수단이 되어서는 안 된다. 그리고 GATT 제21조의 안전보장을 위한 예외도 내국민대우의 적용으로부터 예외가 된다.[453]

2. 중국 WTO 가입의정서, 가입실무단 보고서상의내국민대우원칙

1) WTO 중국가입의정서

중국이 체결하거나 승인한 국제조약과 양자, 다자간 국제협정도 중국의 *法源* 중 하나다. 『民法通則』 제142조는 "중화인민공화국이 체결하거나 참가한 국제조약과 중화인민공화국의 민법 중에 상이한 규정이 있을 경우 국제조약의 규정을 적용한다. 단 중화인민공화국이 유보한 조항은 제외한다. 중화인민공화국 법률과 중화인민공화국이 체결 또는 참가한 국제조약 중 규정이 없을 경우, 국제관례를 적용할 수 있다"[454]라고 규정하고 있다. 또한 『海商法』 제268조 제1

---

453) 조영정, 『국제통상법의 이해』, 무역경영사, 1999, 92－93쪽.

항은 "중화인민공화국이 체결하거나 참가한 국제조약이 동법과 다른 규정이 있을 경우, 국제조약의 규정을 적용하지만, 중화인민공화국이 유보한 조항은 제외한다"455)라고 규정하고 있다.

이들 조항은 국제조약이 오히려 중국 국내법보다 효력 면에서 우선하는 법원으로 인정하는 의미로 해석되고 있다.456)

따라서 WTO가입과 더불어 중국은 WTO협정과 그 부속서 중의 각종 의무를 이행하여야 하며『중국가입의정서(Protocol on Accession of China)』와 『중국가입실무단보고서(Working Party Report on China's Accession)』에서 수락한 내용도 중국의 법원에 포함된다.『중국가입의정서』제3조는 의정서에서 달리 규정하지 아니하는 한, 다음의 분야에서 외국의 개인, 기업 및 외자기업의 대우는 다른 개인과 기업에 부여하는 대우보다 낮아서는 아니 된다고 규정하였다. 생산에 필요한 투입요소, 상품 및 서비스의 구입 및 그러한 상품이 국내 시장에서 또는 수출을 위하여 생산되고 시장 출하 또는 판매되는 조건 및 운수, 에너지, 기초통신, 기타 생산시설, 요소를 포함하는 분야에서 국가 및 국가 이하의 당국과 공유기업 또는 국유기업이 공급하는 상품과 서비스의 가격과 이용 가능성의 분야이다.457)

---

454) 中華人民共和國締結或者參加的國際條約同中華人民共和國的民事法律有
　　不同規定的, 适用國際條約的規定, 但中華人民共和國聲明保留的條款除
　　外。中華人民共和國法律和中華人民共和國締結或者參加的國際條約沒
　　有規定的, 可以适用國際慣例。

455) 中華人民共國締結或者參加的國際條約同本法有不同規定的, 适用國際條
　　約的規定, 中華人民共和國聲明保留的條款除外。

456) 孔祥儁,『WTO法律的國內適用』, 人民法院出版社, 2002, 140쪽.

457) Except as otherwise provided for in this Protocol, foreign individuals and
　　enterprises and foreign - funded enterprises shall be accorded treatment no
　　less favourable than that accorded to other individuals and enterprises in
　　respect of: (a) the procurement of inputs and goods and services necessary

『중국가입의정서』 제7조 제3항은 중국은 무역과 외환의 수지균형
요구, 원부자재 현지조달과 수출실적요구 등을 규정한 법률, 법규 및
세칙을 폐지 또는 중지시키고 이러한 요구사항을 정한 계약조항을
집행하지 말 것을 규정하였다.458) 그리고 관세조정 방면에 있어서
외국의 개인과 외국기업, 외국인투자기업에 다른 개인과 기업에 비
해 낮지 않은 대우를 할 것을 규정하였다(『중국가입의정서』 제11조
제4항).459)

2) 중국가입실무단보고서

중국가입실무단은 WTO 가입에 즈음하여 중국은 외자기업과 내자
기업 및 중국 내의 기업과 개인에게 동일한 대우를 부여한다는 것을
대외적으로 수락하였다(『중국가입실무단보고서』 Ⅱ - 18조).460) 또한

---

for production and the conditions under which their goods are produced,
marketed or sold, in the domestic market and for export; and(b) the prices
and availability of goods and services supplied by national and sub−
national authorities and public or state enterprises, in areas including
transportation, energy, basic telecommunications, other utilities and factors
of production.

458) China shall eliminate and cease to enforce trade and foreign exchange
balancing requirements, local content and export or performance
requirements made effective through laws, regulations or other measures.
Moreover, China will not enforce provisions of contracts imposing such
requirements.

459) Foreign individuals and enterprises and foreign − funded enterprises shall,
upon accession, be accorded treatment no less favourable than that
accorded to other individuals and enterprises in respect of the provision of
border tax adjustments.

460) The representative of China further confirmed that China would provide
the same treatment to Chinese enterprises, including foreign − funded
enterprises, and foreign enterprises and individuals in China.

중국은 WTO의 내국민대우원칙과 불일치하는 모든 현행법률, 법규 및 기타 조치의 내용을 폐지하고 실시를 정지한 것임을 선언하였다 (동 보고서 Ⅱ-22).461) 이는 외자기업과 중국 국경 내의 외국 경제주체들에 대하여 내외평등의 내국인대우를 부여하는 것을 수락한 것이다. 중국에 진입하는 외자기업은 삼자기업 또는 지사나 중국 국적을 갖지 아니하는 기타 경제주체 등 그 어떠한 형식을 채택하여 경영활동을 하든 간에 모두 중국 내자기업과 동일한 대우를 누린다.

중국이 외자기업과 외국 경제주체에 대하여 실시하는 내국민대우원칙의 예외는 주로 시장진입과 투자 분야에 대하여 일정한 제한을 가하는 것이며 그 밖에는 이미 중국에 진입한 투자와 경제주체에 대하여 어떠한 차별도 실시하지 않는다.462) 중국가입실무단은 외자기업과 외국 경제주체에 대하여 실시하는 내국민대우는 주로 다음 두 가지 분야를 포함한다는 것을 수락하였다. 첫째, 이중가격제도를 폐지하여 외자기업과 외국 경제주체가 중국 내에서 고정설비와 자산, 에너지, 생산원자재를 조달하고 생산에 필요한 기초설비와 서비스를 구매하는 등의 분야에서 내자기업과 동등한 대우를 받는다. 이는 주로 국가재정, 세수 정책과 법제개정을 통하여 실현하는 것이다. 둘째, 국내판매상품과 내수판매상품의 차별대우를 폐지하는 것으로 이는 국가의 투자관련 정책과 외자기업법제의 개정을 통하여 실시하는 것이다.463)

---

461) The representative of China declared that, by accession, China would repeal and cease to apply all such existing laws, regulations and other measures whose effect was inconsistent with WTO rules on national treatment.

462) 沈木珠, 『WTO與中國法制』, 法律出版社, 2002, 21쪽.

476) 문준조, 『중국의 WTO가입과 법제정비에 관한 연구』, 한국법제연구원, 2001, 38-39쪽.

Ⅲ. 외자기업법제의 문제점과 내국민대우에 따른 개편 필요성

1. 외자기업법제의 문제점

1) 다층적, 중복·교차 법제

중국 외자기업법제의 가장 큰 특징이자 문제점은 중앙이 지방에 대해 광범위한 자치법규 제정권을 위임한 것이다. 2005년 말 현재 외자기업 관련 각종 법규 총 1,600여 건 중 전국인민대표대회에서 제정한 기본법률464)은 『합자기업법』, 『합작기업법』, 『독자기업법』 등 삼자기업법과 『外商投資企業和外國企業所得稅法』(이하 『외자기업 소득세법』이라 함) 등 4건에 지나지 않다(<표 12-1> 참조).

입법권의 과도한 지방에 대한 위임은 중앙에서 지방으로 이르는 다층적 입법구조465)를 형성하게 되었고 각급 지방정부는 외자를 유

---

464) 중국 헌법은 법률을 기본법률과 기타법률로 구분한다. 기본법률은 전국인민대표대회만이 제정하고 개정할 수 있으며(중국 헌법 제62조 제3호), 전국인민대표대회 폐회기간 동안 전국인민대표대회 상무위원회는 전국인민대표대회가 제정한 기본법률에 대하여 부분적인 보완과 수정을 할 수 있지만, 그 법률의 기본원칙에 저촉하되어서는 안 된다(중국 헌법 제67조 제3호). 기타법률은 전국인민대표대회가 당연히 제정하여야 할 법률 이외의 법률을 전국인민대표대회 상무위원회가 제정하고 개정하는 규범성 문건을 말한다(중국 헌법 제67조 제2호). 전국인민대표대회는 전국인민대표대회 상무위원회가 제정한 기타법률을 폐지하거나 개정할 수 있다(중국 헌법 제67조 제11호).

465) 중국 『헌법』과 『입법법(立法法)』에 근거한 중국의 법원(法源)의 효력순위는 다음과 같다. 1위 헌법, 2위 전국인민대표대회가 제정한 기본법률, 3위 전국인민대표대회 상무위원회가 제정한 기타법률, 4위 국무원의 행정법규, 5위 지방성급인민대표대회의 지방성 법규, 6위 지방성급인민대표대회 상무위원회가 제정한 자치조례, 7위 국무원 각 부위의 부문규장, 8위 성급인민정부가 제정하는

치하기 위하여 경쟁적으로 각종 정책과 법규를 내놓았다.

입법권한의 불명확, 규범의 비통일성, 중앙과 지방의 법규적용 대상의 모호성 등은 헌법과 기본법률, 기타법률 및 행정법규466)와 지방성 법규467)의 일련 상하위법 간의 체계가 중복과 모순이 혼재하고 상호 저촉되는 상황을 노정하고 있다.

〈표 12 - 1〉 주요 외자기업법 제 · 개정 현황

구분	명칭	제정기관	제 · 개정 연도	조항 수
합자기업	합자기업법	전국인민대표대회	1979, 1990, 2001	16
	합자기업법실시조례	국무원	1983, 1986, 1987, 2001	105
	자본금관련잠정규정	공상행정관리국	1987	8
합작기업	합작기업법	전국인민대표대회	1988, 2000	27
	합작기업법실시세칙	국무원	1995	58
독자기업	독자기업법	전국인민대표대회	1986, 2000	24
	독자기업법실시세칙	국무원	1990, 2001	84
외자주 식회사	실시세칙	대외무역경제합작부	1997, 2001	6
	잠정규정	대외무역경제합작부	1995	28
외자소 득세	외자기업 소득세법	전국인민대표대회	1991	30

삼자기업법 상호 간468)에도 기업설립절차, 조직형식, 출자방식, 공

지방규장, 9위 전국인민대표대회로부터 권한을 위임받은 경제특구의 법규이다.

466) 중국의 행정법규는 한국의 법규명령, 즉 대통령령 또는 총리령에 해당한다고 볼 수 있다. 중국의 행정법규는 한국의 행정조직 내부의 조직과 활동에 관한 추상적이고 일반적인 규율인 행정규칙과는 전혀 다른 개념이다.

467) 중국의 지방성 법규는 지방자치단체가 법령의 범위 안에서 그 사무에 관하여 지방의회의 의결을 제정하는 한국의 조례에 해당한다고 볼 수 있다.

468) 『합자기업법』, 『독자기업법』, 『합작기업법』 등 삼자기업법 상호 간에 중복된

장부지 및 사용비, 구매와 판매, 세무 및 외환관리, 재무와 회계, 직원, 노동조합, 기한, 해산과 청산 등의 규정에 모순과 중복현상이 광범위하게 나타나고 있다. 설립허가심사기한과 관련하여 『합자기업법』 제3조에는 3개월, 『독자기업법』 제6조에는 90일, 『합작기업법』 제5조에는 45일로 각각 다르게 규정하고 있다. 외자기업의 국유화와 관련하여 『합자기업법』 제2조 제3항과 『독자기업법』 제5조는 동일한 규정이 있으나 『합작기업법』은 아무런 규정도 없다.

또한 삼자기업법과 삼자기업법의 하위법규 사이에도 심사기한의 상이, 투자목표와 실행의 불합치, 세수규정의 불일치 등이 얽혀 있다. 한 가지 예를 들면 『합자기업법』 제6조는 "합자기업의 사장과 부사장은 쌍방이 합의하거나 이사회에서 선출한다"라고 규정하는데 동법의 하위법규인 『합자기업법 실시세칙』 제34조는 "사장은 중국인, 부사장은 외국인이 맡는다"라고 상호 모순되게 규정되어 있다.469)

이 밖에도 외자기업의 신청심사, 등록, 투자비례, 수출입, 외환관리, 경영관리, 고용, 금융지원, 토지사용 등에 관련한 수백 가지의 법률과 행정법규, 지방성 법규와 부문규장에는 모순된 규정들이 부지기수다.470)

조항만도 50% 이상을 점하고 있다.
http://www.centerworld.co.kr/acad/prof/shim/cyber/04_2.htm 참조.

469) 陳安, 『國際經濟法專論(下)』, 高等教育出版社, 2002, 738 - 741쪽.

470) 2002년 3월 개정된 『외국인투자 산업지도목록(外商投者産業地道目錄)』에 의하면 보험회사, 보험경영인 및 대리인회사는 외국투자를 제한하는 산업으로 규정하여 외국투자기업과 외국무역기업은 반드시 중국 측이 대주주의 자격으로 주도하여야 한다고 규정하여, 외국투자를 규제하였다. 또한 『독자기업법 실시세칙』 제4조 제2항에는 국내상업, 대외무역, 보험업 등은 외자기업이 진출할 수 없다고 규정하고 있다. 그러나 1996년 국무원이 공포한 『대외무역합자회사 시범잠정판법(關于設立中外合資對外貿易公司試點潛行辦法)』에는 상해포동신구와 심천경제특구는 외국 측 자본이 대외무역을 종사할 수 있도록

이와 같이 외국 투자자는 물론 중국의 법률전문가조차 파악이 어려운 중국 외자기업법체계의 다층, 중복, 모순성은 중국 투자환경에 대한 신뢰도를 저하시켰고 지역 간, 산업 간 불균형을 초래한 요인의 하나가 되었다.

2) 내·외자 양궤제

1979년 『합자기업법』을 필두로 중국은 외국인 투자자에 대해 시장경제의 교두보를 제공하여 주기 위해 외자에 대한 특혜부여를 중심으로 한 외자기업법제화를 꾸준히 추진하였다. 그 결과 계획경제체제하의 내자기업과 시장경제체제하의 외자기업의 양궤제(Dual Track System)라는 중국 특유의 기업법체계가 출현하였다.

개혁개방 초기 중국은 공유제가 소유제의 유형 중 절대적 우위를 점하는 계획경제시대로서 제반 경제관계는 행정명령에 의하여 조정되었다. 또한 사회생산력과 경제발전의 수준은 여전히 낮은 수준에 머물러 있는 상황에서 외국자본의 유치가 가져오는 자국의 사회주의 정치경제체제에 미칠 충격을 완화하기 위하여 외자기업에 대한 별도의 법적 궤도를 마련하여야 했다.

이러한 내자기업과 외자기업이 각각 별개의 궤도에서 규율되는 양궤제 법제는 중국 경제체제 전환시기의 시장 환경에 부응하였고 개혁개방 초창기 중국 투자유치의 촉진제 역할을 하였다. 중국에 직접 투자한 외자기업들은 경영 실패의 위험을 자기가 부담한 반면 중국 국유기업은 계획경제체제하에 정부의 보호정책 아래에서 생존하였다. 그러나 1992년 10월 개최된, 제14기 중국공산당전체대표회의에서

허용한다고 규정하고 있다. 呂岩峰·何志鵬·孫璐, 전게서, 293쪽 참조

사회주의시장경제체제 목표를 확립한 이후부터는 양궤제 체계는 더 이상 중국경제체제개혁의 현실과 발전목표에 부응할 수 없게 되었다. 1993년 제정된 『회사법』을 비롯한 내자기업법과 기존의 외자기업법 간의 모순과 상치는 갈수록 심화되어 가고 있다(<표 12-2> 참조).

더욱이 WTO 체제로의 편입에 상응하는 법제화를 추구해야 할 현 상황에 비추어 볼 때 양궤제 체계의 고수는 외자유치를 저해하는 가장 큰 장애요인 중의 하나라고 할 수 있다.[471]

<표 12-2> 내·외자 양궤제 입법체계

구 분	명 칭	제정기관	법원의 효력순위	제·개정 연도
외자기업	합자기업법	전국인민대표대회	기본법률	1979, 1990, 2001
	합작기업법	전국인민대표대회	기본법률	1988, 2000
	독자기업법	전국인민대표대회	기본법률	1986, 2000
내자기업	회사(公司)법	전인대 상무위원회	기타법률	1993, 1999, 2004, 2005
외자세법	외자기업소득세법	전국인민대표대회	기본법률	1991
내자세법	기업소득세잠정조례	국무원	행정법규	1993

출처: 中國 全國人民代表大會 中國法律法規信息系統
http://law.npc.gov.cn:87/home/begin1.cbs을 참고하여 재작성.

3) 법제 및 권한의 불투명성

1993년 10월부터 중국은 외자기업법 관련 법규와 내부문건 정리의 일환으로 『대외무역경제합작부문고(對外貿易經濟合作部文庫)』를 설치하여 모두 744개의 대외경제무역 관련 법규와 내규를 폐지하였다. 1994년부터 1997년까지 중국인민은행은 471건의 금융법규를

---

471) 肯蓓, "論入世與我國外資立法的完善", 『西北第二民族學院學報』, 2004(2), 76-78쪽.

폐지하는 대신 100여 건의 새로운 금융법규를 제정하였다. 그러나 외자기업 관련 법규와 정책의 투명도 결핍은 여전히 외국 투자자의 원망 대상이 되고 있다. 외자기업 관련 법규 대다수는 비체계적인 것은 물론 중·영문대조본이 없으며 대외에 공개되지도 않은 것도 적지 않게 있다. 일부 지역에서는 자체 제정한 내부문건상의 규정에 근거하여 외자기업 관련 법규를 자의적으로 해석하거나 이를 하부행정조직을 통해 집행하고 있는 실정이다. 외자기업은 이러한 중국의 불투명한 법집행 상황에 대하여 극도의 불만을 품게 되기 마련이다.[472]

또한 중국의 외자기업 관련 법규의 제·개정은 주로 국무원, 국가계획위원회, 국가과학위원회, 상무부, 재정부, 건설부, 정보통신부(信息産業部) 등 이들 권한 구분이 모호한 기관들이 기초한 후, 이를 다시 중국인민은행을 비롯한 4개 국유은행, 관세청(海關總署), 각 지방인민대표대회 등 각 관련 기관으로 송부하여 의견을 구하는 방식으로 진행하고 있다. 이러한 중첩적이고 비체계적인 외자기업법규 제·개정의 메커니즘은 법조항의 파편화와 주관부문의 월권현상, 입법과 행정, 중앙과 지방 권한의 불명확, 정책과 집행의 불일치를 초래하는 근원으로 지적되어 왔다. 이에 따라 중국 학계 일각에서는 외자법제개편과 함께 법제 제·개정의 메커니즘 전반에 대한 개혁을 요구하는 논의가 점증하고 있다.[473]

---

472) 최근 중국은 『全國人民代表大會常務委員會公報』, 『國務院公報』, 『最高人民法院公報』 등을 발간하여 대외에 공개하고 상무부는 정기적으로 WTO 회원국에 중국의 정책과 법규에 관한 정보를 제공하고 있다. 呂岩峰·何志鵬·孫璐, 전게서, 297쪽. 中國 商務部홈페이지 http://www.mofcom.gov.cn/ 참조.

473) 鄭偉, "關于完善中國外商投資法的幾点建議", 『北方經貿』, 2004(6), 26-27쪽.

2. 내국민대우에 따른 외자기업법제의 개편 필요성

1) 외자에 대한 '초국민대우' 현황

(1) 세제 분야

현재 중국의 내·외자기업 조세부담의 차이는 주로 소득세 영역에 있으며 내자기업은 「기업소득세 잠정조례」가 적용되고 외자기업은 『외자기업 소득세법』이 적용된다.474) 내·외자기업의 소득세는 실제세율, 조세객체 및 감면세 등 제반 영역에서 일치하지 않으며 외자기업이 비교적 큰 혜택을 받고 있다.

현재 중국 내자기업에 적용되는 기업소득세는 법정세율과 우대세율의 두 종류로 부과되고 있으며, 법정세율은 33%, 우대세율은 18~27%까지이다. 연간 납세 소득액이 3만 위안 이하의 기업은 16% 세율을, 연간 납세 소득액이 3만 위안에서 10만 위안 이하의 기업은 27% 세율을 적용하고 있다. 외자기업에 대한 소득세율 역시 33%이나 외자기업은 대부분 특정 경제지역에 위치하고 있기 때문에 우대를 받는다. 『외자기업 소득세법』 제7조에 근거하면 경제특구, 국가급 경제기술개발구, 하이테크(高新) 산업구, 국경(邊境)경제합작구에 설립한 외자기업의 소득세율은 15%이고 연해 개방지역과 각 성의 소재지에 설립한 외자기업의 소득세율은 24%이다.475)

---

474) 「기업소득세 잠정조례」는 1993년에 5개 내자기업세법을 하나로 통합한 법이고 『외자기업 소득세법』은 1991년에 2개 섭외기업소득세법을 통합한 법이다.

475) 設在經濟特區的外商投資企業、在經濟特區設立机构、場所從事生產、經營的外國企業和設在經濟技術開發區的生產性外商投資企業，減按15%的稅率征收企業所得稅。設在沿海經濟開放區和經濟特區、經濟技術開發區所在城市的老市區的生產性外商投資企業，減按24%的稅率征收企業所

생산형 외자기업으로 경영기간이 10년 이상인 것으로 누적 이익획
득 연도의 제1년도와 제2년도는 기업소득세를 면제하고, 제3년도부터
제5년도까지는 50%로 한다(외자기업 소득세법』 제8조 제1항).[476]

수출형 외자기업은 2년간 면제, 3년간 50% 감면의 조세우대정책을
받을 수 있을 뿐만 아니라, 감면기한이 지나도 기업의 연 수출액이 전
체 판매액의 70% 이상일 경우 소득세의 절반을 감액받을 수 있다.

내외자기업 간 실효세율 격차로 기업소득세제가 내자기업에는 상대
적으로 불리하게 작용하고 있다. 외자기업의 평균 실효세율이 11%에
불과한 반면 내자기업은 22%, 그중 국유기업은 30%에 이른다.[477]

외자기업이 수입해 출자한 기계설비, 생산용 차량과 사무설비, 수
출제품의 원재료, 부품, 개인 자가용 등 합리적인 교통수단과 생활용
품 모두 수입관세의 면세해택을 받는다. 개인소득세는 중국 내의 외
자기업, 외국 기업과 기타 부서에서 근무하는 화교와 홍콩, 마카오,
대만인을 포함한 외국 국적 임원의 임금, 급여소득은『개인소득세법』
에 의하여 개인소득세 세액을 반감하여 징수한다. 이 밖에도 내자기
업은 도시건설 보호세를 납부하지만 외자기업에서는 부담할 필요가
없으며 부동산세 분야에서도 내자기업에 비하여 외자기업에 대해서
는 낮은 세율을 부과한다.

(2) 세제 이외 분야

내자기업은 기업의 설립, 출자 분야, 최소 자본금, 주주의 실제 투

得稅。

476) 對生産性外商投資企業, 經營期在十年以上的, 從開始獲利的年度起, 第一
年和第二年免征企業所得稅, 第三年至第五年減半征收企業所得稅.

477) http://finance.sina.com.cn/money/swgh/20060719/09142744239.shtml

자자본은 일시불로 납입되어야 하지만 외자기업은 이런 제한을 받지 않으며 현금화폐 이외에 설비, 원재료, 운수장비 등의 자산, 특허, 노하우 등 무형자산에 의한 투자도 가능하다.

내자기업은 『회사법』에 따라 2~50인의 사원을 비롯하며 사원총회, 이사회, 감사회를 의무적으로 설치하게 되어 있는 반면, 외자기업은 삼자기업법에 따라 사원총회, 이사회, 감사회를 의무적으로 두지 않고 상호협의와 계약에 따르도록 되어 있다.478)

내자기업은 『회사법』에 따라 투자한 주주는 이익배당 또는 지분양도의 방식 외에는 회사등록 후 투자금을 회수할 수 없는 반면, 합작기업 형태의 외자기업은 감가상각의 방식으로 기간만료 전에도 투자금을 회수하여 갈 수 있다. 합자기업 형태의 외자기업은 외국 측의 출자비율이 최소 25% 이상이라는 하한선 기준만 두고 상한을 두지 않고 있기 때문에 100% 외국자본의 기업을 설립할 수 있다.

또한 내자기업에 생산경영자주권을 부여하는 정책이 시험단계에 벗어나지 못하고 있는 것과는 대조적으로 외자기업은 생산, 구매, 물자 등 각 방면에 광범위한 생산경영자주권을 향유하고 있다. 내자기업은 공상관리국에 등기479)를 하지 않는 한 직접 국제시장에서 원재료의 조달과 제품수출을 할 수 없는 반면에 외자기업은 직접 국제시장에서 원재료를 조달하고 자사 제품을 판매할 수 있다(<표 12-3> 참조).

---

478) 강효백, 『중국법통론』, 경희대학교출판국, 2005, 293쪽.

479) 과거 중국의 개인 및 법인이 무역업에 종사하기 위해서는 까다로운 심사허가 절차를 거쳐야 하였으나 2004년 개정된 대외무역법은 이를 등기제로 전환하였다. 『대외무역법』 제9조 참조.

<표 12-3> 세제 이외의 분야에서 내자기업법과 외자기업법의 비교

내 용		내자기업법	외자기업법
전국인민대표대회에서 제정된 기본법률		×	●
실제 투자자본 일시불 납입의무		●	×
사원총회, 이사회, 감사회 등 회사조직의 설치 의무		●	×
기간 만료 전 투자자금 회수 가능성	감가상각 방식	×	●
	이익배당, 지분양도 방식	●	●
생산경영자주권		▲	●
대외무역권		▲	●

출처: 강효백, 『중국법 통론』, 경희대학교출판국, 2005, 277쪽을 참고로 하여 재작성.

외자기업은 일정한 조건하에 국제적 사법구제, 즉 국제중재, 비경제적 리스크 발생 시, 본국의 해외투자보험기관에 구상권을 요청할 수 있다. 이 밖에도 외자기업은 자본이전, 외환 및 신용대출 등 분야에서 내자기업에는 없는 각종 특혜를 누릴 수 있다.

2) 내국민대우실시에 따른 외자기업법제 개편 필요성

외자기업에 대한 특혜로 인하여 중국 국내 동종 업계의 내자기업은 불리한 입장에 처하면서 내자기업이 경쟁에서 낙오되었으며 이는 외자가 대규모 유입된 업종은 내자기업의 성장이 지체되는 상황으로 이어졌다.

외자기업에 대한 우대 정도가 지역마다 다른 점은 외국투자기업의 입지선정에 커다란 영향을 끼쳤으며 연해지역과 내륙지역 사이의 우대 차이는 내·외자기업 모두 연해지역으로만 밀집하여 지역 간의 심각한 불균형 문제를 발생하게 하였다. 연해지역에 입지한 외자기업은 노동밀집형의 가공업이 다수를 차지한 반면, 에너지와 원재료

가 풍부하고 공업기반이 탄탄한 내륙지역에 입지한 외자기업은 오히
려 대우를 충분히 받지 못하게 되어 외자기업에조차 입지에 따른 형
평 문제가 제기되었고 나아가서는 중국의 거시적인 지역균형개발전
략에도 차질을 빚게 되었다.480)

따라서 현행 중국 외자기업법제의 문제점은 외국 투자자를 배타시
하거나 차별하는 '차국민대우'에 있는 것이 아니라 외자기업에 과도
한 '초국민대우'를 부여하여 중국 내자기업들이 불이익을 받고 있는
역차별에 놓였다는 점이다.

중국 내자기업들은 외자기업과 공정한 경쟁을 진행하기 어렵기 때
문에 '가짜합자기업'으로 위장하는 방식으로 특혜를 받고, 외자기업
들은 또 허위투자를 명목으로 수출입세를 환급받는 등 내자기업과
외자기업을 가리지 않고 현행 법제의 허점을 악용하는 사례가 속출
하게 된 결과, 중국 정부는 재정수입에 막대한 손실을 입게 되었다.

이와 같이 외자기업법제의 문제점으로 인하여 발생하는 여러 상황
들은 WTO의 내국민대우원칙에 어긋나는 것일 뿐만 아니라 시장경
제가 요구하는 보편적인 특성, 즉 평등성, 경쟁성, 투명성 및 규범성
에도 부합하지 않는 것이다.481)

여기에서 유의하여야 할 점은 외자기업에 대한 우대 정책에 따른
외자유치 효과는 예상보다 크지가 않다는 사실이다. 일반적으로 외
국자본이 해외에 진출할 경우 투자대상국에 대해 고려하여야 할 요
소를 중요한 순서대로 열거하면 ① 투자 대상국의 시장 잠재력, ②
정치안정과 법치상황, ③ 노동력과 자원 등의 비교우위, ④ 산업집

---

480) 劉筍, 『WTO法律規則體系對國際投資法的影向』, 中國法制出版社, 2001,
108쪽.
481) 陳安 主編, 『國際經濟法專論(下篇 分論)』, 高等敎育出版社, 2002, 721쪽.

중 정도, ⑤ 투자대상국의 외자에 대한 우대정책 등의 순으로 투자대상국의 우대정책은 외자유치에 큰 영향을 미치지 못함을 알 수 있다.482) 이와는 대조적으로 내국민대우의 구체적 실질적 실시 여부는 현재 세계 각국의 대형 다국적기업의 투자검토 과정에서 결정적 요인으로 작용하고 있다.

최근 외자도입정책에 대한 조정은 양보다 질의 향상을 중시한다는 중국 정부의 변화를 보이고 있다. 대중국투자가 급증함에 따라 학계뿐만 아니라 정부 내에서도 외국인투자의 업종 선별과 관리강화를 요구하는 주장이 점차 전면에 부상하게 되었다.483)

이러한 변화의 결정적 요인은 개혁개방 이후 외자유치를 지상과제로 삼았던 중국이 세계 최대의 외환보유국가가 되었고 국내투자가 과열되면서 외자의 무분별한 중국진출을 규제하기 위한 외자법제 개편의 필요성이 그 어느 때보다 높아졌다는 점이다. 과거 WTO의무 이행 차원에서 수동적으로 내국민대우원칙에 따른 법제개편의 필요성을 모색하던 중국이 이제는 법제개편의 당위성을 내국민대우원칙에서 능동적으로 근거하려 하고 있다.

---

482) 李煒光 天津財政大學 교수는 한국의 외자기업소득세율은 약 54%로 중국의 33% 명목세율보다 높고 경제특구 세율의 3.6배나 되지만 한국의 외자유치실적은 이러한 세율요인에 의해 감소하지 않았다고 주장하였다.
『新理財』, 2006. 9. 8. 3쪽.

483) 解薇, "我國外資立法體系的現狀與重構", 『山東社會學報』, 2004(11), 91–93쪽.

Ⅳ. 외자기업법제 모델 및 개편 논의

1. 외자기업법제 모델

1) 단궤제

단궤제(Mono - Track System) 모델은 외국인 투자만을 규정하고 있는 별도의 법률이 없는 법체제이다. 투자영역, 투자비율, 기한, 주식양도, 세제, 경영관리 모든 분야에서 외자기업은 외자유치국의 국내기업과 동일한 내국민대우를 받는다.

미국은 자본자유화를 실시하고 있으므로 모든 형태의 외국인투자에 개방적이며 일반적으로 외국자본도 동일하게 취급하고 있다. 따라서 외국인투자만을 규정하고 있는 연방법률은 없으며 각주에 따라 조금씩 다른 규정이 존재한다. 외국인 투자에 대한 별도의 제한은 없으며 단독투자 및 합작투자 모두 가능하다.

영국은 1979년 Exchange Control Act를 폐지한 이래 외국인 투자를 관리하는 법규 및 규제사항이 전혀 없다. 또한 외국인 투자에 대해 특별히 지원하는 법규 및 제도도 없다. 일본 역시 외국인 투자에 대한 별도의 법률은 없으며 외국인 직접투자에 대한 일반적인 사항 및 정책이 『외환관리법』에 규정되어 있다.[484]

이들 국가 이외에도 단궤제 모델은 프랑스, 이탈리아, 네덜란드, 스위스 등 시장경제체제하의 대부분 서구 선진국에서 채택하고 있는데 최근 아시아 신흥공업국의 하나인 싱가포르가 내 · 외자가 단일화

---

[484] 방영민, 『국제투자론』, 법문사, 1996, 135 - 142쪽.

된 국내법을 제정하였다. 이는 단계제 모델이 선진국만의 전유물이
아니라는 사실을 시사하고 있다.

2) 법전제

법전제(Code System) 모델은 외자기업에 관한 각종 법규를 하나
로 통합시킨 통일 외자기업법전을 외자관계를 규율 조정하는 기본법
으로 삼는 법체제이다. 주로 시장경제체제의 개발도상국가에서 채택
하는 법전제 모델은 외자기업에 대한 심사통제의 방식을 통하여 경
제주권의 수호와 국내 산업의 보호와 발전에 외자기업을 활용하고자
하는 데 그 특징이 있다.

법전제 모델은 통일외자법전제와 전문외자법전제로 구분된다. 통일
외자법전제는 1개의 통일외자법을 위주로, 기타 관련법을 보조로 외
자관계를 규율 조정하는 모델이고 전문외자법전제는 1개 또는 복수
의 전문외자법을 위주로, 기타 관련법으로 이를 보완하는 모델이다.

(1) 통일외자법전제

통일외자법전제를 채택하는 국가로는 인도네시아와 말레이시아, 필
리핀, 멕시코, 칠레, 아르헨티나, 콩고 등이 채택하고 있다.[485) 인도
네시아는 통일외자법전인 『외국인투자법(1967년)』으로 송금 및 국유
화에 대한 보장, 외자기업에 대한 우대 및 외국인 투자의 규제조치
를 규율하고, 『국내기업법(1968년)』 등 기타 관련법으로 외자기업에
대한 지분제한 등에 관한 구체적 사항을 규율하고 있다. 말레이시아

---

485) 余先予, 『涉外經濟法總論』, 法律出版社, 2004, 169쪽.

도 통일외자법전인 『투자진흥법(1986년)』은 외국인 자본비율 제한의 완화, 특정산업 및 지역의 개발, 수출확대, 고용증가를 위한 외자기업에 우대조치를 규정하고 있다. 이와 별도로 『산업조정법(1975년)』은 주로 외자에 대한 규제조치를 규정하여 『투자진흥법』을 보완하는 법적 기능을 수행하고 있다.486)

(2) 전문외자법전제

전문외자법전제를 채택하는 국가로는 한국, 태국, 부루나이가 대표적이다. 한국의 외국인투자관련법은 외국환거래 및 토지취득제와 더불어 한국 경제발전의 과정에서 큰 굴곡을 가지면서 변천·발전하여 왔다. 한국의 전문외자법 연혁을 살펴보면, 『외자도입촉진법(1960년)』, 『외자도입법(1983년)』, 『외국인 투자 및 외자도입에 관한 법률(1997년)』을 거쳐 현재의 『외국인투자촉진법(1998년)』에 이르고 있다. 현재 한국은 『외국인투자촉진법』을 중심으로, 조세감면 등 외국인 투자에 대한 조세지원은 『조세특례제한법』으로, 공공차관도입에 관한 분야는 별도의 법률로 규율하는 외자법체계를 구축하고 있다.487)

3) 양궤제

양궤제 모델은 내자기업에 적용되는 법률과는 별도로 외자기업에 적용되는 법률을 제정·실시하는 법체제이다. 양궤제 모델은 계획경제체제제하의 구소련과 체코, 폴란드, 헝가리 등 일부 동구권 사회주의 국가에서 개방정책의 일환으로 실험적, 부분적으로 채택하였었고 현

---

486) 방영민, 전게서 143 – 151쪽.

487) 윤상직·오윤·오용식, 『외국인직접투자제도해설』, 2005, 32쪽.

재는 중국과 베트남 등에서 채택하고 있다. 기업의 투자주체에 따라 상이한 법률, 법규로 적용하는 점이 이 모델의 최대 특징이다.

상술한 단궤제와 법전제는 시장경제체제하의 국가경제발전에 수준에 따라 채택되는데, 자본수출형의 선진국은 다국적기업의 활로를 개척하여 그들로 하여금 최대한 해외이윤을 획득하게끔 하는 데 주력하는 반면, 자본수입형의 개발도상국은 외국 자본을 자국의 정치경제안정과 경제사회발전 목표에 적응시키는 과제에 초점을 맞춘다.[488]

양궤제는 이들과는 달리, 국가경제발전의 수준뿐만 아니라 국가경제체제에 따라 구별되는 것으로 특히 중국의 양궤제는 계획경제체제의 바탕 위에서 시장경제를 실험적으로 일부 도입하기 시작한 개혁개방 초기에 형성되어 중국의 경제발전에 많은 기여를 하였다. 그러나 양궤제는 중국이 사회주의시장경제체제의 본격적인 실행과 개혁개방의 심화, WTO 가입을 계기로 경제의 글로벌화로 편입되는 과정에서 외자유치와 경제고속성장에 지장을 주는 제도적 장애물로 전락하게 되었다.[489]

2. 외자기업법제 개편에 관한 몇 가지 논의

1) 단순합병론

새로운 통일외자기업법전을 제정할 것이 아니라 현행 삼자기업법을 단순 합병하되 그 실시세칙 등 하위규정만을 일부 개정하자는 주장이다. 단순합병론은 1990년대 중반에 李樹成 등을 중심으로 한

---

488) 呂岩峰 · 何志鵬 · 孫璐, 전게서, 300쪽.
489) 劉筍, 전게서, 126쪽.

官方학자들이 제기하였던 외자기업법제 개편방안이었다. 그러나 이 단순합병론은 외자기업 문제를 근본적으로 해결할 수 없는 미봉책에 불과하다는 비판을 받아 현재 이를 논의하거나 지지하는 중국학자는 거의 없다.490)

2) 단궤제개편론

현행 삼자기업법을 비롯한 외자기업법제와 『회사법』을 비롯한 내자기업법제를 전면 분해하거나 폐지하는 대신 모든 내·외자기업을 동일하게 대우하는 단궤제로 개편되었다. 즉 내외자 단일기업법제를 제정하자는 주장이다.491) 馬忠法, 李路根 등 일부 소장 학자들이 개진하고 있는 단궤제개편론의 핵심은 내·외자의 절대적 평등과 함께 외자기업에 대한 완전한 내국민대우원칙의 실시이다. 단궤제개편론자들은 과거 계획경제 시기에 소유제를 기초로 구분하여 제정된 전통적 법제를 혁파하고 시장경제를 기초로 자본경영과 관리를 위주로 하는 완전히 새로운 법제를 제정하는 것이야말로 중국 체제 개혁의 시대적 요구라고 강조한다. 그러나 이러한 주장은 국제투자 자유화 추세에 부합하는 점은 있으나 중국의 '사회주의시장경제' 체제 목표에서 '사회주의'라는 관형어를 완전히 제거해 버리지 않는 한 중국의 현재 상황과 경제발전 수준에 적합하지 않는, 급진적 주장이라는 점에서 중국 국내 학계 다수의 비판을 받고 있다.492)

---

490) 安麗, "WTO規則與中國外資法重構", 『法商研究』, 2002(3), 89쪽.

491) 馬忠法·李路根, "我國外商投資企業法存在的問題及其對策", 『安徽師範大學學報』, 2004(9), 56-57쪽.

492) 吳津, "論入世與我國外資立法的完善", 『河南教育學院學報』, 2004(4), 86쪽.

3) 통일외자기업법전 제정론

王傳麗, 陳安, 安麗 등을 비롯한 다수 중국학자들이 제기하는 방
안으로 삼자기업법 및 그 실시세칙으로 구성된 현행 외자기업법 체제
를 전면 개편하여 새로운 통일외자기업법전을 제정하자는 것이다.[493]
이들은 통일외자기업법전을 제정하여 외국인 투자정책의 방향을 제시
하고 개발지역, 우대지역 및 우대업종 등에 대한 대우를 규정하여 외
자기업에 대한 장려, 보호, 제한 및 관리를 총괄 조정하고 기타의 세
부적이고 구체적인 사항은 별도의 하위법규로 규율하자고 주장하고
있다. 이들은 개발도상국의 법전제 실시 상황, 중국경제발전의 가시
적인 성과, 단계적 통일법전화의 풍부한 경험[494] 등을 감안할 경우
통일외자기업법전 제정 시기가 성숙했다고 강조하고 있다. 그러나 중
국 학계일각에서는 통일외자기업법전 제정론은 현행 삼자기업법의 결
함을 극복할 수 없으며 기업법의 구태를 유지한 채로 내국민대우원칙
의 실시에는 미온적 태도를 견지하고 있기 때문에 철저한 외자기업법
제 개편방안이 될 수 없다는 요지의 비판을 가하고 있다.[495]

4) 『회사법』 본위 개편론

顧敏康과 余瑩 등을 중심으로 한 민·상법 우위론자들이 제기하

---

493) 魏國君, 『國際經濟法學』, 北京大學出版社, 2003, 51쪽.

494) 중국은 1991년에 외자기업과 외국기업에 각각 따로 적용되었던 법을 하나로 통
　　합하여 『외자기업 소득세법』을 제정한 경험이 있을 뿐만 아니라, 1999년에는
　　계약에 관한 3대 계약법, 『경제계약법(1981년)』, 『섭외경제계약법(1985년)』, 『
　　기술계약법(1987년)』의 내용을 하나로 통합하여 새로운 『통일계약법』을 제정
　　하였다. 강효백, 전게서, 86쪽.

495) 吳津, 전게논문, 87쪽.

는 방안으로 『회사법』을 본위로 하여 외자기업법제를 정비하자는 것이다.496) 중국 국내기업의 기본법적 지위를 가진 『회사법』은 1993년 처음 제정된 이후 1999년, 2004년, 2005년 3차례 개정을 거쳤는데 2006년 1월 1일부터 실시하고 있는 현행 『회사법』 제218조는 "외국인 투자유한책임회사와 주식유한회사는 본 법을 적용한다. 외자기업관련법에 별도의 규정이 있는 경우 그 규정을 적용한다"497)라고 규정하고 있다. 이것은 제정 시의 『회사법』에서부터 계속 있었던 조항이지만 『회사법』 본위 개편론자들은 이 조항을 근거로 『회사법』을 삼자기업법의 모법 내지 일반법으로 해석하여 『회사법』을 삼자기업법에 우선 적용할 것을 꾸준히 제기하여 왔다. 또한 이들은 『회사법』 가운데 외자기업에 관한 장(章)을 별도로 설치하고 회사성격을 구비한 외자기업은 『회사법』을 우선 적용하되, 그렇지 않은 외자기업에는 현행 삼자기업법 등을 적용하자고 주장하고 있다. 그러나 『회사법』 본위 개편론은 삼자기업법과 『회사법』 간의 法源 우선순위 문제는 논외로 하더라도, 실무에 있어서 중국의 경제무역관리기관이 외자기업의 설립을 허가하거나 계약을 심사할 경우 주요 법적 근거로 삼는 것은 『회사법』이 아니라 삼자기업법이라는 현실을 외면하였을 뿐만 아니라, 눈앞의 국내문제 해결에만 급급하여 국제투자법제의 발전과 필요성은 고려하지 않았다는 비판을 받고 있다.498)

---

496) 顧敏康, "以公司法爲本, 中國外資法體系", 『國際經濟法論叢』, 2000(4), 46쪽. 余塋, "經濟全球化背景下我國外資法的調整與走向", 『中南民族大學學報』, 2004(9), 88쪽.

497) 外商投資的有限責任公司和股份有限公司适用本法; 有關外商投資的法律另有規定的, 适用其規定。

498) 曾明强, 翁杰, "入世後中國外資立法若干問題探析", 『甘肅政法學院學報』, 2004(6), 81쪽.

V. 결 론

　내국인대우원칙은 WTO 회원국들에 다른 회원국의 경제주체들에 자국의 경제주체와 동등한 시장진입조건과 경영환경을 제공하는 것으로 그러한 외국의 경제주체들과 자국의 경제주체를 구별하여 대우하여서는 안 된다는 것이다.

　외자기업에 대한 내국민대우의 실시는 WTO 회원국으로서 중국이 이행하여야 할 국제적 의무임에 분명하다. 그러나 외자기업에 대한 내국민대우의 의미는 외자기업에 자국 기업의 대우보다 낮지 아니한 대우를 부여하는 것으로 개발도상국의 경제발전 수준, 기간설비, 기타 투자환경 자체가 선진국보다는 열악한 경우 우대조치를 통해 이를 보완할 필요가 있으며 WTO는 투자영역에서 개발도상국에 예외조치를 부여해 주고 있다.

　따라서 단시일 내에 WTO 내국민대우원칙을 완전히 수용한 외자기업법제의 구축을 주장하는 '단궤제개편론'은 사회주의시장경제체제의 중국 상황에 부합하지 않는다고 생각된다. 중국의 현재 경제수준과 함께 국제통용규범이 허용하는 예외조항을 감안한다면 가까운 장래에 중국이 외자기업에 대해 내국민대우를 전격적으로 단행하기에는 어려울 것으로 보인다. 더구나 유의하여야 할 점은 2008년도에 실시될 것으로 예견되는 『내ㆍ외자 단일 기업소득세법』도 외자와 내자를 일거에 통합하여 제정되는 것이 아니라는 사실이다. 우선 내자기업소득세법과 외자기업소득세법을 각각 단일화한 후, 다시 12~15년의 긴 시행과정을 거친 후에야 내ㆍ외자가 단일화된 기업소득세법을 제정하려는 중국 정부의 점진적인 법제화 경향에 비추어 볼 때 중간 단계를 생략하고 즉각 내ㆍ외자 단일법제로 진입하자는 단궤제개편론은 현실성이 결여된 것으로 판단한다.

 '『회사법』본위 개편론'은 『회사법』이라는 명칭이 기업에 관한 기본법의 지위를 가진 세계 보편적인 국가의 관점으로 본다면 일견 타당한 것으로 보인다. 하지만 헌법을 개정하지 않는 한, 중국 法源의 효력 순위에서 『회사법』은 『삼자기업법』에 비하여 하위법이라는 것은 자명한 사실이다. 그럼에도 불구하고 하위법인 『회사법』을 상위법인 『삼자기업법』에 우선 적용하자는 주장은 法源의 효력순위원칙에도 근본적으로 배치될 뿐만 아니라 내·외자를 구별하는 양궤제의 범주를 벗어나지 못하였다고 생각한다.

 따라서 필자는 중국의 WTO 내국민대우원칙의 점진적 실시정책과 분산입법의 단계적 통일법전화의 풍부한 경험에 비추어 보아 '통일외자법전 제정론'이 비교적 타당성이 높은 외자기업법제 개편방안으로 평가한다.

 중국은 앞으로 중국특색의 '초국민대우'보다 세계보편의 '내국민대우'로써 외자유치의 제도개선 방면에 주력할 것으로 보인다. 이와 같은 견지에서 중국은 우선 제1단계로 현재 상호 모순되고 중첩된 외자기업법이 내자기업법과 별개로 작동하는 '양궤제'를 개편하여 통일 외자기업법의 '법전제'로 전환한 다음, 제2단계로 내·외자 단일법제의 '단궤제'로 다시 전환하여 나가는, 즉 단계적·점진적 외자기업법제 개편작업을 추진할 것으로 전망한다.

13. 중국-홍콩 CEPA의 법적 성격

Ⅰ. 서 론

홍콩은 1997년 7월 1일 중국의 홍콩귀속499) 직후, 아시아 금융위기(IMF) 등의 영향으로 주식과 부동산 등 다방면에서 하강세를 보였고, 실업률 역시 기록적 수치를 갱신하고 있었다.500) 2001년 12월 11일 중국이 WTO에 가입하자, 홍콩이 누려온 중개무역지로서의 우월적 지위의 상실을 우려한 홍콩 재계는 동젠화(董建華) 행정장관을 통하여 중국 중앙정부에 자유무역협정(FTA: Free Trade Agreement)과 유사한 협정을 체결할 것을 건의하였다.

WTO 가입추진에 주력하였던 나머지, FTA에는 소극적이었던 중국은 홍콩과의 FTA체결을 위한 협상 개시를 전환점으로 하여 경제자유화전략과 동아시아지역 리더로의 부상전략을 본격적으로 추진하

---

499) 흔히 한국에서 통용하고 있는 '홍콩返還'의 용어는 원래 일본 언론의 造語로서 영국 입장(British colony's return to China)에서 나온 것이다. 중국에서는 이를 '香港回收'라고 칭하고 있으나 이 역시 중국 입장이 강하게 드러난 용어로서 둘 다 적절하지 않다고 판단되어 필자는 비교적 가치중립적 용어인 '홍콩歸屬'을 사용하고자 한다.

500) 2000년과 2001년은 2002년에 비하여 상품무역액은 32,307억 홍콩달러에서 30,492억 홍콩달러와 31,799억 홍콩달러로 감소하여 각각 5.4%와 1.6%로 감소하여 그중 중국 홍콩 상품수출액은 1,810억 홍콩달러에서 1,535억 홍콩달러와 1,309억 홍콩달러로 감소하여 15.2%와 27.7%의 감소율을 보였다. 中國商務部 홈페이지 http://www.mofcom.gov.cn/ 참조.

면서 FTA 등 지역협력추진에 주력하기 시작하였다.

중국과 홍콩 쌍방은 2002년 초부터 2003년 말까지 3차에 걸린 FTA체결 관련 고위급회의와 10여 차에 걸친 고급실무자회의를 거쳤으나 명칭 문제를 비롯한 입장 차이로 교착 상태에 빠졌다.[501] 중국은 우선 2002년 11월 중국-아세안 FTA체결의 기본협정에 서명하였는데 아세안 6개 선발국(말레이시아, 인도네시아, 필리핀, 브루나이, 싱가포르, 태국)과, 2015년까지는 4개 후발국(캄보디아, 미얀마, 라오스, 베트남)들과 단계적 관세철폐를 완료하기로 합의하였다. 이 FTA의 청사진은 동아시아의 경제력과 국제무대에서의 영향력을 제고시켜 NAFTA와 EU와 함께 세계경제의 3대 축 형성을 목표로 하여 인구 18억 명의 세계 최대 자유무역지대를 설립하는 것이다.

2003년 4월, 전염성 괴질인 사스(SARS)의 발생으로 홍콩에 전례 없는 위기 상황이 도래하였고 홍콩 시민들은 동젠화 행정장관의 사퇴와 함께 신행정장관의 주민 직선을 요구하였다. 마침 새롭게 출범한 후진타오(胡錦濤) 정부하에서 중국 상무부는 다음과 같은 2020년까지의 중국 FTA전략의 로드맵을 수립하였다. 즉 ① 제1단계: 대홍콩, 마카오 CEPA와의 체결 및 조속한 발효→② 제2단계: ASEAN 주요 회원국과의 양자 간 FTA협상 추진→③ 제3단계: 중·한·일 FTA 또는 중·일, 중·한 양자 간 FTA공식협상의 조속한 추진→④ 제4단계: 기타 지역과의 양자 간 FTA 및 ASEAN+3FTA 추진

---

501) 2002년 2월 심천시 정부는 심천-홍콩 간 자유무역지대 설립을 건의하였고 2002년 3월, 광둥성 정부는 광둥성과 홍콩의 자유무역지대 건립 방안을 중앙에 건의하겠다고 밝혔다. 2003년 중국 WTO 연구소는 심천-광둥-연해경제특구-전국과 물류개방-특수서비스영역개방-인적개방의 점진적 단계적 개방을 주장하는 등 여러 가지 정립되지 않은 방안이 쏟아져 나와 협상타결을 더욱 종잡을 수 없게 하였다.

→⑤ 제5단계: 더욱 광범위한 FTA추진.502) 이와 같이 중국 FTA 로
드맵의 첫 단계를 중국-홍콩 FTA 체결로 설정한 까닭은 당시 중국
중앙정부가 홍콩 시민들의 불만을 무마하기 위한 것이었다. 2003년 6
월 29일 중국 중앙정부와 홍콩특구정부는 『경제협력강화협정(Closer
Economic Partnership Arrangement: CEPA)』(이하 'CEPA'라 함)503)
을 체결하였다. CEPA의 종지는 일국양제의 방침과 WTO규칙의 지
도 아래 점진적으로 쌍방 간의 실질적인 모든 상품무역의 관세, 비
관세장벽을 축소·철폐하고, 점진적으로 서비스무역의 자유화를 촉
진하며, 쌍방 간의 실질적인 모든 차별적인 조치를 축소·철폐하여
무역투자의 편리화 촉진을 목적으로 한다. 쌍방의 산업구조 조정과
업그레이드의 필요에 순응함으로써 안정적이고도 지속 가능한 발전
을 추진하여 호혜와 상호이익, 상호보완, 공동번영을 실현하고, 먼저
쉬운 것에서 시작하여 어려운 것으로 차례로 추진하는 원칙을 기초
로, 한 국가 내에서 상이한 관세영역 간의 긴밀한 경제구의 건립을
목표로 삼는 것이다. 중국과 홍콩의 CEPA를 체결한 후, 2003년 10
월 17일 중국과 마카오의 CEPA도 체결하였다. 중국은 CEPA를 가
까운 장래에 대만까지 확대하여 중국 내 4개 독립관세영역 간에
CEPA로 연결된 거대한 중화경제무역구 수립을 기획하고 하고 있다.

　CEPA 체결 후 다음 연도인 2005년도 세계 국가별 수출액 순위
에서 중국(7,623억 달러)과 홍콩(2,895억 달러)은 각각 3위와 12위

---

502) 中國商務部 홈페이지
　　 http://chinawto.mofcom.gov.cn/aarticle/e/s/200406/20040602487206.html

503) 이 협정을 중문으로는 「更緊密經貿關係的按排」라고 하는데 '협정'이라는 용
　　 어 대신 '안배'라는 용어를 사용한 이유는 2국 간의 협정이 아니라 중앙정부와
　　 지방정부 간의 협약이라는 의미를 포함하는 것이다. 한편 이것과 한국과 인도와
　　 추진하는 CEPA(Comprehenisve Economic Partnership Agreement: 포괄적 경
　　 제 동반자 협정)와는 약자만 같을 뿐 그 명칭과 성격, 내용이 전혀 다른 것이다.

를 차지하였는데 이는 CEPA체결 전년도의 2002년도 각각 4위와 18위에 비하여 급성장을 한 것이다. 또한 중국과 홍콩을 1개 국가로 통합한, 즉 중국+홍콩의 2005년도 수출액은 10,116억 달러로, 독일(9,770억 달러, 2위)과 미국(9,043억 달러, 3위)을 큰 차이로 앞서고 세계 1위를 차지하였다.

그리고 한국의 2005년도 대외수출총액(2,744억 달러)의 국가별 순위에서 중국(619억 달러, 22.5%)과 홍콩(155억 달러, 5.6%) 각각 1위와 4위를 차지하였다. 중국과 홍콩을 1개 국가로 통합한, 즉 중국+홍콩 수출액은 774억 달러로 각각 한국의 2, 3위의 수출상대국인 미국(413억 달러)+일본(240억 달러)을 하나로 묶은 액수(653억 달러, 22.8%)보다도 훨씬 많은 전체 수출액의 27.2%에 이르는 높은 비중을 차지하였다.[504]

1997년 홍콩귀속으로 중국과 홍콩은 법적으로 1개 國體로의 통합을 이룬 데 이어, 2004년 CEPA체결을 계기로 1개 경제무역통합체로 형성되는 기틀을 마련하였다. 그럼에도 불구하고 국내 연구성과는 아직 중국과 홍콩을 각각 별개의 국가단위로 접근 또는 관찰한 것이 다수인 반면, 중국과 홍콩을 1개 단위로서의 통합체 또는 중국-홍콩 통합을 위한 제도적 연결고리들에 관한 연구 성과는 미미한 실정이다.

따라서 본 연구의 의의와 목적은 WTO 체제하의 1개 국가와 그 국가 내의 1개 독립관세 영역이 체결한, 유사 FTA로서의 특성과 함께, 중앙정부와 지방정부 간에 체결한 내국 간 경제무역관계협정의 특성도 구비한, 즉 국제법성과 국내법성이 중첩된 CEPA의 법적 이

---

504) 무역협회 홈페이지 http://stat.kita.net/top/state/ 참조.

중성을 분석함으로써 한국이 최근 세계 각국과 FTA체결을 적극적으로 추진함에 있어서 포괄적이고 다양한 규정의 도입에 참고할 만한 입법례를 제공하는 데 있다. 여기서 한 걸음 더 나아가 FTA협상에서 개성공단조항의 삽입을 반대하고 있는 미국, 일본, 아세안 등을 설득시킬 만한 단서를 모색하여 보는 데 있다.

본 연구가 채택한 연구방법은 가급적 이데올로기 접근법을 배제한, 법적·제도적 접근법으로서 관련 국제법과 중국 국내법 및 전문서적과 논문 등을 통한 문헌 연구 외에 인터넷상의 자료를 참고하였다. 본 연구는 제Ⅱ장에서 CEPA의 구조와 주요 내용을 일별하고, 제Ⅲ장에서 CEPA의 법적 근거, 법적 주체와 규율대상 등 법적 이중성을 파악하고, 제Ⅳ장에서는 CEPA의 법적 성격에 대한 국제법설과 국내법설 등 중국 학계의 논쟁을 살펴본다. 제Ⅴ장에서는 전체 내용을 요약하기로 한다.

Ⅱ. CEPA의 구조 및 주요 내용

1. 구 조

CEPA는 본문과 6개 부속서로 구성되어 있다. 본문은 제1장 총칙, 제2장 상품무역, 제3장 원산지 규칙, 제4장 서비스 무역, 제5장 무역투자 편리화, 제6장 기타 사항 등 모두 23개 조항으로 구성되어 있다. 여기에 6개 부속서를 추가하였다 부속서 1 상품무역의 무관세실시관련 보충규정은 상품무역에 관한 것이고, 부속서 2와 3은 원산지

규칙에 관한 것이며 부속서 4와 5는 서비스 무역에 관한 것이며 부속서 6은 무역투자 편리화에 대한 보충규정이다(<표 13-1> 참조).

<표 13-1> 중국-홍콩 CEPA 구조표

章	條	본문 내용	부속서
6개 장	23개조		6개 부속서
제1장 총칙	제1조	목표	
	제2조	원칙	
	제3조	설립과 발전	
	제4조	일부 조항 부적용	
제2장 상품무역	제5조	관세	부속서 1: 상품무역의 무관세 실시관련 보충규정
	제6조	관세 쿼터와 무관세조치	
	제7조	반덤핑조치 배제	
	제8조	상계관세조치 배제	
	제9조	세이프가드조치 원칙적 배제	
제3장 원산지 규칙	제10조	원산지 규칙	부속서 2: 상품무역의 원산지 규정 부속서 3: 원산지증명의 발급과검사절차
제4장 서비스 무역	제11조	시장진입	부속서 4: 서비스무역 영역 개방의 구체적 양허 관련 보충규정 부속서 5: 서비스 제공자의 정의 및 관련 규정, 관련 보충규정
	제12조	서비스제공자	
	제13조	금융 협력	
	제14조	관광 협력	
	제15조	전문자격증 상호 승인	
제5장 무역투자 편리화	제16조	투명화, 표준화, 정보교류 협력강화	부속서 6: 무역투자 편리화 관련 보충규정
	제17조	7개 협력 영역	
제6장 기타 조항	제18조	WTO협정상의 예외조항 반영	
	제19조	관리기구(연합지도위원회)	
제6장 기타 조항	제20조	규제성 조치 완화 추진	
	제21조	부속문서의 구성	
	제22조	개정에 관한 사항	
	제23조	효력발생시기	

출처: 중국-홍콩 CEPA를 참고로 필자가 재작성.

2. 주요 내용

1) 상품무역 분야

(1) 수입 무관세

홍콩은 중국이 원산지인 모든 수입상품에 대해 무관세를 실시하고 중국은 2004년 1월 1일부터 부속문서 1에 열거한 홍콩이 원산지인 상품에 대하여 무관세를 실시하고2006년 1월 1일부터 부속문서 1에 열거한 이외의 273개 항목의 홍콩이 원산지인 상품에 대하여 무관세를 실시한다.[505] 쌍방은 WTO규정에 부합하지 않는 비관세 조치를 취하지 않을 것과, 중국은 홍콩이 원산지인 수입상품에 대해 관세쿼터를 실시하지 않는다고 규정하고 있다(동 제6조).[506] 쌍방은 서로 반덤핑조치의 적용배제(동 제7조), 상계관세의 적용배제(동 제8조)[507]를 규정하고 있다. 또한 세이프가드조치의 적용배제(동 제9조)[508]를 규정하고 있으나 쌍방이 만약 CEPA의 실시로 인하여 부속서 1에 열거한 어떠한 상품 수입의 급증을 초래하여 타방이 동종 혹은 직접 경쟁 상품의 산업에 심각한 손해를 초래하거나 심각하게 위협하였을 때

---

505) 거의 모든 FTA가 잠정협정의 형태를 취하고 있는 관계로 다양한 품목에 대한 점진적 관세 철폐일정을 두고 있다. 정인교 · 노재봉, 『글로벌시대의 FTA전략』, 해냄, 2005, 95 – 99쪽.

506) 一、一方將不對原産于另一方的進口貨物采取与世界貿易組織規則不符的非關稅措施。二、內地將不對原産香港的進口貨物實行關稅配額。

507) 반덤핑 적용배제를 규정하고 있는 FTA 유형으로는 EFTA국가 – 싱가포르 FTA와 호주 – 뉴질랜드 FTA가 있다. 상계관세 조치 적용배제를 규정하고 있는 FTA 유형으로는 EFTA와 EEA가 있다.

508) 싱가포르 – 뉴질랜드 FTA 제8조에서는 관세철폐 등 급격한 교역조건의 변화에도 불구하고 FTA 당사국 상호 간에 있어 세이프가드조치를 적용할 수 없다고 규정하고 있다.

타방은 서면형식으로 상대방에게 통지한 후 임시적으로 이 항목 상품
의 수입특혜를 중지할 수 있으며, 또 조속히 협상을 개시하여 협의를
진행하도록 하여야 한다는 옵션규정을 두고 있다.[509]

(2) 원산지 규칙

CEPA 상품무역 특혜의 실시와 관련 특혜가 남용되지 않는 것을
보장하기 위하여 특별히 CEPA 중 부속서 2에 원산지 규정을 정하
였다. 투명성을 제고하기 위한 원산지협정만이 있는 WTO협정과는
달리 FTA에 있어 원산지규정은 관세철폐를 비롯한 당해 FTA에 따
른 특혜대우가 역외국가로 유출되는 것을 방지하기 위한 필수적 장
치라는 점에서 모든 FTA에서 예외 없이 이를 규정하고 있다. 그 방
법은 첫째, 제조 혹은 가공절차, 관세항목 전환, 종가 백분비, 혼합표
준, 기타 방법 등 다섯 가지가 있다.

홍콩에서 중국대륙으로 수출하는 상품이 관세 특혜를 누리려면 반
드시 홍콩 공업무역서가 인가하여 발급하는 원산지 증명서가 있어야
한다. 또한 원산지 규정을 순조롭게 실시하기 위하여 부속서 3에 쌍
방의 발급 및 관리감독 기관은 인터넷의 연결과 전자 데이터의 교환
제도를 상세히 규정하였다.[510]

---

509) 미국-싱가포르 FTA 제7.5조, 칠레-멕시코 FTA 제6조.

510) 一、适用于≪安排≫下貨物貿易优惠措施的原産地規則載于附件2。二、爲
保証貨物貿易优惠措施的實施，　双方決定加强和擴大行政互助的內容和范
圍，包括制訂和實施嚴格的原産地証簽發程序，建立核査監管机制，實行双
方發証和監管机關聯网、電子數据交換等措施，具体內容載于附件3。

2) 서비스무역 분야

(1) 물류서비스

홍콩회사가 독자형식으로 중국에 관련화물운수배당과 물류서비스, 즉 도로보통화물운수, 창고, 하역, 가공, 포장, 배송 및 관련정보처리 서비스와 자문업무, 국내화물운송대리업무, 컴퓨터 인터넷을 이용한 물류업무의 관리와 운영 등을 제공할 수 있게 허용하였다. 홍콩회사가 독자형식으로 중국에 화물대리서비스의 제공을 허용하였고 홍콩회사가 중국에 투자하여 설립한 화물대리기업(국제화물대리기업)의 최저등록자본액은 중국 기업을 비교 참조하여 실시하였다.

홍콩회사가 중국에 독자형식으로 창고서비스의 제공을 허용하고 홍콩회사가 중국에 투자하여 설립한 창고서비스 기업의 최저등록자본액은 중국 기업을 비교 참조하여 실시 투자 설립하도록 하였다. 또한 운수서비스 중 도로운수 분야는 홍콩회사가 중국에서 독자기업으로 도로화물운송 경영을 할 수 있도록 허용하고 또한 홍콩회사가 홍콩에서 중국 각 성 간에 화물운송의 '직통차' 업무의 경영을 허용하며 홍콩회사가 중국의 서부지구에 독자적인 여객운수기업을 설립하고 경영할 것을 허용하였다.

해운 서비스 분야는 홍콩회사가 독자형식으로 중국에 기업을 설립하는 것을 허용하고 국제선박관리와 국제해운화물창고, 국제해운컨테이너기지와 집하장업무 및 무선박 청부운송업무경영을 허용한다. 홍콩해운회사가 중국에 독자선박회사를 설립하도록 허용하고 그 회사가 보유 또는 운영하는 선박에 적하, 선하증권발급, 운송비 결산, 서비스계약 등 일상 업무서비스를 제공하는 것을 허용한다. 홍콩해운회사가 노선정기선박을 이용하여 중국 항구에 자기 소유 또는 임대한 빈 컨테이너를 자유롭게 운행하는 것을 허용한다. 단 이는 반드시 관련 세관수속을 거쳐야 한다고 규정하였다.[511]

(2) 금융

중국은 국유독자상업은행과 일부 주식제 상업은행과 국제자금외환교역센터를 홍콩에 이전하는 것을 지지한다. 중국은행이 홍콩에서 구매방식으로 인터넷 및 업무활동을 발전시키는 것을 지원한다. 중국은 금융개혁, 구조조정 및 발전에 있어서 홍콩금융의 중개적 작용을 충분히 이용하고 발휘하도록 지원한다. 쌍방은 금융감독 분야의 협력 및 정보의 공유를 강화한다. 중국은 시장적용을 존중하고 감독효율을 제고하는 원칙에 근거하여, 조건에 부합한 중국보험기업 및 민영기업을 포함한 기타 기업의 홍콩에서 상장을 지원한다(제13조).

(3) 관광

협력을 통하여 쌍방의 관광업종 서비스 수준을 높여 관광객의 합법적 권익을 보장한다(CEPA 제14조). 홍콩회사는 독자형식으로 중국에 호텔과 아파트, 식당시설의 건설과 재건축을 할 수 있다. 홍콩회사는 중국에 합자관광회사에서 대해서는 지역제한을 두지 않는다. 홍콩관광업의 발전을 촉진하기 위하여 중국은 광동성 경내의 주민 개인에게 홍콩관광을 허용한다. 이러한 조치는 동관, 중산, 강문 3개 도시에서 시행하고 2004년 7월 1일까지 광동성 전역에서 실시한다. 중국과 홍콩 쌍방은 상호관광 및 주강델타를 기초로 하는 대외관광 확대활동을 전개하는 것을 포함하여 관광홍보와 확대 분야의 협력을

---

511) NAFAT와 미국-싱가포르 FTA, 한-칠레 FTA 등 주요 FTA의 관련 규정은 항공운송과 국내해운서비스를 제외하고 있다. 정인교·노재봉, 앞의 책, 104쪽.

강화한다.

(4) 전문인자격 상호승인

쌍방은 전문인 자격의 상호승인을 장려하고 상호 간의 전문기술 인력의 교류를 추진한다. 쌍방의 주관부서 또는 업종기관은 전문자격 상호승인의 구체방법을 연구 협상하고 제정하기로 한다(CEPA 제15조). 홍콩변호사 사무소의 중국 대표처 모든 대표는 매년 중국에 거류하는 최소한의 시간은 2개월을 요한다. 심천, 광주에 설립된 홍콩변호사의 대표처 모든 대표의 최소거류시간 요구는 폐지한다. 중국 변호사 사무소에 홍콩법조인자격자를 초빙·고용할 수 있다. 중국 변호사자격을 획득한 15명 홍콩 변호사는 중국에서 실습하고 영업하고 비소송법률사무에 종사할 수 있다고 규정하였다. 홍콩에서 영주하는 중국공민은 중국의 통일사법고시에 응시할 수 있으며 중국의 법조인 자격을 취득하고 중국 변호사 사무소에서 비송법률사무에 종사할 수 있다. 중국에 대표기관을 설립한 홍콩 변호사 사무소와 중국 변호사 사무소와의 공동운영을 허용한다. 공동운영로펌(홍콩-중국로펌)은 합영(合伙)[512]형식으로 운영할 수 없으며 공동운영로펌의 홍콩 변호사는 중국의 법률사무를 취급할 수 없다.

3) 무역투자 편리화

무역투자 편리화는 다음 7개 분야를 포함한다.[513] 첫째, 쌍방은

---

512) 合伙기업: 각 사원이 합영계약을 체결하고 공동으로 출자·운영하고 이익을 공유하고 경영리스크를 공동으로 부담하며 합영기업의 채무에 대하여 무한연대책임을 지는 중국 내에 설립한 영리단체, 한국의 합명회사가 합영기업과 유사한 형태라고 할 수 있다. 강효백, 『중국법 통론』, 경희대학교출판사, 2005, 251쪽.

무역투자 방면의 상호촉진 및 국제상품 해외건설시장 방면의 협력을 강화한다. 둘째, 쌍방세관은 정보통보제도를 수립하고 데이터인터넷망과 항구 전자통관의 가능성을 연구 발전하고 기술수단을 통하여 쌍방의 통관리스크 관리를 강화하고 통관효율을 제고한다. 셋째, 쌍방은 기계전기상품의 검사감독, 동식물의 검사검역 및 식품안전, 위생검사제도관리 감독, 상품인증인가 및 표준화관리 등 방면의 협력을 강화한다. 넷째, 쌍방은 전자거래규칙, 표준과 법규의 연구와 제정 및 기업경영, 홍보, 훈련 등 방면의 협력을 강화하고 전자상거래교류를 활성화한다. 다섯째, 쌍방은 법률, 법규의 투명도를 높이기 위한 협력을 강화하여 양 지역의 상공기업을 위하여 정보제공에 노력하고 양 지역 간의 경제무역교류 촉진을 위한 기초가 된다. 여섯째, 쌍방은 중소기업의 정보교류를 강화하고 쌍방기업의 교류와 시찰활동을 조직하고 중소기업 발전전략과 지원정책을 공동으로 연구한다. 일곱째, 쌍방은 중의약 법규수립, 발전전략 및 업종 발전가이드 등 방면에 정보공유를 강화하고 각자의 장점을 발휘하여 공동으로 중의약산업화와 국제시장화를 추진한다.

---

513) 일 - 싱가포르 FTA협정에서는 상품무역과 서비스무역 이외에 투자와 사람의 이동 또는 정보 등 경제 전반에 걸친 요소와 국제비즈니스 활동의 수행에 있어 무역절차의 전자화, 원스톱서비스의 제공 등을 위한 행정절차의 개선 등에 관하여 규정하고 있다. CEPA 제17조 제1항.

<표 13-2> 일반적 FTA와 중국-홍콩 CEPA의 특성 비교표

구분	분야	일반적인 FTA	중국-홍콩 CEPA
차이점	법적 근거	WTO협정	WTO협정, 공동성명, 중국 헌법, 홍콩기본법
	법적 성격	국제법(양자 조약)	국제법과 국내법의 이중적 성격
	법적 주체	국가와 국가, 국가와 타국의 단독관세 영역	국가와 동일 국가 내의 단독관세 영역
	무역구제 조치	대부분 WTO 관련협정을 준용하고 있음	세이프가드조치, 상계관세 반덤핑 조치조항 없음
공통점	원칙	WTO의 최혜국대우 및 다자주의원칙을 벗어난 양자주의 및 지역주의적인 특혜무역체제	
	법적 근거	WTO협정 1994 GATT 제24조 및 1994 GATT 제24조의 해석에 관한 양해, GATS 제5조 및 제5조의 2	
	주요 내용	• 회원 간에 무관세나 낮은 관세를 적용하는 반면, 비회원에게는 WTO에서 유지하는 관세를 그대로 적용 • 회원 간에는 상품의 수출입을 자유스럽게 교역할 수 있게 허용하는 반면, 비회원국의 상품에 대해서는 WTO에서 허용하는 수출입의 제한조치를 그대로 유지하는 것이 가능	

출처: 中國 商務部 홈페이지 http://www.mofcom.gov.cn/를 참고하여 필자가 재작성.

Ⅲ. CEPA의 법적성격의 이중성

1. 법적 근거의 이중성

1) 국제법성

(1) WTO협정

CEPA 제1조는 "쌍방 간의 실질상 모든 화물무역관세와 비관세장벽을 해소하고 점진적으로 서비스무역 자유화를 실현하고 무역투자 자유화를 촉진하는 등의 조치와 대륙과 홍콩 간의 무역투자협력을

강화하여 쌍방의 공동발전을 추구하도록 한다"라고 규정하였다. CEPA
는 또한 쌍방 간의 대외화물무역과 서비스무역 자유화의 구체적인
약속이라고 할 수 있다. 이 6개 부속문건은 대륙의 원산홍콩에서 수
입화물에 무관세조치와 CEPA의 원산지규칙을 적용하는 것이다. 원
산지 협정 체결절차와 협력관리감독 메커니즘, 대륙과 홍콩 상호 개
방된 서비스무역 영역의 구체적인 확인, 서비스 제공자의 정의 및
관련 규정, 무역투자 편리화 조치 등이다.

CEPA 제2조는 CEPA의 체결, 실시와 개정은 반드시 WTO협정
에 부합하도록 명시하고 있다. 중국과 홍콩의 CEPA는 단독관세 영
역 간의 경제무역협정으로서 WTO협정과 부합하여야 하며 WTO 체
제를 이탈하여서는 안 되는 것이다.[514]

이러한 CEPA체결의 근거와 배경은 GATT 제24조, GATS 제5조
및 제24조 양허규정 등이다. 즉 이러한 규정들은 CEPA가 반드시
근거하고 이행하여야 할 WTO협정이다.

GATT 제24조는 지역경제통합의 형식을 관세동맹(Customs Union),
자유무역지대(Free Trade Zone), 관세동맹과 자유무역지대를 체결하
기 위한 '임시협정(Interim Agreement)' 등 세 가지로 구분하였다.

GATT 제24조는 일부 국가 간의 지역무역협정이 역외국들에 미
칠 수 있는 부정적인 영향을 최소화하는 의미에서 몇 가지 제한 규
정을 두고 있다. 즉 자유무역지대나 관세동맹을 체결할 경우 역외국
과의 무역에 적용되는 관세 및 기타 무역규정들(other commerce
regulations)이 지역무역협정 체결 이전보다 '전반적으로(on the whole)'
더 높거나 제한적이어서는 안 되며, 역내국 간의 관세나 기타 제한적

---

514) 左連村, "更緊密經貿關系安排 – 對提升粤港澳區域經濟競爭力的探討及
前景展望", 『國際經濟合作』 9(2), 2003, 62쪽.

무역조치들이 실질적인 모든 무역에서 철폐되어야 한다고 규정하고 있다. 또한 GATT 제24조 해석에 관한 양해에서 자유무역협정의 '합리적인 기간'은 예외적인 경우에만 10년을 초과한다고 명시하고 있다. 그러나 상기한 규정들이 쟁점이 되고 있는 부분들은 용어에 대한 해석이라고 할 수 있다.515)

GATS 제5조는 특정 국가들 간 특혜적 서비스무역협정을 허용하는 예외규정을 두고 있으나 GATT 제24조와 마찬가지로 일부 국가 간 서비스 무역협정이 역외국들의 피해를 최소화하도록 제한규정을 두고 있다. 즉 협정체결 이전보다 서비스 교역에 대한 무역장벽이 전반적으로 높아서는 안 되며 지역 간 서비스 무역협정은 실질적으로 모든 서비스 부문을 포함하고 역내국 간 서비스의 실질적인 모든 차별이 철폐되어야 한다고 명시하고 있다. 허용조항은 개도국 간의 상품 분야 지역무역협정에 관한 조항으로 개도국들의 경제성장촉진 (promotion of economic growth)을 도모하여 GATT회원국으로서 보다 완전한 의무를 수행할 수 있도록 하기 위한 예외조항이다. 동 조항은 개도국에 대해 GATT 회원국의 차별적이고 특혜적인 조치 (differential and preferential measures)를 허용하고 있으며, GATT 제24조와 GATS 제5조와 같이 역외국에 대한 무역장벽을 높여서는 안 된다는 제한규정을 두고 있다.516)

WTO에서 FTA가 최혜국대우 및 다자주의원칙에 벗어남에도 불구하고 FTA를 허용하는 큰 이유는 FTA 회원국 간의 제반 무역장벽을 완화하거나 철폐하는 경우, FTA 회원국 간에 상품과 서비스의 교역 및 투자가 촉진되어 FTA 회원국의 경제가 발전함에 따라 궁극

---

515) 鍾立國, "WTO區域貿易協定的規則及期完善", 『法律家』(36), 156 – 157쪽.
516) 이재기, 『FTA의 이해』, 한올출판사, 2004, 132 – 135쪽.

적으로는 FTA 회원국과 비회원국 간에도 교역과 투자가 촉진되어 WTO의 다른 회원국 경제에도 유리한 여건을 조성하기 때문이다.[517)

「중국의 WTO가입의정서」(이하 「가입의정서」라 함) 제1조 제3항은 "본 의정서에 별도로 규정한 것 이외에는 중국은 WTO협정에 따르는 다자무역협정의 의무를 이행하여야 한다"[518)라고 규정하고 있다. 「가입의정서」 제4조는 별도로 "WTO에 가입하는 시점부터 중국은 제3국과 독립관세 영역 간에 체결된 WTO협정에 부합하지 않는 상품무역을 포함한 모든 특수한 무역협정을 취소하고 이를 WTO협정에 부합시키도록 하여야 한다"라고 규정하였다. 따라서 중국과 홍콩 간의 CEPA는 국제조약인 WTO협정을 적용하여야 하며 국내법 또는 지역 간 협정에 의해 규정된 조항이 있으면 반드시 국제조약인 WTO협정을 표준으로 하여 정비하여만 한다.

특정 회원국 사이에 무차별원칙을 일반적으로 실시하는 협정은 WTO 체제에 저촉되는 것으로서 관련 회원국은 무차별대우원칙 적용의 예외를 모색하여야만 WTO협정에 부합하는 자유무역협정을 수립할 수 있다. 중국과 홍콩은 한 개 주권국가 중화인민공화국에 속하지만 또 다른 한편으로는 각자 WTO 회원이기에 WTO협정이 통상적으로 적용된다.[519)

---

517) Roda Mushkat, "The Transition from Bristish to Chinese Rule in Hong Kong; A discussion of Salent International Legal Issues", *14 Den, J. Int'l L& Poly*, 2003, 188쪽.

518) 一、遵循"一國兩制"的方針; 二、符合世界貿易組織的規則。

519) 一、逐步減少或取消双方之間實質上所有貨物貿易的關稅和非關稅壁壘; 二、逐步實現服務貿易自由化, 減少或取消双方之間實質上所有歧視性措施; 三、促進貿易投資便利化。

(2) 공동성명

1984년 12월 19일 중국 정부와 영국 정부 간 「홍콩 문제에 대한 중·영공동성명」(이하 「공동성명」)이 서명되었다. 「공동성명」은 홍콩과 관련된 중국의 기본정책을 기초로 제정된 것으로 일국양제의 원칙하에 홍콩의 자본주의 체제와 생활방식은 향후 50년 동안 유지하기로 하였다. 일국양제는 「공동성명」이라는 일종의 국제조약에 근거하여 국제적 규범으로 승인을 받은 것이라고 할 수 있다.

「공동성명」은 외교와 국방은 중앙정부의 권한에 속하며 홍콩은 중앙정부의 수권을 받아 특정영역에서의 대외업무를 처리한다고 규정하여 '외교'와 '대외업무'를 구분하였다. 전자는 주로 국가주권의 정치 분야와 후자는 경제와 문화 분야에 관련이 깊다.520) 홍콩의 자치권에 관한 것은 「공동성명」 부속문건-"중국 홍콩의 기본방침정책의 구체적 설명" 제3절 법원과 사법, 제6절 경제와 상업업무, 제8절 해운, 제9절 민간항공, 제11절 대외관계와 제14절 여행과 이민 등의 분야에 잘 나타나 있다. 이 밖에도 부록 제1과 제2절 등에 1977년 이후에 제정한 '원래의 법률'에도 국제실무 중의 법률제도를 포함한다.

「공동성명」 부록 제6, 11절의 규정에 근거하여 홍콩특별행정구는 장래 자유항지위를 보유하며 GATT에 가입할 수 있다. '중국 홍콩'의 명의로 경제, 무역, 금융, 해운, 통신, 관광, 문화, 체육 등 단독으로 세계 각국, 각 지역 및 국제기구와의 관계를 유지하고 발전시킬 수 있으며 관련협정을 체결하고 이행할 수 있다.

중국이 체결하거나 승인한 국제조약과 양자 다자간 국제협정도 중국의 *法源* 중 하나다. 『民法通則』 제142조는 "중화인민공화국이 체

---

520) Yash Ghai, "Hong Kong's New Constitutional Order, The Resumption of Chinese Soveign and the Basic Law", *Hong Kong University Press*, 1977, 433쪽.

결하거나 참가한 국제조약과 중화인민공화국의 민법 중에 상이한 규정이 있을 경우 국제조약의 규정을 적용한다. 단 중화인민공화국이 유보한 조항은 제외한다. 중화인민공화국 법률과 중화인민공화국이 체결 또는 참가한 국제조약 중 규정이 없을 경우, 국제관례를 적용할 수 있다"521)라고 규정하고 있다. 또한『海商法』제268조 제1항은 "중화인민공화국이 체결하거나 참가한 국제조약이 동법과 다른 규정이 있을 경우, 국제조약의 규정을 적용하지만, 중화인민공화국이 유보한 조항은 제외한다"522)라고 규정하고 있다. 이들 조항은 국제조약이 오히려 중국 국내법보다 효력 면에서 우선하는 법원으로 인정하는 의미로 해석되고 있다.523)

2) 국내법적 근거

(1) 헌법

'일국양제'는 홍콩특별행정구 설립의 이론 근거이다. 그 기본내용은 1개 중국의 전제하에 국가의 주체는 사회주의제도를 견지하며 홍콩, 마카오, 타이완은 중국의 분할할 수 없는 구성부분으로서 국제적으로 중화인민공화국정부만이 중국을 대표한다는 전제하에 특별행정구 원래의 자본주의제도를 장기적으로 유지할 수 있다는 것이다.

---

521) 中華人民共和國締結或者參加的國際條約同中華人民共和國的民事法律有不同規定的, 适用國際條約的規定, 但中華人民共和國聲明保留的條款除外。中華人民共和國法律和中華人民共和國締結或者參加的國際條約沒有規定的, 可以适用國際慣例。

522) 中華人民共國締結或者參加的國際條約同本法有不同規定的, 适用國際條約的規定, 中華人民共和國聲明保留的條款除外。

523) 孔祥儁,『WTO法律的國內適用』, 人民法院出版社, 2002, 140쪽.

CEPA 제2조가 규정한 '일국양제의 방침 준수'는 CEPA의 체결, 실시와 개정에도 이 원칙을 준수한다는 의미이다. 『헌법』 제31조는 "국가는 필요시 특별행정구를 설립할 수 있다. 특별행정구 내에서 실시하는 제도는 구체적 상황에 따라 전국인민대표대회가 법률로 정한다"524)라고 규정하였다. 또 『헌법』 제62조 제13호는 규정에 의하면 전국인민대표대회가 특별행정구의 설치 및 그 제도를 결정한다고 규정하였다. 이러한 규정들은 중국이 홍콩특별행정구의 설립에 헌법적 근거와 구체적 절차를 제공하여 주고 중국의 단일제국가 구조형식에 새로운 내용을 첨부하여 통일의 실현과 국제분쟁을 해결하기 위한 것이라고 할 수 있다.525)

(2) 홍콩기본법

『홍콩특별행정구기본법』(이하 '『홍콩기본법』 또는 『기본법』'이라함)은 제7차 전국인민대표대회가 일국양제 원칙과 『헌법』에 근거하여 1990년 4월 4일에 제정하여 1997년 7월 1일부터 발효되었다. 『기본법』은 홍콩의 최고규범으로서 "하나의 국가, 두 개의 체제", "높은 수준의 자치권" 및 "홍콩을 지배하는 홍콩인"이라는 기본 개념을 성문화하였다(『기본법』 서언 참조). 『기본법』은 홍콩에 적용되는 전국성 법률로서 지방성 법규가 아니며 홍콩에 관한 法源 중 최고의 지위를 가진다. 『기본법』의 권위와 안정성을 수호하기 위하여 어떠한 법률도 『기본법』에 저촉되어서는 안 되며 전국인민대표대회만이 『기본법』을 개정할 수 있다. 이론상으로는 전국인민대표대회 상무위원

---

524) 國家在必要時得設立特別行政區。在特別行政區內實行的制度按照具体情況由全國人民代表大會以法律規定。

525) 殷嘯虎, 『憲法學』, 上海人民出版社, 2003, 206쪽.

회가 『기본법』에 관한 해석권을 가지지만 실제에 있어서는 홍콩 법원은 전국인민대표대회 상무위원회의로부터 권한을 위임받아 자치권의 범위 내에서 사법해석을 진행한다.

『기본법』 제2조는 "홍콩은 고도의 자치권과 행정, 입법 및 최종판결을 포함한 독립적 사법권을 향유한다"고 규정하고 있다.526) 홍콩은 '중국 홍콩'의 명의로 경제, 무역, 금융 및 통화, 선박, 통신, 관광, 문화 및 체육 분야를 비롯한 적절한 분야에서 외국과 외국의 지역 및 관련된 국제기관과의 관계, 협정의 체결 및 이행을 유지하고 발전시킨다(『기본법』 제116조). 또한 홍콩 정부의 대표는 중국의 대표단 일원으로 명시된 것에 한하며 홍콩에 영향을 미치는 적절한 국제기구 또는 회의에 참여하거나 기타 인민정부 및 중요한 국제기구 또는 회의가 허용하는 기타 입장에서 수행하고 '중국 홍콩'의 명의로 그들의 견해를 표현할 수 있다. 홍콩은 '중국 홍콩' 명의로 국제기구 및 회의에 명시된 것에 제한 없이 참여할 수 있다(『기본법』 제152조).

중국이 당사자거나 당사자가 될 국제협정을 홍콩에서 적용할 경우 홍콩 정부의 견해를 청취한 이후에 홍콩의 지역상황 및 필요에 따라 중국이 결정한다. 당사자가 아니지만 홍콩에서 이행되는 국제협정은 계속해서 홍콩에서 이행된다. 중국 정부는 필요시 기타 관련 국제협정이 홍콩에서 적절히 이행될 수 있도록 홍콩 정부에 권한을 위임하거나 협조한다(『기본법』 제153조).527)

---

526) The National People's Congress authorizes the Hong Kong Special Administrative Region to exercise a high degree of autonomy and enjoy executive, legislative and independent judicial power, including that of final adjudication, in accordance with the provisions of this Law.

527) The Central People's Governmentshall, as necessary, authorize or assist the government of the Region to make appropriate arrangements for the application to the Region of other relevant international agreements.

2. 법적 주체와 규율대상의 이중성

　WTO의 회원자격은 관세 영역으로 주권자격을 자격요건으로 하지 않는 것이다. WTO협정 제11조 제1항은 원회원자격(original members)과 제12조 제1항 관련 가입회원자격(members by accession) 규정으로 알 수 있다. WTO 회원은 '국가' 또는 '완전한 자치권을 보유한 독립된 관세 영역'들로서 자신의 대외무역관계 및 WTO협정에 규정된 사항을 시행할 수 있어야 한다고 규정하고 있다. 즉 WTO 회원자격은 주권국가와 비주권국가의 독립관세 영역이다. CEPA의 주체는 WTO 체제하의 '중화인민공화국'과 '중국 홍콩'의 2개 정식회원이다. WTO 회원으로서의 중국은 중국대륙만을 의미하는 것이지 홍콩 독립관세 영역을 포함하지 않는다. 홍콩 독립관세 영역과의 상대관계로서 중국 역시 일개 독립관세 영역인 것이다. 이런 의미에서 WTO 회원으로서 중국과 홍콩 간의 무역관계는 중국의 2개 상이한 관세영역 상호 간의 무역관계로 간주된다.[528]

　중국과 홍콩 쌍방은 각각 WTO의 정식회원이기 때문에, CEPA의 규율대상은 WTO 2개 회원 간의 경제무역관계이다. CEPA가 규율하는 WTO 2개 회원 간 무역관계는 반드시 WTO협정의 규율대상 내에서 제한된다. WTO 회원으로서 중국과 홍콩의 무역관계는 상이한 관세 영역 간의 무역관계이며 WTO 체제하에 중국과 홍콩 간의 법률관계는 대등한 것이다. 이는 WTO 체제하에서 CEPA의 체결, 개정과 적용은 쌍방이 대등한 지위와 자격으로 이루어짐을 의미한다. CEPA 체결과 이행과정에서 중국과 홍콩은 단독 또는 공동으

---

528) 曹建明·賀小勇, "WTO与兩岸關系", 『國際商務研究』 9(6), 1999, 20-28쪽.

로 WTO규칙을 위반할 경우 WTO 기타 회원국은 WTO의 심사기관 분쟁해결기구를 통하여 위반한 측에 법률책임을 추궁할 수 있음은 물론이다.529)

CEPA 체결에 있어서 중국 측 체결자는 '중화인민공화국 상무부 부부장'이지 '중화인민공화국'이 아니고 홍콩 측 체결자는 '중화인민공화국 홍콩행정구 재정국 국장(司長)'이지 WTO의 회원 명칭인 '중국 홍콩(Hong Kong, China)'을 사용하지 않았다. 이는 CEPA 체결자의 명칭이 CEPA가 1개 국가에서 행정기구 대표가 서명한 문건과 독립관세 영역으로서 서명한 문건과는 서로 다르다는 점을 의도적으로 강조한 것이다.530)

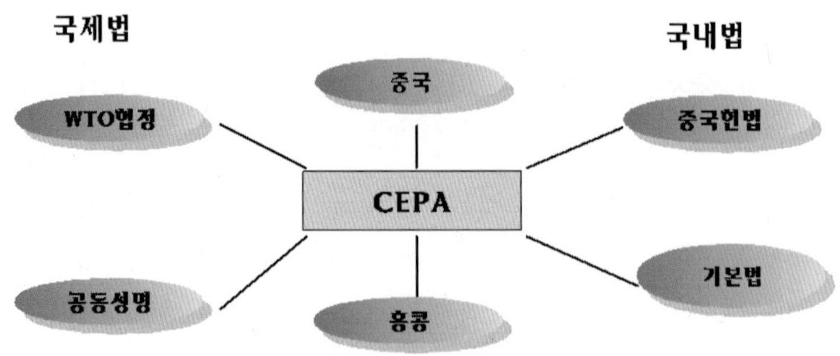

〈그림 13-1〉 CEPA의 법적 성격의 이중성

---

529) 白冰·王健平, "互惠互利共求双嬴 – 更緊密經貿關系將給內地与香港經濟發展帶來新商机", 『新華每日電訊』, 2003, 45-48쪽.
530) 辛禾, "內地与香港自由貿易的關系式制度安排 – 評CEPA", 『經濟法制論壇』 6(2), 2003, 32쪽.

Ⅳ. CEPA의 법적성격에 관한 논쟁

1. 국내법설

중국 학계 다수는 CEPA의 국내법설을 주장하고 있다.531) 국내법설의 요지는 CEPA는 국제조약이 아니라 1개 주권국가 내의 2개 행정기관이 체결한 국내협정이라는 것이다. 「조약법에 관한 빈협약, Vienna Convetion on the Law of Treaties」(이하 「빈협약」으로 약칭함) 제2조 제1항에 근거하면, 조약은 '국가 간에 체결되어 국제법의 지배를 받는 서면협정'을 말한다. 「빈협약」상 조약은 다음 세 가지 조건에 합치하여야 조약에 해당된다. 첫째, 2개 이상의 조약체결자는 반드시 국제법상의 주체여야 한다. 둘째, 조약체결자 간의 의사표시가 일치하여야 한다. 셋째, 조약은 강행법에 부합하여야 한다. 이 중에서 조약체결자의 자격이 문제의 핵심이다. 즉 '조약은 국가 간에 체결한 국제서면협정이다'라는 기본적 정의에 근거하여야 하며 조약은 '국가 간'과 '국제법'을 표준으로 준한 2개의 기본요소여야 한다.532)

전통적 국제법에서 주권국가만이 조약체결의 주체였으나 현대국제사회에서 국제조직, 연방제국가 내의 지방정부, 교전단체, 망명정부, 자치령, 자유시(free city)533) 등 비주권실체가 국제조약의 체결당사

---

531) 陳安, 曾華群.王貴國, 朱兆民, 趙維田, 梁美芬, 王友金 등 대부분의 중국 학자는 이 국내법설을 지지하고 있다.

532) 이병조·이중범, 『국제법신강』, 일조각, 1997, 65 – 67쪽.

533) 자유시의 예로 1919년 「베르사이유 평화조약」 제102조 내지 제108조의 규정에 따라 발트 해 해안의 단찌히 자유시(Danzig Free City)를 들 수 있다. 자유시는 그를 설치한 국제적 규정에 따라 국제법상 제한된 법인격이 인정된다. Eckart Klein, "Free Citie", Rudolf Bernhardt(ed.), *Encyclopedia of Public*

자로 참여하는 실례는 드물지 않다. 그러나 조약체결의 주체 범위가 확대되고 있지만 국제조약은 여전히 '국제'라는 요소를 구비하여야 한다.

즉 조약은 주권국가 간, 상이한 주권국가 내의 비주권실체 간 또는 1개 주권국가와 다른 일방의 주권국가 비주권실체 간 체결된 협정이다.

홍콩이나 마카오처럼 주권국가 내의 비주권실체 간의 협정이나 또는 중국과 홍콩의 주권국가와 그 주권국가 내의 비주권실체 간의 협정은 어떠한 경우라도 국제조약으로 되지 않는다. 홍콩은 중국의 비주권국가 실체로서 홍콩이 외국 또는 외국의 비주권실체 간 체결된 협정은 국제조약에 속하지만 CEPA와 같이 비주권실체(홍콩)와 주권국가(중국) 간의 협정은 국제조약에 해당되지 않으며 국내법상의 지역 간 협정에 지나지 않는다. 따라서 CEPA는 1개 주권국가 내의 2개 행정기관이 체결한 국내법으로서 '국제(international)' 또는 '국가 간(inter‒nations)' 요소를 구비하지 않았기 때문에 근본적으로 국제조약 또는 준국제조약으로 논할 가치조차 없다고 주장하고 있다.

CEPA가 FTA의 일종이라는 전제하에 FTA의 법적 기초인 WTO 체제는 국제조직으로서 그 회원 간의 협정은 당연히 국제법이라는 문제가 제기될 수 있다. 이에 대하여 CEPA 국내법설의 대표 격인 曾華群 厦門大學 교수는 다음과 같이 분석하고 있다.[534]

첫째, WTO의 회원자격은 관세 영역을 주권자격요건으로 하지 않는다. WTO 회원은 주권국가와 비주권국가의 독립관세 영역이다.

둘째, 독립관세 영역은 WTO 회원의 적격조건으로 '一國多席'을 출현하게 하였다. 즉 WTO 회원자격은 주권국가와 비주권국가의 독

International Law, Vol.10, Amsterdam, North‒Holland, 1987), p.189.

534) 曾華群, 『WTO規則與中國經貿法制的新發展』, 厦門大學出版社, 2006, 195쪽.

립관세 영역에 대하여 열려 있다. 1개 주권국가와 그 주권국가에 속하는 1개 지역 또는 수 개의 독립관세 영역은 각자 WTO에 가입할수 있고 1개 주권국가가 WTO에 가입하지 않은 상황에서, 그 주권국가에 속하는 독립관세 영역은 WTO에 가입할 수 있어 WTO 체제의 '一國多席'의 상황을 형성하는 것이다.

셋째, WTO 체제의 '一國多席'은 WTO 회원 간의 협정은 당연히 국제조약이 되지 않는다는 것을 의미한다. WTO 체제의 '一國多席'의 존재로 인하여 WTO 회원 간의 협정은 그 주체에 따라 2가지로 구분된다. ① 상이한 국가 간, 1개 주권국가와 다른 주권국가의 독립관세 영역 간 또는 상이한 주권국가의 독립관세 영역 간의 협정은 모두 국제조약에 해당한다. ② 1개 주권국가와 그 주권국가의 1개 또는 1개 이상의 독립관세 영역 간 또는 1개 주권국가의 2개 또는 2개 이상의 독립관세 영역 간의 협정은 모두 '국제'라는 요소가 부족하기 때문에 국제조약에 속하지 않는다. 따라서 ② 유형에 속하는 CEPA는 국내법이라는 논거를 피력하고 있다.535)

또한 『헌법』과 『기본법』에 따르면 홍콩은 중국의 일부분이고 완전한 주권자격을 갖추지 못하였다. 홍콩의 대외교섭권 역시 『헌법』과 『기본법』을 통하여 권한을 부여받은 것이다. 『기본법』은 홍콩특구에 고도의 자치권을 부여하였지만 특히 이러한 자치권은 국내법 차원에서 승인하고 확립한 것으로 나오는 법률상 (de jure)자치권에 속하는 것이며 중앙정부가 실제적으로 보유하는 것은 특별행정구가 국가가 아님으로 인해서 '중국 홍콩'의 명의로 국제적 또는 대외관계 분야의 권력을 행사할 수 없는 것일 뿐이다.536) 홍콩의 고도자치권

---

535) 曾華群, 『WTO與中國外資法的發展』, 廈門大學南江叢書, 2006, 198－199쪽.
536) 陳安·曾華群, 『WTO與中國外資法的新領域』, 北京大學出版社, 2006, 138쪽.

범위가 아무리 광범위하더라도 중앙정부의 수권으로 나오는 것으로서 진정한 주권과 최종권력은 여전히 중앙정부가 장악하고 있다. 따라서 CEPA는 홍콩이 중앙정부의 수권을 받은 대외교섭권에 의하여 중앙정부와 체결한 국내협정이다.[537]

일반적인 FTA 규율대상은 2개 이상의 국가 간 경제협력 관계인 반면에 CEPA의 규율대상은 1개 국가 내의 상이한 관세 영역 간의 경제무역관계이다. 따라서 규율대상의 상이함으로 인하여 FTA는 국제법으로, CEPA는 국내법으로 분류된다,

그리고 CEPA는 1국가 내의 2관세 영역 간의 경제무역협정이지만 실질적으로 1개 국가 내의 지역경제통합(regional economic integration)적 성격이 강하다. WTO 체제와 지역경제통합체는 병행하여 발전하여 온 것이지 상호 예속된 관계가 아니다. 규율대상 면에서 WTO는 회원국 간의 무역관계이며 지역경제통합은 회원국 간의 무역을 포함하는 경제관계에 적용하는 것이다. 비록 UR 이후, WTO 체제가 규율하는 대상은 끊임없이 확대되어 왔더라도 그것이 회원 간의 모든 경제관계를 규율할 수는 없다.[538]

또한 지역경제통합체의 회원은 반드시 WTO 회원이 될 필요가 없으며 양자는 회원관계의 전제조건일 필요는 전혀 없다. 대부분의 지역경제통합체는 WTO 체제에 앞서 존재하여 왔으며 WTO의 지역경제통합 관련 부분은 대부분 기존현실에 대한 승인과 타협이라고 할 수 있다. 따라서 지역경제통합 유형의 하나로서 CEPA는 WTO협정에 근거하여 체결하지 않아도 될 뿐만 아니라 WTO협정의 규율대상 내에 한정할 필요도 없는 국내법일 뿐이다.[539]

---

537) 劉俊, 『區域貿易按排的法學進路』, 中信出版社, 2004, 234쪽.
538) 朱厚論, 『中國區域經濟發展戰略』, 社會科學文獻出版社, 2003, 189쪽.

2. 국제법설

　홍콩 中文大學 張憲初 교수를 비롯한 일부 홍콩학자들과 중국 내지의 清華大學 車丕照 교수가 CEPA의 국제법설을 지지하고 있다.[540] 국제법설의 요지는 CEPA는 WTO 체제하에 있고 WTO는 국제조직으로서 그 회원 간의 협정은 당연히 국제조약이라는 것이다. 어떤 명칭을 사용하든지 국제법 주체 간의 합의를 내용으로 하고 있는 한 모두 조약이라는 전제하에 WTO 체제하에서의 CEPA의 성격을 살펴보아야 한다는 주장이다. WTO 회원의 자격은 국가(State)에 한정되지 않고 비국가적인 독립관세 영역(separate custom territory)도 포함된다. UN은 소련 연방하에 있었던 비주권국가, 즉 우크라이나, 백러시아를 소련과 별도로 회원에 가입시킨 선례가 있다. 일부 전문성의 국제조직 회원자격은 특정 영역의 독립 여부에 있는 것이 아니라 그 영역이 국제조직과 관련한 전문적인 문제를 독립적으로 처리할 수 있는 능력에 달려 있다.[541] 일례로 대만이 'TAIWAN, CHINA'의 명칭으로 APEC와 IOC에 가입하고 있는 것은 그 국제조직의 성격에 아무런 영향을 미치지 않는다. WTO협약의 용어에 있어서 WTO협약 마지막 조항의 주석에 "본 협정 및 각 다자무역협정 중의 Country or countries는 WTO 회원 중의 모든 독립관세 영

---

539) 曾華群, 앞의 책, 201쪽.

540) 陳安, 앞의 책, 84쪽, Xian－chu Zhang, The practice of "One Country, Two Systems" in the "Economic Integration of Mainland China and Hong Kong: Review and Prospecs", Kobe University Law Review 『International Edition』 Vol.35, 2001, pp.122－124.

541) Marius Oliver, "Hong Kong; An Exercise In Autonomy", *18 South African Yearbook of Int'l* I, 1992－1993, pp.87－88.

역도 포함하는 것으로 이해하여야 한다"고 규정하고 있다. WTO 회원은 국가이든 독립관세지역이든 모두 평등하며 WTO협정의 구속을 받아야 하며 WTO협정상의 의무를 엄수하여야 한다. CEPA협약은 WTO에 통보하도록 되어 있다. 따라서 CEPA는 중국과 홍콩이 WTO협정, 즉 국제법상 평등한 지위의 주체로서 쌍방의 의사표시가 합치되어 체결된 국제조약이며 국내법의 범주에 포함될 수 없다.[542]

또한 CEPA는 FTA와 마찬가지로 '동일'이 아닌 '상이'한 주체(국가 또는 관세 영역)가 그 '내부'가 아닌 '외부'와 맺은 경제무역관계이기 때문에 국제법에 해당된다.

홍콩은 『헌법』 및 『기본법』의 관련규정 및 일국양제 원칙에 근거하여 여전히 여타 국제법 주체와 조약을 체결할 수 있는 대외교섭권을 보유하고 있다.[543]

'Hong Kong, China'의 명의로 단독으로 세계 각 국가와 지역, 국제조직과의 관계를 유지 발전시킬 수 있으며 관련협정을 체결 이행할 수 있다. CEPA는 홍콩이 WTO 체제하의 독립관세 영역 자격에 근거하여 WTO 회원인 중국과 WTO 체제하에서 GATT 제24조와 GATS 제5조에 근거하여 체결한 FTA의 일종이다.

따라서 CEPA는 홍콩이 국제법 주체로서 중국과 체결한 국제조약이다. 홍콩이 WTO 회원이 될 수 있었던 것은, 홍콩이 대외무역관계에서 완전한 자치권을 가진 독립관세 영역으로서 WTO 회원의 조건에 부합하였기 때문이었다. 또한 법적으로 중국은 주권국가의 자격

---

542) 車조照 교수는 FTA가 비교적 명확한 법적 개념이자 CEPA는 확정적인 법적 개념이 부족하다고 비판하였다. 陳安, 앞의 책, 63쪽.

543) 汪秀蘭·王天喜, "淺談香港与內地區際法律沖突及其解決 - 析广州中院首宗适用香港法判决的涉港借款担保案", 『法律适用』 8(1), 2000, 42쪽.

으로 WTO에 가입한 반면에 홍콩은 독립관세 영역의 자격으로 WTO
에 가입하였다. 중국과 홍콩은 WTO의 회원으로서 중국과 홍콩 간
의 경제무역관계협정인 CEPA는 당연히 국제법 관계이다.544)

Ⅴ. 결 론

CEPA는 1개 국가와 그 국가 내의 독립관세 영역이 체결한 FTA
의 독특한 유형으로 CEPA의 성격은 이분법적으로 단정할 수 없는
것이다. CEPA의 법적 주체는 중국 내 체제하에서는 대륙 관세 영역
과 홍콩 독립관세 영역이며 WTO 체제하에서는 각각 WTO 정식회
원으로서 이중적 특성을 구비하였다.

CEPA가 국내법설의 논지대로 순수한 중국 내 경제무역협정이라
면 그것은 WTO 체제 밖에 있어야 가능한 것이다. CEPA 국내법설
은 중국이 WTO에 가입하기 이전의 국내외 정치, 경제적 환경에서
생성된 것으로, 당시 중국은 WTO협정에 규율되지 않았으며 홍콩은
자유항으로서 중국뿐만 아니라 모든 WTO 회원에게 무차별대우를
부여하였다. 그러나 중국이 WTO에 가입한 이후, 홍콩의 우대가 중
국에만 주어지고 다른 WTO 회원에게 주어지지 않는다면 이는 곧
WTO의 최대기본원칙인 무차별대우원칙을 위배하는 것이다. CEPA
의 법적 근거와 주체, 규율대상에 국내법적 요소가 있다 할지라도
WTO 체제하의 CEPA의 관련 규정은 반드시 WTO협정에 부합하여
야 할 것이다.

---

544) 劉占軍, "WTO背景下的兩岸三地經貿投資關係", 『兩岸經貿』, 2002, 81쪽.

따라서 CEPA는 1개 국가 내의 2개 행정기관 사이에 체결된 일반적인 지역협정이라는 국내법적 성격보다는 WTO 체제 내의 회원이자 독립관세 영역 간에 체결된 조약으로서 WTO협정의 적용을 더 많이 받는 국제법적 성격이 강하다고 하겠다.

CEPA의 법적 이중성은 WTO 체제하의 FTA 기초 위에다 체결주체와 규율대상을 국내법적으로 확대하고 포괄적인 의제를 가미한 것으로 표출된다. 또한 이러한 법적 이중성은 장래 중국이 대만을 흡수하는 지역경제통합체 – '大中華經濟圈'의 구상과 직결되는 문제이다. CEPA 국내법설의 이론적 배경인 '일국양제'원칙의 핵심은 '일국'은 '양제'의 전제로 '중국'은 '홍콩'에 우선하는 것이다. 이와 반면에 WTO 체제하에서 각 회원의 지위는 평등한 것으로 무차별원칙은 모든 회원에게 평등하게 적용되는 것이다. 이러한 점에 비추어 볼 경우 대만은 중국과 WTO 체제하의 평등한 독립관세 영역의 자격으로 대우를 원하지, 불평등 개념의 '일국양제' 일원으로서의 편입을 원하지 않을 것이다.

따라서 중국은 CEPA의 외연 확대, 즉 CEPA가 '大中華經濟圈'을 규율하는 새로운 유형의 FTA 모델로 발전하기 위해서는 '일국양제'를 기저로 하는 CEPA의 국내법성을 강조하는 것보다는 WTO 체제하의 CEPA 국제법성을 강조하는 것이 합리성과 타당성이 높은 접근방법이라고 판단한다.

14. 중국노동계약법과 한국근로기준법 비교(표)

*중국노동계약법과 한국근로기준법 대조일람표

구 분	중국노동계약(合同)법	한국노동법(근로기준법)
제·개정	2007. 6. 29. 전인대상무위 제정 2008. 1. 1. 시행	1953년 근로기준법 제정 2008. 3. 28.(총 17차 개정)
구조	8개 장, 98개 조항	12개 장, 116개 조항
법체계상의 지위	1994년 제정 『노동법』의 신법이자 노동계약에 관한 특별법	한국 노동법체계 중 핵심적 지위, 근로계약의 내용과 근로조건을 규정
입법목적	노동계약제도를 정비하고 노동계약을 체결하는 쌍방의 권리와 의무를 명확히 하며, 노동자의 합법적인 권리를 보호하고 조화롭고 안정적인 노동관계를 구축·발전시키기 위함(제1조)	헌법에 따라 근로조건의 기준을 정함으로써 근로자의 기본적 생활을 보장, 향상시키며 균형 있는 국민경제의 발전을 꾀하는 것(제1조)
적용범위	• 중국 경내(境內)의 사용자(기업, 개인경제조직, 비민간기업)가 노동자와 노동관계를 성립하고 노동계약의 체결, 이행, 변경, 해제 및 종료 시, 본 법을 적용 • 국가기관, 사업기관, 사회단체와 노동관계가 성립되는 노동자의 경우, 노동계약의 체결, 이행, 변경, 해제 및 종료는 본 법에 의거하여 집행(제2조)	법은 상시 5명 이상의 근로자를 사용하는 모든 사업 또는 사업장에 적용. 동거하는 친족만을 사용하는 사업 또는 사업장과 가사(家事) 사용인에 대해서 적용(제11조)
노동계약체결 기본원칙	합법, 공정, 평등자원, 협의일치, 신의성실의 원칙을 준수(법 제3조 제1항)	근로자의 기본생활 보장 자유의사에 따른 근로조건 결정원리(제3조) 균등대우(제5조)

구 분	중국노동계약(合同)법	한국노동법(근로기준법)
노동자의 권리	• 동일 노동, 동일 보수의 원칙(제11조) 같거나 유사한 업무에서 같은 노동을 제공한 경우 같은 노동보수를 받아야 한다는 원칙 • 적시에 정액 노동보수를 획득할 권리(제30조)	노동자의 임금수령권리
	• 체불임금 지불명령권 노동자에게 법원에 지불명령을 신청할 수 있는 권한 부여 노동보수가 해당 지역 최저임금표준에 미치지 않으면 당연히 차액부분을 지급하도록 명령(제30조)	임금의 매월 일정기일 지급원칙 위반 시 벌칙 적용 3년 이하 2천만 원 이하 벌금 민사상 채무불이행소송 가능 체불임금이 확인되더라도 피해자의 명시적인 처벌불원 의사표시가 있으면 체불임금의 일부 또는 전부가 청산되지 않았더라도 형사처분을 할 수 없음(제109조 제2항)
	강박노동을 거절할 권리 노동자는 기업의 관리인원이 규정을 위반하여 위험한 작업을 강제할 경우, 거부하는 권리 노동자의 생명안전과 신체건강에 위해를 가하는 노동조건에 대해서는 비판, 고소 및 고발하는 권리(제32조)	강제근로의 금지(제6조)
노동자의 의무와 책임	신의성실 의무·준법의무 노동계약체결 시 노동자는 노동계약과 직접적으로 관련된 기본 상황을 고용자에게 설명할 의무가 있음(제8조)	근로제공의무의 일신전속성
	위법행위 또는 위약행위에 대하여 법적 책임(제90조)	민법상 채무불이행책임

구 분	중국노동계약(合同)법	한국노동법(근로기준법)
사용자의 의무 및 책임	• 사용자는 노동계약 규정 및 국가규정에 따라, 적시만액(適時滿額)의 노동보수를 지급해야 함(제30조) • 사용자는 노동정량(勞動定額) 기준을 준수하고, 노동자에게 잔업을 강요하거나 또는 형태를 바꾸어 강제해서는 안 됨(제31조) • 사용자는 노동자를 모집·고용하는 경우, 노동자에게 업무내용, 근무조건, 근무지점, 직업상 위험, 안전생산 상황, 노동보수 및 노동자가 이해하기를 원하는 기타 상황을 사실대로 고지해야 함 • 사용자는 노동계약 체결과 직접 관계있는 노동자의 기본상황을 파악할 수 있는 권리를 보유하며, 노동자는 사실대로 설명해야 함(제8조)	① 행정관청에의 보고·출석 의무(제13조) ② 취업규칙·기숙사규칙의 게시 및 작성과 주지의무 (제14조) ③ 근로자명부의 작성의무 (제41조) ④ 근로자명부와 근로계약에 관한 중요서류의 보관의무(제42조) ⑤ 임금대장의 작성의무 (제48조) ⑥ 연소자증명서의 비치의무 (제66조) ⑦ 재해보상관계서류의 보존의무(제91조)
	제80조~제95조 제90조 노동자책임을 제외한 사용자 측에 민사상, 행정상, 형사상 책임을 부과	
사용자의 사내규칙 제정	규정 제정 시 노조와의 협의절차 의무화, 사내규칙의 사내 공시 의무화(제4조)	취업규칙의 작성 및 변경 시 노동조합 또는 근로사 과반수의 의견 청취, 다만 불이익 변경 시 동의 필수 취업규칙의 사내공시 의무화

구 분	중국노동계약(合同)법	한국노동법(근로기준법)
사용자의 우월 지위 남용 금지	위약금 체결 금지(제25조) 채용 시 보증금 수취 및 신분증 보관 금지노동자에게 담보 제공을 요구하거나 기타 명목으로 재물을 수취하도록 요구해서는 안 됨(제9조)	중간착취의 배제(제8조) 사용자는 근로계약 불이행에 대한 위약금 또는 손해배상을 예정하는 계약을 체결하지 못함(제20조) 사용자는 근로계약에 덧붙여 강제저축 또는 저축금의 관리를 규정하는 계약을 체결하지 못함(제22조)
서면노동계약 체결	고용 전 1개월~1년 내 서면계약체결 의무화 1년 초과 시 무기한 노동계약 체결로 간주 미체결 시 임금 2배 배상금 부과(제10조)	근로계약 체결 시 근로조건을 명시
계약체결 필수내용	① 고용자의 명칭, 주소 및 법정 대표자 ② 노동자의 성명, 주소 및 주민증번호 ③ 노동계약 기한, 종료조건 ④ 업무내용 노동 장소 ⑤ 노동시간 및 휴식·휴가 ⑥ 노동보수 ⑦ 사회보험 ⑧ 직업재해방지보호, 노동보호 조건 ⑨ 법률, 행정법규에서 노동계약에 포함되도록 규정하고 있는 기타 사항(제17조)	근로자에 대하여 임금규정에 따른 소정근로시간, 휴일, 연차유급휴가 그 밖에 대통령령이 정하는 근로조건을 명시(제17조) 규정위반 시 500만 원 이하의 벌금

구 분	중국노동계약(合同)법	한국노동법(근로기준법)
노동계약내용 (임의)	상기 필수 사항 외에 수습기간의 약정, 연수훈련, 상업적 비밀의 준수, 보충보험 및 복리조건 등 기타 사항을 협의할 수 있음(제17조)	
노동계약의 종류	① 고정기한 노동계약, ② 무고정기한 노동계약, ③ 일정업무 완성기한의 노동계약으로 구분(제12조)	근로계약은 기간을 정하지 아니한 것과 일정한 사업의 완료에 필요한 기간을 정한 것 외에는 그 기간은 1년을 초과하지 못한다(제16조). 기간제 및 단시간 근로자보호 등에 관한 법률 제4조: 기간제 근로자의 사용기간을 2년으로 제한
무기한 노동계약	• 계약갱신 시 체결의무화 ① 당해 고용자에서 근속 10년 이상 ② 고용자가 처음 노동계약 제도를 실시하거나 국유기업이 체제개혁 후에 새로 노동계약을 체결하는 상황에서 노동자가 당해 고용자에서 연속 만 10년간 근무하였고 정년퇴직 10년 미만인 경우 ③ 연속 2회 고정기한 계약 후 3회 계약 시 • 위반 시 체결의무일자부터 매월 2배의 임금지급(제14조)	근속 2년 이상 무기한 노동계약 원칙

구 분	중국노동계약(合同)법	한국노동법(근로기준법)
노동계약내용 고지 의무	사용자에게 인력채용 시 작업내용, 근무조건, 근무지점, 직업상 위험, 노동보수 등 노동자가 요구하는 기타 상황의 노동계약 내용 고지 의무화(제9조)	제17조에 명시된 근로조건이 사실과 다를 경우 근로자는 손해배상청구를 할 수 있거나 근로해제를 할 수 있음(제19조)
수습기간	• 계약기간에 따른 수습기간 설정 3개월~1년 이내: 1개월 1~3년: 2개월 3년 이상: 6개월을 초과할 수 없음 • 동일 고용자는 동일 노동자와 1회에 한해 수습기간을 약정할 수 있음 • 특정업무 완료를 기한으로 하는 노동계약 또는 노동계약 기간이 3개월 미만인 경우 수습기간을 약정할 수 없음 • 수습기간은 노동계약 기간에 포함되며 수습기간이 성립되지 않을 경우 당해 기간은 노동계약 기간으로 됨(제19조)	• 수습기간의 길이에 대한 법규정은 없음, 단 수습기간 연장은 불허원칙 • 수습기간은 근속기산에 포함, 법정기준 이상의 임금에 대해 차이를 둘 수 있음
	• 수습기간 중에라도 채용조건 미부합, 사내규칙의 위반, 업무 부적격 등 법적 요건 충족 시 해고 가능 • 수습기간 중 객관적 입증자료 필요 고용자가 수습기간에 노동계약을 해지하는 경우 노동자에게 그 이유를 설명하여야 함(제21조)	• 해석상 본 채용 거부는 근로기준법 해고에 해당 정당한 사유가 있어야 하며 시용근로자로서 3개월 이상인 자는 반드시 해고 예고 절차

구 분	중국노동계약(合同)법	한국노동법(근로기준법)
수습기간	• 약정임금의 80% 및 최저임금 이상 지급 • 기업 소재지의 최저임금기준보다 낮으면 안 됨(제20조)	• 수습 사용한 날로부터 3개월 이내인 자에 대하여 최저임금의 적용을 배제(최저임금법 제7조)
연수 후 복무기간 약정	• 복무기간 및 위약금 약정 가능 위약금은 연수훈련비용 이내로 제한(제22조)	위약금 예정금지(근기법 제20조)판례는 연수훈련 비용 반환은 가능하다고 인정
경업제한	• 상업비밀을 보유한 고급기술, 관리직 기타 비밀의무자에 국한 • 전 고용자의 제품과 동일한 제품을 생산, 영위하거나 또는 같은 업무에 종사하는 경쟁관계가 있는 기타 고용자에 취직하거나, 자신이 개업하여 동일 제품을 생산 경영하거나 같은 업무에 종사하는 것을 제한 • 최대 2년간 경업제한 가능(제23조)	• 노동법상 명시규정 없음 * 상법상 상업사용인의 경업금지의무 규정(상법 제17조)
위약금약정제한	연수 후 의무복무기간 및 경업제한 위반 시에만 위약금 약정 허용(제24조)	좌동
노동자 해고절차	• 해고조치 전 대노조 사전통지 의무화 및 노조에 대사용자 의견제출권 부여(제37조, 제43조)	• 노조개입 근거규정 없음. 단 단체협약이나 취업규칙에서 정한 경우 유효 • 해고예고 준수(30일 전에 예고 통보, 미예고 시 30일분 이상의 통상임금 지급)

구 분	중국노동계약(合同)법	한국노동법(근로기준법)
노동자 측의 계약 해제 (기업과실)	사용자 측의 노동계약 이행 하자 발생 시(임금 전액의 적기 미지불, 사회보험 미납부) 신규추가: 경제보상금 지급 필요 (제38조)	• 명시된 근로조건 위반을 이유로 노동위원회에 손해배상, 즉시해제, 귀향여비 청구 가능
사용자 측의 계약해제 (노동자과실)	기업의 규칙제도를 중대하게 위반한 경우 중대한 직무과실, 사리추구로 기업의 이익에 심각한 손해를 입힌 경우 노동자가 동시에 다른 사용자와 노동관계를 맺음에 따라, 기업의 작업임무 완수에 심각한 영향을 미치는 경우, 또는 사용자의 지적에도 불구하고 시정을 거부하는 경우 법에 의거하여 형사책임을 추궁받는 경우(제39조)	• 사용자는 근로자에게 정당한 이유 없이 해고하지 못한다(제23조).
해고제한	① 직업병 위해작업에 종사하는 노동자가 이직 前 직업건강 검진을 받지 않았거나, 또는 직업병의 의혹이 있는 환자로 진단 중이거나 의학관찰 기간 중인 경우 ② 당해 기업에서 직업병에 걸리거나, 또는 산업재해로 인해 부상당하여 노동능력을 상실하거나 일부 상실한 것이 확인된 경우	• 정당한 이유 없이 해고, 휴직, 정직, 전직, 감봉 등 징벌을 금지할 뿐 중국과 같은 해고제한 규정은 없음

구 분	중국노동계약(合同)법	한국노동법(근로기준법)
해고제한	③ 질환 또는 비산재(非産災)의 경우, 규정된 치료기간 내에 있는 경우 ④ 여공이 임신기, 출산기, 수유기에 있는 경우 ⑤ 당해 기업의 연속 근무연수가 만 15년이고, 또 법정 퇴직연령까지 5년 미만인 경우(제40조)	
정리해고 조건	① 기업파산법 규정에 의거하여 정리절차에 들어간 경우 ② 심각한 경영난에 봉착한 경우 ③ 기업이 생산품목변경, 중대한 기술혁신 또는 운영방식 조정으로 노동계약을 변경한 후에도 종업원을 감축해야 하는 경우 ④ 노동계약체결 시 의거하였던 객관적 경제환경에 중대한 변화가 발생하여 노동계약을 이행할 수 없게 된 경우(제41조)	• 정리해고요건 명시 긴박한 경영상의 필요성, 사용자의 해고해피 노력, 공정한 해고기준 선정, 근로자 대표와의 50일간 협의
정리해고 절차	• 20인(또는 전 직원의 10%) 이상 감원 시 30일 전 노조 협의 및 노동당국 보고 • 감원 시 장기근속자, 생활곤란자 우선 잔류(제42조)	• 일정규모 이상 노동부장관 신고 정리 해고한 사용자는 근로자를 해고한 날부터 3년 이내에 해고된 근로자가 해고 당시 담당하였던 업무와 같은 업무를 할 근로자를 채용하려고 할 경우 해고된 근로자가 원하면 그 근로자를 우선적으로 고용(제25조)

구 분	중국노동계약(合同)법	한국노동법(근로기준법)
경제보상금 지급	계약만료 시(계약 미갱신 경우) 지불 의무화, 1년 1월분(0.5 · 1 년: 1월, 0.5년 이하: 반월) • 고수입자의 보상한도 제한: 소재지 월평균 급여의 3배 및 12개년분 • 노동계약 해지 또는 종료 전 노동자의 12개월 평균 임금 (제46~47조)	• 퇴직금제도(제34조) (근속연수 최종 1개월치 평균임금)퇴직금급여보장 법 제8조 제1항 • 지급사유가 발생한 때로부 터 14일 이내에 지급(제 109조)
위법해고	• 노동자 희망 시 계속고용, 불 원 시 경제보상금 연 1개월 급여의 2배 배상금 지불(제 48조, 제87조)	부당해고구제신청 절차를 통 한 해결 3개월 내(제28조) 근로자 원직복직 또는 해고기 간 동안의 임금상당액 이상의 금품 지급 선택 가능(제30조)
단체계약	• 노동조합이 기업의 노동자를 대표하여 체결 • 노동조합 미설립 시 고용자 는 상급 노동조합의 지도하 에 추천된 노동자 대표가 고 용단위와 체결(제51조)	• 한국의 단체협약과 유사단 체협약은 근본적으로 근로 조건에 관한 노동조합과 사용자 간에 체결되는 계 약(집단적 규범계약설)
	단체계약 체결절차 • ① 단체협상대표확정(3인 이 상)→② 단체협상→③ 노동 자대표회의토론 및 통과(2/3 출석에 과반수 동의(제52~ 53조)	
	단체계약 형식: 서면 형식 단체계약을 체결한 후 노동행정 부서에 보고	당사자 쌍방 서면 작성 단체 협약체결일로부터 15일 이내 에 행정관청에 당사자 쌍방의 연명으로 신고해야 함(노조 및 조정법 제31조 제2항)

구 분	중국노동계약(合同)법	한국노동법(근로기준법)
단체계약	노동행정부서가 단체계약서를 접수한 날로부터 15일 내에 이의를 제기하지 아니하는 경우 단체계약은 즉시 효력 발생(제54조)	행정관청은 단체협약 중 위법한 내용이 있는 경우에는 노동위원회의 의결을 얻어 시정을 명할 수 있음
	1년에서 3년 정기단체계약 매년 계약 갱신 가능(제55조) • 사용자의 집단계약 위반으로 분쟁발생 시 노조의 중재신청 및 고소제기권 인정(제56조)	유효기간을 정하지 아니한 경우 또는 2년을 초과하는 유효기간을 정한 경우에 그 유효기간은 2년(노조 및 조정법 제32조 제2항)
노무파견	• 파견노동자와 2년 이상 고정기한 계약체결 매월 보수 지급(제58조) • 파견노동자는 동일 업무, 동일 보수의 권리를 향유(제63조) • 파견 노동자의 권익침해 시 파견업체와 사용업체에 연대 배상책임 부과(제59조)	• 파견(불법파견 포함) 3년 과사용 시 사용자에게 직접고용의무 부과 • 고용의무 불이행 시 과태료 3천만 원 • 합리적인 이유 없는 차별금지 명문화 및 노동위원회를 통한 차별시정절차 마련
비전일제 노동(파트타임)	• 1일 평균 4시간 1주 24시간 이내 노동(제68조)	• 초단시간 근로자란 4주간 평균 15시간 미만으로 규정
	구두로써 계약체결 가능 비전일제 업무종사 노동자는, 1개 이상의 고용단위와 노동계약 체결 가능(제69조) 수습기간 약정불가(제70조)	• 서면명시와 근로계약서의 교부의무 • 차별적 처우의 금지(기간 및 단시간법 제8조 제2항)
	• 최저시급 이상 지급 명문화 • 보수결산 지급주기는 최고 15일 초과 금지(제72조)	• 최저임금지급 의무화

15. 중국 무고정기한 노동계약

I. 서 론

2007년 6월 29일 제10기 중국 전국인민대표대회 상무위원회 제28차 회의를 통과한 『노동계약법(勞動合同法)』은 2008년 1월 1일 시행되었다. 『노동계약법』은 1994년 7월 『노동법(勞動法)』이 제정된 이후 가장 중요한 노동법제화 조치로서 그동안 경제개혁 과정에서의 변화를 반영하기 위한 것이다. 노동자 권익을 크게 향상시킨 이 법의 제정과 시행은 현지 외국 기업은 물론 중국 기업들의 초미의 관심사가 되어 왔다. 이제까지 중국에서는 일부 국유기업을 제외하고 1년 단위로 단기 노동계약이 주류를 이뤘다. 이는 노동자로 하여금 고용 불안을 야기해 조금이라도 조건이 좋으면 직장을 이동하도록 하였으며 사용자의 입장에서도 엄격한 인사노무관리보다는 노동자가 문제 있는 경우 재계약하지 않는 형태의 인사노무관리로 이용되어 왔다.

『노동계약법』의 발효로 외자기업들, 특히 중소제조업이 대부분을 차지하는 중국진출 한국 기업들의 노동계약 체결에서 유연성이 저하되었으며 10년 이상 장기 근속자의 정년고용, 노동계약을 두 차례 체결한 직원은 세 번째 노동계약부터 정년보장을 의무화하는 등 인건비 상승은 물론 노무관리 비용 상승은 중국의 저임금 노동력을 감안하여 중국에 진출한 한국 기업들의 현지 경영에 가장 큰 위협요인이 되고 있다. 따라서 한국 기업들의 중국진출 이유 중 제일 큰 비중을 차지해 온 것은 저렴한 인건비를 비롯한 상대적으로 가벼운 고용부담이었으나 이제는 무고정기한노동계약(無固定期限勞動合同, 이하 '무기한계약'으로 칭함)의 의무화 등 노동시장의 경직성 강화를 규정한 『노동계약법』의 시행으로 더 이상의 메리트를 기대할 수 없게 되었다.545) 특히 『노동계약법』에서 10년 연속 근무한 경우, 2회 고정 기간 계약 후 3회 계약 시에 무기한계약 체결을 의무화하고 있으며 무기한 계약을 체결하지 않은 경우 체결했어야 하는 시점부터 임금의 2배를 지급하도록 한 규정은 중국진출 한국 기업들에 관심의 초점이 되어 있다.

본 연구의 목적은 신규 제정된 중국 『노동계약법』의 핵심 조항이라 할 수 있는 무기한계약을 중점적으로 파악함으로써 중국진출 한국 기업들에 인사노무관리체제 수립과 재정비에 관한 참고자료를 제공하기 위한 것이다.

본 연구의 구성은 제Ⅱ장에서 『노동계약법』과 무기한계약 의무화의 입법배경을 개괄해 보고 제Ⅲ장에서는 무기한계약에 관련된 법조문을 집중 해석하고 제Ⅳ장에서는 무기한계약과 관련한 주요 쟁점을 살펴보는 데 주안점을 둔다. 제Ⅴ장 결론에서는 평가와 전망을 하기로 한다.

---

545) KOTRA 베이징무역관에 따르면 중국에 진출한 우리기업 21개사를 대상으로 설문조사를 실시한 결과 내년 우리기업의 중국 현지경영에 영향이 가장 클 것으로 예상되는 법규로 10개 업체가 『노동계약법』을 꼽았고, 기업소득세법(6곳)과 가공무역제한조치(5곳)가 그 뒤를 이었다. 서울신문, 2007. 11. 8., 6쪽.

Ⅱ. 배 경

1.『노동계약법』의 제정 배경

당초 노동자, 농민을 핵심역량으로 하는 중국사회주의혁명은 노동자 무산계급 중심의 사회주의 이상사회 건설을 목적으로 하는 것이었다. 그러나 1978년 개혁개방 이후 시장경제가 진전됨에 따라 노동자는 계획경제시대에서는 상상도 하지 못했던 취업기회와 그에 따른 대가를 누리게 된 반면에 갈수록 심각해지고 있는 사회주의시장경제 체제의 내·외적 모순에 노동자들은 피동적인 위치에 머무르게 되었다. 이에 따라 노동자의 권익을 보호하기 위한 법적 제도적 장치의 마련과 보완은 중국 정부가 직면한 중요한 과제 중의 하나가 되었다.

계획경제시절에는 국가가 일자리를 배정하고 임금을 책정하는 종신고용형태의 고정공제도(固定工制度)를 시행하여 왔다. 개혁개방 이후부터는 점차 기업과 노동자가 상대방을 서로 선택하여 계약을 체결할 수 있는 노동계약제도로 전환하기 시작하였다. 주로 국무원 또는 노동행정부서에서 제정하는 하위법규를 통해 1980년대 초반경 국유기업에서 차츰 계약방식의 노동계약제도를 시행하기 시작하였다. 그 목적은 주로 고정공제도가 철밥통을 양성한다는 반성적 고려에서 국유기업 개혁 차원에서 국유기업부터 노동계약제도가 시작되었다.[546)]

1980년대 중엽부터 노동계약에 관한 제도정비에 착수한 중국 정부는 1994년『노동법』을 제정하여 1995년부터 시행하였다.『노동법』은 모든 노동자와 계약방식의 노동계약제도를 체결하는 '전원노동계

---

546) 葉靜漪,『勞動合同法』(北京, 中國法制出版社, 2007), 3 - 4쪽.

약제도'를 기업과 노동자 사이의 기본적인 고용방식으로 채택하였다. 그러나 실제로는 『노동법』에 근거한 전원노동계약체결률은 매우 저조하였다. 설령 전원 노동계약을 체결한다고 하더라도 노동의 질적 저하 및 노동자권익 침해 등 여러 부작용들이 발생함에 따라 전문적인 노동계약법제 마련이 시급하게 되었다. 1995년 말부터 노동부와 전국총공회(全國總工會: 전국총노동조합)를 중심으로 『노동계약법』의 제정 작업에 착수하여 1998년 말 「노동계약법(시행초안)」을 작성하였다. 이를 다시 국무원 법제판공실(法制辦公室)547)에서 검토하는 과정에 보류되었다. 당시 21세기 사회주의시장경제체제의 수립을 위한 취업과 사회보험 등 관련 법률체계가 마련되지 않은 상황하에서 『노동계약법』만을 따로 제정하여 시행할 경우 법의 효과적인 실시 여부에 대한 불확실성이 『노동계약법』 제정 보류의 주된 이유였다.

후진타오 – 원자바오 정권의 등장 이후 2004년부터 사회적 격차의 해소를 겨냥한 '조화로운 사회(和諧社會)' 이념이 제창되면서 그동안 보류되었던 『노동계약법』 제정 작업이 재개되었다. 2005년 1월 노동사회보장부는 「노동계약법(시행초안)」에 대한 기초 작업 후 국무원에 심의를 요청하였다. 그 후 국무원법제공작반이 노동사회보장부, 전국총공회 등과 함께 초안작성에 관한 의견을 수렴하여 2005년 10월 28일 국무원 상무위원회548)를 통과하였다. 2005년 12월 24일 전국인민대표대회 상무위원회는 상정된 초안에 대하여 1차 심의를 한 후 이를 2006년 3월 20일 일반에 공표하고 사회 각계의 의견을 구하였다.

---

547) 한국의 법제처에 해당되는 중국국무원산하의 중앙부서.

548) 국무원상무위원회는 국무원총리, 부총리, 국무위원, 국무원판공청 비서장으로 구성된다. 강효백, 『중국법 통론』(서울: 경희대학교출판부, 2007), 75쪽.

「노동계약법 초안」에 대해 전국인민대표대회 상무위원회가 접수받은 답신은 19만여 건[549]에 달할 만큼 중국 각계각층의 초미 관심사가 되었으며 중국 학계의 의견대립도 매우 치열하였다.[550] 『노동계약법』이 모든 노동자의 실질적인 이익과 밀접한 관련이 있을 뿐만 아니라 노동계약제도가 법형식을 통하여 규범화되고 완비되는 현실적 수요를 반영하기 때문이었다. 『노동계약법』 제정 과정에서 관심의 초점이 집중되었던 문제는 노동자 일방의 권익을 보호하는 것인가, 노동자와 사용자 쌍방의 권익을 보호하는 것인가, 즉 단독보호와 쌍방보호의 선택과 균형이었다. 초기에는 사용자와 노동자의 쌍방보호론이 우세했으나 초안 마련의 회를 거듭할수록 노동자 보호에 치중한 단독보호론이 쌍방보호론을 압도하게 되었다. 노동자 단독보호론의 요지는 현실에서 사용자는 강자이고 노동자는 약자인바 사용자와 노동자를 동등하게 보호한다면 노사 쌍방 간에는 불균형이 심화되고 『노동계약법』의 존재가치를 상실하게 된다는 것이다. 이에 따라 『노동계약법』은 4차에 걸친 심사 이후 2007년 6월 29일 전국인민대표대회 상무위원회에서 찬성 145, 반대 1로 압도적 다수로 통과되었고 같은 날 주석령 제65호로 공포되어 2008. 1. 1. 『노동계약법』이 시행되었다. 『노동계약법』 제정은 중국 내에서 기업, 노동자, 노동조합, 외자기업, 정부 등 각 이해당사자들이 대립과 치열한 각축을 통해 얻은 결과물이라고 볼 수 있다.[551]

---

549) 중국이 물권법 초안을 공표하고 사회각계의 의견을 구하였을 때에도 1만여 건의 답신의견을 받았을 뿐이었다. 左祥琦, 『學好用好勞動合同法』(北京, 北京大學出版社, 2008), 3쪽.

550) 상하이의 화동정법대학 董保華 교수를 비롯한 상하이학파와 베이징의 중국인민대학의 常凱 교수를 비롯한 베이징학파의 의견대립이 대표적이다. 즉 베이징으로 대표되는 정부와 상하이로 대표되는 기업의 대립을 두 교수가 사실상 대변하였다. 郭英傑, 『勞動法』(北京: 中國人民大學出版社, 2008), 12-14쪽 참조

2. 노동계약 단기화의 폐단 억제

중국의『노동법』은 원래 고도로 집중된 사회주의계획경제체제에서 시장경제체제로 나아가는 전환기에 제정되었다.『노동법』은 국가에 의한 고용에서 기업에 의한 고용으로의 전환이자 피동적으로 직업에 배치되던 노동자가 능동적으로 직업을 선택할 수 있는 공법(公法)의 사법화(私法化) 전환과정이라고 할 수 있다.『노동법』제정의 취지는 노동계약의 체결, 이행, 변경, 해제, 종료로 노동력의 수급관계를 조절하고 노동자에게 일정한 직업선택권을 부여함과 아울러 노동자가 계약기한 내 노동의무를 완성함에 최선을 하게끔 제약하는 것으로서 노동력의 상대적 안정성과 합리적 유동성을 기하려는 것이었다. 특히 노동계약기한제도가 사회주의시장경제 메커니즘 형성에 기여함에 따라 중국 정부는 '고정기한계약을 위주'로 하고 '무기한계약을 보충'으로 하는 고용모델을 추진하였다. 이러한 궤도전환 중의 과도기에 고정기한계약과 무기한계약이 부담한 기능은 서로 다른 것이었다. 고정기한계약은 경제체제개혁 초기에 노동자와 사용자가 무한시장경쟁을 통한 자유로운 선택을 가능케 하는 전형적인 노동계약의 하나로서 작용하였다. 무기한계약은 시장경쟁에 참여하기 어려운 노년직원으로 하여금 안정적인 작업장 배치의 방식으로 제한된 시장경쟁에 참여하게끔 하는 기능을 부담하였다. 경쟁력이 취약한 노령노동자에게는 무기한계약이 일종의 사회보장계약으로서 역할을 하였다.『노동법』제정 이후 노동계약제도는 과거 계획경제시절의 고정공제도가 가지는 철밥통 문제를 해결하여 경제사회 발전에 많은 기여를

---

551) 신권철, "중국노동합동법(勞動合同法) 제정과정의 논쟁",『노동법연구』(2009. 3.), 158쪽.

하였지만 사용자가 대부분 서면형식의 근로계약을 체결하지 않은 채 근로기간을 1년으로 짧게 정한 후 기간 만료 후 다시 기간만 갱신하는 고용방식을 사용하여 노동자들로서는 불안한 고용상태가 지속되었다. 이와 같은 문제를 해소하기 위하여 중앙정부의 노동부와 각급 지방정부는 무기한계약의 적용대상을 더욱 확대하는 하위법규와 정책들을 계속 제정하고 추진하여 왔다.

『노동법』에는 고정기한계약, 무기한계약, 일정한 업무임무 완료기한계약의 3가지 노동계약 형태가 있다. 전체 노동계약 유형의 2/3 이상을 점하는 고정기한계약은 국유기업을 제외하고 대다수의 외자기업, 민영기업의 경우, 1년 단위의 단기 고정기한계약이 주류를 이루고 있다.552) 이러한 단기 고정기한계약은 노동자가 자신의 직업안정성을 우려하기 때문에 항상 다른 직장을 구하게 된다. 중국 노동자의 높은 이직률은 단기 고정기한계약이 초래한 결과이다. 단기 고정기한계약은 노동자에게는 자신의 능력을 강화할 의욕을 상실하게끔 하고 사용자에게는 노동자에 대한 직업훈련과 처우향상에 소극적으로 되게끔 하였다. 불안정한 심리 상태에서 노동자는 개인의 경쟁력을 향상시킬 수 없고 노동자 개인과 기업과의 미래를 결부시키기 어려운 까닭에 이는 개인과 기업, 국가의 경쟁력 약화로 이어질 수밖에 없게 되었다. 또한 단기 고정기한계약은 사용자가 노동자의 청년기 노동력 사용을 선호하는 행위에 대해 실효성 있는 규제가 없는 상황에서 일방적으로 노동자 권익에 폐해를 끼치게 되었다. 고정기한계약에는 제한이 없기 때문에 사용자는 1년에 1회 이상의 단기계약을 반복하게 하고 청·장년기가 지난 노동자의 계약을 자의적으로

---

552) 李培誌, "勞動合同法應全力紐轉合同短期化趨勢", 『中國勞動』(2006. 2.), 126 - 127쪽.

해제할 수 있다. 기업은 청·장년기 노동자를 선호하는 반면 중·노
년기의 노동자는 항상 실업의 위험에 노출되어 있으며 일단 실직하
게 된 중·노년기 노동자의 재취업은 매우 어려운 것이 중국의 고용
현실로서 이러한 실업자 집단의 확대는 중국 전체 사회 안정에 악영
향을 끼치게 되었다.[553] 따라서 새롭게 강화된 『노동계약법』상의 무
기한계약은 노동계약의 단기화에 따른 고용불안정으로 '사회적 조화'
가 동요되는 것을 막기 위해, 무기한계약체결이 강제되는 법적 요건
을 대폭 증가시킨 결과물이라고 할 수 있다.[554]

Ⅲ. 현 황

1. 무기한계약의 특징

중국은 1976년 이후 약 10년마다 3차례 고용법제의 개혁을 단행
하였다. 1986년 신규 노동자들에게 노동계약제도를 실시했고 1995
년 『노동법』 시행 이후 전원 노동계약제도를 실시하였다. 앞선 두
차례의 개혁은 전국 각지의 지방정부에서 지방성 규범문건을 제정,
실시하고 기업과 노동계 등 각계의 의견을 수렴하는 등 사회적 합의
를 거쳐 단행된 것이다. 그러나 2008년 『노동계약법』의 제정은 큰
논란 속에 제정된 것으로 국무원이 기초한 1차 초안에는 고정기한계
약 위주였으나 전국인민대표대회 법제공작위원회가 기초한 제2차 초

---

553) 馮濤, 『勞動合同法研究』(北京, 中國檢察出版社, 2008), 49 − 50쪽.
554) 左祥琦, 전게서, 50 − 51쪽.

안부터는 무기한계약 위주로 변하였다.

무기한계약은 사용자와 노동자가 계약종료 시간을 약정하지 않은 노동계약을 지칭하는 것으로 사용자는 노동자와 협의일치를 통해 무기한계약을 체결할 수 있다.

무기한계약의 법적 효력은 노동자가 직장을 퇴출 또는 사고발생으로 노동능력이 상실될 때까지이다. 무기한계약의 문언상 의미는 2가지로 이해할 수 있다. 하나는 명확한 유효기간이 없는 계약으로서 어느 일방도 수시로 계약해제를 요구할 수 있어 고정기한계약보다 안정성이 낮다. 다른 하나는 명확한 계약종료시기가 없는 계약으로서 특별한 사유 없이 계약을 해제할 수 없어 고정기한계약보다 오히려 안정성이 높은 것이다. 『노동계약법』이 채택한 것은 후자에 속하는바 여기서의 무고정기한은 영원하다는 의미가 아니라 노동관계가 기업의 존속기한과 노동자의 법정노동연령 내에 무기한 존속한다는 의미로서 법으로 규정되거나 노사 쌍방이 약정한 계약해제의 상황이 발생하여만 노동관계가 종료되는 것이다. 선진국의 입법례는 무기한계약을 위주로 하고 고정노동계약을 보충으로 하고 있으나 중국의 현실에서는 고정기한계약은 임시적 성격의 노동계약을 가리키는 것이다. 『노동계약법』 제14조는 노동자가 계약경신을 제의 또는 동의하여 노동계약을 체결할 시, 노동자가 고정기한 노동계약을 제의하는 경우를 제외하고는 무고정기한 노동계약을 체결해야 한다고 규정하였다. 무기한계약은 계약유효기간을 명확히 규정하지 않고 노동관계는 노동자의 법정노동 연령 범위 내와 기업의 존속기한 내까지 존재하고 법정 또는 약정조건에 부합하는 경우에만 노동관계가 종료될 수 있다. 일정한 업무를 완성하는 것을 조건으로 하는 노동계약은 특정한 공사를 완성하는 규정을 해지조건으로 하는 노동계약이다.555)

〈표 15-1〉『노동법』과 『노동계약법』의 무고정기한 노동계약 비교표

『노동법』(제20조 제2항)	『노동계약법』(제14조 제2항)
• 연속 만 10년 이상 근무	• 연속 만 10년 이상 근무(동법 시행 전 근속기간 포함) • 2회 고정기한계약 연속체결(2008년부터 계산 시작)
• 노동자가 무고정기한 노동계약의 체결을 제기 • 노사 쌍방의 계약갱신 합의	• 노동자가 계약갱신 또는 체결을 제기하거나 동의 [적용 제외] 노동자가 고정기한 계약체결을 제기한 경우

출처: 중국 『노동법』과 중국 『노동계약법』을 참고하여 필자가 작성.

노동계약체결의 평등과 자유, 협상일치의 원칙에 따라 사용자와 노동자는 의사표시가 일치되기만 하면 최초 취업자이거나 고정기한계약에서 전환한 노동자를 불문하고 무기한계약을 체결할 수 있다. 무기한계약은 노동관계의 장기적 안정에 유리하여 노동자가 장기적인 계획을 세울 수 있고 안정적인 직장생활을 영위할 수 있으며 사용자 역시 노동자의 경쟁력을 향상시키기 위한 직업훈련과 처우개선을 도모할 수 있게 한다. 첨단과학기술과 군수산업 등 보안을 요하는 영역 등은 그 업무의 특징과 필요에 따라 노동관계의 장기적 안정을 유지할 필요성으로 인하여 무기한계약이 선호될 것으로 예상된다. 『노동계약법』은 노동계약단기화의 보편적 현상을 해결하고 동일 사업장에서의 장기 근로자에 대한 보호를 강화하고 사용자가 노동자의 황금연령기만 사용하는 폐단을 방지하기 위한 규정을 강화하였다. 즉 노동자가 노동계약계속체결을 요구하거나 동의할 경우 노동자가 고정기한노동계약체결을 요구하지 않는 한 사용자가 원하지 않더라도 무고정기한의 노동계약을 체결하여야 한다고 명기하였다. 또한 『노동계약법』은 무기한계약 체결에 대하여 '반드시 체결'과 '체결로 간

---

555) 村尾龍雄, 『中國・勞働契約法の仕組みと實務』(東京, 日本經濟新聞出版社, 2007), 153쪽.

주함'의 두 가지 상황으로 분류하였다. 『노동계약법』 제14조 제2항에 의하면 사용자는 반드시 노동자와 실체적 조건과 절차적 조건을 포함한 무기한계약을 체결하여야 한다.556)

2. 관련 법조문(『노동계약법』 제14조) 해석

1) 동일 사업장에서 10년 이상 근속한 노동자

노동계약에 정한 기간에 단절 없이 동일 사업장에서 10년 이상을 근속한 노동자를 의미한다. 2개 이상의 사업장에서 만 10년 근무한 노동자는 본 조건에 해당하지 않으며 무기한노동계약을 요구할 권리를 갖지 못한다. 여기서 주의하여야 할 사항은 노동자가 질병이나 비산재부상이 법에 따른 의료기간에 해당할 경우 당해 사업장에 연속만 10년으로 계산할 때는 노동자의 의료기간을 공제할 수 없다. 이 조항의 규정에 근거하여 노동자는 동일한 사업장에 연속으로 10년 근무하기만 하면 당해 노동계약을 갱신할 때 노동자의 계약갱신 요구에 사업자가 동의하거나 사업자가 계약갱신을 요구하거나에 상관없이 노동자가 동의를 표시하면 당해 쌍방 간의 노동계약은 무기한계약노동으로 갱신되는 것이다. 노동계약갱신은 당사자가 체결한 노동계약기간이 만료되었을 경우 쌍방이 원래의 만기에 달한 노동계약의 유효기한을 연장시키는 법률행위를 가리킨다. 사용자가 근본적으로 노동계약을 갱신할 의사가 없는 경우 노동자는 무기한계약은 실현될 수 없다.

---

556) 无固定期限, 是指用人單位与勞動者約定无确定終止時間的。用人單位与勞動者協商一致, 可以訂立无固定期限。有下列情形之一, 勞動者提出或者同意續訂、訂立的, 除勞動者提出訂立固定期限外, 應尘訂立无固定期限。

2) 최초로 노동계약제도를 실시하거나 국유기업개조로 신규
   노동계약 체결 시, 10년 이상 근속한 노동자이거나 법정
   퇴직연령 10년 미만의 노동자

'최초로 노동계약제도 실시'는 사용자가 원래의 고정공제도를 노동계약제도로 최초로 전환하는 경우를, '국유기업개조로 신규 노동계약 체결 시'는 국유기업이 주식개조 또는 인수합병, 구조조정 후 노동자와 노동계약을 갱신할 필요가 있는 경우를 가리킨다.

노동자가 동일 사용자에 연속 근무한 시간이 만 10년 또는 법정퇴직연령 10년 이내인 경우 노동자가 요구하거나 노동계약갱신에 동의할 경우 반드시 무기한계약을 체결하여야 한다. 여기에서의 법정퇴직연령은 남자는 만 60세, 여자는 만 50세, 여성간부는 만 55세이다. 갱내, 고온, 고공, 특별히 과중한 체력을 부담하는 노동 또는 신체건강에 유해한 업무에 종사하는 자의 퇴직연령은 남자는 55세, 여자는 45세이다. 질병 또는 비산재부상으로 지체부자유자가 되었을 경우와 의료기관이 발급한 증명 및 노동감정위원회가 노동력을 완전히 상실한 것으로 확인하였을 경우의 퇴직연령은 남자는 50세 여자는 45세로 한다.

만일 노동자가 동일 사용자에 연속 10년 근무하여 공로를 세웠으며 법정퇴직연령이 10년 이내인 경우에도 사용자가 그와 단기의 노동계약을 체결하게 되거나 노동관계를 종료하게 된다면 노동관계의 안정과 조화에 악영향을 끼칠 것이다. 『노동계약법』은 이와 같은 노동계약의 단기화 현상을 억제함으로써 조화롭고 안정된 노동관계를 구축하고 중·노년노동자의 합법권익을 보호하기 위하여 사용자가 무기한계약을 체결하도록 의무화하였다.

또한『노동계약법』의 규정은 과도기적 규정으로, 이전의 노동계약 유무를 불문하고 연속 10년의 조건에 부합하기만 하면 노동자는 무기한노동계약을 체결할 수 있다.557) 이것은 국유기업의 연로한 고용자의 국가와 기업에 대한 공로를 고려하고 연령과 기능의 한계로 인하여 재취업이 어려워지기 때문에 그들에 대한 특별한 보호를 부여하는 규정으로 해석할 수 있다.

3) 고정기한 노동계약을 연속 2회 체결하고 노동자가 본 법 제39조558) 제40조 제1항 제2항 규정에 해당하지 않는 상황에서 노동계약을 갱신559)

연속 2회 노동계약 체결은 사용자가 이미 노동자와 2회에 고정기한계약을 체결한 것을 의미하는데 그중 2회 고정기한은 시간상 반드시 연속되어야 하며 반드시 동일한 사용자와 체결한 것이어야 한다. 『노동계약법』 제39조는 사용자가 노동계약을 해제할 수 있는 규정이고 제40조 제1항과 제2항은 노동자가 질병이나 비산재 부상으로 인하거나 노동자가 업무감당이 불가능한 경우 사용자는 일정의무를 이행하는 상황하에서 노동계약을 해제할 수 있다는 규정이다. 연속 2

---

557) 馮濤, 전게서, 96쪽.

558) 本法施行前已依三十九條 勞動者有下列情形之一的, 用人單位可以解除: (一) 在試用期間被証明不符合彔用條件的; (二) 嚴重違反用人單位的規章制度的; (三) 嚴重失職, 營私舞弊, 給用人單位造成重大損害的; (四) 勞動者同時与其他用人單位建立勞動關系, 對完成本單位的工作任務造成嚴重影響, 或者經用人單位提出, 拒不改正的; (五) 因本法第二十六條第一款第一項規定的情形致使无效的; (六) 被依法追究刑事責任的。

559) 連續訂立二次固定期限, 且勞動者沒有本法第三十九條和第四十條第一項、第二項規定的情形, 續訂的。用人單位自用工之日起滿一年不与勞動者訂立書面的, 視爲用人單位与勞動者已訂立无固定期限。

회 고정기한노동계약 체결과 노동자가 제39조와 제40조 제1항 제2항에 규정한 상황이 없는 경우에 노동자는 노동계약 갱신을 요구하거나 동의한 경우에는 반드시 무기한계약을 체결하여야만 한다. 즉 2회째 고정기한계약이 종료되는 시점에 오면, 사용자는 고용종료 권한이 더 이상 존재하지 않으며, 당해 노동자와 무기한계약을 체결해야 한다. 이는 사용자가 노동자를 자유롭게 고정기한계약 형태로 고용 가능한 횟수가 사실상 1회로 국한된다는 점을 의미한다. 이 조항은 주로 사업장의 장기사용노동자이나 반복단기노동계약을 체결하고 노동계약 1년에 1회 체결하여 노동계약과 노동관계의 단기화 현상을 초래하는 것을 방지하기 위한 것이다. 여기서의 연속은 두 가지로 구분된다. 하나는 나중에 체결한 정기노동계약을 이전에 체결한 정기노동계약의 종료 전에 갱신하는 것이다. 다른 하나는 이전의 정기노동계약 종료 후에 재차 갱신하는 것으로 이는 이전의 정기노동계약 종료와 신규 계약체결 사이에 얼마의 '간격'이 있는가에 따라 '연속' 여부가 결정되며 그 간격은 한 개 노동보수 결산지불주기보다 길어서는 안 된다.

여기서 2회는 『노동계약법』 제97조의 규정에 의하여 『노동계약법』 시행 후, 즉 2008년 1월 1일 후 정기노동계약 갱신 시부터 기산한다.560) 바꾸어 말하자면 한 노동자가 연속하여 2차의 정기노동계약을 체결하였지만 동일 사용자와 체결한 것이 아니거나 1개 노동자가

---

560) 法訂立且在本法施行之日存續的, 継續履行; 本法第十四條第二款第三項規定連續訂立固定期限的次數, 自本法施行后續訂固定期限時開始計算。本法施行前已建立勞動關系, 尚未訂立書面的, 應当自本法施行之日起一个月內訂立。本法施行之日存續的在本法施行后解除或者終止, 依照本法第四十六條規定應当支付經濟補償的, 經濟補償年限自本法施行之日起計算; 本法施行前按照当時有關規定, 用人單位應当向勞動者支付經濟補償的, 按照当時有關規定執行。

동일한 사용자와 2회의 정기노동계약을 체결하였는데 이후 계약체결과 이전 노동계약 종료 간의 간격이 있을 경우는 본 조건에 해당되지 않는다. 제39조의 노동자가 시용기간에 채용조건에 부합하지 않거나 또는 착오가 있을 시, 사용자에 의해 해고된 상황이 있을 경우, 제40조 제1, 2항, 즉 노동자가 건강 또는 능력의 원인으로 특정업무를 종사할 수 없을 경우 사용자는 사전 30일 전에 사퇴를 예고하는 상황이 있어야 한다.561)

상술한 무기한계약은 반드시 다음 2가지 절차조건을 구비하여야 한다. ① 노동자는 고정 노동계약을 요구하지 않아야 한다. ② 노동자가 노동계약 체결을 주동적으로 요구하거나 사용자가 계약갱신에 동의하여야 한다. 그 밖에도 『노동계약법』은 사용자와 노동자가 서면노동계약의 체결을 유도하기 위하여 제14조에 "사용자가 근로한 지 1년 이상 된 노동자와 서면노동계약을 체결하지 않으면 사용자와 노동자는 이미 무기한계약을 체결한 것으로 간주한다"라고 규정하였다.

무기한계약의 법적 체결요건에 해당하나 사용자가 이를 위반하여 체결하지 않았을 경우, 체결의무일자로부터 기산하여 매월 2배의 임금을 지급해야 한다. 이를테면 노동자가 10년 이상 근속했거나 또는 2회 고정기한 계약을 연속 체결했음에도 불구하고, 계약 갱신 시점에 사용자가 또다시 고정기한 노동계약을 체결했을 경우, 노동쟁의 발생 시 해당 기간에 대해 임금 1배를 추가로 노동자에게 지급해야 한다. 단, 10년 근속 요건의 경우 입사 이래 노동근속 연수가 누적 계산되므로 대책 마련이 어렵지만, 2회 고정기한 횟수 요건의 경우,

---

561) (一) 勞動者患病或者非因工負傷, 在規定的医療期滿后不能從事原工作, 也不能從事由用人單位另行安排的工作的; (二) 勞動者不能胜任工作, 經過培訓或者調整工作崗位, 仍不能胜任工作的。

횟수 기산이 2008년 1월 1일부터 시작되므로 계약기한의 장기화 등 대응 강구가 가능하다.

Ⅳ. 쟁 점

1. 철밥통화 논쟁

상술한 『노동계약법』 규정들은 모두 사용자에게 경제적 부담과 더불어 노동관계 유지에 대한 결정권을 노동자에게로 전환시키는 것이 되어 사용자 측에서는 이를 철밥통화로 회귀하는 것이라 하여 크게 반발하였다. 『노동계약법』에 따르면 사용자가 1년과 같이 단기의 노동기간을 약정하면 1년 뒤 계속고용을 하지 않을 경우 경제보상금을 지급해야 하고, 2회의 노동기간이 종료되면 해고사유가 제한되는 무기한계약을 체결해야 하는 부담을 감수해야 한다. 결국, 단기고용을 하면 할수록 경제적 부담과 인력운용의 제약이 커지게 된다. 이렇게 되면, 사용자로서는 경제보상금 지급을 미룰 수 있는 무기한계약을 체결하는 것이 사용자에게 경제적으로나 인력관리상으로 더 유리하도록 제도설계를 한 것이다. 이러한 무기한계약을 유도하는 노동계약법의 제14조는 제정과정에서 가장 큰 쟁점이 되었다.562)

상하이의 화동정법대학 董保華 교수를 비롯한 무기한계약제도 반대론자들은 무기한계약으로 인하여 중국의 비교우위 요소인 풍부한 노동력과 저렴한 임금이 타격을 받고 노동관계의 경직화를 초래하여

____

562) 신권철, 전게논문, 176 - 177쪽.

철밥통 시대로 돌아갈 것이라고 우려하고 있다.563) 또한 그들은 당초 노동자의 권익보호를 목적으로 만들어진 무기한계약제도가 실제로는 노동자에게 피해를 입히고 있다며 제도를 만든 원래 취지와는 정반대의 결과를 초래하는 악법이라고 신랄하게 비판하고 있다. 장기 근속자의 평생고용 의무화 등으로 사용자의 경영 환경을 악화시키고 노동자의 취업불안을 야기하여 결국 노동자가 일자리를 잃게 되는, 노동자와 사용자와 국가, 누구도 원치 않는 결과를 초래하게 된다는 논거이다. 전국정치협상위원회위원인 동관구룡지업유한공사(東莞玖龍紙業有限公司) 총재 張茵은 2008년 3월 기자회견을 열고 무기한계약은 계획경제시대의 철밥통 시대로 되돌아갈 우려가 있기에 3~5년의 유기한노동계약으로 개정할 것을 건의하였다. 그는 무기한계약 의무화를 비롯한『노동계약법』실시로 말미암아 중국의 내자 기업들은 신규채용을 줄이거나 폐업을 결정하고 외자기업들은 베트남과 인도로 이전을 모색하고 있다고 지적하였다. 과도한 인구밀도의 중국 경제기초는 서구 선진국가의 수준과 비하면 현격한 격차가 있기 때문에 내·외자기업이 저가의 노동력 취업을 보장하는 것이 여전히 필요하며 만일 이런 추세가 계속되면 중국 취업률이 저하되고 저급 노동력과 육체노동자에 대한 충격은 더욱 커지게 될 것이라고 지적하였다. 결국 무고정기한의 노동계약은 사용자와 노동자에 대한 부담으로 작용할 것이기 때문에 기업에 더욱 많은 경영자주권을 부여하고 계약기한이 도래하지 않은 노동자에 대하여 노사쌍방 간의 협상이 불일치할 경우 기업은 보상하는 방식을 통하여 노동계약을 기한 전에 해제할 수 있도록 개정할 것을 주장하였다.564)

---

563) 董保華, "論我國無固定期限勞動合同",『法商研究』(2007. 6.), 54-56쪽.
564) http://www.sina.com.cn 2008. 03. 02. 3:35 國際在線(2009년 1월 9일 검색).

이에 대하여 베이징의 중국인민대학의 常凱 교수를 비롯한 무기한계약제 찬성론자들은 계약해제의 사유 발생 시에 계약을 해제할 수 있기에 무기한계약은 철밥통화를 초래한다는 것은 일종의 기우에 지나지 않는 것이라고 반박하였다. 그들은 무기한계약은 종료의 시간제한이 없는 계약이 아니라 다만 종료제한의 확정이 없는 계약, 즉 노동기간의 장단은 확정할 수는 없지만 노동계약의 확실한 종료시간만 없는 계약으로서 이는 과거 사회주의계획경제시대의 철밥통과는 완전히 다르다는 점을 강조하고 있다.565) 무기한 계약제 찬성론자들의 논지는 법률로 정해진 해제의 경우이거나 쌍방이 협상의 일치로 계약을 해제하는 경우가 발생하지 않는다면 당사자는 반드시 노동계약을 이행하여야만 하는 것, 즉 법정해제 또는 쌍방협상일치로 해제된 경우에 한해서만 계약을 해제할 수 있음에 따라 무기한계약을 철밥통으로 오인하여서는 안 된다는 것이다.

찬성론자들은 노동자가 기업에 연속적으로 10년간 근속한다면 기업은 당연히 그 노동자에게 모종의 도의적 책임을 부담하여야만 한다고 주장하고 있다. 『노동계약법』은 노동자가 자기 의사로 무기한 계약체결 방식을 통하여 기업의 도의적 책임을 법적 책임으로 전환한 것으로서 도의를 기초로 한 법적 책임은 강력한 정당성을 지녔으며 기업이 이를 거절한다면 기업의 인력자원관리기초와 노사 간 신뢰관계에 악영향을 미칠 것이라고 지적하였다.

또한 찬성론자들은 사용자의 우월적 지위로 인하여 노동계약의 단기화와 노동관계의 장기화가 일반적인 고용현실인데다가 사용자 역시 정상적이고 연속적인 고용이 필요하기 때문에 오히려 단기고정노

---

565) 馮濤, 『勞動合同法研究』(北京, 中國檢察出版社, 2008), 94－95쪽.

동계약은 사용자의 이익에도 부합하지 않은 것이라고 강조하였다. 전국총공회 법률공작부 劉繼臣 부장도 무기한계약과 철밥통을 연관시키는 것은 무리라는 견해를 피력하였다. 그는 무기한계약은 사용자와 노동자의 불확정 종료시간의 노동계약으로서 고정기한계약과 마찬가지로 계약해제의 법률조건이 발생하면 해제할 수 있는 것이라고 분석하였다. 따라서 그는 무기한계약이 안정적이고 장기적인 노동관계를 보장하여 노동자가 기업을 자신의 가정으로 여기게 되고 전심전력을 다하게 함으로써 결국 사용자와 노동자에게 모두 좋은 결과를 가져오는 이상적인 고용제도라고 주장하였다.566)

한편 2008년 9월 18일 『노동계약법』의 하위법규인 「노동계약법실시조례(勞動合同法實施條例」가 정식 공포되어 시행되었다. 「노동계약법실시조례」는 '무고정기간 고용'이 '철밥통 고용'이 아니라는 점을 강조하기 위하여 사용자가 무기한계약을 해지할 수 있는 13가지 사유를 열거했다(조례 제18조): 노사 쌍방 합의, 무고정기한근로계약을 체결해야 할 근로자가 근무조건에 부합하지 못했음을 증명할 때, 노동자가 회사 규정을 엄중하게 위반했을 때, 업무태만·부정행위로 회사에 중대한 손실을 야기했을 때, 다른 사업자와 노동관계를 맺어 기존 업무에 중대한 손실을 끼쳤을 때, 사업체가 생산·경영상 중대한 곤란에 빠졌을 때, 업종전환·기술혁신, 경영구조 조정으로 노동계약을 변경하고 인원을 축소해야 할 때, 기타 객관적으로 노동계약을 체결할 때와 달라진 경영 조건이 있을 때 등이다.567) 중국

---

566) 郭捷, 『勞動和社會保障法』(北京, 法律出版社, 2008), 26-27쪽.

567) 有下列情形之一的, 依照勞動合同法規定的條件、程序, 勞動者可以与用人單位解除固定期限勞動合同、无固定期限勞動合同或者以完成一定工作任務爲期限的勞動合同: (一) 勞動者与用人單位協商一致的; (二) 勞動者提前３０日以書面形式通知用人單位的; (三) 勞動者在試用期內提前３日通

당국은 이들 조건이 성립되면 기업이 무고정기간노동계약을 해지하고 직원을 해고할 수 있기 때문에 철밥통 고용이 아니라는 점을 재삼 강조하고 있다.

2. 직업안정성에 대한 논쟁

『노동법』의 규정에 따라 고정기한노동계약을 위주로, 무기한계약을 보충으로 하면서 실제로는 고정기한노동계약을 중장기노동계약으로 체결하여 왔다. 그러나 최근 몇 년간 단기노동계약, 특히 임시 노동계약의 비율이 계속 높아져 노동계약의 단기화 현상이 갈수록 뚜렷하여졌다. 이에 대하여 베이징을 중심으로 한 무기한계약제 찬성론자들은 노동계약단기화 현상을 극복하기 위하여 무기한계약을 위주로, 고정노동계약을 보충으로 개편하여야 한다는 주장을 끊임없이 개진하여 왔다. 그러나 상하이를 중심으로 한 반대론자들은 찬성론자들의 주장이 중국의 현실에 부합하지 않는 것이라고 비판하면서 중국의 노동계약 단기화 현상은 중국의 객관적인 상황에 비추어 일정한 수준으로 용인하여야 하는 것이며 고정기한노동계약을 위주로, 무기한계약을 보충으로 하는 계약 양태를 유지하여야 한다고 주장하

知用人單位的; (四) 用人單位未按照勞動合同約定提供勞動保護或者勞動條件的; (五) 用人單位未及時足額支付勞動報酬的; (六) 用人單位未依法爲勞動者繳納社會保險費的; (七) 用人單位的規章制度違反法律、法規的規定, 損害勞動者權益的; (八) 用人單位以欺詐、脅迫的手段或者乘人之危, 使勞動者在違背眞實意思的情況下訂立或者變更勞動合同的; (九) 用人單位在勞動合同中免除自己的法定責任、排除勞動者權利的; (十) 用人單位違反法律、行政法規强制性規定的; (十一) 用人單位以暴力、威脅或者非法限制人身自由的手段强迫勞動者勞動的; (十二) 用人單位違章指揮、强令冒險作業危及勞動者人身安全的; (十三) 法律、行政法規規定勞動者可以解除勞動合同的其他情形。

고 있다.

이에 대하여 찬성론자들은 무기한계약은 노동계약 체결 시부터 법정퇴직연령 시까지 유효하지만 법정 또는 약정해제사유 발생 시, 조기에 그 효력이 종료되는 것이기 때문에 무기한계약을 절대로 해제할 수 없다는 반대론자의 주장은 부정확한 것이라고 재반박하고 있다. 찬성론자들은 노동자에게는 직업안정과 기술업무능력을 향상시키고 사용자에게는 노동자의 귀속감과 충성도를 향상시키고 경영이윤 창출과 노동자의 빈번한 이직으로 가져오는 손실을 감소시키기 때문에 무기한계약은 노동자와 사용자와 국가에 모두 이로운 고용제도라고 강조하고 있다.

『노동계약법』을 기초할 당시부터 노동관계의 장기화와 단기화간의 논쟁이 발생하였다. 베이징의 葉靜漪 교수는 추상적 노동자를 보호대상으로 설정하고 직업안정성을 모든 노동자들이 추구하는 공통목표로 간주하였다. 葉 교수는 황금기의 노동자를 착취한 후 해고하여 버린 후 또 새로운 저렴한 노동력을 채용하는 사용자의 무책임한 행위를 무기한계약제를 통하여 억제할 수 있다고 강조하였다.568)

이에 대하여 상하이의 沈同仙 교수는 무기한계약과 노동자의 직업안정성에 대한 상관성을 구체적으로 분석하면서 무기한계약제에 대한 반대론을 펼쳤다. 첫째, 상이한 지역, 상이한 생활관습의 노동자는 직업안정성에 관한 수요도 다르다. 노동계약의 단기화는 해결이 시급한 문제를 해결할 수 있으나 반드시 모든 노동자들은 노동계약의 장기화를 희망하지는 않는다. 중국의 수많은 농민노동자는 1년을 단위로 도회지로 나가 노동에 종사하고 춘절 직전에 귀향하는데

---

568) 趙靜 等, 『勞動合同爭議處理程序』(北京, 法律出版社, 2008), 205쪽.

그들은 춘절기간에 외지로 다시 나가 노동할 것인가, 자신이 노동할 도시와 기업을 바꿀 것인가의 여부를 결정한다. 1년의 계약기를 넘는 계약기간은 그들에게는 아무런 가치도 없으며 오히려 그들의 취업결정에 장애가 되는 것이다. 따라서 법제는 어느 측에 유리할 것인가를 획일적으로 일도양단하여 단정 지을 수는 없는 것이며 구체적 문제를 구체적으로 분석하여야만 할 것이다.569) 둘째, 상이한 연령의 노동자는 직업의 안정성에 대한 수요가 다르다. 중·노년층 노동자는 직업안정성에 대한 수요가 절박한 편이나 청년노동자는 그렇지 않다. 중·노년노동자의 취업안정성에 대한 선호도와 대비하면 청년노동자의 계약기간은 단기인 편이다. 기업이 청년 노동자를 사용한다면 적지 않은 중·노년 노동자는 실업의 위험에 노출될 것이다. 기업이 후자만 고려하여 무기한계약은 중년노동자의 취업 문제를 해결할 수 있다 하더라도 청년기 노동자의 직업안정성에 대한 우려를 해소할 수 없다. 전자만 고려한다면 기업과 연소노동자의 30년 노동계약도 출현할 수 있으나 그 역시 50여 세에 계약이 종료되면 실직하게 될 것이다. 셋째, 상이한 계층의 노동자 직업안정성에 대한 수요가 다르다. 상이한 직장에 종사하는 노동자와 생산경영 성격의 사업자가 노동계약기한에 대한 수요가 다르다. 일반적으로 전문기술자나 경영관리경험이 있는 노동자는 그 경쟁력이 사용자의 자본능력과 균형을 이룰 경우 그들은 부단히 취업선택권을 행사하면서 자신에게 가장 이상적인 사업자와 직장을 모색할 것이다. 그들은 특정기업과 장기간의 계약을 희망하지 않을 것이고 반대로 사업자가 그들과 장기간의 노동계약을 체결하려고 원할 것이다. 반면에 간단한 생

---

569) 沈水生, "辨證看對勞動合同短期化", 人民日報, 2006. 5. 10.

산과 서비스에 종사하거나 노동집약형 기업에 취업한 노동자는 노동
경쟁력의 대체성이 강하기 때문에 노동력의 수급상황에 따라 실업의
위협에 쉽게 노출되기 쉽고 일단 사업자에 의해 계약이 해제되거나
종료될 경우 새로운 직장을 구하기가 어렵다. 따라서 이들은 보편적
으로 사용자가 장기 또는 무고정기한의 노동계약을 희망하고 있으며
사용자 측이 노동계약을 단기화하려는 대상은 주로 이러한 낮은 경
쟁력의 노동자들이다.570)

　상술한 바와 같이 무기한계약제 반대론자들은 중국의 노동계약단
기화는 여러 가지 폐단이 있지만 중국의 현실적인 노동력 시장은 무
기한계약제를 보편적으로 실시할 만한 여건을 구비하지 않았다고 판
단하고 있다. 따라서 그들은 고정기한노동계약제가 중국 현실에 비
추어 합당한 모델이며 이를 완전 폐기하여 무기한계약제로 대체하는
것보다는 이를 보완 개선함으로써 노동계약의 단기화 경향을 충분히
완화시킬 수 있다고 주장하고 있다.571) 그러나 대다수 중국 기업들
은 무기한계약 체결을 피하기 위하여 기술수준이 낮고 전문성이 약
한 직위의 노동자에 대하여 1회의 노동계약을 체결하여 노동계약의
단기화 문제를 가중시킬 것이라고 우려하고 있다.572) 노동자 직업안
정성과 무기한계약의 관련 여부는 두 가지 이념의 충돌이 존재한다.
노동자는 당연히 추상적 주체로서 인식하거나 상이한 특징을 지닌
구체적 주체로 인식하거나 노동자의 이익을 보호할 때 기업의 부담

<hr>

570) 沈同仙, "權利保護和利益平衡－對勞動合同立法中幾個有爭議問題的看法",
　　　『中國勞動』(2005年 7月號), 140－142쪽.

571) 무기한계약제의 찬성론자들은 사용자 측에서 장기취업을 계획하고 있는 중급
　　　노동자에 대해서 단기계약을 체결하려 하는 일반적 경향에 대해서는 언급을
　　　하지 않고 있다.

572) 李炳安, 『勞動和社會保障法』(廈門, 廈門大學出版社, 2008), 153－154쪽.

능력 및 시장메커니즘의 육성을 고려하는 여부를 같이 고려하는 문
제인 것이다.

3. 중국 국내 상황과 외국 입법례의 부합성 논쟁

베이징의 常凱 교수를 비롯한 무기한계약 찬성론자들은 세계 대
다수 국가는 사회노동관계의 안정과 우수 인력자원의 배양을 위하여
무기한계약을 고정기한계약보다 중시하고 있으며[573] 특히 일본의 종
신고용제를 비롯한 선진국들은 무기한계약을 일반적인 노동계약 유
형인 반면 고정기한노동계약은 예외적인 경우에 채택한다고 지적하
였다.[574] 또한 찬성론자들은 중국도 무고정기한의 노동계약을 재정
립하고 노동자의 고용안정과 노동계약단기화가 초래하는 피해를 막
기 위하여 무고정기한의 노동계약을 강화할 것을 강조하였다.[575] 許
浩 교수는 무기한계약은 시장경제국가의 보편적인 법제로서 일본의

---

573) 한국의 경우 과거에는 강제노동 및 신체구속 예방 차원에서 고정기한노동계약
이 강조되었다. 한국의 근로기준법은 최초 제정 때부터 2007년 6월까지 제23
조(현행 제16조)에 "근로계약을 정하지 아니한 것과 일정한 사업의 완료에 필
요한 기간을 정한 것 외에는 그 기간은 1년을 초과하지 못한다"고 규정하고
있었다. 그러나 노동자의 계속고용에 대한 필요성이 더 중시되면서 무기한계약
이 보다 일반적인 노동계약 형태가 되었다. 한국의 현행 근로기준법은 노동계
약을 체결할 때 그 기간을 어떻게 할 것인지에 대해 아무런 규정을 두지 않고
있다. 노동자와 사용자의 결정에 맡겨 두고 있는 것이다. 다만 『기간제 및 단
시간근로자보호 등에 관한 법률』 제4조는 당사자가 노동계약기간을 어떻게 정
하든 간에 계속 노동한 기간이 2년을 초과하면 그 계약을 기간의 정함이 없는
근로계약으로 보도록 규정하였다. 하갑래, 『근로기준법』(서울, 중앙경제,
2008), 199쪽.

574) 鄭功成, 『中華人民共和國 勞動合同法 釋義與案例分析』(北京, 人民出版
社, 2007), 54쪽.

575) 鄭功成, 상게서, 45쪽.

무기한계약은 90%를 점한다고 지적하였으며 劉誠 교수는 무기한계약제 도입 반대론자들을 일컬어 국제관례를 무시하고, 완전히 자본가의 입장에 선 자로 신랄하게 비판하였다.576)

이와 대조적으로 상하이의 董保華, 黃寧, 沈同仙 교수 등의 무기한계약제 반대론자들은 『노동계약법』이 무기한계약제를 강화하게 된 가장 큰 원인은 찬성론자들이 끊임없이 주장해 온 '선진국의 법제 도입'이라고 보고 있다. 반대론자들은 무기한계약이 노동자 해고를 곤란하게 하는 제도로 단순하게 이해하면 곤란하며 고정기한계약 위주의 고용형태를 무기한계약 위주로 전환하는 것을 마치 세계조류에 부합하는 것으로 보고 이의 무조건적 모방을 주장하는 것은 매우 위험한 발상이라고 강조하였다. 원래 노동법제는 공법과 사법이 상호 침투·교차하여 형성된 제3의 법 영역이며 중국의 『노동법』과 『노동계약법』 등 노동법제는 공법의 사법화 과정인 데 반하여 서구와 일본의 선진국 노동법제는 사법의 공법화 과정이다. 선진국의 노동법제는 시장경제자유경쟁이 이미 형성된 기반 위에서 국가의 개입을 강화하여 공법기능이 증대된 결과이다. 이와 같은 관점에 입각하여 黃寧 교수는 선진국의 무기한계약을 다음 3가지 전형적인 모델로 구분하여 중국의 무기한계약제도입의 신중론을 전개하였다.577)

첫째, 미국모델로서 노동력시장의 완전한 개방과 고용의 자유를 기본원칙으로 하는 것이다. 비록 무기한계약이 있으나 자유롭게 해제할 수 있는 것으로 고용의 자유원칙을 기반으로 한다. 미국의 『노동법』 분야에서는 Horace Gay Wood의 명언이 자주 인용된다.

---

576) 劉誠, "論勞動合同法的指導原則", 『上海師範大學學報』(2007. 2.), 231쪽.
577) 黃寧, "勞動合同若干實踐問題研究", 『廣西政法官吏幹部學院學報』(2002. 4.), 119쪽.

"우리는 다음과 같은 고용의 철칙이 있다. 일반적인 고용 또는 불확정한 고용은 곧 임의 고용으로 인식되어야 한다. 만일 노사 쌍방이 특정한 고용계약을 특정한 기간 내에 유효한 것으로만 인식하지 않는다면 그것은 곧 불확정기한고용이며 고용계약 당사자 일방이 임의로 해제될 수 있는 것이다."

미국의 무기한계약제는 무기한계약을 고용계약 해제를 거의 할 수 없는 제도로 인식하고 있는 중국과는 확연히 다른 것이다.

둘째, 유럽모델로서 노동력시장의 개방을 원칙으로 하는 것이다. 유럽의 노동계약법제상에는 무기한계약, 제한기한계약으로 구분되어 있으나 실제로는 무기한계약은 일정한 조건하에서 해제할 수 있기 때문에 실제로는 해고에 대한 부분적 제한뿐이다. 프랑스의 무기한계약은 실제적인 심각한 사유가 있을 경우에는 해제할 수 있다. 영국의 고용계약제도는 미국과 프랑스 간의 중간에 위치하는데 공권력이 노사관계에 개입하여 사용자의 해고권을 제한하기 위하여 해고이유, 사전통지, 경제보상 등의 제도적 장치를 마련하고 있다. 영국은 해고사유가 발생할 경우에는 사전에 통지할 필요가 없으며 그 통지기간도 금전으로 대체할 수 있는 규정을 두고 있다. 이와 대조적으로 중국의 노동계약해제는 해고 조건을 모두 구비하여야 하고 해고사유 역시 법률로 정한 몇 가지 사유로 엄격하게 제한하고 있다. 노동자의 사회적 보호 측면에서 영국의 무기한계약은 중국『노동법』은 물론『노동계약법』과는 비할 바가 되지 않는다.

셋째, 일본모델로 노동력시장이 미국과 유럽에 비하여 발달하지 않았고 종신고용 형태의 무기한계약이 일부 직원에게 적용되는 것이다. 일본모델의 종신고용계약제는 주로 기업의 신용으로 유지되는 것이지 국가의 강제에 의거하지 않는다. 무기한계약제 반대론자들은 찬성론자들이 도입을 주장하는 것은 다름 아닌 일본의 종신고용제인

데 이는 진정한 일본의 종신고용제를 알지 못하는 것이라고 비판하고 있다. 실제로 종신고용제에 대한 중국과 일본 간의 인식 격차는 크다. 중국의 무기한계약은 노동관계가 법정 또는 약정 조건 발생 시에 계약을 종료 또는 해제할 수 있는 반면에 일본의 종신고용제는 법률상으로 사용자가 보상금을 지불하면 노동계약은 언제나 해제되고 경영 측이 해고권을 보유하는 일방적인 단독종신고용제이다. 일본의 2007년 말 현재 6,532만 취업인구 중에서 정규직 고용노동자는 대략 5,390만 명으로, 나머지 1,000만 명 정도가 비정규직 노동관계로서 정규직 노동자 중 약 3,500만 명이 종신고용제 적용을 받고 있다.578) 일본의 종신고용제가 흡인한 대상은 경쟁력 높은 노동자이며 그 제도적 기반은 기업의 신용과 업종의 관행에 근거하고 있다. 중국의 무기한계약제 반대론자들은 이상의 구체적 논거를 들며 찬성론자들이 무기한계약을 선진국의 보편적인 제도로 들고 있지만 각기 다른 고용제도에 대한 실체적 이해는 소홀하였다고 비판하였다.579)

V. 결 론

『노동계약법』의 제정 시행은 중국 경제가 저임금 노동력에 의한 성장의 시기는 이미 지났다는 판단하에 무기한계약체결 등 노동시장의 경직성 강화를 유도함으로써 노동자 보호를 위한 법적 기반을 마련하려는 취지인 것으로 파악된다.

---

578) 萩野敦司 外, 『中國勞働契約法の實務』(東京, 中央經濟社, 2007), 23－24쪽.
579) 董保華, "論我國無固定期限勞動合同", 『法商研究』(2007. 6.), 122쪽.

중국 내의 내자기업과 외자기업을 불문하고 다수의 사용자 측에서는 무기한계약을 기업에 과다한 원가부담을 지우고 기업이윤의 극대화에 장애요인이 되는 것으로 인식하고 있는 반면에 다수의 노동자들은 그것을 일단 계약을 체결하기만 하면 사용자가 임의로 해제할 수 없는 이른바 '새로운 철밥통'으로 인식하고 있다. 따라서 무기한계약을 선호하는 노동자 대다수는 연령이 고령이고 기술수준이 낮기 때문에 사용자 측에서는 무기한계약 체결을 기피하고 있는 실정이다. 무기한계약의 의무화는 비록 노동관계의 안정성을 보호할 수 있다 하겠으나 사용자 측에 과중한 부담을 가하고 노동력의 유동성에 악영향을 끼칠 것으로 우려하는 시각이 우세한 편이다. 실패한 현실은 실현되지 못한 이상과 달리 피해를 수반한다. 무기한계약제는 중국의 현실을 소홀히 하고 이상에 치우친 독소조항으로 전락할 수 있는 이유가 여기에 있다.

무기한계약제로 인하여 중국이 계획경제시대의 경직된 고용메커니즘으로 퇴보하기는 어렵다고 보지만 노동계약기한과 관련한 신구 두 제도 간의 조화와 균형을 모색하여야 할 과도기에서, 충분한 논증을 거쳐 점진적인 입법을 추진하여야 함에도 불구하고 여전히 고정기한 노동계약이 중국 현실에서 기존 축으로 작용하고 있다는 사실을 소홀히 한, 다소 급진적인 법제개혁이라고 판단된다.

한편 중국에 진출한 한국 기업들은 무기한계약을 고급 업무 분야의 핵심직원에 국한시키고, 중저급 업무 분야의 비핵심 직원은 계속 고정기한계약이 고용 형태를 유지하는 등 회사 형편에 맞게 고용 형태의 적절한 배합이 요구된다.

중국 정부는 현재의 단기노동계약 위주의 구조를 방임할 수 없는 한편 무기한계약 위주의 목표만을 추구하기에도 곤란한 진퇴양난에

처하여 있으나 무기한계약제는 중국 최고지도부의 '조화로운 사회
건설'이라는 통치이념과 『노동계약법』 노동자들의 권익 보호를 강화
하는 입법취지를 감안한다면 완화될 가능성은 높지 않다고 판단된다.
따라서 무기한계약의 의무화를 비롯한 사용자의 자주고용권을 구속
하는 『노동계약법』의 일부 강성조항의 완화 조치는 가까운 시일 내
에는 이루어지기 어려울 것으로 전망된다.

16. 사회취약계층 지원을 위한 세제 및 재정지원 등에 관한 중국법제

Ⅰ. 중국의 사회보장법제 및 사회보장재원

중국의 취약계층 지원을 위한 사회보장에 관하여 중국 현행헌법 제45조는 "중화인민공화국 공민은 노년, 질병 또는 노동능력 상실의 상황에서 국가와 사회로부터 물질적 지원을 받을 권리를 가진다. 국가는 공민이 이러한 권리를 향유하는 데 필요한 사회보험, 사회구제와 의료·위생사업을 발전시킨다. 국가와 사회는 상이군인의 생활을 보장하고 혁명투사의 가족에게는 원호금을 지급하고 군인의 가족을 우대한다. 국가와 사회는 맹인, 농·아자와 기타 장애자의 노동, 생활, 교육을 지원한다"라고 규정하고 있다.

취약계층을 보호하는 개별법으로는 『노동법』, 『노동계약(合同)법』, 『부녀권익보장법』, 『미성년자보호법』, 『노인권익보장법』, 『장애자보장법』, 『소비자권익보호법』 등이 있으나 한국의 『사회보장기본법』과 같은 사회보장에 관한 기본 이념을 재정립하고 사회보장제도의 공통사항 등을 규정하여, 사회보장제도의 효율적인 운영과 통합적 발전에 기초가 될 수 있는 종합적인 사회보장법은 아직 없다. 반면에 행정법규(주로 條例, 判法, 決定 등으로 표기, 한국의 총리령), 부문규장(주로 細則, 通知, 規定, 解釋, 意見 등으로 표기, 한국의 부령), 지방성 법규(주로 意見, 說明, 方法 등으로 표기, 한국의 조례와 규칙에 해당) 등 파편적인 하위법령으로 중복·모순·충돌되어 있는 실정이다.

중국의 취약계층 지원을 위한 주요 재원은 국가재정과 정부, 기업, 개인 등 3자가 조성하는 사회보장기금이다. 국가재정의 조달방식은 주로 세금징수로, 사회보장기금은 주로 사회보험비용징수와 복권발행, 사회기부, 정부보조금 등으로 이루어진다.

중국의 사회보장기금은 정부에 의하여 그 가입이 의무화되고 통제를 받으며 정부 또는 민간으로부터 자금이 조달되는 것이 특징이며 사회보험기금, 전국사회보장기금, 보충보장기금 등 3가지로 분류된다. 사회보험기금은 양로보험기금을 비롯하여 실업보험, 의료보험, 工傷(산재)보험 및 生育(출산·육아)보험기금으로 구성되어 있다(「사회보험비징수잠정조례」 제2조). 계획경제시기 국가를 대신해 기업이 전담하던 사회보장의 책임을 국가, 기업, 개인 등으로 다양하게 전환시키게 된 원인은 계획경제시기 국가를 대신해 기업이 전적으로 부담했던 사회보장에 대한 문제의식과 서방 복지국가 정부들의 복지비용 과다지출이라는 국제적인 선례를 거울삼아 그 전철을 밟지 않으려는 인식에서 비롯된 것으로 보인다.

전국사회보장기금은 중앙재정의 지원 자금, 국유기업주식화자산 매각금 등 국무원의 비준을 거쳐 여러 경로를 거쳐 조달한 자금 및 기금의 투자수익으로 형성된 기금이다(전국사회보장기금투자관리잠정판법 제3조). 전국사회보장기금은 최저생계보장 등 사회구제(공공구제)와 장애인, 빈민, 고아, 노인 등 취약계층을 위한 사회복지에 투입되며 재원은 국가가 조달하거나 복리복권발행 및 사회각계가 기부한 것으로 수혜자는 별도의 납부의무를 부담하지 않는다.

보충보장기금은 국가의 기본 보험 외에 고용단위가 자신의 경제조건에 근거하여 자율적으로 납부하여 형성하는 기업연금, 기업보충

의료보험 등이다. 2009년 말 현재, 전국사회보험기금의 누계는 약 1조 2,000억 위안, 전국사회보장기금의 누계는 약 8,000억 위안, 보충보장연금 누계는 약 420억 위안이다.

Ⅱ. 세제지원

1. 개인소득세 세제지원

개인과 기업이 성(省)급 이상의 인민정부가 규정한 비율에 따라 공제하여 납부한 주택공공적립금, 의료보험금, 기본양로보험금, 실업보험금은 개인의 당기 임금 · 급여소득에 산입하지 않고 개인소득세를 면제한다. 규정된 비율을 넘어 납부한 부분에 대해서는 개인소득세를 징수한다. 개인이 원래 공제한 주택 공공적립금, 의료보험금, 기본양로보험금을 수령할 때는 개인소득세를 면제한다(「개인소득세법 실시조례」 제16조).

국가통일규정에 따라 지급하는 정착금, 퇴직금, 이직생활보조금은 개인소득세를 면세한다(『개인소득세법』 제4조). 국가의 관련법규에 따라 지급한 보조금, 국무원의 규정에 따라 지급하는 정부특수수당, 자연탐사수당 등 및 국무원이 개인소득세의 면제를 규정하고 있는 기타 보조금, 수당은 면세한다(「개인소득세법 실시조례」 제13조).

국가의 관련법규에 따라 기업, 사업단위, 국가기관, 사회단체로부터 조달된 복리비 또는 노동조합경비에서 개인에게 지급된 생활보조금과 국가민정부문에서 개인에게 지급한 생계보조비는 개인소득세를 면세한다(「개인소득세법 실시조례」 제14조).

출산부녀가 현급 이상 인민정부가 국가의 관련규정에 따라 제정한 출산보험규정에 따라 취득한 출산수당, 출산의료비 또는 기타 출산 보험 성질의 수당, 보조금은 개인소득세를 면제한다("출산수당 · 보조금 및 출산의료비 관련 개인소득세 정책에 관한 통지").

퇴직연령에 도달했으나 업무의 필요에 따라 퇴직연령을 연장한 전문가가 퇴직연장기간에 취득한 임금 · 급여소득은 퇴직임금으로 간주되어 개인소득세를 면제한다.

철거로 인하여 이주가 시작되어 국가의 관련 도시건물이주관리판법이 규정한 기준에 따라 취득한 이주보상금은 개인소득세를 면세한다("도시건물철거관련조세정책에 관한 통지", 『財稅』, 2005, 제45호).

장애자, 무의탁 노인 및 열사 유족의 소득, 심각한 자연재해로 중대한 손실이 야기된 경우, 기타 국무원 재정부문이 감세하도록 승인한 경우에는 비분을 거쳐 개인소득세를 감액 징수할 수 있다(『개인소득세법』 제5조). 개인소득세의 감액한도와 감액기한은 성, 자치구, 직할시 인민정부가 규정한다(「개인소득세법 실시조례」 제16조).

2. 기업소득세(법인세) 세제지원

사회보장기금이사회 또는 사회보장기금 투자관리자가 관리하는 사회보장기금은행계좌의 이자수입, 사회보장기금이 증권시장에서 취득하는 수익, 주식투자금, 펀드투자금, 채권투자금, 증권투자펀드의 수익, 주식투자수익, 주식배당금, 채권이자수익 및 산업투자기금수익, 신탁자산투자수익 등 기타 투자수익에 대해서는 기업소득세를 면세한다. 그러나 사회보장투자관리자 또는 사회보장기금신탁관리자가 사회보장기금관리활동에 취득한 수입에 대해서는 세법의 규정에 따라 기업소득세를 부과한다("재정부·국가세무총국, 전국 사회보장기금관련기업소득세 문제의 통지", 『財稅』, 2008, 제226호).

비영리성 공익성 기업의 수입은 면세한다, 비영리성이란 이윤획득을 목적으로 하지 않을 뿐만 아니라 설립자. 기부자. 구성원과 직원 등에게 이윤을 제공하지 않는 것을 말하고 공익성이란 수입의 사용은 사회공익서비스 또는 공익성 대상에 사용하는 것을 목적으로 한다(『기업소득세법』 제26조, 「기업소득세법실시세칙」 제29조).

① 공익법인의 기부금 접수 수입, ② 『기업소득세법』 제7조가 규정하는 정부재정지원 이외의 기타 정부보조금수입, 단 정부조달용역으로 취득한 수입은 제외, ③ 성급 이상의 민정, 재정부문에 규정에 수취한 회비, ④ 면세수입금을 입금한 은행계좌의 이자수입, ⑤ 재정부, 국가세무총국이 규정하는 기타 수입은 기업소득세를 면세한다("비영리조직기업소득세 면세수입 문제의 통지", "비영리조직면세 자격인정관리관련 문제의 통지", 『財稅』, 2009, 제135호).

장애인 전용용품을 생산하고 조립하는 기업의 기업소득세는 면세한다(『財稅』, 2006, 제148호). 장애인에게 일자리를 제공하고 지급한 급여는 장애인인 종업원에게 지급한 급여에 따라 실제로 공제를 한 기초에서 장애인에게 지급한 임금의 100%를 추가로 공제한다. 장애인의 범위는 장애인보장법의 관련규정을 적용한다. 국가가 취직활동을 지원하는 구직자에게 일자리를 제공하고 지급하는 급여에 관한 추가공제는 국무원이 별도로 관리한다(「기업소득세법 실시조례」 제96조).

3. 취득세 세제지원

도시근로자가 규정에 의거하여 국가가 규정하는 기준 면적 이내의 공유주택을 최초로 구입한 경우 취득세를 면세한다. 도시근로자가 취득세 면제를 누리는 것은 최초로 구입한 공유주택에 한한다. 국가가 규정하는 기준 면적부분은 규정에 따라 취득세를 납부하여야 한다(「취득세 조례세칙」 제13조).

국유, 집체기업의 매각으로 매각된 기업이 말소되고 매수인이 원래 기업의 30% 이상의 종업을 고용 승계한 경우 그가 매입한 기업의 토지, 주택의 권리를 인수한 것에 대하여 취득세를 반감하여 징수한다. 원래 기업의 종업원을 모두 고용 승계한 경우 취득세를 면제한다. 여기서 고용승계란 기업인수자가 국가의 관련규정에 따라 원래 기업의 종업원에 대하여 합리적인 보상을 하고, 고용 승계된 종업원과 고용연한을 최단 3년 이상의 노동고용계약을 체결하였을 뿐만 아니라 노동계약법에 따른 관련 정책을 실행하는 것을 말한다(“기업조직변경상 취득세정책에 관한 통지”, 『財稅』, 2003, 184호).

기업이 법률, 법규의 규정에 따라 파산한 후 채권자가 파산기업의 토지, 주택의 권리를 인수하여 채무에 충당한 경우 취득세를 면제한다. 채권자가 아닌 자가 파산기업의 토지 주택의 권리를 인수하고 그 기업의 30% 이상의 근로자를 고용 승계한 경우 취득세를 반감하여 징수한다. 원래 기업의 모든 종업원을 고용 승계한 경우 취득세를 면제한다.

자연재해, 전쟁 등 예견할 수 없고 피할 수 없으며 극복할 수 없는 불가항력으로 주택을 소실하고 주택을 재구입한 경우 정상을 참작하여 취득세를 감세 또는 면세한다(「취득세조례실시세칙」 제14조). 철거민이 새로운 주택을 구입한 경우 주택구입 거래가격 중에서 이주보상금에 상당하는 부분에 대해서는 취득세를 면제한다. 거래가격이 이주보상금을 초과하는 경우 초과부분에 대해서는 취득세를 징수한다("기업조직변경상 취득세정책에 관한 통지", 『財稅』, 2005, 제45호).

4. 영업세 세제지원

탁아소, 유치원, 양로원, 장애인 복지기구가 제공하는 교육·부양 서비스, 결혼소개, 장례업무와 장애인 본인이 대중에게 제공하는 용역에는 영업세를 면제한다(「영업세조례」 제6조 제1항). 비영리성 의료기관이 국가가 규정한 가격에 따라 취득한 의료서비스 수입에 대해서는 영업세를 면제한다. 질병통지기구와 부녀·아동보건기구 등 위생기관이 국가가 규정에 가격에 따라 취득한 위생서비스 수입은 영업세를 면제한다. 병원, 진료 및 의료 기관에서 제공하는 환자의 진찰, 치료, 방역, 출산, 가족계획 및 이들 서비스에 관련된 약품, 의료장비, 입원실·식사의 제공에는 영업세를 면세한다(「영업세조례 실시세칙」 제26조 제2호).

개인이 시장가격에 따라 임대한 거주주택은 3%의 세율로 영업세를 징수하나 정부가 규정한 가격에 따라 임대한 공유주택 및 염가임대주택은 영업세를 제한다("재정부·국가세무총국 주택임대시장 조세정책에 관한 통지", 『財稅』, 2000, 제125호).

복리복권기관이 복리복권을 발행하여 판매한 수입은 영업세를 비과세한다(복리복권관련 조세문제에 관한 통지, 財稅, 2002, 제59호). 서비스업(광고업은 제외)에 종사하는 민정복리기업은 고용한 장애인이 기업생산인원의 35% 이상을 차지하는 경우 영업세를 면제할 수 있다("민정복리기업 거래세 징수 문제에 관한 통지", 『國稅發』, 1994, 제155호).

5. 기타 세제지원

농업, 임업, 종묘업, 목축업, 수산업 생산자가 판매하는 자가생산 1차 농산물에는 부가가치세를 면제한다(「부가세조례」 제16조 제1항). 장애인 조직이 직접 수입하는 장애인 전용용품에는 부가가치세를 면세한다(「부가세조례실시세칙」 제31조).

재산소유자가 재산을 정부나 고아, 노인, 부상자, 장애인을 부양하는 사회복지기관 또는 학교에 기증하면서 작성한 문서에는 인지세를 면세한다. 이러한 문서들에 대하여 면제를 하는 취지는 재산소유자로 하여금 문화교육 사업을 발전시키고, 사회의 복지를 조성하는 기부행위를 촉진시키기 위한 것이다(「인지세조례 실시세칙」 제12조).

국가가 지정한 구매부문이 촌민위원회, 농민 개인과 체결한 농수산물구매계약은 인지세를 면세한다. 농림작물 목축업류 보험계약의 인지세는 면세한다. 중국의 각 전문은행이 국가 금융정책에 따라 방출한 무이자 이자보조부 대출계약은 인지세를 면세한다(「인지세의 구체적 문제에 관한 규정」 제3조).

민정부문이 수용한 장애인이 일정비율을 점하는 복리공장용지와 단체 및 개인이 운영하는 각종 탁아소, 의원, 유치원용지에는 성, 자치구, 직할시 지방세무국이 도시토지사용세의 면세를 결정할 수 있다(「토지사용해석규정」 제18조).

농촌열사가족, 상이군인, 무의탁자 및 혁명근거지, 소수민족거주지, 생활이 곤란한 농촌거주민이 규정된 용지기준 내에서 주택을 신축하였으나 경작지 점용세의 납부가 명확히 곤란한 경우, 납세의무자가 신청을 하고 소재지 향, 진 인민정부의 심사를 거쳐 현급 인민정부의 비준을 받아 경작지점용세를 감세 또는 면세를 받을 수 있다(「경작지점용세조례」 제10조).

Ⅲ. 재정지원

1. 국가재정

1) 사회보장예산 및 보조금

중국의 사회보장재정수입원은 稅收가 대부분을 차지하며 財政部가 사회보장예산과 보조금을 편성·집행한다. 사회보장예산은 임의로 조정할 수 없다(국무원, 사회보장예산에 관한 意見, 2009, 제129호). 재정부는 사회보험의 보조금, 사회보호기금이 운영하는 기관에 대한 보조금, 도농취업보조금, 국유기업 실업자 기본생활보조금, 전국사회보장기금이사회에 대한 보조금, 국유기업 파산보조금 등의 사회보장 관련 예산을 집행하고 재원이 부족한 지방정부에 대해 각지의 경제발전수준과 재정력의 차이에 따라 보조금을 지원한다. 재정부는 각 지역 지방 정부 간 균형을 위해 사회보조금의 액수, 분배구조, 지출금 방식 등에 대한 개선을 통해 지방정부 간 균형화 효과를 높여 나가는 방안을 추진 중이다. 최근 중국 관방과 학계 일각에서는 다각적인 세원발굴과 함께 사회보장 재원의 확충을 위하여 목적

세인 '사회보험세' 신설을 추진하는 방안이 적극 검토되고 있다.

2) 국채발행

중국의 사회보장재원은 정부재정이 부족할 경우 국채발행을 통해 확보한다. 과거 중국의 국채 자금용도는 사회 인프라 건설에 쓰여 왔으나 근래 농촌 농민들의 수입을 확대하기 위한 곡물수매 최저가격 상향조정과 공공의료사업, 일자리 창출, 위생, 재난지역 지원 등 사회보장부문에 쓰이고 있다. 특히 중국 재정부는 2009년 11월 취업과 주거, 사회보장, 의료, 공공위생 등 사회보장에 專用할 용도로 만기 50년 장기 국채를 사상 첫 발행했다. 발행물량은 200억 위안이며 이율은 연 4.3%이다.

3) 복지복권발행

중국 중앙 재정부와 각 지방정부 산하의 복권발행기관에서 각종 유형의 복권을 발행함으로써 사회구제와 사회복리에 요구되는 재원을 조성한다. 중국의 복권수익은 전국사회보장기금, 中央專用복권공익자금, 민정부와 국가체육총국 등이 60% : 30% : 5% : 5% 비율에 따라 배분한다. 이 정책에 따라 전국사회보장기금이사회에는 102억여 위안, 중앙전용복권공익자금 51억 위안, 민정부와 국가체육총국에는 8.5위안을 배분하였다(재정부공고, 2009, 제24호 문건).

4) 토지양도수입금

토지양도수입은 종래와는 다르게 전액이 지방정부예산에 편성되고 지방 국고에 불입되도록 함으로써 수입과 지출, 두 분야에서 엄격히 관리하고 있다. 토지양도수입금은 토지보상비, 이전비, 피수용지 농민의 생활보장비에 우선적으로 사용되며, 나머지 자금은 농지개발 및 농촌인프라 정비, 경제성 임대주택 건설 등에 사용되도록 그 사용처를 명시하였다(“토지관리 강화 문제에 관한 통지”, 2006, 제223호).

5) 기업의 사회기부금

중국 정부는 사회보장사업에 기부하는 기업에 대한 세금 감면액을 기존보다 대폭 늘리도록 하는 방안을 추진하고 있다. 이는 중앙 정부 차원에서 민간과 사회의 자선기부 활동 지원에 나선 것임을 의미한다. 기업의 사회기부금에 대한 세제혜택 등 정책적 우대정책은 중국 부유층들로 하여금 사회보장사업에 이바지하도록 유도하여 소득 격차를 줄여 나가는 효과를 기대할 수 있으며 향후 중국 정부가 기업의 사회적 책임을 본격적으로 강화할 것임을 시사한다.

2. 사회보장기금

사회보장에 관한 국가예산 외에도 사회보장의 확대에 따라 거액의 사회보장기금(사회보험기금＋전국사회보장보험)이 누적되어 이른바 ‘제2 사회보장 재정’을 형성하고 있다. 사회보장기금은 국가재정 사회보장예산제도 수립 이전에는 우선 예산외자금관리제도에 따라 별도의 항목으로 관리하고 재정과 회계감독을 한다("예산 외 자금관리 강화에 관한 결정", 국무원, 1996, 제29호).

1) 전국사회보장기금

2000년 8월 중공중앙과 국무원은 전국사회보장기금과 전국사회보장기금이사회를 설립하고 동 기금이사회에 전국사회보장기금의 운영관리책임을 부여했다. 전국사회보험기금은 중앙정부가 국가중요전략자금으로서 사회복지와 사회구제 등 사회보장재원을 보충하는 기금이다. 전국사회보장기금은 省, 市 또는 縣 단위로 통합 관리하는 사회보장기금과 달리 중앙정부가 집중 관리하고 통일적으로 사용한다.

전국사회보장기금의 재원은 중앙재정예산지원, 주식화 국유기업의 정부지분 매각, 국무원의 비준을 경유한 기타 방식으로 조달한 자금, 기금의 투자수익, 주식재산이다. 전국사회보장기금 이사회는 국무원 직속의 부장급(장관급) 사업조직으로 전국사회보장기금의 독립법인기구로서 동 기금이사회의 주요 업무는 다음과 같다. ① 중앙재정지원 자금의 관리, 국유기업의 정부 지분 매각 및 기타 방식으로 재원 확보, ② 전국사회보장기금 투자전략의 제정 조직화, ③ 전국사회보장금 투자관리자, 위탁인의 선발과 전국사회보장기금자산에 투자운영과 신탁관리와 투자운영과 신탁관리현황에 대한 조사, 규정범위 내의 전국사회보장기금자산에 직접투자운영, ④ 전국사회보장기금의 재무관리회계심사, 정기재무회계제표, 재무회계보고의 기초, ⑤ 정기 전국사회보장기금의 자산, 수익, 현금유통량 등 재무상황 정기발표, ⑥ 재정부, 인력관리사회보장부가 공동으로 하달한 지령과 확정한 방식에 근거하여 자금지출, ⑦ 국무원이 위임한 기타 사항, 전국사회보장기금 이사회에는 행정사무부, 재무회계부, 투자부, 법규 및 감독부 등 4개 직능기구를 설치한다("전국사회보장기금 투자관리 잠정판법", 국무원, 2001. 12. 13. 제정).

2) 사회보험기금

(1) 양로보험기금

중국 양로보험기금의 재원은 ① 사업장과 근로자가 납부하는 기본 양로보험비, ② 사업장이 근로자를 위해 납부하는 보충양로보험비, ③ 근로자가 지원하여 납부하는 개인저축성 양로보험비, ④ 규정에 의거하여 수납하는 체납금, ⑤ 기금의 예금이자, ⑥ 기금보험가격의 증가에 의한 수입, ⑦ 중앙 및 지방정부재정 보조금, ⑧ 노동계약제 근로자의 기금전환에 의한 수입, ⑨ 기타 수입 등이다. 양로보험기금 은 국가, 기업, 개인이 공동으로 부담하며, 기업의 부담을 위주로 한다. 국가는 양로보험기금의 세금, 이자, 보조의 방식으로 부담한다(「양로 보험조례」 제12조). 양로보험에 대한 국가재정보조금 중 95% 이상 이 중앙재정에서 부담하고 있다.

기본양로보험금을 조정하는 데 소요되는 재원은 기본양로보험기금 에서 계상한다. 중서부지역, 동북지역 및 新疆지역생산건설병단에 대해서는 중앙재정에서 적절한 보조금을 지출한다. 양로보험기금에 가입하지 않은 단위에 대해 소요되는 재원은 적절한 경로를 통해서 충당한다. 각 지역의 구체적인 조정수준과 방법은 각 성, 자치구, 직 할시 인민정부가 각지의 실제상황과 근로자기본양로보호금 지불능력 에 따라 합리적으로 확정한다("기업퇴직근로자 기본양로보험금 조정 에 관한 통지", 『人事部發』, 2008, 102호).

(2) 실업보험기금

「실업보험조례」의 규정에 근거하여 중국의 실업보험기금은 ① 도시기업사업단위와 그 근로자가 납부하는 실업보험, ② 실업보험 기금의 이자, ③ 국가재정보조금, ④ 법에 의거한 실업보험기금 내의 기타 자금 등으로 구성된다. 도시기업 사업단위는 임금총액의 2%를 실업보험비로 납부해야 하고 도시기업 사업단위 근로자는 본인 임금의 1%를 실업보험비로 납부해야 하며, 도시기업 사업단위에서 모집하여 채용한 농민계약제근로자 본인은 실업보험비 납부를 면제한다. 실업보험 조정금은 통합지역이 법에 의거하여 징수해야 하는 실업보험비를 기준으로 하여 성, 자치구의 인민정부 규정에 비례하여 조달한다. 통합실업보험지역의 실업보험이 부족할 경우에는 실업보험 조정금으로 조정하거나 지방의 재정으로 보조한다.

(3) 산재보험기금

산재보험기금은 ① 고용단위가 납부한 산재보험비, ② 산재보험비의 체납금, ③ 산재보험기금의 이익, ④ 법률, 법규가 규정한 기타 기금이 재원이 된다.

산재보험기금은 사회보장기금 재정전문계좌에 예입하며, 규정된 산재보험 혜택과 노동능력 감정 및 법률, 법규가 규정한 곳에 쓰일 뿐만 아니라, 산재보험의 기타 비용 지불로도 쓰인다. 산재보험기금은 일정비율의 비축금을 남겨 두어야 하며, 통합산재보험 지역의 중대한 사고에 산재보험기금을 지급한다. 비축금의 지급이 부족하면 통합산재보험 지역의 인민정부가 대신 제공한다.

(4) 출산 · 육아 보험기금

중국의 출산 · 육아보험기금은 지출에 따라 수입이 결정되고, 수지 균형의 원칙에 따라 조달하며, 현지의 인민정부에서 계획한 출산인원 수와 출산보조금, 출산의료비 등 비용의 실제 상황에 근거하여 결정되며, 최대금액은 임금총액의 1%를 초과할 수 없다. 기업은 정부에서 규정한 비율에 따라 현지의 사회보험담당기관에 납부한다. 출산 · 육아보험기금은 사회보험담당기관이 은행에 개설한 출산보험기금의 전용계좌에 예입하고 특별비용으로만 사용한다. 국가는 출산 · 육아보험기금에 대해서 세금을 부과하지 않는다. 동 기금의 조달과 사용은 재정예결산제도를 실행하여 사회보험담당기관은 매년 보고하고, 동급 재정부문의 회계감사를 받는다.

(5) 사회보험비의 징수 행정관리감독 지원

국무원 노동보장행정부문(人力資源社會保障部)은 전국의 사회보험료징수에 대한 관리 감독권을 행사하고 현급 이상 인민정부의 노동보장행정부문(勞動社會保障局)은 해당 행정구역의 사회보험료 징수를 관리 감독한다.

3% 의무고용 비율을 지키지 못한 기업엔 벌금을 물리고, 의무를 지킨 경우에는 기업이 부담하는 사회보험기금 일부를 감면해 준다. 특히 고용계약이 종료된 뒤에도 청년들이 해고되지 않도록 계속 고용을 정식으로 문서화하는 기업에는 사회보험기금의 10%를 추가로 감면해 준다. 비용을 납부한 사용자는 매년 근로자에게 1년간의 사회보험료 납부상황에 대해 공표하여 근로자의 감독을 받아야 하고, 사회보험담당기관은 정기적으로 사회일반에 사회보험료 징수상황을 공개하고 이에 대한 사회의 감독을 받는다. 법인이나 개인이 사회보험

기금을 유용한 경우 유용된 사회보험기금을 추징하고 불법소득이 있으면 이를 몰수하여 사회보장기금으로 계상한다.

비용납부단위가 규정을 위반하여 사회보험료를 납부하였을 경우에는 노동보장행정부문이나 세무기관은 기한 내에 미납액을 납부하도록 명하고, 기한 내에 납부하지 않는 경우 미납액 외에 미납일로부터 매일 2%의 체납금을 추가 징수하며, 체납금은 사회보험기금에 계상한다. 징수된 사회보장비는 재정부가 국유 상업은행에 개설한 사회보험기금 전문계좌로 예치한다. 사회보험기금은 면세하고 기타 비용을 부과하지 않는다.

17. 중국 환경법제의 현황과 문제점

Ⅰ. 서 론

중국의 환경오염 문제는 자국이 당면한 모든 문제 중 최대의 위기로 손꼽아져 왔으며 특히 2001년 WTO 가입 이후 무역촉진과 환경보호의 모순과 충돌은 갈수록 첨예해졌다.

중국이 WTO 회원국이 되었다는 사실은 WTO협정의 원칙과 규칙을 준수하고 중국은 자국의 환경보호법제를 WTO 체제에 부합하도록 경제 무역발전모델 및 법제개혁에 환경보호를 실질적으로 반영하여야 함을 의미하는 것이다.

그러나 WTO 가입 이후에도 중국은 대외무역법, 외국인투자법, 회사법, 지적재산권법 등 거의 모든 분야의 법률을 정비하여 왔으나 유독 환경법 분야의 제·개정은 답보상태에 머물러 왔다. 그러던 중국이 베이징 올림픽이 임박해진 2006년경을 전후해서 『환경영향평가법』 등 고강도 환경 법제를 제정하면서 환경기준에 부합하지 않는 기업들에 대해 주식 상장을 금지하고 공해산업은 도태시키는 대신, 친환경 에너지 절약 업종에 대한 외자 유입은 적극 장려하는 정책을 법제화하였다. 2008년 3월 중앙정부 조직개편 시에는 환경보호총국을 환경보호부로 승격시켰다. 중국 정부의 환경문제에 대한 인식과 대처방법이 근본적으로 변화하기 시작하였음을 알 수 있다.

한편으로 2008년부터 『노동계약법(勞動合同法)』의 시행으로 고용부담이 늘고 외자기업에 대한 법인세(企業所得稅)가 높아져 중국의 저임금 노동력과 외자기업에 대한 우대를 감안하여 중국에 진출한 한국 기업들의 경영여건이 크게 악화되고 있다. 이에 대한 타개책으로 중국 비즈니스의 환경친화형 하이테크 고부가가치 제품 생산 현지화와 내수 서비스업으로의 전환을 들 수 있는데 여기에 우선적으로 부합되는 업종은 환경산업으로서 한국의 환경산업은 지적재산권, 기술지원 경쟁력 방면에 중국에 비하여 아직 비교우위를 유지하고 있는 업종이기도 하다.[580] 한국의 환경산업이 궁극적인 비교우위를 확보해 나갈 수 있도록 하기 위해서는 우선 중국의 환경법제를 파악하여 그 대응방안을 마련하는 것이 긴요하다고 생각한다.

따라서 본 연구의 의의와 목적은 한국의 최대투자대상국[581]인 중국의 WTO 가입에 따른 환경법제의 현황과 문제점의 파악을 통하여 한국 기업들의 대중국 환경사업진출 전략 수립과 참고자료를 제공하는 데 있다.

무역과 환경이 교차하는 제반 문제를 연구하는 경로는 크게 국제환경법적 접근과 국제통상법적 접근 두 가지로 분류되는데 본 연구의 연구범위는 후자, 특히 WTO협정을 비롯한 국제통상법과 『환경보호법』을 위시한 중국 환경법률·법규로 한정하였다.[582] 본 연구의 연구방법은 중국 환경보호부(環境保護部)의 인터넷사이트[583]와 관련기

---

580) 강효백, "중국시장의 마지막 블루오션", 머니투데이, 2008. 8. 7., 6쪽 참조.

581) htttp://www.koreaemb.org.cn/contents/politics/serv2 － 72 －
     03.aspx?bm ＝ 2&sm ＝ 3&fm ＝ 2 참조.

582) 무역과 환경 간의 접경 또는 교차지점에 산재해 있는 숱한 장애물에 다가서는
     두 갈래 큰 길은 국제환경법적 접근과 국제통상법적 접근이다. 장효상, 『국제
     경제법』, 법영사, 1996, 411쪽 참조.

관 자료 및 선행연구를 중심으로 분석하였으며 최근 중국에서 연구
발표되고 있는 각종 전문서적과 학술지 게재논문을 주로 이용하였다.

본 연구는 제Ⅱ장에서 환경과 무역에 관련한 WTO협정의 내용을
일별하고 제Ⅲ장에서는 중국 환경법제의 현황과 관리체제를 파악한
후 제Ⅳ장에서는 WTO협정과 원칙에 대비한 중국환경법제의 문제점
을 분석한 후 제Ⅴ장 결론에서는 간략한 평가 및 전망을 하기로 한다.

Ⅱ. 환경관련 WTO협정

1. 지속 가능한 개발 및 GATT 규정

무역과 환경 간의 상충조정을 위한 기본목표는 환경상으로도 지속
가능한 발전(environmentally sustainable development)이다. 무역조
치와 환경목적 간에는 비례성이 있어야 하고, 이용 가능한 정책수단
중에서 무역제한을 최소화할 수 있는 정책수단을 활용하여야 한다.
환경보호와 자유무역이라는 두 가지 가치 중에 하나만을 선택하는
것이 인류의 생존과 번영에 필수적인 것은 아니다. 즉 환경보호와
자유무역이라는 두 가지 가치는 상호 보완적인 것으로 이 두 가지
명제 모두 자원의 효율적인 이용을 기본적으로 양립이 가능한 것이
다. 자유무역은 자원의 효율적 배분과 경제성장에 필수적이며, 적절
한 환경보호 또한 지속 가능한 성장에 필수적이기 때문이다. 또한
자유무역이 환경보호를 위한 시설 및 투자에 필요한 재원을 창출한

---

583) http://www.mep.gov.cn/

다는 측면을 무시할 수 없다.584)

WTO 체제는 설립협정상에 지속 가능한 개발(sustainable deve-lopment)585)을 세계자원의 최적이용을 위한 주요목적으로 명기하였다. 즉 WTO 설립을 위한 마라케시 협정 서두에서 무역의 목적은 상이한 경제발전 단계에서 각각의 필요와 관심에 일치하는 방법으로 환경을 보호하고 보존하며 이를 위한 수단의 강화를 모색하면서 지속 가능한 개발을 세계자원의 최적이용(optimal use)을 위한 것을 포함하는 것으로 명시하였다.586) 또한 환경보호를 위한 무역규제조치의 국제법적 근거로 GATT 1994, TBT협정, SPS협정, SCM협정, TRIPs 협정, GATS상의 규정을 원용할 수 있게 하고 산하에 무역환경위원회(CTE)를 설립하였다.

어떤 국가가 환경보호와 관련하여 취한 무역규제조치가 WTO협정을 위반하였는지 여부를 결정하는 데 가장 기본적인 판단기준은 첫째, 그 무역규제가 WTO의 기본원칙인 무차별원칙과 수량제한 금지원칙을 준수하였지 여부이다. 둘째, 이를 준수하지 않았을 경우에 및 WTO의 기본원칙에 대한 일반적 예외를 규정한 1994년 GATT 제20조 ⓑ호, ⓖ호에 따라 예외를 인정받을 수 있는지 여부이다. ⓑ호의 인간이나 동식물의 생명 또는 건강을 보호하기 위하여 필요한 조치. 유한천연자원(exhaustible natural resources)의 보존(conservation)에 관한 조치이다. 다만 동 조치가 국내의 생산 또는 소비에 대한

---

584) 박병도, 『국제환경책임법론』, 서울, 집문당, 2007, 33 – 34쪽.

585) 지속 가능한 개발 원칙(sustainable development principle)은 세계환경개발위원회(WECD)가 1987년 4월 발표한 우리의 공동 미래라는 보고서에서 등장한 이래 환경정책의 새로운 이념으로 정립되었고, 그 후 1992년 6월 브라질의 리우에서 개최된 UN환경개발회의(UNCED)의 '환경과 개발에 관한 리우선언'에서 중심테마가 되었다.

586) 홍준형, 『환경법』, 서울, 박영사, 2005, 27쪽.

제한과 관련하여 실시되는 경우에 한한다. GATT20조 ⓑ호의 필요
성을 충족하기 위해서는 GATT 및 UR협정에 위반되지 않거나 덜
위반되는 다른 대체수단이 없거나 다른 대체수단을 모두 사용해 보
았어야 하며 그러한 정책수단은 환경보호라는 목적과 합리적 연관성
이 있어야 한다. 취해진 규제조치는 환경보호라는 목적의 중요성과
환경피해라는 사안의 심각성에 비례하여야 한다. 또한 조약상 근거가
없는 한 또는 영역국가의 동의가 없는 한, 자국 관할권 밖의 자원에
대한 환경오염을 이유로 통상규제조치를 취할 수 없다.[587]

패널과 항소기구는 GATT 제20조 (g)의 '고갈될 수 있는 자연자
원(exhaustible natural resources)'의 해석은 비교적 광의의 태도를
보인다. 즉 자연자원은 용량과 범위에서 정지하고 불변하는 것이 아
니라 시대와 사회의 발전에 따라 변화하는 것으로 생물이나 무생물
적 자원을 불문하고 GATT조치를 절대적으로 금지하는 범위 내의
것으로 볼 수 없다고 해석하고 있다. 이러한 해석은 환경보호과정의
진전에 따라 WTO는 환경과 무역의 관계 문제를 고려할 때 변화발
생의 가능성을 고려하였다. 한 국가의 환경보호조치가 GATT 제20
조 및 WTO 기타 환경규칙의 규정에 부합하기만 하면 WTO분쟁해
결기구에 피소되지 않고 합법적으로 승소할 수 있다. GATT 제20조
상에 열거된 예외를 충족시키는 상황이라도 전문에 규정된 기본원칙
에 벗어나서는 안 되는데 그것은 조치가 위장된 통상제한조치여서는
안 된다는 것이다. 즉 제한조치가 필요한 정도와 범위를 초과하였거
나 또는 과학적 근거에 입각하지 않는 등 자의적이고 부당한 차별적
통상규제여서는 안 된다는 것이다. 법규, 결정 및 정책은 공개되고

---

587) 경희대학교국제법무대학원, 『국제법무학개론』, 서울, 경희대학교출판사, 2001,
656쪽.

객관적으로 명백하여야 하며 관련 당사국이 합리적으로 예측할 수
있어야 한다.

2. WTO 분야별 협정

1) 기술무역협정

「기술무역장벽협정(Agreement on Technical Barriers to Trade:
이하 'TBT협정')」은 공산품과 농산품을 포함한 모든 최종제품뿐만
아니라 공정 및 생산방법(PPMs)과 관련한 기술규정표준 및 적합판
정절차에 대해서도 적용된다. TBT협정 제10조는 기술규정 및 표준
과 그 적합판정절차에 관한 정보에 관해 규정하고 있다. 관련 기술
규정은 그 제정목적이 소멸하거나, 상황의 변경으로 보다 덜 무역제
한적인 방법으로 대처할 수 있게 되면, 계속 존속시켜서는 안 된다.
이 기술규정은 합법적인 목적의 달성에 필요한 이상으로 무역 제한
적이어서는 안 된다. 그 목적에는 인간의 건강이나 안전 및 환경의
보호가 포함된다. 이 규정들이 다른 회원의 무역에 중대한 영향을
미칠 개연성이 있으면, 안전이나 건강과 환경의 보호를 위하여 긴급
하거나, 또는 그러한 위협이 있는 경우를 제외하고는 당해 회원은
그 투명성의 보장을 위한 조치를 취하여야 한다.588)

그러나 문제는 회원국들이 통보의무를 아직 제대로 이행하지 않고
있다는 것 외에 이러한 사항들에 대한 통보문을 작성하여 통보하고
이를 회람하는 등의 절차에 시간이 많이 걸리고, 또 불완전하거나

---

588) 장효상, 『국제경제법』, 서울, 법영사, 1996, 428 - 429쪽.

오류가 있는 통보문 등에 대한 확인에 있어 어려움이 많다는 사실이
다. 이 때문에 미국, 스위스, 멕시코, 칠레 등 다수의 회원국이 통보
문의 번역기간을 단축시키고 의견을 개진할 수 있는 기간은 연장해
야 한다는 의견을 제시한 바 있다. 특히 협정의 투명성 규정의 효과
를 증진시킴은 물론 통보문의 접수와 회람 등을 신속하게 할 수 있
도록 WTO 인터넷 웹사이트에 중앙문서등록처(Central Despositary
of Notification)를 만들 것과 회원국들 사이에 문서를 전자우편 형
식으로 주고받을 수 있도록 하자는 의견 등이 개진되기도 했다.[589]

2) 위생 및 검역협정

「위생 및 검역협정(Agreement on the Application of Sanitary and
Phytosanitary Measures: 이하 'SPS협정')」에는 인간이나 동식물의
생명 또는 건강을 위해 필요한 조치를 취할 수 있는 표준과 평가방
법을 규정하고 위생 및 검역조치의 과학적 정당성과 투명성을 요구
함으로써 위생 및 검역조치가 자의적인 통상규제 수단으로 사용되는
것을 금하고 있다. 그리고 각국은 자국의 위생 및 검역조치를 관련
국제표준, 지침 또는 국제표준에 일치시켜야 하는데, 국제표준에 합
치되는 위생 및 검역조치는 인간이나 동식물의 생명 또는 건강보호
에 필요하다고 간주된다.

WTO 회원국은 관련 국제기구에 의해 개발된 위해성 평가기술을
고려하여, 자국의 위생 또는 검역조치가 여건에 따라 적절하게 인간
이나 동식물의 생명 또는 건강에 대한 위해성 평가에 근거하도록 보

---

589) 한국국제경제법학회, 『국제경제법』, 서울, 박영사, 2006, 293-294쪽.

장하여야 한다.590) 여기서 위해성 평가란 식품 음료 및 사료 내의 첨가제, 오염물질, 독소 또는 질병 원인체의 존재로 인하여 발생하는 인간 또는 동물의 건강에 미치는 악영향의 잠재적 가능성에 대한 평가를 말한다.591)

요컨대, WTO의 일반원칙인 투명성 원칙과 관련하여 SPS협정은, SPS조치 변경의 고지의무, 관련문의처, 이유설명, 방제, 검사 및 승인절차 등을 규정하고 있다.592)

3) 무역관련지적재산권협정

「무역관련지적재산권협정(Agreement on Trade－Related Aspects of Intellectual Property Rights, Including Trade Counterfet Goods: 이하 'TRIPs협정')」은 환경보호를 위한 통상규제에 따른 분쟁 시에 원용될 수 있다. TRIPs협정 역시 투명성 원칙을 기본원칙으로 채택하였는데 회원국은 TRIPs협정의 주제와 관련하여 시행 중인 법령과 일반적으로 적용되는 종국판결 및 행정결정을 관계국 정부 및 당해 권리를 가진 자가 숙지할 수 있는 방법으로 공포하거나 그것이 실행 불가능하면 관련된 협정들도 공표하여야 한다.593)

환경보호와 관련한 발명에 대해서는 특허대상에서 제외하는 것을 허용하고 있다. 즉 회원국은 인간 동식물의 생명이나 건강보호 또는 심각한 환경피해(serious prejudice to the environment)를 방지하기

---

590) SPS협정 제5조 제1항.
591) 최승환, 『국제통상법』, 서울, 법영사, 2006, 715－716쪽.
592) 한국국제경제법학회, 상게서, 156쪽.
593) TRIPs협정 제63조 제1항.

위하여 필요한 발명을 특허대상에서 제외하거나 회원국 영역 내에서 영업적인 이용을 금지할 수 있다. 또한 회원국은 ① 인간, 동식물의 치료를 위한 진단방법, 요법 및 외과적 방법, ② 미생물 이외의 동식물과 비생물학적 및 미생물학적 제법과는 다른, 본질적으로 생물학적인 동식물의 생산을 위한 제법을 특허대상에서 제외할 수 있다.594)

4) 서비스무역일반협정

「서비스무역일반협정(General Agreement on Trade and Services: 이하 'GATS')」의 경우 각 회원국은 서비스협정의 운영에 관련되거나 영향을 미치는 모든 조치를 즉시 공표하여야 하며 서비스무역에 관련되거나 영향을 미치는 국제협정에 서명한 경우에도 이를 공표하여야 한다. 공표가 불가능한 경우에는 그러한 정보를 다른 방법에 의해 공개적으로 이용할 수 있도록 하여야 한다. 또한 각 회원국은 자국의 양허표에 기재된 서비스무역에 중대한 영향을 미치는 법률, 규정 또는 행정지침을 새로 도입하거나 수정하였을 경우 이를 즉시 그리고 적어도 1년에 1회 서비스무역이사회에 통보하여야 한다. 다른 회원국이 취한 조치가 서비스협정의 운영에 영향을 미친다고 판단할 경우 이를 서비스무역이사회에 통보할 수 있다.

제14조 ⓑ호는 일반예외규정을 두고 있다. 즉 인간이나 동식물의 생명 또는 건강을 보호하기 위하여 필요한 통상규제조치는 유사한 조건에 있는 국가 간에 자의적이며 부당한 차별의 수단 또는 서비스무역에 대한 위장된 제한을 가하는 방법으로 적용되지 않는 한 예외적

---

594) TRIPs협정 제27조 제2항, 제3항.

으로 허용된다. 서비스교역에 관한 일반협정(GATS)의 일반예외조항
인 이 제14조가 서비스 분야의 환경관련 조치를 위한 근거가 될 수
있느냐가 WTO의 무역환경위원회에서 다룰 과제의 하나가 되어 있다.

Ⅲ. 중국 환경법제의 현황

1. 중국 환경법체계

1) 헌법과 환경보호법

현행 중국 헌법 제26조 제1항과 제9조 제2항은 각각 "국가는 환
경과 생태환경을 보호 개선하고 오염과 기타 공해를 방제한다,"[595)
"국가는 자연자원의 합리적 이용을 보장하고 희귀동식물을 보호한다.
어떠한 조직 또는 개인도 어떠한 수단을 사용하여 자연자원을 침범
하거나 파괴하는 것을 금지한다"[596)라고 규정하였다. 이러한 조항들
은 환경보호를 국가의 책무와 기본국책으로서 국가의 근본대법인 헌
법사항에 명기함으로써 중국 관련 환경법률 법규에 대하여 기본원칙
과 입법근거를 제공한 것에 그 의미가 있다.

1979년 제5기 전국인민대표대회 상무위원회 제11차 회의는 「환경
보호법(시행)」을 제정하여 실시하였다. 「환경보호법(시행)」은 모두 7
개 장 33개 조항으로 환경보호기본법의 기틀을 형성하였으며 법률의

---

595) 國家保護和改善生活環境和生態環境，防治污染和其他公害。

596) 國家保障自然資源的合理利用，保護珍貴的動物和植物。禁止任何組織或
　　　者個人用任何手段侵佔或者破壞自然資源。

형식으로 환경보호의 기본정책을 확정하였다는 데 그 의미가 있었다. 1983년 초부터 중국 정부는 환경보호법(시행)에 대한 수정작업을 시작하여 1989년 12월 26일 제7기 전국인민대표대회 상무위원회 제11차 회의는 『환경보호법』을 통과시켰다.

환경보호법은 모두 6개 장 47개 조항으로 구성되어 있다(<표 17-1> 참조). 제1장은 총칙으로 입법의 목적과 환경보호의 기본원칙과 환경관리제도 등을 규정하였다. 제2장은 환경감독관리로 환경표준제도, 환경감시측량제도, 환경보호계획제도, 환경영향평가, 현장검사제도, 지역 간 환경문제 협조제도 등을 규정하였다.

제3장은 환경보호와 개선으로 환경보호책임제 자연보호구와 기타 대상의 보호, 자연자원개발이용, 농업환경보호, 해양환경보호, 도시계획 및 도농건설 등을 규정하였다.

제4장은 환경오염과 기타 공해의 방제, 기업환경보호책임제도, 오염신고등록제도, 오염배출비용부담제도, 기한부환경방제제도, 강제긴급조치제도, 오염이전금지제도 등을 규정하였다.

제5장은 법적 책임으로 환경보호법을 위반한 행정책임, 민사책임, 형사책임을 규정하였고 동시에 환경오염손해배상의 무과실책임, 공평책임, 환경자원민사소송과 행정소송의 특수규칙에 대하여 규정하였다.[597]

---

597) 呂忠梅, 『環境法導論』, 北京, 北京大學出版社, 2008, 40쪽.

〈표 17-1〉 환경보호법 구조 및 내용

章	條	내 용	비고
7개 장	47개조		
제1장 총칙	제1조	제정목적	
	제2조	개념정의	
	제3조	적용범위	
	제4조	환경보호와 국민경제 및 사회발전계획 협조발전원칙	
	제5조	환경과학연구 교육 장려	
	제6조	주민 환경보호의무와 고발 고소권	
	제7조	환경행정의 통일과 분업감독관리권	
	제8조	장려조치	
제2장 환경감독 관리	제9조	환경품질표준	
	제10조	오염물배출표준	
	제11조	환경감시측정 및 환경공보의 정기공포	
	제12조	환경보호계획	
	제13조	환경영향평가	
	제14조	현장검사	
	제15조	광역행정구역의 환경오염 및 환경파괴 방제업무, 지방정부협상권	
제3장 환경보호 개선	제16조	관할지역정부의 환경질량에 대한 책임	
	제17조	정부의 자연생태환경 보호의무	
	제18조	특수보호지역의 금지 및 제한조치	
	제19조	자연자원이용개발과 생태환경보호조치	
	제20조	정부의 농업환경보호의무	
	제21조	정부의 해양환경보호의무	
	제22조	정부의 도시규획의 환경목표	
	제23조	도농건설의 자연보호	
제4장 환경오염 및 기타공해방제	제24조	기업환경보호책임제도 및 기술개선, 갱신	
	제25조	오염배출경감의무	
	제26조	3동시 제도(설계, 시공, 생산을 동시에 추진하는 제도)	
	제27조	오염배출량 초과 비용징수	
	제28조	오염배출신고등록	
	제29조	환경오염방제 기한	
	제30조	중국 국가 환경에 위해를 가하는 기술 설비 수입 금지	

章	條	내 용	비고
	제31조	오염사고 처리의 지방정부의 책임	
	제32조	오염사고 발생 시 보고	
	제33조	유독화학물품 및 방사성물질 제한 및 금지	
	제34조	오염물질 전이 금지	
제5장 법적책임	제35조	환경오염 및 생태환경파괴 시 행정처벌	
	제36조	건설프로젝트의 환경파괴 및 오염 유발 시 행정처벌	
	제37조	오염배출량 초과비용 미납자 행정처벌	
	제38조	기업의 환경보호책임 위반 시 행정처벌	
	제39조	오염방제 기한 초과 시 행정처벌	
	제40조	행정처벌에 대한 불복 시 소송절차	
	제41조	손해배상 민사책임	
	제42조	손해배상 민사소송 시효	
	제43조	본 법 위반할 경우 생명과 공공재산 피해 시 형사책임	
	제44조	본 법을 위반할 경우 생태환경파괴 시 형사책임	
	제45조	공무원의 환경보호의무 직무유기 직권남용 시 형사책임	
제6장 부칙	제46조	국제조약의 적용 및 본 법과의 효력순위 관계	
	제47조	본 법 시행일 및 환경보호법(시행) 폐지	

출처: 1989년 중국 환경보호법을 참조하여 작성.

2) 기타 환경보호법제

상술한 환경보호법을 제외한 중국의 환경관련 법률은 1982년 헌법에 환경조항을 명기한 때부터 2001년 12월 WTO 가입 이전 기간까지 10개의 법률을, WTO 가입 이후 2008년 6월 말 현재까지 11개의 법률을, 모두 21개의 환경관련법률 제정하였다(<표 17 – 2> 참조). 그 밖에도 56개의 행정법규(한국의 대통령령에 해당), 150여 개의 部門規章(한국의 부령에 해당), 약 1,200여 개의 지방법규 등 수많은 환경관련하위법규를 제정 · 시행하고 있다.598)

〈표 17 - 2〉 중국 환경보호법률 일람표

순번	법률 명칭	제정 연 - 월 - 일	비고
●	헌법 제9조 제2항, 제26조 제1항	1982 - 12 - 04	
1	해양환경보호법(海洋环境保护法)	1982 - 08 - 23	
2	야생동물보호법(野生动物保护法)	1988 - 11 - 08	
3	환경보호법(环境保护法)	1989 - 12 - 26	환경기본법
4	수토보존법(水土保持法)	1991 - 06 - 29	
5	매탄법(煤炭法)	1996 - 08 - 30	
6	환경소음오염방제법(环境噪声污染防治法)	1996 - 10 - 29	
7	기상법(气象法)	1999 - 10 - 31	
8	대기오염방제법(大气污染防治法)	2000 - 04 - 29	
9	어업법(渔业法)	2000 - 10 - 31	
10	해역사용관리법(海域使用管理法)	2001 - 10 - 29	
●	중국 WTO 가입	2001 - 12 - 10	
11	청결생산촉진법(清洁生产促进法)	2002 - 06 - 29	
12	물법(水法)	2002 - 10 - 01	
13	환경영향촉진법(环境影响评价法)	2002 - 10 - 28	
14	초원법(草原法)	2002 - 12 - 28	
15	방사성방제오염방제법(放射性污染防治法)	2003 - 06 - 28	
16	방사치사법(防沙治沙法)	2003 - 12 - 03	
17	재생가능에너지법(可再生能源法)	2004 - 12 - 29	
18	고체폐기물오염환경방제법(固体废物污染环境防治法)	2005 - 02 - 28	
19	에너지절약(节约能源法)	2007 - 10 - 30	
20	도농규획법(城乡规划法)	2007 - 10 - 31	
21	수오염방제법(水污染防治法)	2008 - 02 - 29	

출처: 중국 環境保護部 사이트 http://www.mep.gov.cn/law/law/를 참조하여 필자가 재작성.

---

598) 中國 法律法規信息系統 http://law.npc.gov.cn:87/home

그러나 환경보호법과 각종 오염방제법 및 자연자원법은 환경보호
행정주관부문과 각급 오염방제부서, 자연관리부문의 권한을 규정하였
으나 법 자체의 지위와 관할부서의 지위가 동일함에 따라 부처별로
책임소재가 분명하지 않고 부처이기주의의 견지에서 집행되고 있다.
이러한 평등한 법적 지위는 한 부서가 다른 부서가 결정한 처벌을
복종할 수 없게 하거나 동일한 행위에 중복 제재를 가하는 현상을
초래하고 있다.

2. 환경관리체제

1949년 중국 정부 수립 이후 중국의 환경관리체제는 여러 차례
변천을 거쳤다. 중국 정부 수립 이후 1970년대 초까지 환경관리권은
농업부, 위생부, 임업부, 수산총국 등 관련 부처에서 환경관리업무를
분담하였다.

1974년 국무원 산하에 일종의 상설 특별작업반인 국무원환경 영도
소조(領導小組)가 설립되어 전국환경보호정책을 총괄하게 하였다. 1982
년, 도농(城鄉)건설환경보호부가 설립되고 부 내에 환경보호국을 설립
하고 전국환경보호 업무를 주관하였으며 1984년 말, 국무원은 환경
보호국을 국가환경보호위원회로 개명하고 신설된 국무원환경보호위
원회 예하의 집행기관화하였다. 1988년 5월 원래의 도농건설환경보
호부에서 독립시켜 국무원 직속의 국가환경보호국으로 격상시켰다.

1998년 국무원기구개혁 차원에서 신설한 국토자원부를 국토자원
에 대한 통일적 관리를 담당하게 하고 원래 부부장급(차관급)인 국가
환경보호국을 부장(部長)급599)인 국가환경보호총국으로 승격시켰다.600)
그러나 국가환경보호총국의 직책은 간단하게 에너지절약 · 오염저감

및 오염배출비용징수로 요약할 수 있으며 입법, 생태건설, 특히 대규모의 생태건설 분야에 대한 역할이 제한되어 있었다. 또한 국가환경보호총국이 농업부, 임업부, 수리부 등에 비해 낮은 지위에 처해 있는데다가 이들 각부의 부처이기주의에 차 순위로 밀려 나가게 되어 자체적으로 환경보호관련부문규장(부령)과 관련정책을 제정·시행할 수 없었다. 이러한 상황은 2001년 이래 WTO 체제하의 중국환경보호 정책추진에 장애요소가 되었기 때문에 2008년 3월 후진타오 제2기 정부출범 시, 중앙정부조직 개편 시 환경보호부로 전격 승격 조치하게 된 것이다.

국가환경보호총국이 환경보호부로 격상된 것은 국가의 환경보호 분야에 대한 인식의 중요성을 알 수 있다. 국에서 부로 승격한 것은 단지 형식일 뿐이며 향후 인원구성, 직책, 환경보호기구의 건설 등 분야의 기능강화를 추진할 목적이다. 환경보호부 승격을 통해 환경보호기구의 권한이 확대되었으며 이는 환경보호에 관한 법 집행기능 강화를 의미하는 것이다.

조직개편 후 환경보호부는 자체로 환경보호 부문규장(部門規章)[601]을 제정·시행할 수 있게 되며 환경보호부의 확대개편으로 환경보호부서, 농업부, 임업부, 수리부 등 각 부서와의 협력관계를 규범화하여 자원통합과 사업효율에 효과적일 것으로 기대하고 있다.

2008년 8월 환경보호부는 내부조직을 종래의 1청, 9사(司), 1국

---

599) 실제로는 환경보호총국장은 부부장(차관)급에 준하여 대우하였다. 한국의 1995년 환경부로 승격하기 이전의 1990년 환경처에 해당한다 할 것이다. 한국의 경우는 1980년 환경청, 1990년 환경처로 승격하여 1995년 환경부로 승격하였다. 홍준형, 『환경법』, 서울, 박영사, 2005, 51-61쪽 참조

600) 汪勁, 『中國環境法』, 北京, 北京大學出版社, 2006, 301쪽 참조.

601) 한국의 부령에 해당, 강효백, 『중국법통론』, 서울, 경희대학교출판사, 2007, 23쪽 참조

(局)에서 판공청(辦公廳), 규획재무사(規划財務司), 정책법규사(政策
法規司), 행정체제·인사사(行政體制及人事司), 과기표준사(科技標
准司), 오염물배출총량통제사(汚染物排放總量控制司), 환경영향평
가사(环境影響評价司), 환경감측사(环境監測司), 오염방제사(汚染
防治司), 자연생태보호사(自然生態保護司), 핵안전관리사(核安全管
理司), 환경감찰국(环境監察局), 국제합작사(國際合作司), 선전교
육사(宣傳敎育司) 등 1청, 12사, 1국으로 확대 개편하였다.602) 각급
지방정부의 환경보호부서도 환경보호부의 승격에 따라 독립된 환경
보호부서의 직권을 행사할 수 있도록 기구설치와 인원구성 및 관련
임무를 정비·개편하였다. 중국의 환경행정기관의 구조는 환경보호
부를 비롯한 중앙과 省, 市, 縣, 鄕의 5단계 정부환경보호 분야로
구성되어 있다. 중앙과 성급환경보호부서는 거시적 환경감독관리를,
현과 향급 환경보호부서는 미시적 환경감독관리를, 시급환경보호부서
는 거시와 미시를 연계하는 중간적 환경감독관리를 담당하고 있다.

Ⅳ. 중국 환경법제의 문제점

1. 환경입법의 지체성

중국의 WTO 가입은 중국이 WTO협정을 준수하고 자국의 환경
보호법제를 WTO 체제에 부합하도록 정비할 것을 의미한다. 그러나
중국의 현재 환경법제 상황과 WTO가 요구하는 바는 상당한 격차가

---

602) "國務院辦公廳關于印發环境保護部主要職責內設机构和人員編制規定的
通知", 『國辦發[2008]』, 73호, 2008. 08. 01.

있다. 중국의 환경법은 사회주의 현대화건설의 발전과정과 밀접한 관련을 맺고 있다. 1980년대 중국은 경제건설이 여타 분야를 압도하는 정책으로 일관하여 환경보호는 경제건설을 위하여 희생되는 상황하에서 중국 환경법의 기본이념은 사회주의 현대화건설에 이바지하는 방향으로 국한되었다. 경제건설에의 총력집중은 과거 계급투쟁을 강령으로 하는 정통마르크스레닌주의를 철저히 부정하고 개혁개방의 거대한 대전환을 이룬 것이었지만 이러한 경제건설 일변도는 또 다른 극단으로 중국사회를 치닫게 하였다.603)

이러한 시대인 1989년에 제정된 이래 단 1개 조항도 개정되지 않고 현재까지 시행 중인 환경보호법은 제정과정 및 입법 취지와 규정 내용의 불명확성과 낙후성, 행정·사법적 구제장치의 미흡, 환경무역 조치의 불투명성, 관련법률·법규 정책의 미공개성 등 거의 모든 분야에서 WTO원칙에 부합하지 않는 것이다. 중국경제사회의 급속한 발전의 부작용으로 환경문제가 갈수록 악화되고 그 상황이 더 이상 지탱할 수 없는 임계점에 이르면 비로소 그것에 대한 법률을 제정하는, 미봉책으로서의 환경입법행태를 보여 왔다.

환경문제는 환경오염의 결과가 장기간에 누적된 후에야 발생하고 사람들이 인식할 수 있는 잠재적 특성이 있는 것인데도 불구하고 중국의 환경입법의 지체성(遲滯性)은 심각한 상황이다. 환경보호법 제1조는 동법의 입법취지를 생활환경과 생태환경을 보호 개선하고 오염과 기타 공해를 방지하고 인체건강을 보장하여 사회주의 현대화건설의 발전을 촉진하기 위한 것604)으로 명시하였다. 환경보호법 제4

---

603) 呂忠梅, 『環境法學』, 北京, 法律出版社, 2008, 117쪽.
604) 爲保護和改善生活环境与生態环境, 防治汚染和其他公害, 保障人体健康, 促進社會主義現代化建設的發展, 制定本法。

조는 "환경보호업무와 경제건설과 사회발전은 상호 협조한다"[605]라고 규정하였다. 이와 같은 조항들은 환경보호를 단지 경제건설을 위한 분야임을 명확히 한 것으로 정책의 우선순위를 자원의 개발과 이용에만 초점을 맞추었을 뿐 그것을 제한하고 규제하는 환경보호 정책은 등한시한 것이다. 환경보호의 법익과 현실적인 경제이익과의 상호 충돌이 발생할 경우 희생당하는 것은 전자인 경우가 대부분이다. 1960년대 미국과 일본 등 일부 선진국가가 환경보호는 단지 경제발전을 위한 부수적인 것이라는 입법이념을 기초로 한 환경법을 제정 실시한 바 있으나, 환경오염과 생태파괴는 더욱 악화되고 지역경제와 사회발전을 제약하는 등, 당초 입법의도와는 정반대의 결과를 초래한 입법례를 중국 역시 답습하였다.

2001년 WTO 가입을 전후하여 중국 정부는 합자기업법, 합작기업법, 외자기업법 등 삼자기업법[606]과 대외무역법, 저작권법, 특허법, 상표법, 회사법 등 주요 법률들을 제정수준에 가까운 대폭 개정을 하고, 2007년에는 물권법, 기업소득세법 등 기본법률을 제정하였으나 유독 환경보호법은 아직 개정되지 않고 있다(<표 17 - 3> 참조).

최근 중국은 환경보호법의 전면개정 또는 새로운 환경기본법의 입법을 추진하고 있는데 최근 3년 동안 전국인민대표대회와 전국정치협상회의는 환경보호법의 개정건의를 35건 접수했으며 환경관련입법 건의 과반수에 달하였으며 여기에는 전국인민대표대회 대표 400여 명이 개정 제안에 참여하였다. 2007년 10월 전국인민대표대회 환경

---

605) 國家制定的环境保護規划必須納入國民經濟和社會發展計划, 國家采取有利于环境保護的經濟、技術政策和措施, 使环境保護工作同經濟建設和社會發展相協調。

606) 『합자기업법』, 『합작기업법』, 『외자기업법』 등 세 개의 외국인 투자관련 기본법을 일컬어 '삼자기업법'이라고 함. 강효백, 상게서, 262쪽.

자원위원회는 전문가의 견해를 들어 환경보호업무의 실제적 수요에
따라 개정이 더 이상 미룰 수 없다는 보고서를 제출한 바 있다.[607]

<표 17-3> 중국 주요법률 제·개정 현황

법률명칭	제정연도	최근개정연도	제정 기관	法源 효력
환경보호법	1979	1989	전인대 상무위원회	기타법률
합자기업법	1979	2001	전국인민대표대회	기본법률
특허법	1984	2000	전인대 상무위원회	기타법률
상표법	1982	2001	전인대 상무위원회	기타법률
외자기업법	1986	2000	전국인민대표대회	기본법률
합작기업법	1988	2000	전국인민대표대회	기본법률
저작권법	1990	2001	전인대 상무위원회	기타법률
회사법	1994	2006	전인대 상무위원회	기타법률
대외무역법	1994	2004	전인대 상무위원회	기타법률
물권법	2007		전국인민대표대회	기본법률
기업소득세법	2007		전국인민대표대회	기본법률

출처: 中國 法律法規信息系統 http://law.npc.gov.cn:87/home. 法律出版社法規中心, 『學生常用法律手册』, 北京, 法律出版社, 2008을 참조하여 필자가 직접 작성.

2. 불투명성 및 저차원성

WTO는 무역과 관련한 국내법규, 사법적·행정적 결정 및 정책을
명료히 하고 공개하는 원칙, 즉 투명성 원칙을 다자간 무역규범의
기본원칙으로 채택하였다. 투명성 원칙은 국제무역에서 예측 가능성
을 제고하고, 국제무역 관련 조치가 공개적으로 명료하게 적용되도
록 함으로써, 관련 무역법규의 자의적인 해석과 적용에 따른 통상분
쟁을 사전에 방지하여 WTO 체제의 실효성을 확보하기 위한 것이

---

607) 陳家貴, 『2008年 中國經濟形勢分析與豫測』, 北京, 社會科學文獻出版社,
    2008, 132쪽.

다.[608) WTO 가입 시 중국 정부는 새로운 환경법률을 제정하고 법의 공포, 통지, 자문기관을 설치하는 이행을 약속하였으나 법률과 행정법규(한국의 대통령령에 해당) 등 상위법을 제외한 부문규장(부령) 또는 지방성 법규(조례와 규칙) 등 하위법규들의 투명성은 매우 낮은 수준이다. 특히 지방행정입법권을 장악하고 있는 지방정부는 상위법규와 일치하지 않은 지방성 법규를 자의적으로 제정하고 있을 뿐만 아니라 그 제정 과정 및 결과물을 공개하지 않는 사례도 많이 있다.

중국 헌법 제62조 제3호와 제67조 제3호에 의하면 전국인민대표대회가 제정한 기본법률의 효력은 전국인민대표대회 상무위원회가 제정한 기타법률의 상위법이다.[609] 또한 입법법 제88조 제1항에 의하면 전국인민대표대회는 전인대 상무위원회가 제정한 부적당한 법률을 폐지할 수 있다.[610] 1979년 환경보호법(시행) 및 1989년 환경보호법을 제정한 입법기관은 모두 전국인민대표대회 상무위원회이며 환경보호법 법원(法源)의 효력 지위는 기타법률로서 이는『물권법』,『기업소득세법』, '삼자기업법' 등 전국인민대표대회에서 제정된 기본법률에 비하여 하위법의 지위에 있다.[611] 환경보호법이 환경법체계 중 마땅히 위치하여야 할 기본법적 지위로서는 부합하지 않을 뿐만

---

608) 李恒遠·常紀文,『中國環境法治』, 北京, 法律出版社, 2008, 206-207쪽.

609) 全國人民代表大會行使下列職權: (一) 修改憲法; (二) 監督憲法的實施; (三) 制定和修改刑事民事國家機構的和其他的基本法律。全國人民代表大會閉會期間, 對全國人民代表大會制定的法律進行部分補充和修改, 但是不得同該法律的基本原則相抵觸。

610) 全國人民代表大會有權改變或者撤銷它的常務委員會制定的不適當的法律。

611) 한국 法源의 효력 계층은 헌법, 법률, 명령, 조례, 규칙 등 5단계이나 중국은 헌법, 기본법률(전인대 제정),기타법률(전인대 상무위원회 제정), 행정법규(국무원 제정), 부문규장(행정 각부 제정), 지방성 법규(지방 인민대표대회 제정), 자치조례(자치주 인대 제정), 지방정부규장(지방정부 제정) 등 8단계 계층으로 이루어졌다. 강효백, 상게서, 417쪽 참조

아니라 기타 환경관련 단행법의 효력순위와 구별할 수 없기 때문에 환경보호법과 여타 환경관련 단행법률이 상호 저촉되는 경우가 빈발하고 있다. 이를테면 2004년 개정된 『고체폐기물오염환경방제법』에는 환경보호행정주관부서가 주무부서이나 환경보호법 제29조에는 각 지방 인민정부가 주무부서로 규정되어 있다.612)

3. 정부관리 통제성

중국 개혁개방의 과정은 경제체제를 계획경제에서 시장경제로 꾸준히 전환하고 발전하는 과정으로서 중국이 본격적으로 사회주의시장경제를 추진하기 시작한 때는 1992년부터이며 그 이전은 정통사회주의 계획경제체제에서 계획적 사회주의상품경제를 모색하는 단계에 있었다. 따라서 환경보호법은 이러한 단계에 배태된 것으로 계획경제체제에 적응을 기본이념으로, 명령과 강제, 통제를 법운용 메커니즘으로, 정부의 환경감독관리행위를 환경보호의 기본수단으로, 환경오염처리와 방제의 규범화를 입법의 중점으로 제정된 것이다.

즉 중국의 환경보호법제는 사회주의적 통제관리를 기조로 하여 WTO 시장메커니즘을 가미하여 구축된 것이다. 중국의 WTO 가입과 함께 시장경제체제의 발전은 종전의 단일 단순한 직접통제식 명령－통제 모델에서 직접통제－간접통제－자기통제를 유기적으로 결합한 모델로 전환하는 기회를 제공하였다. 환경법은 당연히 금지와 명령의 강제성 규범과 함께 장려와 유도의 임의성 규정을 적절히 융합하여야 하여야 하는데도 불구하고 중국 환경보호법은 여전히

---

612) 中央或者省、自治區、直轄市人民政府直接管轄的企業事業單位的限期治理, 由省、自治區、直轄市人民政府決定。

WTO 시장메커니즘을 충분히 체화하지 못한 채 국가의 강력한 행정관리제도 색채를 유지하고 있다.613) 환경보호법은 사전 예방적 영역이 아니라 규제의 영역에 머물러 있는바 환경영향평가, 환경오염행위의 방지대책 등과 같은 사전 예방적 조치의 강구를 요구할 수 있는 권리의 규정은 없고 환경오염의 배제청구 및 규제의 요구권을 규정한 데 그치고 있다. 환경보호법 제6조는 환경을 오염하고 파괴하는 단위와 개인에의 고소·고발권을 규정하였으나,614) 이를 시행하기 위한 제도의 절차적 보장이 미흡하다. 이와 별도로『물오염방지법』,『환경소음오염방지법』은 환경영향보고서를 작성할 때 해당 건설프로젝트 소재지 거주민의 의견을 청취할 것을 명기하고 있으나, 이는 주민참여라기보다도 일종의 제안제도에 가깝다고 할 것이다.615) 이 밖에도『환경보호법』 제5조616)와 제8조617) 역시 추상적 조항으로 이에 상응하는 제도장치가 미비하고 그것의 실현 가능성이 취약한 조항들이다. 즉 중국의 환경보호법에는 자연자원의 합리적 이용과 보호, 환경친화적 기술의 개발 및 이전, 유전자원에 대한 접근, 생명공학기술을 포함한 기술, 생태계보호와 생물다양성보호, 핵오염 및 유

---

613) 王明遠, "中國環境資源法的發展, 回顧與展望",『國際環境法與比較環境法論叢』, 法律出版社, 2006, 53쪽.

614) 一切單位和个人都有保護环境的義務, 并有權對汚染和破坏环境的單位和个人進行檢擧和控告。 모든 단위와 개인은 모두 환경보호 의무가 있으며, 환경을 오염시키고 파괴하는 단위나 개인을 고발 또는 고소할 권리를 갖는다.

615) 徐祥民,『中國環境資源法學評論』, 北京, 人民出版社, 2008, 132쪽.

616) 國家鼓勵环境保護科學敎育事業的發展, 加强环境保護科學技術的研究和開發, 提高保護科學技術水平, 普及环境保護的科學知識。 국가는 환경보호 과학교육사업의 발전을 장려하고 환경보호 과학기술의 연구와 개발을 강화하며, 환경보호를 위한 과학기술수준을 향상시키고 환경보호의 과학지식을 보급한다.

617) 對保護和改善环境有顯著成績的單位和个人, 有人民政府給予獎勵。 인민정부는 환경보호와 개선에 현저한 업적을 남긴 단위나 개인에 대하여 표창하고 격려하여야 한다.

독화학물질의 안전관리에 관한 규정은 없으며 오염과 기타 공해현상
의 소극적 규제 측면에만 편중되어 있는 실정이다.

4. 국내법화 및 구제절차의 미흡

오늘날 환경문제는 지구온난화, 오존층 파괴, 생물종의 감소, 유해
폐기물의 국가 간 이동, 해양오염 등 한 국가 차원의 국지적인 문제
가 아닌 글로벌화 되어 있다. 환경문제는 국경이 없는 것으로 한 국
가의 환경은 전 지구적 환경에 영향을 끼칠 수 있기 때문에 각국은
국제환경보호조약체결을 위해 노력하고 있다. 환경보호를 위한 국제
적 노력은 법적인 측면에서도 국내법에 중대한 변화를 가져오고 있
다. 중국은 환경보호 문제와 관련하여 WTO 가입을 비롯한 수많은
국제환경협약을 체결하였으나 이를 중국 내에 시행하기 위한 법률의
제정 움직임이 미미하다. 즉 WTO 등 국제환경협약의 국내법적 수
용 경로가 미흡하고 국제법과 국내법과의 모순발생 시 해결에 대한
규정이 없다.

또한 환경과 관련한 중국 행정소송법의 원고자격은 다음 두 가지
분야로 엄격하게 제한하고 있다. 첫째, 합법적 권익에 피해를 받을
경우에 '관습'에 대한 해석에 제한이 있다. 행정소송법, 환경보호법
에서 합법권익의 해석은 관습상·법률상 규정하는 구체적 권익을 포
함하는 것이지 추상적 권익을 포함하지 않는다. 구체적 권익은 원고
의 인신과 재산 등의 권익을 가리키며 생태환경에 위해를 끼치거나
자연계의 미학가치를 저하시키는 등의 상황은 통상적으로 원고의 합
법적 권익으로 보지 않고 소송자격을 인정하지 않는다.618)

둘째, 제3자의 원고자격을 제한한다. 행정소송법과 환경법의 규정

은 원고자격의 개인 또는 단체는 그 권익을 침해받은 행정행위참여자로 제한하며 제3자를 포함하지 않는다. 이러한 제한은 환경보호행정주관기관의 과실심사비준으로 말미암은 환경에 불리한 영향을 끼친 사고에 대하여 법적 책임을 면탈하는 구실을 초래하고 있다. 행정심판법 제14조에 따르면 환경행정 당사자는 관련 환경행정기관의 구체적 행정행위 중에 자신의 합법적 권위를 침범당하였을 경우에 우선 행정심판을 거치지 않고서는 인민법원에 행정소송을 제기할 수 없다.619) 이와 유사한 규정이 야생동물보호법 및 소음오염방제법 등에도 규정되어 있는데 중국이 고수하고 있는 필요적 행정심판전치주의는 환경행정의 상대방이 공정한 사법적 구제를 받기 곤란한 것으로 이는 WTO 사법심사원칙과도 배치되는 것이다.620)

V. 결 론

WTO 체제는 본질적으로 자유무역의 적극적 촉진자이다. 환경조항을 지나치게 강화하여 국제무역을 억제하는 결과를 자초하지는 않는 것이다. WTO 가입 초기 몇 년간 중국 정부는 환경기준의 상향

---

618) 王樹義, "從綠色貿易壁壘的双重性質看我國應采取的對策", 『中國軟科學』, 2002. 8., 36쪽.

619) 對國務院部門或者省、自治區、直轄市人民政府的具体行政行爲不服的, 向作出該具体行政行爲的國務院部門或者 省、自治區、直轄市人民政府申請行政夏議。對行政夏議決定不服的, 可以向人民法院提起行政訴訟; 也可以向國務院申請裁決, 國務院依照本法的規定作出最終裁決。

620) 한국의 경우 1998년 3월 1일부터 시행된 개정 행정소송법은 이전의 필요적 행정심판전치주의를 폐지하고 임의적 행정심판전치주의를 채택하였다. http://100.naver.com/100.nhn?docid＝745239 참조.

조정이 국내 상품의 경쟁력을 향상시키고 시장접근에 기여한다는 점을 시인하면서도 선진국과의 사회·경제적 여건의 격차를 부각하는 한편 WTO의 개도국에 대한 환경관련 예외조항을 강조하는 입장을 견지하면서 유독 환경법제의 정비에는 소극적인 태도로 일관하였다고 총평한다.

그러나 최근 중국 정부는 환경보호와 무역증진이라는 두 가치는 상호 보완적인 것으로서 모두 자원의 효율적인 이용을 지향하고 있기 때문에 기본적으로 양립이 가능하다는 인식의 바탕 위에서 무역과 환경의 지속 가능한 발전을 추구하고 WTO 체제에 부합하는 새로운 환경법제 정립을 적극 모색하고 있다. 이는 양극단을 통합해 조화로운 사회(和諧社會, Harmonization Society) 실현을 기치로 내건 후진타오 - 원자바오 신정부의 국정목표와도 부합한 것이라고 볼 수 있다.

중국 정부는 기존의 낙후한 환경보호법을 전면 개정하고 기본법률로 차원을 높인 새로운 '환경기본법' 제정을 강력히 추진하고 있는 것으로 관측된다. '환경기본법'에는 WTO투명 환경입법의 공개와 통일의 강화, 환경권의 보장, 구제장치의 완비, 정책자문기구와 환경정보DB구축, 환경영향평가주민참여권의 보장, WTO와 각 회원국에 대한 환경법률·법규·정책의 공개 등이 규정될 것으로 파악된다.

중국 정부는 과거 WTO 체제의 자유무역우선성향을 편승하거나 WTO협정의 예외조항을 최대한 자국에 유리하게 해석하여 환경문제를 방어하고 회피하려는 소극적 자세에서 탈피하여 경제무역대국으로서의 달라진 중국의 위상을 발판으로 WTO 규칙을 비롯한 국제환경규칙 개정에 적극 참여함으로써 국제경제무역과 환경보호 질서에 공격적으로 개입하는 방향으로 전환될 것으로 전망된다.

18. 한·중 환경기본법 비교

I. 서 론

중국은 급속한 경제발전에 따른 환경 악화로 도시와 농촌이 모두 공기오염, 산성비, 수질오염, 사막화로 갈수록 악화되어 가고 있다. 사상 유례가 없을 정도로 빠른 경제성장을 이룩하여 온 중국의 이면은 심각한 환경오염으로 질식해 가고 있다. 이미 선진국이 100년간 겪은 환경문제가 10여 년 만에 모두 드러나는 등 급박한 문제에 봉착했다. 중국의 환경오염은 비단 중국 자체만의 문제가 아니라 국제적인 문제이며 특히 인접국가인 한국에 미치는 영향은 매우 크다. 중국의 주요 하천은 황해로 유입되며 한반도의 중요한 하천도 마찬가지이다. 따라서 대기오염, 해양오염, 황사 등 환경문제와 관련하여 한중 양국 간에 심각한 국제분쟁이 발생할 가능성도 배제할 수 없다.

중국의 환경오염 현상의 파악과 한국에 미치는 영향 및 그 대책에 대한 선행연구는 적지 않은 편이지만, 중국의 환경법, 특히 환경기본법인 『환경보호법(環境保護法)』을 고찰한 국내의 선행연구는 그 중요성에 비해 매우 희소하다.[621]

---

[621] 중국 환경기본법에 관한 국내논문은 김하록, "중국 환경보호법의 역사적인 전개와 환경보호법의 기본내용", 『환경법 연구』, 제24권 2호(2002년 6월); 김철, "중한일 환경법연혁 비교", 『중국법연구』, 제9집(2008년 8월) 등 주로 한국

필자는 중국의 환경기본법인『환경보호법』을 한국의 환경기본법인
『환경정책기본법』과의 비교를 통하여 파악하는 비교법학방법론을 채
택하고자 한다. 비교법학의 목적은 크게 두 가지이며 하나는 외국법
을 이해하는 것이고 다른 하나는 외국법과 비교 대비함으로써 자국
의 입법상 개선을 모색하려는 것이다.622) 본고는 전자에 중점을 두
고자 한다. 즉『환경보호법』을 중심으로 중국의 환경법제에 관한 구
체적 · 실체적 자료들을 수집하고 이를 바탕으로 하여 중국 환경법에
대한 이해를 도모하고자 한다. 법 비교의 대상을 한 · 중 양국의 환
경기본법인『환경정책기본법』과『환경보호법』에 한정하고, 전자는
후자를 설명하기 위한 단초로서 중국의『환경보호법』에 중점을 두어
분석하고자 한다.623)

환경법은 그 나라의 환경 여건과 문화의 반영이다.624) 미국이나
일본, 서구제국의 선진적인 환경법제라고 무조건 수용할 것이 아니
다.625) 그와 마찬가지로 중국의 낙후된 환경상황을 규율하는 중국의
환경법제 역시 낙후된 것일 거라는 예단하에 그 비교연구의 가치가
낮다고 도외시하여서는 안 될 것이다. 우리나라의 최대 무역 · 투자
상대국이며 우리나라의 환경상황에 가장 큰 영향을 끼치고 있는 인
접국가인 중국이 환경보호를 위하여 어떠한 법제개선의 노력과 시행
착오를 겪어 왔는가를, 또 봉착해 있는 문제점들은 무엇이며 이를

체류경험이 있는 중국 조선족 학자의 논문이 소개되어 있을 뿐이다.

622) K. Zweigert/H. KöFtz, EinFührung in die Rechtsvergleichung, 3. Aufl.,
TüFbingen, 1996, p.1.

623) 沈宗靈,『比較法研究』, 北京大學出版社, 200쪽.

624) Campbell‒Mohnm Breen, *Sustainable Environment Law*, West Publishing,
Co., 1993, p.147.

625) 박수혁, "현행법상 환경규제의 적정성에 관한 연구―주요 외국의 경우와의 비
교―",『저스티스』, 제103호(2007. 6.), 181‒182쪽.

해결하기 위하여 어떠한 방안과 정책을 모색하고 있는가를 탐구하는 것은 선진국의 환경법을 연구하는 것만큼 못지않게 학술적·실용적 의의가 크다고 판단한다.626)

이 두 기본법이 각각 국내 실정법 구조에서 다른 환경 관련 법률들과 법령 상호 간의 체계상 어떠한 위치와 의미를 가지는 것인가, 두 기본법의 이념과 기본원칙, 구조와 구체적 내용은 어떻게 구별되며 또 그것들의 문제점과 앞으로의 발전방향은 어떻게 전개될 것인가 등 몇 가지 검토하여야 할 문제에 대하여 논급하고자 한다.

본고의 연구자료는 중국 환경보호부(環境保護部)의 인터넷사이트와 관련기관 자료를 중심으로 분석하였으며 최근 중국에서 연구 발표되고 있는 각종 전문서적과 학술지 게재논문을 주로 이용하였다.

본 연구는 제Ⅱ장에서 한·중 양국의 환경기본법 발전연혁과 입법방식의 변화를 살펴보고 제Ⅲ장에서는 양국의 기본법체계 및 환경기본법의 실정법 체계상의 지위와 의미를 파악하고 제Ⅳ장에서는 양국의 환경기본법의 목적과 기본이념, 기본원칙, 구조와 주요 내용을 비교·고찰한 후 제Ⅴ장에서는 환경기본법의 문제점과 개선방향을 주로 중국의 『환경보호법』에 중점을 두어 파악하고 제Ⅵ장 결론에서는 이를 요약하기로 한다.

---

626) 自文化中心主義와 서구중심주의(Anglo－Eurocentrism)의 관점에서 볼 경우 연구대상으로 중국환경법을 선정한다는 것 자체가 부적절하다는 비판이 제기될 수 있으나 비록 그렇다 하더라도 중국의 환경법제는 우리나라 환경법제에 최소한의 참고자료로서 가치가 있을 수 있다. G. Frankenberg, "Critical Comparison: Re－Thinking Comparative Law", in: *Harvard International Law Journal* Vol.26, 1985, p.433 참조.

Ⅱ. 환경기본법의 연혁 비교

1. 1980년대 이전

한국의 환경문제는 1962년부터 경제개발 5개년 계획을 본격적으로 추진하면서 시작되었으며, 이러한 환경문제에 대처하기 위하여 1963년 『공해방지법』이 제정되었다. 『공해방지법』은 21개 조항에 지나지 않는 소규모 입법으로 규제내용과 그 실효성 측면에서 미흡한 점이 많았고 위생법적 성격이 강하였다. 1970년대에 들면서 고도성장으로 인한 환경오염의 증가 등으로 환경문제가 심각해지고 다양해짐에 따라 종래의 『공해방지법』으로서는 오염물질의 효율적인 관리가 어려워 보다 체계적이고 통일적인 입법이 요구되어 1977년 『공해방지법』을 대체하는 11개 장 70개조로 구성된 『환경보전법』이 제정되었다. 『환경보전법』은 대기, 수질, 소음, 진동 등 이질적인 분야를 함께 규정하고 있어 날로 다양화·복잡화해 가는 환경문제에 효과적으로 대처하기 곤란하였다. 단일법규로 심각한 환경문제를 처리하는 데 입법의 비대화 및 형식의 기형화를 초래하였다.

중국은 1972년 6월 스톡홀름에서 '오직 하나뿐인 지구(Only one Earth)'를 주제로, 개최한 유엔 인간환경회의(Conference on the Human Environment)에 참가한 후부터 환경에 대한 법제와 정책에 관심을 기울이기 시작하였다. 1973년 국무원은 제1차 환경보호회의를 개최하고 「환경보호와 개선에 관한 일부 규정 시행초안(關于保護和改善環境的若干規定試行草案)」을 공포하였다. 이 규정은 1979년 「환경보호법(시행)(環境保護法(試行))」이 제정되기 전까지 사실상 환경기본법의 역할을 하였다. 1978년 개정 헌법[627] 제11조에 "국가는 환경과 자연자원을 보호하고 오염과 기타 공해를 방지한다"[628]라고 규정하였다.[629] 같은 해 중국공산당 중앙위원회는 국무원의 관련부처로 하여금 『환경보호법』 제정 기초 작업에 착수할 것을 지시하였다. 국가의 환경보호 기본방침과 기본정책을 법률 형식으로 확정하고 향후 중국환경과 자연보호법률체계를 수립하는 청사진을 작성하기 위한 목적이었다.[630] 1979년 9월 13일 제5기 전국인민대표대회 상무위원회 제11차 회의는 모두 7개 장 33개 조항의 「환경보호법(시행)」을 제정·실시하였다.[631] 임시법 형태의 이 법은 환경과 자연자원을 보호하고 모든 종류의 오염 현상을 한 개의 법률 속에서 총괄적으로 규율하는 단일성 기본법 형식이었다. 이 법은 환경보호 기본법의 기틀을 형성하고 법률의 형식으로 환경보호의 기본정책을 확정하였다는 데 그 의의가 있었으나 개혁개방과 경제발전에 따라 갈수록 다양화 국제화되어 가는 중국의 환경문제를 규율하기에는 매우 미흡하였다.

---

627) 중국의 제3차 개정헌법으로 1978헌법으로 불린다. 현행 중국 헌법은 1982년에 전면 개정된 후 1988년, 1993년, 1998년, 2004년 4차례 일부 개정된 1982헌법을 일컫는다. 강효백, 『중국법 통론』, 경희대학교출판사, 2007, 41쪽 참조.

628) 國家保護環境和自然環境, 防治汚染和其他公害。

629) 중국은 '환경보호'를 한국보다 2년 먼저 헌법에 규정하였으나 국민의 생존권적 기본권인 '환경권'을 규정한 1980년 한국 헌법과는 근본적으로 구별된다. 중국을 비롯한 대다수 국가에서는 환경권의 내용과 성격이 분명하지 않기 때문에 국가의 환경보호의무 내지 국가목표로서의 환경보호만을 규정하는 것이 일반적인 입법례이다. 정종섭, 『헌법학원론』, 박영사, 2006, 678쪽 참조.

630) 汪勁, 『中國環境法』, 北京大學出版社, 2006, 192쪽.

631) 呂忠梅, "中國需要環境保護法", 『法商研究』, 제27기 3권(2004년 6월호), 216쪽.

2. 1980년대 이후

한국은 국민의 건강생활을 보호하기 위해서 환경권을 헌법상 기본 권으로 보장하였다. 모든 국민은 건강하고 쾌적한 환경에서 생활할 권리를 가지며, 국가와 국민은 환경보전을 위하여 노력하여야 한다 (제35조 제1항). 환경권의 내용과 행사에 관해서는 법률로 정한다(제 35조 제2항). 국가는 주택개발정책 등을 통하여 모든 국민이 쾌적한 주거생활을 할 수 있도록 노력하여야 한다(제35조 제3항)고 규정하 고 있다. 환경권은 한국의 헌정사를 통해서 볼 때 1980년 제8차 개 정헌법이 처음으로 기본권으로 채택한 것이다.[632] 한국은 헌법[633]에 명시된 환경권을 실질적으로 보장하고 개별 환경법이 제정됨에 따라 국가환경정책의 기본이념과 방향을 제시함으로써 환경관계법 상호 간의 합리적 체계를 정립하는 취지에서 『환경정책기본법』을 1990년 8월 1일 제정하고 1991년 2월부터 시행하였다.

중국은 1982년에 전면 개정한 헌법[634] 제9조와 제26조에 각각 "국가는 자연자원의 합리적 이용을 보장하고 희귀동식물을 보호한다. 어떠한 조직 또는 개인도 어떠한 수단을 사용하여 자연자원을 침범 하거나 파괴하는 것을 금지한다"[635]와 "국가는 생활환경과 생태환경 과 오염방지와 기타 공해를 보호하고 개선한다. 국가는 식목과 조림

---

632) 허영, 『한국 헌법론』, 박영사, 2006, 439쪽.

633) 한국 헌법 전문, 헌법 제10조, 제35조 및 제37조.

634) 중국은 전면개헌과 부분개헌으로 구분한다. 1954년 제정한 중국의 제헌헌법은 1975년, 1978년, 1982년에 모두 3차례 전면 개헌하였다. 부분개헌은 1978년 헌법은 2차례, 1982년 헌법은 4차례 하였다. 강효백, 전게서, 40－63쪽 참조

635) 國家保障自然資源的合理利用，保護珍貴的動物和植物。禁止任何組織或 者個人用任何手段侵佔或者破壞自然資源。

사업을 조직하고 장려하여 삼림을 보호한다"636)라고 규정하여 생활환경과 생태환경의 보호를 국가의 기본국책과 근본임무로 설정하였다.637) 환경보호를 국가의 최고규범이자 근본규범인 헌법에 명기함으로써 중국의 환경법체계에 기본원칙과 입법근거를 제공한 의미가 있다.638) 그러나 중국 헌법상의 환경관련 조항은 국가의 환경보호관리권을 확인한 것으로서 한국 국민의 기본권 보장 차원의 환경권 보장 개념과는 명백히 구별되는 것이다. 1983년 초부터 중국 정부는 「환경보호법(시행)」의 전면 수정작업에 착수하였으나 환경보호 부서의 권한범위, 법률의 규율범위, 환경관리체제 환경보호부서와 자원관리부서 및 경제행정부서, 기타 행정관리부서 간, 기업 간의 이해관계를 둘러싸고 치열한 논란이 벌어졌다. 결국 환경보호 때문에 경제발전에 장애를 가져와서는 안 된다는 주장이 우위를 차지하게 되었으며 선진국의 환경권이론, 지속 가능한 개발이론, 오염배출허가제도 등은 당시 중국의 현실에 부합하지 않는다는 이유로 배제되었다.639) 이러한 논의와 검토 과정을 거친 후, 1989년 12월 26일 제7기 전국인민대표대회 상무위원회 제11차 회의는 『환경보호법』을 통과시켜 제정하였다.

3. 입법방식의 변화

환경법의 입법방식은 세 가지 방식 단계로 구분된다. 첫째, 모든

---

636) 國家保護和改善生活環境和生態环境, 防治汚染和其他公害。國家組織和鼓勵植樹造林, 保護林木。

637) 1982년 중국 헌법 제9조, 제10조, 제22조, 제26조, 제51조.

638) 김하록, 전게논문, 146쪽.

639) 徐祥民, 『中國環境資源法學評論』, 人民出版社, 2008, 39쪽.

종류의 오염 현상을 한 개의 법률 속에서 총괄적으로 규율하는 단일법 방식, 둘째, 오염 종류별로 또는 대책별로 입법을 개별화하여 몇 개의 독립된 법률을 제정하는 복수법 방식, 셋째, 위의 두 입법주의를 절충하여 같은 법률 속에서 오염종류별 또는 사항별로 장을 설치하는 절충방식의 입법방식이 그것이다.640) 선진국들은 거의 예외 없이 복수법 입법방식을 채택하여 오염 종류별로 대책별로 다수의 독립된 입법을 가지고 있다.641) 이에 비하여 개발도상국 내지 후진국에서는 단일법 방식 또는 절충방식을 취하는 것이 보통이다. 한국의 과거 『공해방지법』은 단일법 방식이며, 『환경보전법』은 절충방식에 입각하고 있었다. 『환경정책기본법』은 개별 환경법률의 기본방향과 패러다임을 설정하고 헌법과 개별 환경법률의 중간역할을 하는 방식으로서 1990년 『환경정책기본법』 제정 당시와 이후 각종 환경관련 법률들의 제정으로 복수법방식의 입법방식으로 전환되었다.

중국이 1979년에 제정한 「환경보호법(시행)」은 단일법 방식이었으나 1989년에 임시법 형태의 이 법을 전면 수정하여 정규법(正規法) 차원으로 격상시켜 제정642)한 『환경보호법』은 절충방식에 입각하고 있다. 『환경보호법』 이후 2001년 12월 11일 WTO 가입 이전까지 중국은 『수토보존법』(1991), 『매탄법』(煤炭法, 1996), 『환경소음오염방제법』(环境噪聲汚染防治法, 1996), 『기상법』(1999), 『대기오염방제법』(2000), 『어업법』(2000), 『해역사용관리법』(海域使用管理

---

640) 석인선, 『환경법론』, 이화여자대학교출판부, 2007, 63쪽.

641) 미국은 『국가환경정책법(NEPA)』과 분야별 개별환경법, 일본은 『환경기본법』과 분야별 개별환경법, 프랑스와 스웨덴은 『환경법전』, 독일은 『환경법전(초안)』 방식을 채택하고 있다. 徐祥民, 『中國環境資源法學評論』(2007年), 人民出版社, 2008, 45-56쪽 참조.

642) 중국은 임시법 형태인 「○○법(시행)」을 『○○법』으로 수정하는 것을 일컬어 '개정'이라 하지 않고 '제정'이라고 칭하고 있다.

法, 2001) 등 모두 7개 환경개별법을 제정하였다.[643] WTO 가입 이후 2009년 6월 현재까지 『청결생산촉진법』(2002), 『물법』(水法, 2002), 『환경영향촉진법』(2002), 『초원법』(2002), 『방사성오염방제법』(放射性汚染防治法, 2003), 『황사방지법』(2003), 『재생가능에너지법』(可再生能源法, 2004), 『고체폐기물오염환경방제법』(2004), 『에너지절약법(節約能源法, 2007)』, 『도농규획법』(城鄕規划法, 2007), 『물오염방제법』(水汚染防治法, 2008) 등 모두 11개의 개별 환경법을 제정하여 왔다.

이와 같이 한국은 1990년 『환경정책기본법』 제정 실시부터 복수형 입법방식을 채택한 반면에, 중국은 1989년 『환경보호법』 제정 당시에는 절충형이었으나 이 법을 제정한 이후에도 계속 다수의 개별 환경법을 제정함으로써 절충형에서 점진적으로 복수형의 입법방식으로 전환하게 된 점이 한국의 그것과 구별된다(<표 18-1> 참조).

〈표 18-1〉 입법방식의 변화 대조표

단계	한 국			중 국		
	법률명칭	제정연도	입법방식	법률명칭	제정연도	입법방식
1	공해방지법	1963	단일형	환경보호법(시행)	1979	단일형
2	환경보전법	1977	절충형	환경보호법	1989	절충형
3	환경정책기본법＋5개 개별법, 기타 개별법 다수 제정	1990~현재	복수형	환경보호법과 별도로 개별법 다수 제정	1989~현재	복수형

출처: 한·중 양국의 환경법을 참고하여 필자가 작성.

---

643) 「환경보호법(1989)」 이전에 제정되었던 중국의 개별 환경법률은 「해양환경보호법(1982)」과 「야생동물보호법(1988)」 등 2개의 법률뿐이다. 周珂, 『環境法的修改與歷史典型』, 科學出版社, 2005, 131쪽 참조.

Ⅲ. 법체계상의 비교

1. 기본법의 지위와 성격

한국은 국회에서 제정한 법률은 신법우선의 원칙, 특별법 우선의
원칙 등의 적용만 받을 뿐, 그 명칭에 관계없이 효력이 동일하다. 한
국은 헌법과 법률에 기본법이란 명칭을 부여할 것인지에 관하여 확
립된 기준이 없으며 입법 실제상 기본시책이나 계획, 프로그램, 대강,
기본조직 등을 규정하는 법률에 '기본법'이란 명칭을 붙여 왔을 뿐이
다. 즉 기본법의 성격규정과 그 구체적 내용으로서 타법과의 관계 또
는 적용범위 등의 조항을 규정하는 방법으로 해결하고 있다.[644] 한
국의 실정법체계에서 기본법이란 용어에는 현행 법제상 제명에 기본
법이라는 명칭이 부가되어 있는 것 가운데 그 기본법의 구체적 내용
은 불문하고 어떤 분야의 정책에든 기본적인 방향을 정하고 관련 정
책의 체계화를 모색하려는 의미가 있다. 형식적으로 동등한 효력을
지닌 복수의 법률 간에 그 기본법이란 명칭 기본법으로서의 내용에
비추어 효력의 우열이 인정될 수 있는가에 관해서는 부정적인 견해
가 우세하다.[645]

중국은 한국을 비롯한 세계 여느 국가들과는 달리 국가입법기관,
즉 전국인민대표대회와 전국인민대표대회 상무위원회에서 제정한 법

---

644) 석인선, 전게서, 203쪽.

645) 석인선 교수는 홍준형, 『환경법』(제1판), 박영사, 2001, 427쪽. 주석에 기재된
일본학자 遠藤博也의 주석을 들어 기본법의 우월적 성격을 지지하는 견해와
부인하는 견해가 있다고 하지만 필자가 조사한 바로는 한국 학계에서 기본법
의 우월적 효력을 지지하는 학자는 없다.

률을 각각 기본법률(基本法律: 이하 '기본법'이라 함)과 기타법률(其
他法律: 이하 '일반법률'이라 함)로 구분되고 2원화되어 있다. 중국
은 실정법 체계상 헌법과 일반법률 사이에 기본법 개념을 삽입하여
입법적 해결을 시도하고 있다. 즉『헌법』과『입법법(立法法)』에 명
문으로 기본법이란 특유의 법형식 범주를 창설하여, 그것을 '소헌법
(小憲法)' 또는 '초법률(超法律)'로 지칭하고 일반법률의 상위에 위
치하는 법으로 설정하고 있다. 기본법은 전국인민대표대회에서 제정
하고 개정하는 것으로 형사, 민사, 국가기구와 관련된 기본적인 규범
성 문건을 일컫는다(중국『헌법』 제62조 제3호).646) 전국인민대표대
회폐회기간 동안 전국인민대표대회 상무위원회는 전국인민대표대회
제정의 법률에 대하여 부분적인 보완과 개정을 할 수 있지만, 그 법률
의 기본원칙에 저촉되어서는 안 된다(중국『헌법』 제67조 제3호).647)
또한『입법법』 제88조 제1항에 의하면 전국인민대표대회는 전인대
상무위원회가 제정한 부적당한 법률을 폐지할 수 있다648)는 규정 등
에서 기본법의 효력이 전국인민대표대회 상무위원회가 제정한 일반
법률의 상위법임을 알 수 있다.649) 요컨대 전국인민대표대회는 헌법
과 기본법을 제정하고 전국인민대표대회 상무위원회는 일반법률을 제
정하는데 기본법은 일반법률에 우선적 효력을 지니는 상위법이다.650)

---

646) 全國人民代表大會行使下列職權: (一) 修改憲法; (二) 監督憲法的實施;
  (三) 制定和修改刑事·民事·國家機構的和其他的基本法律.

647) 在全國人民代表大會閉會期間, 對全國人民代表大會制定的法律進行部分
  補充和修改, 但是不得同該法律的基本原則相抵觸.

648) 全國人民代表大會有權改變或者撤銷它的常務委員會制定的不適當的法律.

649) 全國人民代表大會行使下列職權: (一) 修改憲法; (二) 監督憲法的實施;
  (三) 制定和修改刑事·民事·國家機構的和其他的基本法律.全國人民代表大
  會閉會期間, 對全國人民代表大會制定的法律進行部分補充和修改, 但是
  不得同該法律的基本原則相抵觸。

2009년 6월 말 현재 중국의 기본법은『형법』,『민법통칙』,『계약(合同)법』,『혼인법』,『상속(繼承)법』,『홍콩특별행정구기본법』등 모두 24개이며『환경보호법』은 이들 기본법의 하위법인 일반법률의 일종이다.

<표 18-2>에서 알 수 있듯 중국은 외국인의 대중국투자와 관련한『중외합자경영기업법』,『중외합작경영기업법』,『외자기업법』등을 기본법으로 제정한 반면에『환경보호법』을 일반법률로 제정한 까닭은 '경제우선, 환경차선'이라는 환경은 경제발전에 이바지해야 한다는 당시 중국 정부의 '경제발전제일주의'에 기인한다. 이와 같은『환경보호법』의 중국 실정법체계에서의 법효력 저차원성은 중국이 그동안 정책의 우선순위를 경제발전을 위한 자원의 개발과 이용에만 초점을 맞추었을 뿐 경제발전과 환경보호의 조화와 균형은 소홀히 해 온 거증의 하나이다.

2. 환경기본법의 성격과 지위

한국의 환경법 체계에서『환경정책기본법』은 환경법의 기본법으로서 환경정책의 이념과 방향, 국가의 책무, 환경법의 기본원칙 등을 정하고 있다.『환경정책기본법』은 개별 환경법의 기본방향과 상호관계를 정립하는 기능을 수행하고 헌법과 개별 환경대책법을 연계시켜 주는 중요한 기능을 수행하고 헌법과 개별 환경법률을 연계시켜 주는 중요한 기능을 수행하고 있다.651) 그러나『환경정책기본법』과 개

---

650) 周旺生, 立法學, 法律出版社, 2007, 195-197쪽.
651) 환경과학연구협의회, 환경행정의 제도적 기반분석, 평가 및 개선책 강구, 영진
    출판사, 1989, 208쪽.

별 환경법은 형식상 모두 법률의 형태로서 두 종류의 법률 간 관계를 어떻게 정립할 것인지 기본법의 위상은 어떻게 정립하는 것이 국민의 환경권 보호와 환경문제에 대응하는 기본법의 규범력을 강화할 수 있는지가 분명하지 않다. 즉『환경정책기본법』은 기본법이라는 명칭으로 제정되었다고 해서 그것을 구체화하기 위한 세부법, 즉 환경관련 개별 법률에 대하여 형식적으로 우월한 효력을 갖는 헌법적·법률적 근거가 없다.[652] 따라서『환경정책기본법』은 기본법의 명칭으로 제정되었다고 해서 그것을 구체화하기 위한 환경관련 개별 법률들에 대해 형식적으로 우월한 효력을 가진다고 할 수 없고, 다만 그 개별 법률들의 해석상 지침으로서 또는 입법정책적 방향제시 기능을 수행하는 데 불과하다.[653]

중국의『환경보호법』은 기본법을 제정하는 전국인민대표대회가 아닌, 일반법률[654]을 제정하는 전국인민대표대회 상무위원회에서 제정되었다. 따라서『환경보호법』법원(法源)의 효력 지위는 중국 실정법체계상 기본법이 아니고 일반법률이다. 중국법체계상『환경보호법』은『민법통칙』,『물권법』,『기업소득세법』등 전국인민대표대회에서 제정된 기본법에 비하여 하위법의 지위에 있다.[655] 그러나『환경보

---

652) 석인선, "환경정책기본법의 규범적 의미와 확립 — 미국과 우리나라의 비교법적 고찰을 중심으로",『환경법 연구』, 제23권 1호(2001. 6.), 203 – 204쪽.

653) 박균성·함태성,『환경법』(제2판), 박영사, 2006, 276 – 277쪽; 홍준형,『환경법』(제2판), 박영사, 2005, 440쪽.

654) 전국인민대표대회가 당연히 제정해야 할 기본법률 이외의 기타법률을 전국인민대표대회 상무위원회가 제정하고 개정하는 규범성 문건을 말한다(중국 헌법 제67조 제3호).

655) 한국 法源의 효력 계층은 헌법, 법률, 명령, 조례, 규칙 등 5단계이나 중국은 헌법, 기본법(전인대 제정), 일반법률(전인대 상무위원회 제정), 행정법규(국무원 제정), 부문규장(행정 각부 제정), 지방성 법규(지방 인민대표대회 제정), 자치조례(자치주 인대 제정), 지방정부규장(지방정부 제정) 등 8단계 계층으로

호법』의 구조와 기본원칙 및 구체내용 등을 감안하면 실질적으로『환경보호법』이 기본법적 지위와 역할을 하고 있다는 데에 중국 학계의 관점은 일치한다.656) 다만『환경보호법』이 중국법체계상의 형식상 기본법이 아니며 여타 개별 환경법률들의 효력순위와 구별할 수 없기 때문에 이들 개별 환경법률 법규와 상호 모순·충돌되는 현상이 빈발하고 있다.657) 이에 최근 중국 학계와 관방에서는『환경보호법』을 명실상부하게 전국인민대표대회에서 제정하는 기본법으로 격상시키는 방안을 적극 추진하고 있다.658) 다시 말하자면 한국의『환경정책기본법』은 기본법이라는 명칭이 붙어 있지만 개별 환경법률보다 우월한 효력을 갖지 못하는 입법상 정책지침을 제시하는 명목상 기본법에 불과하다. 이와 대조적으로 중국의『환경보호법』은 중국법체계상 실재하는 기본법의 하나로서 당연히 제정되었어야 함에도 불구하고 중국의 '경제우선, 환경차선' 정책 차원에서 일반 법률로 제정된 것이다. 다만 중국 학계에서는『환경보호법』이 비록 명칭과 법체계상으로는 일반 법률에 속하지만 이 법을 개별 환경법률보다는 우월적 지위에 있는 기본법으로 설정·해석하고 있다.

이루어졌다. 강효백, 전게서, 417쪽.

656) 汪勁, 呂忠梅, 金瑞林, 徐祥民, 李恒遠, 常紀文, 陳家貴, 陳泉生 등 중국의 대표적인 환경법학자들 대부분은『환경보호법』을 중국의 환경기본법으로 간주하고 있다.

657) 呂忠梅,『環境法導論』, 北京大學出版社, 2008, 39 − 40쪽.

658) 汪勁,『中國環境法』, 北京大學出版社, 2006, 198쪽.

Ⅳ. 법 내용상의 비교

1. 목적과 기본이념 비교

1) 목적

한국의 『환경정책기본법』은 환경보전에 관한 국민의 권리·의무와 국가의 책무를 명확히 하고 환경정책의 기본이 되는 사항을 정하여 환경오염과 환경훼손을 예방하고 환경을 적정하고 지속 가능하게 관리·보전함으로써 모든 국민이 건강하고 쾌적한 삶을 누릴 수 있도록 함을 목적으로 한다(『환경정책기본법』 제1조). 『환경정책기본법』은 환경보전에 관한 국민의 권리·의무와 국가의 책무를 명확히 하고 환경정책의 기본이 되는 사항을 정하는 것을 직접 목적으로, 환경오염과 환경훼손의 예방과 환경의 적정한 관리·보전을 중간 목적으로 한다. 이 법의 궁극적 목적은 모든 국민이 건강하고 쾌적한 삶을 누릴 수 있도록 하는, 모든 국민이 헌법상의 환경권을 향유할 수 있도록 하는 것이다.[659]

중국의 『환경보호법』 제1조는 "생활환경과 생태환경을 보호하고 개선하며, 오염과 기타 공해를 방지하고, 인체건강을 보장하며 사회주의 현대화건설의 발전을 촉진하기 위하여 이 법을 제정한다"[660]라고 규정하였다. 이러한 규정은 '경제우선, 환경차선'이라는 환경보호가 현대화건설에 봉사한다는 경제발전 우선의 이념을 반영하고 있

---

659) 박균성·함태성, 전게서, 279쪽.

660) 爲保護和改善生活環境与生態環境, 防治汚染和其他公害, 保障人体健康, 促進社會主義現代業化建設的發展, 制定本法。

다.661) 즉 환경보호의 목적을 단지 경제건설을 위한 것임을 명확히 한 것으로 정책의 우선순위를 자원의 개발과 이용에만 초점을 맞추었을 뿐 경제발전과 환경보호의 조화와 균형은 소홀히 한 것이다. 중국의 현실에서 환경보호의 법익과 현실적인 경제이익과의 상호 충돌이 발생할 경우 희생당하는 것은 전자인 경우가 대부분이다. 1960년대 미국과 일본 등 일부 선진국가가 환경보호는 단지 경제발전을 위한 부수적인 것이라는 입법이념을 기초로 한 환경법을 제정·실시한 바 있으나, 환경오염과 생태파괴는 더욱 악화되고 지역경제와 사회발전을 제약하는 등, 당초 입법의도와는 정반대의 결과를 초래한 입법례와 그 법들의 취지를 중국 역시 답습한 것이라고 볼 수 있다.

2) 기본이념

『환경정책기본법』은 환경을 이용하는 모든 행위를 할 때에는 환경보전을 우선적으로 고려하며 지구의 환경상 위해를 예방하기 위한 노력을 강구하도록 함으로써 환경에 대한 사전예방 또는 사전배려를 하나의 이념으로 하고 있다. 그리고 국가 지방자치단체, 사업자 및 국민은 공동의 노력을 하도록 강구함으로써 협동의 정신도 기본이념으로 하고 있다. 현재의 국민으로 하여금 그 혜택을 널리 향유할 수 있게 함과 동시에 미래의 세대에 계승될 수 있도록 함으로써 지속가능한 개발 원리의 구현이 환경정책의 기본이념이 된다는 것을 나타내고 있다(제2조). 이러한 기본이념들은 『환경정책기본법』과 개별

---

661) 國家制定的環境保護規划必須納入國民經濟和社會發展計划, 國家采取有利于環境保護的經濟、技術政策和措施。是环境保護工作同經濟建設和社會發展相協調。

환경법의 구체적 조항을 결합하여 일종의 법원칙으로 발전하여[662] 환경에 대해 종합적, 적극적, 거시적인 접근방법으로 사전에 환경을 배려하고 환경 전반을 주된 접근대상으로 설정하여 환경오염의 규제 및 피해구제뿐만 아니라 환경의 이용·관리 보전에까지 그 범위를 확대하였다.

중국의 『환경보호법』은 중국이 본격적으로 사회주의시장경제를 추진하기 시작한 1992년 이전, 즉 정통사회주의 계획경제체제에서 계획적 사회주의 상품경제를 모색하는 단계에서 제정된 것이다. 경제건설이 여타 분야를 압도하는 정책으로 일관하고 환경보호는 경제건설을 위하여 희생되는 상황에서 제정된 『환경보호법』의 기본이념은 당연히 명령과 강제, 통제를 법운용 메커니즘으로 하는 계획경제체제에의 적응과 사회주의적 정부규제 위주일 수밖에 없다.[663] 이러한 기본이념을 바탕으로 한 중국의 『환경보호법』은 공해에 대한 규제와 피해보상 중심의 국부적이고 진압적인 대책 위주이며 환경적 측면의 배려가 결여되어 있음은 물론 정부의 행정관리감독과 규제 및 처벌이 주된 성격의 공해법 수준에 머무르고 있다. 『환경보호법』의 낙후성 근본원인 중 하나는 사회경제의 발전에 따라 금지와 명령의 강제성 규범과 함께 장려와 유도의 임의성 규정을 적절히 융합하여야 하여야 하는데도 불구하고 직접통제 - 간접통제 - 자기통제를 유기적으로 결합한 모델로 전환하기 이전 국가의 강력한 행정감독관리를 강조하는 직접통제식 명령 - 통제 모델을 고수하고 있는 것이라고 분석할 수 있다.

---

662) 박균성·함태성, 전게서, 268쪽.

663) 王明遠, "中國環境資源法的發展, 回顧與展望", 『國際環境法與比較環境法論叢』, 法律出版社, 2006, 53쪽.

2. 기본원칙 비교

1) 사전예방·배려/사전규제

한국의 『환경정책기본법』은 사전예방(prevention) 및 사전배려(pre-
cautionary)의 원칙을 아울러 기본원칙으로 삼고 있다. 환경에 대한
오염이 발생한 후 그 오염을 제거하는 것만으로는 부족하며 이를 넘
어서 사전에 환경오염이 발생하지 않도록 노력하여야 한다는 사전예
방원칙은 물론 한 걸음 더 나아가 규제를 하지 않음으로써 회복할
수 없는 심각한 환경파괴의 결과를 가져올 가능성이 있는 경우에는
그 결과의 발생에 대한 과학적 입증이 존재하지 않는 경우에도 사전배
려의 차원에서 조치가 취해지거나 금지가 내려져야 한다는 사전배려의
원칙을 사업자의 의무로 연장시키고 있다(제7조 2 ①, ②, ③).664)

중국은 『환경보호법』 제26조에 "건설프로젝트 중 오염방지시설은
반드시 주된 공정과 동시설계·동시시공·동시생산투입이 이루어져
야 한다. 오염방지설비는 반드시 환경영향보고서를 심사한 행정주관
부문에서 검사·합격한 후에야 비로소 건설프로젝트가 생산 혹은 사
용에 투입될 수 있다"665)라고 규정하였다. 또한 제31조에 "사고의
발생 또는 기타 돌연한 사고로 인하여 오염사고를 조성하였거나 조
성 가능성이 있는 단위는 반드시 적정처리를 위한 조치를 즉시 취하

---

664) 홍준형, 『환경법』(제2판), 박영사, 2005, 443쪽.

665) 建設項目中防治汚染的措施, 必須与主体工程同時設計、同時施工、同時
投産使用。防治汚染的設施必須經原審批环境影響報告書的环境保護行
政主管部門驗收合格后, 該建設項目方可投入生産或者使用。防治汚染的
設施不得擅自拆除或者閑置, 确有必要拆除或者閑置的, 必須征得所在地
的环境保護行政主管部門的同意。

여야 하고 오염의 위해가 미칠 가능성이 있는 단위나 주민에게 즉시 알려야 하며, 당해 지역의 환경행정주관부문과 관련부서에 보고한 후 그들의 조사와 결정에 따라야 한다. 중대한 오염사고를 일으킬 수 있는 사업단위는 마땅히 조치를 취해 예방을 강화하여야 한다"666)라고 규정하였다. 이 두 조항은 중국의 환경기본법이 일견 사전배려의 원칙에까지 연장되지 못하는 사전예방의 원칙의 단계에 머무르고 있는 것처럼 보인다.667) 그러나 엄밀히 말하자면 중국의 환경기본법에는 환경영향평가, 환경오염행위의 방지대책 등과 같은 사전 예방적 조치를 요구할 수 있는 권리에 관한 언급은 전혀 없고 단지 환경오염의 배제청구 및 규제의 요구권을 규정한 데 그치고 있다. 즉『환경보호법』은 사전예방의 원칙보다는 정부의 사전규제(pre-regulation) 영역에 머물러 있다.

2) 원인자부담/개발자부담

『환경정책기본법』은 자기의 행위 또는 사업활동으로 인하여 환경오염 또는 환경훼손의 원인을 야기한 자는 그 오염·훼손의 방지와 오염·훼손된 환경을 회복·복원할 책임을 지며, 환경오염 또는 환경훼손으로 인한 피해의 구제에 소요되는 비용을 부담하는 원인자부담 내지 오염자부담(polluter pays)을 그 원칙으로 하고 있다(제7조).

중국은 임시법이며 구법인「환경보호법(시행)」 제6조에 "오염시킨

---

666) 因發生事故或者其他突然性事件, 造成或者可能造成汚染事故的單位, 必須立卽采取措施處理, 及時通報可能受到汚染危害的單位和居民, 幷向当地環境保護行政主管部門和有關 部門部門報告, 接受調査處理。

667) 고영훈,『환경법』, 법문사, 2000, 62쪽.

자가 오염을 처리(誰汚染. 誰治理)"하는 오염자부담원칙을 규정하였었다. 그러나 대부분 낙후한 국유기업에 오염처리를 부담하는 이러한 규정은 중국 현실에 맞지 않는다는 지적을 받아『환경보호법』에서는 삭제하였다.『환경보호법』제28조에 "국가 또는 지방이 규정한 오염물배출허용기준을 초과하여 오염물을 배출하는 기업이나 사업단위는 국가규정에 따라 기준초과 오염물질배출비용을 납부하여야 하며 오염을 제거·개선할 책임이 있다. 수질오염방지법과 다른 규정이 있는 경우에는 수질오염방지법의 규정에 의거 집행한다"라고 규정하였는데 이를 중국 학계에서는 개발자부담(開發者負擔: developer pays)원칙이라고 부르고 있다.668) 중국이 오염자부담원칙과 달리 개발자부담원칙이라고 칭하는 의도는 민영기업이나 사업체가 오염원 인자라고 해서 항상 발생된 환경오염을 제거하여야 할 의무자가 되는 것은 아니고 환경오염의 제거의무를 사회주의국가로서의 중국 정부, 즉 개발자가 부담할 수 있다는 의미를 강조하기 위한 것으로 분석된다.

3) 협동/기관 간 협조

『환경정책기본법』은 국가와 국민이 환경보전을 위하여 노력하여야 함을 강조한 헌법 제35조 제1항의 규정에 입각하여 환경보전의 과제를 달성하기 위하여 국가, 지방자치단체 및 사회가 협동하여야 한다는 협동의 원칙을 규정하고 있다. 즉 국가 및 지방자치단체의 책무(제4조)와 사업자의 책무(제5조), 그리고 국민이 권리와 의무(제6조)를 규정하여 이 원칙을 명시하고 있다.

---

668) 産生環境汚染和其他公害的單位, 必須把环境保護工作納入計划, 建立环境保護責任制度。

『환경보호법』은 한국 협동의 원칙과 일견 유사한 환경보호와 경제사회발전의 상호협조원칙을 규정하였다. 동법 제4조는 "국가가 수립한 환경보호계획은 국민경제와 사회발전계획에 반드시 포함되어야 하며, 국가는 환경보호에 유리한 경제·기술정책과 조치를 취해야 하고, 환경보호 업무와 경제건설, 사회개발이 상호 협조되도록 하여야 한다"[669]고 규정하였다. 이는 환경에 대하여 효율적인 보호를 실시하기 위해서는 국내의 상이한 중앙기관, 상이한 지방 간의 효과적인 협력, 즉 효과적인 기술 및 정보 등의 교류가 이루어져야 한다는 것을 의미한다. 중국 경제사회발전의 상호협조원칙은 한국의 협동원칙과는 성격을 달리하는 것으로 환경권을 향유하는 주체인 국민은 배제시킨 채 중앙과 중앙, 중앙과 지방기관 간의 협조를 강조하고 환경보호는 경제건설에 협조 봉사하여야 한다는 경제성장 우선주의를 표방한 것에 지나지 않는다고 평가된다.

4) 지속 가능한 개발원칙 유무

『환경정책기본법』은 제1조, 제2조 등을 통하여 모든 국민이 건강하고 쾌적한 환경에서 생활할 수 있는 터전을 마련하고 환경의 이용에 있어 환경보전을 우선적으로 고려하도록 하며, 환경의 혜택이 현재 세대에 의해 널리 향유되도록 하고 미래의 세대에 계승될 것을 요구함으로써 지속 가능한 개발(sustainable development) 원칙의 요구를 대부분 반영하고 있다.

---

669) 國家制定的环境保護規划必須納入國民經濟和社會發展計划, 國家采取有利于环境保護的經濟、技術政策和措施。是环境保護工作同經濟建設和社會發展相協調。

중국의『환경보호법』에는 한국과는 극명하게 대조적으로 지속 가능한 개발원칙이 전혀 없다. 중국이 이 법을 제정할 당시에는 지속 가능한 개발이라는 개념 자체를 상상할 수 없을 만큼 경제적으로 낙후하였기 때문이다. 『환경보호법』이 제정된 3년 후인, 1992년 리우데자네이루에서 열린 환경과 개발에 관한 유엔회의(UNCED)에 참가한 후에야 비로소 중국은 환경과 발전의 10대 정책을 채택하였으며 「중국 21세기 의정서」에 지속 가능한 발전원칙을 경제발전과 인구와 산업 및 사회보장관련 등의 입법에 포함시킨다고 명기하였다.[670] 1990년대 이후에 중국은 헌법을 1993년, 1998년, 2004년 3차례나 부분 개정하였는데 사회주의시장경제와 법에 의한 통치의 '의법치국(依法治國)'과 국가가 인권을 존중하는 책임[671] 등을 명기하였다. 이와 같이 중국은 시대변화에 맞추어 개별 환경법을 비롯한 각종 법률, 법규를 끊임없이 제·개정하면서 지속 가능한 개발원칙을 명시하였다. 다만『환경보호법』은 지속 가능한 개발원칙의 조문화는커녕 단한 개의 조항도 정비하지 않고 있다. 이는『환경보호법』이 현재 중국의 환경자원 고소비의 발전추세와 생활방식을 규율할 수 없을 뿐만 아니라 환경기본법으로서의 존재의의를 이미 상실했다고 과언이 아닐 만큼 낙후한 제도장치의 유물이라는 비판을 면할 수 없다.[672]

5) 정보공개와 참여원칙 유무

『환경정책기본법』 제15조의 3의 제1항은 "환경부장관은 모든 국

---

670) 金瑞林,『環境法』, 北京大學出版社, 2007, 216쪽.
671) 董和平·常安,『中國憲法』, 法律出版社, 2006, 114쪽.
672) 陳家貴,『2008年中國經濟形勢分析與豫測』, 社會科學文獻出版社, 2008, 138쪽.

민에게 환경보전에 관한 지식·정보를 보급하고, 국민이 환경에 관한 정보에 쉽게 접근할 수 있도록 노력하여야 한다”고 하여 국가는 환경정책의 형성과정에서 국민에게 환경정보를 보급하고 국민이 정보에의 자유로운 접근기회를 보장할 것을 규정하고 있다. 그러나 환경정보에 대한 국민의 접근이 권리로 보장되고 있지는 않다. 또한 현행 『환경정책기본법』은 환경행정에 대한 국민, 주민의 직접 또는 환경단체를 통한 간접참여의 원칙에 관한 규정을 두고 있지 않다.[673]

중국의 『환경보호법』 제6조에는 “모든 단체와 개인은 모두 환경보호 의무가 있으며, 아울러 환경을 오염시키고 파괴하는 단체나 개인을 고소·고발할 권리를 갖는다”고 규정하였다. 이러한 규정을 중국 학계에서는 사회의 모든 대중이 일정한 절차 및 형식으로 의해 자신의 환경이익과 연관된 정책 결정활동에 참여하여야 한다는 ‘대중참여원칙’이라고 해석하고 있다.[674] 비록 단체와 개인에게 고소·고발권을 부여한다고 규정되어 있지만 이를 시행하기 위한 제도의 절차적 보장이 미흡하기 때문에 이 조항은 주민참여라기보다도 주민의 탄원권 또는 고소·고발권을 언급한 것에 지나지 않다고 할 것이다(<표 18-2> 참조).[675]

---

673) 박균성·함태성, 전게서, 271쪽.

674) 金瑞林, 전게서, 82-83쪽.

675) 강효백, “WTO협정에 따른 중국환경법제의 현황과 문제점”, 『중국학연구』, 제48집(2008년 12월), 233쪽.

〈표 18-2〉 한중 환경기본법의 기본원칙 대조표

구분	한국 『환경정책기본법』	中國 『環境保護法』	비고
1	사전예방 · 사전배려원칙	정부의 사전규제원칙	
2	원인자 또는 오염자부담 원칙	개발자부담 원칙	
3	협동의 원칙	국가기관 간 상호협조의 원칙	
4	지속 가능한 개발원칙	없음	
5	정보공개의 원칙	대중참여원칙, 고소 · 고발권 보장	

출처: 한중 양국의 주요 환경법 서적을 참고하여 필자가 작성.[676]

3. 구조 및 주요 내용 비교

한국의 『환경정책기본법』은 제정 당시 총 6개 장, 44개조, 부칙으로 이루어져 있었으나 2008. 3. 28. 제10차 개정된 현행 『환경정책기본법』은 제9조, 제36조, 제39조, 제40조 등 4개 조항을 삭제하였고 제7조, 제14조, 제15조, 제20조, 제21조 제25조, 제26조에 제00조~의 1, 2, 3 등 첨부형식으로 25개 조항이 증보되어 실제상 65개 조항으로 구성되어 있다. 1989. 12. 26. 제정된 중국의 『환경보호법』은 이 법의 임시법이자 구법인 「환경보호법(시행)」의 7개 장 33개 조항을, 6개 장 47개 조항으로 개편한 후, 2009년 6월 말 현재까지 단 한 개의 조항도 개정하지 않고 있는 점이 특징이다.

---

676) 환경법의 기본원칙을 어떻게 분류할 것인가에는 양국의 학자마다 다르다. 한국의 홍준형 교수는 지속 가능한 발전, 환경정의, 사전배려, 존속보장, 원인자책임, 협동을 기본원칙으로 들고, 박균성 · 함태성 교수는 사전예방, 원인자책임, 협동, 지속 가능한 개발, 정보공개를, 이상돈 교수는 사전배려, 존속보장, 원인자책임을, 고영훈 교수는 사전배려, 원인자책임, 협동, 지속 가능한 개발을 기본원칙으로 들고 있다. 중국의 경우 汪勁 교수는 사전규제 위험예방, 협조발전, 개발자부담, 공중참여를 기본원칙으로 들고 있고, 呂忠梅 교수는 사전규제, 개발자 및 수익자부담, 환경민주원칙 등을, 金瑞林 교수는 사전예방, 상호협조, 개발자 및 오염자부담, 공중참여원칙 등을, 李恒遠과 陳泉生 교수는 사전규제 예방 위주, 개발자부담, 상호협조, 국가간여원칙 등을 기본원칙으로 들고 있다.

한국의 『환경정책기본법』 제1장은 총칙(제1조 - 제9조)으로 법의 목적, 기본이념, 정의, 국가 및 지자체의 책무, 사업자의 책무, 국민의 권리와 의무, 오염원인자 책임의 원칙, 환경오염 등의 사전예방, 환경과 경제의 통합적 고려 등, 자원 등의 절약 및 순환적 사용 촉진, 보고 등을 규정하고 있다.

중국의 『환경보호법』 제1장 역시 총칙(제1조 - 제9조)으로 입법의 목적과 환경보호의 기본원칙과 환경관리제도 등을 규정하였다. 입법의 목적 환경의 정의, 법의 적용범위, 환경보호기획과 국민경제와 사회발전계획의 관계, 협조발전원칙, 환경보호과학교육사업의 발전, 단위와 개인의 환경파괴행위에 대한 고소·고발권, 환경행정감독관리의 직권직책과 부서배분, 장려규범 등을 명시하였다.

한국의 『환경정책기본법』 제2장은 이 법의 핵심 부분으로 환경보전 계획수립 등(제10조 - 제31조)을 규정하였다. 제2장에서는 환경기준의 설정, 환경기준의 유지, 국가환경종합계획의 수립·시행, 환경보전중기종합계획의 수립, 시도환경보전계획의 수립, 시군구환경보전계획의 수립, 환경정보의 보급, 환경보전에 관한 교육 등, 민간환경단체의 환경보전활동촉진, 국제협력 및 지구환경보전, 환경과학기술의 진흥, 환경보전시설의 설치·관리, 환경보전을 위한 규제, 배출허용기준의 예고, 경제적 유인수단, 유해화학물질의 관리, 방사성 물질에 의한 환경오염의 방지 등, 과학기술의 위해성 평가 등, 환경성질환에 대한 대책, 국가시책 등의 환경친화성 제고, 특별종합대책의 수립, 영향권별 환경관리, 자연환경의 보전, 사전환경성검토협의, 환경영향평가, 환경조정 및 피해구제, 환경오염의 피해에 대한 무과실책임 등에 관하여 규정하고 있다.

중국의 『환경보호법』에서는 한국의 『환경정책기본법』 제2장에 해당하는 것들을 제2장, 제3장, 제4장에 각각 분산 규정한 점이 구별된다. 『환경보호법』 제2장은 환경감독관리에 관한 조항들(제9 – 제15조)로서 환경질량표준제도, 오염물배출표준과 효력, 환경감시측량제도, 환경보호계획제도, 환경영향평가, 현장검사제도, 지역 간 환경문제 협조와 환경파괴처리 원칙 등을 포함하였다.

　『환경보호법』 제3장은 환경보호와 개선으로 주요 내용은 생태환경의 보호원칙을 확립하였다(제16조 – 제23조). 그 내용은 지방정부가 관할지역의 환경품질 책임 및 자연보호구역의 직책을 포함하였다. 그 외에도 중국의 관련 단일 자연자원과 자연환경보호의 입법 개선, 풍경명승구와 자연보호구와 기타 대상의 보호, 자연자원개발이용, 농업환경보호, 해양환경보호, 도시계획 및 도농건설 등에 대한 원칙적 규정을 하였다.

　『환경보호법』 제4장은 환경오염과 기타 공해의 방제는 주로 환경오염과 공해의 방지를 규정하였다(제24 – 제34조). 환경오염과 기타 공해 기업의 의무, 환경보호책임제도, 환경오염과 기타 공해의 유형, 공업기업기술개조의 환경요구, 3동시제도, 오염배출보고 등록, 오염배출 비용징수 및 오염배출초과비징수제도, 기한부환경방지제도, 중국환경보호규정이 요구하는 기술과 설비조치에 부합하는 않는 자본유치 금지, 오염사고보고 및 처리제도, 환경오염사고 응급조치, 유독화학물질경영자의 준법의무 및 오염전가 방지조치 등을 명기하였다. 기업환경보호책임제도, 오염신고등록제도, 오염배출비용부담제도, 기한부환경방제제도, 강제긴급조치제도, 오염이전금지제도 등을 포함하였다.

　『환경정책기본법』 제3장에서는 법제 및 재정상의 조치(제32조 – 제35조)를 규정하고 있다. 제4장에서는 환경보전자문회위원회, 환경보전협회에 관한 규정을 두고 있으며 제5장에서는 보칙, 제6장에서는 법칙조항을 신설하였다.

『환경보호법』 제5장은 법적 책임을 규정하였다(제35 - 제45조). 『환경보호법』을 위반한 행정책임, 민사책임, 형사책임을 규정하였고 동시에 환경오염손해배상의 무과실책임, 공평책임, 환경자원민사소송과 행정소송의 특수규칙을 포함하였다. 그리고 『환경보호법』은 부칙을 두었는데 국제환경조약의 중국에서 적용과 동법의 효력발생시간을 규정하였다(<표 18 - 3> 참조).677)

<표 18 - 3> 한·중 환경기본법의 구조 대조표

한국 『환경정책기본법』			중국 『環境保護法』			비고
章	條	내용	章	條	내용	
6개 장	44개조		7개 장	47개조		
제1장 총칙	제1조	제정목적	제1장 총칙	제1조	제정목적	
	제2조	기본이념		제2조	개념정의	
	제3조	개념정의		제3조	적용범위	
	제4조	국가 및 지방자치단체의 책무		제4조	환경보호와 국민경제 및 사회발전계획 협조 발전원칙	
	제5조	사업자의 책무		제5조	환경과학연구 교육 장려	
	제6조	국민의 권리와 의무		제6조	주민 환경보호의무와 고발·고소	
	제7조	오염원인자 책임원칙		제7조	환경행정의 통일과 분업감독 관리권	
		제7조의 2, 환경오염 등의 사전예방		제8조	장려조치	
		제7조의 3, 환경과 경제의 통합적 고려		제9조	환경품질표준	
		제7조의 4, 자원 등의 절약 및 순환적 사용 촉진	제2장 환경 감독 관리	제10조	오염물배출표준	

677) 汪勁, 전게서, 194쪽.

한국 『환경정책기본법』			중국 『環境保護法』			비고
章	條	내용	章	條	내용	
	제8조	보고		제11조	환경감시측정 및 환경공보의 정기공포	
	제9조	삭제		제12조	환경보호계획	
	제10조	환경기준의 설정		제13조	환경영향평가	
	제11조	환경기준의 유지		제14조	현장검사	
	제12조	국가환경종합계획의 수립 등		제15조	광역행정구역의 환경오염 및 환경파괴 방제업무, 지방정부협상	
제2장 환경 보전 계획 수립 등	제13조	국가환경종합계획의 내용	제3장 환경 보호 개선	제16조	관할지역정부의 환경질량에 대한 책임	
	제14조	국가환경종합계획의 시행		제17조	정부의 자연생태환경보호의무	
		제14조의 2, 환경보전중기종합계획 수립		제18조	특수보호지역의 금지제한조치	
		제14조의 3, 시·도환경보전계획수립 등		제19조	자연자원이용개발 생태환경보호	
		제14조의 4, 시·군·구환경보전계획의 수립		제20조	정부의 농업환경보호의무	
		제14조의 5, 개발계획·사업 환경고려 등		제21조	정부의 해양환경보호의무	
	제15조	환경상태의 조사·평가 등		제22조	정부의 도시규획의 환경목표	
		제15조의 2, 환경친화계획기법작성·보급		제23조	도농건설의 자연보호	
		제15조의 3, 환경정보의 보급 등	제4장 환경 오염 및 기타 공해 방제	제24조	기업환경보호책임제도 및 기술개선 갱신	
	제16조	환경보전에 관한 교육 등		제25조	오염배출경감의무	
		제16조의 2, 민간환경단체 등의 환경보전활동 촉진		제26조	3동시 제도(설계, 시공, 생산을 동시에 추진하는 제도)	
	제17조	국제협력 및 지구환경보전		제27조	오염배출량 초과 비용징수	
				제28조	오염배출신고등록	
	제18조	환경과학기술의 진흥		제29조	환경오염방제 기한	

한국 『환경정책기본법』			중국 『環境保護法』			비고
章	條	내용	章	條	내용	
	제19조	환경보전시설의 설치·관리		제30조	중국 국가 환경에 위해를 가하는 기술 설비 수입 금지	
	제20조	환경보전을 위한 규제		제31조	오염사고 처리 지방 정부의 책임	
		제20조의 2 배출허용기준의 예고				
		제20조의 3 경제적 유인수단		제32조	오염사고 발생 시 보고	
	제21조	유해화학물질의 관리		제33조	유독화학물품 및 방사성물질 제한 및 금지	
		제21조의 2 방사성 물질에 의한 환경오염의 방지 등				
		제21조의 3 과학기술의 위해성 평가 등		제34조	오염물질 전이 금지	
		제21조의 4 환경성질환에 대한 대책		제35조	환경오염생태환경파괴 행정처벌	
		제21조의 5 국가시책 환경친화성 제고		제36조	건설프로젝트의 환경 파괴 및 오염 유발 시 행정처벌	
	제22조	특별종합대책의 수립		제37조	오염배출량 초과비용 미납자 행정처벌	
	제23조	영향권별 환경관리				
	제24조	자연환경의 보전	제5장 법적 책임	제38조	기업의 환경보호책임 위반 시 행정처벌	
	제25조	사전환경성검토				
	제26조	사전환경성검토대상		제39조	오염오염방제 기한 초과 시 행정처벌	
	제27조	사전환경성검토협의 요청				
		제27조의 2 사전환경성 검토서		제40조	행정처벌에 대한 불복 시 소송절차	
		제27조의 3 의견수렴				
		제27조의 6 사전환경성 검토협의 의견 통보 등				

한국 『환경정책기본법』			중국 『環境保護法』			비고
章	條	내용	章	條	내용	
	제28조	사전환경성검토협의 이행의 관리·감독 등		제41조	손해배상 민사책임	
		제28조의 2 사전환경성 검토 재협의 등		제42조	손해배상 민사소송 시효	
	제29조	개발사업의 사전 허가 등의 금지		제43조	본법 위반할 경우 생명과 공공재산 피해 시 형사책임	
	제30조	환경영향평가				
	제31조	분쟁조정				
제3장	제32조	피해구제		제44조	본법 위반할 경우 생태환경파괴 시 형사책임	
	제33조	환경오염의 피해에 대한 무과실책임				
	제34조	법제상의 조치 등		제45조	공무원의 환경보호의무 직무유기 직권남용 시 형사책임	
	제35조	지방자치단체에 대한 재정지원 등				
제4장	제36조	사업자의 환경관리 지원	제6장 부칙	제46조	국제조약의 적용 및 본 법과의 효력순위 관계	
	제37조	조사·연구 및 기술개발에 대한 재정지원				
	제38조	삭제				
	제39조	환경보전자문위원회				
	제40조	환경보전협회				
제5장 보칙	제41조	삭제		제47조	본법 시행일 및 환경보호법(시행) 폐지	
	제42조	삭제				
	제43조	권한의 위임 및 위탁				
제6장 벌칙	제44조	벌칙 양벌규정				

출처: 한국의 『환경정책기본법』과 중국의 『環境保護法』을 참조하여 필자가 작성.

V. 문제점 및 개선방향

1. 문제점

　한국의『환경정책기본법』은 윤곽규범으로서 헌법상의 환경권 보장을 위한 정책을 확정하고 개별 환경법들을 통일적이고 조화적인 시행을 담보하기 위하여 제정된 것이나 학계일각에서는 이 법을 정책방향을 선언하는 의미 이외에 별다른 규범력을 갖지 못하는 법이라는 비판을 하고 있다.[678] 비록 기본법이란 명칭으로 지칭되지만 현실에서 규범력을 상실한다면『환경정책기본법』의 존재의미는 퇴색할 수밖에 없는 것이다.『환경정책기본법』은 국가가 환경문제에 대해 관심을 기울이고 있지 않았던 시대에, 국가의 정책적 의지를 외부적으로 선언하는 데 의미를 갖는 것이나, 이를 통하여 어떠한 환경적 문제해결을 위한 구체적인 내용을 규율하기가 곤란한 형편이다. 1990년대 한국의 환경의식 수준에서 외국의 1960년대식의 환경법을 모방하여 제정한『환경정책기본법』을 21세기 현재와 미래에도 계속 유지할 것인지는 심각하게 재검토하여야 할 문제라고 판단된다. 이러한 선언적·지침적 성격의 법률 존재가 '기본법'이라는 명칭으로 현재와 미래의 한국 환경법 체제에 필수불가결한 것인지 근본적으로 재검토할 필요가 있다.[679]『환경정책기본법』의 주요 내용을 살펴볼 경우, 권리의 향유보다 의무의 이행을 강조하는 표현이 적지 않아 과연 이 법을 헌법상 환경권을 구체화하는 내용으로 직접 연계되는

---

678) 류지태·이순자,『환경법』, 법원사, 2005, 335쪽.
679) 류지태·이순자, 전게서, 338쪽.

기본법으로 이해하기에는 어려움이 많다. 그렇기 때문에 『환경정책
기본법』과 개별 환경법과의 연계규정의 제공기능은 단순히 환경매개
인자를 보호하는 개별 환경법의 근거규정으로서 의미밖에 갖지 못하
는 문제점이 있다.

중국의 『환경보호법』은 환경법 분야의 기본법으로서 개별 환경법
의 제·개정을 비롯한 중국환경법제 전반을 정비하는 모법으로서 지
위와 기능을 할 것으로 설정되어 왔다. 그러나 『환경보호법』은 기본
법으로 두 가지 결정적인 취약점이 있다.

우선, 법체계 면에서 볼 경우 중국의 실정법체계상에 분명히 헌법
보다는 낮으나 일반법률보다는 높은 기본법이라는 특수한 법단계가
있는데도 불구하고 일반법률의 일종으로 제정되어 있다는 데 있다.
그다음, 법 내용 면에서 볼 경우 규정내용의 낙후, 입법취지의 불명
확, 권리의무의 불균형 등 환경기본법으로 기능하기에는 많은 문제
점들을 노정하고 있다.

『환경보호법』은 중국이 사회주의계획경제에서 시장경제로 넘어가
는 과도기인 1989년에 제정되었다는 데 그 태생적 한계가 있다. 이
른바 '계획적 상품경제시대'의 산물인 『환경보호법』은 환경에 대한
국가의 관리감독 행정통제수단에 주안점을 두어 설계된 것이다.[680]
이와 같이 『환경보호법』에 환경을 개별적·규제적인 대책에 한정되
어 접근하는 대증요법적. 진압적 접근의 성향이 농후한 것은 당연하
다고 할 수도 있다. 예컨대 이 법 제6조에 시장주체의 권리를 명기
한 것과 제40조와 제41조에 시장주체의 권리를 추정할 수 있는 내
용과 제8조에 자연자원보호와 생태환경보호를 언급한 문구가 있는

---

680) 金瑞林, 전게서, 2쪽.

것을 제외하고는 시장주체의 절차적 권리에 관한 규정은 전혀 없으며 대부분 환경오염 규제와 환경오염에 대한 행정기관의 관리감독권 나열이다. 행정통제수단을 통한 오염처리방식은 일견 환경의 질을 신속하게 개선하는 미봉적인 효과는 있을 수 있으나 궁극적으로는 환경자원에 대한 시장주체의 자주적 선택권이 경시되어 시장자원의 자생력을 약화시키게 된다. 경제를 위하여 환경을 희생시켜도 문제없다는 조급한 경제발전의 욕구 과잉은 '개발이용 중시, '자원보호 경시'와 '경제효율 중시', '환경효율 경시' 풍조를 조장하게 되었다. 이는 다시 권리와 의무, 공익과 사익의 불균형 현상을 가져오고 결국 환경의 오염, 자원의 낭비와 생태계 파괴를 초래하는 근본 원인으로 작용하게 되었다.681)

또한 『환경보호법』의 규정들은 대부분 원칙적·추상적 규정이며 법으로서의 실용성과 집행력이 미흡하다. 이 법 제19조의 "자연자원 개발이용은 반드시 생태환경 보호조치를 채택하여야 한다"라는 규정은 어떠한 구체적 조치도, 위반 시 벌칙도 없는 원칙적 조항일 뿐이다. 또한 제16조, 제24조, 제25조, 제30조, 제31조, 제32조 등에는 벌칙 규정만 있고 구체적인 규제 대상과 행위에 대한 규정은 전혀 없다. 제5장 법적 책임 중 상대방의 행정책임을 표기한 것을 제외하고는 대부분 모호한 '행정처분'으로 표시되어 있다. 이러한 계획경제시대의 낙인을 받은 규정들을 고수하고 있는 『환경보호법』은 현재 중국 사회주의시장경제체제와 불합치할 뿐 아니라 개별 환경법률과 하위 법규 등 중국환경법체제 전반에 대한 지도적 지위와 역할을 거의 상실하게 되어 일종의 형해화(形骸化)된 환경기본법이라는 지적을 받

---

681) 蔣紅彬·方慧, "淺論环境法中的公衆參与權", 『經濟与社會發展』, 제16집 3호(2008년 3월), 37쪽.

고 있는 실정이다.[682]

2. 개선방향

한국은 향후 환경입법의 과제로서 『환경정책기본법』을 그 기능에 상응하게 유지하기 위해서는 개별 환경법과의 기능적 관련성을 강화할 수 있는 내용으로 보강할 필요가 있다. 환경문제에 대응하는 개별 환경법률의 계획적인 시행과 실현을 보증하기 위한 『환경정책기본법』의 현실적 규범력을 확립하는 방안은 법 운영 실제에서 법의 존재의미를 부각하고 일깨우는 중요한 작업이라 할 것이다.[683] 『환경정책기본법』은 기본법으로서 다른 개별 환경법률의 이념적인 이정표를 제시할 뿐만 아니라 새롭게 규율되어야 하는 환경 분야를 미처 개별 환경법률이 규율하지 못하는 입법공백을 보완하는 기능을 수행하는 방향으로 개선되어야 할 것이다.[684]

현재 중국 환경학계는 『환경보호법』을 어떻게 개정하고 정비할 것인가에 대한 문제에 대하여 치열한 논쟁을 벌이고 있다. 李恒遠와 常紀文 등 일부 소장파 학자들은 중국이 외국의 선진법제를 부단히 수용하여 선진국의 환경법에 비해서도 손색이 없는 개별 환경법을 제정하여 왔기 때문에 개혁개방 초기의 유물인 『환경보호법』은 그 역사적 사명을 완수하였는바 『환경보호법』을 완전 폐지하자는 주장을 내놓았다.[685] 그러나 중국 학계 대다수는 이러한 『환경보호법』

---

682) 李擊萍, "關于修正環境保護法的若干思考", 『环境科學研究』, 315권(2006년 4월), 158쪽.

683) 석인선, 『환경법론』, 이화여자대학교출판부, 2007, 71쪽.

684) 류지태·이순자, 전게서, 337쪽.

완전폐지론에 대해서는 반대 입장을 분명히 하고 있다. 어떠한 개별 환경법으로도 이 법을 대체할 수 없다는 견해에 대부분 동의하고 있는 한편 1970년대 당시 입법자들의 환경보호 가치 인식수준에 머무르고 있는 이 법을 여하간 개편하여야 하는 데는 별 이견이 없다. 그러나 그 구체적 개편방안으로는 각기 다른 주장을 펼치고 있는데 크게 다섯 가지로 구분된다.

① 단계적 개선안: 중국 관방 측 일부 인사들은 우선 현행 『환경보호법』 중 사문화되었거나 개별 환경법과 상치되는 낡은 규정들을 정비하고, 장래 여건이 성숙한 차후에 전면개편을 재검토하자는 의견을 내놓았다. 그러나 이 단계적 개선안에 찬성하는 중국학자는 거의 없다.

② 법전화(法典化) 방안: 張辛太 교수와 蔡守秋 교수 등은 기존의 모든 환경자원법률 법규를 전면 검토·보완·통합하여 체계적이고 종합적인 '환경법전(環境法典)'을 편찬하자는 견해를 피력하고 있다.686)

③ 기본법 방안: 陳泉生, 徐祥民, 王樹義 교수 등 다수의 학자들은 현행의 환경보호법을 전면 수정하여 전국인민대표대회에서 제정하는 '환경기본법'으로 격상시키자는 주장을 전개하고 있다.687) 기본법 방안은 중국 학계의 다수설이라고 할 수 있다.

④ 기본법 이원화 방안: 환경오염방지 분야의 모든 법률, 법규를 통합하여 '환경오염방지기본법'으로, 자원이용과 생태환경보호 분야의 모든 법률, 법규를 통합하여 '자원·생태환경보호기본법'으로 두

---

685) 李恒遠·常紀文, 『中國環境法治』, 法律出版社, 2008, 189쪽.

686) 張辛太, 『環境與資源法學』, 科學出版社, 2002, 264-267쪽.

687) 陳泉生等, 『環境法學基本理論』, 中國環境科學出版社, 2004, 122-123쪽; 王樹義, 『環境與自然資源法學案例教程』, 知識産權出版社, 2004, 42-47쪽.

개의 환경기본법체계를 수립하자는 견해이다. 이는 周珂 교수가 주장한 바 있다.688)

  ⑤ 종합법 방안: 呂忠梅, 汪勁 교수 등이 『환경보호법』을 위시한 환경법제 전반에 대대적인 수정을 가하여 환경오염방지와 자연자원보호 및 생태환경보호 모든 환경법률 규범의 종합성 환경기본법을 제정하여야 한다고 주장하였다. 이 방안은 기본법 방안 다음으로 중국 학계의 지지를 많이 받고 있다.689)

  근래 중국 정부는 상술한 중국 학계의 주장들 중에서 '③ 기본법 방안' 또는 '③ 기본법 방안+⑤ 종합법 방안'을 절충 통합한 '종합·기본법 방안' 중 하나를 채택하여 추진하려는 동향을 보이고 있다.690) 전국인민대표대회와 전국정치협상회의는 2005년 6월부터 2007년 11월까지 약 2년 반 동안 중국 각계각층으로부터 35건의 '환경보호법 개정 청원서'를 접수했다. 2007년 말 전국인민대표대회 환경자원위원회는 이들 개정건의와 학계의 의견을 받아들여 환경보호업무의 실제적 수요에 부응하기 위하여 『환경보호법』 개정을 더 이상 미룰 수 없다는 보고서를 제출하였다.691) 이처럼 중국 각계의 동향을 감안할 경우, 향후 중국은 전인대 상무위원회에서 제정되었던 『환경보호법』을 전면 수정하여 전국인민대표대회에서 환경문제에 관한 법적 대응에 실효성과 합목적성을 강화한 가칭 『환경기본법』을 제정함으로써 중국 실정법 체계상 명실상부한 기본법으로 격상시키는 방향으로 나아갈 것으로 관측된다.

---

688) 周珂, 『環境法的修改與歷史典型』, 科學出版社, 2005, 96-108쪽.

689) 汪勁, 『中國環境法』, 北京大學出版社, 2006, 135쪽.

690) 李義松·吳國振, "論環境基本法", 『當代』, 제216기(2008년 6월), 65쪽.

691) 陳家貴, 『2008年 中國經濟形勢分析與豫測』, 社會科學文獻出版社, 2008, 132쪽.

Ⅵ. 결 론

한국의 『환경정책기본법』과 중국의 『환경보호법』은 모두 환경 분야의 기본법이다. 한국은 이 법을 제정한 후 10차례 개정하여 온 데 반해 중국은 사회주의계획경제에서 시장경제로 넘어가는 과도기에 제정된 『환경보호법』을 단 한 조문도 개정하지 않은 점이 대조적이다. 이 두 법률은 각각 국내 실정법 구조에서 다른 환경 관련 법률들과 법규 상호 간의 체계상 위치와 의미가 다르다. 한국은 기본법이라는 명칭을 갖고 있다 하더라도 개별 환경법보다 법률상 우월한 효력을 갖는 것은 아니나 개별 환경법의 해석 지침이 되고 입법정책적 방향을 제시하는 역할을 한다. 중국의 실정법체계상 법의 효력이 헌법보다는 낮으나 개별 법률보다 높은 '기본법률'이라는 특유한 법원(法源)이 있는데도 불구하고 『환경보호법』은 일반 법률의 일종으로 제정되어 있다. 다만 이 법은 중국에서 해석상·적용상 환경기본법으로 간주되어 왔다.

한국의 환경기본법은 원칙상 정책법이며, 예외적으로 규제법 내지 집행법인 반면에 중국은 원칙상 규제법 내지 집행법이며 경제건설을 위한 보조적 정책법이다. 한국의 환경기본법의 원칙은 사전예방과 사전배려, 원인자책임, 협동, 지속 가능한 개발과 정보공개 등에 비하여 중국은 사전규제, 개발자책임, 기관 간의 협조 등을 원칙으로 하나 지속 가능한 개발과 정보공개에 관한 규정은 없다.

한국은 환경을 자유재에서 공공재로의 인식으로 전환하고 환경권 침해에 대한 규제와 조정 및 피해보상에 역점을 두나 중국은 환경보호는 경제발전을 위한 부수적인 것이라는 입법이념을 기초로 한 공해법 수준에 머무르고 있기 때문에 그 규제내용과 실효성 측면에서 미흡한 점이 많고 공해에 대한 통제에 집중되어 있다. 중국 환경기본법의 낙후성 근본원인은 여전히 국가의 강력한 행정감독관리를 강조하는 직접통제식 명령-통제 모델을 고수하고 있기 때문이다. 향후 입법과제로서 한국은 환경기본법의 개별 환경법과의 기능적 관련성을 강화하는 방향으로 입법적 개선을 모색하고 있는 반면에 중국은 환경권의 보장, 구제장치의 완비, 환경영향평가주민참여권의 보장, WTO 체제와의 부합성 등을 보강하고 중국 실정법 체계상의 기본법으로 격상시킨 '환경기본법' 제정을 추진하고 있다.

19. 한·중 해양경계획정
–이어도를 중심으로

Ⅰ. 서 론

우리나라의 이어도(離於島) 해양과학기지 건설과 운영에 관하여 이의를 제기하여 온 중국 당국은 최근 "이어도는 중국 영해에 있고 200해리 배타적 경제수역(EEZ) 안에 있어 중국 영토"라는 주장과 철회를 반복하고 있어 이어도 및 이어도 주변 수역이 한중 양국 간 해양 분쟁이 지역화될 불씨를 내포하고 있다.

현재 중국은 경제발전과 국력증강에 따라 이어도를 비롯한 인접해양에 대하여 정계와 언론, 군부, 학계와 민간의 관심이 높아지고 있으며 전문서적과 학술논문 등 연구 성과가 발표되고 있다. 이어도와 주변 수역을 진정한 우리의 관할권역으로 지키기 위해서는 일시적인 관심이나 파편적이고 감정적인 대응보다는 중국의 동향에 대한 지속적인 관찰과 냉철하고 면밀한 연구, 분석이 필요하다. 일반적으로 해양경계획정은 해역에 대한 제반권리의 소재 및 유무를 판단하는 문제로 영유권과 이용권이 논쟁의 핵심이 된다. 영유권 문제는 영유권 발생·유지와 관련해서 현재 영유권이 어느 일방에 귀속되는가를 판단하는 문제이고, 이용권의 문제는 EEZ를 비롯한 12해리 영해 이외의 지역에 대한 해양이용과 관련한 배타적 권리의 문제이다.

이어도는 1년에 몇 차례 제외하고는 수면 밑에 잠겨 있는 암초[705]

로서 「유엔해양협약」(이하 「해양법협약」 또는 「해양법」이라 함)상
'도서'로서의 법적 지위를 인정받지 못하고 있기 때문에 이어도는 영
유권의 문제가 아니라 이용권의 문제에 해당한다.[706]

따라서 무주물선점, 역사적 권원, 국제조약, 실효적 지배원칙 등을
중심으로 전개되는 영유권 논리는 배제하고 이어도와 한중해양경계
획정 문제와 관련한 도서의 조건, 기점 및 직선기선의 문제, 중간선
원칙, 형평의 원칙의 문제를 중심으로 전개하고자 한다.

본 연구는 이어도와 관련한 기존 연구자료와 언론보도 등에 표기
된 지명과 기점의 정확성을 정밀 점검하고 해양법적 차원에서 이어
도의 법적 실체 및 관할권 문제에 대한 합리적 해결책을 국제법적
접근을 통하여 모색하고자 한다.

본 연구의 연구방법으로는 전문서적과 논문, 통계자료 등을 통한
문헌 연구 외에 중국 國家海洋局(http://www.soa.gov.cn)의 웹사이
트인 海洋信息網(www.coi.gov.cn)을 비롯하여 관련 인터넷상의 자
료[707]를 최대한 수집·참고하는 한편 2008년 3월부터 9월까지 중국
國家海洋局의 기관지격인 격월간 『海洋開發與管理』를 출판하는
베이징, 하이덴취(海淀區)에 위치한 海洋出版社를 수차 직접 방문

---

705) 한국 학계 일각에서는 이어도를 수중암초가 아닌 간출지라고 주장하고 있다.
독도본부
www.dokdocenter.org(2008. 6. 28.), 게재 자료 참조.

706) 존스톤 교수는 해양경계획정에 있어서 각국이 추구하는 목적 내지 가치는 안
전, 위신, 행복, 부, 지식 및 효율 등 여섯 가지로 나누어서 고찰하였다. Douglas
M. Johnston, *The theory and history of ocean boundary − making*(McGill −
Queen's University Press, 1988), pp.12 − 14.

707) 위키피디아 백과사전 http://en.wikipedia.org/wiki
대한민국 영토 이어도 http://www.ieodo.or.kr/
종합해양과학기지 − 이어도 http://ieodo.nori.go.kr/
中國蘇岩网 http://www.suyanrock.com>http://www.suyanrock.com

하여 관계전문가들과 접촉하고, 한국 측 해양법 전문학자708)들의 자
문을 통하여 연구방법을 보완하였다.

II. 이어도의 해양법적 지위

1. 해양법상 섬의 정의

섬(島嶼)의 법적 지위는 1930년 국제법전편찬회의 이래 1956년 유
엔 국제법위원회의 초안에서 최초 시도된 후 1975년 비공식 단일 교
섭초안 등에서 간헐적으로 논의된 바 있었지만 당사국들이 합의할 충
분한 논의과정을 거치지 않았다. 제1차에서 제3차 해양법회의에 이르
기까지 많은 논란이 있었던 주제로서 도서의 크기·자체적인 거주 및
경제적 생활 가능성·위치 등에 관한 기준을 규정하고 이에 상응하는
지위를 부여하는 견해가 제기되었다. 그 결과 섬에 대한 정의는 제3차
「해양법협약」에서 협약 제121조로 확정되었으나 법규상 표현이 애매
모호하여 조항의 해석을 둘러싸고 다양한 논쟁들이 진행되고 있다.

「해양법협약」 제121조 제1항은 "도서는 만조 시에 수면 위에 있
고, 바다로 둘러싸인 자연적으로 형성된 육지지역이다"709)라고 규정
하고 있다. 여기에서 섬의 법적 개념에는 두 가지 중요한 의미가 포

---

708) 김부찬 제주대학 교수의 "이어도 및 이어도 주변 수역의 해양법적 지위", 『이
    어도, 지금 우리에게 무엇인가』(제주: 제주대학교 2007년 정책토론회, 2007.
    01. 25.) 발표 논문 참조.

709) 「해양법협약」 제121조 제1항 "An island is a naturally formed area of land,
    surrounded by water, which is above water at high tide."

함되고 있다. 첫째, 도서로서의 지위를 인정받기 위해서는 그것이 '자연적으로' 형성된 '육지지역'이어야 한다는 점이다. 둘째, '만조 시에도 수면 위에 돌출'하고 있어야 한다는 점이다. 또한「해양법협약」제121조 제3항은 "사람이 지속적으로 거주하거나 자체 경제생활이 불가능한 암석(rocks)은 배타적 경제수역 또는 대륙붕을 가질 수 없다"710)라고 규정하였다. 암석(rock)을 정의한 이 규정은 매우 추상적이고 모호하여 해석상 많은 문제점을 가지고 있다.「해양법협약」에서 암석이라고 명시한 것은 도서의 조건으로 해수면에 돌출된 육지의 크기를 판단하는 근거로 제시된 것으로 추정된다.

Hodgson과 Smith는 암석(rock, 0.001평방마일 미만), 암초(islets, 0.001~1평방마일 미만), 소도서(isles, 1~1.000평방마일 미만), 도서 (island, 1,000평방마일 이상)로 구분하고711) 국제수로기구(IHO)의 전신인 국제수로국(International Hydro-graphic Bureau: IHB)은 1~10㎢의 것을 small islets, 10~100㎢를 islets, 100㎢ 이상의 것을 island라고 보았다. 명시적인 언급을 하지 않았으나 1㎡ 미만의 것을 암석(rocks)으로 보고 있는 것으로 판단된다.712)

또한「해양법협약」제13조 제1항에 의하면 간조 시에만 수면에 출현하고 만조 시에는 수면 이하로 잠기는 자연적으로 형성된 육지지역

---

710)「해양법협약」제121조 제3항 "Rocks which cannot sustain human habitation or economic life of their own shall have no exclusive economic zone or continental shelf."

711) Robert D. Hodgson, *Island: Normal and Special Circumstances,* U.S. Department of State Research Study GRE-3(1973), pp.23-24.

712) 중국에서는 섬을 '다오(島)', '위(嶼)', '자오(礁)', '옌(岩)' 4단계로 분류하고 있다. 다오는 1㎢ 이상 상주인구가 있는 섬을, 위는 0.05㎢~1㎢의 무인도 또는 비상주인구가 있는 작은 섬을, 자오는 0.0005㎢~0.05㎢ 바위섬을, 옌은 0.0005㎢ 이하의 바위를 지칭한다. 湖北人民出版社,『中國文化知識精華』 (武漢: 湖北人民出版社 2001), pp.36-38.

을 '간출지(low - tide elevations)'라고 한다. 간출지는 대개 암석이나 사주(砂洲)의 형태로 존재하고 있다. 간출지의 전부 또는 일부가 육지 또는 도서로부터 영해의 폭을 벗어나지 않는 거리에 있는 경우에는 간출지의 저조선은 영해의 축을 측정하기 위한 기선으로 사용할 수 있다. 그러나 간출지 전부가 육지 또는 도서로부터 영해의 폭을 초과하는 거리에 있는 경우에는 간출지는 그 자체의 영해를 갖지 못한다(동 2항). 간출지로부터는 원칙적으로 직선기선을 설정할 수 없으나 항상 수면 상에 존재하는 영해폭 밖에 있는 등대 또는 유사 시설이 간출지상에 건설되어 있는 경우 또는 국제적으로 인정을 받은 경우에는 직선기선을 설정할 수 있다(「해양법협약」 제7조 제4항). 연안으로부터 영해의 폭을 초과하지 않는 거리에 전부 또는 일부가 위치하는 경우에는 그 저조선(低潮線)을 영해기선으로 사용할 수 있지만, 그 전부가 본토 또는 도서의 영해 범위에 위치하지 않을 때는 그 자체의 영해를 보유하지 못하는 것이다.[713] 즉 간출지의 경우에도 도서로서의 법적 지위를 향유하지 못한다.

2. 이어도 및 해양과학기지의 해양법적 지위

이어도는 동중국해와 황해의 남단이 교차하는 북위 32도 07분 32초, 동경 125도 10분 58초에 위치하고 있으며, 한국의 제주도 남쪽의 마라도로부터 남서쪽으로 149㎞(81해리), 중국의 퉁다오(童島)로부터 북동쪽으로 247㎞(133해리), 일본의 조도(鳥島: 도리시마)에서 276㎞(146해리)에 위치하고 있다. 정상 수심 4.6m, 주변해역 평균수

---

713) 「해양법협약」 제7조 제4항.

심이 50m에 남북으로 1,800m, 동서로 1,400m에 이르는 타원형의
해중암초(reef)이다.714)

  한국의 학계 일각에서는 이어도는 일 년에 몇 차례 모습을 드러내
는 간출지라고 주장하고 있다.715) 이와 같은 주장은 「해양법협약」
제13조 제1항과 제2항, 제7조 제4항에 근거하여 이어도의 권원을 최
대한 확장할 의도인 것으로 보인다. 그러나 해양법상 간출지는 만조
시에는 수중에 잠몰하지만 간조 시마다 수면에 출현해야 하는 것이
기 때문에 이어도는 간출지가 아니라 수중 암초이다.716) 암초는 해
양법상 도서로서의 법적 지위를 향유하지 못한다. 설령 이어도가 수
면 아래가 아닌 수면 위의 암초라 가정할지라도 먼 바다에 고립되어
있는 무인암석에 대하여 영해와 경제수역이나 대륙붕을 주장한다면
이는 관계국과의 분쟁의 원인이 될 것이다.

  이어도의 해양과학기지는 '인공시설 및 구조물(artificial installations
and structures)'이나 '인공도(artificial islands)'에 해당하는 것으로
해양법상 도서로서의 지위를 가지지 못한다. 즉 콘크리트나 철강 등
의 소재를 사용하여 설치한 구조물로서 해양법상의 제반 효과가 부
여되진 않는다.717) 인공시설 및 구조물 또는 인공도는 아무리 크고

---

714) http://ieodo.nori.go.kr/intro2.asp(2008년 12월 9일 검색)

715) 제주에서는 조수가 썰었을 때 나타나 보이는 바닷속의 암초를 '여'(礖)라고 하
    여 이어도를 '여도'라 불러 왔다. 이어도는 1년에 여러 차례 물 위로 모습을
    드러낸다. 춘분과 추분 무렵에는 확실하게 드러나고 그 외에도 파도가 칠 때는
    물 위로 모습을 드러낸다. 이렇게 자주 물 위로 모습을 드러내는 암석은 수중
    암초가 아니고 간출지(low‒tide‒elevation)라고 한다. 독도본부
    www.dokdocenter.org(2008. 6. 28.), 게재 자료 참조.

716) Offshore land features such as shoals, rocks, or reefs that are exposed at
    low tide but submerged at high tide are referred to as low‒tide elevations.
    http://law.jrank.org/pages/8369/Low-Tide-Elevation.html(2008년 11월 27일 검색)

717) 「해양법협약」 제60조 제8항.

중요한 것일지라도 그 자체의 영해나 기타 관할수역을 가질 수 없으며 해양경계의 기준이 될 수도 없으나 암초 위에 고정구조물 또는 인공도를 축조하여 해양과학기지로 사용하는 것은 가능하다.[718]

종래에는 인공도를 도서로 생각하여 국제법편찬회의에서 모래흙으로 된 인공도는 인공적인 것이라도 도서라고 하였으며 ILC초안도 종래의 견해를 따랐다. 그러나 1958년 제1차 해양법회의에서는 미국이 제출한 수정안이 채택되어 1958년 「해양법협약」은 명백히 자연적으로 형성된 것이라야 한다고 규정하였고 1982년 해양법협약에서도 같은 견해가 채택되었다.

EEZ 내에서 연안국은 협약의 관련규정에 따라 인공도 시설 및 구조물 설치와 사용에 관한 관할권을 갖는다(「해양법협약」 제56조 제1항 b호의 (1)). 공해상에서도 모든 국가는 공해상에 자유로이 인공도나 기타 시설을 할 수 있다(「해양법협약」 제87조 제1항(d)). 따라서 한국은 「해양법협약」에 근거하여 이어도에 해양과학기지를 축조할 권리를 보유하며, 중국 측의 한국 이어도 해양과학기지 건설 및 그 운영에 대한 이견표시는 해양법상 근거가 희박한 것이다.

---

718) 김영구, 『한국과 바다의 국제법』(서울: 효성출판사, 1988), 287－288쪽.

Ⅲ. 이어도 관련 기점 및 기선

1. 해양법상 기점 및 기선 설정

1) 해양영토의 귀속과 관련한 해역

은영해, 접속수역, 배타적 경제수역으로 구분된다. 문제는 이들 해역을 설정하는 출발점인 기점(base point) 및 기선(base line)이다.[719] 배타적 경제수역을 선포하는 경우에 그 경계획정이 문제 된다. 기본적으로 양국은 해양법상의 원칙과 기준에 따라서 합의로서 그 경계를 획정해야 할 것이다(「해양법협약」 제74조 제1항). 그리고 이러한 합의에 있어서는 한국과 중국 간에 관할 수역 범위를 기산함에 기준이 되는 기선을 어디로 하는가 하는 문제가 가장 중요한 요소가 될 것이다.[720]

현대해양법상 기선은 영해뿐만 아니라 EEZ 및 대륙붕 그리고 접속수역 등 여러 중요한 해양 관할수역 범위 획정에 기준이 되므로 그 규범적 의미는 매우 중요하게 되었다. 따라서 어느 국가이든 이제 기선의 획정은 규범적 의미는 매우 중요하게 되었다. 따라서 어느 국가이든 이제 기선의 획정은 해양법상의 규범적 기준에 엄격히 따라야 한다.

본래 영해 기선의 개념이 형성된 것은 실제로는 19세기 초이므로 국제법상 기선에 관련된 제도는 비교적 새로운 것이라고 말할 수 있

---

719) 이정태, "중국의 해양영토 귀속판단", 『한국동북아논총』, 제44집, 2007, 310쪽.
720) 김영구, 전게서, 458쪽.

다. 해양관할 수역의 표준적 기선은 해안 지형의 평균 저조선(mean low water line)을 택하는 통상기선(normal baseline)이다. 즉 통상기선은 영해의 폭을 측정하는 통상의 기선으로서 연안국의 공인하는 대축적 해도에 기재되어 있는 해안의 저조선을 말한다. 여기서 저조선이라 함은 저조 시 육지와 해수가 접하는 선을 말한다.[721]

영해의 측정방법으로는 통상기선을 적용하나 예외적으로 해안선의 굴곡이 심한 경우나 해안의 암초나 도서가 많이 있는 경우에는 통상기선방법이 적당하다고 할 수는 없다. 이러한 경우 최원방의 도서나 암초의 외측면과 외측점 간을 직접으로 연결시켜 이를 기준으로 하여 영해의 폭을 정하는 직선기선(straight line)을 적용한다.[722] 직선기선은 1935년 노르웨이가 자국의 지리적·경제적 특수성을 보호하기 위하여 국왕령으로 처음 채택한 것인데, 1951년 12월 18일자 국제사법재판소가 '영국과 노르웨이 간의 어업분쟁사건'에서 내린 판결은 이 직선기선의 방법을 인정하였고, 1958년 제네바 국제연합해양법회의에서 채택된 「영해 및 접속수역에 관한 조약」도 이 방법을 채용하고 있다. 직선기선은 간출지로부터 그을 수 없다. 그러나 항상 해면 상에 있는 등대 또는 유사한 시설이 간출지상에 있을 때는 예외이다.[723] 연안국은 직선기선을 해도(海圖)에 명백하게 표시하고 적당히 공개해야 한다. 「해양법협약」 제7조 제1항에 따르면 해안선이 깊이 굴곡하고 만입한 지역이나 인근 해안을 따라 일련의 섬(a fringe of islands along the coast in its immediate vicinity)이 산재해 있는 지역에서는 적절한 지점을 연결한 직선기선을 영해기선으로 사용

---

721) 이병조·이중범, 『국제법신강』(서울: 일조각, 1966), 458쪽.

722) 이병조·이중범, 상게서, 459쪽.

723) 「해양법협약」, 제7조 제4항.

할 수 있다. 「해양법협약」 제7조 제2항에 따라 삼각주가 있거나 그 밖의 자연조건으로 인하여 해안선이 매우 불안정한 곳에서는 바깥쪽 바깥 저조선을 따라 적절한 지점을 선택할 수 있으며, 그 후 저조선이 후퇴하더라도 직선기선은 이 협약에 따라 연안국에 의하여 수정될 때까지 유효하다. 직선기선을 그을 때에는 해안의 일반적 방향(general direction of the coast)에서 너무 떨어져서는 안 되며 우선 암초나 간출지와의 사이가 문제 되는데 간조 시에만 출현하는 암초나 간출지로부터는 직선기선을 설정할 수 없으나 등대 또는 유사시설이 간출지상에 건설되어 있는 경우 또는 국제적으로 인정을 받은 경우에는 직선기선을 설정할 수 있다(「해양법협약」 제7조 제3, 4항).

2. 한·중 국내법상 기점 및 기선 설정

1977년 12월 31일자로 제정·공포한 한국의 『영해법』 제2조는 "① 영해의 폭을 측정하기 위한 통상의 기선은 대한민국이 공식적으로 인정한 대축척해도에 표시된 해안의 저조선으로 한다. ② 지리적 특수사정이 있는 수역에 있어서는 대통령령으로 정하는 기점을 연결하는 직선을 기선으로 할 수 있다"라고 규정하여 통상기선 위주로 직선기선을 보충으로 적용한다는 원칙을 밝혔다. 1978년 4월 30일부터 통상기선에 의한 영해 12해리를 잠정적으로 실시해 오다가 「영해법 시행령」을 제정하여 1978년 9월 20일부터 동해안과 제주도 울릉도 독도를 제외한 전해안의 최외곽 도서를 연결하는 직선을 직선기선으로 사용하여 그로부터 12해리를 영해로 규정하였다. 이 시행령은 대한해협의 영해범위를 3해리로 하고 있다. 『영해법』과 「영해법 시행령」은 각각 1995년 12월 6일과 1996년 7월 31일 기선에서

24해리의 접속수역 조항만을 추가하여『영해 및 접속수역법』,「영해 및 접속수역법 시행령」으로 개명, 제정되었다. 1978년 9월 20일부터 동해안과 제주도 울릉도 독도를 제외한 전해안의 최외곽 도서를 연결하는 직선을 직선기선으로 사용하여 그로부터 12해리를 영해로 규정하였다.

<표 19-1> 영해 기점 및 기선관련 양국 국내법

법률	한 국 영해 및 접속수역법 (1995. 12. 6.)	중 국 영해 및 접속수역법 (1992. 2. 25.)	비 고
기점과 기선	• 영해의 폭을 측정하기 위한 통상의 기선은 대축척해도에 표시된 해안의 저조선으로 함. • 지리적 특수사정이 있는 수역에 있어서는 대통령령으로 정하는 기점을 연결하는 직선을 기선으로 할 수 있음.	• 본토와 연안도서 중 제일 바깥쪽 도서의 기점들을 연결하는 직선기선을 기선으로 설정. • 영해기선은 직선기선법을 채택하여 확정하고 각 인근기점 간에 직선으로 연결한 선으로 구성	• 한국은 통상기선과 직선기선을 병용 • 중국은 직선기선만 채택
경계 획정	• 관계국과의 별도 합의가 없는 한 영해의 폭을 측정하는 기선상의 가장 가까운 지점으로부터 같은 거리에 있는 모든 점을 연결하는 중간선으로 함.	• 규정 없음	• 중국은 한국과 달리『배타적경제수역 및 대륙붕법』에서 해양경계획정 원칙을 정함.
기점의 해양법 부합성 여부	• 해양법에 부합	• 대부분 기점이 암초나 간출지에서 출발하고 있으며 해안의 일방적 방향을 따르지 않은 지나치게 긴 직선기준선들을 사용하고 있음	

출처: 한·중 영해 관련 법률을 참고하여 필자가 작성.

중국은 1996년 2월 25일 제7차 전국인민대표대회 상무위원회 제24차 회의에서 모두 17개 조항으로 구성된『영해 및 접속수역법(領海及毗聯區法)』을 제정하였다. 영해의 폭을 기선으로부터 12해리까지로 정하고 기선은 직선기선법을 채택하여 획정하고 각 인근 기점 간에 직선으로 연결한 선으로 구성된다고 규정하였다.724) 또한 중국 은 1996년 5월 15일 국무원의 명의로 「영해기선의 성명(領海基線 的聲明)」725)을 발표하여 해안의 형상에 관계없이 해안과 도서 또는 암초 등의 49개 기점을 선정하고 48개 직선기선을 채택하였다.

이는 1958년 「영해선언」을 토대로 단순히 직선기선의 채택만을 언급하고 구체적인 기점을 명시하지 않았던 것에 비해 진전된 것이 라고 볼 수 있다. 그러나 여전히 49개 기점들 대부분은 해안에서 멀 리 떨어져 있는 암초나 간출지에서 출발하고 있으며 해안의 일방적 방향을 따르지 않은 지나치게 긴 직선기준선들을 사용하고 있어 해 양법적 문제점을 내포하고 있다.726) 40해리를 약간 넘는 노르웨이의 직선기선 길이도 국제사법재판소에 문제가 제기된 것이었는데 중국 의 제10번 기점 간출지인 와이커자오(外磕脚)에서 제11번 기점 서 산다오까지의 직선기선 길이는 100.2해리이나, 제11번 기점 서산다 오에서 제12번 기점 암초인 하이자오(海礁)까지의 직선기선 길이는 62.5해리나 된다.

---

724) 中華人民共和國領海的寬度從領海基線量起爲十二海里。中華人民共和國 領海基線采用直線基線法划定, 由各相鄰基点之間的直線連線組成。

725) 中華人民共和國政府關于中華人民共和國領海基線的聲明은 명칭은 '성명' 이지만 국무원의 명의로 공포하였기 때문에 우리나라의 시행령(대통령령)에 해 당한다고 할 수 있다. 강효백, 『중국법 통론』(서울: 경희대학교출판사, 2007), 26-27쪽.

726) 이석용, "우리나라와 중국 간 해양경계획정", 『국제법학회논총』(제52권 제2호), 2007, 248쪽.

3. 이어도 관련 중국 측 기점 분석

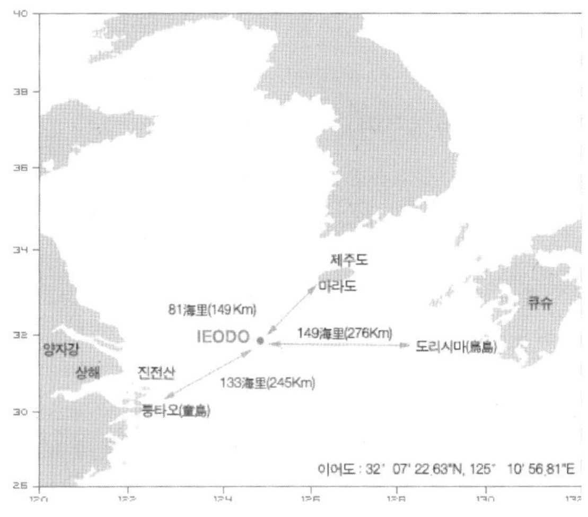

출처: 종합해양기지 이어도
http://ieodo.nori.go.kr/intro3.asp

〈그림 19-1〉 이어도 위치도(한국 측에서 오히려 한국에
불리하게 통다오를 중국 측 기점으로 표시해 놓고 있다.)

1) 하이자오(통다오)

하이자오(海礁, Sea Rocks)는 위 30도 43분 54초, 동경 123도
08분 09초에 위치한 무인 암석이다. 하이자오는 중국대륙 해안으로
부터 약 128㎞(69해리), 양자강 입구와 300㎞, 저우산(舟山) 군도
최동단 성산다오(嵊山島)로부터 약 30㎞(16.2해리) 떨어져 있다. 중
국에서는 간혹 하이자오를 섬이라기에는 규모가 너무 작아 어린이
섬이라는 의미인 통다오(童島)로 칭하기도 하거나, 아무런 물건도
생산할 수 없다는 의미인 우찬다오(無産島)로 부르기도 한다. 즉

'하이자오'는 중국 관방의 공식명칭으로 1996년에 중국이 선포한 자국의 직선기선 기점의 명칭727)과 그곳에 설치한 기점 표지석은 물론 중국 측 문헌과 자료, 지도 대부분은 '물에 잠긴 바위'라는 의미인 '海礁'라고 표기하고 있다.728) 따라서 기존 한국의 문헌과 지도에서 지칭하고 표시하여 온 '퉁다오'는 '하이자오'로 고쳐 부르는 것이 타당하다.729) 하이자오의 18개 암석을 모두 합친 총면적은 약 0.044㎢이다. Hodgson과 국제수로기구(IHB) 역시 암석으로 분류하고 있다.730) 해양법상 EEZ를 가질 수 있는 섬의 지위를 누리기 위해서는 인간의 거주(human habitation) 요건과 독자적 경제생활(economic life of their own) 요건이 있어야 한다. 하이자오는 이 두 가지 요건에 부합하지 않을 뿐만 아니라 명칭도 실제도 섬(islands)이 아닌, 암초(rocks)이다.

---

727) 대륙연해 49개 기점 중 ○○礁로 표기되어 있는 기점은 모두 3개로서 제12번 기점 하이자오(海礁)와 제13번 기점 동난자오(東南礁: 북위 30도 43분 5초 동경 123분 09분 7초)와 제41번 기점 션스자오(深石礁: 북위18도 14분 6초 동경 109도 07분 6초)이다. http://210.26.5.7/ydtsg/data/8010919.pdf(2008년 9월 19일 검색)

728) Haijiao(海礁), also known as Tong Island(童島), Taibujiao(泰簿礁) or Taijiao(泰礁), is located at 30° 44 ′ 6 ″ N, 123° 9 ′ 24 ″ E in the northeast corner of Zhoushanqundao(the Zhoushan Islands) and belongs to Shengsi County of Zhoushan city. The name Haijiao literally means 'the ocean reef', and its generally accepted cartographic name of Taijiao literally means 'the extreme reef'. http://en.wikipedia.org/wiki

729) www.shtong.gov.cn/node2/node2245/node67924/node67930/node67957 /userobject1ai64743.html(2008년 9월 19일 검색)

730) 정갑용, "한반도주변 해양경계에 관한 연구", 『해양전략』(제20호), 2003, 35쪽.

2) 성산다오[731]

성산다오(嵊山島)는 저우산 군도에서 서쪽으로 25㎞ 떨어져 있으며 육지면적은 4.22㎢, 해안선 길이는 19.26㎞이다.[732] 옛 명칭은 청밍산(乘名山), 션치엔산(神前山), 진산(盡山) 등이다. 원나라 시대부터 사람이 거주하였고 명나라에는 왜구방어기지의 요충지였다. 섬의 모양은 서북에서 남동방향으로 향하였으며 지세는 동쪽이 높고 서남쪽이 낮아 불규칙한 '7' 자 형태이며 성산다오에서 제일 높은 산이 전치엔산(陣錢山)으로 해발 213.5m이다.[733]

정회수 한국해양연구원 책임연구원은 이 전치엔산을 기점으로 삼아 진전산 - 이어도 간의 거리 약 272㎞를 통다오 - 이어도 간의 거리, 즉 247㎞라는 숫자 대신 여러 가지 측면에서 정확·타당하다고 주장한 바 있다.[734] 그러나 성산다오는 해양법 제121조 제3항에 비교적 부합하는 유인도라고 할 수 있지만, 타국인사가 지정해 주는 지점을 중국이 전폭 수용하여 자국이 선포하였던 직선기선의 기점을 철회하고 하이자오에서 성산다오로 변경할 가능성은 전혀 없다. 따라서 이러한 주장의 실현 가능성은 물론 논의의 실익이 거의 없다고 판단된다.

---

731) 전치엔산(陳錢山)은 성산다오(嵊山島)에 있는 하나의 산 명칭에 지나지 않는다. 학계 일각에서는 성산다오를 '진전산'으로 오칭하고 있는데 이는 마치 제주도를 한라산이라 칭하는 것과 마찬가지로 잘못된 것이다. 최종화,『현대국제해양법』(서울: 도서출판 두남, 2005), 442쪽 참조

732) http://www.eastsea-ss.com/index1.htm(2008년 10월 17일 검색)

733) http://www.paper800.com/paper76/44B423DF/(2008년 10월 17일 검색)

734) 조선일보, 2008. 8. 28. 10쪽.

3) 서산다오

　서산다오(余山島)는 장강 하구의 삼각주 해안에서 19해리 떨어져 있는 동경 122도 14분 6초, 북위 31도 25분 30초에 위치한다.[735] 서산다오는 위산다오(余山島) 또는 서산(蛇山)[736]으로 지칭하기도 하는데 상하이의 충밍다오(崇明島) 동쪽 35㎞, 우송코우(吳淞口)의 동쪽 75㎞, 섬의 형태는 동서쪽으로 길게 있으며 면적은 0.037㎢로 최고높이는 54m, 바위로 이루어졌으나 섬 주변의 수심은 급경사를 이룬다. 2005년 11월 1일 중국 해군은 서산다오에 중국영해기점의 표지석을 설치하였다.[737]

　중국 최대의 포털사이트 바이두(百度, http://www.baidu.com.cn/)에 게재되어 있는 이어도(蘇岩礁) 관련 사진과 그림 총 270개를 비롯한 모든 중국 측 문헌과 자료는 모두 서산다오를 기점으로 표시하고 있다(<그림 19-2> 참조).[738]

---

735) http://baike.baidu.com/view/1116690.htm(2008년 10월 18일 검색)

736) 서산다오를 여산다오(余山島)나 蛇山으로 표기한 중국 측 자료나 지도도 다수 발견되나 이는 드문 한자인 '佘(한국 측 독음 사, 중국 측 독음 she)'를 비교적 흔한 한자 '余'로 잘못 읽거나 佘와 같은 발음인 '蛇'로 오독한 것에 연유된 것으로 판단된다.

737) http://www.yomenet.net/molyx/archive/t-10069-0.html(2008년 10월 9일 검색)

738) http://image.baidu.com/i?tn=baiduimage&ct=201326592&lm=-1&cl=2&word=%CB%D5%D1%D2%BD%B8(2008년 10월 8일 검색)

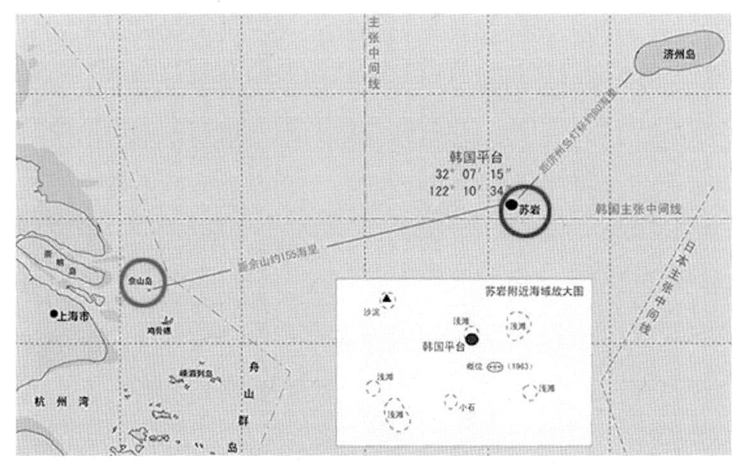

출처: http://news.xinhuanet.com/mil/2005－11/04/content_3728426.htm(2008년 9월 12일 검색).

〈그림 19‒2〉 이어도의 기점을 서산다오로 바꿔 새롭게 그린 중국 측 지도
ⓒ왕위동 중국해양전략연구소

　　중국의 해양법 관련 대표적 전문가인 가오즈궈(高之國) 박사(국제
해양법법원 법관)739)는 2006년 6월『海洋國策 研究文集』에 발표
한 자신의 논문 "한국과 일본의 이어도와 오키노도리시마 경영이 아
국에 형성하는 전략적 위협에 관한 숙고와 건의(關于韓國, 日本經
營蘇岩礁和'冲之島'礁對我形成戰略威脅的思慮和建議)"에서는
이어도를 중국에서 가장 가까운 영해 기점으로부터 132해리 떨어져
있다고만 기재하였다.740) 동 논문이 첨부한 지도에서도 이어도로 향
하는 중국 기점이 퉁다오가 위치하여 있는 저우산(舟山) 군도 동쪽

---

739) 가오즈궈(1956년생 법학박사) 해양발전전략연구소 소장 역임, 현 중국 전국인민
　　대표대회 대표로서 2008년 1월 30일 국제해양법법원 법관으로 보궐 선출(2011
　　년 9월 30일 임기만료 예정)된 바 있음.『中國海洋報』(2008. 01. 31.), 9쪽.

740) 高之國 · 張海文, "關于韓國, 日本經營蘇岩礁和'冲之島'礁對我形成戰略
　　威脅的思慮和建議",『海洋國策研究文集』(北京: 國家海洋局 海洋發展戰
　　略研究所, 2007), 235‒240쪽.

바다에서 출발한 것이 아니라 장강 하구 인근 동쪽 바다, 즉 서산다오를 기점으로 표시하고 있다(<그림 19-3> 참조). 중국의 해양법 권위 전문가인 리밍춘(李明春) 교수 역시 이어도는 상하이 충밍다오 동쪽 약 150여 킬로미터에 위치해 있다고 서술하고 있다.741)

하이자오를 기점으로 할 경우 중국에서 이어도까지 거리는 247㎞(133해리)였지만, 서산다오로 바꾼 결과 거리가 287㎞(155해리)로 40㎞(22해리)나 더 멀어진다(<표 19-2> 참조).

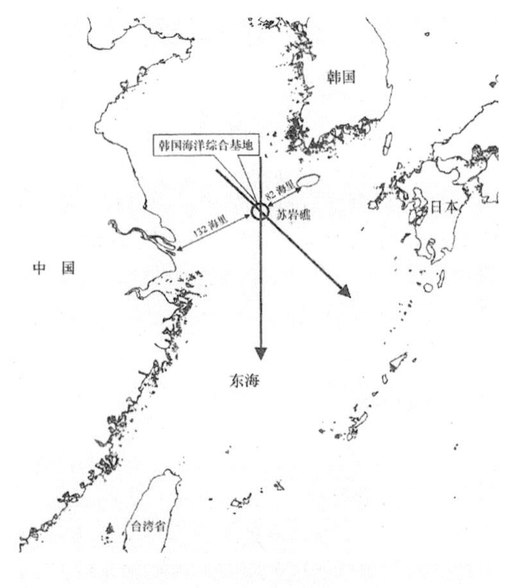

图 1 苏岩礁的战略位置和影响

출처: 高之國, "關于蘇岩礁和'冲之島'思慮和建議"『國際海洋發展趨勢研究』
(北京: 海軍出版社, 2007), 2쪽의 삽도를 스캔

〈그림 19-3〉 중국측 기점이 퉁다오가 아닌, 서산다오가 위치한
장강하구에서 출발하는 것으로 표시

---

741) 李明春, "蘇岩礁問題: 蘇岩位于中國東海北部, 在江蘇南通和上海崇明島以東約150海里", 『海洋權益 中國崛起』(北京: 海軍出版社, 2007), 135쪽.

중국이 이어도를 향하는 기점을 제11번 기점 하이자오에서 40㎞ (22해리) 정도 중국 쪽으로 후퇴한 제12번 기점 서산다오로 표기하고 있는 이유는 다음과 같이 분석된다. 서산다오는 현재 중국 해군이 주둔하고 있는 상당 규모의 유인도로서 EEZ를 가질 수 있는 「해양법협약」 제121조상의 섬의 요건을 갖추고 있을 뿐만 아니라, 서산다오를 기점으로 삼더라도 이어도가 200해리 안에는 포함돼 있어 국제사회로부터 비판을 받아 가며 바다 위 암초인 하이자오를 기점으로 고집하는 무리수를 둘 필요가 없다고 판단한 것으로 보인다.

〈표 19-2〉 이어도 관련 중국의 기점 대조표

공식 지명		하이자오(海礁)	성산다오(崍山島)	서산다오(余山島)
기존 한국 측에서의 명칭		통다오(童島)	진전산(陣錢山)	위산다오(余山島)
기 점		제12/49호 기점	기점 아님	제11/49호 기점
유·무인도		무인암초	유인도 인구 9천여 명	유인도 해군기지
위 치		• 저우산군도 최동단에서 동중국해 쪽으로 30㎞에 위치 • 북위 30도 43분 54초/동경 123도 8분 9초	• 하이자오에서 내륙 쪽으로 25㎞에 위치	• 장강 하구에 위치 • 북위 31도 25분 3초/동경 122도 14분 6초
면 적		0.044㎢	4.22㎢	0.3㎢
해양법 협약섬의 요건 부합성 여부	인간의 거주	X	O	O
	독자적 경제생활요건	X	O	O
지도에서의 기점표시 상황		이 암초를 이어도 관련 기점으로 표시한 중국 측 지도는 없음	한국 측 일부에서 이 섬을 중국 측의 기점으로 하여야 한다고 주장	중국 측 지도 대부분은 이 섬을 이어도 관련 기점으로 표시
이어도에서 거리		247㎞(133해리)	272㎞	287㎞(155해리)

출처: 필자가 중국영해기선 기점 관련 각종 문헌과 자료를 참조하여 작성.

Ⅳ. 이어도 관련 EEZ · 대륙붕의 경계획정

1. 해양법상 EEZ · 대륙붕의 경계획정

일반적으로 해양경계획정은 영해, 배타적 경제수역, 대륙붕을 포함한 개념이지만, 주로 문제가 된 것은 배타적 경제수역과 대륙붕의 경우이다. 그런데 국가 간 해양경계선 분쟁은 해양경계원칙에 대한 합의의 결여에서 온다고 볼 수 있다.

1) 중간선 원칙

1958년 제네바 대륙붕 협약 제6조 제1항은 동일한 대륙붕이 연안이 서로 대항하고 있는 2개국 이상의 국가에 속하고 대륙붕의 경계에 대한 합의가 없는 경우, 특별한 사정에 의하여 다른 경계선이 정당화되지 않는 경우에는 중간선으로 한다고 규정하였다. 즉 마주 보고 있는 국가 간에는 중간선으로 하며, 인접국간에는 '등거리원칙'이 적용된다는 것이다.

중간선은 경계선 획정이 편리하고 단순하여 분쟁의 소지를 없애주며, 사람들의 평등에 대한 사고에 부합하기 때문에 해양경계획정에 관한 협상이나 재판에서 자주 사용되어 왔다. 그럼에도 불구하고 국제사법재판소는 북해 대륙붕사건, 리비아 - 몰타, 메이만 사건, 기니 - 기니비소 사건 등 해양경계획정 사건에서 등거리선 방법의 사용이 국제법상 강제적인 규칙이 아니며 우월한 지위를 갖지 않는다고 판시하여 왔다. 그러나 1982년 「해양법협약」에 해저 지형이나 지질과는 관계없이 오직 거리에 의하여 측정되는 경제수역이 등장하고 대륙붕에도 200해리 거리 기준이 등장함으로써 경계획정에서 등거리 선-중간선의 역할이 다시 중요하게 되었다. 1985년 리비아 몰타 대륙붕 사건에서 국제사법재판소는 대륙붕의 경계획정에서 해저의 자연적 특성을 고려할 필요가 없고, 중간선을 그어 해안선의 길이 및 기타 일반적 지리 현상을 고려하여 그 중간선을 조정하는 판결을 내린 바 있다.742) 특히 2006년의 바베이도스-트리니다드 토바고 해양경계획정에 관한 중재사건에서 중재재판소(PCA)는 섬의 존재를 무시하고 중간선을 기준으로 획정하였다.743) 이와 같이 EEZ의 등장으로 해양경계획정에서 거리가 중요해지면서 중간선이 중요해졌고 중간선에 따른 경계획정의 형평성도 훨씬 강화되었는바, 형평에 맞는 경계획정을 위하여 등거리선 방법이 과거에 비하여 자주 사용되고 있는 것으로 해석할 수 있다.744)

2) 형평의 원칙

형평의 원칙은 법의 기계적 적용에 따른 법적 부정의 방지와 자율적 역할에 비중을 둔 경계획정 방식이다. 연안에서의 거리, 해안선의 일반적 방향, 해안선의 길이, 섬, 암석, 해구, 등심선 등의 존재 여부, 육지지역과 대륙붕 간 지질학적 상호관계 여부, 광상 및 어족자원 분포, 어로관행, 해양오염, 해당 국가 간 해양경계에 관한 국제협정

---

742) 이정태, 전게논문, 309쪽.

743) Barbados/Trinidad and Tobago Case. www.pca-cpa.org(2008년 12월 11일 검색)

744) 이석용, 전게논문, 276쪽.

유무, 당사국 간 행위 여부 등의 요소가 고려된다. 1982년 채택된 「해양법협약」은 제74조 제1항745)과 제83조에서 대안국 및 인접국 간의 경제수역(대륙붕) 경계획정은 국제사법재판소 제38조상의 '형평한 해결(equitable solution)'을 위하여 국제법을 기초로 한 합의(agreement on the basis of international law)원칙에 의해 이루어져야 한다고 하였다. 중간선－등거리선에 대해서는 아무런 언급도 없이 형평에 맞는 해결을 경계획정의 목적으로 규정하였다. 그런데 형평한 해결의 원칙이 구체적으로 무엇인지 「해양법협약」에는 언급되어 있지 않으므로, 해양경계획정원칙 원칙에 관해서는 애매모호한 규정으로 귀결되어 있다고 볼 수 있다.746)

2. 한·중 국내법상 EEZ 및 대륙붕

1996년 8월 6일 제정된 한국의 『배타적 경제수역법』 제2조 제2항은 한국과 대항하거나 인접하고 있는 국가(관계국) 간의 EEZ의 경계는 국제법을 기초로 합의에 의한다는 내용을 밝히고 있다. 이는 「해양법협약」의 경계획정 관련 규정의 내용을 반영하는 것인데, 경계획정의 원칙을 특정하지 않고 '합의'를 강조한 것이 특징이라고 할 수 있다.

또한 동법 제5조 제2항은 "한국의 EEZ에 있어서의 권리는 한국과 관계국 간에 별도의 합의가 없는 경우 한국과 관계국의 중간선 외

---

745) The delimitation of the exclusive economic zone between States with opposite or adjacent coasts shall be effected by agreement on the basis of international law, as referred to in Article38 of the Statute of the International Court of Justice, in order to achieve an equitable solution.

746) 김용환, 『독도 인근해역 경계획정의 국제법적 쟁점 및 대응방안』(서울: 한국해양수산개발원, 2007), 76쪽.

측의 수역에서는 이를 행사하지 아니한다. 이 경우 '중간선'이라 함은 그 선상의 각 점으로부터 대한민국의 기선상의 가장 가까운 점까지의 직선거리와 관계국의 기선상 가장 가까운 점까지의 직선거리가 같게 되는 선을 말한다"라고 규정하여 중간선 원칙을 명확히 하였다.

대륙붕에 관하여 한국은 『해저광물자원법』상의 7개 광구의 설치와 관련된 일본과의 2개 조약 등을 감안하여 중국과 일본과는 달리 대륙붕에 관한 별도의 법률은 두지 않았다. 한국은 오래전부터 일본에 대해서는 대륙붕의 경계획정 원칙으로 자연적 연장을 주장해 왔으며 중국에 대해서는 중간선을 제시하여 왔다. 한국은 황해와 동중국해의 대륙붕은 동질적인 연속체로 된 하나의 대륙붕으로 간주하여야 한다는 견해이다. 먼저 잠정적으로 등거리 선을 채택하고, 그다음이 등거리 선을 수정해야 되는 '특별한 사정'이 있는가를 적용하여야 한다는 일관된 입장이다.

한편 중국은 1998년 6월 26일 『배타적 경제수역 및 대륙붕법(專屬經濟區和大陸架法)』을 제정·시행하였다. 동법은 배타적 경제수역의 범위를 200해리로 하고 대륙붕은 중국 육지영토의 전부가 중국 영해 바깥쪽으로 자연적으로 연장되어 대륙단의 외연까지 뻗어 나간 해저 구역의 해저와 그 지하로 하며, 만일 대륙단의 외연이 200해리에 미치지 못할 경우에는 200해리까지 확장하도록 규정하였다(동법 제2조 제2항).[747] 또한 중첩수역 및 중첩대륙붕에 있어서의 해양경계는 국제법에 기초한 형평과 상호주의 원칙에 따라 합의로써 정한다고 규정하였다(동법 제2조 제3항).[748]

---

[747] 中華人民共和國的大陸架, 爲中華人民共和國領海以外依本國陸地領土的全部自然延伸, 擴展到大陸邊外緣的海底區域的海床和底土; 如果從測算領海寬度的基線量起至大陸邊外緣的距离不足二百海里, 則擴展至二百海里。

<표 19-3> 한·중 양국의 EEZ법과 해양경계획정원칙

구 분	한 국	중 국	비 고
국내법	배타적 경제수역법 공포: 1996. 8. 8. 시행: 1996. 9. 10.	배타적 경제수역 및 대륙붕법 공포 및 시행: 1998. 6. 26.	
EEZ 범위	기선으로부터 그 외측 200해리의 선까지에 이르는 수역 중 영해를 제외한 수역	기선으로부터 200해리 폭에서 영해 외측 수역	
해양 경계 획정	• 대향하거나 인접하고 있는 국가 간의 EEZ 경계는 국제법을 기초로 관계국과의 합의에 따라 확정 • 관계국 간에 별도 합의가 없는 경우 중간선 외측의 수역에서는 EEZ 권리를 행사하지 않음	• 중첩수역 및 중첩대륙붕에 있어서의 해양경계는 국제법에 기초한 형평과 상호주의원칙에 따라 합의로써 정함	• 한국: 합의+중간선원칙 • 중국: 형평+ 합의

출처: 한·중 관계 법률을 참조하여 필자가 재작성.

해양경계획정과 관련하여 한국의 배타적 경제수역법에는 '합의'와 '중간선'은 있고 '형평'이라는 자구가 없다. 이와 대조적으로 중국의 관련 국내법 조항에는 '합의'와 '형평'은 있으나 '중간선'이라는 자구가 없다. 여기에서 한국과 중국은 「해양법협약」 제74조가 규정한 대로 국제법을 기초로, 합의에 의하여 경계선을 획정하는 것을 목표로 삼고 있으나, 그 결과에 도달하기 위한 방법에 관해서는 상당한 인식의 차이를 보이고 있음을 알 수 있다. 한국은 중간선을 일단 획정한 후 관련 상황들을 고려하여 이를 조정함으로써 해결할 수 있다고 하는 반면에 중국은 형평의 원칙을 주장하면서 중간선을 임시경계선으로 사용하는 데 반대하고 있다.749)

---

748) 中華人民共和國与海岸相鄰或者相向國家關于專屬經濟區和大陸架的主張重疊的, 在國際法的基础上按照公平原則以協議划定界限。

749) 李明春, 전게서, 15쪽.

3. 이어도 관련 해양경계분석

　전통적으로 한국은 황해와 동중국해에서의 경계획정과 관련하여
중국에 대하여 중간선 원칙을 주장하고 있지만, 중국은 오래전부터
해저지형을 최대한 고려하는 형평의 원칙을 주장해 왔다. 그러나 리
비아－몰타 사건에서 보듯이 대안국 간의 거리가 400해리를 초과하
지 아니하는 경우 해저지형은 고려하지 아니하며, 경제수역과 대륙
붕에 단일경계선을 긋는 것이 오늘날 국제사회의 일반적인 경향이므
로, 중국의 종래 주장은 설득력을 잃고 있다. 중간선 원칙에 따른 경
제수역 경계획정에 동의해 주는 대신에, 대륙붕 경계획정과 관련해
서는 자연적 연장을 주장할 수 있다는 견해도 제기되고 있다.[750]

　중국은 한국과 해양의 경계를 획정할 경우 양국 해안선 간의 차이
로 자국이 한국보다 넓은 수역을 차지해야 한다고 주장한다. 중국은
해양경계획정의 결과 양국에 속하게 될 수역의 넓이와 대륙해안선을
기준으로 한 해안선 길이의 비율이 비슷해야 한다고 한다.

　해양경계획정의 원칙으로 자연적 연장론을 옹호해 온 중국의 입장
에서 볼 경우 해저지형은 당연히 중요한 고려사항이 된다. 그러나
경제수역의 등장으로 경계획정에서 '거리'가 중요한 요소로 등장하면
서 관련 상황으로의 해저지형 가치는 평가 절하되었으며, 특히 바다
의 너비가 400해리 이내인 수역에서는 고려할 필요가 없다.

　최근 국제 판례의 현저하고 확실한 경향에 의하면, 하나의 동질적
인 공유 대륙붕의 경계를 획정함에 있어서 이러한 특별한 사정으로
서 해저의 지질학적 요소와 지구물리학적 또는 지형학적 특징들은

---

750) 이석용, 전게논문, 277쪽.

처음부터 원칙적으로 배제되고 있는 것이다. 즉 폭이 400해리 미만인 해역에서는 단일경계선인 잠정중간선을 획정한 다음, 그것을 기준으로 관련 요소들을 고려하여 수정해 가는 방식으로 통합되어 가는 경향을 보이고 있다.751)

따라서 등거리선 원칙을 근간으로 하여 합리적인 결과를 도출하기 위하여 특별한 사정을 참작한 중간선의 조정이 있는 경우에도 하이자오(통다오), 성산다오(진전산), 서산다오를 기점과 기선으로 연결한 가상 중간선으로부터 각각 28해리, 37해리, 48해리 더 한국 쪽으로 들어와 위치해 있는 이어도는 당연히 한국의 관할수역 범위 안에 들어오게 된다.

V. 중국 측 동향 배경 분석

1. 해양권 확대전략

이어도의 법적 지위에 대하여 공식적으로 문제를 제기했던 중국이 수중 암초에 관하여 관할권을 주장하고 나선 것은 일단 향후 한국과의 EEZ 경계획정 협상 과정에서 유리한 위치를 선점하기 위한 의도로 보인다. 그러나 이러한 동향의 근본적 배경은 중국이 세계의 중심이라는 뿌리 깊은 중화사상의 발로와 함께 중화제국의 재현에 비견되는 최근 국력신장에 따른 필연적 동향이라고 분석된다.752)

중국의 육지영토 면적은 세계 3위이나 관할해양의 면적은 일본에

---

751) 최종화, 전게서, 439쪽.
752) 강효백, 『중국? 중국!』(서울, 예전사, 1995), 261 - 263쪽.

비해 1/3도 안 될 정도로 좁은 실정이다(<표 19 - 4 참조>). 중국은 지난 200여 년 동안 자국이 슬럼프에 빠진 가장 중요한 이유 중의 하나를 해양을 경시한 것으로 인식하고 있다.

중국이 바다에 눈을 돌리는 것은 이러한 역사적 교훈 때문만이 아니다. 중국의 현재 무역의존도는 60%이며 전체 석유 소비량에서 수입이 차지하는 비율은 43%에 달하는데 수입은 대부분 해상수송을 통해 이루어진다. 더욱이 경제성장에 따른 에너지 부족으로 바다의 에너지 개발에 관심을 갖지 않을 수 없음에 따라 중국의 해양권 확대전략은 필수불가결한 선택이라고 보인다.

동중국해에서 한국과 일본에 대립하고 난사군도(南沙群島)에서 베트남, 태국, 필리핀 등 아세안 국가들과 마찰을 빚는 것은 중국의 적극적 해양 진출에 따른 불가피하게 벌어질 수밖에 없는 현상인 것이다. 중국은 해양자원을 확보하기 위한 총전략의 하나로서 이어도 자체에 대한 이의제기라기보다는 난사군도, 시사군도(西沙群島), 중사군도(中沙群島) 등 해역 관할권 분쟁을 여는 성동격서의 전략으로 관찰된다. '동북공정'이 일본의 임나일본부설에서 착안한 것처럼 중국의 이어도 문제 제기도 '다케시마식 접근'을 예고하는 것인가에 대하여 예의 주시할 필요가 있다.

<표 19 - 4> 한중일 각국의 영토 및 경제수역 면적 대비

국 가	① 영토면적(㎢)	② EEZ면적(㎢)	②/①
한 국	99,500	348,478	3.5배
중 국	9,600,000	1,355,800	0.14배
일 본	370,370	3,862,000	10.4배

출처: Sam Bateman, "Economic growth, marine resources and naval arms in East Asia", *Maine Policy*, Vol.22, 1988, pp.4 - 5.

2. 해양봉쇄 우려에 대한 견제

중국은 이어도가 해양법에 근거하여 한국 관할로 확정되면 중국은 프랑스 면적만 한 해역을 상실하게 되는 결과를 초래할 것이라고 우려하고 있다.

가오즈궈 중국 해양전략연구소장을 비롯한 중국 측 전문가는 한국 관할의 이어도 종합해양기지의 존재를 중국에 현실적이며 잠재적인 안전위협으로 간주한다. 만약 한국이 이어도에 대한 이용권에 만족하지 않고 영유권까지 주장하게 된다면 중국의 해양권익에 대하여 직접적으로 영향을 받게 될 것이라고 지적한다.[753]

일본의 오키노도리시마[754]처럼 한국이 이어도를 기점으로 하여 영해와 EEZ를 주장하게 되어 결국 이어도가 제2의 오키노도리시마가 될 것을 우려하여 이를 사전에 차단하려는 포석으로 분석된다. 즉 일본의 행태를 지켜본 중국 입장에서는 한국에 의해 해상구조물이 설치된 이어도는 제2의 오키노도리시마처럼 될 위험성이 다분히 있다고

---

753) 高之國, "關于蘇岩礁和'沖之島'礁的思慮和建議", 『國際海洋發展趨勢研究』(北京, 海軍出版社, 2007), 7－8쪽.

754) 오키노도리시마(沖の鳥島, 중국명: 沖之島)는 북위 20도 25분 31초, 동경 136도 4분 1초에 위치한다. 이 섬은 만조 때는 기본적으로 전체가 해수면에 잠기고 가로 2m, 세로 5m의 높이 70㎝ 정도의 바위 2개만 수면에 드러나는데 해면에 노출되는 면적은 10㎡가 채 되지 않는다. 일본 정부는 1987년 11월 26일부터 1989년 11월 4일까지 바위 주변에 철제블록을 이용하여 지름 50m의 원형 벽을 쌓아 올리고 그 내부에 콘크리트를 부어 파도에 깎이는 것을 막았다. 이 공사와 사후 관리를 위해 일본 정부는 300억 엔을 투입하였다. 일본은 이 섬을 기선으로 하여 200해리 배타적 경제수역(EEZ)을 설정하고 있으며 이로 인한 EEZ 면적은 일본 국토 면적(38만 ㎢)보다 넓은 40만 ㎢나 된다. 중국은 오키노도리를 '섬'이 아닌 '바위(岩)'에 불과하다며 이를 기선으로 한 EEZ 설정을 인정하지 않고 있다.
http://homepage2.nifty.com/shot/okinotori.htm(2009년 1월 6일 검색)

보고 있다. 실제로 이어도는 가장 얕은 곳은 수심 4.6m이며 수심 40m를 기준으로 하면 남북 600m, 동서 750m로 면적이 약 3㎢가 된다. 과학의 발전에 따라 이곳에 인공섬이 건설될 가능성도 없지 않다.

태평양상에 호를 그리며 분포한 크고 작은 도서들은 중국이 태평양으로 나아가는 문을 봉쇄하고 있는 형국이다. 이러한 호형(弧形) 도서 체인은 일본열도와 대만을 연결하는 제1 도서체인, 미국령 괌을 중심으로 하는 제2 도서체인, 하와이를 중심으로 하는 제3의 도서체인으로 구성되어 있다. 중국은 이러한 3개 도서체인의 봉쇄를 극복하여야만 아시아를 벗어난 진정한 해양대국이 될 수 있다고 본다. 한국이 황해와 동중국해의 교차점에서 운영하고 있는 이어도와 일본이 대만과 동태평양의 교차점에서 점유하고 있는 오키노도리시마는 3개 도서체인의 중간에 2개의 말뚝을 더 박아 넣은 격으로 기존 3개의 도서체인의 구조와 호응관계를 강화하게 된다. 한국의 이어도는 중국 대륙해안선과 제1도서체인의 중간 즉 0.5 도서체인에 있으며 일본의 오키노도리시마는 중국의 제1, 제2도서체인 중간, 즉 1.5도서체인에 위치하고 있다. 따라서 중국은 이어도와 오키노도리시마가 0.5도서체인과 1.5도서체인을 형성하여 중국이 태평양으로 나아가는 이중삼중의 봉쇄선을 연결하는 핵심 거점으로 인식하고 있는 것이다.

3. 군사적 가치에 비중

황해와 동중국해의 원유매장추정량은 약 77억 톤으로 세계 3대유전지대로 기대를 모으고 있다. 이어도 주변 해역은 한국이 설정한 제4광구에 속하며 천연가스와 원유 부존량이 풍부한 것으로 알려졌다. 중국 저장성과 장쑤성 저우산군도의 대표적 어장으로 주변은 돌

돔, 조피볼락, 붉바리 등 고급어종이 서식하는 대형어장이다. 그러나 중국 측은 이어도의 이러한 경제적 가치보다는 군사적 가치에 보다 더 비중을 두고 있다.

중국 측 동중국해 해역은 수심이 매우 얕은 대륙붕이 대부분으로 이어도 해역을 거치지 않고는 칭다오의 북해 함대와 상하이의 동해 함대가 태평양으로 진출할 길이 없다.[755] 이러한 이유로 중국은 의도적으로 2001년 한중어업협정 때 이어도를 한국의 배타적 수역으로 포함시키지 못하게 했으며 한국의 이어도 해양기지 시설의 존재는 중국의 발해와 동중국해의 함정과 잠수함의 활동에 대하여 주는 현재적·잠재적 위협을 과소평가하지 말아야 한다고 주장한다.

중국 측 전문가는 한국의 이어도로 인하여 중국의 남북해상운수통도가 제약을 받게 될 뿐만 아니라 중국의 군함과 잠수함 등의 활동 역시 한국의 이어도 해양기지의 전천후 전방위 감시하에 놓일 수 있다고 지적한다. 미국의 동북아전략에서 한국이 일본 다음으로 주요한 동맹국이라는 사실을 감안한다면 이어도의 해양기지가 중국에 구성하는 위협은 한·중 양국관계의 국지적 범위를 넘는 정도로 크다는 것이다. 중국은 미국이 특정한 민감한 시기에 이어도 해양기지 및 시설을 이용하여 중국에 대치할 가능성도 배제할 수 없는 것으로 분석된다.

이어도가 상하이 이동 80킬로미터 지역, 즉 중국의 항공기가 상하이에서 이륙한 10분 내에 한국의 방공식별권에 진입할 수 있으며 보통 미사일 탄도탄의 사정거리를 감안하면 이어도에서 상하이까지 요격 가능 거리가 된다. 즉 중국 측은 자국 군함의 입출항, 공군기의

---

755) 馬英杰·田其云, 『海洋資源法律硏究』(淸島, 中國海洋大學出版社, 2006), 259쪽.

이착륙 일체가 한국의 감측 범위 내에 포함될 것을 우려하고 있는 것으로 관측된다.

Ⅵ. 결 론

항해자들은 암초를 죽음의 계곡으로 경원시한다. 그런데 누구나 기피하는 수중 암초인 이어도의 중요성을 간파하고「해양법협약」발효 이듬해인 1995년에 해양과학연구기지 건설을 착수한 것은 지점과 시점을 절묘하게 선택한 것으로 높이 평가한다.

EEZ는 영해와 달리 영역성이 배제된 해역이라는 점과 특별한 성격을 갖는 법제도라는 점에 유의할 것과 특히 한중 양국 사이의 반(牛)폐쇄 해에 있어서 해양의 경계획정은 한중 양국이 효율적인 관할권의 배분 내지 해양자원의 배분을 통하여 합리적인 해양질서를 수립하는 것이 중요하기 때문에 영역성을 배제한 기능적 접근을 중시하여야 할 것이다.

한국은「해양법협약」에 근거하여 이어도에 해양과학기지를 축조할 권리를 보유하며, 중국 측의 한국 이어도 해양과학기지 건설 및 그 운영에 대한 이견표시는 해양법상 근거가 희박한 것이다. 우리 정부는 '독도는 영유권 분쟁'이고, '이어도는 EEZ 획정의 문제'이며 우리나라가 이어도에 대한 충분한 권리를 갖고 있음을 확고히 천명하여야 한다고 판단한다. 중국에 대하여 이어도 해양기지 설립은 영해 또는 해양경계획정의 기점으로 삼기 위한 것이 아니라 해양관측 및 조난구조를 위해 설립하였음을 강조함으로써 중국의 우려를 불식시킬 필요가 있다. 즉 해양과학기지를 설립·운영함으로써 이어도는 우리가 실효적으로 지배하고 있는 상태이므로 무리한 실효적 점유의 강화로 분쟁을 일으키는 일은 회피하여야 할 것이다.

한중 양국이 공히 수중암초로 인정하고 있는 이어도 자체보다는 이어도의 중국 측 기점 문제이다. 중국 측이 수년 전부터 '서산다오'를 이어도의 기점으로 표시하여 온 사실조차 인식하지 못한 채 중국 측에 오히려 유리하게끔 '퉁다오'로 잘못 인식·기재하여 온 점은 해양법적 차원은 물론 국가이익에도 반하는, 명백한 오류라고 판단된다. 따라서 우리 관계기관은 조속히 이어도의 중국 측 기점을 '서산다오'로 시정함은 물론, '퉁다오'라는 잘못된 명칭도 원래의 '하이자오'로 정정할 것을 촉구하는 바이다.

이어도와 주변 수역은 한중해양경계획정 문제에 관건적인 가치를 갖고 있기 때문에 단편적이거나 일회적인 관심보다는 중국 측 동향 변화에 대한 지속적인 관찰과 면밀한 종합적·동태적 연구, 분석이 필요하다. 이를 바탕으로 이어도와 주변 수역의 법적 지위에 대한 객관적인 인식을 근거로 중국의 문제제기에 대하여 주도면밀한 대응 전략을 강구해 나가야만 할 것이다.

20. 중국의 법학교육과 법조인 양성체제
-JM을 중심으로

Ⅰ. 서 론

중국은 현재 사회주의시장경제체제의 수립과 완성을 위하여 依法治國의 사회주의법제건설을 목표로 하는 法治社會로의 전환을 모색하고 있다. 개혁개방 25년 동안 수많은 법률, 법령이 제정되었고 보다 공정한 사법제도를 수립하기 위하여 각종 제도개혁과 함께 법학교육과 법조인양성체제의 개혁을 진행하여 왔으며 상당한 성과를 거두었다.

특히 중국은 WTO 가입 준비에 따른 자국 사법서비스시장의 개방에 대비하고 사법개혁의 일환으로 1996년부터 미국의 로스쿨을 도입하여 중국 실정에 부합되게 적절히 변형시킨 '法律專業(전문)碩士學位'제도(중국에서 법률전문석사의 영문명칭을 'Juris Master'로, 그 약칭을 'JM'으로 사용하고 있다. 이하 법률석사 또는 JM으로 약칭한다)를 시행하고 있다. 지금 한국의 법학교육과 법조인양성체제는 코페르니쿠스적 대전환기에 처해 있다. 2008년부터 사법시험을 대체할 새로운 법조인 양성제도인 법학전문대학원, 로스쿨이 각 대학별로 설치되고 기존의 사법시험은 로스쿨 시행 후 5년간 병행 실시되다가 2013년부터 완전히 폐지될 예정이기 때문이다.756) 그러나 로스쿨 도입이라는 총론은 결정되었지만, 응시횟수 제한과 입학정원 등 각론적인 내용은 향후 입법과정을 지켜보아야 할 것으로 보인다. 중국의 미국과 유사한 로스쿨제의 도입과 실시 현황, 그 문제점을 잘 이해하는 것은 우리의 성공적인 로스쿨제도 도입에 他山之石의 기능을 할 것이라고 기대한다.

특히 주목할 점은 중국은 법률석사과정을 도입하면서도 미국과 달리, 학부과정의 法律學士, 대학원과정에 法學碩士와 法學博士757) 과정을 존치시켰다. 또한 로스쿨제도를 도입하면서 사법고시를 폐지하려는 일본이나 한국과 달리, 사법고시제도까지 새롭게 창출하여 이들 모든 학제와 제도를 모두 병존 실시하고 있다는 것이다. 이러한 2중 3중으로 서로 모순 중첩된 제도를 시행하면서 중국은 어떠한 성과를 거둔 반면 어떠한 착오를 겪었고 이를 또 어떻게 극복하고 있는가를 살펴보는 일은 의미 있고 흥미 있는 과업이라 생각한다. 더구나 JM은 물론 중국의 법학교육현황과 법조인 양성제도를 국내에 소개한 글은 찾아보기 힘든 형편이어서 이번 계기에 이러한 것들을 개괄하여 보는 것은 의미가 없지 않다고 본다. 부디 졸고가 한국의 성공적인 로스쿨 제도 시행에 아주 작은 참고 역할을 하였으면 하는 바람이다. 졸고의 구성은 다음과 같다. 제Ⅱ장에서 중국의 법학교육 발전연혁을 개괄하고 제Ⅲ장에서는 JM의 도입배경 및 변화, 입학자격 수업방식과 내용 등등을 살펴본다. 제Ⅳ장에서는 이 제도의 문제점을 파악하고 끝으로 제Ⅴ장에서는 전체 내용을 요약하면서 향후 발전추이를 전망하기로 한다.

---

756) 2004년 10월 5일 대법원 산하 사법개혁위원회는 전체회의를 통해 이 같은 로스쿨도 입안을 채택했다고 밝혔다. 조선일보 2004년 10월 6일 1쪽 참조.

757) 중국에서 법학석사와 법학박사의 영문명은 각각 Master of Law와 Juris Doctor로 사용하고 있다.

Ⅱ. 중국 법학교육 발전연혁

1. 법학교육 정립기(1949~1956년)

1949년 10월 1일, 중화인민공화국 수립 전후로 중국공산당 정부는 구 법학교육체제에 대하여 혁명적 조치를 단행하였다. 즉 南京政府의 '육법전서'를 비롯한 일체의 구 법령을 철폐하였을 뿐만 아니라 당시 기존의 법과대학과 법률학과 대부분을 폐쇄하여 당시 전체 대학생 수의 1/5에 해당하는 과다하게 많은 법대생의 수를 대폭 줄였다.758)

신중국 수립 직전인 1949년 2월, 중국 당국은 마르크스주의를 사상적 기반으로 하는 소련법학모델을 도입하여 中國新法學硏究院을 설립하였다. 같은 해 6월에는 朝陽大學의 소재지에 中國政法大學을 설립하여 저명한 법학자인 謝覺哉를 초대총장으로 임명하였다. 1950년 초, 당중앙과 중앙인민정부정무위원전체회의 결정에 근거하여 中國人民大學759)을 설립하기 위하여 스탈린과 毛澤東을 주비위원회 명예주석으로, 劉少奇, 朱德, 周恩來를 주비위원회 공동책임자로 지명하였다. 저명한 원로 교육가인 吳玉章을 中國人民大學의 초대총장으로 임명하고 법률학과를 비롯하여 8개 학과를 설치하였고 같은 해 6월 中國政法大學의 대부분을 中國人民大學의 법률

---

758) 1949년 당시 중국 전역의 대학 수는 총 225개소 전체 약 13만 5천 명의 대학생 중 약 2만 7천 명이 법과대학 또는 법률학과 학생들이었다. 『中國敎育年鑑』, 1949－1952, 266쪽 참조.

759) 중국 정부는 '中國'과 '人民'의 자구사용을 가장 대표적인 기관과 단체와 학교, 국유기업 등에만 사용하게 하고 있다. 예: 中國人民銀行과 人民日報. 中國人民大學에는 이 '中國'과 '人民'이 모두 들어 있는 것으로 보아 중국 정부가 당초 이 대학을 어떠한 위상과 비중으로 설립하였는가를 잘 알 수 있을 것이다.

학과 1개 과에 편입시켰다.

中國人民大學 법률학과는 신중국이 창립한 최초의 정규대학 법학교육기관이었다. 毛澤東은 何思敬 교수를 '중국 제1의 법학가'라는 칭호를 부여하고 中國人民大學 법률학과 초대 학과주임으로 임명하였다. 1951년에는 中央政法幹部學校를 설립하여 政法大學의 잔존부서와 新法연구소를 동교에 편입시키고 소련식 법학교육모델을 그대로 본뜬 北京政法學院, 西南政法學院, 華東政法學院을 설립하였다.

1952년 말 현재 법과대학을 설치한 전국의 종합대학은 北京大學, 中國人民大學, 中國政法大學 등을 비롯한 11개소로 교수는 450명, 재학생은 3,830명, 당시 전국대학생 총수의 2%에 달하는 수였다.

1953년에는 '적절한 집중(適當集中)'의 원칙에 따라 中國人民大學, 東北人民大學(吉林大學 전신), 武漢大學, 西北大學 등 4개 대학에만 법률학과를 존속시키고 北京大學 법률학과 등 7개 대학의 법률학과를 폐쇄하였다. 1954년에는 北京大學 법률학과와 上海復旦大學 법률학과를 회복시키고 西北大學의 법률학과를 확충시켜 전국에 4개 단과대학과 6개 학과의 법학교육 틀을 형성하였다. 같은 해에 헌법이 제헌됨으로써 법학교육의 발전을 대대적으로 촉진시켰다.

1956년 법률학과 신입생 총수는 2,824명, 대학교원의 수는 800여 명이었으며 신중국 최초로 법학교재가 출판되는 등 법학연구는 활기를 띠게 되었다. 당시 중국공산당 최고지도층 인사인 董必武는 일본 와세다대학과 도쿄대학에서 법학을 공부한 보기 드문 학력을 지닌 자로서 초창기 중국 법학교육의 발전에 많은 공헌을 하였다. 그는 초대 中國政法學會長을 맡아 陳守一 교수를 北京大學 법률학과 주임교수로 초빙하고 미국에서 활동 중이던 韓德培 교수를 귀국시켜 武漢大學법률학과 주임교수를 맡도록 하였다.760)

이 시기의 중국 법학교육을 요약하자면 中國人民大學 법률학과를 중심으로 하여 소련법학의 모방과 도입에 주력한 시기라고 할 수 있다. 중국의 각 법학교육기관은 소련에서 파견 나온 전문가가 교수요원을 훈련시키고 소련어를 번역한 교재와 소련의 원본에 따라 교육프로그램을 제정하고 소련에 유학생을 파견하는 일에 총력을 기울였다. 중국 제1세대 법학자 대부분은 이 시기에 양성되었다. 1957년부터 개시된 반우파투쟁은 법학교육을 침체에 빠지게 하였다.

2. 법학교육 침체기(1957~1965년)

반우파투쟁 후, 극좌파의 창궐과 법률허무주의의 재앙은 법학교수와 우수한 일부 학생들을 우파로 내몰아 법학교육과 연구에 막대한 지장을 초래하게 되고 중국법학교육은 내리막길을 걷게 되었다. 武漢大學의 법률학과와 中南政法學院, 中南財政學院을 湖北大學으로 합병하는 대신 西北大學의 법률학과를 폐지시켜 1958년 중국 전국의 법대생은 898명에 지나지 않았다.761)

이 시기부터 중국 법학교육의 과정체계는 파괴되기 시작하였다. 이를테면 민법과 형법은 각각 민사정책과 형사정책으로 대체되고 원래 보수적인 성향의 '국가와 법의 이론'도 '계급투쟁이론'으로 바뀌어 본래의 의미로서의 법학교육은 사라졌다.762)

---

760) 曾憲義, 張文顯, 『中國法學專業敎育敎學改革與發展戰略硏究』, 北京, 高等敎育出版社, 2002, 54−55쪽.

761) 曾憲義, 전게서, 56쪽.

762) 趙崑坡 編著, 『中國法制史』, 北京, 北京大學出版社, 2002, 63쪽.

3. 법학교육 암흑기(1966~1976년)

10년간의 문화혁명시기에 법과대학과 법학교육은 극심한 재난지역이었다. 모든 전문대학 이상의 법과대학은 정지되고 대학건물은 홍위병에 의하여 점거되었다. 그나마 형식상으로 남아 있는 것은 北京大學과 吉林大學의 2개소 법률학과였으나 교수와 학생들은 전부 추방된 상태였다. 1973년에 노동자, 농민, 군인들에 한하여 이른바 '政治業績 路線覺醒'의 우선원칙에 따라 신입생모집을 하였는데 北京大學과 吉林大學의 1974년 신입생 수는 전부 114명이었으며 이는 전국 신입생 총수의 0.1%였다. 문화대혁명의 법학교육 암흑기는 오늘날까지 중국 법학계 전반에 부정적 영향을 끼치고 있다.7)

4. 법학교육 회복기(1977~1991년)

중국공산당 제11기 3중 전체회의의 개최는 중국 역사발전의 새로운 시기를 창조하였으며 중국법학교육의 중흥기를 맞이하는 계기가 되었다. 1977년 봄, 중국의 대학교들은 신입생모집을 재개하였는데 그 당시 전국대학의 법학과라고는 北京大學과 吉林大學과 湖北大學의 법률학과 등 3개소뿐이었다.

1978년, 중공중앙은 『제8차 全國人民司法會議紀要』의 '법률학과의 회복과 사법인재의 양성'을 결정하였다. 1978년 신학기에는 中國人民大學의 법률학과가 복교되어 신입생모집을 재개하였다. 1983년에는 武漢大學 법률학과 등 30여 개소의 교육부와 省에 소속된 법률학과는 신입생을 모집하고 湖北大學을 中南政法學院으로 확대 개편하였다. 주요 법과대학들은 1978년부터 법학석사과정을, 1982년부터 법학박사과정 신입생을 모집하기 시작하였다. 1983년 34개 중국의 법과대학이나 법률학과의 교원 수는 1,400여 명, 학부생은 11,000명에 이르렀는데 이는 1957년에 비하여 각각 2.5배와 85%가 증가된 숫자이다.

중국 司法部(법무부)와 교육부는 법학교재 편집부를 설치하여 대규모의 법학교재 편찬과 출판 업무를 실시하였다. 1982년부터『법학기초이론』,『중국법제사』,『헌법학』,『형사소송법』,『국제법』,『국제사법』등 법학교재를 계속하여 편찬하여 법학교육의 회복과 발전을 대대적으로 추진하여 법학교재 전집을 출판하는 성과를 거두었다.

鄧小平은 1985년 각 종합대학에 1개 법과대학에 1개 관리간부학원을 설치하여 발전과 확대를 가속화하라는 지시를 내렸다. 이에 따라 사법부는『법률인재의 양성과 가속화』에 관한 보고서를 작성하고, 교육부는 '법학교재편찬위원회'를 조직하고『법학기초이론』,『중국형법학』,『중국 헌법』등등을 편찬하였다. 1989년에는 전국대학의 법학부는 106개소에, 법대생은 14,000여 명, 법과대학원생은 4,000여 명에 이를 만큼 장족의 발전을 거두었다.

5. 개혁과 발전시대(1992년~)

1992년 鄧小平의 南巡講話와 제14차 당대표대회를 계기로 사회주의시장경제체제의 국가발전전략발전의 정립은 대학교육 특히 법학교육의 양적 확대와 질적 수준의 제고를 지향하는 강력한 계기로 작용하였다.

1996년에는 미국의 로스쿨제도를 도입하여 대학원에 JM과정을

창설하였으며 1997년에는 제15차 당대표대회에서는 '법에 의하여 국
가를 통치(依法治國), 사회주의법치국가의 건설'을 당헌에 삽입하고
1997년 헌법 개정 시 이를 명기함으로써 법학교육은 신속한 발전을
이루었다. 2005년 말 현재 중국 전역에는 430여 개소의 4년제 대학
에 법학과 또는 유사법학전공학과가 개설되어 있고 법학 전공 대학생
과 JM과정을 비롯한 법학석박사과정의 학생 수는 모두 8만 6천여
명에 달하여 중국 전체의 2.2%를 차지하고 있다. 특히 2000년대 들
어서서 北京大學과 中國人民大學의 매년 입시에서 인문사회계열
최고득점 1, 2, 3위를 법률학과 지망 수험생이 독차지하는 현상도 출
현할 만큼 법률학과가 주요 종합대학의 인기학과가 되었다.

Ⅲ. 법률전문석사학위제도의 도입 및 발전

1. JM의 개요 및 특징

JM은 학부과정에서 습득한 경제, 경영, 과학기술, 외국어 및 컴퓨
터 등 다양한 전문지식을 습득한 비법률학사 학위취득자를 종합형,
응용형 실무법률전문가로 배양하는 석사학위 과정이다.

국무원 직속 學位委員會는 "법률전문석사학위개설의 시험적 시행에
관한 통지(關于開展法律專業碩士學位試點工作的通知" (『學位辦』,
1995, 36호)에서 "법률전문석사학위는 특정법률직업 전문성 학위로서
주로 입법, 사법, 행정과 법률서비스와 법률감독 및 경제사회관리 등
방면에 법률전문관리자를 양성하기 위한 제도다"라고 정의하였다.[763]

중국의 법률가 양성 및 충원 3대 경로

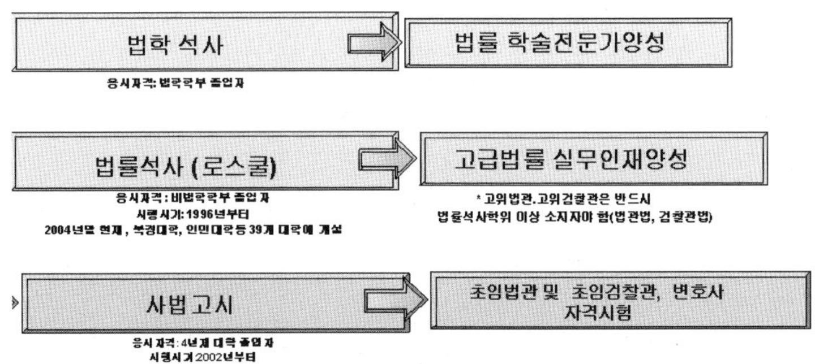

〈그림 20-1〉 중국의 법률가 양성 및 충원 3대 경로

JM의 특징을 法學碩士[764]와 비교하여 고찰한다면 이 둘은 같은 급의 석사학위과정이지만 다음 세 가지 면에서 구별된다.

첫째, 법학석사의 수업연한은 3년이며 학사학위 소지자라면 전공에 관계없이 누구라도 지원할 수 있는 데 반해 JM의 수업연한은 2년이며 반드시 비법학전공학부 졸업생만이 지원할 수 있다.[765]

둘째, 법학석사는 학문·연구직으로 진출하려는 학생들이 지원하며 직접 박사학위까지 연계되어 있어 학술이론 중심의 강좌인 데 비하여, JM은 법률실무의 폭넓은 실용지식을 갖춘 실무·복합형 법률전문가 육성을 위한 실무응용강좌를 위주로 한다. 北京大學 법과대학의 賀衛方 교수는 JM과정을 창설한 근본목적은 학술법률가(academic lawyers)가 아니라 실무법률가(practicing lawyers)의 양성이라고 강

---

763) http://www.chinafasuo.com/1zhojin/004/009.htm

764) 중국은 법학석사과정을 미국의 LLM(Master of Laws)과 유사한 과정으로 설정하고 있다.

765) www.edu.cn/20040630/3109249.shtml − 27k

조한다.766)

셋째, 법학석사는 법철학, 법리론, 헌법학 및 행정법학, 형법학, 민·상법학, 소송법학, 경제법학, 국제법학 등을 전공별로 구분하는 데 비하여 JM은 세부적인 전공 구별이 없다.767)

2. JM의 도입배경

1990년대 중국 법과대학 학부교육은 실무법률인력을 양성하기보다는 일반 교양수준의 법학지식을 강의하는 수준이었으며 학부 졸업생의 일천한 연륜과 경륜으로는 개혁개방의 심화에 따라 급증하는 법률실무인력의 수요를 충족시킬 수 없었다. 또한 법학 석·박사과정의 교과목이나 교육방법도 학술연구에 치중한 비직업 교육으로서, 중국 사회의 다종다양한 실무법률 전문인력의 수요를 감당할 수 없었다.

중국 당국은 개혁개방에 따른 법치주의 강화노력과 WTO 가입을 위한 제도적 포석을 마련하고 정보화시대에 전문성과 국제성을 겸비한 국제경쟁력을 지닌 고급실무법률인력 수요에 부응하기 위하여 미국의 로스쿨제도 도입을 검토하기에 이르렀다.

1990년대까지 중국의 법률체계와 법학교육 방식은 대체적으로 대륙법계에 속해 있었으나 WTO 체제는 중국으로 하여금 세계무역의 통용규범인 영미법계의 절차법과 판례, 실천적 메커니즘을 일정부분 수용하게끔 하였다. 즉 WTO 가입준비를 계기로 중국 법학교육체계는 대륙법계의 체제와 내용에다가 영미법계의 교육체재와 내용을 흡수하여 융합한 형태로 변화하였다.768) 이러한 영미법계의 수용과정

---

766) 賀偉方, 『中國法律敎育之路』, 北京, 中國政法大學出版社, 2003, 162쪽.
767) http://www.lawbook.com.cn/zdtj/kaoyan/kyxx6.htm

에서 탄생한 JM은 미국의 로스쿨을 벤치마킹하여 설립한 것이지만 다음과 같이 구별된다.[769)

미국 로스쿨의 주요목적은 변호사를 비롯한 법관, 검찰관의 양성이지만 중국의 JM은 변호사, 법관, 검찰관뿐만 아니라 기업과 단체 등 사회 각 방면에 필요한 실무법률전문가를 배양하려는 목적으로 설립된 것으로 그 명칭도 경영학석사(MBA) 등의 명칭을 차용하였다. 미국은 로스쿨 졸업자, 즉 JD에 한하여 변호사시험 응시자격이 주어지나 중국은 JM이더라도 반드시 律師法(『변호사법』) 제6조의 15항), 『법관법』 제12조의 16항), 『검찰관법』 제13조의 17항)에 따라, 사법고시를 통과하여야만 변호사 또는 초임법관, 초임검찰관으로 임관할 수 있도록 규정되어 있다.[770)

3. JM과정 설치대학

JM학위 창설안은 1995년 국무원 학위위원회의 최종승인을 받아 1996년 9월, 北京大學, 中國人民大學 등을 비롯한 8개 대학에 JM학위과정을 처음으로 설립하였다. 1997년 南京大學 등 5개 대학에,

---

768) 강효백, 『중국법 통론』 서울, 경희대학교출판사, 2005, 30쪽.

769) 국무원 학위위원회의 1994년도 문건 "중국에서 법률전문석사학위의 설립 및 시험운영에 관한 몇 가지 원칙적 의견(關于在我國設置和試辦法律專業碩士學位(Juris Doctor)的其點原則意見(草稿)"에서 볼 수 있듯 법률석사의 원래 영문 명칭은 Juris Doctor이었으며 약칭으로 JD이었다.

770) 第六條 取得律師資格應当經過國家統一的司法考試。具有高等院校法律專業本科以上學歷, 或者高等院校其他專業本科以上學歷具有法律專業知識的人員, 經國家司法考試合格的, 取得資格。第十二條 初任法官采用嚴格考核的辦法, 按照德才兼備的標准, 從通過國家統一司法考試取得資格, 并且具備法官條件的人員中擇优提出人選。第十三條 初任檢察官采用嚴格考核的辦法, 按照德才兼備的標准, 從通過國家統一司法考。

1998년 上海夏旦大學 등 9개 대학에, 1999년 淸華大學 6개 대학
에 매년 추가로 설치하여 1999년 말 현재 JM설치 대학의 수는 모두
28개소로 증가하였다.

<표 20-1> 중국의 로스쿨(법률석사학위과정) 설립 대학 현황 및 추이

횟수	연도	법률석사 설치 대학명	설치대학수		입학자 수
			대학 수	누계	
1	1996	北京大学, 中国人民大学, 中国政法大学, 对外经济贸易大学, 吉林大学, 武汉大学, 华东政法, 西南政法	8개	8개	539명
2	1997	厦门大学, 南京大学, 中山大学, 中南财经政法大学, 西北政法学院	5개	13개	
3	1998	复旦大学, 浙江大学, 黑龙江大学, 湘潭大学, 四川大学, 安徽大学, 苏州大学, 山东大学, 郑州大学	9개	22개	
4	1999	清华大学, 辽宁大学, 南开大学, 山西大学, 兰州大学, 云南大学	6개	28개	2,300명
5	2003	中国人民公安大学, 中国社会科学院, 河南大学, 烟台大学, 上海交通大学, 南京师范大学, 江西财经大学, 湖南大学, 海南大学, 西南财经大学, 贵州大学	11개	39개	3,600명

출처: http://www.moe.edu.cn/(中華人民共和國敎育部)試取得資格. 具備檢察官條件的人員中擇優提出人選.

2000년 JM 입학응시자격을 비법률학위전공 학사학위로 제한하는
등 약간의 제도조정을 거친 후 2003년부터 다시 中國人民公安大學
(경찰대학) 등 11개 대학에, 2004년 大連海事大學 등 6개 대학에,
2005년 上海財經大學 등 5개 대학에 추가로 설치되었다. 2006년 3
월 현재 JM과정을 설치한 중국대학의 수는 총 50개소로 모두 8,848
명이 JM학위를 취득하였으며 JM 재학생 규모는 약 2만 7천 명이다
(<표 20-2> 참조).

〈표 20-2〉 중국의 법률석사과정 응시율과 합격률

순번	법률석사 대학명	2004년도			2003년도		
		합격자 (명)	응시자 (명)	합격률 (%)	합격자 (명)	응시자 (명)	합격률 (%)
1	북경대학	350	2,319	15.09	280	2,409	11.62
2	인민대학	170	2,500	6.80	300	3,487	8.63
3	청화대학	200	1,920	10.14	50	1,600	3.13
4	중국정법	157	1,905	8.24	150	2,073	7.23
5	복단대학	155	1,617	9.58	150	2,097	7.15
6	남경대학	80	1,421	5.62	80	1,461	5.48
7	하문대학	100	560	17.85	70	1,000	7.00
8	산동대학	150	1,300	11.54	120	1,620	7.40
9	남개대학	100	927	10.79	70	961	7.28
10	중남정법	50	530	9.43	60	300	20.00
11	화동정법	200	1,690	11.83	180	1,679	10.72
12	난주대학	100	1,043	9.59	100	1,040	9.62
13	대외경 제무역	100	1,100	9.09	100	1,200	8.33
14	요녕대학	100	539	18.55	100	680	14.7
15	무한대학	100	1,597	6.26	110	1,004	10.95
16	길림대학	130	2,200	5.91	120	1,050	11.42
	합계	2,242	23,168		2,040	23,661	
	평균경 쟁률			9.68			8.62

4. JM과정 신입생 전형

1) JM과정 입학고사 자격 조건

JM과정 입학 전국통일고사는 매년 1월, 4년제 대학 졸업자 또는 4년제 대학졸업 동등학력인정자로서 학부에서 법학을 전공하지 않은 졸업생을 대상으로 실시된다. 4년제 대학 졸업 동등학력인정자란 국가가 승인한 2년제 대학 졸업학력 소지자가 졸업 후 2년 또는 2년 이상의 근무경력을 가진 자를 가리킨다.

JM과정에서는 자율적으로 상기 동등학력자에 대한 부대조건을 부가할 수 있다. 교육부 규정에 근거하면 학부에서 법학을 비롯하여 다음과 같은 학문을 전공한 자는 JM과정 입학고사에 응시할 자격이 없다.

① 법학, ② 경제법, ③ 국제법, ④ 국제경제법, ⑤ 노동법, ⑥ 상법, ⑦ 공증, ⑧ 법률 사무, ⑨ 행정법, ⑩ 변호사학, ⑪ 섭외경제법, ⑫ 지식재산권법, ⑬ 형사법 이와 별도로 매년 10월에 비법학 또는 법학전공 학부졸업자와 45세 이하의 법률실무부문 재직자로서 5개 國家政法기관, 즉 中央政法委員會, 最高人民法院, 最高人民檢察院, 公安部, 司法部의 추천을 받은 자를 대상으로 특별전형을 실시한다. 이들은 별도 정원 외로 관리하며 입학 후 전부 위탁교육을 실시하며 졸업 시에는 JM학위증을 수여한다.

2) JM과정 입학고사 과목 및 전형방법

JM과정 입학고사는 1차 시험과 2차 시험의 두 단계로 구분하여 실시된다.771)

1차 시험 과목은 정치, 외국어, 전문기초과목, 종합법학과목 등 모두 4분야로 총 500점 만점이다. 그중 정치 (100점)과 외국어 (100점)은 전국통합의 문제은행식으로 출제되고 전문기초과목(형법 75점, 민법 75점, 합계 150점), 종합법학과목(법리학 60점, 헌법학 50점, 중국 법제사 40점, 합계 150점)은 연합고사방식772)으로 출제된다. 입

---

771) http://bbs.yuloo.com/readtopic.php?forumid＝0&newsid＝237&topicid＝366633
참조

학고사 장소는 응시원서 접수장소와 동일하며 수험생은 전국 50개 JM 과정 중 2개에 한해 복수 지원할 수 있다. 시험범위는 정치와 외국어는 교육부제정 전국통일고사 고시대강에서 출제되고 전문기초과목 종합법률과목은 中國人民大學出版社에서 출간한 『JM전문학위대학원생 연합고시 대강(法律碩士專業學位研究生聯考大綱)』과 『JM전문학위대학원생고시안내(法律碩士專業學位研究生考試指南)』이다.

1차 시험 합격 점수 카트라인은 교육부에서 통일적으로 정한다. 2005년도의 경우는 당해 연도에 처음으로 1차 시험에 응시생은 합격 커트라인은 500점 만점에 325점, 과거에 1차 시험에 1회 이상 응시생은 320점이다. 서부대개발 정책추진책의 일환으로 서부지역 출신의 응시생 합격 카트라인은 일반보다 5점을 낮추어 우대해 준다. 2차 시험은 1차 시험과는 달리 각 JM과정이 주관하는데 원칙적으로 입학 지망생이 모집정원의 최소한 120% 이상이 되어야 하며, 시험과목은 최소한 2과목 이상, 시험시간은 과목당 3시간이되 시험과목은 1차 시험과 다른 과목이어야만 한다.773)

5. 교과과정 및 학위

1) JM과정의 재학연한 및 수업방식

JM과정의 수업연한은 일반전형을 대상으로 한 전일제와 재직자를 대상으로 한 특별전형의 비전일제로 구분된다. 전일제 과정은 2년 내

---

772) 각 省市별 단위 소재 대학이 연합하여 공동 출제하는 것을 연합고사 방식이라고 한다.

773) http://www.cnlawservice.com/chinese/train/yanjiusheng/flshuoshi/20002008. htrn

지 3년으로 규정되어 있으나 주로 2년으로 시행하고 있으며, 비전일제는 4년을 초과하지 못한다.

JM강좌는 법리학, 형법학, 민법학 등 각부문법이 개설되고 수업은 일반강의와 특별강의로 구성된다. 수업방식은 학생의 전문지식을 실제 판례에 운용하고 발견 및 판단, 분석, 해결하는 능력을 배양하기 위하여 세미나, 심포지엄, 집단토론, 모의법정개최 등 다양화하여 법학의 기계적 암기를 지양하고 실무성과 응용성, 종합성의 강화와 이론과 실제를 연결시키는 업무능력 향상에 역점을 둔다. 강사진은 법학석사학위논문 지도교수 자격을 갖춘 정·부교수와 법률실무 부문의 고위 법조인으로 구성된다. 北京大學 JM과정의 경우 2003년 3월, 법률실무 분야에 명망이 높은 최고인민법원 張軍 부원장을 비롯해 徐家力, 田文昌, 岳成 등 저명한 변호사 38명을 겸직지도교수로 초빙하였다. 1명의 지도교수당 4~5명의 학생을 지도하고 JM과정 2학년부터 1 대 1 지도를 하여 학생들로 하여금 법률실무 영역에 탄탄한 기초를 배양하도록 하였다.774)

2) 수강과목 및 학점

수강과목은 필수과목과 선택과목으로 구분되고 필수과목은 최소한 30학점775)을 포함하여 취득하여야 할 전체 학점은 45학점이다. 전국 법률석사과정 교육지도위원회가 지정한 JM과정의 수업과목 지침에 따른 수업과목 및 학점배분은 다음과 같다.776)

---

774) http://www.legal-history.net/go.asp?id = 102422

775) http://www.legal-history.net/go.asp?id = 102422

776) http//www.fashup.net/news/221.html

(1) 필수과목(30학점)

① 등소평 이론(2학점), ② 외국어(4학점), ③ 법리학(4학점), ④ 민·상법학(4학점), ⑤ 형법학·형사소송법학(4학점), ⑥ 국제경제법학(2학점), ⑦ 민사소송법학(2학점), ⑧ 행정법·행정소송법학(3학점), ⑨ 경제법학(3학점), ⑩ 국제법학(3학점)

(2) 추천 선택과목(10학점)

① 중국법제사 또는 외국법제사(2학점), ② 헌법학(2학점), ③ 국제사법(2학점), ④ 사법윤리학(2학점), ⑤ 노동법(2학점)

(3) 자유선택과목(7학점)

각 JM과정이 설립목표와 특성에 맞게 자율적으로 지정.

3) 석사학위증 교부

45학점을 취득하고 논문제출자격시험에 80점 이상을 취득한 자에 한하여 석사학위논문을 작성할 수 있는 자격이 주어진다. 이때부터 JM과정생은 자기의 논문 지도교수를 지정받을 자격이 주어지며 논문의 주제는 반드시 실용적이고 실무적인 내용으로 설정하여야 하며 논문 지도교수의 지도에 따라야 하며 학위논문의 분량은 2만 자를 초과하여야 한다. 학위논문심사위원회는 3인의 저명한 법률전문가가 심사하여야 하며 위원 중 1인 내지 2인은 반드시 법률실무 분야 또는 교외의 저명한 법률전문가가 포함되어야 한다. 논문심사가 통과된 전일제 대학원생은 대학원졸업증서777)와 JM전문학위증을 교부받고 비전일제 대학원생은 JM전문학위증만 교부받을 수 있다.

Ⅳ. 법률석사학위제도의 문제점

1. 양궤제의 문제

중국 법학대학원은 법학석사와 JM이 병존하는 양궤제(DUAL – TRACK SYSTEM) 교육체제를 채택하고 있다. 北京大學과 中國 人民大學 등 소수 주요대학 이외의 대부분 대학, 특히 경제가 낙후한 서부 내륙지역에 소재한 대학들의 JM과정은 법학부나 법학석사 교육방식을 그대로 답습할 뿐만 아니라 실무교육과 현장학습교육이 제대로 이루어지지 않는 실정이다.[778] 당초 JM과정 정책입안자들은 미국의 JD교육의 장점을 중국에 도입하여 운영하면 무난히 성공할 것으로 기대하였으나 제도시행의 효과는 일부 경제가 발달한 동부 연해지역에서만 국부적이며 제한적으로 나타날 뿐이다.

실제로 일부대학의 JM과정생은 대학원 전용강의실의 출입도 금지 당하는 등 대학원생은 물론 학부생 대우조차 받지 못하는 등 2류 학생으로 취급당하고 자격 미달의 시간강사가 강의를 맡는 사례가 많은 것이 현실이다.[779]

이에 따라 西南政法學院의 陳興良 교수와 湖南師範大學 법학부의 雷軍 교수 등 일부 소장파 학자들은 JM과정 무용론 내지 JM과정 폐지론을 제기하고 있다.[780]27) 陳興良 교수는 JM과정을 중국

---

777) 대학원박사과정에 진학하기 위해서는 대학원졸업증서(석사과정)가 필요하다.
http//www.fashup.net/news/221.html

778) http://www.tyfw.net/dispnews.asp?id = 1672

779) http://www.noeye.com/by/zflw/sfzdlw/196.htm

780) http://www.legal-history.net/go.asp?id = 1024

의 '본과교육을 본위로 하는(以本爲本)'의 법학교육 및 법조인 양성
시스템을 그대로 두고 미국의 로스쿨 흉내만 낸 어중간한 형태의 기
형적 교육프로그램이라고 규정하며, 수준 낮은 JM과정을 2～3년의
긴 시간과 6～7만 위안의 거액을 들여서까지 이수할 만한 가치가
있는가를 면밀히 재검토하여야 한다고 주장한다.781)

雷軍 교수는 실무형 고급법률인력 양성이라는 당초 설립목적과는
반대로 JM의 강의수준은 마치 말단 법원직원의 양성을 목표로 하는
것처럼 보인다고 지적한다. 즉 학부과정에서 습득하여야 할 기초법
학이론에 관한 이해 없이 단순히 재판절차의 규칙과 법조문의 암기
에만 주력하면 '법률 기능공'을 양성하게 될 것이고 결국 몇 년 내
에 중국의 법조 인력은 석사모를 썼지만 실은 고졸학력보다 못한
'법률 기능공'으로 충당될 것이라고 비판한다. 소프트웨어와 하드웨
어 방면 모두 미흡한 교육 여건임에도 불구하고 대학들은 재정확충
등을 위하여 JM을 신설하거나 매년 모집정원을 증원하여 상황을 더
욱 악화시키고 있다.

이와는 달리 中國人民大學 법대의 曾憲義 교수782)와 北京大學
법대의 賀衛方 교수 등을 위시한 원로급 전문가들은 JM강화론 내
지 JM확대개편론을 개진한다. 즉 사회주의법치주의 건설목표를 조기
실현하기 위해서는 우선 법률교육과 전문법조인 양성체제를 유기적
으로 연계하는 과감한 개혁이 선행되어야 하되 이러한 개혁의 중심
에는 JM이 위치하며 중장기적으로는 법과대학 학부과정과 법학석사

---

781) http://www.tyfw.net/dispnews.asp?id=1672

782) 曾憲義 교수는 中國人民大學 법대 학장을 15년간 역임하였고 현재 中國法
　　 學會 회장을 다년간 맡고 있는 중국의 대표적인 법학자이자 법학교육개혁가로
　　 서 중국 교육계와 법조계에 광범위한 고급인맥을 구축하고 있는 학자로서 명
　　 망이 높다.

과정을 JM으로 대체하여야 한다는 것이다.783) 이러한 JM강화론은
법조계를 비롯한 사회 각계각층의 폭넓은 지지를 얻고 있어 JM무용
론에 비하여 우세한 편이다.784)

2. 사법고시와의 충돌

1996년 JM제도 창설 당시 국무원 학위위원회는 미국의 JD처럼
JM을 변호사 사무소에 배치하여 1년간의 실무수습을 거친 후 소정
의 시험에 합격한 자에게 변호사 및 법관, 검찰관 등의 자격을 부여
할 방침이었다.785) 그러나 이러한 당초 계획은 법제화 절차의 심사
과정에서 공산당 정법위원회 등을 비롯한 권력상층부의 비협조와 기
성법조인의 제도개혁에 대한 저항에 부딪혀 백지화되었다.

2002년부터, 이전의 변호사자격고시,786) 초임법관자격고시, 초임
검찰관자격29)고시 등 각각 별도의 고시를 시행하던 것을 사법고

---

783) 曾憲義, 전게서, 189 – 191쪽.

784) 楊逢華 主編, 『研究生教育的改革與探索』, 北京, 對外經濟貿易大學出版
社, 2004, 270쪽.

785) 國務院學位辦, 『關于開展法律專業碩士學位試点工作的通知』, 載中國法律碩
士网.

786) 개혁개방 이후 1979년부터 1984년까지 중국의 사법행정기관은 「변호사(律師)
임시조례」의 규정에 따라 특별한 자격시험을 거치게 하지 않고 약 15,000명에
게 변호사 자격을 부여하였다. 그 후 중국의 법제와 변호사업이 급속히 발전하
면서 그 자격기준을 엄격히 할 필요성이 대두되자 1986년부터 '변호사(律師)
자격 고시'제도를 시행하여 2001년도까지 약 15만 명의 변호사를 배출하였다.
그러나 그중 상당수는 변호사자격고시를 통과하지 않고 대학 법학과 학부과정
이상의 학력의 전공수준을 갖춘 자로서 국무원 사법행정기관에 변호사 자격을
신청할 수 있는 규정에 따라 변호사 자격을 취득한 자가 대부분이었다. 2002
년부터 실시한 국가통일사법고시에서는 2005년 말 현재까지 약 8만 명의 변호
사자격 소지자가 배출되었지만 이들의 본격적인 활약을 기대하기에는 시간과
경험이 더 필요하다.

시787) 하나로 통폐합하여 매년 실시하기 시작하였다. 그리고 공산당 정법위원회의 추천 등 주로 고시 외의 별도 경로를 통하여 법조인을 충원하여 오던 과거와는 달리, 변호사, 검찰관, 법관 업무에 종사하려면 반드시 사법고시에 합격하여야 하는 자격조건을 각각 변호사법, 검찰관법, 법관법에 명문으로 규정하였다.

JM은 국가학력 교육과정인 데 반하여 사법고시는 4년제 대졸 이상의 학력자는 전공에 관계없이 누구나 응시할 수 있는 국가자격고시로서 양자는 본질적으로 다른 차원의 제도이다. 2002년 사법고시의 출현으로 미국의 JD와는 달리 JM은 변호사나 법관, 검찰관이 되려면 별도로 사법고시를 통과하여야만 함으로써 독점적인 실무법조인의 등용문으로서의 JM 매력은 큰 손상을 입었다.788) 법학이론 분야에서 법학석사와의 힘든 취업경쟁을 벌여야 하는 JM은, 설상가상으로 실무법률 분야에서도 사법고시 합격자에 비하여 열악한 지경에 처하게 되었다. 이에 대한 타개책으로 JM강화론자들은 JM취득자에게 자동적으로 초임법관과 검찰관과 동등한 자격을 부여하는 방안을 적극 검토하여야 한다고 주장하고 있다.789)

---

787) 2005년도 실시한 제4회 사법시험 응시자 수는 21만 9천 명, 최종합격자는 31,664명, 합격률은 약 14.39%로 점차 높아지고 있다. 사법고시 시험과목은 법제사, 법리학, 헌법, 민법, 형법, 민사소송법, 형사소송법, 경제법, 행정법, 국제법, 국제사법, 국제경제법, 노동법, 지적재산권법 등 필수 14과목과 선택 3과목 모두 17과목이다.

788) 특히 제2회 사법고시가 시행된 2003년에 JM 입학 응시자 수가 급감하였다. 이를테면 中國人民大學의 JM과정 응시자 수는 560여 명에 불과하였다. 그러나 2004년부터는 다시 예년 수준을 초과하고 있다.
http://www.chinafasuo.com/1zhojin/004/009.htm

789) 曾憲義, 전게서, 189－191쪽.

V. 결 론

앞에서 언급한 바와 같이 법학석사와 사법고시라는 확고한 두 제도의 틈새에 놓인 형국의 JM의 진로를 비관적으로 예상할 수 있으나 실제상황은 그렇지 않다. JM 학위 취득자는 중국 법률서비스 분야에서 강력한 경쟁력을 보유하고 있으며 특히 중국에 진출 중인 200여 개의 외국계 로펌[790]과 세계 500대 다국적기업은 JM을 오히려 법학석사와 사법고시 합격자에 비해서도 선호하고 있다. 필자는 이와 같은 현상을 다음 네 가지로 파악한다.

첫째, 고학력사회로 급변 중인 중국사회는 JM의 충분한 공급을 필요로 하고 있다. 현재 중국 인력시장은 2년제 대졸자는 물론, 4년제 대졸자의 공급과잉현상이 심각해지고 있는 반면 석사 이상의 고학력자는 수요에 비해 공급은 절대적으로 부족한 상황이다. 이와 함께 변호사, 의사, 약사, 전문경영인, 공무원 등 전문직 종사자들에 대한 교육을 대학원과정 이상에서 양성하려는 세계적 추세와 더불어 중국경제의 지속적인 고속성장과 대외개방에 따라 석사 이상의 고도로 전문화된 실무법조인의 수요는 앞으로도 계속 증가할 것으로 예측된다.

둘째, JM은 연륜과 경륜 면에서 법학석사에 비하여 우월한 경쟁력을 보유하고 있다. 즉 JM은 외국어, 경제, 금융, 재무회계, 국제통상, 의약학, IT, BT 등 첨단과학기술 등 학부과정에서 습득한 각종 전문지식의 기초 위에서 실제로 응용할 수 있는 실무법률지식을 겸

---

790) 2001년 WTO의 143번째 회원국 가입 직후부터 중국은 본격적으로 외국계 로펌의 진출을 허용하였으며 2005년 말 현재 중국에는 모두 234개 외국계 로펌이 진출해 있다.

비하였을 뿐만 아니라 30~40대 연령의 중견법무관련 재직자가 많아 정법계와 상경계를 비롯한 중국 사회 각계각층에 광범위한 인맥을 형성하고 있다.

셋째, JM의 學歷과 學力, 즉 전문화 수준이 변호사에 비하여 높은 편이다. 중국의 변호사는 선진국에 비하여 제도적, 현실적 한계로 인하여 업무능력이나 전문화 수준이 낮다. 2004년 말 현재 전국의 변호사 중 석사 이상 학위 소지자가 약 3%, 대학 졸업 이상은 약 54%에 불과하다.791) 또한 중국은 변호사 이외에도 인민단체 또는 범죄피의자, 피고인의 소속 사업단위가 추천하는 자, 범죄피의자, 피고인의 후견인 또는 친구도 변호인이 될 수 있기(형사소송법 제32조)792) 때문에 변호사의 독점적 소송대리인의 지위가 확립되어 있지 않다.

끝으로, 중국의 사법고시는 초임법관과 초임검찰관의 임용에 필요한 최소한의 자격고시에 지나지 않는다. 고위법관이나 고위검찰관으로 승진하기 위해서는 반드시 JM학위 이상의 학력을 취득하여야 한다.793) 즉 법관법 제10조 제6호794)와 검찰관법 제12조 제6호795)는 고

---

791) 2004년 말 현재 이러한 수요를 만족시켜 줄 만한 중국 국내 법률전문가는 약 2,000명에 불과한 것으로 추정되며 약 15만 명의 절대적인 공급부족 현상에 처해 있다.

792) 第三十二條 犯罪嫌疑人、被告人除自己行使辯護權以外, 還可以委托一至二人作爲辯護人。下列的人可以被委托爲辯護人: (一) 律師; (二) 人民團体或者犯罪嫌疑人、被告人所在單位推荐的人; (三) 犯罪嫌疑人、被告人的監護人、親友。

793) 2004년 말 현재 법원장 중 대졸학력 이상의 학력소지자는 15.4%, 법관은 19.1%에 불과하여 변호사의 평균 학력수준보다 훨씬 낮다.

794) (六)獲得法律專業碩士學位、博士學位或者非法律專業碩士學位、博士學位具有法律專業知識, 從事法律工作滿一年, 其中担任高級人民法院、最高人民法院法官, 應当從事法律工作滿二。

795) (六)獲得法律專業碩士學位、博士學位或者非法律專業碩士學位、博士學位具有法律專業知識, 從事法律工作滿一年, 其中担任省、自治區、直轄

급인민법원, 최고인민법원의 법관, 성, 자치구, 직할시 인민검찰원, 최고인민검찰원 검찰관은 JM 이상의 학력자를 우선으로 임용 또는 우대하는 것으로 규정하여 JM과정을 이수하려는 현직 초급법관과 검찰관이 급증하는 추세이다.

이상에서 살펴본 바와 같이 중국식 로스쿨, JM의 제도화는 중국의 법학교육 및 법조인 양성체제 개혁의 성패 여부를 결정짓는 하나의 시금석으로 여겨진다. 즉 중국이 개혁개방과 법치주의 강화를 계속하는 한, JM에 대한 제도적·정책적 지원은 지속될 것으로 보이며 장기적 견지에서 JM은 법학석사의 기능까지 겸할 뿐만 아니라 중견실무법조인과 법학박사과정으로의 교량적 기능을 수행할 것으로 내다보인다.

끝으로 부언하자면 중국의 JM은 미국의 로스쿨제도를 도입하되 자국의 체제와 실정에 적합하게 적절히 변용·시행하고 있으며, 상호 모순·중첩된 법학교육체제와 법조인양성제도의 운영에서 발생하는 여러 문제점들을 양자택일보다는 상호보완의 논리를 기저로 삼아 끊임없는 제도개선으로 극복하여 나가고 있다. 전임 교원 수, 로스쿨 인가, 사법고시와 로스쿨을 병행하다가 로스쿨로 전환하는 절차 등 일본의 로스쿨을 典範으로 설정하여 그대로 모방하다시피 도입하려고 하는 한국으로서는, 미국의 로스쿨을 本土化한 중국의 JM제도와 그 운영은 참고할 만한 가치가 있다고 생각한다.

市人民檢察院、最高人民檢察院檢察官, 應当從事法律工作滿二年。

* 중국의 최근 법조인 양성 체제

1. 3궤제 시스템

중국의 법조인(법학자) 양성체제는 법학 학·석·박사와 사법고시와 법률석사(JM)가 병존하는 3궤제(Triple - Track System)체제를 채택하고 있다.

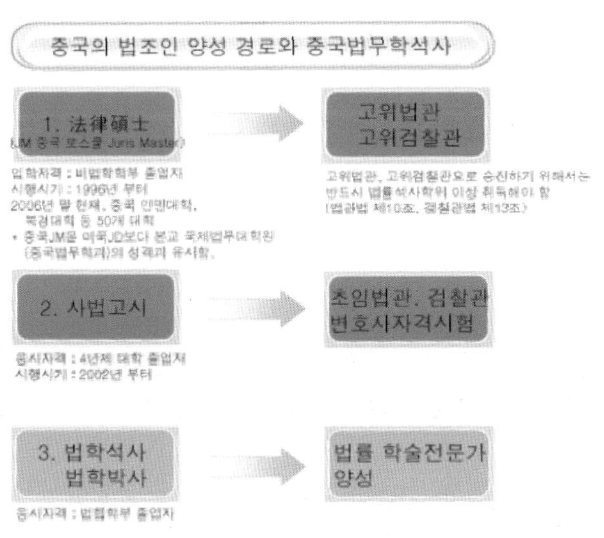

〈그림 20-2〉 중국의 법조인 양성 경로와 중국법무학석사

2. 法律碩士(JM)제도

1990년대까지 중국의 법률체계와 법학교육 방식은 대체적으로 대륙법계에 속해 있었으나 WTO 체제는 중국으로 하여금 세계무역의

통용규범인 영미법계의 절차법과 판례, 실천적 메커니즘을 일정부분 수용하게끔 하였다. 즉 WTO 가입준비를 계기로 중국 법학교육체제는 대륙법계의 체제와 내용에다가 영미법계의 수용과정에서 탄생한 JM은 미국의 로스쿨을 벤치마킹하여 설립한 것이지만 다음과 같이 구별된다.

미국 로스쿨의 주요목적은 변호사를 비롯한 법관, 검찰관의 양성이지만 중국의 JM은 법조인뿐만 아니라 기업과 단체 등 사회 각 분야에 필요한 실무법률전문가를 배양하려는 목적으로 설립된 것으로 그 명칭도 경영학 석사 등의 명칭을 차용하였다. 미국은 로스쿨 졸업자, 즉 JD에 한하여 변호사시험 응시자격이 주어지나 중국은 JM이더라도 반드시 律師法(변호사법) 제6조, 법관법 제12조, 검찰관법 제13조에 따라 사법고시를 통과하여야만 변호사 또는 초임법관, 초임검찰관으로 임관할 수 있도록 규정되어 있다.

JM학위 창설안은 1995년 국무원 학위위원회의 최종승인을 받아 1996년 9월 北京大學, 中國人民大學, 政法大學, 對外經濟貿易大學, 吉林大學, 武漢大學, 華東政法, 西南政法 등 8개 대학에 JM학위과정을 처음으로 설립하였다. 1997년에 13개, 1998년에 22개, 1999년에 28개, 2005년에 50개로 증설하고 2009년 3월 현재 JM 설치대학의 수는 모두 78개소로 증가하였다.796) JM의 응시자격은 비법률학위전공 학사학위 보유자로 제한하였다. 이와 별도로 매년 10월에 45세 이하의 법률실무부문 재직자로서 5개 국가정법기관, 즉 중국공산당중앙 政法委員會,797) 최고인민법원,798) 최고인민검찰

---

796) 중국의 전국 법학 관련 학과 설치 대학 615개, 법과대학생 40만여 명.
　　http://www.chinanews.com.cn/edu/pxrz/news/2009/01-08/1520141.shtml 참조
797) 중국은 일반적 국가와 달리 헌법에 중국공산당의 영도를 명시하고 있다. 사법

원,799) 公安部(행안부), 司法部(법무부)의 추천을 받은 자를 대상으로 특별전형을 실시한다. 이들은 별도 정원 외로 관리하며 입학 후 전부 위탁교육을 실시하고 졸업 시에는 JM학위증을 수여한다.

입학시험은 형법 75점, 민법 75점 법리학 60점, 헌법학 50점, 중국법제사 40점 합계 300점으로 연합고사 방식으로 출제한다. 2008년 상위 20개 대학 JM 평균경쟁률은 18.9:1로, 이는 2008년 사법고시 경쟁률 3.5:1보다 훨씬 높은 편이다.

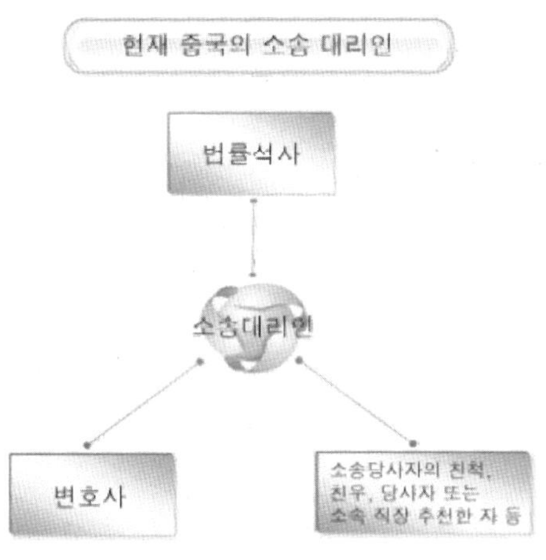

〈그림 20 - 3〉 현재 중국의 소송 대리인

기관에는 중앙정부와 지방정부에 이르기까지 각급 당조직에 공산당 정법위원회를 설치하였으며 이 위원회는 사법업무에 있어서 사법기관의 인사와 조직을 책임지고 있다. 강효백, 『중국법통론』, 경희대학교출판사, 2007, 39쪽 참고 현재 당중앙 정법위원회 周永康 서기는 후진타오와 같은 9명의 정치국 상무위원 중의 1인이다.
http://cpc.people.com.cn/GB/64192/106178/index.html 참조

798) 王勝俊 최고인민법원수석대법관(대법원장), 당중앙위원, 법조인 경력 전무함.
http://www.gov.cn/test/2008-03/26/content_928856.htm 참조

799) 曹建明 최고인민검찰장, 당중앙위원, 화동정법대학 교수 출신
http://www.gov.cn/gjjg/2008-03/16/content_921759.htm 참조

3. 司法考試제도

2001년 6월 30일 제9기 전인대 상무위원회는 제22차 회의로 법관법과 검찰관법을 개정하는 결정을 하여 초임법관과 초임검찰관을 국가통일사법고시 합격자 중에서 선발하기로 하였다. 2001년 10월 31일 최고인민법원, 최고인민검찰원, 사법부는 연합으로 국가사법고시실시판법(시행)을 공포하고 2002년 1월 1일부터 시행하기로 하였다. 2002년부터 이전의 변호사자격고시, 초임법관자격고시, 초임검찰관자격고시 등 각각 별도의 고시를 시행하던 것을 통일사법고시 하나로 통폐합하여 매년 실시하기 시작하였다. 같은 해 12월 29일 제9기 전인대 상무위원회 제25차 회의는 율사법의 개정을 통과시켰다. 변호사 자격은 반드시 국가통일 사법고시를 통과하여야 취득할 것을 결정하였다.

그리고 공산당 정법위원회의 추천 등 주로 고시 외의 별도 경로를 통하여 법조인을 충원하여 오던 과거와는 달리, 율사, 검사, 법관 업무에 종사하려면 반드시 사법고시에 합격하여야 하는 자격조건을 각각 율사법, 검찰관법, 법관법에 명문으로 규정하였다.

통일사법고시는 7년 동안 200만 명이 응시하고 23만여 명이 합격하여 법조인을 양성하고 있다.[800]

<표 20 - 3> 중국 사법고시 합격률 추이

횟수	1	2	3	4	5	6	7
연도	2002	2003	2004	2005	2006	2007	2008
합격률	7.74%	10.18%	11.22%	14.39%	15.00%	22.39%	29.18%

출처: http://edu.ce.cn/exams/sfks/200901/07/t20090107 17888869.shtml

---

800) http://opinion.hexun.com/2009 - 01 - 09/113223439.html 합격률이 급격히 높아지고 있으나 중국관방과 학계에서는 합격률을 70%까지 높일 계획이다.

최근 사법고시 합격자와 JM졸업자 등 전문 법학 교육을 받았거나 법적 지식이 풍부한 다수의 법조인을 양성·배출하고 있으나 중국사법의 전문직업화는 아직 미흡한 실정이다. 중서부 지역의 현급 및 시급법원에는 정규교육을 받지 못한 법관(퇴역하사관)이 판사로 종사하는 경우가 잔존하고 있다.801)

* **응시자격: 4년제 대학 졸업자**
* **사법고시 시험과목**802)

필수과목: 14과목 ① 법리학(법철학), ② 헌법, ③ 법제사(중국·세계법제사), ④ 경제법, ⑤ 국제법, ⑥ 국제사법, ⑦ 국제경제법, ⑧ 사법제도 및 법조인직업도덕, ⑨ 형법, ⑩ 형사소송법, ⑪ 행정법 및 행정소송법, ⑫ 민법, ⑬ 상법, ⑭ 민사소송법(중재제도 포함)

* 시험 문제형식: 1·2차 통합, 객관식 75%, 주관식 25%

4. 사법고시와 JM과의 비교

① 중국의 사법고시는 초임법관과 초임검찰관의 임용에 필요한 최소한의 자격고시에 지나지 않는다. 고위법관이나 고위검찰관으로 승진하기 위해서는 반드시 석사학위 이상의 학력을 취득하여야 한다. 즉 법관법 제10조 제6호803)와 검찰관법 제12조 제6호804)는 고급인

---

801) 2004년 말 현재 법원장 중 대졸학력 이상의 학력소지자는 19.8%, 법관은 28.3%에 불과하다. 강효백, 중국 법학교육과 법조인양성체제에 관한 연구, 강효백, "중국 법학교육과 법조인 양성체제에 관한 연구－법률전문석사학위(JM)제도를 중심으로", 『경희법학』, 2005. 12. 350－353쪽.

802) http://www.51test.net/sifa/ 참조.

803) 六)高等院校法律專業本科畢業或者高等院校非法律專業本科畢業具有法律

민법원, 최고인민법원의 법관, 성, 자치구, 직할시 인민검찰원, 최고
인민검찰원 검찰관은 JM 이상의 학력자를 우선 임용 또는 우대하는
것으로 규정하여 JM과정을 이수하려는 현직 초급법관과 검찰관이
급증하는 추세이다.

② JM의 학력과 학력, 즉 전문화 수준이 변호사에 비하여 높은
편이다. 중국의 율사는 선진국에 비하여 제도적, 현실적 한계로 인하
여 업무능력이나 전문화 수준이 낮다. 2004년 말 현재 전국의 법조
인 중 석사 이상의 학위자가 3%, 대졸 이상은 약 54%에 불과하다.

또한 중국은 변호사 이외에도 인민단체 또는 범죄피의자, 피고인
의 소속 사업단위가 추천하는 자, 범죄피의자, 피고인의 후견인 또는
친구도 변호인이 될 수 있기 때문에 변호사의 독점적 소송대리인의
지위가 확립되어 있지 않다.[805]

③ JM은 연륜과 경륜 면에서 법학석사에 비하여 우월한 경쟁력을
보유하고 있다. 즉 JM은 외국어, 경제, 금융, 재무회계, 국제통상, 의

專業知識, 從事法律工作滿二年, 其中担任高級人民法院、最高人民法院
法官, 應当從事法律工作滿三年; 獲得法律專業碩士學位、博士學位或者
非法律專業碩士學位、博士學位具有法律專業知識, 從事法律工作滿一年,
其中担任高級人民法院、最高人民法院法官, 應当從事法律工作滿二年。

804) 六)高等院校法律專業本科畢業或者高等院校非法律專業本科畢業具有法律
專業知識, 從事法律工作滿二年, 其中担任省、自治區、直轄市人民檢察
院、最高人民檢察院檢察官, 應当從事法律工作滿三年; 獲得法律專業碩
士學位、博士學位或者非法律專業碩士學位、博士學位具有法律專業知
識, 從事法律工作滿一年, 其中担任省、自治區、直轄市人民檢察院、最
高人民檢察院檢察官, 應当從事法律工作滿二年。

805) 민사소송법 <제58조> 변호사, 당사자의 근·친족, 관련 사회단체 또는 소재기
관이 추천하는 자, 인민법원의 허가를 맡은 자는 모두 소송대리인이 될 수 있다.
刑事訴訟法 第三十二條 犯罪嫌疑人、被告人除自己行使辯護權以外, 還
可以委托一至二人作爲辯護人。下列的人可以被委托爲辯護人: (一) 律
師; (二) 人民團体或者犯罪嫌疑人、被告人所在單位推荐的人; (三) 犯罪
嫌疑人、被告人的監護人、親友。

약학, IT, BT 등 첨단과학기술 등 학부과정에서 습득한 각종 전문지식의 기초 위에서 실제로 응용할 수 있는 실무법률지식을 겸비하였을 뿐만 아니라 30～40대 연령의 중견법무관련 재직자가 많아 정법계와 상경계를 비롯한 중국 사회 각계각층에 광범위한 인맥을 형성하고 있다.

부 록

Ⅰ. 중국 헌법 원문 및 한글 대조본

中華人民共和國憲法
중화인민공화국 헌법

1982年 12月 4日全國人民代表大會公告公布施行

　根据1988年4月12日第七屆全國人民代表大會第一次會議通過的≪中華人民共和國憲法修正案≫、1993年3月29日第八屆全國人民代表大會第一次會議通過的≪中華人民共和國憲法修正案≫、1999年3月15日第九屆全國人民代表大會第二次會議通過的≪中華人民共和國憲法修正案≫和2004年3月14日第十屆全國人民代表大會第二次會議通過的≪中華人民共和國憲法修正案≫修正)

1982년 12월 4일 전국인민대표대회공고 공포 시행

　1988년 4월 12일 제7기 전국인민대표대회 제1차 회의에서 통과된『중화인민공화국헌법수정안』, 1993년 3월 29일 제8기 전국인민대표대회 제1차 회의에서 통과된『중화인민공화국헌법수정안』, 1999년 3월 15일 제9기 전국인민대표대회 제2차 회의에서 통과된『중화인민공화국헌법수정안』과 2004년 3월 14일 제10기 전국인민대표대회 제2차 회의에서 통과된『중화인민공화국헌법수정안』에 의거하여 수정함.

目录 목록

序言 서언

序言 서언

中國是世界上歷史最悠久的國家之一。中國各族人民共同創造了光輝燦爛的文化，具有光榮的革命傳統。

중국은 세계역사상 역사가 가장 유구한 국가 중의 하나이다. 중국의 각 민족과 인민은 공동으로 찬란한 문화를 창조하였고 영광스러운 혁명전통을 구비하였다.

一八四〇年以后，封建的中國逐漸變成半殖民地、半封建的國家。中國人民爲國家獨立、民族解放和民主自由進行了前仆后継的英勇奮斗。

1840년 이후 봉건적인 중국은 점차 半식민지, 반봉건적 국가로 변하였다. 중국인민은 국가의 독립과 민족해방과 민주자유를 위하여 끊임없이 용감하게 분투하여 왔다.

二十世紀，中國發生了翻天覆地的偉大歷史變革。

20세기 중국은 천지를 뒤흔들고 세상을 놀라게 하는 역사적 변혁이 발생하였다.

一九一一年孫中山先生領導的辛亥革命，廢除了封建帝制，創立了中華民國。但是，中國人民反對帝國主義和封建主義的歷史任務還沒有完成。

1911년 손중산 선생이 영도한 신해혁명은 봉건제국체제를 폐지하고 중화민국을 창립하였다. 그러나 중국인민이 제국주의와 봉건주의에 반대하는 역사적 임무는 아직 완성하지 못하였다.

一九四九年，以毛澤東主席爲領袖的中國共産党領導中國各族人民，在經歷了長期的艱難曲折的武裝斗爭和其他形式的斗爭以后，終于推翻了帝國主義、封建主義和官僚資本主義的統治，取得了新民主主義革命的偉大胜利，建立了中華人民共和國。從此，中國人民掌握了國家的權力，成爲國家的主人。

1949년, 모택동 주석을 영수로 하는 중국공산당은 중국 각 민족과 인민을 영도하여 장기간에 걸친 간난과 곡절의 무장투쟁과 기타 여러 형식의 투쟁으로 마침내 제국주의, 봉건주의와 관료자본주의 통치를 뒤엎고 신민주주의혁명의 위대한 승리를 획득하여 중화인민공화국을 수립하였다. 이로부터 중국인민은 국가의 권력을 장악하고 국가의 주인이 되었다.

中華人民共和國成立以后，我國社會逐步實現了由新民主主義到社會主義的過渡。生産資料私有制的社會主義改造已經完成，人剝削人的制度已經消滅，社會主義制度已經確立。工人階級領導的、以工農聯盟爲基础的人民民主專政，實質上卽无産階級專政，得到鞏固和發展。中國人民和中國人民解放軍戰胜了帝國主義、霸權主義的侵略、破坏和武裝挑釁, 維護了國家的獨立和安全, 增强了國防。經濟建設取得了重大的成就, 獨立的、比較完整的 社會主義工業体系已經基本形成, 農業生產顯著提高。教育、科學、文化等事業有了很大 的發展, 社會主義思想教育取得了明顯的成效。广大人民的生活有了較大的改善。

중화인민공화국이 수립된 이후, 중국사회는 신민주주의로부터 사회주의 과도기를 점차 적으로 실현시켜 나갔다. 생산자료사유제의 사회주의 개조는 완성되고, 인간이 인간을 착 취하는 제도는 소멸되어 사회주의제도가 확립되었다. 노동자계급이 영도하고, 노동자농민 연맹을 기초로 하는 인민민주전정(독재), 실질적으로는 무산계급독재를 강화 발전시켰다. 중국인민과 중국인민해방군은 제국주의, 패권주의의 침략, 무장도발과 전복음모와 싸워 승리하였으며, 국가의 독립과 안전을 수호하였으며 국방을 증강시켰다. 경제건설은 중대 한 성취를 취득하였으며, 독립적이며 비교적 완전한 사회주의공업체계를 기본적으로 형성 하였고 농업생산을 현저히 제고하였다. 교육, 과학, 문화 등의 사업은 매우 큰 발전을 이 룩하였으며 사회주의 사상교육은 현저한 성과를 거두었다. 대부분 인민의 생활은 대폭 개 선되었다.

中國新民主主義革命的胜利和社會主義事業的成就, 是中國共產党領導中國各族人民, 在馬克思列宁主義、毛澤東思想的指引下, 堅持眞理, 修正錯誤, 戰胜許多艱難險阻而取得 的。

중국신민주주의혁명의 승리와 사회주의 사업의 성취는 모두 중국공산당이 중국 각 민 족과 인민을 영도하여 마르크스레닌주의, 모택동사상의 지도하에 진리를 견지하고 과오를 수정하면서 많은 곤란과 장애를 물리치고 취득한 것이다.

我國將長期處于社會主義初級階段。國家的根本任務是, 沿着中國特色社會主義道路, 集中力量進行社會主義現代化建設。

중국은 장기적으로 사회주의 초급단계에 처해 있다.806)

앞으로 국가의 근본임무는 중국특색을 지닌807) 사회주의 현대화건설에 역량을 집중하 는 것이다.

中國各族人民將繼續在中國共產党領導下, 在馬克思列宁主義、毛澤東思想、鄧小平理 論和"三个代表"重要思想指引下,

---

806) 제2차 수정안(93년 일부개헌)에 "중국은 사회주의 초급단계에 처해 있다"의
    문구를 삽입하여 제3차 수정안(99년 일부개헌) 시 이를 다시 "중국은 장기적
    으로 사회주의 초급단계에 처해 있다"고 규정하였음.
807) 제2차 수정안 시 추가.

장차 중국 각 민족과 인민은 계속 중국공산당의 영도하에서 마르크스레닌주의, 모택동 사상과 등소평이론808) 및 3개 대표 중요사상809)의 지도 아래,

堅持人民民主專政, 堅持社會主義道路, 堅持改革開放, 不斷完善社會主義的各項制度, 發展社會主義市場經濟, 發展社會主義民主, 健全社會主義法制, 自力更生, 艱苦奮斗, 逐步實現工業、農業、國防和科學技術的現代化, 推動物質文明、政治文明和精神文明協調發展, 把我國建設成爲富強、民主、文明的社會主義國家。

인민민주독재와 사회주의도로를 견지하고 사회주의 각종 제도를 부단히 완비하며 사회주의민주와 건전한 사회주의법제를 발전시켜, 자력갱생으로 곤란을 극복하여 공업, 농업, 국방 및 과학기술의 현대화를 점차 실현시키고 물질문명과 정치문명과 정신문명을 협조 발전시켜810) 우리나라를 고도의 부강,811) 문명과 민주의 사회주의국가로 건설하여야 한다.

在我國, 剝削階級作爲階級已經消滅, 但是階級斗爭還將在一定范圍內長期存在。中國人民對敵視和破坏我國社會主義制度的國內外的敵對勢力和敵對分子, 必須進行斗爭。

중국에서 계급으로서 착취계급은 이미 소멸되었으나, 계급투쟁은 일정한 범위 내에서 장기간 존재한다. 중국인민은 중국사회주의제도를 적대시하고 파괴하는 국내외의 적대세력과 적대분자에 대해서 반드시 투쟁을 전개하여야 한다.

台湾是中華人民共和國的神圣領土的一部分。完成統一祖國的大業是包括台湾同胞在內的全中國人民的神圣職責。

대만은 중화인민공화국의 신성한 영토의 일부분이다. 통일조국 완수의 대업은 대만동포를 포함한 전 중국인민의 신성한 책무이다.

社會主義的建設事業必須依靠工人、農民和知識分子, 團結一切可以團結的力量。在長期的革命和建設過程中, 已經結成由中國共産党領導的, 有各民主党派和各人民團体參加的, 包括全体社會主義勞動者、社會主義事業的建設者、擁護社會主義的愛國者和擁護祖國統一的愛國者的广泛的愛國統一戰線, 這个統一戰線將繼續鞏固和發展。

---

808) 제3차 수정안 시 추가.

809) 제4차 수정안(2004년 일부개헌) 시 첨가, 3개 대표이론이란 강택민 전 국가주석이 제기한 이론으로 중국공산당이 선진생산력과 선진문화, 광범위한 인민의 이익을 대표하여야 한다는 사상을 헌법 서언에 추가시켰다.

810) 제4차 수정안 시 추가.

811) 제2차 수정안 시 추가.

사회주의건설 사업은 반드시 노동자와 농민 지식인에 의지하며 일체의 단결 가능한 역량을 단결시킨다. 장기간의 혁명과 건설과정에서 중국공산당이 영도하고 각 민주당파와 각 인민단체가 참가하며, 전체 사회주의 노동자, 사회주의 사업의 건설자, 사회주의를 옹호하는 애국자와 조국통일을 옹호하는 애국자를 포함하는 812)광범위한 애국통일전선이 결성되었고, 이 통일전선은 장차 계속하여 공고히 발전시킨다.

中國人民政治協商會議是有广泛代表性的統一戰線組織。 過去發揮了重要的歷史作用, 今后在國家政治生活、社會生活和對外友好活動中, 在進行社會主義現代化建設、維護國家的統一和團結的斗爭中, 將進一步發揮它的重要作用。中國共産党領導的多党合作和政治協商制度將長期存在和發展。

중국정치인민협상회의는 광범위한 대표성을 지닌 통일전선조직으로, 과거 중요한 역사적 작용을 발휘하였고 앞으로도 국가의 정치생활, 사회생활과 대외우호활동에 있어서 사회주의 현대화건설과 국가의 통일과 단결을 수호하는 투쟁에서 보다 중요한 역할을 수행할 것이다. 중국공산당이 영도하는 다당합작제와 정치협상제도를 장기적으로 존재하며 발전시킨다.813)

中華人民共和國是全國各族人民共同締造的統一的多民族國家。平等、團結、互助的社會主義民族關系已經确立, 幷將継續加强。在維護民族團結的斗爭中, 要反對大民族主義, 主要是大漢族主義, 也要反對地方民族主義。國家盡一切努力, 促進全國各民族的共同繁榮。

중화인민공화국은 전국 각 민족과 인민이 공동으로 창조한 통일된 다민족국가이다. 평등과 단결, 상부상조하는 사회주의 민족관계는 확립되었고 이는 장차 계속 강화되어 나갈 것이다. 민족단결수호의 투쟁 중 대민족주의를 반대하며, 특히 대한족주의와 지방민족주의에 반대한다. 국가는 일체의 노력을 다하여 전국 각 민족의 공동번영을 촉진시킨다.

中國革命和建設的成就是同世界人民的支持分不開的。中國的前途是同世界的前途緊密地聯系在一起的。中國堅持獨立自主的對外政策, 堅持互相尊重主權和領土完整、互不侵犯、互不干涉內政、平等互利、和平共處的五項原則, 發展同各國的外交關系和經濟、文化的交流; 堅持反對帝國主義、霸權主義、殖民主義, 加强同世界各國人民的團結, 支持被壓迫民族和發展中國家爭取和維護民族獨立、發展民族經濟的正義斗爭, 爲維護世界和平和促進人類進步事業而努力。

---

812) 제4차 헌법수정안 시 추가.
813) 제2차 헌법수정안 시 추가.

중국혁명과 건설의 성과는 세계인민의 지지와 불가분의 관계를 가지고 있다. 중국의 미래는 세계의 미래와 긴밀하게 연결되어 있는 것이다. 중국은 독립자주의 대외정책을 견지하고, 주권과 영토보전의 상호존중, 상호불가침, 상호내정불간섭, 호혜평등, 평화공존의 5개 원칙을 견지한다. 각국과의 외교관계와 경제, 문화의 교류를 발전시키고 제국주의, 패권주의, 식민주의에 반대하여 세계 각국 인민과의 단결을 강화하고 피압박민족과 발전도상국가의 민족독립을 수호하고 민족경제를 발전시키기 위한 정의로운 투쟁을 지지하며, 세계평화의 수호와 인류의 진보적 사업을 촉진하기 위하여 노력한다.

本憲法以法律的形式確認了中國各族人民奮斗的成果, 規定了國家的根本制度和根本任務, 是國家的根本法, 具有最高的法律效力。全國各族人民、一切國家机關和武裝力量、各政党和各社會團体、各企業事業組織, 都必須以憲法爲根本的活動准則, 并且負有維護憲法尊嚴、保証憲法實施的職責。

이 헌법은 법률의 형식으로써 중국 각 민족과 인민이 분투한 성과를 확인하고, 국가의 근본제도와 근본임무를 규정한, 국가의 근본법으로서 최고의 법률효력을 지니고 있다. 전국의 각 민족과 인민, 모든 국가기관과 무장역량, 각 정당과 각 사회단체, 각 기업 사업조직은 반드시 헌법을 근본적인 활동의 준칙으로 삼아야 하며 아울러 헌법의 존엄을 수호하여 헌법의 실시를 보장할 책무를 지고 있다.

第一章 总纲

제1장 총강

第一條　中華人民共和國是工人階級領導的、以工農聯盟爲基础的人民民主專政的社會主義國家。

제1조 중화인민공화국은 노동자계급이 영도하고, 노동자·농민연맹을 기초로 하는 인민민주독재의 사회주의 국가이다.

社會主義制度是中華人民共和國的根本制度。禁止任何組織或者个人破坏社會主義制度。

사회주의제도는 중화인민공화국의 근본제도이다. 어떠한 조직 또는 개인이 사회주의제도를 파괴하는 것을 금지한다.

第二條　中華人民共和國的一切權力屬于人民。

제2조 중화인민공화국의 일체 권력은 인민에게 속한다.

人民行使國家權力的机關是全國人民代表大會和地方各級人民代表大會。
인민의 국가권력행사기관은 전국인민대표대회와 지방각급인민대표이다.

人民依照法律規定, 通過各种途徑和形式, 管理國家事務, 管理經濟和文化事業, 管理社會事務。
인민은 법률의 규정에 의하여, 각종 방법과 형식을 통하여 국가사무, 경제와 문화와 사회 사무를 관리한다.

第三條 中華人民共和國的國家机构實行民主集中制的原則。
제3조 중화인민공화국의 국가기구는 민주집중제의 원칙을 실시한다.

全國人民代表大會和地方各級人民代表大會都由民主選擧産生, 對人民負責, 受人民監督。
전국인민대표대회와 지방각급인민대표대회는 민주적인 선거로 구성되고, 인민에 대하여 책임을 지며 인민의 감독을 받는다.

國家行政机關、審判机關、檢察机關都由人民代表大會産生, 對它負責, 受它監督。
국가행정기관, 심판기관, 검찰기관은 모두 인민대표대회에 의하여 구성되고, 인민대표대회에 대하여 책임을 지고 인민대표대회의 감독을 받는다.

中央和地方的國家机构職權的划分, 遵循在中央的統一領導下, 充分發揮地方的主動性、積极性的原則。
중앙과 지방의 국가기구직권의 구분은 중앙의 통일된 영도하에 지방의 능동성과 적극성의 원칙이 충분히 발휘되도록 한다.

第四條 中華人民共和國各民族一律平等。國家保障各少數民族的合法的權利和利益, 維護和發展各民族的平等、團結、互助關系。禁止對任何民族的歧視和壓迫, 禁止破坏民族團結和制造民族分裂的行爲。
제4조 중화인민공화국의 각 민족 인민은 모두 평등하다. 국가는 각 소수민족의 합법적 권리와 이익을 보장하고 각 민족의 평등, 단결, 상부상조 관계를 수호하고 발전시킨다. 어떠한 민족적 차별대우와 압박을 금지하며 민족단결을 파괴하고 민족분열을 조장하는 행위를 금지한다.

國家根据各少數民族的特点和需要, 帮助各少數民族地區加速經濟和文化的發展。
국가는 각 소수민족의 특징과 수요에 근거하여 각 소수민족 지구의 경제와 문화발전을 지원하여 주어야 한다.

各少數民族聚居的地方實行區域自治, 設立自治机關, 行使自治權。各民族自治地方都是中華人民共和國不可分离的部分。
각 소수민족이 거주하는 지방은 구역자치를 실시하고, 자치기관을 설치하며 자치권을 행사한다. 각 민족자치지방은 모두 중화인민공화국과 분리될 수 없는 부분이다.

各民族都有使用和發展自己的語言文字的自由, 都有保持或者改革自己的風俗習慣的自由。
각 민족은 모두 자기의 언어와 문자를 사용하고 발전시킬 자유가 있으며 풍속과 관습을 보존하고 개혁할 자유를 가진다.

第五條 中華人民共和國實行依法治國, 建設社會主義法治國家。
제5조 중화인민공화국은 법에 의하여 국가를 다스리고 사회주의법치국가를 건설한다.814)

國家維護社會主義法制的統一和尊嚴。
국가는 사회주의 법제의 통일과 존엄을 수호한다.

一切法律、 行政法規和地方性法規都不得同憲法相抵触。
일체의 법률, 행정법규와 지방성 법규는 헌법과 서로 저촉될 수 없다.

一切國家机關和武裝力量、 各政党和各社會團体、 各企業事業組織都必須遵守憲法和法律。 一切違反憲法和法律的行爲, 必須予以追究。
일체의 국가기관과 무장역량, 각 정당과 사회단체, 각 기업조직은 반드시 헌법과 법률을 준수하여야 한다. 일체의 헌법과 법률을 위반한 행위는 반드시 책임을 져야 한다.

任何組織或者个人都不得有超越憲法和法律的特權。
어떠한 조직과 개인도 헌법과 법률을 초월한 특권을 가질 수 없다.

第六條 中華人民共和國的社會主義經濟制度的基础是生産資料的社會主義公有制, 卽全民所有制和勞動群衆集体所有制。社會主義公有制消滅人剝削人的制度, 實行各盡所能、 按勞分配的原則。
제6조 중화인민공화국 사회주의경제제도의 기초는 생산자료의 사회주의 공유제이다.

---

814) 제3차 헌법수정안 시 보충.

즉 전민소유제와 노동군중집체소유제이다. 사회주의 공유제는 인간이 인간을 착취하는 제도를 소멸시키고 각자의 능력을 다하도록 하여, 노동에 따른 분배방식을 원칙으로 한다.

國家在社會主義初級階段，堅持公有制爲主体、多种所有制經濟共同發展的基本經濟制度，堅持按勞分配爲主体、多种分配方式幷存的分配制度。

국가는 사회주의초급단계에서 공유제를 주로 하고, 다종소유제경제의 공동발전을 기본적인 경제제도로 하여 노동에 따른 분배를 주체로 하는 다양한 분배방식 병존의 분배제도를 견지한다.[815]

第七條 國有經濟, 卽社會主義全民所有制經濟, 是國民經濟中的主導力量。國家保障國有經濟的鞏固和發展。

제7조 국유경제, 즉 사회주의전민소유제경제는 국민경제의 주도적 역량이다. 국가는 국유경제의 공고한 발전을 보장한다.[816]

第八條 農村集体經濟組織實行家庭承包經營爲基础、統分結合的双層經營体制。

제8조 농촌집체경제조직은 가정생산량 연동책임제(가정청부경영)를 기초로 하여 통합과 분리가 결합하는 이중경영체제를 실행한다.[817]

農村中的生産、供銷、信用、消費等各种形式的合作經濟，是社會主義勞動群衆集体所有制經濟。

농촌의 생산, 구매와 판매, 신용, 소비 등 각종 형식의 합작경제는 사회주의 노동군중집체소유제경제이다.[818]

參加農村集体經濟組織的勞動者, 有權在法律規定的范圍內經營自留地、自留山、家庭副業和飼養自留畜。

농촌집체경제조직에 참여한 노동자는 법률이 규정한 범위 내에서 개인점유의 농지, 개인점유의 임야, 가정부업과 개인소유의 축산업에 종사할 수 있다.

---

815) 제3차 헌법수정안 시 규정.

816) 제2차 헌법수정안 시 '국영경제'와 '국영기업'을 '국유경제'와 '국유기업'으로 개칭하였다.

817) 제3차 헌법수정안 시 규정.

818) 제2차 헌법수정안 시 원래의 농촌인민공사와 농업생산합작사와 기타 생산, 공급과 소비 등 각종 형식의 합작경제의 규정을 상기와 같이 수정하였다.

城鎭中的手工業、工業、建筑業、運輸業、商業、服務業等行業的各种形式的合作經濟, 都是社會主義勞動群衆集体所有制經濟。

도시의 수공업, 공업, 건축업, 운수업, 상업, 서비스업 등 각종 형식의 합작경제는 사회주의 노동군중의 집체소유제경제이다.

國家保護城鄕集体經濟組織的合法的權利和利益, 鼓勵、指導和帮助集体經濟的發展。

국가는 도시와 농촌의 집체경제조직의 합법적권리와 이익을 보호하고 집체경제의 발전을 장려하며 지도와 지원을 한다.

第九條　礦藏、水流、森林、山岭、草原、荒地、灘涂等自然資源, 都属于國家所有, 卽全民所有; 由法律規定属于集体所有的森林和山岭、草原、荒地、灘涂除外。

제9조 광산, 수류, 삼림, 산지, 초원, 황무지, 갯벌 등 자연자원은 모두 국가소유, 즉 전민소유이다. 법률의 규정에 의하여 집체소유에 속하는 산림과 산지, 초원, 황무지와 갯벌은 제외한다.

國家保障自然資源的合理利用, 保護珍貴的動物和植物。禁止任何組織或者个人用任何手段侵占或者破坏自然資源。

국가는 자연자원의 합리적 이용을 보장하고 희귀 동물과 식물을 보호한다. 어떠한 조직이나 개인도 자연자원을 침범하거나 파괴할 수 없다.

第十條　城市的土地属于國家所有。
제10조 도시의 토지는 국가소유에 속한다.

農村和城市郊區的土地, 除由法律規定属于國家所有的以外, 属于集体所有; 宅基地和自留地、自留山, 也属于集体所有。

농촌과 도시교외의 토지는 법률의 규정에 의하여 국가소유에 속하는 것을 제외하고 집체소유에 속한다. 주택단지와 개인점유의 농지, 개인점유의 임야 역시 집체소유에 속한다.

國家爲了公共利益的需要, 可以依照法律規定對土地實行征收或者征用并給予補償。

국가는 공공이익의 필요에 의하여 법률의 규정에 따라 보상이 부여되는 토지수용 또는 징용을 할 수 있다.

任何組織或者个人不得侵占、買賣或者以其他形式非法轉讓土地。土地的使用權可以依照法律的規定轉讓。

어떠한 조직이나 개인도 토지를 침범하여 점유하거나 매매 또는 기타 형식으로 불법적으로 토지를 양도할 수 없다. 토지의 사용권은 법률의 규정에 따라 양도할 수 있다.

一切使用土地的組織和个人必須合理地利用土地。
토지를 사용하는 모든 조직과 개인은 반드시 합리적으로 토지를 이용하여야 한다.

第十一條 在法律規定范圍內的个体經濟、私營經濟等非公有制經濟, 是社會主義市場經濟的重要組成部分。
제11조 법률규정 범위 내의 개체경제, 사영경제 등 비공유경제는 사회주의시장경제의 주요한 구성부분이다.

國家保護个体經濟、私營經濟等非公有制經濟的合法的權利和利益。國家鼓勵、支持和引導非公有制經濟的發展, 并對非公有制經濟依法實行監督和管理。
국가는 개체경제와 사영경제 등 비공유경제의 합법적 권리와 이익을 보호한다. 국가는 비공유제경제발전을 장려 · 지원 · 유도하며 비공유제경제에 대하여 법에 의하여 감독과 관리를 실시한다.

第十二條 社會主義的公共財産神圣不可侵犯。
제12조 사회주의 공공재산은 신성불가침이다.

國家保護社會主義的公共財産。禁止任何組織或者个人用任何手段侵占或者破坏國家的和集体的財産。
국가는 사회주의 공공재산을 보호한다. 어떠한 조직이나 개인도 어떠한 수단으로도 국가와 집체재산을 침범하거나 파괴할 수 없다.

第十三條 公民的合法的私有財産不受侵犯。
제13조 공민의 합법적 사유재산은 침범할 수 없다.[819]

國家依照法律規定保護公民的私有財産權和継承權。
국가는 법률규정에 의하여 공민의 사유재산권과 상속권을 보호한다.

國家爲了公共利益的需要, 可以依照法律規定對公民的私有財産實行征收或者征用并給

---

819) 제4차 헌법수정안 시 "국가는 공민의 합법적인 수입과 저축, 부동산 및 기타 합법재산의 소유권을 보호한다."를 이와 같이 수정.

予補償。

국가는 공공이익의 필요를 위하여 공민의 사유재산에 대하여 보상을 부여한 징용이나 수용을 실시할 수 있다.[820]

第十四條 國家通過提高勞動者的積极性和技術水平, 推广先進的科學技術, 完善經濟管理体制和企業經營管理制度, 實行各种形式的社會主義責任制, 改進勞動組織, 以不斷提高勞動生産率和經濟效益, 發展社會生産力。

제14조 국가는 노동자의 적극성과 기술수준의 제고를 통하여 선진적 과학기술을 발전시키고 경제관리체제와 기업경영관리제도를 완비하며 각종 형식의 사회주의책임제를 실시하며 노동조직을 개선하여 끊임없이 노동생산성과 경제효율을 제고함으로써 사회생산력을 발전시킨다.

國家厲行節約, 反對浪費。

국가는 절약을 엄격히 실행하고, 낭비를 반대한다.

國家合理安排積累和消費, 兼顧國家、集体和个人的利益, 在發展生産的基础上, 逐步改善人民的物質生活和文化生活。

국가는 저축과 소비를 합리적으로 조절하여 국가, 집체와 개인의 이익을 전반적으로 고려하여 생산발전의 기초 위에서 점진적으로 인민의 물질생활과 문화생활을 개선한다.

國家建立健全同經濟發展水平相适應的社會保障制度。

국가는 경제발전의 수준에 상응하는 건전한 사회보장제도를 수립한다.

第十五條 國家實行社會主義市場經濟。

제15조 국가는 사회주의시장경제를 실행한다.

國家加强經濟立法, 完善宏觀調控。

국가는 경제입법을 강화하여 거시경제조절정책을 완비한다.

國家依法禁止任何組織或者个人扰亂社會經濟秩序。

국가는 어떠한 조직이나 개인도 사회경제질서를 교란하는 것을 금지한다.

第十六條 國有企業在法律規定的范圍內有權自主經營。

제16조 국유기업은 법률이 규정하는 범위 내에서 자주경영권을 갖는다.

---

820) 제4차 헌법수정안 시 수정.

國有企業依照法律規定, 通過職工代表大會和其他形式, 實行民主管理。

국유기업은 법률규정에 의하여 직원과 노동자대표대회와 기타 형식을 통하여 민주관리를 실행한다.

第十七條 集体經濟組織在遵守有關法律的前提下, 有獨立進行經濟活動的自主權。

제17조 집체경제는 관련 법률을 준수하는 전제하에서, 독립적으로 경제활동을 할 수 있는 자주권을 갖는다.

集体經濟組織實行民主管理, 依照法律規定選擧和罷免管理人員, 決定經營管理的重大問題。

집체경제조직은 민주적인 관리를 실행하고, 법률규정에 따라 관리자를 선거하며 파면하고, 경영관리상의 중요한 문제를 결정한다.

第十八條　 中華人民共和國允許外國的企業和其他經濟組織或者个人依照中華人民共和國法律的規定在中國投資, 同中國的企業或者其他經濟組織進行各种形式的經濟合作。

제18조 중화인민공화국은 외국의 기업과 기타 조직 또는 개인이 중화인민공화국의 법률이 규정한 바에 따라 중국에서 투자하고, 중국의 기업 또는 기타 경제조직이 각종 형식의 경제합작을 진행하는 것을 허용한다.

在中國境內的外國企業和其他外國經濟組織以及中外合資經營的企業, 都必須遵守中華人民共和國的法律。它們的合法的權利和利益受中華人民共和國法律的保護。

중국국경 내의 외국기업과 기타 외국경제조직 및 중외합자경영의 기업은 반드시 중화인민공화국법률을 준수하여야 한다. 그들의 합법적 권리와 이익은 중화인민공화국 법률의 보호를 받는다.

第十九條 國家發展社會主義的敎育事業, 提高全國人民的科學文化水平。

제19조 국가는 사회주의 교육사업을 발전시키고 전국인민의 과학문화수준을 제고시킨다.

國家擧辦各种學校, 普及初等義務敎育, 發展中等敎育、職業敎育和高等敎育, 幷且發展學前敎育。

국가는 각종 학교를 설립하여 초등의무교육을 보급하고 중등교육, 직업교육과 고등교육을 발전시키며 취학전 교육을 발전시킨다.

國家發展各种敎育設施, 掃除文盲, 對工人、農民、國家工作人員和其他勞動者進行政治、文化、科學、技術、業務的敎育, 鼓勵自學成才。

국가는 각종 교육시설을 발전시키며, 문맹을 퇴치하고 노동자, 농민, 국가공직자와 기타 노동자에 대하여 정치, 문화, 과학, 기술, 업무교육을 실시하고 스스로 학습하여 인재가 되도록 장려한다.

國家鼓勵集体經濟組織、國家企業事業組織和其他社會力量依照法律規定擧辦各种教育事業。

국가는 집체경제조직을 장려하고, 국가기업 사업조직과 기타 사회역량을 장려하여 법률이 규정한 바에 따라 각종 교육사업을 시행한다.

國家推广全國通用的普通話。

국가는 전국에 통용되는 표준어를 널리 보급한다.

第二十條　國家發展自然科學和社會科學事業，普及科學和技術知識，獎勵科學硏究成果和技術發明創造。

제20조 국가는 자연과학과 사회과학 사업을 발전시키고 과학과 기술지식을 보급하고 과학연구성과와 기술발명창조를 장려한다.

第二十一條　國家發展医療衛生事業，發展現代医藥和我國傳統医藥，鼓勵和支持農村集体經濟組織、國家企業事業組織和街道組織擧辦各种医療衛生設施，　開展群衆性的衛生活動，保護人民健康。

제21조 국가는 의료위생사업을 발전시키고 현대의약과 중국전통의약을 발전시켜 농촌 집체경제조직, 국가기업 사업조직과 도시기층조직이 창립한 의료시설을 장려·지원하며, 대중성의 위생활동을 전개하여 인민의 건강을 보호한다.

國家發展体育事業，開展群衆性的体育活動，增强人民体質。

국가는 체육사업을 발전시키며 대중적인 체육활동을 전개하여 인민의 체질을 증강시킨다.

第二十二條　國家發展爲人民服務、爲社會主義服務的文學藝術事業、新聞广播電視事業、

제22조 국가는 인민과 사회주의를 위하여 봉사하기 위하여 문화예술사업, 신문 방송 TV

出版發行事業、圖書館博物館文化館和其他文化事業，開展群衆性的文化活動。

출판발행사업, 도서관 박물관 문화관 기타 문화사업을 발전시키며 대중적인 문화활동을 전개한다.

國家保護名胜古迹、珍貴文物和其他重要歷史文化遺産。

국가는 명승고적, 희귀문물과 기타 중요한 역사문화유산을 보호한다.

第二十三條 國家培養爲社會主義服務的各种專業人才, 擴大知識分子的隊伍, 創造條件, 充分發揮他們在社會主義現代化建設中的作用。

제23조 국가는 사회주의에 봉사하기 위한 각종 전문인재를 배양하여 지식인을 확충하고 여건을 개선하여 사회주의 현대화건설에 있어서 지식인의 역할이 충분히 발휘될 수 있도록 한다.

第二十四條　國家通過普及理想敎育、道德敎育、文化敎育、紀律和法制敎育, 通過在城鄕不同范圍的群衆中制定和執行各种守則、公約, 加强社會主義精神文明的建設。

제24조 국가는 이상교육, 도덕교육, 문화교육, 기율과 법제교육, 도시와 향촌 각 범위의 대중이 제정한 각종 수칙, 공약의 집행을 통하여 사회주의정신문명의 건설을 강화한다.

國家提倡愛祖國、愛人民、愛勞動、愛科學、愛社會主義的公德, 在人民中進行愛國主義、集体主義和國際主義、共産主義的敎育, 進行辯証唯物主義和歷史唯物主義的敎育, 反對資本主義的、封建主義的和其他的腐朽思想。

국가는 조국과 인민, 노동과 과학과 사회주의를 사랑하는 공덕을 제창하며, 인민에게 애국주의, 집단주의와 국제주의, 공산주의적 교육을 진행하여 유물변증법과 역사유물주의적 교육을 통하여 자본주의적, 봉건주의적, 기타 부패사상을 반대하는 교육을 진행한다.

第二十五條 國家推行計划生育, 使人口的增長同經濟和社會發展計划相适應。

제25조 국가는 가족계획을 추진하여 인구증가를 경제와 사회발전계획에 조화를 이루도록 한다.

第二十六條 國家保護和改善生活环境和生態环境, 防治汚染和其他公害。

제26조 국가는 생활환경과 생태환경을 보호하고 오염과 기타 공해를 방지한다.

國家組織和鼓勵植樹造林, 保護林木。

국가는 식목과 조림사업을 조직하고 장려하여 삼림을 보호한다.

第二十七條　一切國家机關實行精簡的原則, 實行工作責任制, 實行工作人員的培訓和考核制度, 不斷提高工作質量和工作效率, 反對官僚主義。

제27조 모든 국가기관은 정예간소화 원칙을 실시하고, 업무책임제를 실시하고 업무요

원의 훈련과 평가 제도를 실시하고 끊임없이 업무를 개선하여 효율을 제고하고 관료주의
를 반대한다.

一切國家机關和國家工作人員必須依靠人民的支持，經常保持同人民的密切聯系，傾听
人民的意見和建議，接受人民的監督，努力爲人民服務。

모든 국가기관과 국가공직자들은 반드시 인민의 지지에 의하여 항상 인민과 밀접한
연계를 유지하도록 하며 인민의 의견과 건의를 경청하며 인민의 감독을 받으며 인민을
위하여 봉사하여야 한다.

第二十八條 國家維護社會秩序，鎭壓叛國和其他危害國家安全的犯罪活動，制裁危害社
會治安、破坏社會主義經濟和其他犯罪的活動，懲辦和改造犯罪分子。

제28조 국가는 사회질서를 수호하고 반국가와 기타 국가안전에 위해를 끼치는 범죄활
동을 진압821)하고 사회치안을 위해하고 사회주의 경제를 파괴하는 활동 및 기타 범죄활
동을 제제하며 기타 범죄분자를 처벌하고 개조시킨다.

第二十九條 中華人民共和國的武裝力量屬于人民。它的任務是鞏固國防，抵抗侵略，保
衛祖國，保衛人民的和平勞動，參加國家建設事業，努力爲人民服務。

제29조 중화인민공화국의 무장역량은 인민에게 속하며 그의 임무는 국방을 공고히 하
며 침략을 방지하며 조국을 보위하고 인민의 평화적 노동을 보위하며 국가건설사업에 참
가하여 인민을 위한 봉사를 하도록 노력한다.

國家加强武裝力量的革命化、現代化、正規化的建設，增强國防力量。

국가는 무장역량의 혁명화, 현대화, 정규화를 위한 건설을 강화하고 국방역량을 증강
한다.

第三十條 中華人民共和國的行政區域划分如下:

제30조 중화인민공화국의 행정구역에 관한 구분은 아래와 같다.

(一) 全國分爲省、自治區、直轄市;

(1) 전국을 성, 자치구, 직할시로 구분

(二) 省、自治區分爲自治州、縣、自治縣、市;

(2) 성, 자치구를 자치주, 현, 자치현, 시로 구분

---

821) 제3차 헌법 수정안 시 ' 국가는 사회질서를 수호하고 국가와 기타 반혁명활동
　　 을 진압'을 이와 같이 수정.

(三) 縣、自治縣分爲鄕、民族鄕、鎭。
(3) 현, 자치현을 향, 민족향, 진으로 구분

直轄市和較大的市分爲區、縣。自治州分爲縣、自治縣、市。
직할시와 비교적 큰 시는 구와 현으로 구분한다. 자치주는 현, 자치현, 시로 구분한다.

自治區、自治州、自治縣都是民族自治地方。
자치구, 자치주, 자치현은 모두 민족자치지방이다.

第三十一條　國家在必要時得設立特別行政區。在特別行政區內實行的制度按照具体情
況由全國人民代表大會以法律規定。
국가는 필요시 특별행정구를 설립할 수 있다. 특별행정구 내에서 실시하는 제도는 구
체적 상황에 따라 전국인민대표대회가 법률로 규정한다.

第三十二條　中華人民共和國保護在中國境內的外國人的合法權利和利益, 在中國境內的
外國人必須遵守中華人民共和國的法律。
중화인민공화국은 중국 국경 내에서 외국인의 합법권리와 이익을 보호하고, 중국 국영
내의 외국인은 반드시 중화인민공화국의 법률을 준수한다.

中華人民共和國對于因爲政治原因要求避難的外國人, 可以給予受庇護的權利。
중화인민공화국은 정치적 원친으로 피난을 요청하는 외국인에 대하여 비호권을 부여
할 수 있다.

第二章　公民的基本权利和义务
제2장 공민의 기본권리와 의무

第三十三條　凡具有中華人民共和國國籍的人都是中華人民共和國公民。
제33조 중화인민공화국의 국적을 가진 자는 모두 중화인민공화국 공민이다.

中華人民共和國公民在法律面前一律平等。
중화인민공화국의 공민은 법률 앞에서 모두 평등하다.

國家尊重和保障人權。

국가는 인권을 존중하고 보장한다.822)

任何公民享有憲法和法律規定的權利, 同時必須履行憲法和法律規定的義務。

모든 공민은 헌법과 법률이 규정한 권리를 가지는 동시에 반드시 헌법과 법률이 정한 의무를 이행하여야 한다.

第三十四條　中華人民共和國年滿十八周歲的公民,　不分民族、种族、性別、職業、家庭出身、宗教信仰、教育程度、財産狀況、居住期限,　都有選擧權和被選擧權; 但是依照法律被剝奪政治權利的人除外。

중화인민공화국 만 18세 이상의 공민은 민족, 종족, 성별, 직업, 가정출신, 종교신앙, 교육 정도, 재산상황, 거주기한을 구별하지 않고 선거권과 피선거권을 가진다. 단 법률에 의하여 정치권리가 박탈된 자는 제외한다.

第三十五條 中華人民共和國公民有言論、出版、集會、結社、游行、示威的自由。

제35조 중화인민공화국 공민은 언론, 출판, 집회, 결사, 여행과 시위의 자유를 가진다.

第三十六條 中華人民共和國公民有宗教信仰自由。

제36조 중화인민공화국 공민은 종교와 신앙의 자유를 가진다.

任何國家机關、社會團体和个人不得强制公民信仰宗教或者不信仰宗教,　不得歧視信仰宗敎的公民和不信仰宗教的公民。

어떠한 국가기관과 사회단체와 개인도 공민의 종교를 신앙하거나 신앙하지 않도록 강제할 수 없고 종교를 신앙하거나 신앙하지 않는 공민을 차별하여서는 안 된다.

國家保護正常的宗教活動。 任何人不得利用宗教進行破坏社會秩序、 損害公民身体健康、 妨碍國家教育制度的活動。

국가는 정상적인 종교활동을 보호한다. 어떠한 사람도 종교를 이용하여 사회질서를 파괴할 수 없으며 공민의 신체건강에 손해를 주어 국가교육제도의 활동을 방해하여서는 안 된다.

宗教團体和宗教事務不受外國勢力的支配。

종교단체와 종교사무는 외국세력의 지배를 받을 수 없다.

---

822) 제4차 헌법수정안 시 추가.

第三十七條 中華人民共和國公民的人身自由不受侵犯。

제37조 중화인민공화국 공민의 인신자유는 침범받을 수 없다.

任何公民, 非經人民檢察院批准或者決定或者人民法院決定, 幷由公安机關執行, 不受逮捕。

어떠한 공민도 인민검찰원의 비준을 거치지 않거나 인민법원의 결정 없이 공안기관의 집행을 거치지 않고는 구속당하지 않는다.

禁止非法拘禁和以其他方法非法剝奪或者限制公民的人身自由, 禁止非法搜查公民的身体。

불법구금과 기타방법으로써 공민의 인신자유를 불법으로 박탈하는 행위를 금지하고, 공민의 신체를 불법수사하는 행위를 금지한다.

第三十八條　中華人民共和國公民的人格尊嚴不受侵犯。禁止用任何方法對公民進行侮辱、誹謗和誣告陷害。

제38조 불법구금과 기타 방법에 의한 공민의 인신자유를 불법박탈하거나 제한하는 것을 금지한다. 어떠한 수단으로도 공민에 대하여 모욕, 비방, 무고, 음해할 수 없다.

第三十九條　中華人民共和國公民的住宅不受侵犯。禁止非法搜查或者非法侵入公民的住宅。

제39조 중화인민공화국 공민의 공민의 주택은 침해되지 않는다. 공민의 주택에 대한 불법수사 또는 불법침입을 금지한다.

第四十條　中華人民共和國公民的通信自由和通信秘密受法律的保護。除因國家安全或者追查刑事犯罪的需要,　由公安机關或者檢察机關依照法律規定的程序對通信進行檢查外, 任何組織或者个人不得以任何理由侵犯公民的通信自由和通信秘密。

제40조 중화인민공화국 공민의 통신자유와 통신비밀은 법률의 보호를 받는다. 국가안전 또는 형사범죄추적의 필요에 의하거나, 공안기관 또는 검찰기관에 의하여 법률이 정한 절차에 의거하는 이외에는 어떠한 조직 또는 개인이더라도 어떠한 이유에서라도 공민의 통신자유와 비밀을 침해할 수 없다.

第四十一條 中華人民共和國公民對于任何國家机關和國家工作人員, 有提出批評和建議的權利; 對于任何國家机關和國家工作人員的違法失職行爲, 有向有關國家机關提出申訴、控告或者檢擧的權利, 但是不得捏 造或者歪曲事實進行誣告陷害。

제41조 중화인민공화국 공민은 모든 국가기관과 국가공직자에게 비평과 건의를 제출할 권리를 지니며 어떠한 국가기관과 국가공직자도 법을 위반하고 직권을 남용한 행위에

대하여 관계 국가기관에 탄원, 고발하거나 검거를 요청할 수 있는 권리를 가진다. 단 사실을 왜곡하거나 날조, 무고 음해하여서는 안 된다.

對于公民的申訴、控告或者檢擧，有關國家机關必須査淸事實，負責處理。任何人不得壓制和打擊報夏。

공민의 탄원, 고발 또는 검거에 대하여 관련 국가기관은 반드시 사실을 규명하여 책임 있게 처리한다. 어떠한 자도 압제와 보복을 가할 수 없다.

由于國家机關和國家工作人員侵犯公民權利而受到損失的人，有依照法律規定取得賠償的權利。

국가기관과 국가공직자가 공민의 권리를 침해하여 손실을 입은 사람은 법률의 규정에 따라 배상받을 권리를 가진다.

第四十二條 中華人民共和國公民有勞動的權利和義務。
제42조 중화인민공화국 공민은 노동의 권리와 의무가 있다.

國家通過各种途徑，創造勞動就業條件，加强勞動保護，改善勞動條件，并在發展生産的基础上，提高勞動報酬和福利待遇。

국가는 각종 경로를 통하여 취업여건을 창출하고 노동보호를 강화하고 노동조건을 개선하며 생산의 기초를 발전시키는 기초 위에서 노동의 보수와 복리와 대우를 제고시킨다.

勞動是一切有勞動能力的公民的光榮職責。國有企業和城鄕集体經濟組織的勞動者都應当以國家主人翁的態度對待自己的勞動。國家提倡社會主義勞動競賽，獎勵勞動模范和先進工作者。國家提倡公民從事義務勞動。

노동은 일체의 노동능력이 있는 공민의 영광된 직책이다. 국유기업과 도농집체경제조직의 노동자는 마땅히 국가의 주인공 태도로 각자의 노동에 임하여야 한다. 국가는 사회주의 노동경쟁을 제창하고 모범노동자와 우수한 노동자를 장려한다. 국가는 공민이 의무노동종사를 제창한다.

國家對就業前的公民進行必要的勞動就業訓練。
국가는 취업 전의 공민에 대하여 필요한 노동취업훈련을 실시한다.

第四十三條 中華人民共和國勞動者有休息的權利。
제43조 중화인민공화국의 노동자는 휴식의 권리를 가진다.

國家發展勞動者休息和休養的設施, 規定職工的工作時間和休假制度。

국가는 노동자 휴식과 휴양의 시설을 발전시키고 노동자의 근무시간과 휴가제도를 규정한다.

第四十四條　國家依照法律規定實行企業事業組織的職工和國家机關工作人員的退休制度。退休人員的生活受到國家和社會的保障。

제44조 국가는 법률의 규정에 의거하여 기업 사업조직의 노동자와 국가공직자의 정년퇴직제도를 실시한다. 정년퇴직자의 생활은 국가와 사회의 보장을 받는다.

第四十五條 中華人民共和國公民在年老、疾病或者喪失勞動能力的情況下, 有從國家和社會獲得物質帮助的權利。國家發展爲公民享受這些權利所需要的社會保險、社會救濟和醫療衛生事業。

제45조 중화인민공화국 공민은 노년, 질병 또는 노동능력 상실의 상황에서 국가와 사회로부터의 물질적 지원을 받을 권리를 가진다. 국가는 공민이 이러한 권리를 향유하는 데 필요한 사회보험, 사회구제와 의료위생 사업을 발전시킨다.

國家和社會保障殘廢軍人的生活, 撫恤烈士家屬, 优待軍人家屬。

국가와 사회는 상이군인의 생활을 보장하고 혁명투사의 가족에게는 원호금을 지급하고 군인의 가족을 우대한다.

國家和社會帮助安排盲、聾、啞和其他有殘疾的公民的勞動、生活和敎育。

국가와 사회는 맹인, 농·아자와 기타 장애자의 노동, 생활, 교육을 지원한다.

第四十六條 中華人民共和國公民有受敎育的權利和義務。

중화인민공화국의 공민은 교육을 받을 권리와 의무가 있다.

國家培養青年、少年、儿童在品德、智力、体質等方面全面發展。

국가는 청년, 소년, 아동의 덕행, 지력, 체력 등을 배양하여 각 방면에서 전면적으로 발전시킨다.

第四十七條　中華人民共和國公民有進行科學研究、文學藝術創作和其他文化活動的自由。國家對于從事敎育、科學、技術、文學、藝術和其他文化事業的公民的有益于人民的創造性工作, 給以鼓勵和帮助。

제47조 중화인민공화국의 공민은 과학연구, 문학예술 창작과 기타 문화활동의 자유를 가진다. 국가는 교육, 과학, 기술, 문학, 예술과 기타 문화사업에 종사하는 공민의, 인민에

유익한 창조적 활동을 장려하고 지원한다.

第四十八條　中華人民共和國婦女在政治的、經濟的、文化的、社會的和家庭的生活等各方面享有同男子平等的權利。
제48조 중화인민공화국의 부녀는 정치적, 경제적, 문화적, 사회적 가정생활에 있어서 남자와 평등한 권리를 가진다.

國家保護婦女的權利和利益, 實行男女同工同酬, 培養和選拔婦女干部。
국가는 부녀의 권리와 이익을 보호하고 남녀는 동일한 노동에 동일한 보수를 받는 것을 실행하고 여성간부를 배양·선발한다.

第四十九條　婚姻、家庭、母親和儿童受國家的保護。
제49조 혼인, 가정, 모친과 아동은 국가의 보호를 받는다.

夫妻双方有實行計划生育的義務。
부부 쌍방은 모두 가족계획을 실행할 의무를 가진다.

父母有撫養教育未成年子女的義務, 成年子女有瞻養扶助父母的義務。
부모는 미성년 자녀를 양육할 의무가 있으며 성년이 된 자녀는 부모를 봉양할 의무가 있다.

禁止破坏婚姻自由, 禁止虐待老人、婦女和儿童。
혼인의 자유를 파괴하고 노인, 부녀와 아동을 학대하는 것을 금지한다.

第五十條　中華人民共和國保護華僑的正当的權利和利益,　保護歸僑和僑眷的合法的權利和利益。
제50조 중화인민공화국은 화교의 정당한 권리와 이익을 보호하며, 귀국화교 및 그 친족의 합법적 권리와 이익을 보호한다.

第五十一條　中華人民共和國公民在行使自由和權利的時候,　不得損害國家的、社會的、集体的利益和其他公民的合法的自由和權利。
제51조 중화인민공화국은 공민이 자유와 권리를 행사할 경우에 국가, 사회, 집단의 이익과 기타 공민의 합법적 자유와 권리를 해쳐서는 안 된다.

第五十二條　中華人民共和國公民有維護國家統一和全國各民族團結的義務。

제52조 중화인민공화국 공민은 국가통일과 전국 각 민족의 단결을 수호할 의무가 있다.

第五十三條　中華人民共和國公民必須遵守憲法和法律，保守國家秘密，愛護公共財產，遵守勞動紀律，遵守公共秩序，尊重社會公德。

제53조 중화인민공화국 공민은 반드시 헌법과 법률을 준수하고 국가비밀을 지키고 공공재산을 애호하고 노동규율과 공공질서를 준수하고 사회공중도덕을 존중한다.

第五十四條　中華人民共和國公民有維護祖國的安全、榮譽和利益的義務，不得有危害祖國的安全、榮譽和利益的行爲。

중화인민공화국 공민은 조국의 안전, 영예와 이익을 수호할 의무가 있으며 조국의 안전과 영예와 이익에 위해를 가하여서는 안 된다.

第五十五條　保衛祖國、抵抗侵略是中華人民共和國每一个公民的神圣職責。

조국보위와 침략에 대한 저항은 중화인민공화국의 모든 공민의 신성한 직책이다.

依照法律服兵役和參加民兵組織是中華人民共和國公民的光榮義務。

법률에 의하여 병역에 종사하고 민병조직에 참가하는 것은 중화인민공화국 공민의 영광된 의무이다.

第五十六條　中華人民共和國公民有依照法律納稅的義務。

중화인민공화국 공민은 법률에 의하여 납세의 의무를 진다.

第三章　国家机构

제3장　국가기구

第一节　全国人民代表大会

제1절　전국인민대표대회

第五十七條　中華人民共和國全國人民代表大會是最高國家權力机關。它的常設机關是全國人民代表大會常務委員會。

제57조 중화인민공화국 전국인민대표대회는 최고국가권력기관이다. 그 상설기관은 전국인민대표대회 상무위원회이다.

第五十八條 全國人民代表大會和全國人民代表大會常務委員會行使國家立法權。
제58조 전국인민대표대회와 전국인민대표대회 상무위원회는 국가의 입법권을 행사한다.

第五十九條　全國人民代表大會由省、自治區、直轄市、特別行政區和軍隊選出的代表組成。各少數民族都應当有适当名額的代表。
제59조 전국인민대표대회는 성, 자치구, 직할시, 특별행정구[823]와 군대에서 선출한 대표로 구성한다. 각 소수민족은 마땅히 일정한 인원수의 대표를 구성한다.

全國人民代表大會代表的選舉由全國人民代表大會常務委員會主持。
전국인민대표대회대표의 선거는 전국인민대표대회 상무위원회가 주관한다.

全國人民代表大會代表名額和代表産生辦法由法律規定。
전국인민대표대회대표의 인원수와 대표선출 방법은 법률로 정한다.

第六十條 全國人民代表大會每届任期五年。
전국인민대표대회대표의 임기는 5년이다.

全國人民代表大會任期届滿的兩个月以前，全國人民代表大會常務委員會必須完成下届全國人民代表大會代表的選舉。如果遇到不能進行選舉的非常情況，由全國人民代表大會常務委員會以全体組成人員的三分之二以上的多數通過, 可以推遲選舉, 延長本届全國人民代表大會的任期。在非常情況結束后一年內, 必須完成下届全國人民代表大會代表的選舉。
전국인민대표대회의 임기가 만료되기 2개월 이전에 전국인민대표대회 상무위원회는 반드시 차기 전국인민대표대회 선거를 완료하여야 한다. 만일 선거를 실시할 수 없는 비상사태가 발생하면 전국인민대표대회 상무위원회 전체 위원의 3분의 2 이상의 다수로써 당해 기의 전국인민대표대회의 임기를 연장할 수 있다. 비상사태가 종료된 후 1년 이내에 반드시 차기 전국인민대표대회 대표를 선출하여야 한다.

第六十一條　全國人民代表大會會議每年擧行一次, 由全國人民代表大會常務委員會召集。如果全國人民代表大會常務委員會認爲必要，或者有五分之一以上的全國人民代表大會代表提議, 可以臨時召集全國人民代表大會會議。
제61조 전국인민대표대회 회의는 1년에 1회 개최하며 전국인민대표대회 상무위원회가 소집한다. 만일 전국인민대표대회 상무위원회에서 필요하다고 인정할 경우, 또는 전국인민대표대회의 5분의 1 이상의 대표가 제의한 경우에는 전국인민대표대회 임시회의를 소

---

823) 제4차 헌법수정안 시 '特別行政區' 추가

집할 수 있다.

全國人民代表大會擧行會議的時候, 選擧主席團主持會議。
전국인민대표대회 회의는 주석단을 선출하여 회의를 주재하도록 한다.

第六十二條 全國人民代表大會行使下列職權:
제62조 전국인민대표대회 대회는 아래 열거한 직권을 행사한다.

(一) 修改憲法;
(1) 헌법의 개정

(二) 監督憲法的實施;
(2) 헌법실시의 감독

(三) 制定和修改刑事、 民事、 國家机构的和其他的基本法律;
(3) 형사, 민사, 국가기구 및 기타 기본법률의 제정

(四) 選擧中華人民共和國主席、 副主席;
(4) 중화인민공화국의 주석, 부주석의 선출

(五) 根据中華人民共和國主席的提名, 決定國務院總理的人選; 根据國務院總理的提名,
決定國務院副總理、 國務委員、 各部部長、 各委員會主任、 審計長、 秘書長的人選;
(5) 중화인민공화국 주석의 제청에 의한 국무원총리 인선의 결정, 국무원총리의 제청
에 근거하여 국무원부총리, 국무위원, 각부부장, 각 위원회주임, 심계장, 국무원 비서장의
인선을 결정.

(六) 選擧中央軍事委員會主席; 根据中央軍事委員會主席的提名, 決定中央軍事委員會
其他組成人員的人選;
(6) 중앙군사위원회 주석을 선출하고, 중앙군사위원회 주석의 제청에 근거한 중앙군사
위원회의 기타 구성원의 인선을 결정.

(七) 選擧最高人民法院院長;
(7) 최고인민법원 원장의 선출

(八) 選擧最高人民檢察院檢察長;
(8) 최고인민검찰원 검찰장의 선출

(九) 審査和批准國民經濟和社會發展計划和計划執行情況的報告;
(9) 국민경제, 사회발전계획과 계획집행 상황의 보고를 심사하고 승인

(十) 審査和批准國家的預算和預算執行情況的報告;
(10) 국가의 예산결산집행 상황의 심사와 비준 보고

(十一) 改變或者撤銷全國人民代表大會常務委員會不適当的決定;
(11) 전국인민대표대회 상무위원회의 부당한 결정의 변경 또는 취소

(十二) 批准省、自治區和直轄市的建置;
(12) 성, 자치구와 직할시 설치의 비준

(十三) 決定特別行政區的設立及其制度;
(13) 특별행정구의 설치 및 그 제도의 결정

(十四) 決定戰爭和和平的問題;
(14) 전쟁과 평화의 문제 결정

(十五) 應当由最高國家權力机關行使的其他職權。
(15) 최고권력기관으로서 당연히 행사하여야 할 기타의 직권

第六十三條 全國人民代表大會有權罷免下列人員:
제63조 전국인민대표대회는 다음 인원을 파면할 권리를 가진다.

(一) 中華人民共和國主席、副主席;
(1) 중화인민공화국 주석, 부주석

(二) 國務院總理、副總理、國務委員、各部部長、各委員會主任、審計長、秘書長;
(2) 국무원총리, 부총리, 국무위원, 각부부장, 각 위원회 주임, 심계장, 비서장

(三) 中央軍事委員會主席和中央軍事委員會其他組成人員;
(3) 중앙군사위원회 주석 및 중앙군사위원회의 기타 구성인원

(四) 最高人民法院院長;
(4) 최고인민법원 원장

(五) 最高人民檢察院檢察長。
(5) 최고인민검찰원 검찰장

第六十四條 憲法的修改, 由全國人民代表大會常務委員會或者五分之一以上的全國人民
代表大會代表提議, 幷由全國人民代表大會以全体代表的三分之二以上的多數通過。
제64조 헌법개정은 전국인민대표대회 상무위원회, 또는 5분의 1 이상이 제의하고 전국
인민대표대회 재적 3분의 2 이상의 다수결로써 결정한다.

法律和其他議案由全國人民代表大會以全体代表的過半數通過。
법률과 기타 의안은 전국인민대표대회 전체 대표의 과반수로 통과한다.

第六十五條 全國人民代表大會常務委員會由下列人員組成:
제65조 전국인민대표대회 상무위원회는 아래 열거한 인원으로 구성한다.

委員長, 副委員長若干人, 秘書長, 委員若干人。
위원장, 부위원장 약간 명, 비서장, 위원 약간 명.

全國人民代表大會常務委員會組成人員中, 應当有适当名額的少數民族代表。
전국인민대표대회 상무위원회 구성 인원에는 반드시 적당한 인원수의 소수민족대표가
있어야 한다.

全國人民代表大會選擧幷有權罷免全國人民代表大會常務委員會的組成人員。
전국인민대표대회는 전국인민대표대회 상무위원회 구성원을 선거하고 파면할 권리가
있다.

全國人民代表大會常務委員會的組成人員不得担任國家行政机關、 審判机關和檢察机關
的職務。
전국인민대표대회 상무위원회 구성인원은 국가행정기관, 심판기관 및 검찰기관의 직무
를 담임할 수 없다.

第六十六條　全國人民代表大會常務委員會每届任期同全國人民代表大會每届任期相同,

它行使職權到下屆全國人民代表大會選出新的常務委員會爲止。

　　전국인민대표대회 상무위원회의 임기는 전국인민대표대회의 매기 임기와 같고, 그 직권의 행사는 차기 전국인민대표대회가 새로운 상무위원회를 선출할 때 종료된다.

委員長、副委員長連續任職不得超過兩屆。
위원장, 부위원장은 2기를 초과하여 연임할 수 없다.

第六十七條　全國人民代表大會常務委員會行使下列職權:
제67조 전국인민대표대회 상무위원회는 아래 열거한 직권을 행사할 수 있다.

(一) 解釋憲法, 監督憲法的實施;
(1) 헌법의 해석, 헌법실시의 감독

(二) 制定和修改除應当由全國人民代表大會制定的法律以外的其他法律;
(2) 전국인민대표대회가 마땅히 제정하여야 할 법률 이외의 기타법률의 제정과 개정

(三) 在全國人民代表大會閉會期間, 對全國人民代表大會制定的法律進行部分補充和修改, 但是不得同該法律的基本原則相抵觸;
(3) 전국인민대표대회 폐회기간 동안 전국인민대표대회가 제정한 법률에 대하여 부분적인 보완과 개정을 하지만, 그 보완과 개정은 당해 법률의 기본원칙과 저촉할 수 없다.

(四) 解釋法律;
(4) 헌법해석

(五) 在全國人民代表大會閉會期間, 審查和批准國民經濟和社會發展計划、國家預算在執行過程中所必須作的部分調整方案;
(5) 전국인민대표대회 폐회기간, 국민경제와 사회발전계획, 국가예산의 집행과정에서 발생되는 조정방안을 심사하고 비준

(六) 監督國務院、中央軍事委員會、最高人民法院和最高人民檢察院的工作;
(6) 국무원, 중앙군사위원회, 최고인민법원과 최고인민검찰원 업무의 감찰

(七) 撤銷國務院制定的同憲法、法律相抵觸的行政法規、決定和命令;
(7) 헌법과 법률에 저촉되는 국무원 제정의 행정법규, 결정과 명령의 취소

(八)　撤銷省、自治區、直轄市國家權力机關制定的同憲法、法律和行政法規相抵觸的地方性法規和決議;

(8) 헌법, 법률과 행정법규에 저촉되는 성, 자치구, 직할시 국가권력 제정의 지방성 법규와 결의의 취소

(九)　在全國人民代表大會閉會期間, 根据國務院總理的提名, 決定部長、委員會主任、審計長、秘書長的人選;

(9) 전국인민대표대회 폐회기간, 국무원총리의 제청에 근거하여 부장, 위원회 주임, 심계장, 비서장의 인선을 결정.

(十)　在全國人民代表大會閉會期間, 根据中央軍事委員會主席的提名, 決定中央軍事委員會其他組成人員的人選;

(10) 전국인민대표대회 폐회기간 중, 중앙군사위원회 주석의 제청에 근거하여 중앙군사위원회 기타 구성원의 인선을 결정.

(十一)　根据最高人民法院院長的提請, 任免最高人民法院副院長、審判員、審判委員會委員和軍事法院院長;

(11) 최고인민법원 원장의 제청에 의거하여 최고인민법원 부원장, 심판원, 심판위원회 위원과 군사법원 원장을 임명.

(十二)　根据最高人民檢察院檢察長的提請, 任免最高人民檢察院副檢察長、檢察員、檢察委員會委員和軍事檢察院檢察長,　并且批准省、自治區、直轄市的人民檢察院檢察長的任免;

(12) 최고인민검찰원 검찰장의 제청에 근거하여 최고인민검찰원 부검찰장, 검찰원, 검찰위원회 위원과 군사검찰원 검찰장의 임면 및 성, 자치구, 직할시의 인민검찰원 검찰장의 임면.

(十三) 決定駐外全權代表的任免;

(13) 해외주재전권대표의 임면

(十四) 決定同外國締結的條約和重要協定的批准和廢除;

(14) 외국과 체결하는 조약과 중요협정의 비준과 폐지를 결정.

(十五) 規定軍人和外交人員的衔級制度和其他專門衔級制度;

(15) 군인과 외교관의 등급제도와 기타 전문직급별 호칭제도의 규정

(十六) 規定和決定授予國家的勛章和榮譽称号;
(16) 국가훈장 및 영예칭호의 수여에 관한 규정 및 결정

(十七) 決定特赦;
(17) 특사 결정.

(十八) 在全國人民代表大會閉會期間, 如果遇到國家遭受武裝侵犯或者必須履行國際間共同防止侵略的條約的情況, 決定戰爭狀態的宣布;
(18) 전국인민대표대회 폐회기간 동안 국가에서 무장침략을 받거나, 국제적인 상호 방위조약을 이행할 상황이 발생할 경우 전쟁 선포에 대한 결정

(十九) 決定全國總動員或者局部動員;
(19) 전국 총동원령, 또는 국지 동원령의 결정

(二十) 決定全國或者个別省、 自治區、 直轄市進入緊急狀態;
(20) 전국 또는 개별 성, 자치구, 직할시의 긴급 상태 진입에 대한 결정

(二十一) 全國人民代表大會授予的其他職權。
(21) 전국인민대표대회가 부여한 기타 직무상의 권한

第六十八條　全國人民代表大會常務委員會委員長主持全國人民代表大會常務委員會的工作, 召集全國人民代表大會常務委員會會議。 副委員長、 秘書長協助委員長工作。
전국인민대표대회 상무위원회 위원장이 전국인민대표대회 상무위원회의 업무를 주재하며 전국인민대표대회 상무위원회 회의를 소집한다. 부위원장, 비서장은 위원장의 업무를 협조한다.

委員長、 副委員長、 秘書長組成委員長會議, 處理全國人民代表大會常務委員會的重要日常工作。
위원장, 부위원장, 비서장은 위원장회의를 구성하며, 전국인민대표대회 상무위원회의 중요한 정상업무를 처리한다.

第六十九條 全國人民代表大會常務委員會對全國人民代表大會負責幷報告工作。
제69조 전국인민대표대회 상무위원회는 전국인민대표대회에 대하여 책임을 지고 업무 보고를 하여야 한다.

第七十條　全國人民代表大會設立民族委員會、法律委員會、財政經濟委員會、教育科學文化衛生委員會、外事委員會、華僑委員會和其他需要設立的專門委員會。在全國人民代表大會閉會期間，各專門委員會受全國人民代表大會常務委員會的領導。

제70조 전국인민대표대회는 민족위원회, 법률위원회, 재정경제위원회, 교육과학문화위생위원회, 외사위원회, 화교위원회 및 기타 필요한 전문위원회를 설치한다. 전국인민대표대회 폐회기간 동안, 각 전문위원회는 전국인민대표대회의 상무위원회 지도를 받아야 한다.

各專門委員會在全國人民代表大會和全國人民代表大會常務委員會領導下，研究、審議和擬訂有關議案。

각 전문위원회는 전국인민대표대회 및 전국인민대표대회 상무위원회의 지도하에 관련된 의안을 연구·심의하고 입안한다.

第七十一條　全國人民代表大會和全國人民代表大會常務委員會認爲必要的時候，可以組織關于特定問題的調查委員會，并且根据調查委員會的報告，作出相應的決議。

제71조 전국인민대표대회 및 전국인민대표대회 상무위원회는 필요시에 특정한 문제에 관한 조사위원회를 조직하고 조사위원회의 보고에 근거하여 상응한 결의를 작성할 수 있다.

調查委員會進行調查的時候，一切有關的國家机關、社會團体和公民都有義務向它提供必要的材料。

조사위원회가 조사를 진행할 때에, 모든 관계 국가기관, 사회단체 및 공민은 필요한 자료를 제공할 의무가 있다.

第七十二條　全國人民代表大會代表和全國人民代表大會常務委員會組成人員，有權依照法律規定的程序分別提出屬于全國人民代表大會和全國人民代表大會常務委員會職權范圍內的議案。

제72조 전국인민대표대회 대표 및 전국인민대표대회 상무위원회 위원은 법률에 규정한 절차에 의하여 전국인민대표대회 및 전국인민대표대회 상무위원회 직권 범위 내에 속하는 의안을 제출할 수 있다.

第七十三條　全國人民代表大會代表在全國人民代表大會開會期間，全國人民代表大會常務委員會組成人員在常務委員會開會期間，有權依照法律規定的程序提出對國務院或者國務院各部、各委員會的質詢案。受質詢的机關必須負責答夏。

제73조 전국인민대표대회 대표는 전국인민대표대회 개회기간, 그리고 전국인민대표대회 상무위원회 위원은 상무위원회 개최기간에 법률에 규정된 절차에 따라 국무원 또는

국무원 각부, 각 위원회에 대한 질의권을 가진다. 질의를 받은 기관은 반드시 답변하여야
한다.

第七十四條 全國人民代表大會代表, 非經全國人民代表大會會議主席團許可, 在全國人
民代表大會閉會期間非經全國人民代表大會常務委員會許可, 不受逮捕或者刑事審判。
제74조 전국인민대표대회 대표는 전국인민대표대회회의 주석단 허가를 거치지 않거나
전국인민대표대회 폐회기간에는 전국인민대표대회 상무위원회의 허가를 거치지 않고는
구속 또는 형사재판을 받지 않는다.

第七十五條 全國人民代表大會代表在全國人民代表大會各种會議上的發言和表決, 不受
法律追究。
제75조 전국인민대표대회 대표의 전국인민대표대회 각종 회의에서 발언과 표결에 대
해서는 법적 책임을 묻지 않는다.

第七十六條 全國人民代表大會代表必須模范地遵守憲法和法律, 保守國家秘密, 并且在
自己參加的生産、工作和社會活動中, 協助憲法和法律的實施。
제76조 전국인민대표대회 대표는 반드시 모범적으로 헌법과 법률을 준수하고, 국가기
밀을 보수하며 자기가 참가한 생산, 업무와 사회활동에서 헌법과 법률의 실시를 협조하여
야 한다.

全國人民代表大會代表應当同原選擧單位和人民保持密切的聯系, 听取和反映人民的意
見和要求, 努力爲人民服務。
전국인민대표대회는 마땅히 원래 선거구와 인민과 밀접한 연계를 갖고 인민의 의견과
요구를 반영, 청취하고 인민에 대한 봉사를 위하여 노력하여야 한다.

第七十七條 全國人民代表大會代表受原選擧單位的監督。原選擧單位有權依照法
律規定的程序罷免本單位選出的代表。
제77조 전국인민대표대회 대표는 원선거구의 감독을 받는다. 원선거구의 법률규정 절
차에 따라 본 선거구의 대표를 파견할 권리를 가진다.

第七十八條 全國人民代表大會和全國人民代表大會常務委員會的組織和工作程序
由法律規定。
제78조 전국인민대표대회와 전국인민대표대회 상무위원회의 조직과 활동절차는 법률
에 의하여 규정한다.

第二节 中华人民共和国主席

제2절 중화인민공화국 주석

第七十九條 中華人民共和國主席、副主席由全國人民代表大會選舉。
제79조 중화인민공화국 주석, 부주석은 전국인민대표대회에서 선출한다.

有選舉權和被選舉權的年滿四十五周歲的中華人民共和國公民可以被選爲中華人民共和國主席、副主席。
선거권 및 피선거권이 있는 만 45세 이상의 중화인민공화국 공민은 중화인민공화국 주석, 부주석으로 선출될 수 있다.

中華人民共和國主席、副主席每屆任期同全國人民代表大會每屆任期相同，連續任職不得超過兩屆。
중화인민공화국 주석, 부주석의 임기는 전국인민대표대회의 임기와 같으며 연임할 수 있으나 계속하여 2회를 초과할 수 없다.

第八十條 中華人民共和國主席根据全國人民代表大會的決定和全國人民代表大會常務委員會的決定，公布法律，任免國務院總理、副總理、國務委員、各部部長、各委員會主任、審計長、秘書長，授予國家的勛章和榮譽称号，發布特赦令，宣布進入緊急狀態，宣布戰爭狀態，發布動員令。
제80조 중화인민공화국 주석은 전국인민대표대회의 결정 및 전국인민대표대회 상무위원회의 결정에 근거하여 법률의 공포, 국무원총리, 부총리, 국무위원, 각부부장, 각 위원회 주임, 심계장, 국무원의 비서장을 임면하고, 국가의 서훈과 영전을 수여하며, 특사령을 발포하고, 긴급 상태 진입을 선포824)하고, 전쟁 상태 선포권 및 동원령을 발포한다.

第八十一條 中華人民共和國主席代表中華人民共和國，進行國事活動，接受外國使節；根据全國人民代表大會常務委員會的決定，派遣和召回駐外全權代表，批准和廢除同外國締結的條約和重要協定。
제81조 중화인민공화국의 주석은 중화인민공화국을 대표하여 국사활동을 진행하고 외국사절을 접수하고 전국인민대표대회 상무위원회의 결정에 근거하여 재외전권대표의 파견 및 소환, 외국과 체결한 조약 및 중요협정의 비준과 폐지를 행한다.

---

824) 제4차 헌법 수정안 시 '계엄결정'을 '긴급상태로 진입을 선포'로 수정.

第八十二條 中華人民共和國副主席協助主席工作。
중화인민공화국 부주석은 주석의 업무를 협조한다.

中華人民共和國副主席受主席的委托, 可以代行主席的部分職權。
중화인민공화국 부주석은 주석의 위임을 받아 주석의 일부 직권을 대행할 수 있다.

第八十三條　中華人民共和國主席、副主席行使職權到下屆全國人民代表大會選出的主席、副主席就職爲止。
제83조 중화인민공화국 주석과 부주석의 직권행사는 차기 전국인민대표대회 선출에서 선출한 주석, 부주석이 취임하기까지 직권을 행사한다.

第八十四條 中華人民共和國主席缺位的時候, 由副主席継任主席的職位。
제84조 중화인민공화국 주석이 궐위된 경우, 부주석이 주석의 직위를 승계한다.

中華人民共和國副主席缺位的時候, 由全國人民代表大會補選。
중화인민공화국의 부주석이 궐위된 때에 전국인민대표대회에 의하여 보궐 선출한다.

中華人民共和國主席、副主席都缺位的時候, 由全國人民代表大會補選; 在補選以前, 由全國人民代表大會常務委員會委員長暫時代理主席職位。
중화인민공화국 주석과 부주석이 모두 궐위된 때에, 전국인민대표대회 대회에서 보궐 선출한다. 보궐선출 이전에는 전국인민대표대회 상무위원회 위원장이 잠정적으로 주석 직위를 대리한다.

第三节 国务院
제3절 국무원

第八十五條 中華人民共和國國務院, 卽中央人民政府, 是最高國家權力机關的執行机關, 是最高國家行政机關。
제85조 중화인민공화국 국무원, 즉 중앙인민정부는 최고국가권력기관의 집행기관이며 최고국가행정기관이다.

第八十六條 國務院由下列人員組成:
제86조 국무원은 아래 열거한 인원으로 구성한다.

總理, 副總理若干人, 國務委員若干人, 各部部長, 各委員會主任, 審計長, 秘書長。
총리, 부총리 약간 명, 국무위원 약간 명, 각부부장, 각 위원회주임, 심계장, 비서장
國務院實行總理負責制。各部、各委員會實行部長、主任負責制。
국무원은 총리 책임제를 실시한다. 각부, 각 위원회는 부장, 주임책임제를 실시한다.

國務院的組織由法律規定。
국무원의 조직은 법률로 규정한다.

第八十七條 國務院每屆任期同全國人民代表大會每屆任期相同。
제87조 국무원은 매기 임기는 전국인민대표대회 임기와 같다.

總理、副總理、國務委員連續任職不得超過兩屆。
총리, 부총리, 국무위원은 2기를 초과하여 연임할 수 없다.

第八十八條 總理領導國務院的工作。副總理、國務委員協助總理工作。
제88조 총리는 국무원의 업무를 지도한다. 부총리, 국무위원은 총리의 업무를 협조한다.

總理、副總理、國務委員、秘書長組成國務院常務會議。
총리, 부총리, 국무위원, 비서장이 국무원 상무회의를 구성한다.

總理召集和主持國務院常務會議和國務院全体會議。
총리는 국무원 상무회의 및 국무원 전체회의를 소집하고 주재한다.

第八十九條 國務院行使下列職權:
제89조 국무원은 아래 직권을 행사한다.

(一) 根据憲法和法律, 規定行政措施, 制定行政法規, 發布決定和命令;
(1) 헌법과 법률에 근거하여 행정조치를 규정하고 행정법규를 제정하고 결정과 명령을
발포한다.

(二) 向全國人民代表大會或者全國人民代表大會常務委員會提出議案;
(2) 전국인민대표대회 또는 전국인민대표대회 상무위원회에 의안을 제출한다.

(三) 規定各部和各委員會的任務和職責, 統一領導各部和各委員會的工作, 并且領導不
屬于各部和各委員會的全國性的行政工作;

(3) 각부 및 각 위원회의 임무와 직책을 규정하고 각부와 위원회의 업무를 통일적으로
지도하며, 각부와 각 위원회에 속하지 않는 전국적인 행정업무를 지도한다.

(四) 統一領導全國地方各級國家行政机關的工作, 規定中央和省、自治區、直轄市的國
家行政机關的職權的具体划分;
(4) 전국지방 각급 국가행정기관의 업무를 통일적으로 지도하며 중앙과 성, 자치구, 직
할시의 국가 행정기관 직권의 구체적인 분할을 규정한다.

(五) 編制和執行國民經濟和社會發展計划和國家預算;
(5) 국민경제와 사회발전계획과 국가예산을 편제하고 집행한다.

(六) 領導和管理經濟工作和城鄉建設;
(6) 경제업무와 도시·농촌건설을 지도하고 관리한다.

(七) 領導和管理敎育、科學、文化、衛生、体育和計划生育工作;
(7) 교육, 과학, 문화, 위생, 체육과 산아제한의 업무를 지도하고 관리한다.

(八) 領導和管理民政、公安、司法行政和監察等工作;
(8) 민정, 공안, 사법행정과 감찰 등의 업무를 지도하고 관리한다.

(九) 管理對外事務, 同外國締結條約和協定;
(9) 대외사무를 관리하고, 외국과 조약 및 협정을 체결한다.

(十) 領導和管理國防建設事業;
(10) 국방건설사업을 지도하고 관리한다.

(十一) 領導和管理民族事務, 保障少數民族的平等權利和民族自治地方的自治權利;
(11) 민족사무를 지도하고 관리하며 소수민족의 평등권리와 민족자치지방의 자치권리
를 보장한다.

(十二) 保護華僑的正当的權利和利益, 保護歸僑和僑眷的合法的權利和利益;
(12) 화교의 정당한 권리와 이익을 보호하고 귀화와 해외동포의 본국 거주가족의 합법
적인 권리와 이익을 보호한다.

(十三) 改變或者撤銷各部、各委員會發布的不适当的命令、指示和規章;

(13) 각부, 각 위원회가 공포한 부적당한 명령, 지시와 규장을 바꾸거나 철회한다.

(十四) 改變或者撤銷地方各級國家行政机關的不適当的決定和命令;
(14) 지방 각급 국가행정기관의 부적당한 결정과 명령을 바꾸거나 철회한다.

(十五) 批准省、自治區、直轄市的區域划分，批准自治州、縣、自治縣、市的建置和區域划分;
(15) 성, 자치구, 직할시의 구역분할을 비준하고 자치구, 현, 자치현, 시의 건설위치와 구역분할을 비준한다.

(十六) 依照法律規定決定省、自治區、直轄市的范圍內部分地區進入緊急狀態;
(16) 성, 자치구, 직할시의 범위 내에서 부분지구의 계엄을 결정한다.

(十七) 審定行政机构的編制, 依照法律規定任免、培訓、考核和奬惩行政人員;
(17) 행정기구의 편제를 심의 결정하고 법률에 의거하여 행정인원의 任免, 배양훈련, 고찰, 장려와 징벌을 규정한다.

(十八) 全國人民代表大會和全國人民代表大會常務委員會授予的其他職權。
(18) 전국인민대표대회와 전국인민대표대회 상무위원회가 부여한 기타 직권.

第九十條　國務院各部部長、各委員會主任負責本部門的工作；召集和主持部務會議或者委員會會議、委務會議，討論決定本部門工作的重大問題。各部、各委員會根据法律和國務院的行政法規、決定、命令，在本部門的權限內，發布命令、指示和規章。

제90조 국무원 각부 부장, 각 위원회 주임은 본 부서의 업무를 책임진다. 부서회의 또는 위원회회의, 위무회의를 소집하고 주최하며 본 부서 업무의 중요 문제를 토론하여 결정한다. 각부, 각 위원회는 법률과 국무원의 행정규정, 결정, 명령에 근거하여 본 부서의 권한 내에서 명령, 지시와 규장을 공표한다.

第九十一條　國務院設立審計机關，對國務院各部門和地方各級政府的財政收支，對國家的財政金融机构和企業事業組織的財務收支，進行審計監督。審計机關在國務院總理領導下，依照法律規定獨立行使審計監督權，不受其他行政机關、社會團体和个人的干涉。

제91조 국무원은 회계검사기관을 설립하고 국무원 각 부서와 지방 각급 정부의 재정 수지에 대하여 그리고 국가적 재정금융기구와 기업 사업조직의 재무수지에 대하여 회계 검사감독을 진행한다. 회계검사기관은 국무원 총리의 지도 아래 법률규정에 의거하여 독

립적으로 회계검사감독권을 행사하고 기타 행정기관, 사회단체와 개인의 간섭을 받지 않는다.

第九十二條　國務院對全國人民代表大會負責幷報告工作；在全國人民代表大會閉會期間，對全國人民代表大會常務委員會負責幷報告工作。

제92조 국무원은 전국인민대표대회에 대하여 업무를 책임지고 또한 보고한다. 전국인민대표대회의 폐회기간에 전국인민대표대회 상무위원회에 대하여 업무를 책임지고 또한 보고한다.

第四节　中央军事委员会
제4절 중앙군사위원회

第九十三條　中華人民共和國中央軍事委員會領導全國武裝力量。中央軍事委員會由下列人員組成：主席，副主席若干人，委員若干人。中央軍事委員會實行主席負責制。中央軍事委員會每屆任期同全國人民代表大會每屆任期相同。

제93조 중화인민공화국 중앙군사위원회는 전국무장역량을 영도한다. 중앙군사위원회는 아래 열거한 인원으로 조성된다. 주석, 부주석 약간 명, 위원 약간 명. 중앙군사위원회는 주석책임제를 실행한다. 중앙군사위원회의 매회 임기는 전국인민대표대회의 매회 임기와 같다.

第九十四條　中央軍事委員會主席對全國人民代表大會和全國人民代表大會常務委員會負責。

제94조 중앙군사위원회 주석은 전국인민대표대회와 전국인민대표대회 상무위원회에 대하여 책임진다.

第五节　地方各级人民代表大会和地方各级人民政府
제5절 지방 각급 인민대표회의와 지방 각급 인민정부

第九十五條　省、直轄市、縣、市、市轄區、鄕、民族鄕、鎭設立人民代表大會和人民政府。地方各級人民代表大會和地方各級人民政府的組織由法律規定。自治區、自治州、自治縣設立自治机關。自治机關的組織和工作根據憲法第三章第五節、第六節規定的基本原則由法律規定。

제95조 성, 직할시, 현, 시, 市轄區, 향, 민족향, 진은 인민대표대회와 인민정부를 설립한다. 지방 각급 인민대표대회와 지방 각급 인민정부의 조직은 법률로써 규정한다.

자치구, 자치주, 자치현은 자치기관을 설립한다. 자치기관의 조직과 업무는 헌법 제3장 제5절·제6절에 규정된 기본원칙에 근거하여 법률로써 규정한다.

第九十六條 地方各級人民代表大會是地方國家權力机關。 縣級以上的地方各級人民代表大會設立常務委員會。

제96조 지방 각급 인민대표대회는 지방 국가권력기관이다. 현급 이상의 지방 각급 인민대표대회는 상무위원회를 설립한다.

第九十七條 省、直轄市、設區的市的人民代表大會代表由下一級的人民代表大會選舉; 縣、不設區的市、市轄區、鄕、民族鄕、鎭的人民代表大會代表由選民直接選舉。地方各級人民代表大會代表名額和代表産生辦法由法律規定。

제97조 성, 직할시, 구를 설립한 시의 인민대표대회는 한 등급 아래의 인민대표대회에서 선거한다. 현, 구를 설립하지 않은 시, 市轄區, 향, 민족향, 진의 인민대표대회는 선거 유권자가 직접 선출한다. 지방 각급 인민대표대회의 대표인수와 대표선출방법은 법률이 규정한다.

第九十八條 地方各級人民代表大會每屆任期五年。

제98조 지방각급인민대표대회 매회 임기는 5년이다.[825)]

第九十九條 地方各級人民代表大會在本行政區域內，保証憲法、法律、行政法規的遵守和執行; 依照法律規定的權限, 通過和發布決議, 審查和決定地方的經濟建設、文化建設和公共事業建設的計划。 縣級以上的地方各級人民代表大會審查和批准本行政區域內的國民經濟和社會發展計划、預算以及它們的執行情况的報告; 有權改變或者撤銷本級人民代表大會常務委員會不适当的決定。 民族鄕的人民代表大會可以依照法律規定的權限采取适合民族特点的具体措施。

제99조 지방 각급 인민대표대회는 본 행정구역 내에서 헌법, 법률, 행정법규의 준수와 집행을 보증한다. 법률규정의 권한에 근거하여 결의를 통과하고 공포하며, 지방의 경제건설, 문화건설과 공공사업건설의 계획을 심사하고 결정한다.

현급 이상의 지방 각급 인민대표대회는 본 행정구역 내의 국민경제와 사회발전계획, 예산 및 그것들의 집행상황의 보고를 심사하고 비준한다. 본 급 인민대표대회 상무위원회의 부적당한 결정을 바꾸거나 철회할 권리를 가지고 있다.

민족향의 인민대표대회는 법률규정의 권한에 근거하여 민족특징에 적합한 구체적인 시책을 채용할 수 있다.

---

825) 제3차 헌법수정안 시 '3년'에서 '5년'으로 수정.

第一百條　省、直轄市的人民代表大會和它們的常務委員會，在不同憲法、法律、行政法規相抵觸的前提下，可以制定地方性法規，報全國人民代表大會常務委員會備案。

제100조 성, 직할시의 인민대표대회와 그들의 상무위원회는 헌법, 법률, 행정법규와 서로 저촉되지 않는 전제하에 지방법규를 제정할 수 있으며, 전국인민대표대회 상무위원회에 보고하고 등록해야 한다.

第一百零一條　地方各級人民代表大會分別選舉幷且有權罷免本級人民政府的省長和副省長、市長和副市長、縣長和副縣長、區長和副區長、鄕長和副鄕長、鎭長和副鎭長。縣級以上的地方各級人民代表大會選舉幷且有權罷免本級人民法院院長和本級人民檢察院檢察長。選出或者罷免人民檢察院檢察長，須報上級人民檢察院檢察長提請該級人民代表大會常務委員會批准。

제101조 지방 각급 인민대표대회는 본 급 인민정부의 성장과 부성장, 시장과 부시장, 현장과 부현장, 구장과 부구장, 향장과 부향장, 진장과 부진장을 따로 선출하고 파면할 권리를 가지고 있다.

현급 이상의 지방 각급 인민대표대회는 본 급 인민법원장과 본 급 인민검찰원장을 선출하고 파면하는 권리를 가지고 있다. 인민검찰원 검찰장을 선출하고 파면할 권리를 가지고 있으며 반드시 상급 인민검찰원 검찰장에 보고하여 해당 급 인민대표대회 상무위원회의 비준을 제청해야 한다.

第一百零二條　省、直轄市、設區的市的人民代表大會代表受原選舉單位的監督；縣、不設區的市、市轄區、鄕、民族鄕、鎭的人民代表大會代表受選民的監督。　地方各級人民代表大會代表的選舉單位和選民有權依照法律規定的程序罷免由他們選出的代表。

제102조 성, 직할시, 구를 설립한 시의 인민대표대회 대표는 원선거단체의 감독을 받는다. 현, 구를 설립하지 않은 시, 市轄區, 향, 민족향, 진의 인민대표대회 대표는 선거유권자의 감독을 받는다.

지방 각급 인민대표대회 대표의 선거단체와 선거인은 법률이 규정한 절차에 의거하여 그들이 선출한 대표를 파면할 권리를 가지고 있다.

第一百零三條　縣級以上的地方各級人民代表大會常務委員會由主任、副主任若干人和委員若干人組成，對本級人民代表大會負責幷報告工作。　縣級以上的地方各級人民代表大會選舉幷有權罷免本級人民代表大會常務委員會的組成人員。　縣級以上的地方各級人民代表大會常務委員會的組成人員不得擔任國家行政机關、審判机關和檢察机關的職務。

제103조 현 이상의 지방 각급 인민대표대회 상무위원회는 주임, 부주임 약간 명과 위

원 약간 명으로 구성하며 본 급 인민대표대회에 대하여 작업을 책임지고 보고한다.

현급 이상의 지방 각급 인민대표대회는 본 급 인민대표대회 상무위원회의 조성인원을 선출하고 파면할 권리를 가지고 있다.

현급 이상의 지방 각급 인민대표대회 상무위원회의 구성인원은 국가행정기관, 심판기관과 검찰기관의 직무를 담임해서는 안 된다.

第一百零四條　縣級以上的地方各級人民代表大會常務委員會討論、決定本行政區域內各方面工作的重大事項; 監督本級人民政府、人民法院和人民檢察院的工作; 撤銷本級人民政府的不适当的決定和命令; 撤銷下一級人民代表大會的不适当的決議; 依照法律規定的權限決定國家机關工作人員的任免; 在本級人民代表大會閉會期間, 罷免和補選上一級人民代表大會的个別代表。

제104조 현급 이상의 지방 각급 인민대표대회 상무위원회는 본 행정구역 내 각 방면 작업의 중대 사항을 토론, 결정한다. 본 급 인민정부, 인민법원과 인민검찰원의 작업을 감독한다. 본 급 인민정부의 부적당한 결정과 명령을 철회한다. 하급 인민정부대표대회의 부적당한 결의를 철회한다. 법률규정의 권한에 의거하여 국가기관과 작업인원의 任免을 결정한다. 본 급 인민대표대회 폐회기간에 상급 인민대표대회의 개별 대표를 파면하고 보충 선출한다.

第一百零五條 地方各級人民政府是地方各級國家權力机關的執行机關, 是地方各級國家行政机關。　地方各級人民政府實行省長、市長、縣長、區長、鄕長、鎭長負責制。

제105조 지방 각급 인민정부는 지방 각급 국가권력기관의 집행기관이며 지방의 각급 국가행정기관이다.

第一百零六條 地方各級人民政府每屆任期同本級人民代表大會每屆任期相同。

제106조 지방 각급 인민정부의 매회 임기는 본 급 인민대표대회의 매회 임기와 같다.

第一百零七條 縣級以上地方各級人民政府依照法律規定的權限, 管理本行政區域內的經濟、教育、科學、文化、衛生、体育事業、城鄕建設事業和財政、民政、公安、民族事務、司法行政、監察、計划生育等行政工作, 發布決定和命令, 任免、培訓、考核和獎懲行政工作人員。　鄕、民族鄕、鎭的人民政府執行本級人民代表大會的決議和上級國家行政机關的決定和命令, 管理本行政區域內的行政工作。　省、直轄市的人民政府決定鄕、民族鄕、鎭的建置和區域划分。

제107조 현급 이상 지방 각급 인민정부는 법률규정의 권한에 의거하여 본 행정구역 내의 경제, 교육, 과학, 문화, 위생, 체육사업, 도시와 지방건설사업과 재정, 민정, 공안, 민

족사무, 사법행정, 감찰, 산아제한 등의 행정작업을 관리하며 결정과 명령을 공포하고 행
정작업인원을 任免, 교육, 고찰하고 상벌한다.

향, 민족향, 진의 인민전부는 본 급 인민대표대회의 결의와 상급 국가행정기관의 결정
과 명령을 집행하고 본 행정구역 내의 행정작업을 관리한다.

성, 직할시의 인민정부는 향, 민족향, 진의 건설 위치와 구역 분할을 결정한다.

第一百零八條　縣級以上的地方各級人民政府領導所屬各工作部門和下級人民政府的工
作, 有權改變或者撤銷所屬各工作部門和下級人民政府的不适当的決定。

제108조 현 이상의 지방 각급 인민정부는 각 소속 작업부서와 하급 인민정부의 작업
을 지도하고 소속 작업부서와 하급인민정부의 부적당한 결정을 바꾸거나 철회할 권리를
가지고 있다.

第一百零九條　縣級以上的地方各級人民政府設立審計机關。地方各級審計机關依照法
律規定獨立行使審計監督權, 對本級人民政府和上一級審計机關負責。

제109조 현 이상의 지방 각급 인민정부는 회계검사기관을 설립한다. 지방 각급 회계검
사기관은 법률 규정에 의거하여 독립적으로 회계검사감독권을 행사하고 본 급 인민정부
와 상급 회계검사기관에 대하여 책임진다.

第一百一十條　地方各級人民政府對本級人民代表大會負責并報告工作。縣級以上的地
方各級人民政府在本級人民代表大會閉會期間,　對本級人民代表大會常務委員會負責并報
告工作。　地方各級人民政府對上一級國家行政机關負責并報告工作。全國地方各級人民
政府都是國務院統一領導下的國家行政机關, 都服從國務院。

제110조 지방 각급 인민정부는 본 급 인민대표대회에 대한 업무를 책임지고 보고한다.
현급 이상의 지방 각급 인민정부는 본 급 인민대표대회 폐회기간에 본 급 인민대표대회
상무위원회에 대한 업무를 책임지고 보고한다.

지방 각급 인민정부는 상급 국가행정기관에 대한 업무를 책임지고 보고한다. 전국 지
방 각급 인민정부는 모두 국무원의 통일 지도 아래의 국가행정기관이며 모두 국무원에
복종한다.

第一百一十一條　城市和農村按居民居住地區設立的居民委員會或者村民委員會是基層
群衆性自治組織。居民委員會、村民委員會的主任、副主任和委員由居民選擧。居民委員
會、村民委員會同基層政權的相互關系由法律規定。居民委員會、村民委員會設人民調
解、治安保衛、公共衛生等委員會,　辦理本居住地區的公共事務和公益事業,　調解民間糾
紛, 協助維護社會治安, 并且向人民政府反映群衆的意見、要求和提出建議。

제111조 도시와 농촌의 주민거주지구의 설립에 따른 주민위원회 또는 촌민위원회는 기층 군중성 자치 조직이다. 주민위원회, 촌민위원회의 주임, 부주임과 위원은 주민이 선출한다. 주민위원회, 촌민위원회의 기층정권과의 상호관계는 법률이 규정한다.

주민위원회, 촌민위원회는 인민의 화해, 치안보건위생, 공공위생 등의 위원회를 설립하고 본 거주지구의 공공사무와 공익사업을 처리하며 민간분규를 중재하고 사회치안을 협조 유지하며 인민정부에 군중의 의견, 요구와 제출한 건의를 반영한다.

第六节 民族自治地方的自治机关
제6절 민족지방자치의 자치기관

第一百一十二條　民族自治地方的自治机關是自治區、自治州、自治縣的人民代表大會和人民政府。

제112조 민족지방자치의 자치기관은 자치구, 자치주, 자치현의 인민대표대회와 인민정부이다.

第一百一十三條　自治區、自治州、自治縣的人民代表大會中，除實行區域自治的民族的代表外，其他居住在本行政區域內的民族也應㤾有适㤾名額的代表。

自治區、自治州、自治縣的人民代表大會常務委員會中應㤾有實行區域自治的民族的公民担任主任或者副主任。

제113조 자치구, 자치주, 자치현의 인민대표대회 중 구역자치를 실행하는 민족의 대표를 제외하고는 본 행정구역 내에 거주하는 기타 민족 또한 반드시 적당한 대표 인원수를 가져야 한다.

자치구, 자치주, 자치현의 인민대표대회 상무위원회 중 반드시 구역자치를 실행하는 민족을 가진 공민이 주임 또는 부주임을 담임해야 한다.

第一百一十四條　自治區主席、自治州州長、自治縣縣長由實行區域自治的民族的公民担任。

제114조 자치구 주석, 자치주 주장, 자치현 현장은 구역자치를 실행하는 민족의 공민이 담임한다.

第一百一十五條　自治區、自治州、自治縣的自治机關行使憲法第三章第五節規定的地方國家机關的職權，同時依照憲法、民族區域自治法和其他法律規定的權限行使自治權，根据本地方實際情況貫徹執行國家的法律、政策。

제115조 자치구, 자치주, 자치현의 자치기관은 헌법 제3장 제5절이 규정한 지방 국가기관의 직권을 행사하고 동시에 헌법, 민족자치구역법과 기타법률이 규정한 권한에 의거하여 자치권을 행사하며 본 지방 실제상황에 근거하여 국가의 법률과 정책을 관철하고 집행한다.

第一百一十六條　民族自治地方的人民代表大會有權依照当地民族的政治、經濟和文化的特点, 制定自治條例和單行條例。自治區的自治條例和單行條例, 報全國人民代表大會常務委員會批准后生效。自治州、自治縣的自治條例和單行條例, 報省或者自治區的人民代表大會常務委員會批准后生效, 并報全國人民代表大會常務委員會備案。

제116조 민족지방자치의 민족대표대회는 현지 민족의 정치, 경제와 문화의 특징에 근거하여 자치조례와 단행조례를 제정할 권리를 가지고 있다. 자치구의 자치조례와 단행조례는 전국인민대표대회 상무위원회에 보고하여 비준을 받은 후 효력을 발생한다. 자치주, 자치현의 자치조례와 단행조례는 성 또는 자치구의 인민대표대회 상무위원회에 보고하고 비준을 받은 후 효력을 발생하며 전국인민대표대회 상무위원회에 등록한다.

第一百一十七條　民族自治地方的自治机關有管理地方財政的自治權。凡是依照國家財政体制屬于民族自治地方的財政收入, 都應当由民族自治地方的自治机關自主地安排使用。

제117조 민족지방자치의 자치기관은 지방재정을 관리하는 자치권을 가지고 있다. 국가재정체제에 의거하여 민족지방자치의 재정수입에 속하는 것은 모두 반드시 민족지방자치의 자치기관이 자주적인 사용을 배려해야 한다.

第一百一十八條　民族自治地方的自治机關在國家計划的指導下, 自主地安排和管理地方性的經濟建設事業。國家在民族自治地方開發資源、建設企業的時候, 應当照顧民族自治地方的利益。

제118조 민족지방자치의 자치기관은 국가계획의 지도 아래 자주적으로 지방성의 경제건설 사업을 배려하고 관리한다.

국가는 민족지방자치가 자원을 개발하고 기업을 건설할 때, 반드시 민족지방자치의 이익을 도와야 한다.

第一百一十九條　民族自治地方的自治机關自主地管理本地方的教育、科學、文化、衛生、体育事業, 保護和整理民族的文化遺産, 發展和繁榮民族文化。

제119조 민족지방자치의 자치기관은 자주적으로 본 지방의 교육, 과학, 문화, 위생, 체육 사업을 관리하고, 민족의 문화유산을 보호하고 정리하며 민족문화를 발전시키고 번영시킨다.

第一百二十條　民族自治地方的自治机關依照國家的軍事制度和当地的實際需要，經國務院批准，可以組織本地方維護社會治安的公安部隊。

제120조 민족지방자치의 자치기관은 국가의 군사제도와 현지의 실제 수요에 의거하여 국무원의 비준을 통해 본 지방의 사회치안을 유지하기 위한 공안부대를 조직할 수 있다.

第一百二十一條　民族自治地方的自治机關在執行職務的時候，依照本民族自治地方自治條例的規定，使用当地通用的一种或者几种語言文字。

제121조 민족지방자치의 자치기관이 직무를 집행할 때, 본 민족지방자치의 자치조례의 규정에 의거하여 현지 통용의 일종 또는 여러 종류의 언어문자를 사용한다.

第一百二十二條　國家從財政、物資、技術等方面帮助各少數民族加速發展經濟建設和文化建設事業。

國家帮助民族自治地方從当地民族中大量培養各級干部、各种專業人才和技術工人。

제122조 국가는 재정, 물자, 기술 등 방면에서 각 소수민족을 도와 경제건설과 문화건설 사업을 가속적으로 발전시킨다.

국가는 민족지방자치를 도와 현지 민족 중에서 각급 간부, 각종 전문인재와 기술노동자를 대량 교육한다.

第七节　人民法院和人民检察院
제7절 인민법원과 인민검찰원

第一百二十三條　中華人民共和國人民法院是國家的審判机關。
제123조 중화인민공화국 인민법원은 국가의 심판기관이다.

第一百二十四條　中華人民共和國設立最高人民法院、地方各級人民法院和軍事法院等專門人民法院。最高人民法院院長每届任期同全國人民代表大會每届任期相同，連續任職不得超過兩届。人民法院的組織由法律規定。

제124조 중화인민공화국은 최고인민법원, 지방 각급 인민법원과 군사법원 등 전문 인민법원을 설립한다. 최고인민법원 원장의 매회 임기는 전국인민대표대회의 매회 임기와 같으며 연속임기는 2회를 넘을 수 없다. 인민법원의 조직은 법률이 규정한다.

第一百二十五條　人民法院審理案件，除法律規定的特別情況外，一律公開進行。被告人有權獲得辯護。

제125조 인민법원은 안건을 심리하고 법률이 규정한 특별상황을 제외하고는 일률적으

로 진행을 공개한다. 피고인은 변호받을 권리를 가지고 있다.

第一百二十六條 人民法院依照法律規定獨立行使審判權, 不受行政机關、社會團体和个人的干涉。

제126조 인민법원은 법률규정에 의거하여 독립적으로 심판권을 행사하며 행정기관, 사회단체와 개인의 간섭을 받지 않는다.

第一百二十七條 最高人民法院是最高審判机關。

最高人民法院監督地方各級人民法院和專門人民法院的審判工作, 上級人民法院監督下級人民法院的審判工作。

제127조 최고인민법원은 최고심판기관이다.
최고인민법원은 지방 각급 인민법원과 전문인민법원의 심판작업을 감독하고 상급인민법원은 하급인민법원의 심판업무를 감독한다.

第一百二十八條 最高人民法院對全國人民代表大會和全國人民代表大會常務委員會負責。地方各級人民法院對産生它的國家權力机關負責。

제128조 최고인민법원은 전국인민대표대회와 전국인민대표대회 상무위원회에 대하여 책임진다. 지방 각급 인민법원은 그것을 발생시킨 국가권력기관에 대하여 책임진다.

第一百二十九條 中華人民共和國人民檢察院是國家的法律監督机關。
제129조 중화인민공화국 인민검찰원은 국가의 법률 감독기관이다.

第一百三十條 中華人民共和國設立最高人民檢察院、地方各級人民檢察院和軍事檢察院等專門人民檢察院。 最高人民檢察院檢察長每届任期同全國人民代表大會每届任期相同, 連續任職不得超過兩届。人民檢察院的組織由法律規定。

제130조 중화인민공화국은 최고인민검찰원, 지방 각급 인민검찰원과 군사검찰원 등 전문인민검찰원을 설립한다. 최고인민검찰원 검찰장의 매회 임기는 전국인민대표대회의 매회 임기와 같으며 연임은 2회를 초과할 수 없다. 인민검찰원의 조직은 법률이 규정한다.

第一百三十一條 人民檢察院依照法律規定獨立行使檢察權, 不受行政机關、社會團体和个人的干涉。

제131조 인민검찰원은 법률규정에 의거하여 독립적으로 검찰권을 행사하며 행정기관, 사회단체와 개인의 간섭을 받지 않는다.

第一百三十二條　最高人民檢察院是最高檢察机關。最高人民檢察院領導地方各級
人民檢察院和專門人民檢察院的工作, 上級人民檢察院領導下級人民檢察院的工作。
　　제132조 최고인민검찰원은 최고검찰기관이다. 최고인민검찰원은 지방 각급 인민검찰
원과 전문인민검찰원의 업무를 지도하며 상급인민검찰원은 하급인민검찰원의 업무를 지
도한다.

第一百三十三條　最高人民檢察院對全國人民代表大會和全國人民代表大會常務委
員會負責。地方各級人民檢察院對産生它的國家權力机關和上級人民檢察院負責。
　　제133조 최고인민검찰원은 전국인민대표대회와 전국인민대표대회 상무위원회에 대하
여 책임진다. 지방 각급 인민검찰원은 그것이 발생한 국가권력기관과 상급인민검찰원에
대하여 책임진다.

第一百三十四條　各民族公民都有用本民族語言文字進行訴訟的權利。人民法院和
人民檢察院對于不通曉当地通用的語言文字的訴訟參与人, 　應当爲他們翻譯。在少數民族
聚居或者多民族共同居住的地區, 應当用当地通用的語言進行審理; 起訴書、判決書、布告
和其他文書應当根据實際需要使用当地通用的一种或者几种文字。
　　제134조 각 민족의 공민은 모두 본 민족 언어문자를 사용하여 소송을 진행할 권리를
가지고 있다. 인민법원과 인민검찰원은 현지 통용의 언어문자를 완전히 숙지하지 못한 참
여인에 대하여 반드시 그들을 위해 번역을 해 주어야 한다. 소수민족거주 또는 다민족 공
동거주의 지구에서는 반드시 현지 통용의 언어를 사용하여 심리를 진행해야 한다. 기소
문, 판결문, 포고와 기타 문서는 반드시 실제 필요에 근거하여 현지에서 통용하는 일종
또는 몇 종의 문자를 사용해야 한다.

第一百三十五條　人民法院、人民檢察院和公安机關辦理刑事案件, 應当分工負責,
互相配合, 互相制約, 以保証准确有效地執行法律。
　　제135조 인민법원, 인민검찰원과 공안기관은 형사안건을 처리하고 책임을 분별해야 하
며 서로 협조하고 서로 견제하며 정확성을 보장함으로써 법률을 효과적으로 집행하여야
한다.

第四章 国旗、国歌、国徽、首都
제4장 국기, 국가, 국장, 수도

第一百三十六條　中華人民共和國國旗是五星紅旗。中華人民共和國國歌是≪義勇軍進行曲≫。

제136조 중화인민공화국 국기는 五星紅旗이다. 중화인민공화국 국가는 의용군행진곡이다.826)

第一百三十七條 中華人民共和國國徽, 中間是五星照耀下的天安門, 周圍是谷穗和齒輪。

제137조 중화인민공화국 국장은 중간에 오성이 휘황찬란하게 빛을 비추며, 그 아래 천안문이 있고, 주위는 벼이삭과 톱니바퀴이다.

第一百三十八條 中華人民共和國首都是北京。

제138조 중화인민공화국의 수도는 북경이다.

---

826) 제4차 헌법수정안 시 추가.

Ⅱ. 중국 대외무역법 원문 및 한글 대조본

中華人民共和國對外貿易法(修訂)

중화인민공화국 대외무역법(수정)

(1994年5月12日第八屆全國人民代表大會常務委員會第七次會議通過 2004年4月6日第十屆全國人民代表大會常務委員會第八次會議修訂 2004年4月6日中華人民共和國主席令第十五号公布 自2004年7月1日起施行)

(1994년 5월 12일 제8기 전국인민대표대회 상무위원회 제7차 회의 채택, 2004년 4월 6일 제10기 전국인민대표대회 상무위원회 제8차 회의 수정)

목록

제1장 총칙
제2장 대외무역경영자
제3장 상품수출입 및 기술수출입
제4장 국제서비스무역
제5장 대외무역 관련 지적재산권 보호
제6장 대외무역질서
제7장 대외무역조사
제8장 대외무역구제
제9장 대외무역촉진
제10장 법률책임
제11장 부칙

第一章 总则

제1장 총칙

第一條 爲了擴大對外開放，發展對外貿易，維護對外貿易秩序，保護對外貿易經營者的合法權益，促進社會主義市場經濟的健康發展，制定本法。

제1조 대외개방의 확대, 대외무역의 발전과 대외무역질서의 수호, 대외무역경영자의 합법적인 권익 보호 및 사회주의시장경제의 건전한 발전을 위해 본 법을 제정한다.

第二條 本法适用于對外貿易以及与對外貿易有關的知識産權保護。
本法所称對外貿易，是指貨物進出口、技術進出口和國際服務貿易。

제2조 본 법은 대외무역 및 대외무역과 관련한 지적재산권 보호에 적용된다.
본 법에서 대외무역이라 함은 상품수출입, 기술수출입과 국제서비스무역을 말한다.

第三條 國務院對外貿易主管部門依照本法主管全國對外貿易工作。

제3조 국무원의 대외무역 주관부처는 본 법에 의거하여 전국의 대외무역사업을 관장한다.

第四條 國家實行統一的對外貿易制度，鼓勵發展對外貿易，維護公平、自由的對外貿易秩序。

제4조 국가는 통일적인 대외무역제도를 실행하고 대외무역의 발전을 권장하며 공평하고 자유로운 무역질서를 수호한다.

第五條 中華人民共和國根据平等互利的原則，促進和發展同其他國家和地區的貿易關系，締結或者參加關稅同盟協定、自由貿易區協定等區域經濟貿易協定，參加區域經濟組織。

제5조 중화인민공화국은 호혜평등의 원칙에 의거하여 기타 국가 및 지역과의 무역관계를 촉진·발전시키며 관세동맹협정, 자유무역협정 등 지역경제무역협정을 체결하거나 가입하여 지역경제조직에 참여한다.

第六條 中華人民共和國在對外貿易方面根据所締結或者參加的國際條約、協定，給予其他締約方、參加方最惠國待遇、國民待遇等待遇，或者根据互惠、對等原則給予對方最惠國待遇、國民待遇等待遇。

제6조 중화인민공화국은 대외무역에 관련해 체결하거나 가입한 국제조약, 협정에 근거

하여 타 체결국이나 참가국에 최혜국대우, 내국민대우 등 대우를 부여하거나 호혜, 대등
원칙에 의해 상대방에게 최혜국대우, 내국민대우 등 대우를 부여한다.

第七條　任何國家或者地區在貿易方面對中華人民共和國采取歧視性的禁止、限制或者其
他類似措施的, 中華人民共和國可以根據實際情況對該國家或者該地區采取相應的措施。

제7조　어떤 국가나 지역이 중화인민공화국에 대해 무역관련 차별적인 금지·제한 및
기타 유사조치를 취할 경우 중화인민공화국은 실제상황에 근거하여 해당 국가나 지역에
상응조치를 취할 수 있다.

二章　对外贸易经营者

제2장　대외무역경영자

第八條　本法所称對外貿易經營者, 是指依法辦理工商登記或者其他執業手續, 依
照本法和其他有關法律、行政法規的規定從事對外貿易經營活動的法人、其他組織或者个
人。

제8조　본 법에서 대외무역 사업자라 함은 법에 따라 공상등록 또는 영업수속을 하였고
본 법과 기타 관련 법률, 행정법규의 규정에 따라 대외무역 사업활동에 종사하는 법인,
기타 조직 또는 개인을 말한다.

第九條　從事貨物進出口或者技術進出口的對外貿易經營者, 應当向國務院對外貿
易主管部門或者其委托的机构辦理備案登記; 但是, 法律、行政法規和國務院對外貿
易主管部門規定不需要備案登記的除外。備案登記的具体辦法由國務院對外貿易主
管部門規定。對外貿易經營者未按照規定辦理備案登記的,　海關不予辦理進出口貨
物的報關驗放手續。

제9조　상품수출입 또는 기술수출입에 종사하는 대외무역 사업자는 국무원 대외무역
주관부처 또는 주관부처가 위탁한 기구에 등록을 해야 한다. 그러나 법률, 행정법규 및
국무원 대외무역 주관부처가 규정한 등록할 필요가 없는 경우는 제외한다. 등록의 구체적
인 방법은 국무원 대외무역 주관부처가 규정한다. 대외무역 사업자가 규정대로 등록을 하
지 않을 경우 세관은 수출입상품의 통관신고 및 통과수속을 해 주지 않는다.

第十條　從事國際服務貿易, 應当遵守本法和其他有關法律、行政法規的規定。
從事對外工程承包或者對外勞務合作的單位,　應当具備相應的資質或者資格。具体辦法
由國務院規定。

제10조 국제서비스무역의 종사는 본 법과 기타 관련법률, 행정법규의 규정을 준수해야 한다. 대외공사하청과 대외노무협력에 종사하는 기관은 상응한 자질(資質) 또는 자격을 가져야 한다. 구체방법은 국무원이 규정한다.

第十一條　國家可以對部分貨物的進出口實行國營貿易管理。實行國營貿易管理貨物的進出口業務只能由經授權的企業經營; 但是, 國家允許部分數量的國營貿易管理貨物的進出口業務由非授權企業經營的除外。實行國營貿易管理的貨物和經授權經營企業的目彔, 由國務院對外貿易主管部門會同國務院其他有關部門確定、調整幷公布。

違反本條第一款規定, 擅自進出口實行國營貿易管理的貨物的, 海關不予放行。

제11조 국가는 일부 상품의 수출입에 대해 국영무역관리를 실시할 수 있다. 국영무역관리를 실시하는 상품의 수출입업무는 권한을 부여받은 기업만이 경영할 수 있지만 국가가 허용한 일부 수량의 국영무역관리 상품의 수출입 업무는 권한을 부여받지 않은 기업이 경영할 수 있는 것은 제외한다. 국영무역관리를 실시하는 상품과 권한을 부여받은 경영기업의 리스트는 국무원 대외무역 주관부처가 국무원 기타 관련 부서와 확정, 조정 및 공표한다.

본 조항 제1조의 규정을 위반하고 사사로이 국영무역관리를 실시하는 상품을 수·출입했을 경우 세관은 통과시키지 않는다.

第十二條　對外貿易經營者可以接受他人的委托, 在經營范圍內代爲辦理對外貿易業務。

제12조 대외무역 사업자는 타인의 위탁을 받고 경영범위 내에서 대외무역 업무를 대리할 수 있다.

第十三條　對外貿易經營者應當按照國務院對外貿易主管部門或者國務院其他有關部門依法作出的規定, 向有關部門提交与其對外貿易經營活動有關的文件及資料。有關部門應當爲提供者保守商業秘密。

제13조 대외무역 사업자는 국무원 대외무역 주관부처 또는 국무원 기타 관련 부처가 법에 의해 제정한 규정에 따라 관련 부처에 자신의 대외무역 사업활동 관련문서 및 자료를 제출하여야 한다. 관련 부처는 제공자의 상업비밀을 지켜야 한다.

第三章 货物进出口与技术进出口

제3장 상품수출입 및 기술수출입

第十四條 國家准許貨物與技術的自由進出口。但是, 法律、行政法規另有規定的除外。

제14조 국가는 상품 및 기술의 자유로운 수출입을 허가한다. 단, 법률, 행정법규가 별도로 규정한 경우는 예외로 한다.

第十五條 國務院對外貿易主管部門基于監測進出口情況的需要, 可以對部分自由進出口的貨物實行進出口自動許可并公布其目录。

實行自動許可的進出口貨物, 收貨人、發貨人在辦理海關報關手續前提出自動許可申請的, 國務院對外貿易主管部門或者其委托的机构應当予以許可; 未辦理自動許可手續的, 海關不予放行。

進出口屬于自由進出口的技術, 應当向國務院對外貿易主管部門或者其委托的机构辦理合同備案登記。

제15조 국무원 대외무역 주관부처는 수출입모니터링의 수요에 기초하여 수출입이 자유로운 일부 상품에 대해서 수출입자동허가를 실시하고 리스트를 공표한다.

자동허가를 실시하는 수출입상품 관련 바이어, 납품자는 세관의 통관수속을 할 때 사전에 자동허가신청을 하였을 경우, 국무원 대외무역 주관부처 또는 위탁한 기구는 허가를 해야 한다. 자동허가수속을 하지 않은 경우 세관은 통과시키지 않는다.

자유로운 수출입에 속하는 기술은 국무원 대외무역 주관부처 또는 위탁한 기구에 계약등록을 해야 한다.

第十六條 國家基于下列原因, 可以限制或者禁止有關貨物、技術的進口或者出口:

(一) 爲維護國家安全、社會公共利益或者公共道德, 需要限制或者禁止進口或者出口的;

(二) 爲保護人的健康或者安全, 保護動物、植物的生命或者健康, 保護环境, 需要限制或者禁止進口或者出口的;

(三) 爲實施与黃金或者白銀進出口有關的措施, 需要限制或者禁止進口或者出口的;

(四) 國內供應短缺或者爲有效保護可能用竭的自然資源, 需要限制或者禁止出口的;

(五) 輸往國家或者地區的市場容量有限, 需要限制出口的;

(六) 出口經營秩序出現嚴重混亂, 需要限制出口的;

(七) 爲建立或者加快建立國內特定産業, 需要限制進口的;

(八) 對任何形式的農業、牧業、漁業産品有必要限制進口的;

(九) 爲保障國家國際金融地位和國際收支平衡, 需要限制進口的;

(十) 依照法律、行政法規的規定, 其他需要限制或者禁止進口或者出口的;

(十一) 根据我國締結或者參加的國際條約、協定的規定, 其他需要限制或者禁止進口或者出口的。

제16조 국가는 아래 원인에 근거해 관련 상품, 기술의 수입 또는 수출을 제한 또는 금지할 수 있다.

1. 국가 안전, 사회의 공공이익 또는 공중도덕을 수호하기 위하여 수출이나 수입의 제한이 필요한 경우

2. 인류 건강이나 안전 보호, 동물·식물의 생명이나 건강 보호, 환경보호를 위하여 수입이나 수출을 제한 또는 금지해야 할 경우

3. 황금 또는 백은 수출입과 관련한 조치를 실시하기 위하여 수입 또는 수출 제한이 필요한 경우

4. 국내공급이 부족하거나 국내자원의 고갈을 유효하게 방지하기 위해 수출제한이 필요한 경우

5. 수출대상 국가나 지역의 시장물량 한계로 수출제한이 필요한 경우

6. 수출경영질서가 심각하게 혼란하여 수출제한이 필요한 경우

7. 국내 특정산업의 육성 또는 육성의 가속화를 위해 수입제한이 필요한 경우

8. 어떠한 형태의 농업, 목축업, 어업 제품이든 수입제한이 필요한 경우

9. 국가의 국제금융에서 위상과 국제수지 안정을 보장하기 위해 수입제한이 필요한 경우

10. 법률, 행정법규의 규정에 의해 수출이나 수입을 제한하거나 금지를 해야 할 기타 경우

11. 중화인민공화국이 체결하거나 가입한 국제조약, 협정에 의해 수출이나 수입 제한이 필요한 기타 경우

第十七條 國家對与裂變、聚變物質或者衍生此類物質的物質有關的貨物、技術進出口, 以及与武器、彈藥或者其他軍用物資有關的進出口, 可以采取任何必要的措施, 維護國家安全。在戰時或者爲維護國際和平与安全, 國家在貨物、技術進出口方面可以采取任何必要的措施。

제17조 국가는 핵분열, 핵반응물질 또는 이런 물질을 파생하는 물질과 관련된 상품, 기술의 수출입 및 무기, 탄약 또는 기타 군용물자와 관련된 수출입에 대해 모든 필요한 조치를 취하여 국가안전을 수호할 수 있다.

전쟁시기 또는 국제평화와 안전을 수호하기 위하여 국가는 상품, 기술 수출입 분야에서 모든 필요한 조치를 취할 수 있다.

第十八條 國務院對外貿易主管部門會同國務院其他有關部門, 依照本法第十六條和第十七條的規定, 制定、調整幷公布限制或者禁止進出口的貨物、技術目彔。

國務院對外貿易主管部門或者由其會同國務院其他有關部門, 經國務院批准, 可以在本法第十六條和第十七條規定的范圍內, 臨時決定限制或者禁止前款規定目彔以外的特定貨物、技術的進口或者出口。

제18조 국무원 대외무역 주관부처는 국무원 관련 부처와 협동하여 본 법 제16조와 제17조가 규정한 범위 내에서 앞 조항이 규정한 리스트 이외의 특정 상품, 기술의 수입이나 수출을 임시로 제한 또는 금지할 수 한다.

第十九條 國家對限制進口或者出口的貨物, 實行配額、許可証等方式管理; 對限制進口或者出口的技術, 實行許可証管理。

實行配額、許可証管理的貨物、技術, 應当按照國務院規定經國務院對外貿易主管部門或者經其會同國務院其他有關部門許可, 方可進口或者出口。

國家對部分進口貨物可以實行關稅配額管理。

제19조 국가는 수입이나 수출을 제한하는 상품에 대해 쿼터, 허가증 등 방식을 실시하여 관리한다. 수입이나 수출을 제한하는 기술에 대해 허가증관리를 실시한다.

쿼터, 허가증 관리를 실시하는 상품, 기술은 국무원 규정에 따라 국무원 대외무역 주관부처 또는 동 부처와 국무원 관련부처의 허가를 받은 뒤에야 수입이나 수출이 가능하다.

국가는 일부 상품에 대해 관세쿼터관리를 실시할 수 있다.

第二十條 進出口貨物配額、關稅配額, 由國務院對外貿易主管部門或者國務院其他有關部門在各自的職責范圍內, 按照公開、公平、公正和效益的原則進行分配。具体辦法由國務院規定。

제20조 수출입상품의 쿼터, 관세쿼터는 국무원 대외무역 주관부처 또는 국무원 관련부처가 각자의 직책범위 내에서 공정·공개·공평 및 효율의 경쟁의 원칙에 따라 분배한다. 구체적인 방법은 국무원이 규정한다.

第二十一條 國家實行統一的商品合格評定制度, 根据有關法律、行政法規的規定, 對進出口商品進行認証、檢驗、檢疫。

제21조 국가는 통일적인 상품합격평가제도를 실시하며, 법률과 행정법규의 규정에 따라 수출입상품에 대해 인증, 검사, 검역을 실시한다.

第二十二條 國家對進出口貨物進行原産地管理。具体辦法由國務院規定。

제22조 국가는 수출입상품에 대해 원산지관리를 한다. 구체방법은 국무원이 따로 제정한다.

第二十三條 對文物和野生動物、植物及其産品等，其他法律、行政法規有禁止或者限制進出口規定的，依照有關法律、行政法規的規定執行。

제23조 문화재, 야생동물, 식물 및 그 상품 등은 기타법률이나 행정법규에 수출입의 제한이나 금지 규정이 있는 경우 관련 법률이나 행정법규의 규정에 따라 처리한다.

第四章 国际服务贸易

제4장 국제서비스무역

第二十四條　中華人民共和國在國際服務貿易方面根据所締結或者參加的國際條約、協定中所作的承諾，給予其他締約方、參加方市場准入和國民待遇。

제24조 중화인민공화국이 국제서비스 분야에서 체결 또는 가입한 국제조약, 협정에서 한 약속에 의해 조약체결 상대방이나 참가국에 시장진입을 허락하거나 내국민대우를 부여한다.

第二十五條　國務院對外貿易主管部門和國務院其他有關部門，依照本法和其他有關法律、行政法規的規定，對國際服務貿易進行管理。

제25조 국무원 대외무역 주관 부처와 국무원 관련 부처는 본 법과 기타 관련법률, 행정법규의 규정에 따라 국제서비스무역을 관리한다.

第二十六條 國家基于下列原因，可以限制或者禁止有關的國際服務貿易:

(一) 爲維護國家安全、社會公共利益或者公共道德，需要限制或者禁止的;

(二) 爲保護人的健康或者安全，保護動物、植物的生命或者健康，保護环境，需要限制或者禁止的;

(三) 爲建立或者加快建立國內特定服務産業，需要限制的;

(四) 爲保障國家外匯收支平衡，需要限制的;

(五) 依照法律、行政法規的規定，其他需要限制或者禁止的;

(六) 根据我國締結或者參加的國際條約、協定的規定，其他需要限制或者禁止的。

제26조 국가는 아래 원인에 근거해 관련 국제서비스무역을 제한 또는 금지할 수 있다.

1. 국가안전, 사회공공이익, 공중도덕의 수호를 위하여 제한 또는 금지해야 할 경우

2. 인류 건강 또는 안전을 도모하고 동식물의 생명 또는 건강을 보호하며 환경보호를 위하여 제한 또는 금지해야 할 경우

3. 국내 특정 서비스산업의 육성 또는 육성의 가속화를 위하여 제한 또는 금지해야 할 경우

4. 국가의 외환수지 균형 유지를 위하여 제한 또는 금지해야 할 경우

5. 법률, 행정법규의 규정에 의해 제한 또는 금지해야 할 기타 경우

6. 아국이 체결하거나 참가한 국제조약, 협정의 규정에 근거해 제한 또는 금지해야 할 기타 경우

第二十七條 國家對与軍事有關的國際服務貿易, 以及与裂變、聚變物質或者衍生此類物質的物質有關的國際服務貿易, 可以采取任何必要的措施, 維護國家安全。

在戰時或者爲維護國際和平与安全, 國家在國際服務貿易方面可以采取任何必要的措施。

제27조 국가는 군사와 관련된 국제서비스무역 및 핵분열, 핵반응 물질 또는 이런 물질을 파생하는 물질과 관련된 국제서비스무역에 대하여 모든 필요조치를 취하여 국가의 안전을 수호할 수 있다.

전쟁시기 또는 국제평화와 안전을 수호하기 위하여, 국가는 국제서비스무역 분야에서 모든 필요한 조치를 취할 수 있다.

第二十八條 國務院對外貿易主管部門會同國務院其他有關部門, 依照本法第二十六條、第二十七條和其他有關法律、行政法規的規定, 制定、調整幷公布國際服務貿易市場准入目录。

제28조 국무원 대외무역 주관부처는 국무원 기타 관련 부처와 함께 본 법 제26조, 제27조 및 기타 관련 법률, 행정법규의 규정에 따라 국제서비스무역 시장진출 허가리스트를 제정, 조정 및 공표한다.

第五章 与对外贸易有关的知识产权保护

제5장 대외무역관련지적재산권 보호

第二十九條 國家依照有關知識産權的法律、行政法規, 保護与對外貿易有關的知識産權。

進口貨物侵犯知識産權, 幷危害對外貿易秩序的, 國務院對外貿易主管部門可以采取在一定期限內禁止侵權人生産、銷售的有關貨物進口等措施。

제29조 국가는 지적재산권과 관련한 법률, 행정법규에 의해 대외무역과 관련된 지적재산권을 보호한다.

수입한 상품이 지적재산권을 침해 및 대외무역질서에 해를 끼칠 경우 국무원 대외무역 주관부처는 일정기간 동안 침해자가 생산, 판매한 관련 상품의 수입을 금지하는 등 조치를 취할 수 있다.

第三十條　知識産權權利人有阻止被許可人對許可合同中的知識産權的有效性提出質疑、進行强制性一攬子許可、在許可合同中規定排他性返授條件等行爲之一，　并危害對外貿易公平競爭秩序的，國務院對外貿易主管部門可以采取必要的措施消除危害。

제30조 지적재산권 권리자가 피허가자가 허가계약에 있는 지적재산권에 대한 유효성에 대해 의문을 제기하는 것을 제지하고 강제적으로 일괄적인 허가를 하는 것, 허가계약서에 배타적인 반환조건을 규정하는 등 한 가지 행위가 있으면서 대외무역의 공정한 경쟁질서에 해를 끼칠 경우 국무원 대외무역 주관부처는 필요한 조치를 취하여 피해를 해소할 수 있다.

第三十一條　　其他國家或者地區在知識産權保護方面未給予中華人民共和國的法人、其他組織或者个人國民待遇，　或者不能對來源于中華人民共和國的貨物、技術或者服務提供充分有效的知識産權保護的，　國務院對外貿易主管部門可以依照本法和其他有關法律、行政法規的規定，并根据中華人民共和國締結或者參加的國際條約、協定，對与該國家或者該地區的貿易采取必要的措施。

제31조 기타 국가 또는 지역이 지적재산권 보호 분야에서 중화인민공화국의 법인, 기타 조직 또는 개인에게 내국민대우를 부여하지 않거나 중화인민공화국에서 온 상품, 기술 또는 서비스 및 그 제공자에게 충분하고 유효한 지적재산권 보호를 제공하지 못할 경우 국무원 대외무역 주관부처는 본 법 및 관련 법률, 법규의 규정에 따라 그리고 중화인민공화국이 체결하거나 참가한 국제조약, 협정에 근거하여 그 국가나 지역의 무역에 필요한 조치를 취할 수 있다.

第六章　対外貿易秩序
제6장 대외무역질서

第三十二條　在對外貿易經營活動中，不得違反有關反壟斷的法律、行政法規的規定實施壟斷行爲。

在對外貿易經營活動中實施壟斷行爲，　危害市場公平競爭的，　依照有關反壟斷的法律、行政法規的規定處理。有前款違法行爲，并危害對外貿易秩序的，國務院對外貿易主管部門可以采取必要的措施消除危害。

제32조 대외무역활동 과정에 반독점 관련 법률, 행정법규의 규정을 위반한 행위가 있어서는 안 된다.

대외무역활동에서 독점행위로 시장의 공평한 경쟁에 피해를 줄 경우 반독점법 관련 법률, 행정법규의 규정에 따라 처리한다. 앞 조항의 위법행위가 있고 대외무역질서에 피해를 줄 경우 국무원 대외무역 주관부처는 필요한 조치를 취하여 그 피해를 해소할 수 있다.

第三十三條　在對外貿易經營活動中，不得實施以不正當的低价銷售商品、串通投標、發布虛假广告、進行商業賄賂等不正當競爭行爲。

在對外貿易經營活動中實施不正當競爭行爲的，依照有關反不正當競爭的法律、行政法規的規定處理。

有前款違法行爲，并危害對外貿易秩序的，國務院對外貿易主管部門可以采取禁止該經營者有關貨物、技術進出口等措施消除危害。

제33조 대외무역활동 과정에 부정당한 저가로 상품을 판매하거나, 내통하여 응찰, 허위광고 발표, 상업적인 수뢰 등 부정당한 경쟁행위가 있어서는 안 된다.

대외무역활동 과정에 부정당한 경쟁행위가 있을 경우, 반부정당경쟁 관련 법률, 행정법규의 규정에 따라 처리한다.

앞 조항의 위법행위가 있고 대외무역질서에 피해를 줄 경우 국무원 대외무역 주관부처는 동 사업자의 관련 상품, 기술 수출입 금지 등 조치를 취하여 그 피해를 해소할 수 있다.

第三十四條　在對外貿易活動中，不得有下列行爲:

(一)　僞造、變造進出口貨物原産地標記，僞造、變造或者買賣進出口貨物原産地証書、進出口許可証、進出口配額証明或者其他進出口証明文件;

(二)　騙取出口退稅;

(三)　走私;

(四)　逃避法律、行政法規規定的認証、檢驗、檢疫;

(五)　違反法律、行政法規規定的其他行爲。

제34조 대외무역과정에서 아래의 행위를 해서는 안 된다.

1. 수출입 원산지표기의 위조·변조, 원산지 증명서, 수출입 허가증과 쿼터증명 또는 기타 수출입증명서류의 위조, 변조 또는 매매

2. 수출환급세 사취

3. 밀수

4. 법률, 행정법규가 규정한 인증, 검사, 검역 회피

5. 법률, 행정법규의 규정을 위반하는 기타 행위

第三十五條　對外貿易經營者在對外貿易經營活動中，應當遵守國家有關外匯管理的規定。

제35조 대외무역 사업자는 대외무역 사업활동에서 국가의 외환관리 관련 규정을 준수해야 한다.

第三十六條　違反本法規定, 危害對外貿易秩序的, 國務院對外貿易主管部門可以向社會
公告。

제36조 본 법 규정을 위반하고 대외무역질서에 피해를 줄 경우 국무원 대외무역 주관
부처는 사회에 공고할 수 있다.

第七章　対外貿易调查

제7장 대외무역조사

第三十七條　爲了維護對外貿易秩序, 國務院對外貿易主管部門可以自行或者會同國務院
其他有關部門, 依照法律、行政法規的規定對下列事項進行調查:

(一) 貨物進出口、技術進出口、國際服務貿易對國內産業及其競爭力的影響;

(二) 有關國家或者地區的貿易壁壘;

(三) 爲确定是否應당依法采取反傾銷、反補貼或者保障措施等對外貿易救濟措施,
需要調查的事項;

(四) 規避對外貿易救濟措施的行爲;

(五) 對外貿易中有關國家安全利益的事項;

(六) 爲執行本法第七條、第二十九條第二款、第三十條、第三十一條、第三十二條
第三款、第三十三條第三款的規定, 需要調查的事項;

(七) 其他影響對外貿易秩序, 需要調查的事項。

제37조 대외무역질서를 수호하기 위하여 국무원 대외무역 주관부처는 단독 또는 국무
원 관련 부처와 협동하여 법률, 행정법규의 규정에 따라 아래 사항을 조사할 수 있다.

1. 상품수출입, 기술수출입, 국제서비스무역이 국내 산업 및 그 경쟁력에 대한 영향

2. 관련 국가 또는 지역의 무역장벽

3. 법에 따라 반덤핑, 반보조 또는 세이프가드 등 대외무역구제 조치의 실시를 확정하
기 전에 조사해야 할 사항

4. 무역구제 조치를 회피한 행위

5. 대외무역 중의 국가안전이익과 관련된 사항

6. 본 법 제7조, 제29조 제2항, 제30조, 제31조, 제32조 제3항, 제33조 제3항의 규정을
집행하기 위해 조사해야 할 사항

7. 대외무역질서에 영향을 주어 조사해야 할 기타 사항

第三十八條　啓動對外貿易調查, 由國務院對外貿易主管部門發布公告。

調查可以采取書面問卷、召開听証會、實地調查、委托調查等方式進行。

國務院對外貿易主管部門根据調查結果, 提出調査報告或者作出處理裁定, 并發布公告。

제38조 대외무역조사를 가동하면 국무원 대외무역 주관부처가 공고를 낸다.

조사는 서면설문, 청문회개최, 현지조사, 위탁조사 등 방식으로 진행한다.

국무원 대외무역 주관부처는 조사결과에 따라 보고를 제출하거나 판정을 내림과 동시에 공고를 발표한다.

第三十九條 有關單位和个人應当對對外貿易調査給予配合、協助。

國務院對外貿易主管部門和國務院其他有關部門及其工作人員進行對外貿易調査, 對知悉的國家秘密和商業秘密負有保密義務。

제39조 관련 기관과 개인은 응당 대외무역조사에 호응, 협조해야 한다.

국무원 대외무역 주관부처와 국무원 관련 부처 및 직원은 대외무역조사를 할 경우 자기가 알고 있는 국가비밀과 상업비밀을 고수할 의무가 있다.

第八章 对外貿易救济

제8장 대외무역구제

第四十條 國家根据對外貿易調査結果, 可以采取适当的對外貿易救濟措施。

제40조 국가는 대외무역조사 결과에 따라 적당한 무역구제 조치를 취하여 국가의 이익을 보호할 수 있다.

第四十一條　其他國家或者地區的産品以低于正常价值的傾銷方式進入我國市場, 對已建立的國內産業造成實質損害或者産生實質損害威脅, 或者對建立國內産業造成實質阻碍的, 國家可以采取反傾銷措施, 消除或者減輕這种損害或者損害的威脅或者阻碍。

제41조 기타 국가나 지역의 상품이 정상가격 이하로 덤핑방식으로 우리나라 시장에 유입되어 이미 육성된 국내 산업에 실질적인 손해를 초래하거나 실질적인 손해의 위협 혹은 이미 육성된 국내 산업에 실질적인 장애를 야기할 경우, 국가는 반덤핑조치를 통해 이런 손해, 손해위협, 장애를 제거하거나 경감할 수 있다.

第四十二條　其他國家或者地區的産品以低于正常价值出口至第三國市場, 對我國已建立的國內産業造成實質損害或者産生實質損害威脅, 或者對我國建立國內産業造成實質阻碍的, 應國內産業的申請, 國務院對外貿易主管部門可以与該第三國政府進行磋商, 要求其采取适当的措施。

제42조 기타 국가나 지역의 제품이 정상가격 이하로 제3시장에 수출되어 우리나라에

이미 육성된 국내 산업에 실질적인 손해나 실질적인 손해의 위협을 초래하거나 국내 산업 육성에 실질적인 장애를 야기할 경우, 국내 산업의 신청에 의해 국무원 대외무역 주관 부처는 동 제3국 정부와 함께 협상하여 적당한 조치를 취할 것을 요구할 수 있다.

第四十三條　進口的産品直接或者間接地接受出口國家或者地區給予的任何形式的專向性補貼, 對已建立的國內産業造成實質損害或者産生實質損害威脅, 或者對建立國內産業造成實質阻碍的, 國家可以采取反補貼措施, 消除或者减輕這种損害或者損害的威脅或者阻碍。

제43조 수입상품이 직접 또는 간접적으로 어떤 형식이든지 수출국이나 지역의 전문보조를 받고 이미 육성된 국내 산업에 실질적인 손해나 실질적인 손해의 위협을 초래 혹은 이미 육성된 관련 산업에 실질적인 장애를 야기할 경우, 국가는 반보조 조치를 취하여 이런 손해, 손해위협, 장애를 제거하거나 경감할 수 있다.

第四十四條　因進口産品數量大量增加, 對生産同類産品或者与其直接競爭的産品的國內産業造成嚴重損害或者嚴重損害威脅的, 國家可以采取必要的保障措施, 消除或者减輕這种損害或者損害的威脅, 并可以對該産業提供必要的支持。

제44조 수입제품 수량의 대폭적인 증가로 동종의 제품 생산 또는 직접경쟁제품의 국내 산업에 심각한 손해 또는 심각한 손해의 위협을 초래할 경우 국가는 필요한 세이프가드조치를 취하여 이런 손해 또는 손해의 위협을 해소 또는 경감함과 아울러 동 산업에 필요한 지원을 할 수 있다.

第四十五條　因其他國家或者地區的服務提供者向我國提供的服務增加, 對提供同類服務或者与其直接競爭的服務的國內産業造成損害或者産生損害威脅的, 　國家可以采取必要的救濟措施, 消除或者减輕這种損害或者損害的威脅。

제45조 중화인민공화국 경내에 기타 국가나 지역 서비스 제공자의 서비스 증가로 국내의 동종 또는 직접경쟁의 서비스를 제공하는 산업에 손해 또는 손해의 위협을 초래할 경우 국가는 필요한 구제조치를 취하여 이런 손해 또는 손해의 위협을 해소 또는 경감할 수 있다.

第四十六條　因第三國限制進口而導致某种産品進入我國市場的數量大量增加, 對已建立的國內産業造成損害或者産生損害威脅, 或者對建立國內産業造成阻碍的, 國家可以采取必要的救濟措施, 限制該産品進口。

제46조 제3국의 수입규제로 모 종의 제품이 중화인민공화국으로의 유입이 대량 증가하여 기존의 국내 산업에 손해 또는 손해의 위협을 초래하거나 기존의 산업에 장애를 줄

경우 국가는 필요한 구제조치를 취하여 동 제품의 수입을 제한할 수 있다.

　第四十七條　与中華人民共和國締結或者共同參加經濟貿易條約、協定的國家或者地區, 違反條約、協定的規定, 使中華人民共和國根据該條約、協定享有的利益喪失或者受損, 或者阻碍條約、協定目標實現的, 中華人民共和國政府有權要求有關國家或者地區政府采取适当的補救措施, 并可以根据有關條約、協定中止或者終止履行相關義務。

　제47조 중화인민공화국과 경제무역조약, 협정을 체결한 국가나 지역이 조약이나 협정을 위반하여 중화인민공화국이 동 조약, 협정에 따라 향유하는 이익이 상실 또는 피해를 보게 하거나 조약 또는 협정의 목표실현을 저해할 경우 중화인민공화국 정부는 해당 국가나 또는 지역의 정부가 적당한 구제조치를 취하도록 요구함과 아울러 관련 조약, 협정에 따라 관련 의무를 중지할 수 있다.

　第四十八條　國務院對外貿易主管部門依照本法和其他有關法律的規定, 進行對外貿易的双邊或者多邊磋商、談判和爭端的解決。

　제48조 국무원 대외무역 주관부처는 본 법 및 관련 법률의 규정에 따라 대외무역의 양자 또는 다자간 협의, 회담 및 분쟁을 해결한다.

　第四十九條　國務院對外貿易主管部門和國務院其他有關部門應当建立貨物進出口、技術進出口和國際服務貿易的預警應急机制, 應對對外貿易中的突發和异常情況, 維護國家經濟安全。

　제49조 국무원 대외무역 주관부처와 국무원 관련 부처는 상품수출입, 기술수출입, 국제서비스무역의 사전경보 응급메커니즘을 구축하여 대외무역과정의 돌발 및 이상 상황에 대응하고 국가의 경제안전을 수호해야 한다.

　第五十條　國家對規避本法規定的對外貿易救濟措施的行爲, 可以采取必要的反規避措施。

　제50조 국가는 본 법 규정을 회피한 무역구제 조치 행위에 대해 필요한 反회피조치를 취할 수 있다.

第九章　対外貿易促进

제9장　대외무역촉진

　第五十一條　國家制定對外貿易發展戰略, 建立和完善對外貿易促進机制。

　제51조 국가는 대외무역 발전전략을 제정하고 대외무역촉진 메커니즘을 구축·개선한다.

第五十二條　國家根据對外貿易發展的需要，建立和完善爲對外貿易服務的金融机构，設立對外貿易發展基金、風險基金。

제52조 국가는 대외무역 발전 수요에 따라 대외무역 서비스를 위한 금융기구를 구축·개선하며, 대외무역 발전기금, 위험기금을 설립한다.

第五十三條　國家通過進出口信貸、出口信用保險、出口退稅及其他促進對外貿易的方式，發展對外貿易。

제53조 국가는 수출입 신용대출, 수출신용보험, 수출환급세금 및 대외무역촉진의 기타 방식을 통해 대외무역을 발전시킨다.

第五十四條　國家建立對外貿易公共信息服務体系，向對外貿易經營者和其他社會公衆提供信息服務。

제54조 국가는 대외무역 공용정보 서비스시스템을 구축하여 대외무역 사업자와 기타 사회대중에게 정보서비스를 제공한다.

第五十五條　國家采取措施鼓勵對外貿易經營者開拓國際市場，采取對外投資、對外工程承包和對外勞務合作等多种形式，發展對外貿易。

제55조 국가는 조치를 취해 대외무역 사업자의 국제시장개발을 장려하며, 대외투자, 대외공사청부 및 노무협력 등 다양한 형식으로 대외무역을 발전시킨다.

第五十六條　對外貿易經營者可以依法成立和參加有關協會、商會。

有關協會、商會應当遵守法律、行政法規，按照章程對其成員提供与對外貿易有關的生産、營銷、信息、培訓等方面的服務，發揮協調和自律作用，依法提出有關對外貿易救濟措施的申請，維護成員和行業的利益，向政府有關部門反映成員有關對外貿易的建議，開展對外貿易促進活動。

제56조 대외무역 사업자는 법에 따라 관련 협회, 상회를 설립하거나 참여할 수 있다.

관련 협회, 상회는 법률과 행정법규를 준수해야 하고 정관에 따라 그 회원에게 대외무역 관련 생산, 판매, 정보, 교육 등 분야의 서비스를 제공하고, 조율과 자율역할을 발휘하며, 법에 따라 대외무역 구제조치관련 신청을 하며, 회원과 업계의 이익을 수호하며, 정부 관련 부처에 대외무역 관련 건의를 하며 적극적으로 대외무역 촉진활동을 수행한다.

第五十七條　中國國際貿易促進組織按照章程開展對外聯系，擧辦展覽，提供信息、咨詢服務和其他對外貿易促進活動。

제57조 중국 국제무역 촉진조직은 정관에 의해 대외연락, 전람회 개최, 정보제공, 자문

서비스 및 기타 대외무역 촉진활동을 한다.

第五十八條 國家扶持和促進中小企業開展對外貿易。

제58조 국가는 중소기업의 대외무역을 지원 및 촉진한다.

第五十九條 國家扶持和促進民族自治地方和經濟不發達地區發展對外貿易。

제59조 국가는 민족자치구나 경제가 발달하지 못한 지역의 대외무역발전을 지원, 촉진한다.

第十章 法律責任

제10장 법률책임

第六十條 違反本法第十一條規定, 未經授權擅自進出口實行國營貿易管理的貨物的, 國務院對外貿易主管部門或者國務院其他有關部門可以處五万元以下罰款; 情節嚴重的, 可以自行政處罰決定生效之日起三年內, 不受理違法行爲人從事國營貿易管理貨物進出口業務的申請, 或者撤銷已給予其從事其他國營貿易管理貨物進出口的授權。

제60조 본 법 제11조의 규정을 위반하여 수권 없이 사사로이 국영무역관리를 실시하는 상품을 수입할 경우 국무원 대외무역 주관부처 또는 국무원 기타 관련 부처는 5만 원 이하 벌금을 부과한다. 상황이 심각할 경우 행정처벌결정의 발효일로부터 3년 내에 위법행위자의 국영무역 관리상품의 수출입 업무 종사 신청을 수리하지 않거나, 이미 취득한 기타 국영무역 관리상품 수출입 종사의 수권을 취소할 수 있다.

第六十一條 進出口屬于禁止進出口的貨物的, 或者未經許可擅自進出口屬于限制進出口的貨物的, 由海關依照有關法律、 行政法規的規定處理、 處罰; 构成犯罪的, 依法追究刑事責任。

進出口屬于禁止進出口的技術的, 或者未經許可擅自進出口屬于限制進出口的技術的, 依照有關法律、 行政法規的規定處理、 處罰; 法律、 行政法規沒有規定的, 由國務院對外貿易主管部門責令改正, 沒收違法所得, 并處違法所得一倍以上五倍以下罰款, 沒有違法所得或者違法所得不足一万元的, 處一万元以上五万元以下罰款; 构成犯罪的, 依法追究刑事責任。

自前兩款規定的行政處罰決定生效之日或者刑事處罰判決生效之日起, 國務院對外貿易主管部門或者國務院其他有關部門可以在三年內不受理違法行爲人提出的進出口配額或者許可証的申請, 或者禁止違法行爲人在一年以上三年以下的期限內從事有關貨物或者技術的進出口經營活動。

　제61조 수출입금지 상품을 수출입하였거나, 수출입이 제한되는 상품을 무허가로 사사로이 수출입하였을 경우 세관이 관련 법률, 행정법규의 규정에 따라 처리, 처벌한다. 범죄가 성립될 경우 법에 따라 형사책임을 추궁한다.

　수출입이 금지된 기술 또는 수출입이 제한되는 기술을 무허가로 사사로이 수출입하였을 경우 관련 법률, 행정법규의 규정에 따라 처리, 처벌한다. 행정법규의 규정이 없는 경우 국무원 대외무역 주관부처가 시정토록 명령하고 불법소득을 몰수함과 아울러 불법소득의 1배 이상 5배 이하의 벌금을 부과한다. 불법소득이 없거나 불법소득이 1만 원 이하일 경우 1만 원 이상 5만 원 이하의 벌금을 부과한다. 범죄가 성립될 경우 법에 의해 형사책임을 추궁한다.

　앞 두 조항이 규정한 행정처벌결정 발효일이나 형사처분결정 발효일로부터 국무원 대외무역 주관부처나 국무원 기타 관련 부처는 3년 내에 불법행위자가 제출한 수출입쿼터 또는 허가증의 신청을 수리하지 않거나 불법행위자가 1년 이상 3년 이하의 기한 내에 관련 상품 또는 기술의 수출입경영활동에 종사하는 것을 금지할 수 있다.

　第六十二條　從事屬于禁止的國際服務貿易的, 或者未經許可擅自從事屬于限制的國際服務貿易的, 依照有關法律、行政法規的規定處罰; 法律、行政法規沒有規定的, 由國務院對外貿易主管部門責令改正, 沒收違法所得, 幷處違法所得一倍以上五倍以下罰款, 沒有違法所得或者違法所得不足一万元的, 處一万元以上五万元以下罰款; 构成犯罪的, 依法追究刑事責任。

　國務院對外貿易主管部門可以禁止違法行爲人自前款規定的行政處罰決定生效之日或者刑事處罰判決生效之日起一年以上三年以下的期限內從事有關的國際服務貿易經營活動。

　제62조 금지된 국제서비스무역에 종사하거나 무허가로 사사로이 제한된 국제서비스무역에 종사할 경우 관련 법률, 행정법규의 규정에 따라 처벌한다. 법률, 행정법규의 규정이 없는 경우 국무원 대외무역 주관부처가 시정토록 명령하며 불법소득을 몰수함과 아울러 불법소득의 1배 이상 5배 이하의 벌금을 부과하며, 불법소득이 없거나 불법소득이 1만 원 이하일 경우 1만 원 이상 5만 원 이하의 벌금을 부과한다. 범죄가 성립될 경우 법에 의해 형사책임을 추궁한다.

　국무원 대외무역 주관부처는 불법행위자가 앞 조항이 규정한 행정처벌결정 발효일이나 형사처분판결 발효일로부터 1년 이상 3년 이하의 기한 내에 관련된 국제서비스무역의 활동에 종사하는 것을 금지할 수 있다.

　第六十三條　違反本法第三十四條規定, 依照有關法律、行政法規的規定處罰; 构成犯罪的, 依法追究刑事責任。

國務院對外貿易主管部門可以禁止違法行爲人自前款規定的行政處罰決定生效之日或者
刑事處罰判決生效之日起一年以上三年以下的期限內從事有關的對外貿易經營活動。

제63조 본 법 제34조의 규정을 위반하면 관련 법률, 행정법규의 규정에 따라 처벌한다.
범죄가 성립될 경우 법에 의해 형사책임을 추궁한다.

국무원 대외무역 주관부처는 불법행위자가 앞 조항이 규정한 행정처벌결정 발효일이
나 형사처분판결 발효일로부터 1년 이상 3년 이하의 기한 내에 관련된 대외무역 활동에
종사하는 것을 금지할 수 있다.

第六十四條　依照本法第六十一條至第六十三條規定被禁止從事有關對外貿易經營活動
的, 在禁止期限內, 海關根據國務院對外貿易主管部門依法作出的禁止決定, 對該對外貿易
經營者的有關進出口貨物不予辦理報關驗放手續，　外匯管理部門或者外匯指定銀行不予辦
理有關結匯、售匯手續。

제64조 본 법 제61조부터 제63조의 규정에 의해 관련 대외무역활동 종사가 금지된 경
우, 금지기한 내 세관은 국무원 대외무역 주관부처가 내린 금지결정에 근거하여 동 대외
무역 사업자의 상품수출입 관련 통관신고 및 통과수속을 해 주지 않으며, 외환관리부문이
나 외환지정은행은 결재, 외환매매수속을 해 주지 않는다.

第六十五條　依照本法負責對外貿易管理工作的部門的工作人員玩忽職守、徇私舞弊或
者濫用職權, 构成犯罪的, 依法追究刑事責任; 尙不构成犯罪的, 依法給予行政處分。

依照本法負責對外貿易管理工作的部門的工作人員利用職務上的便利，　索取他人財物,
或者非法收受他人財物爲他人謀取利益, 构成犯罪的, 依法追究刑事責任; 尙不构成犯罪的,
依法給予行政處分。

제65조 본 법에 의해 대외무역관리 업무를 하는 부처의 직원이 직무태만, 부정행위 혹
은 직권 남용으로 범죄가 성립될 경우 법에 따라 형사책임을 추궁하며, 범죄가 성립되지
않을 시에는 행정처분을 한다.

본 법에 의해 대외무역관리 업무를 하는 부처의 직원이 직무상의 이점을 이용하여 타
인의 재물을 수수하거나 불법적으로 타인의 이익을 도모할 목적으로 타인의 재물을 수뢰
하여 범죄가 성립되었을 시 형사책임을 추궁한다. 범죄가 성립되지 않을 시에는 법에 의
해 행정처분을 한다.

第六十六條　對外貿易經營活動当事人對依照本法負責對外貿易管理工作的部門作出的
具体行政行爲不服的, 可以依法申請行政夏議或者向人民法院提起行政訴訟。

제66조 대외무역경영의 당사자는 본 법에 의해 대외무역관리 사업부처가 내린 구체적
인 행정행위에 불복할 경우 법에 따라 행정재심을 신청하거나 인민법원에 행정소송을 제

기할 수 있다.

第十一章 附則
제11장 부칙

第六十七條　与軍品、裂變和聚變物質或者衍生此類物質的物質有關的對外貿易管理以及文化產品的進出口管理, 法律、行政法規另有規定的, 依照其規定。

제67조 군수품, 핵분열과 핵반응 물질이나 이런 물질을 파생하는 물질과 관련된 대외무역관리 및 문화제품의 수출입 관리는 법률, 행정법규의 다른 규정이 있을 경우 그 규정을 따른다.

第六十八條　國家對邊境地區与接壤國家邊境地區之間的貿易以及邊民互市貿易, 采取灵活措施, 給予优惠和便利。具体辦法由國務院規定。

제68조 국가는 국경도시와 인접국가의 국경도시 간의 무역, 민간국경 시장거래에 대해서는 신축성 있는 조치를 취하며 우대와 편의를 제공한다. 구체방법은 국무원이 규정한다.

第六十九條 中華人民共和國的單獨關稅區不适用本法。
제69조 중화인민공화국 단독관세지역은 본 법을 적용하지 않는다.

第七十條 本法自2004年7月1日起施行。
본법은 제70조 2004년 7월 1일부터 시행한다.

Ⅲ. 중국 합자기업법 원문 및 영문, 한글 대조본

中華人民共和國中外合資經營企業法

Law of the People's Republic of China on Chinese－foreign Equity Joint Ventures

중화인민공화국중외합자경영기업법

(1979年7月1日第五屆全國人民代表大會第二次會議通過　根据1990年4月4日第七屆全國人民代表大會第三次會議≪關于修改<中華人民共和國中外合資經營企業法>的決定≫修正　根据2001年3月15日第九屆全國人民代表大會第四次會議≪關于修改<中華人民共和國中外合資經營企業法>的決定≫第二次修正)

Adopted by the Second Session of the Fifth National People's Congress on July 1, 1979 Revised in the Third Session of the Seventh National People's Congress on April 4, 1990 Revised for the second time in accordance with "Resolution on Revision of the Law of the People's Republic of China on Chinese－Foreign Equity Joint Venture" of the Fourth Session of the Ninth National People's Congress on March 15, 2001

(1979년 7월 1일 제5기 전국인민대표대회 제2차 회의에서 채택하여 1999년 4월 4일 제7기 전국인민대표대회 제3차 회의 ≪<중화인민공화국합자경영기업법> 수정안에 관한 결정≫에 근거하여 수정하고 2001년 3월 15일 제9기 전국인민대표대회 제4차 회의 ≪<중화인민공화국합자경영기업법> 수정안에 관한 결정≫에 근거하여 제2차 수정)

第一條　中華人民共和國爲了擴大國際經濟合作和技術交流, 允許外國公司、企業和其它經濟組織或个人(以下簡称外國合營者), 按照平等互利的原則, 經中國政府批准, 在中華人民共和國境內, 同中國的公司、企業或其它經濟組織(以下簡称中國合營者)共同擧辦合營企業.

Article 1 With a view to expanding international economic co－operation and technical exchange, the People's Republic of China permits foreign companies, enterprises, other economic organizations or individuals(hereafter referred to as "foreign joint venturers")to joint with Chinese companies, enterprise or other economic organizations(hereafter referred to as

"Chinese joint ventures") in establishing joint ventures in the People's Republic of China in accordance with the principle of equality and mutual benefit and subject to approval by the Chinese Government.

제1조 중국은 국제경제의 협력과 기술교류를 증진시키기 위하여 외국의 회사, 기업 및 경제조직 또는 개인(이하 '외국 측 투자자'라 약칭함)이 평등호혜 원칙에 입각하여 중국 정부의 비준을 득하고 중국에서 중국의 회사, 기업 또는 기타 경제조직(이하 '중국 측 투자자'라 약칭함)과 공동으로 합자기업을 설립하는 것을 허용한다.

第二條 中國政府依法保護外國合營者按照經中國政府批准的協議、合同、章程在合營企業的投資、應分得的利潤和其它合法權益。 合營企業的一切活動應遵守中華人民共和國法律、法規的規定。國家對合營企業不實行國有化和征收; 在特殊情況下, 根据社會公共利益的需要, 對合營企業可以依照法律程序實行征收, 并給予相應的補償。

Article 2 The Chinese Government protects, in accordance with the law, the investment of foreign joint ventures, the profits due to them and their other lawful rights and interest in a joint venture, pursuant to the agreement, contract and articles of association approved by the Chinese Government. Joint ventures shall follow the provisions of the laws and regulations of the People's Republic of China in all their activities. The state does not practise nationalization and expropriation of a joint venture; under special circumstances, the state, in accordance with the needs of social public interest, expropriates a joint venture pursuant to legal procedures and offers corresponding compensations.

제2조 중국 정부는 중국 정부의 허가를 받은 협의, 계약, 정관에 따라 합자경영기업의 투자, 이윤분배 및 기타 합법적인 권익을 법률에 따라 보호한다. 합자기업의 모든 활동은 반드시 중화인민공화국 법률, 법규 규정을 준수해야 한다.

국가는 합자기업에 대해 국유화를 실시하지 않는다. 그러나 특수한 상황하에서 사회적 이익의 필요성에 따라 법률절차에 근거하여 합자기업에 대해 국유화를 실시할 수 있으며, 이에 대해 상응한 보상을 제공해야 한다.

第三條 合營各方簽訂的合營協議、合同、章程, 應報國家對外經濟貿易主管部門(以下稱審查批准机關)審查批准。審查批准机關應在三个月內決定批准或不批准。合營企業經批准后, 向國家工商行政管理主管部門登記, 領取營業執照, 開始營業。

Article 3 The joint venture agreement, contract and articles of association signed by the parties to the venture shall be submitted to the competent authorities of foreign economic relations and trade(hereafter referred to as approval authorities), and the approval authorities shall, within three months, decide whether to approve or disapprove them. After approval, the joint venture shall register with the state competent authorities of administration for industry and commerce to obtain a licence to do business and start operations.

제3조 합자기업 쌍방이 체결한 합자협의, 계약서, 정관은 국가대외경제무역 주관부문(이하 "심사비준기관"이라 함)의 심사비준을 받아야 한다. 심사비준기관은 3개월 내에 비준 여부를 결정해야 한다. 합자기업은 비준을 받은 뒤 국가공상행정관리 주관부문에 등록하고, 영업허가증을 수령한 후 영업을 개시한다.

第四條 合營企業的形式爲有限責任公司。在合營企業的注冊資本中, 外國合營者的投資比例一般不低于百分之二十五。　　合營各方按注冊資本比例分享利潤和分担風險及亏損。合營者的注冊資本如果轉讓必須經合營各方同意。

Article 4 A joint venture shall take the form of a limited liability company. The proportion of the investment contributed by the foreign joint venturer(s) shall generally not be less than 25% of the reistered capital of a joint venture. The parties to the venture shall share the profits, risks and losses in proportion to their respective contributions to the registered capital. No assignment of the registered capital of a joint venturer shall be made without the consent of the other parties to the venture.

제4조 합자기업의 형태는 유한책임회사이다. 합자기업의 등록자본 중 외국 측 투자자의 투자 비율은 일반적으로 25% 이하여서는 아니 된다.

합영 각 측은 등록자본의 비율에 따라 이윤을 분배하고 위험과 결손을 분담한다.

투자자가 등록자본을 양도할 경우에는 합영 각 측의 동의를 얻어야 한다.

第五條 合營企業各方可以現金、實物、工業産權等進行投資。

外國合營者作爲投資的技術和設備, 必須确實是适合我國需要的先進技術和設備。如果有意以落后的技術和設備進行欺騙, 造成損失的, 應賠償損失。

中國合營者的投資可包括爲合營企業經營期間提供的場地使用權。如果場地使用權未作爲中國合營者投資的一部分, 合營企業應向中國政府繳納使用費。

上述各項投資應在合營企業的合同和章程中加以規定, 其价格(場地除外)由合營各方評議商定。

Article 5 Each party to a joint venture may make its investment in cash, in kind or in industrial property rights, etc. The technology and the equipment that serve as a foreign joint venturer's investment must be advanced technology and equipment that actually suit our country's needs. If the foreign joint venturer causes losses by deception through the intentional use of backward technology and equipment, it shall pay compensation for the losses. The investment of a Chinese joint venturer may include the right to the use of a site provided for the joint venture during the period of its operation. If the right to the use of the site does not constitute a part of a Chinese joint venturer's investment, the joint venture shall pay the Chinese Government a fee for its use. The various investments referred to above shall be specified in the joint venture contract and articles of association, and the value of each(excluding that of the site) shall be jointly assessed by the parties to the venture.

제5조 합자기업은 현금, 현물, 공업재산권 등으로 투자할 수 있다.

외국합자자가 투자하는 기술과 설비는 반드시 중국의 수요에 적합한 선진기술과 설비여야 한다. 만약 고의로 낙후된 기술과 설비를 투입하여 손실이 발생할 경우 반드시 손해를 배상해야 한다.

중국 합자자의 투자는 합자기업의 경영기간에 제공하는 토지사용권을 포함한다. 만약 토지사용권을 중국합자자가 투자에 포함시키지 않을 경우 합자기업은 중국 정부에 사용료를 납부해야 한다.

상기 투자항목은 반드시 합자기업의 계약 및 정관에 규정해야 하며, 그 가격(토지 제외)은 합자 간 협의하여 결정한다.

第六條 合營企業設董事會, 其人數組成由合營各方協商, 在合同、章程中確定, 并由合營各方委派和撤換。董事長和副董事長由合營各方協商確定或由董事會選擧産生。中外合營者的一方担任董事長的, 由他方担任副董事長。董事會根据平等互利的原則, 決定合營企業的重大問題。

董事會的職權是按合營企業章程規定, 討論決定合營企業的一切重大問題: 企業發展規划、生産經營活動方案、收支預算、利潤分配、勞動工資計划、停業, 以及總經理、副總經理、總工程師、總會計師、審計師的任命或聘請及其職權和待遇等。

正副總經理(或正副厂長)由合營各方分別担任。

合營企業職工的彔用、辭退、報酬、福利、勞動保護、勞動保險等事項, 應当依法通過訂立合同加以規定。

Article 6 A joint venture shall have a board of directors, which shall have its size and composition stipulated in the contract and the articles of association after consultation between the parties to the venture, and the directors shall be appointed and replaced by the parties to the venture. The Chairman and the vice－chairman are determined by the parties to the venture or elected by the board of directors. Either party of the Chinese－foreign joint venturers may be the chairman and the other shall assume the office of vice－chairman. In handling major problems, the board of directors shall reach a decision through consultation by the parties to the venture, in accordance with the principle of equality and mutual benefit.

The board of directors is empowered, pursuant to the provisions of the articles of association of the joint venture, to discuss and decide all major problems of the venture: expansion programmes, proposals for production and operating activities, the budget for revenues and expenditures, distribution of profits, plans concerning manpower and pay scales, the termination of business and the appointment or employment of the president, the vice－president(s), the chief engineer, the treasurer and the auditors, as well as their powers and terms of employment, etc. The offices of president and vice－president(s)(or factory manager and deputy manager(s) shall be assumed by the respective parties to the venture. Contracts shall be entered into in accordance with the law to prescribe the recruitment, dismissal, remuneration, welfare, labor protection, labor insurance, etc. Article 7The staff employees of the joint venture may establish trade unions in accordance with the law, carry out the activities of the trade union and defend the lawful rights and interests of the employees. Joint ventures shall provide necessary conditions for the activities of the trade unions thereof.

제6조 합자기업은 이사회를 설립하며 그 인원수 구성은 합자기업 간에 협의하고, 이를 계약서 및 회사정관에 규정하며, 합자기업이 이사를 파견하거나 혹은 교체할 수 있다. 이사장과 부이사장은 합자 쌍방이 협의하여 확정하거나 이사회에서 선출한다. 중외합자자의 한 측이 이사장을 맡으면, 다른 측이 부이사장을 맡는다. 이사회는 호혜평등의 원칙에 따라 합자기업의 주요사안을 결정한다.

이사회의 직권은 합자기업의 정관 규정에 따라 당면한 주요사안 예를 들어 기업발전계획, 생산경영활동방안, 수지예산, 이윤분배, 노동임금계획, 영업정지 및 사장, 부사장, 엔지니어, 회계사, 회계감사의 임명 또는 초빙 및 그 직권과 대우 등을 토의 결정한다.

정·부사장(또는 정·부공장장)은 합자기업 쌍방이 각각 담임한다.

합자기업 종업원의 채용, 해고, 보수, 복지, 노동보호, 노동보험 등 사항은 반드시 법에 따라 계약서에 규정해야 한다.

第七條 合營企業的職工依法建立工會組織, 開展工會活動, 維護職工的合法權益。
合營企業應当爲本企業工會提供必要的活動條件。

Article 7The staff employees of the joint venture may establish trade unions in accordance with the law, carry out the activities of the trade union and defend the lawful rights and interests of the employees. Joint ventures shall provide necessary conditions for the activities of the trade unions thereof.

제7조 합자기업의 종업원은 법에 따라 노조를 조직하고 노도활동을 벌이고 종업원의 합법적 권익을 수호할 수 있다. 합자기업은 본 기업 노조에 그가 필요한 활동조건을 제공해야 한다.

第八條 合營企業獲得的毛利潤, 按中華人民共和國稅法規定繳納合營企業所得稅后, 扣除合營企業章程規定的儲備基金、 職工獎勵及福利基金、 企業發展基金, 淨利潤根据合營各方注冊資本的比例進行分配。

合營企業依照國家有關稅收的法律和行政法規的規定, 可以享受減稅、 免稅的优惠待遇。

外國合營者將分得的淨利潤用于在中國境內再投資時, 可申請退還已繳納的部分所得稅。

Article 8 After payment, pursuant to the provisions of the tax laws of the People's Republic of China, of the joint venture income tax on the gross profit earned by the joint venture and after deduction from the gross profit of a reserve fund, a bonus and welfare fund for staff and workers, and a venture expansion fund, as provided in the articles of association of the joint venture, the net profit shall be distributed to the parties to the joint venture in proportion to their respective contributions to the registered capital. A joint venture may enjoy the preferential treatment of reduction of or exemption from tax pursuant to relevant state taxation laws or administrative decrees. A foreign joint venturer that reinvests in China its share of the net profit may apply for refund of a part of the income taxes already paid.

제8조 합자기업의 총이익은 중화인민공화국 세법규정에 따라 합자기업소득세 납부 후 합자기업의 정관이 규정한 예비기금, 종업원장려 및 복지기금, 기업발전기금을 공제한 순이윤을 합자 쌍방의 등록자본 비율에 따라 분배한다.

합자기업은 국가 관련 세수 법률과 행정법규의 규정에 따라 감 · 면세의 우대혜택을 향유할 수 있다.

외국 합자자는 분배된 순이윤을 중국 내에 재투자할 경우 이미 납부한 소득세의 일부를 환급받을 수 있다.

第九條　合營企業應凭營業執照在國家外匯管理机關允許經營外匯業務的銀行或其它金融机构開立外匯帳戶。

合營企業的有關外匯事宜, 應遵照中華人民共和國外匯管理條例辦理。

合營企業在其經營活動中, 可直接向外國銀行籌措資金。

合營企業的各項保險應向中國境內的保險公司投保。

Article 9 A joint venture shall, with its business licence, open a foreign exchange account at the banks or other financial organizations approved by the state foreign exchange control administrative organs to handle foreign exchange business. The pertinent foreign exchange transactions of a joint venture shall be conducted in accordance with the regulations on foreign exchange control of the People's Republic of China. In its operating activities a joint venture may directly raise funds from foreign banks. All insurances of joint ventures shall be procured at the insurance companies within the territory of the People's Republic of China.

제9조 합자기업은 반드시 영업허가증에 따라 국가외환관리기관이 외환업무를 허용한 은행 또는 기타 금융기구에 외환구좌를 개설해야 한다.

합자기업의 외환 관련 사항은 ≪중화인민공화국 외환관리조례≫에 따라 처리한다.

합자기업은 경영활동에 있어 외국은행으로부터 필요자금을 직접 조달할 수 있다.

합자기업의 각종 보험은 반드시 중국 내 보험회사에 가입해야 한다.

第十條 合營企業在批准的經營范圍內所需的原材料、燃料等物資, 按照公平、合理的原則, 可以在國內市場或者在國際市場購買。

鼓勵合營企業向中國境外銷售産品。出口産品可由合營企業直接或与其有關的委托机构向國外市場出售, 也可通過中國的外貿机构出售。合營企業産品也可在中國市場銷售。

合營企業需要時可在中國境外設立分支机构。

Article 10 The Joint venture may purchase the materials such as raw materials, fuels, etc. as needed within the approved scope of business either on the domestic or international market according to the principle of fairness and reasonableness. A joint venture is encouraged to market its products outside China. Export products may be distributed to foreign markets through the joint venture directly or through associated agencies, and they may also be distributed through China's foreign trade agencies. Products of the joint venture may also be distributed in the Chinese market. Whenever necessary, a joint venture may establish branches outside China.

제10조 합자기업은 비준된 경영범위 내에서 필요한 원자재, 연료 등 물자를 공평, 합리의 원칙에 따라 국내시장이나 국제시장에서 구매할 수 있다.

합자기업의 해외수출을 장려한다. 수출제품은 합자기업이 직접 또는 기타 관련된 위탁기구를 통해 해외시장으로 판매할 수 있으며, 또한 중국의 대외무역기구를 통해 판매할 수도 있다. 합자기업의 제품은 중국 시장에서도 판매할 수 있다.

합자기업은 필요시 해외에 지사를 설립할 수 있다.

第十一條 外國合營者在履行法律和協議、合同規定的義務后分得的淨利潤, 在合營企業期滿或者中止時所分得的資金以及其它資金, 可按合營企業合同規定的貨幣, 按外匯管理條例匯往國外。鼓勵外國合營者將可匯出的外匯存入中國銀行。

Article 11 The net profit that a foreign joint venturer receives after fulfilling its obligations under the laws and the agreement and the contract, the funds it receives at the time of the joint venture's scheduled expiration or early termination, and its other funds may be remitted abroad in accordance with the foreign exchange regulations and in the currency specified in the joint venture contract. A foreign joint venturer shall be encouraged to deposit in the Bank of China foreign exchange that it is entitled to remit abroad.

제11조 외국합자자가 법률, 협의, 계약에 규정된 의무를 이행한 뒤 분배한 순이윤, 합자기업 기한 만료 시 또는 해산 시 분배한 자금 및 기타 자금은 합자기업계약에 규정한 통화(화폐)로 외환관리조례에 근거하여 해외로 송금할 수 있다.

외국합자자가 송금할 수 있는 외화를 중국은행에 예치하도록 장려한다.

第十二條 合營企業的外籍職工的工資收入和其它正当收入, 按中華人民共和國稅法繳納個人所得稅后, 可按外匯管理條例匯往國外。

Article 12 The wages, salaries and other legitimate income earned by the foreign staff and workers of a joint venture, after payment of the individual income tax under the tax laws of the People's Republic of China, may be remitted abroad in accordance with the foreign exchange regulations.

제12조 합자기업의 외국인 종업원의 임금과 기타 정당한 수입은 ≪중화인민공화국 세법≫에 따라 개인소득세를 납부한 뒤 외환관리조례에 따라 해외로 송금할 수 있다.

第十三條 合營企業的合營期限, 按不同行業、不同情况, 作不同的約定。有的行業的合營企業, 應当約定合營期限; 有的行業的合營企業, 可以約定合營期限, 也可以不約定合營期限。約定合營期限的合營企業, 合營各方同意延長合營期限的, 應在距合營期滿六个月前向審查批准机關提出申請。審查批准机關應自接到申請之日起一个月內決定批准或不批准。

Article 13 The contract period of a joint venture may be decided differently according to its particular line of business and circumstance. The joint ventures of some trades should decided the contract period; and other may or may not decide the contract period. A joint venture that has set a contract period should, if the parties to the joint venture agree to extend the contract period, apply to the approval authorities six months ahead of the expiration of the contract period. The latter should make the decision of approval or disapproval within one month as of the date of application.

제13조 합자기업의 합자기간은 업종이나 상황에 따라 약정한다. 일부 업종의 합자기업은 합자기간을 약정해야 하고, 일부 업종의 합자기업은 합자기간을 약정하지 않을 수도 있다. 합자기간을 약정한 합자기업은 합자 쌍방이 합자기간 연기를 동의할 경우 합자기간 만료 6개월 전에 심사비준기관에 신청해야 한다. 심사비준기관은 신청접수일로부터 1개월 내에 비준 여부를 결정해야 한다.

第十四條 合營企業如發生嚴重亏損、一方不履行合同和章程規定的義務、不可抗力等,經合營各方協商同意, 報請審查批准机關批准, 并向國家工商行政管理主管部門登記, 可終止合同。如果因違反合同而造成損失的, 應由違反合同的一方承担經濟責任。

Article 14 In case of heavy losses, failure of a party to fulfil the obligations prescribed by the contract and the articles of association, force majeure, etc, the contract may be terminated through consultation and agreement by the parties to the venture, subject to approval by the approval authorities and to registration with the state competent authorities of administration for industry and commerce. In cases of losses caused by a breach of contract, the financial responsibility shall be borne by the party that has violated the contract.

제14조 합자기업은 중대한 손실발생, 계약과 정관의 의무 불이행, 불가항력 등의 상황이 발생하였을 경우 합자기업 쌍방이 합의하여 심사비준기관의 비준을 거쳐, 국가공상행정관리 주관부문에 등록하여 계약을 해지할 수 있다. 만약 계약위반으로 손실이 발생할 경우 계약을 위반한 측에게 경제적인 책임을 부담한다.

第十五條 合營各方發生糾紛, 董事會不能協商解決時, 由中國仲裁机构進行調解或仲裁, 也可由合營各方協議在其它仲裁机构仲裁。

合營各方沒有在合同中訂有仲裁條款的或者事后沒有達成書面仲裁協議的, 可以向人民法院起訴。

Article 15 Disputes arising between the parties to a joint venture that the board of directors cannot settle through consultation may be settled through mediation or arbitration by a Chinese arbitration agency or through arbitration by another arbitration agency agreed upon by the parties to the venture. Where no arbitration clauses have been included in the joint venture contract or no written arbitration agreement have been reached after a dispute arises, any party may bring a suit with the people's court.

제15조 합자기업 간 분쟁이 발생하고, 이사회의 협의에 의한 해결이 불가능할 때는 중국 중재기구가 조정 또는 중재하며, 합자 쌍방이 합의한 기타 중재기구를 통해 중재할 수도 있다. 합자 쌍방이 계약서에 중재조건을 포함시키지 않았거나 분쟁발생 후 서면중재협의에 실패할 경우 인민법원에 기소할 수 있다.

第十六條 本法自公布之日起生效。

Article 16 This Law shall come into force on the date of its promulgation

제16조 본 법은 공포일부터 효력이 발생한다.

Ⅳ. 중국 외자기업법 원문 및 영문, 한글 대조본

中華人民共和國外資企業法

Law of the People's Republic of China on

Foreign-capital Enterprises

중화인민공화국외자기업법

(1986年4月12日第六屆全國人民代表大會第四次會議通過根据2000年10月31日第九屆全國人民代表大會常務委員會第十八次會議≪關于修改<中華人民共和國外資企業法>的決定≫修正)

Adopted at the Fourth Session of the Sixth National People's Congress on April 12, 1986 Amended according to the Decision on Revision of the Law of the People's Republic of China on Foreign-Capital Enterprises adopted at the 18th Meeting of the Standing Committee of the Ninth National People's Congress on October 31, 2000.

1986년 4월 12일 제6기 전국인민대표대회 제4차 회의가 통과되고 2000년 10월 31일 전국인민대표대회 상무위원회 제18차 회의 "『중화인민공화국 외자기업법』 수정안에 관한 결정"에 근거하여 수정.

第一條 爲了擴大對外經濟合作和技術交流, 促進中國國民經濟的發展, 中華人民共和國尤許外國的企業和其他經濟組織或者个人(以下簡称外國投資者)在中國境內擧辦外資企業, 保護外資企業的合法權益。

Article 1 With a view to expanding economic cooperation and technological exchange with foreign countries and promoting the development of China's national economy, the People's Republic of China permits foreign enterprises, other foreign economic organizations and individuals(hereinafter collectively referred to as "foreign investors") to set up enterprises with foreign capital in China and protects the lawful rights and interests of such enterprises.

제1조 대외경제협력과 기술교류를 확대하고 중국 국민경제발전을 촉진하기 위하여, 중화인민공화국은 외국의 기업과 기타 경제조직 또는 개인(이하 외국투자자라 함)이 중국

국내에서 외자기업을 운영하는 것을 허락하며, 외자기업의 합법적 권리를 보호한다.

第二條　本法所稱的外資企業是指依照中國有關法律在中國境內設立的全部資本由外國投資者投資的企業, 不包括外國的企業和其他經濟組織在中國境內的分支机构。

Article 2 As mentioned in this Law, "enterprises with foreign capital" refers to those enterprises established in China by foreign investors, exclusively with their own capital, in accordance with relevant Chinese laws. The term does not include branches set up in China by foreign enterprises and other foreign economic organizations.

제2조 본 법이 지칭하는 외자기업은 중국의 관련 법률규정에 따라 중국 국내에 설립한, 자본 전액을 외국투자자가 투자한 기업을 말하며, 외국의 기업과 기타 경제조직이 중국 경내에 설립한 지사 등은 포함하지 않는다.

第三條　設立外資企業, 必須有利于中國國民經濟的發展。國家鼓勵擧辦産品出口或者技術先進的外資企業。國家禁止或者限制設立外資企業的行業由國務院規定。

Article 3 Enterprises with foreign capital shall be established in such a manner as to help the development of China's national economy. The State may encourage the establishment of foreign – capital enterprises that are export – oriented or technologically advanced. Regulations shall be formulated by the State Council regarding the lines of business which the State forbids enterprises with foreign capital to engage in or on which it places certain restrictions.

제3조 외자기업의 설립은 반드시 중국국민경제의 발전에 유리해야 한다. 국가는 생산품 수출에 주력하거나 첨단기술을 보유한 외자기업의 설립을 장려한다. 국가가 금지 또는 제한하는 외자기업 설립업종은 국무원이 규정한다.

第四條　外國投資者在中國境內的投資、獲得的利潤和其他合法權益, 受中國法律保護。

外資企業必須遵守中國的法律、法規, 不得損害中國的社會公共利益。

Article 4 The investments of a foreign investor in China, the profits it earns and its other lawful rights and interests are protected by Chinese law. Enterprises with foreign capital shall abide by Chinese laws and regulations and may not engage in any activities detrimental to China's public interests.

제4조 외국투자자가 중국 국내에 한 투자 및 취득한 이윤, 기타 합법적 권리는 중국 법률의 보호를 받는다.

외자기업은 반드시 중국의 법률, 법규를 준수하여야 하며 중국의 사회 공공이익에 피해를 주어서는 안 된다.

第五條 國家對外資企業不實行國有化和征收; 在特殊情況下, 根据社會公共利益的需要, 對外資企業可以依照法律程序實行征收, 并給予相應的補償。

Article 5 The State does not nationalize or requisition any enterprise with foreign capital. However, under special circumstances when public interests require, enterprises with foreign capital may be requisitioned through legal procedures and appropriate compensation shall be made.

제5조 국가는 외자기업에 대해 국유화하거나 압류를 실시하지 않는다. 다만, 특수상황에서는 사회공공의 이익을 위하여 외자기업에 대해 법률절차에 따라 압류할 수 있으며 또한 상응한 보상을 제공한다.

第六條 設立外資企業的申請, 由國務院對外經濟貿易主管部門或者國務院授權的机關審查批准。 審查批准机關應当在接到申請之日起九十天內決定批准或者不批准。

Article 6 The application to establish an enterprise with foreign capital shall be submitted for examination and approval to the department under the State Council which is in charge of foreign economic relations and trade, or to an institution authorized by the State Council. The authorities in charge of examination and approval shall, within 90 days from the date they receives such application, decide whether or not to grant approval.

제6조 외자기업의 설립신청은 국무원 대외경제무역 주관부서 또는 국무원이 권한을 부여한 기관이 심사 및 비준한다. 심사비준기관은 신청 접수일로부터 90일 이내에 비준 여부를 반드시 결정해야 한다.

第七條 設立外資企業的申請經批准后, 外國投資者應当在接到批准証書之日起三十天內向工商行政管理机關申請登記, 領取營業執照。 外資企業的營業執照簽發日期, 爲該企業成立日期。

Article 7 When the application for the establishment of an enterprise with foreign capital is approved, the foreign investor shall, within 30 days from the date of receiving the certificate of approval, apply to the administrative department for industry and commerce for registration in order to obtain a business licence. The date of issue of the business licence of foreign - capital enterprise shall be the date of its establishment.

제7조 외국인투자자는 외자기업설립신청에 관한 비준을 얻은 뒤, 허가서류 취득일로부터 30일 내에 반드시 공상행정관리기관에 등록신청을 하여 영업허가증을 수령해야 한다. 외자기업의 설립일은 영업허가증 발급일에 준한다.

第八條 外資企業符合中國法律關于法人條件的規定的, 依法取得中國法人資格。

Article 8 An enterprise with foreign capital which meets the conditions for being considered a legal person under Chinese law shall acquire the status of a Chinese legal person in accordance with law.

제8조 외자기업이 중국법률의 법인설립 조건규정에 부합되면, 법에 따라 중국법인자격을 얻는다.

第九條 外資企業應当在審查批准机關核准的期限內在中國境內投資; 逾期不投資的, 工商行政管理机關有權吊銷營業執照。

工商行政管理机關對外資企業的投資情況進行檢查和監督。

Article 9 An enterprise with foreign capital shall make investments in China within the period approved by the authorities in charge of examination and approval. If it fails to do so, the administrative departments for industry and commerce shall have the power to cancel its business licence. The administrative department for industry and commerce shall inspect and supervise the investment situation of an enterprise with foreign capital.

제9조 외자기업은 반드시 심사기관이 허락한 기한 내에 중국 국내에 투자해야 한다. 기한이 지나도 투자하지 않은 기업에 대해서는 공상행정관리기관이 그 기업의 영업허가증을 회수할 권리가 있다. 공상행정관리기관은 외자기업의 투자 상황에 대해 검사와 감독을 진행한다.

第十條 外資企業分立、 合幷或者其他重要事項變更, 應当報審查批准机關批准, 幷向工商行政管理机關辦理變更登記手續。

Article 10 In the event of separation, merger or other major change, an enterprise with foreign capital shall report the matter to and seek approval from the authorities in charge of examination and approval, and register the change with the administrative department for industry and commerce.

제10조 외자기업의 분리, 통합 또는 기타 중대사항의 변경은 반드시 심사비준기관에 신고하고 비준을 받아야 하며, 동시에 공상행정관리기관에 변경등록수속을 해야 한다.

第十一條 外資企業依照經批准的章程進行經營管理活動, 不受干涉。

Article 11 Enterprises with foreign capital shall conduct their operation and management in accordance with the approved articles of association and shall be free from any interference.

제11조 외자기업은 비준된 정관에 따라 경영관리 활동을 하며 경영관리 활동은 간섭을 받지 않는다.

<u>외자기업의 생산경영계획은 동 주관부문에 보고하여 등록하여야 한다. 외자기업은 인가받은 정관에 따라 경영관리 활동을 하며 간섭을 받지 않는다.</u>(2000. 10. 31. 삭제)

第十二條　外資企業雇用中國職工應当依法簽定合同，并在合同中訂明雇用、解雇、報酬、福利、勞動保護、勞動保險等事項。

Article 12 When employing Chinese workers and staff, an enterprise with foreign capital shall conclude contracts with them according to law, in which matters concerning employment, dismissal, remuneration, welfare benefits, occupational protection and labour insurance shall be clearly prescribed.

제12조 외자기업이 중국인 직원을 고용할 경우 반드시 법에 따라 계약을 체결해야 하며, 동 계약에는 고용, 해고, 보수, 복지, 노동보호, 노동보험 등의 사항을 밝혀야 한다.

第十三條　外資企業的職工依法建立工會組織，開展工會活動，維護職工的合法權益。
外資企業應当爲本企業工會提供必要的活動條件。

Article 13 Workers and staff of enterprises with foreign capital may organize trade unions in accordance with law, in order to conduct trade union activities and protect their lawful rights and interests. The said enterprises shall provide the necessary conditions for the activities of the trade unions in their respective enterprises.

제13조 외자기업의 직원은 법에 의해 노동조합을 설립하고 노조활동을 전개할 수 있으며, 이를 통해 직원의 합법적인 권리를 보호받을 수 있다.
외자기업은 반드시 기업 내 노동조합의 활동에 필요한 조건을 제공해야 한다.

第十四條　外資企業必須在中國境內設置會計帳簿，進行獨立核算，按照規定報送會計報表，并接受財政稅務机關的監督。
外資企業拒絶在中國境內設置會計帳簿的，財政稅務机關可以處以罰款，工商行政管理机關可以責令停止營業或者吊銷營業執照。

Article 14 An enterprise with foreign capital shall set up account books in China, conduct independent accounting, submit the fiscal reports and statements as required and accept supervision by the financial and tax authorities. If an enterprise with foreign capital refuses to maintain account books in China, the financial and tax authorities may impose a fine on it, and the administrative department for industry and commerce may order it to suspend operation or may revoke its business licence.

제14조 외자기업은 반드시 중국 국내에 회계장부를 설치하여 독립예산을 실시해야 하며, 규정대로 회계재무제표를 제출해야 하고 아울러 재정세무기관의 감독을 받아야 한다.

외자기업이 중국 경내에서 회계장부설치를 거절할 경우 재정세무기관은 벌금을 부과할 수 있으며, 공상행정관리기관은 영업정지를 명령하거나 영업허가증을 취소할 수 있다.

第十五條　外資企業在批准的經營范圍內所需的原材料、燃料等物資，按照公平、合理的原則，可以在國內市場或者在國際市場購買。

Article 15 A foreign‐capital enterprise may, in adherence to the principles of fairness and rationality, purchase on both the Chinese and the world market the raw and semi‐processed materials, fuels and other materials it needs within the approved scope of operation.

제15조 외자기업은 비준된 경영범위 내에서 본 기업이 필요한 원자재, 연료 등 물자를 공평하고, 합리적인 원칙에 따라 국내시장이나 국제시장에서 구매할 수 있다.

외자기업은 인가된 경영 범위 내에서 필요한 원재료, 연료 등 물품을 중국이나 국제시장에서 구매할 수 있다. 다만 동등한 조건하에서는 가능한 한 중국에서 우선 구매하여야 한다. (2000. 10. 31 삭제)

第十六條　外資企業的各項保險應当向中國境內的保險公司投保。

Article 16 Enterprises with foreign capital shall apply to insurance companies in China for such kinds of insurance coverage as are needed.

제16조 외자기업은 필요한 보험을 반드시 중국 국내 보험기관에서 가입해야 한다.

第十七條　外資企業依照國家有關稅收的規定納稅并可以享受減稅、免稅的优惠待遇。外資企業將繳納所得稅后的利潤在中國境內再投資的，可以依照國家規定申請退還再投資部分已繳納的部分所得稅稅款。

Article 17 Enterprises with foreign capital shall pay taxes in accordance with relevant State regulations for tax payment, and may enjoy preferential treatment for reduction of or exemption from taxes. An enterprise with foreign capital that reinvests its profits in China after paying the income tax may, in accordance with relevant State regulations, apply for refund of a part of the income tax already paid on the reinvested amount.

제17조 외자기업은 국가의 관련 세수규정에 따라 세금을 납부하며 또 감세 및 면세 혜택을 향유할 수 있다.

외자기업이 소득세 납부 후 이윤을 중국 국내에 재투자할 경우, 국가규정에 따라 재투자부분에 대해 이미 납부한 소득세의 반환을 신청할 수 있다.

第十八條　外資企業的外匯事宜，依照國家外匯管理規定辦理。

外資企業應当在中國銀行或者國家外匯管理机關指定的銀行開戶。

Article 18 An enterprise with foreign capital shall handle its foreign exchange transactions in accordance with the State regulations on foreign exchange control. An enterprise with foreign capital shall open an account with the Bank of China or with a bank designated by the State authority exercising foreign exchange control.

제18조 외자기업의 외환관련 사항은 국가외환관리국의 규정에 따라 처리한다.

외자기업은 반드시 중국은행 또는 국가외환관리기관이 지정한 은행에 구좌를 개설한다. 외자기업은 외환수지균형을 스스로 유지하여야 한다. 관련 주관기관의 승인을 받아 외자기업의 제품을 중국 시장에 판매하고 이로 인하여 기업의 외환수지에 불균형이 발생한 경우 동 제품의 중국 시장 판매를 승인한 기관이 해결하여야 한다. (2000. 10. 31 삭제)

第十九條　外國投資者從外資企業獲得的合法利潤、其他合法收入和清算后的資金, 可以匯往國外。外資企業的外籍職工的工資收入和其他正当收入,　依法繳納个人所得稅后, 可以匯往國外。

Article 19 The foreign investor may remit abroad the profits that are lawfully earned from an enterprise with its investment, as well as other lawful earnings and any funds remaining after the enterprise is liquidated. Wages, salaries and other legitimate income earned by foreign employees in an enterprise with foreign capital may be remitted abroad after the payment of individual income tax in accordance with law.

제19조 외국인 투자자는 외자기업에서 취득한 합법적인 이윤, 기타 합법적인 수입과 청산 후의 자금을 국외로 송금할 수 있다.

외자기업의 외국인 직원의 임금과 기타 정당한 수입은 법에 따라 개인소득세를 납부한 뒤 국외로 송금할 수 있다.

第二十條　外資企業的經營期限由外國投資者申報,　由審查批准机關批准。期滿需要延長的,　應当在期滿一百八十天以前向審查批准机關提出申請。審查批准机關應当在接到申請之日起三十天內決定批准或者不批准。

Article 20 With respect to the period of operation of an enterprise with foreign capital, the foreign investor shall report to and secure approval from the authorities in charge of examination and approval. For an extension of the period of operation, an application shall be submitted to the said authorities 180 days before the expiration of the period. The authorities in charge of examination and approval shall, within 30 days from the date of receiving such application, decide whether or not to grant the extension.

제20조 외자기업의 경영기한은 외국인 투자자가 신청하며, 심사비준기관이 비준한다. 기한 만료 후 연장할 경우, 반드시 기한만료 180일 전에 이를 심사비준기관에 신고해야 한다. 심사비준기관은 신고접수일로부터 30일 내에 비준 여부를 반드시 결정해야 한다.

第二十一條 外資企業終止, 應當及時公告, 按照法定程序進行淸算。
在淸算完結前, 除爲了執行淸算外, 外國投資者對企業財産不得處理。
Article 21 When terminating its operation, an enterprise with foreign capital shall promptly issue a public notice and proceed with liquidation in accordance with legal procedure. Pending the completion of liquidation, a foreign investor may not dispose of the assets of the enterprise except for the purpose of liquidation.
제21조 외자기업의 종료는 반드시 적시에 공고해야 하며 법률절차에 따라 청산해야 한다. 외국인 투자자는 청산 완료 前 청산집행을 위한 것 이외에 기업재산을 처분할 수 없다.

第二十二條 外資企業終止, 應當向工商行政管理机關辦理注銷登記手續, 繳銷營業執照。
Article 22 At the termination of operation, the enterprise with foreign capital shall cancel its registration with the administrative department for industry and commerce and hand in its business licence for cancellation.
제22조 외국인 투자자는 외자기업 종료 후 반드시 공상행정 관리기관에 철수수속을 하고 영업허가증을 반납해야 한다.

第二十三條 國務院對外經濟貿易主管部門根据本法制定實施細則, 報國務院批准后施行。
Article 23 The department under the State Council which is in charge of foreign economic relations and trade shall, in accordance with this Law, formulate rules for its implementation, which shall go into effect after being submitted to and approved by the State Council.
제23조 국무원 대외경제무역 주관부서는 본 법에 의해 실시세칙을 제정하여 국무원의 비준을 받은 뒤 시행한다.

第二十四條 本法自公布之日起施行。
Article 24 This Law shall go into effect as of the date of its promulgation.
제24조 본 법은 공포일부터 시행한다.

V. 중국 노동계약법 원문 및 한글 대조본

中華人民共和國勞動合同法
중화인민공화국 노동계약법

已由中華人民共和國第十屆全國人民代表大會常務委員會第二十八次會議于2007年6月29日通過, 現予公布, 自2008年1月1日起施行。

2007년 6월 29일 제10회 전국인민대표대회 상무위원회 제28차 회의 통과·공포, 2008년 1월 1일부터 시행

<table>
<tr><td align="center">目录</td><td align="center">목차</td></tr>
<tr><td>第一章 總則</td><td>제1장 총칙</td></tr>
<tr><td>第二章 的訂立</td><td>제2장 노동계약의 체결</td></tr>
<tr><td>第三章 的履行和變更</td><td>제3장 노동계약의 이행 및 변경</td></tr>
<tr><td>第四章 的解除和終止</td><td>제4장 노동계약의 해제 및 종료</td></tr>
<tr><td>第五章 特別規定</td><td>제5장 특별규정</td></tr>
<tr><td>第一節 集体合同</td><td>제1절 집단계약</td></tr>
<tr><td>第二節 勞務派遣</td><td>제2절 노무파견</td></tr>
<tr><td>第三節 非全日制用工</td><td>제3절 비전일제 고용</td></tr>
<tr><td>第六章 監督檢查</td><td>제6장 감독 및 검사</td></tr>
<tr><td>第七章 法律責任</td><td>제7장 법적 책임</td></tr>
<tr><td>第八章 附則</td><td>제8장 부칙</td></tr>
</table>

第一章 总则

제1장 총칙

第一條 爲了完善制度, 明确双方当事人的權利和義務, 保護勞動者的合法權益, 构建和
發展和諧穩定的勞動關系, 制定本法。

제1조(목적)

노동계약제도를 정비하고 노동계약을 체결하는 쌍방의 권리와 의무를 명확히 하며, 노
동자의 합법적인 권리를 보호하고 조화롭고 안정적인 노동관계를 구축 · 발전시키기 위해
본 법을 제정한다.

第二條 中華人民共和國境內的企業、个体經濟組織、民辦非企業單位等組織(以下称用
人單位)与勞動者建立勞動關系, 訂立、履行、變更、解除或者終止, 适用本法。

國家机關、事業單位、社會團体和与其建立勞動關系的勞動者, 訂立、履行、變更、解
除或者終止, 依照本法執行。

제2조(적용 범위)

중화인민공화국 경내(境內)의 기업, 개인경제조직, 민간非기업단위(이하 '사용자'로 약
칭)가 노동자와 노동관계를 성립하고 노동계약의 체결, 이행, 변경, 해제 및 종료 시, 본
법을 적용한다.

국가기관, 사업기관, 사회단체와 노동관계가 성립되는 노동자의 경우, 노동계약의 체
결, 이행, 변경, 해제 및 종료는 본 법에 의거하여 집행한다.

第三條 訂立, 應当遵循合法、公平、平等自愿、協商一致、誠實信用的原則。

依法訂立的具有約束力, 用人單位与勞動者應当履行約定的義務。

제3조(기본 원칙)

노동계약의 체결에 있어 합법, 공평, 평등의사(平等自願), 협의합의(協商一致), 신의성
실의 원칙을 준수해야 한다. 노동계약은 법에 의거하여 체결되면 법률적 구속력을 갖게
되며, 사용자와 노동자는 필히 노동계약 규정의 의무를 이행해야 한다.

第四條 用人單位應当依法建立和完善勞動規章制度, 保障勞動者享有勞動權利、履行勞
動義務。

用人單位在制定、修改或者決定有關勞動報酬、工作時間、休息休假、勞動安全衛
生、保險福利、職工培訓、勞動紀律以及勞動定額管理等直接涉及勞動者切身利益的規章
制度或者重大事項時, 應当經職工代表大會或者全体職工討論, 提出方案和意見, 与工會或

者職工代表平等協商確定。

在規章制度和重大事項決定實施過程中，工會或者職工認爲不适当的，有權向用人單位
提出，通過協商予以修改完善。

用人單位應当將直接涉及勞動者切身利益的規章制度和重大事項決定公示、或者告知勞
動者。

제4조(노동규칙제도)

사용자는 법에 따라 노동규칙를 확립·정비하여, 노동자가 노동권리를 향유하고 노동
의무를 이행할 수 있도록 보장해야 한다.

노동자의 절실한 이익에 직접 관계되는 노동보수, 근무시간, 휴식휴가, 안전위생, 보험
복리, 직공훈련, 노동규율 및 노동정량(定額)관리 등의 규칙제도 또는 중대 사항을 제정,
수정 또는 결정할 때에는 직공대표대회 또는 전체 직공의 토론을 거쳐, 방안과 의견을 제
시하고 노동조합 또는 직공대표와 평등하게 협의하여 확정해야 한다.

규칙제도 및 중대결정사항의 실시과정 중 노동조합 또는 직공이 부적당하다고 인식하
는 경우, 사용자에게 문제를 제기하고 협의를 통해 수정·정비하는 권리를 보유한다.

사용자는 노동자의 절실한 이익과 관련되는 규칙제도 및 중대결정사항을 노동자에게
공시하거나 또는 고지해야 한다.

第五條　縣級以上人民政府勞動行政部門會同工會和企業方面代表，建立健全協調
勞動關系三方机制，共同硏究解決有關勞動關系的重大問題。

제5조(노동관계 협조의 3자 체제)

현급 이상의 인민정부 노동행정부문은 노동조합 및 기업 측 대표와 3자 간 건전한 노
동관계 협조체제를 확립하고, 노동 관련 중대한 문제를 공동으로 연구·해결한다.

第六條　工會應当帮助、指導勞動者与用人單位依法訂立和履行，并与用人單位建立集体
協商机制，維護勞動者的合法權益。

제6조(노동조합)

노동조합은 노동자와 사용자가 법에 의거한 노동계약을 체결하고 이행토록 지원·지
도하고 사용자와 집단협의 체제를 구축하여 노동자의 합법적인 권익을 보호해야 한다.

第二章　的订立
제2장 노동계약의 체결

第七條　用人單位自用工之日起卽与勞動者建立勞動關系。用人單位應当建立職工名冊
備查。

제7조(노동관계의 개시와 직공명부 작성)

사용자는 고용개시일로부터 노동자와 노동관계가 성립된다. 사용자는 직공명부(招工名冊)를 작성하여 검사에 대비하여야 한다.

第八條　用人單位招用勞動者時，　應当如實告知勞動者工作內容、工作條件、工作地点、職業危害、安全生産狀況、勞動報酬，以及勞動者要求了解的其他情況；用人單位有權了解勞動者与直接相關的基本情況，勞動者應当如實說明。

제8조(노동계약 시 고지의무) 사용자는 노동자를 모집 · 고용하는 경우, 노동자에게 업무내용, 근무조건, 근무지점, 직업상 위험, 안전생산 상황, 노동보수 및 노동자가 이해하기를 원하는 기타 상황을 사실대로 고지해야 한다. 사용자는 노동계약 체결과 직접 관계있는 노동자의 기본 상황을 파악할 수 있는 권리를 보유하며, 노동자는 사실대로 설명해야 한다.

第九條　用人單位招用勞動者，不得扣押勞動者的居民身份証和其他証件，不得要求勞動者提供担保或者以其他名義向勞動者收取財物。

제9조(보증금 요구 금지) 사용자가 노동자를 모집고용 시, 노동자의 주민(居民)신분증 또는 기타 증명서를 강제 보관해서는 안 되며, 노동자에게 담보제공을 요구하거나 또는 기타 명목으로 노동자의 재물을 수취해서는 안 된다.

第十條　建立勞動關系，應当訂立書面。已建立勞動關系，未同時訂立書面的，應当自用工之日起一个月內訂立書面。用人單位与勞動者在用工前訂立的，　勞動關系自用工之日起建立。

제10조(서면노동계약과 고용개시일) 노동관계의 성립은 서면에 의한 노동계약을 체결해야 한다. 노동관계가 이미 성립되어 있으나, 그와 동시에 서면 노동계약이 미체결된 경우는 고용 개시일로부터 1개월 이내에 서면 노동계약을 체결해야 한다.

사용자와 노동자가 고용 전에 노동계약을 체결하는 경우, 노동관계는 고용일로부터 성립된다.

第十一條　用人單位未在用工的同時訂立書面，与勞動者約定的勞動報酬不明确的，新招用的勞動者的勞動報酬安照集体合同規定的標准執行；　沒有集体合同或者集体合同未規定的，實行同工同酬。

제11조(노동보수) 사용자가 고용과 동시에 서면 노동계약을 체결하지 않고, 노동자와 약정한 노동보수가 불명확한 경우, 신규 모집 고용된 노동자의 노동보수는 집단계약에 규정된 기준에 근거하여 집행한다. 집단계약이 없거나, 집단계약에 규정되어 있지 않은 경

우, 「동일 노동 - 동일 보수(同工同酬)」를 실시한다.

第十二條 分爲固定期限、无固定期限和以完成一定工作任務爲期限的。
제12조(노동계약의 종류) 노동계약은 고정기한 노동계약, 무고정기한 노동계약 및 일정업무 완성기한의 노동계약으로 나뉜다.

第十三條 固定期限, 是指用人單位与勞動者約定合同終止時間的。用人單位与勞動者協商一致, 可以訂立固定期限。
제13조(고정기한 노동계약) 고정기한 노동계약은 사용자와 노동자가 계약종료일을 약정한 노동계약을 지칭한다. 사용자는 노동자와 협의합의를 통해 고정기한의 노동계약을 체결할 수 있다.

第十四條 无固定期限, 是指用人單位与勞動者約定无确定終止時間的。
用人單位与勞動者協商一致, 可以訂立无固定期限。有下列情形之一, 勞動者提出或者同意續訂、訂立的, 除勞動者提出訂立固定期限外, 應当訂立无固定期限:
제14조(무고정기한 노동계약) 무고정기한 노동계약은 사용자와 노동자가 계약종료일을 약정하지 않은 노동계약을 지칭한다. 사용자는 노동자와 협의합의를 통해 무고정기한 노동계약을 체결할 수 있다. 다음과 같은 상황의 하나에 해당하는 경우, 노동자가 계속체결을 제의 또는 동의하여 노동계약을 체결할 시, 노동자가 고정기한 노동계약을 제의하는 경우를 제외하고 무고정기한 노동계약을 체결해야 한다.

(一) 勞動者在該用人單位連續工作滿十年的;
(1) 노동자가 이미 당해 기업에 연속하여 만 10년 근무한 경우

(二) 用人單位初次實行制度或者國有企業改制重新訂立時, 勞動者在該用人單位連續工作滿十年且距法定退休年齡不足十年的;
(2) 사용자가 최초로 노동계약제도를 실시하거나, 또는 국유기업제도 개혁으로 새롭게 노동계약을 체결할 경우, 노동자가 당해 기업의 연속 근무연수가 만 10년이고 또한 법정 퇴직연령까지 10년 미만인 경우

(三) 連續訂立二次固定期限, 且勞動者沒有本法第三十九條和第四十條第一項、第二項規定的情形, 續訂的。
(3) 고정기한 노동계약을 연속 2회 체결하고, 노동자가 본 법 제39조 및 제40조 제1항, 제2항에 규정되어 있는 상황에 해당되지 않는 가운데, 노동계약을 계속 체결하는 경우

用人單位自用工之日起滿一年不与勞動者訂立書面的， 視爲用人單位与勞動者已訂立无固定期限。

사용자가 고용개시일로부터 만 1년 이내에 노동자와 서면 노동계약을 체결하지 않은 경우, 사용자는 이미 노동자와 「무고정기한 노동계약」을 체결한 것으로 간주된다.

第十五條 以完成一定工作任務爲期限的， 是指用人單位与勞動者約定以某項工作的完成爲合同期限的。

用人單位与勞動者協商一致， 可以訂立以完成一定工作任務爲期限的。

제15조(일정업무 완성기한 노동계약)

일정업무 완성기한 노동계약은 사용자와 노동자가 특정 업무의 완료를 계약기한으로 약정하는 노동계약을 지칭한다.

사용자는 노동자와 협의합의를 통해 일정업무 완성을 기한으로 하는 노동계약을 체결할 수 있다.

第十六條 由用人單位与勞動者協商一致， 并經用人單位与勞動者在文本上簽字或者盖章生效。文本由用人單位和勞動者各執一份。

제16조(노동계약의 효력발생과 보관)

노동계약은 사용자와 노동자가 협의, 합의하고, 사용자와 노동자가 노동계약서 본문에 서명 또는 날인함으로써 효력이 발생된다.

노동계약서 원본은 사용자와 노동자가 각 1부씩 보관한다.

第十七條 應당具備以下條款：
(一) 用人單位的名称、住所和法定代表人或者主要負責人；
(二) 勞動者的姓名、住址和居民身份証或者其他有效身份証件号碼；
(三) 期限；
(四) 工作內容和工作地点；
(五) 工作時間和休息休假；
(六) 勞動報酬；
(七) 社會保險；
(八) 勞動保護、勞動條件和職業危害防護；
(九) 法律、法規規定應당納入的其他事項。

除前款規定的必備條款外， 用人單位与勞動者可以約定試用期、培訓、保守秘密、補充保險和福利待遇等其他事項。

제17조(노동계약 필수 구비항목)

노동계약은 아래 조항을 구비해야 한다.

(1) 사용자의 명칭, 주소 및 법정대표자 또는 주요 책임자

(2) 노동자의 성명, 주소 및 주민(居民)신분증 또는 기타 유효한 신분증서 번호

(3) 노동계약 기한

(4) 업무내용 및 근무지점

(5) 근무시간 및 휴식 · 휴가

(6) 노동보수

(7) 사회보험

(8) 노동보호, 노동조건 및 직업재해 방지 · 보호(職業危害防護)

(9) 법률, 법규규정에 따라 노동계약에 포함되어야 하는 기타 사항.

전항에 규정된 필수 구비조항 외에도 사용자와 노동자는 노동계약서에 시용(시험채용)기간, 연수훈련, 상업비밀 준수의무, 보충보험 및 복리대우 등 기타 사항을 약정할 수 있다.

第十八條　對勞動報酬和勞動條件等標准約定不明确, 引發爭議的, 用人單位与勞動者可以重新協商; 協商不成的, 适用集体合同規定; 沒有集体合同或者集体合同未規定勞動報酬的, 實行同工同酬; 沒有集体合同或者集体合同未規定勞動條件等標准的, 适用國家有關規定.

제18조(노동조건 기준의 우선순위)

노동계약에 노동보수 및 노동조건 기준의 약정이 불명확하여 쟁의가 발생하는 경우, 사용자와 노동자는 재협의할 수 있다. 협상이 타결되지 않을 경우 집단계약 규정을 적용한다. 집단계약 규정이 없거나 집단계약에 노동조건 등의 기준이 규정되어 있지 않은 경우, 국가 관련 규정을 적용한다.

第十九條　期限三个月以上不滿一年的, 試用期不得超過一个月; 期限一年以上不滿三年的, 試用期不得超過二个月; 三年以上固定期限和无固定期限的, 試用期不得超過六个月.

同一用人單位与同一勞動者只能約定一次試用期.

以完成一定工作任務爲期限的或者期限不滿三个月的, 不得約定試用期.

試用期包含在期限內. 僅約定試用期的, 試用期不成立, 該期限爲期限.

제19조(시험채용기간)

노동계약 기간이 3개월 이상 1년 미만인 경우, 시용기간은 1개월을 초과할 수 없다. 노동계약기간이 1년 이상 3년 미만인 경우, 시용기간은 2개월을 초과할 수 없다. 3년 이상 고정기한 및 무고정기한 노동계약의 시용기간은 6개월을 초과할 수 없다.

동일 사용자는 동일 노동자와 1회에 한해 시용기간을 약정할 수 있다.

일정업무 완성기한 노동계약, 또는 3개월 미만의 노동계약인 경우, 시용기간을 약정하지 못한다.

시용기한은 노동계약 기한 내에 포함된다. 노동계약이 사용기간만 약정하는 경우, 시용
기간은 성립하지 않고 당해 기간은 노동계약 기간으로 간주된다.

第二十條　勞動者在試用期的工資不得低于本單位相同崗位最低檔工資或者約定工
資的百分之八十, 并不得低于用人單位所在地的最低工資標准.

제20조(시험채용기간 중 임금)

노동자의 시용기간 중 임금은 당해 기업의 동일업무 최저레벨 임금, 또는 노동계약 약정
임금의 80%보다 낮으면 안 되며, 또한, 기업 소재지의 최저임금기준보다 낮으면 안 된다.

第二十一條　在試用期中, 除勞動者有本法第三十九條和第四十條第一項、第二項規定的
情形外, 用人單位不得解除. 用人單位在試用期解除的, 應当向勞動者說明理由.

제21조(시험채용기간 중 해고)

시용기간 중에 노동자가 본 법 제39조 및 제40조 제1항, 제2항에 규정되어 있는 상황
에 해당하는 경우를 제외하고, 사용자는 노동계약을 해제할 수 없다. 사용자가 시용기간
중 계약을 해제하는 경우, 노동자에게 이유를 설명해야 한다.

第二十二條　用人單位爲勞動者提供專項培訓費用, 對其進行專業技術培訓的, 可以与該
勞動者訂立協議, 約定服務期.

勞動者違反服務期約定的, 應当按照約定向用人單位支付違約金. 違約金的數額不得超
過用人單位提供的培訓費用. 用人單位要求勞動者支付的違約金不得超過服務期尚未履行
部分所應分攤的培訓費用.

用人單位与勞動者約定服務期的, 不影響按照正常的工資調整机制提高勞動者在服務期
期間的勞動報酬.

제22조(연수훈련 후 의무복무기간의 약정)

사용자가 노동자를 위해 전문연수비용을 제공하여 노동자에 대해 전문 기술연수를 실
시하는 경우, 노동자와 협의서를 체결하여 의무 복무기간을 약정할 수 있다.

노동자가 의무복무기간 약정을 위반한 경우, 약정에 따라 사용자에게 위약금을 지불해
야 한다. 위약금 약정액은 사용자가 제공한 연수비용을 초과하지 못한다. 사용자가 노동
자에게 지불을 요구하는 위약금은 의무복무기간 미이행 부분에 상응하는 연수비용을 초
과하지 못한다.

사용자와 노동자 간 의무복무기간을 약정하는 경우, 정상적인 임금조정시스템에 따른
의무복무기간 중 노동보수 인상에 영향을 미치지 않는다.

第二十三條　用人單位与勞動者可以在中約定保守用人單位的商業秘密和与知識産權相關的保密事項。

對負有保密義務的勞動者，用人單位可以在或者保密協議中与勞動者約定競業限制條款，并約定在解除或者終止后，　在競業限制期限內按月給予勞動者經濟補償。勞動者違反競業限制約定的，應当按照約定向用人單位支付違約金。

제23조(상업기밀 준수 및 퇴직 후 경쟁업종 취업제한 약정)

사용자와 노동자는 노동계약 시 사용자의 상업비밀 및 지적재산권 관련 비밀 사항에 대해 준수 약정을 체결할 수 있다.

상업비밀 준수의무가 부과되는 노동자에 대해 사용자는 노동계약, 또는 상업비밀 준수 협의 중 노동자와 경업(競業)제한(경쟁업종 취업제한) 조항을 약정할 수 있고, 노동계약의 해제 또는 종료 후 경업제한 기간 내에 노동자에 대해 매월 경제 보상금 지불을 약정할 수 있다. 노동자가 경업제한 약정을 위반한 경우, 약정에 따라 사용자에게 위약금을 지불해야 한다.

第二十四條　競業限制的人員限于用人單位的高級管理人員、高級技術人員和其他負有保密義務的人員。競業限制的范圍、地域、期限由用人單位与勞動者約定，　競業限制的約定不得違反法律、法規的規定。

在解除或者終止后，　前款規定的人員到与本單位生産或者經營同類産品、從事同類業務的有競爭關系的其他用人單位，　或者自己開業生産或者經營同類産品、從事同類業務的競業限制期限，不得超過二年。

제24조(경쟁업종 취업제한의 내용)

경업이 제한되는 인원은 고급관리자, 고급기술자 및 기타 상업비밀 준수 의무가 부과된 인원으로 국한된다. 경업제한의 범위, 지역, 기한은 사용자와 노동자 간 약정되며, 경업제한의 약정은 법률, 법규를 위반하면 안 된다.

노동계약의 해제 또는 종료 후, 전항에 규정된 인원이 당해 기업과 동류 제품을 생산, 경영 또는 동종의 업무에 종사하고 있는 경쟁관계에 있는 다른 기업에 근무하거나, 또는 독자적으로 개업하여 동류 제품을 생산, 경영 또는 동종의 업무에 종사하는 것을 제한하는 경업(競業)기간은 2년을 초과할 수 없다.

第二十五條　除本法第二十二條和第二十三條規定的情形外，用人單位不得与勞動者約定由勞動者承担違約金。

제25조(위약금 __________ 약정 제한)

본 법의 제22조 및 제23조에 규정된 상황 외에, 사용자는 노동자와 노동자가 위약금을 부담하는 것을 약정할 수 없다.

第二十六條 下列无效或者部分无效:

(一) 以欺詐、脅迫的手段或者乘人之危, 使對方在違背眞實意思的情況下訂立或者變更的;

(二) 用人單位免除自己的法定責任、排除勞動者權利的;

(三) 違反法律、行政法規强制性規定的。

對的无效或者部分无效有爭議的, 由仲裁机构或者人民法院确認。

제26조(노동계약의 무효)

다음의 각 조항에 해당되는 경우, 노동계약은 무효, 또는 일부 무효가 된다.

(1) 사기, 협박의 수단, 또는 상대의 약점을 파고들어, 상대방의 진정한 의지에 위배되는 상황에서 체결하거나 또는 변경한 노동계약

(2) 사용자가 자기의 법정 책임을 면제하고 노동자의 권리를 배제한 경우

(3) 법률, 행정법규가 강제적으로 규정하는 사항을 위반한 경우

노동계약의 무효 또는 일부 무효에 대해 쟁의가 있는 경우, 노동쟁의중재기구 또는 인민법원이 확인한다.

第二十七條 部分无效, 不影響其他部分效力的, 其他部分仍然有效。

제27조(노동계약의 일부 무효)

노동계약의 일부 무효기 기타 부분의 효력에 영향을 미치지 않는 경우, 기타 부분은 여전히 유효하다.

第二十八條 被确認无效, 勞動者已付出勞動的, 用人單位應当向勞動者支付勞動報酬。勞動報酬的數額, 參照本單位相同或者相近崗位勞動者的勞動報酬确定。

제28조(노동계약 무효 관련 조치)

노동계약이 무효로 확인되었으나, 노동자가 이미 노동력을 제공한 경우, 사용자는 노동자에게 노동보수를 지불해야 한다. 노동보수의 금액은 당해 기업의 동일 부서 노동자의 노동보수를 참조하여 결정한다.

第三章 的履行和变更

제3장 노동계약의 이행과 변경

第二十九條 用人單位与勞動者應当按照的約定, 全面履行各自的義務。

제29조(의무의 이행)

사용자와 노동자는 노동계약의 약정에 따라 각자의 의무를 전면적으로 이행해야 한다.

第三十條 用人單位應当按照約定和國家規定, 向勞動者及時足額支付勞動報酬。

用人單位拖欠或者未足額支付勞動報酬的, 勞動者可以依法向当地人民法院申請支付令, 人民法院應当依法發出支付令。

제30조(노동보수의 지급)

사용자는 노동계약 규정 및 국가규정에 따라, 적시만액(適時滿額)의 노동보수를 지급해야 한다. 사용자가 노동보수의 연체 또는 만액(滿額)을 지급하지 않은 경우, 노동자는 소재지 인민법원에 지불명령을 신청할 수 있고, 인민법원은 법에 따라 지불명령을 내려야 한다.

第三十一條 用人單位應当嚴格執行勞動定額標准, 不得强迫或者變相强迫勞動者加班。用人單位安排加班的, 應当按照國家有關規定向勞動者支付加班費。

제31조(초과근무)

사용자는 노동정량(勞動定額) 기준을 준수하고, 노동자에게 잔업을 강요하거나 또는 형태를 바꾸어 강제해서는 안 된다. 사용자가 잔업을 시킬 경우, 국가의 관련규정에 따라 노동자에게 잔업대를 지불해야 한다.

第三十二條 勞動者拒絶用人單位管理人員違章指揮、强令冒險作業的, 不視爲違反。

勞動者對危害生命安全和身体健康的勞動條件, 有權對用人單位提出批評、檢擧和控告。

제32조(위험작업)

노동자는 기업의 관리인원이 규정을 위반하여 위험한 작업을 강제할 경우, 거부하는 권리를 보유하여, 이는 노동계약 위반으로 간주되지 않는다.

노동자의 생명안전과 신체건강에 위해를 가하는 노동조건에 대해서는 비판, 검거 및 고발하는 권리를 보유한다.

第三十三條 用人單位變更名称、法定代表人、主要負責人或者投資人等事項, 不影響的履行。

제33조(사용자의 변경)

사용자의 명칭, 법인대표, 주요 책임자 또는 출자자 등 사항의 변경은 노동계약의 이행에는 영향을 미치지 않는다.

第三十四條 用人單位發生合幷或者分立等情況, 原継續有效, 由承継其權利和義務的用人單位継續履行。

제34조(합병과 분사)

기업의 합병 또는 분사 등 상황이 발생하는 경우, 원노동계약은 계속 유효하며, 노동계약은 그 권리 의무를 승계하는 기업에 의해 계속 이행된다.

第三十五條 用人單位与勞動者協商一致, 可以變更約定的內容。變更, 應当采用書面形式。變更后的文本由用人單位和勞動者各執一份。

제35조(노동계약의 서면변경)

사용자와 노동자 간 협의합의에 의거하여 노동계약의 약정내용을 변경할 수 있다. 노동계약의 변경은 서면형식을 취해야 한다.

변경 후 노동계약 문서는 사용자와 노동자가 각 1부씩 보유한다.

第四章 的解除和终止

제4장 노동계약해제와 종지

第三十六條 用人單位与勞動者協商一致, 可以解除。

제36조(계약해제의 원칙) 사용자와 노동자는 협의합의에 의해 노동계약을 해제할 수 있다.

第三十七條 勞動者提前三十日以書面形式通知用人單位, 可以解除。勞動者在試用期內提前三日通知用人單位, 可以解除。

제37조(노동자 측의 계약해제 통지요건)

노동자는 30일 前까지 서면형식으로 사용자에게 통지함으로써 노동계약을 해제할 수 있다. 시용(시험채용)기간 내일 경우는 3일 前까지 사용자에게 통지함으로써 노동계약 을 해제할 수 있다.

第三十八條 用人單位有下列情形之一的, 勞動者可以解除:
(一) 未按照約定提供勞動保護或者勞動條件的;
(二) 未及時足額支付勞動報酬的;
(三) 未依法爲勞動者繳納社會保險費的;
(四) 用人單位的規章制度違反法律、法規的規定, 損害勞動者權益的;
(五) 因本法第二十六條第一款規定的情形致使无效的;
(六) 法律、行政法規規定勞動者可以解除的其他情形。

用人單位以暴力、威脅或者非法限制人身自由的手段强迫勞動者勞動的, 或者用人單位違章指揮、强令冒險作業危及勞動者人身安全的, 勞動者可以立卽解除, 不需事先告知用人單位。

제38조(노동자 측의 계약해제 요구 상황)

사용자가 다음 각 호의 하나에 해당하는 경우, 노동자는 노동계약을 해제할 수 있다.

(1) 노동계약에 약정된 노동보호 또는 노동조건이 제공되지 않은 경우

(2) 노동보수 전액을 적시에 만액을 지급하지 않는 경우

(3) 노동자를 위한 법정 사회보험료를 납부하지 않은 경우

(4) 사용자의 규칙제도가 법률, 법규의 규정을 위반하여 노동자의 권익에 손해를 끼친 경우

(5) 본 법 제26조 제1항이 규정하는 상황에 따라, 노동계약이 무효가 되는 경우

(6) 법률, 행정법규가 규정하는 노동자가 노동계약을 해제할 수 있도록 기타 상황이 있는 경우

사용자가 폭력, 협박 또는 불법적으로 인신자유를 제한하는 수단으로 노동자에게 노동을 강제하거나, 또는 사용자가 규정을 위반하여 노동자의 인신 안전에 위험한 작업을 지도·강요하는 경우, 노동자는 즉각 노동계약을 해제할 수 있으며, 사용자에게 사전 고지할 필요가 없다.

第三十九條 勞動者有下列情形之一的, 用人單位可以解除:

(一) 在試用期間被証明不符合彔用條件的;

(二) 嚴重違反用人單位的規章制度的;

(三) 嚴重失職, 營私舞弊, 給用人單位造成重大損害的;

(四)勞動者同時与其他用人單位建立勞動關系, 對完成本單位的工作任務造成嚴重影響, 或者經用人單位提出, 拒不改正的;

(五)因本法第二十六條第一款第一項規定的情形致使无效的;

(六)被依法追究刑事責任的。

제39조(노동자의 과실성 사유에 근거한 사용자 측의 해고요건)

노동자가 다음 각 호의 하나에 해당하는 경우, 사용자는 노동계약을 해제할 수 있다.

(3) 시용(시험채용)기간 중에 채용조건에 부합되지 않음이 증명되는 경우

(3) 기업의 규칙제도를 중대하게 위반한 경우

(4) 중대한 직무과실, 사리추구로 기업의 이익에 심각한 손해를 입힌 경우

(4) 노동자가 동시에 다른 사용자와 노동관계를 맺음에 따라, 기업의 작업임무 완수에 심각한 영향을 미치는 경우, 또는 사용자의 지적에도 불구하고 시정을 거부하는 경우

(4) 본 법 제26조 제1항에 규정된 상황에 의거하여 노동계약이 무효가 되는 경우

(4) 법에 의거하여 형사책임을 추궁받는 경우

第四十條 有下列情形之一的, 用人單位提前三十日以書面形式通知勞動者本人或者額外支付勞動者一个月工資后, 可以解除:

(一) 勞動者患病或者非因工負傷, 在規定的医療期滿后不能從事原工作, 也不能從事由

用人單位另行安排的工作的;

　　(二) 勞動者不能胜任工作, 經過培訓或者調整工作崗位, 仍不能胜任工作的;

　　(三) 訂立時所依据的客觀情况發生重大變化, 致使无法履行, 經用人單位与勞動者協商, 未能就變更內容達成協議的。

　　제40조(노동자의 비과실성 사유에 근거한 사용자 측의 해고요건)

　　다음 각 호의 하나에 해당하는 경우, 사용자는 30일 전까지 서면형식으로 노동자 본인에게 통지하거나, 또는 노동자에게 1개월의 급여를 추가 지급 후, 노동계약을 해제할 수 있다.

　　(1) 노동자가 질병이나 비산재(非産災) 부상으로 인해 규정된 치료기간 만료 후에도 원래 업무에 종사할 수 없고, 또한 사용자가 별도 수배한 업무에도 종사할 수 없는 경우

　　(2) 노동자가 업무수행 부적합으로 증명되고, 연수실시 후 또는 업무조정 후에도 여전히 업무수행에 적합하지 않는 경우

　　(3) 노동계약 체결 시 근거가 되었던 객관적 상황에 중대한 변화가 발생하여 노동계약을 이행할 수 없게 되고, 사용자와 노동자 간 협의를 거쳤음에도 불구하고 노동계약 내용의 변경에 대해 협의합의에 달하지 못한 경우

　　第四十一條 有下列情形之一, 需要裁减人員二十人以上或者裁减不足二十人但占企業職工總數百分之十以上的, 用人單位提前三十日向工會或者全体職工說明情况, 听取工會或者職工的意見后, 裁减人員方案經向勞動行政部門報告, 可以裁减人員:

　　(一) 依照企業破産法規定進行重整的;

　　(二) 生産經营發生嚴重困難的;

　　(三) 企業轉産、重大技術革新或者經营方式調整, 經變更后, 仍需裁减人員的;

　　(四) 其他因訂立時所依据的客觀經濟情况發生重大變化, 致使无法履行的。

　　裁减人員時, 應当优先留用下列人員:

　　(一) 与本單位訂立較長期限的固定期限的;

　　(二) 与本單位訂立无固定期限的;

　　(三) 家庭无其他就業人員, 有需要扶養的老人或者未成年人的。

　　用人單位依照本條第一款規定裁减人員, 在六个月內重新招用人員的, 應当通知被裁减的人員, 幷在同等條件下优先招用被裁减的人員。

　　제41조(인력 감원)

　　다음 상황 중 하나로 20인 이상 감원, 또는 20인 이하이나 기업 직공 총수의 10% 이상 감원이 필요할 경우, 사용자는 30일 전까지 노동조합 또는 직공 전원에 대해 상황을 설명하고 노동조합 또는 직공의 의견을 청취한 후, 인력감원안을 노동행정부문에 보고하고 인력감원을 행할 수 있다.

(1) 기업파산법의 규정에 근거하여 기업이 재편되는 경우

(2) 생산경영에 심각한 곤란이 발생한 경우

(3) 기업의 업종전환, 중대한 기술혁신 또는 경영방식의 조정에 따라, 노동계약의 변경을 행한 기업의 업종전환, 중대한 기술혁신 또는 경영방식의 조정에 따라, 노동계약의 변경을 행한 후에도 여전히 인력감원이 필요한 경우

(5) 기타 노동계약 체결 시 근거한 객관적인 경제상황에 중대한 변화발생으로 노동계약을 이행할 수 없는 경우 인력감원 시는 다음 노동자의 고용을 우선적으로 계속하여야 한다.

(6) 사용자와 비교적 장기의 고정기한 노동계약을 체결한 자

(7) 사용자와 무고정기한 노동계약을 체결한 자

(8) 가정 내 다른 취업자가 없거나 부양가족에 노인 또는 미성년자가 있는 자

사용자가 본 조 제1항 규정에 의거하여 감원하고, 6개월 이내에 인력을 재모집 · 고용할 경우, 감원된 인원에 통지하여, 동동 조건하에 우선적으로 감원된 인력을 모집 · 고용해야 한다.

第四十二條 勞動者有下列情形之一的, 用人單位不得依照本法第四十條、 第四十一條的規定解除:

(一) 從事接触職業病危害作業的勞動者未進行离崗前職業健康檢查, 或者疑似職業病病人在診斷或者医學觀察期間的;

(二) 在本單位患職業病或者因工負傷并被确認喪失或者部分喪失勞動能力的;

(三) 患病或者非因工負傷, 在規定的医療期內的;

(四) 女職工在孕期、 産期、 哺乳期的;

(五) 在本單位連續工作滿十五年, 且距法定退休年齡不足五年的;

(六) 法律、 行政法規規定的其他情形。

제42조(해고 불가)

노동자가 다음 각 호의 하나에 해당하는 경우, 사용자는 본 법의 제40조, 제41조의 규정에 따라 노동계약을 해제할 수 없다.

(1) 직업병 위해작업에 종사하는 노동자가 이직 前 직업건강검진을 받지 않았거나, 또는 직업병의 의혹이 있는 환자로 진단 중이거나 의학관찰 기간 중인 경우

(2) 당해 기업에서 직업병에 걸리거나, 또는 산업재해로 인해 부상당하여 노동능력을 상실하거나 일부 상실한 것이 확인된 경우

(3) 질환 또는 비산재(非産災)의 경우, 규정된 치료기간 내에 있는 경우

(4) 여성 직공이 임신기, 출산기, 수유기에 있는 경우

(5) 당해 기업의 연속 근무연수가 만 15년이고, 또 법정퇴직연령까지 5년 미만인 경우

(6) 법률, 행정 법규에 규정되어 있는 기타 상황

第四十三條　用人單位單方解除，應当事先將理由通知工會。用人單位違反法律、行政法規規定或者約定的，工會有權要求用人單位糾正。用人單位應当研究工會的意見，并將處理結果書面通知工會。

제43조(해고 시 노조에 사전통지)

사용자가 일방적으로 노동계약을 해지할 경우 사전에 이유를 노동조합에 통지해야 한다. 사용자가 법률, 행정법규의 규정 또는 노동계약의 약정을 위반한 경우 노동조합은 사용자에 시정을 요구하는 권리를 보유한다. 사용자는 노동조합의 의견을 검토하고, 그 처리결과를 서면으로 노동조합에 통지해야 한다.

第四十四條　有下列情形之一的，終止：

(一) 期滿的；

(二) 勞動者開始依法享受基本養老保險待遇的；

(三) 勞動者死亡，或者被人民法院宣告死亡或者宣告失踪的；

(四) 用人單位被依法宣告破産的；

(五) 用人單位被吊銷營業執照、責令關閉、撤銷或者用人單位決定提前解散的；

(六) 法律、行政法規規定的其他情形。

제44조(노동계약 종료)

다음 각 호의 하나에 해당하는 경우, 노동계약은 종료된다.

(1) 노동계약 기간이 만료된 경우

(2) 노동자가 이미 법에 따라 기본 양로보험 대우를 받기 시작한 경우

(3) 노동자가 사망하거나, 또는 인민법원에 의해 사망 또는 실종선고가 내려진 경우

(4) 사용자가 법에 의거하여 파산을 선고받은 경우

(5) 사용자가 영업허가증을 취소당하거나, 폐쇄명령을 받았거나, 말소되거나 또는 사용자가 기간만료 전에 해산을 결의한 경우

(6) 법률, 행정법규에 규정된 기타 상황

第四十五條　期滿，有本法第四十二條規定情形之一的，應当續延至相應的情形消失時終止。但是，本法第四十二條第二項規定喪失或者部分喪失勞動能力勞動者的的終止，按照國家有關工傷保險的規定執行。

제45조(계약 종료 시기 연기)

노동계약이 만료되었으나, 본 법 제42조에 규정한 상황 중 하나에 해당될 경우, 노동계약은 상응하는 상황이 소멸되는 시점까지 연장되고 나서 종료되어야 한다.

단, 본 법 제42조 제2항에 규정된 노동능력의 상실 또는 일부 상실된 노동자의 노동계약 종료는 국가의 공상(工傷)보험의 관련 규정에 따라 실시한다.

第四十六條 有下列情形之一的, 用人單位應当向勞動者支付經濟補償:
(一) 勞動者依照本法第三十八條規定解除的;
(二) 用人單位依照本法第三十六條規定向勞動者提出解除并与勞動者協商一致解除的;
(三) 用人單位依照本法第四十條規定解除的;
(四) 用人單位依照本法第四十一條第一款規定解除的;
(五) 除用人單位維持或者提高約定條件續訂, 勞動者不同意續訂的情形外, 依照本法第四十四條第一項規定終止固定期限的;
(六) 依照本法第四十四條第四項、第五項規定終止的;
(七) 法律、行政法規規定的其他情形。

제46조(경제보상금의 지급요건)

다음 각 호의 하나에 해당하는 경우, 사용자는 노동자에게 경제보상금을 지불하여야 한다.

(1) 노동자가 본 법의 제38조 규정에 따라 노동계약을 해제하는 경우

(2) 사용자가 본 법 제36조 규정에 의거하여 노동자에게 노동계약의 해제를 제의하고 노동자와 협의합의 後, 노동계약을 해제하는 경우

(3) 사용자가 본 법 제40조 규정에 의거하여 노동계약을 해제하는 경우

(4) 사용자가 본 법 제41조 제1조목(4개 조항) 규정에 의거하여 노동계약을 해제하는 경우

(5) 사용자가 현행 노동계약의 약정조건을 유지 또는 상향 조정하여 노동계약을 계속 체결하려는 상황에서 노동자가 계속체결에 동의하지 않는 경우를 제외하고, 본 법 제44조 제1항에 의거하여 고정기한 노동계약을 종료하는 경우

(6) 본 법 제44조 제4항, 제5항 규정에 의거하여 노동계약을 종료하는 경우

(7) 법률, 행정법규에 규정된 기타 상황

第四十七條 經濟補償按勞動者在本單位工作的年限, 每滿一年支付一个月工資的標准向勞動者支付。六个月以上不滿一年的, 按一年計算; 不滿六个月的, 向勞動者支付半个月工資的經濟補償。

勞動者月工資高于用人單位所在直轄市、設區的市級人民政府公布的本地區上年度職工月平均工資三倍的, 向其支付經濟補償的標准按職工月平均工資三倍的數額支付, 向其支付經濟補償的年限最高不超過十二年。

本條所称月工資是指勞動者在解除或者終止前十二个月的平均工資。

제47조(경제보상금의 지급기준)

경제보상은 당해 기업에서의 근속연한에 근거하여, 만 1년마다 1개월분의 임금을 기준으로 노동자에게 지불한다. 6개월 이상 1년 미만의 경우 1년으로 계산하고, 6개월 미만의 경우 반월분 임금을 경제보상금으로 지불한다.

노동자의 월급이 기업 소재지의 직할시, 구(區)를 보유한 市級인민정부가 공포한 전년도(前年度) 직공 평균 월급의 3배를 상회하는 경우, 지불되는 경제보상의 기준은 직공 평균 월급의 3배 금액에 의거하여 지급되며, 지불되는 경제보상의 연한은 최고 12년을 초과하지 않는다.

본 조에서 지칭하는 월급은 노동자의 노동계약 해제 또는 종료 前 12개월 평균 임금을 의미한다.

第四十八條 用人單位違反本法規定解除或者終止, 勞動者要求繼續履行的, 用人單位應当繼續履行; 勞動者不要求繼續履行或者已經不能繼續履行的, 用人單位應当依照本法第八十七條規定支付賠償金。

제48조(위법 해고 시 벌칙규정)

사용자가 본 법 규정을 위반하여 노동계약의 해제 또는 종료 시, 노동자가 노동계약의 계속이행을 요구하는 경우, 사용자는 이행을 계속하여야 한다. 노동자가 노동계약의 이행계속을 요구하지 않거나, 또는 이미 노동계약의 이행계속이 불가능한 경우, 사용자는 본 법 제87조 규정에 의거하여 배상금을 지급해야 한다.

第四十九條 國家采取措施, 建立健全勞動者社會保險關系跨地區轉移接續制度。

제49조(사회보험의 전국범위 이전)

국가는 정책추진을 통해, 노동자의 사회보험이 전국범위로 계속 이전될 수 있는 제도를 확립하여 정비한다.

第五十條 用人單位應当在解除或者終止時出具解除或者終止的証明, 并在十五日內爲勞動者辦理檔案和社會保險關系轉移手續。

勞動者應当按照双方約定, 辦理工作交接。用人單位依照本法有關規定應当向勞動者支付經濟補償的, 在辦結工作交接時支付。

用人單位對已經解除或者終止的的文本, 至少保存二年備查。

제50조(이직관련 수속 및 업무인계)

사용자는 노동계약의 해제 또는 종료와 동시에 노동계약의 해제 또는 종료 증명서를 발급하고, 또한 15일 이내에 노동자를 위해 인사파일(當案) 및 사회보험의 이전수속을 실시하여야 한다.

노동자는 쌍방의 약정에 따라 업무인계를 행해야 한다. 사용자가 본 법 관련 규정에 의거하여 노동자에게 경제보상을 지급해야 할 경우, 업무인계를 완결한 시점에 지급한다.

사용자는 이미 해제 또는 종료된 노동계약문서를 최소 2년간 조사에 대비하여 보관한다.

第五章 特別規定
제5장 특별규정

第一节 集体合同 제1절 집단계약

第五十一條　企業職工一方与用人單位通過平等協商，可以就勞動報酬、工作時間、休息休假、勞動安全衛生、保險福利等事項訂立集体合同。集体合同草案應当提交職工代表大會或者全体職工討論通過。　集体合同由工會代表企業職工一方与用人單位訂立；尙未建立工會的用人單位，由上級工會指導勞動者推擧的代表与用人單位訂立。

제51조 기업 고용자 일방은 사용자와의 평등한 협의를 통해, 노동보수, 노동시간, 휴식·휴가, 노동안전위생 및 보험복리 등 사항에 대해 집단계약을 체결할 수 있다. 집단계약초안은 직원대표대회 또는 전체직원에 제출되어 토론을 통해 통과되어야 한다.

집단계약은 노동조합이 기업직원측을 대표하여 사용자와 체결한다. 노동조합 미설립된 기업에 대해서는 노동조합의 지도하에 노동자가 추천하는 대표가 사용자와 체결한다.

第五十二條　企業職工一方与用人單位可以訂立勞動安全衛生、女職工權益保護、工資調整机制等專項集体合同。

제52조 기업의 고용자 일방은 고용단위와 작업안전과 보건위생, 여성종업원의 권익 보호, 노임 조정메커니즘 등의 특별 집단계약을 체결할 수 있다.

五十三條　　在縣級以下區域內，建筑業、采礦業、餐飮服務業等行業可以由工會与企業方面代表訂立行業性集体合同，或者訂立區域性集体合同。

제53조 현급 이하의 지역에서는 건축업, 채광업, 음식서비스업 등의 업계는 노동조합과 기업측 대표는 업종단위 집단계약, 또는 지역단위 집단계약을 체결할수 있다. 업종, 지역단위 집단계약은 당지 해당 업종, 해당 지역의 사용자와 노동자에 대해 구속력을 가진다.

第五十四條　集体合同訂立后，應当報送勞動行政部門；勞動行政部門自收到集体合同文本之日起十五日內未提出异議的，集体合同卽行生效。　依法訂立的集体合同對用人

單位和勞動者具有約束力。行業性、區域性集体合同對当地本行業、本區域的用人
單位和勞動者具有約束力。

　　제54조 집단계약을 체결한 후에는 노동행정부서에 보고하여야 한다. 노동행정부서가
집단계약서를 접수한 날로부터 15일 내에 이의를 제출하지 아니하는 경우 집단계약은 즉
시 효력을 발생한다. 법에 의거하여 체결한 집단계약은 고용단위와 근로자에 대하여 구속
력을 가진다. 업종, 지역성 집단계약은 당해 업종, 당해 지역의 고용단위와 근로자에 대하
여 구속력을 가진다.

　　第五十五條　集体合同中勞動報酬和勞動條件等標准不得低于当地人民政府規定的最低
標准；用人單位与勞動者訂立的勞動合同中勞動報酬和勞動條件等標准不得低于集体合同
規定的標准。

　　제55조 집단계약의 근로보수와 작업여건 등의 기준은 사업장 소재지 인민정부가 규정
한 최저기준보다 낮아서는 아니 된다. 고용단위와 근로자가 체결한 근로계약의 근로보수
와 작업여건 등 기준은 집단계약이 규정한 기준보다 낮아서는 아니 된다.

　　第五十六條　用人單位違反集体合同，侵犯職工勞動權益的，工會可以依法要求用人單
位承擔責任；因履行集体合同發生爭議，經協商解決不成的，工會可以依法申請仲裁、提
起訴訟。

　　제56조 고용단위가 집단계약을 위반하고 종업원의 노동권익을 침해하는 경우 노동조
합은 법에 의거하여 고용단위에 책임부담을 요구할 수 있다. 집단계약 이행에서 분쟁이
발생하고 협상으로 해결하지 못하는 경우 노동조합은 법에 의거하여 중재를 신청하거나
소송을 제기할 수 있다.

第二节　劳务派遣

제2절 노무파견

　　第五十七條　勞務派遣單位應当依照公司法的有關規定設立，注冊資本不得少于五十万元

　　제57조 노무파견단위는 회사법에 따라 설립하여야 하며 등록자금이 50만 위안 미만이
어서는 아니 된다.

　　第五十八條　勞務派遣單位是本法所称用人單位，應当履行用人單位對勞動者的義務。
勞務派遣單位与被派遣勞動者訂立的勞動合同，除應当載明本法第十七條規定的事項外，
還應当載明被派遣勞動者的用工單位以及派遣期限、工作崗位等情況。　　勞務派遣單位應
当与被派遣勞動者訂立二年以上的固定期限勞動合同，按月支付勞動報酬；被派遣勞動者

在无工作期間, 勞務派遣單位應当按照所在地人民政府規定的最低工資標准, 向其按月支付報酬。

제58조 노무파견단위는 이 법이 가리키는 고용단위로서 근로자에 대한 고용단위의 의무를 이행하여야 한다. 노무파견단위가 근로자와 체결하는 근로계약에는 이 법 제17조가 규정한 사항을 명시하는 외에 파견대상 근로자의 고용단위, 파견기간, 작업직장 등의 상황을 명시하여야 한다. 노무파견단위는 파견대상 근로자와 2년 이상 고정기한의 근로계약을 체결하고 매월 근로보수를 지급하여야 한다. 파견대상 근로자의 휴무기간에는 노무파견단위가 소재지 인민정부가 규정한 최저 노임기준에 따라 매월 보수를 지급하여야 한다.

第五十九條　勞務派遣單位派遣勞動者應当与接受以勞務派遣形式用工的單位（以下称用工單位）訂立勞務派遣協議。勞務派遣協議應当約定派遣崗位和人員數量、派遣期限、勞動報酬和社會保險費的數額与支付方式以及違反協議的責任。 用工單位應当根据工作崗位的實際需要与勞務派遣單位确定派遣期限, 不得將連續用工期限分割訂立數个短期勞務派遣協議。

제59조 노무파견단위가 근로자를 파견하는 경우 노무파견형식으로 인력을 사용하는 단위(이하 인력고용단위라 함)와 노무파견합의서를 체결하여야 한다. 노무파견합의서는 파견 직장과 노무자 수, 파견기한, 근로보수, 사회보험료 액수와 지불방식, 합의 위반 시의 책임을 명시하여야 한다. 인력고용단위는 작업직장의 실지 수요에 근거하여 노무파견단위와 파견기간을 확정하여야 하며 연속적인 인력사용기간을 분할하여 단기노무파견합의를 체결하여서는 아니 된다.

第六十條　　勞務派遣單位應当將勞務派遣協議的內容告知被派遣勞動者。勞務派遣單位不得克扣用工單位按照勞務派遣協議支付給被派遣勞動者的勞動報酬。勞務派遣單位和用工單位不得向被派遣勞動者收取費用。

제60조 노무파견단위는 노무파견합의서의 내용을 파견대상 근로자에게 고지하여야 한다. 노무파견단위는 인력고용단위가 노무파견합의에 따라 지불한 파견대상 근로자의 근로보수를 무리하게 공제하여서는 아니 된다. 노무파견단위와 인력고용단위는 파견대상 근로자로부터 비용을 수취하지 못한다.

第六十一條　勞務派遣單位跨地區派遣勞動者的, 被派遣勞動者享有的勞動報酬和勞動條件, 按照用工單位所在地的標准執行。

제61조 노무파견단위가 근로자를 다 지역에 파견하는 경우 파견대상 근로자가 향유하는 근로보수와 작업여건은 인력고용단위 소재지의 기준에 따라 집행한다.

第六十二條　用工單位應当履行下列義務：　(一)　執行國家勞動標准，提供相應的勞動條件和勞動保護；　(二)　告知被派遣勞動者的工作要求和勞動報酬；　(三)　支付加班費、績效獎金，提供与工作崗位相關的福利待遇；　(四)　對在崗被派遣勞動者進行工作崗位所必需的培訓；　(五)　連續用工的，實行正常的工資調整机制。　用工單位不得將被派遣勞動者再派遣到其他用人單位。

제62조 인력고용단위는 하기 각호의 의무를 이행하여야 한다.

(1) 국가 노동기준을 집행하고 상응한 작업여건과 노동보호를 제공한다.

(2) 파견대상 근로자에게 작업요구와 근로보수를 고지한다.

(3) 잔업수당, 실적보너스를 지불하고 작업직장 관련 복지대우를 제공한다.

(4) 파견대상 근로자에 대한 작업직장의 필수적 교육을 실행한다.

(5) 연속 고용 인력에 대하여 정상적 노임조정 메커니즘을 실행한다.

인력고용단위는 파견된 근로자를 다시 여타 고용단위에 파견하지 못한다.

第六十三條　被派遣勞動者享有与用工單位的勞動者同工同酬的權利。用工單位无同類崗位勞動者的，參照用工單位所在地相同或者相近崗位勞動者的勞動報酬確定。

제63조 파견대상 근로자는 인력고용단위의 근로자와 동일 직종의 동일 보수를 받을 권리가 있다. 인력고용단위에 동일 직종의 근로자가 없는 경우 인력고용단위 소재지 같거나 유사한 직종 근로자의 근로보수를 참작하여 확정한다.

第六十四條　被派遣勞動者有權在勞務派遣單位或者用工單位依法參加或者組織工會，維護自身的合法權益。

제64조 파견대상 근로자는 노무파견단위나 인력고용단위에서 법에 따라 노동조합에 가입하거나 노동조합을 결성하여 자신의 합법적 권익을 수호할 권리가 있다.

第六十五條　被派遣勞動者可以依照本法第三十六條、第三十八條的規定与勞務派遣單位解除勞動合同。　被派遣勞動者有本法第三十九條和第四十條第一項、第二項規定情形的，用工單位可以將勞動者退回勞務派遣單位，勞務派遣單位依照本法有關規定，可以与勞動者解除勞動合同。

제65조 파견대상 근로자는 이 법 제36조, 제38조규정에 의거하여 노무파견단위와의 근로계약을 해지할 수 있다. 파견대상 근로자가 이 법 제39조와 제40조 제1호, 제2호가 규정한 상황에 해당하는 경우 인력고용단위는 근로자를 노무파견단위에 반송하고 노무파견단위는 이 법 관련 규정에 따라 근로자와의 근로계약을 해지할 수 있다.

第六十六條　勞務派遣一般在臨時性、輔助性或者替代性的工作崗位上實施。

제66조 노무파견은 일반적으로 임시적, 보조적 또는 대체 작업직장에서 실시한다.

第六十七條 用人單位不得設立勞務派遣單位向本單位或者所屬單位派遣勞動者。

제67조 고용단위가 노무파견단위를 설립하고 본 단위나 산하단위에 근로자를 파견하여서는 아니 된다.

第三节　非全日制用工

제3절 비 전일제 고용

第六十八條　非全日制用工，是指以小時計酬爲主，勞動者在同一用人單位一般平均每日工作時間不超過四小時，每周工作時間累計不超過二十四小時的用工形式。

제68조 비 전일제 고용이라 함은 시간급을 위주로 하며, 일반적으로 근로자의 동일 고용단위에서의 일당 작업시간이 4시간 미만이고 주당 누계 작업시간이 24시간 미만인 인력고용형식을 가리킨다.

第六十九條　非全日制用工双方当事人可以訂立口頭協議。從事非全日制用工的勞動者可以与一个或者一个以上用人單位訂立勞動合同：但是，后訂立的勞動合同不得影響先訂立的勞動合同的履行。

제69조 비 전일제 고용 쌍방 당사자는 구두합의를 체결할 수 있다.

비 전일제 근무에 종사하는 근로자는 1개 또는 1개 이상의 고용단위와 근로계약을 체결할 수 있다. 단, 후에 체결한 근로계약이 먼저 체결한 근로계약 이행에 영향을 미쳐서는 아니 된다.

第七十條　非全日制用工双方当事人不得約定試用期。

제70조 비 전일제 고용 쌍방 당사자는 수습기간을 약정하지 못한다.

第七十一條　非全日制用工双方当事人任何一方都可以隨時通知對方終止用工。終止用工，用人單位不向勞動者支付經濟補償。

제71조 비 전일제 고용 쌍방 당사자의 어느 일방은 수시로 상대방 측에 통지하여 고용을 종료할 수 있다. 고용을 종료하는 경우 고용단위는 근로자에게 경제보상금을 지불하지 아니한다.

第七十二條　非全日制用工小時計酬標准不得低于用人單位所在地人民政府規定的最低小時工資標准。非全日制用工勞動報酬結算支付周期最長不得超過十五日。

제72조 비 전일제 고용의 시간급기준은 고용단위 소재지 인민정부가 규정한 최저 시간급기준보다 낮아서는 아니 된다.비 전일제 고용의 보수결산 지불주기는 최고 15일을 초과하지 못한다.

第六章 監督檢查

제6장 감독 검사

第七十三條　國務院勞動行政部門負責全國勞動合同制度實施的監督管理。縣級以上地方人民政府勞動行政部門負責本行政區域內勞動合同制度實施的監督管理。縣級以上各級人民政府勞動行政部門在勞動合同制度實施的監督管理工作中，應当听取工會、企業方面代表以及有關行業主管部門的意見。

제73조 국무원 노동행정부서는 전국 근로계약의 실시를 감독 관리한다.

현급 이상 지방 인민정부 노동행정부서는 본 행정구역 근로계약의 실시를 감독 관리한다. 현급 이상 각급 인민정부 노동행정부서는 근로계약제도 실시에 대한 감독 관리에서 노동조합, 기업 측 대표, 관련 행정주관부서의 의견을 청취하여야 한다.

第七十四條　縣級以上地方人民政府勞動行政部門依法對下列實施勞動合同制度的情況進行監督檢查：（一）用人單位制定直接涉及勞動者切身利益的規章制度及其執行的情況；（二）用人單位与勞動者訂立和解除勞動合同的情況；（三）勞務派遣單位和用工單位遵守勞務派遣有關規定的情況；（四）用人單位遵守國家關于勞動者工作時間和休息休假規定的情況；（五）用人單位支付勞動合同約定的勞動報酬和執行最低工資標准的情況；（六）用人單位參加各項社會保險和繳納社會保險費的情況；（七）法律、法規規定的其他勞動監察事項。

제74조 현급 이상 지방 인민정부 노동행정부서는 법에 의거하여 하기 각호에 해당한 근로계약제도 실시상황을 감독 검사한다.

(1) 고용단위가 근로자의 실지이익과 관련한 규정제도를 제정, 집행한 상황

(2) 고용단위와 근로자가 근로계약을 체결, 해지한 상황

(3) 노무파견단위와 고용단위가 노무파견 관련 규정을 준수한 상황

(4) 고용단위가 근로자의 근로시간과 휴식, 휴가 관련 국가 규정을 준수한 상황

(5) 고용단위가 근로계약에서 약정한 근로보수 지불과 최저노임기준을 집행한 상황

(6) 고용단위가 각항 사회보험에 가입하고 사회보험료를 납부한 상황

(7) 법률, 행정법규가 규정한 기타 노동 감찰사항.

第七十五條　縣級以上地方人民政府勞動行政部門實施監督檢查時，有權查閱与勞動合同、集体合同有關的材料，有權對勞動場所進行實地檢查，用人單位和勞動者都應当如實提供有關情況和材料。勞動行政部門的工作人員進行監督檢查，應当出示証件，依法行使職權，文明執法。

제75조 현급 이상 지방 인민정부 노동행정부서는 감독 검사과정에서 근로계약, 집단계

약의 체결, 이행과 관련한 자료를 열람할 권한, 작업장소에 대한 현지검사를 진행할 권한
이 있다. 고용단위와 근로자는 관련 상황과 자료를 여실히 제공하여야 한다.

노동행정부서의 감독검사 업무요원은 증명서를 제시하고 법에 의거하여 직권을 행사
하고 법을 문명하게 집행하여야 한다.

第七十六條　縣級以上人民政府建設、衛生、安全生産監督管理等有關主管部門在各自
職責范圍內，對用人單位執行勞動合同制度的情況進行監督管理。

제76조 현급 이상 인민정부 건설, 보건위생, 안전생산 관리 등 관련 주관부서는 각자
의 직책범위 내에서 고용단위의 근로계약제도 집행상황을 감독 관리한다.

第七十七條　勞動者合法權益受到侵害的，有權要求有關部門依法處理，或者依法申請
仲裁、提起訴訟。

제77조 합법적 권익을 침해 받은 근로자는 관련 부서에 법적 처리를 요구하거나 법에
따라 중재를 신청하고 소를 제기할 수 있다.

第七十八條　工會依法維護勞動者的合法權益，對用人單位履行勞動合同、集体合同的
情況進行監督。用人單位違反勞動法律、法規和勞動合同、集体合同的，工會有權提出意
見或者要求糾正：勞動者申請仲裁、提起訴訟的，工會依法給予支持和帮助。

제78조 노동조합은 법에 의해 근로자의 합법적 권익을 수호하고 고용단위의 근로계약,
집단계약 제도를 집행상황을 감독한다. 고용단위가 노동 법률, 법규 및 근로계약, 집단계
약을 위반하는 경우 노동조합은 의견을 제기하거나 그 시정을 요구할 권리가 있다. 근로
자가 중재를 신청하고 소를 제기하는 경우 노동조합은 법에 따라 지원, 협조하여야 한다.

第七十九條　任何組織或者个人對違反本法的行爲都有權擧報，縣級以上人民政府勞動
行政部門應当及時核實、處理，并對擧報有功人員給予獎勵。

제79조 이 법을 위반한 행위에 대해 어떠한 조직이나 개인이든지 고발할 권리가 있으
며, 현급 이상 인민정부 노동행정부서는 고발내용을 적시에 조사 확인하고 처리하는 동시
에 유공 고발인을 포상하여야 한다.

第七章　法律责任

제7장 법률책임

第八十條　用人單位直接涉及勞動者切身利益的規章制度違反法律、法規規定的，由勞
動行政部門責令改正，給予警告：給勞動者造成損害的，應当承担賠償責任。

제80조 근로자의 실지이익과 직결된 고용단위의 규정제도가 법률, 법규를 위반한 경우 노동행정부서가 시정을 명하고 경고한다. 근로자에게 손해를 조성한 경우에는 배상책임을 져야 한다.

第八十一條　用人單位提供的勞動合同文本未載明本法規定的勞動合同必備條款或者用人單位未將勞動合同文本交付勞動者的，由勞動行政部門責令改正；給勞動者造成損害的，應当承担賠償責任。

제81조 고용단위가 제공한 근로계약에 이 법이 규정한 근로계약의 필수조항을 명시하지 아니하였거나 고용단위가 근로계약서를 근로자에게 교부하지 아니한 경우 노동행정부서가 그 시정을 명한다. 근로자에게 손해를 조성한 경우에는 배상책임을 져야 한다.

第八十二條　用人單位自用工之日起超過一个月不滿一年未与勞動者訂立書面勞動合同的，應当向勞動者每月支付二倍的工資。　用人單位違反本法規定不与勞動者訂立无固定期限勞動合同的，自應当訂立无固定期限勞動合同之日起向勞動者每月支付二倍的工資。

제82조 고용단위가 종업원 채용일로부터 1개월 이상, 1년 미만까지 근로자와 서면 근로계약을 체결하지 아니한 경우 근로자에게 매월 노임의 2배를 지불하여야 한다.

고용단위가 이 법의 규정을 위반하고 근로자와 무고정기한의 근로계약을 체결하지 아니한 경우 무고정기한의 근로계약을 체결하여야 하는 날로부터 근로자에게 매월 2배의 노임을 지불하여야 한다.

第八十三條　用人單位違反本法規定与勞動者約定試用期的，由勞動行政部門責令改正；違法約定的試用期已經履行的，由用人單位以勞動者試用期滿月工資爲標准，按已經履行的超過法定試用期的期間向勞動者支付賠償金。

제83조 고용단위가 이 법의 규정을 위반하고 근로자와 수습기간을 약정한 경우 노동행정부서는 그 시정을 명한다. 불법적으로 약정한 수습기간을 이미 이행하였을 경우 근로자의 수급기간 만료 후 고용단위의 월 노임기준으로 이미 이행한, 법정 수습기간을 초과한 기간에 따라 근로자에게 배상금을 지불하여야 한다.

第八十四條　用人單位違反本法規定，扣押勞動者居民身份証等証件的，由勞動行政部門責令限期退還勞動者本人，并依照有關法律規定給予處罰。　用人單位違反本法規定以担保或者其他名義向勞動者收取財物的，由勞動行政部門責令限期退還勞動者本人，并以每人五百元以上二千元以下的標准處以罰款；給勞動者造成損害的，應当承担賠償責任。勞動者依法解除或者終止勞動合同，用人單位扣押勞動者檔案或者其他物品的，依照前款規定處罰。

제84조 고용단위가 이 법의 규정을 위반하고 근로자의 주민신분증 등 증명서를 압류한 경우 노동행정부서는 기한부 반환을 명하고 관련 법률규정에 따라 처벌한다.

고용단위가 이 법의 규정을 위반하고 담보명의로 근로자로부터 재화를 수취하는 경우 노동행정부서가 기한부 반환을 명하고 1인당 500위안 이상 2,000위안 이하의 기준으로 벌금을 부과한다. 근로자에게 손해를 조성한 경우 배상책임을 져야 한다.

근로자가 법에 의거하여 근로계약을 해지 또는 종료하였음에도 불구하고 고용단위가 근로자의 인사서류 또는 기타 물품을 압류한 경우 전항의 규정에 따라 처벌한다.

第八十五條　用人單位有下列情形之一的，由勞動行政部門責令限期支付勞動報酬、加班費或者經濟補償；勞動報酬低于當地最低工資標准的，應當支付其差額部分；逾期不支付的，責令用人單位按應付金額百分之五十以上百分之一百以下的標准向勞動者加付賠償金：(一)未按照勞動合同的約定或者國家規定及時足額支付勞動者勞動報酬的；(二)低于當地最低工資標准支付勞動者工資的；(三)安排加班不支付加班費的；(四)解除或者終止勞動合同，未依照本法規定向勞動者支付經濟補償的。

제85조 고용단위에 하기 각호의 하나에 해당한 상황이 발생하였을 경우 노동행정부서는 근로보수, 잔업수당 또는 경제보상금 기한부 지불을 명한다. 근로보수가 사업장 소재지 최저노임기준보다 낮을 경우 그 차액부분을 지불하여야 한다. 기간을 경과하여도 지불하지 않을 경우 원 지불금액의 50%이상, 100%이하의 기준으로 근로자에게 배상금을 추가 지불하도록 고용단위에 명한다.

(1) 근로계약의 약정 또는 이 법의 규정에도 불구하고 근로자의 근로보수를 전액 지불하지 아니하는 경우

(2) 근로자의 노임을 사업장 소재지 최저노임표준보다 낮게 지불하는 경우

(3) 잔업을 배치하고 잔업수당을 지불하지 아니하는 경우

(4) 근로계약을 해지 또는 종료하고 이 법의 규정에도 불구하고 근로자에게 경제보상금을 지불하지 아니하는 경우.

第八十六條　勞動合同依照本法第二十六條規定被確認无效，給對方造成損害的，有過錯的一方應當承担賠償責任。

제86조 근로계약이 이 법의 제26조 규정에 의하여 무효로 되고 상대방 측에 손해를 조성한 경우 과실이 있는 측이 배상책임을 진다.

第八十七條　用人單位違反本法規定解除或者終止勞動合同的，應當依照本法第四十七條規定的經濟補償標准的二倍向勞動者支付賠償金。

제87조 고용단위가 이 법의 규정을 위반하고 근로계약을 해지 또는 종료한 경우 근로자에게 이 법 제47조가 규정한 경제보상금의 2배에 해당하는 배상금을 지불하여야 한다.

第八十八條　　用人單位有下列情形之一的，依法給予行政處罰；构成犯罪的，依法追究刑事責任；給勞動者造成損害的，應当承担賠償責任：(一)以暴力、威脅或者非法限制人身自由的手段强迫勞動的；(二)違章指揮或者强令冒險作業危及勞動者人身安全的；(三)侮辱、体罰、毆打、非法搜查或者拘禁勞動者的；(四)勞動條件惡劣、环境汚染嚴重，給勞動者身心健康造成嚴重損害的。

제88조 고용단위가 하기 각호의 행위 중 하나를 행한 경우 법에 따라 행정처벌을 가하고 범죄를 구성한 경우 법에 따라 형사책임을 추궁하며 근로자에게 손해를 조성한 경우에는 배상책임을 부담하여야 한다.

(1) 폭력, 위협 또는 인신자유를 제한하는 불법수단으로 노동을 강요하는 행위

(2) 규정을 위반하고 지휘하거나 위험작업을 강요하여 근로자의 인신안전을 위협하는 행위

(3) 근로자를 모독, 체벌, 구타, 불법수색, 구금하는 행위

(4) 작업여건이 악랄하고 환경오염이 심각하여 근로자의 심신건강을 엄중하게 해치는 행위.

第八十九條　　用人單位違反本法規定未向勞動者出具解除或者終止勞動合同的書面証明，由勞動行政部門責令改正；給勞動者造成損害的，應当承担賠償責任。

제89조 고용단위가 근로계약을 해지 또는 종료하고 이 법의 규정에도 불구하고 근로자에게 서면증명서를 교부하지 아니한 경우 노동행정부서는 시정을 명한다. 근로자에게 손해를 조성하였을 경우는 배상책임을 져야 한다.

第九十條　　勞動者違反本法規定解除勞動合同，或者違反勞動合同中約定的保密義務或者競業限制，給用人單位造成損失的，應当承担賠償責任。

제90조 근로자가 이 법의 규정을 위반하고 근로계약을 해지하였거나 또는 근로계약에서 약정한 비밀유지 의무나 경쟁업종 제한 규정을 위반하여 고용단위의 손실을 조성한 경우 배상책임을 져야 한다.

第九十一條　　用人單位招用与其他用人單位尚未解除或者終止勞動合同的勞動者，給其他用人單位造成損失的，應当承担連帶賠償責任。

제91조 고용단위가 기타 고용단위와 체결한 근로계약을 해지 또는 종료하지 아니한 근로자를 채용하여 그 고용단위에 손실을 조성한 경우 법에 의해 배상책임을 져야 한다.

第九十二條　　勞務派遣單位違反本法規定的，由勞動行政部門和其他有關主管部門責令改正；情節嚴重的，以每人一千元以上五千元以下的標准處以罰款，并由工商行政管理部門吊銷營業執照；給被派遣勞動者造成損害的，勞務派遣單位与用工單位承担連帶賠償責任。

제92조 노무파견단위가 이 법 규정을 위반한 경우 노동행정부서와 기타 관련 부서가
그 시정을 명한다. 정상이 심각한 경우 일인당 1,000위안 이상, 5,000위안 이하의 기준으
로 벌금을 부과하며, 공상행정부서는 영업허가증을 말소한다. 파견대상 근로자에게 손실
을 조성한 경우에는 노무파견단위와 고용단위는 연대 배상책임을 진다.

第九十三條　對不具備合法經營資格的用人單位的違法犯罪行爲，依法追究法律責任；
勞動者已經付出勞動的，該單位或者其出資人應當依照本法有關規定向勞動者支付勞動報
酬、經濟補償、賠償金；給勞動者造成損害的，應當承擔賠償責任。

제93조 합법적 운영자격이 없는 고용단위가 불법범죄행위를 행한 경우 법에 의거하여
법률책임을 추궁한다. 근로자가 이미 노무를 제공한 경우에는 당해 단위 또는 그 출자자
는 이 법의 관련 규정에 따라 근로자에게 근로보수, 경제보상금, 배상금을 지불하여야 한
다. 근로자에게 손실을 조성한 경우에는 배상책임을 져야 한다.

第九十四條　个人承包經營違反本法規定招用勞動者，給勞動者造成損害的，發包的組
織与个人承包經營者承担連帶賠償責任。

제94조 개인 청부업자가 이 법의 규정을 위반하고 근로자를 채용하여 그에게 손실을
조성한 경우 발주조직과 개인청부업자는 연대 배상책임을 진다.

第九十五條　勞動行政部門和其他有關主管部門及其工作人員玩忽職守、不履行法定職責，
或者違法行使職權，給勞動者或者用人單位造成損害的，應當承担賠償責任；對直接負責的
主管人員和其他直接責任人員，依法給予行政處分；构成犯罪的，依法追究刑事責任。

제95조 노동행정부서와 기타 관련 주관부서 및 그 공직자가 직무유기, 법정직책 불이
행 또는 직권을 불법 행사하여 근로자나 고용단위에 손실을 조성한 경우 배상책임을 져
야 한다. 직접 책임을 진 주관자와 기타 직접적 책임자에게는 법에 의거하여 행정처분을
가한다. 범죄를 구성한 경우에는 법에 의거하여 형사책임을 추궁한다.

第八章　附則
제8장 부 칙

第九十六條　事業單位与實行聘用制的工作人員訂立、履行、變更、解除或者終止勞
動合同，法律、行政法規或者國務院另有規定的，依照其規定；未作規定的，依照本法有
關規定執行。

제96조 사업단위가 초빙제도를 실시하는 종업원과의 근로계약 체결, 이행, 변경, 해지

또는 종료는 법률, 행정법규 또는 국무원이 별도의 규정을 한 경우 그 규정에 따르고 규정이 없는 경우에는 이 법 관련규정을 집행한다.

第九十七條　本法施行前已依法訂立且在本法施行之日存續的勞動合同，継續履行：本法第十四條第二款第三項規定連續訂立固定期限勞動合同的次數，自本法施行后續訂固定期限勞動合同時開始計算。本法施行前已建立勞動關系，尙未訂立書面勞動合同的，應当自本法施行之日起一个月內訂立。本法施行之日存續的勞動合同在本法施行后解除或者終止，依照本法第四十六條規定應当支付經濟補償的，經濟補償年限自本法施行之日起計算：本法施行前按照当時有關規定，用人單位應当向勞動者支付經濟補償的，按照当時有關規定執行。

제97조 이 법 시행 전에 체결하였고 이법 시행일까지 존속하는 근로계약은 계속 이행한다. 이 법 제14조 제2항 제3호가 규정한, 고정기한의 근로계약을 연속 체결한 차수는 이 법 시행 후 고정기한의 근로계약을 갱신하는 때부터 기산한다.

이 법 시행 전에 이미 근로관계를 수립하고 서면 근로계약을 체결하지 아니한 경우 이 법 실시일로부터 1개월 내에 체결하여야 한다.

이 법 시행일까지 존속하고 이 법 시행 후에 해지 또는 종료하는 근로계약으로서 이 법 제46조에 따라 경제보상금을 지불하여야 하는 경우 경제보상금의 연한은 이 법 시행일로부터 기산된다. 이 법 시행 전에 당시 관련규정에 따라 고용단위가 근로자에게 경제보상금을 지불하여야 하는 경우에는 당시 관련규정에 따라 집행한다.

第九十八條　本法自2008年1月1日起施行。
제98조 이 법은 2008년 1월1일부터 시행한다.

참고자료

〈국문 참고자료〉

강정모·김창남·오영석 외,『신동북아 경제론』. 서울, FKI 미디어. 2003.

강효백,『중국법통론』, 서울, 경희대학교출판사, 2005.

_____,『중국법통론(제2판)』, 서울, 경희대학교출판사, 2007.

강희원, "인권에 관한 용어사적 고찰",『경희법학』제45권 1호, 2010. 3.

경희대학교국제법무대학원,『국제법무학개론』, 서울, 경희대학교출판사, 2001.

고영훈,『환경법』, 서울, 법문사, 2000.

김대순,『국제법론(제13판)』, 서울, 삼영사, 2007.

김명기,『국제법원론(上)』. 서울, 박영사. 2007.

김문현 외,『법학입문』, 서울, 법문사, 2006.

김부찬, "이어도 및 이어도 주변 수역의 해양법적 지위",『이어도, 지금 우리
에게 무엇인가』, 제주대학교 2007년 정책토론회, 2007.

김영구,『한국과 바다의 국제법』, 서울, 효성출판사, 1998.

김영규,『법학개론』, 광주, 조선대학교출판부, 2002.

김인숙, "WTO에서의 다자간투자협정체결논의와 전망",『통상법률』, 제53호,
2003. 10.

김주수, "사실혼의 개념과 사실혼 보호이론의 재검토",「숭실대학교 법학논총」,
제2집, 1999.

김준호,『물권법-이론·사례·판례』, 서울, 법문사, 2007.

김철,『해외투자론』,서울, 도서출판 두남, 1998.

김哲, "중·한·일 환경법연혁비교",『중국법연구』, 제9집, 2008. 6.

김철수,『헌법학신론(제19판)』, 서울, 박영사, 2009.

김하록, "중국환경보호법의 역사적인 전개와 환경보호법의 기본내용", 『환경법 연구』, 제24권 2호, 2004. 3.

김형배, 『노동법』, 서울, 박영사, 2007.

남덕우 외, 『한국경제 생존프로젝트 경제특구』 서울, 삼성경제연구소, 2003.

노병호·이영진, 『신법학개론』, 서울, 법문사, 2003.

대한국토·도시계획학회, 『지역경제론』, 서울, 보성각, 1999.

류지태·이순자, 『환경법』, 서울, 법원사, 2005.

류하백, 『토지수용과 기본권 침해』, 서울, 부연사, 2007.

문숙재·김지희·이명근, "북한 여성들의 탈북동기와 생활실태-중국 연변지역의 탈북 여성들을 중심으로-", 『대한가정학회지』. 제38권 5호, 2000. 10.

문준조, 『중국의 WTO가입과 법제정비에 관한 연구』, 한국법제연구원, 2001.

박균성, 『행정법론(상), (제4판)』, 서울, 박영사, 2005.

박균성·함태성, 『환경법』, 서울, 박영사, 2006.

박병도, 『국제환경책임법론』, 서울, 집문당, 2007.

박상기, 『법학개론』, 서울, 법문사, 2004.

박세일, 『법경제학』, 서울, 박영사, 2000.

박수혁, "현행법상 환경규제의 적정성에 관한 연구-주요 외국의 경우와의 비교-", 『저스티스』, 제103호, 2007. 6.

박영자, "재중 탈북자 현황과 실태", 『재중탈북자인권관련전문가 간담회 자료』, 국가인권위원회, 2007. 9.

박용도, 『입법학용어해설집』, 서울, 한국법제연구원, 2002.

박찬운, 『인권법』, 서울, 한울, 2008.

방영민, 『국제투자론』, 서울, 법문사, 1996.

백영옥, "중국내 탈북 여성실태와 관한 연구", 『북한연구학회보』, 제6권 제1호, 2002.

백충현, "국제인권규약 가입의 법적 의의" 『저스티스』, 제21권, 1988. 12.

서정두, 『국제통상법』, 서울, 삼영사, 1996.

서찬식, 『현대생활과 법률』, 서울, 도서출판이화, 2006.

석인선, "환경정책기본법의 규범적 의미와 확립 -미국과 우리나라의 비교법적 고찰을 중심으로", 『환경법 연구』, 제23권 1호, 2001. 6.

＿＿＿, 『환경법론』, 서울, 이화여자대학교출판부, 2007.

석종현, 『손실보상법론(제2판)』, 서울, 삼영사, 2005.

______, 『토지공법강의』, 삼영사, 1999.

성낙인, 『한국법의 세계화』, 서울, 법문사, 2006.

손주찬, 『신법학통론』, 서울, 박영사, 2005.

신권철, "중국노동합동법 제정과정의 논쟁", 『노동법연구』, 2009. 3.

안재진, "최근 개정된 중국대외무역법의 주요내용 평가와 시사점" 『상품학연구』, 상품학연구회, (23-2), 2005.

유해웅, 『토지공법론(제5판)』, 서울, 삼영사, 2006.

윤기관 외, 『국제통상의 이해』, 서울, 법문사, 1998.

이규철, 『현대 중국 대외무역론』, 서울, 신아사, 2004.

이금순, "북한여성의 이주혼인과 인권문제", 「탈북여성관련 전문가 간담회 자료」, 국가인권위원회, 2007.

이병조·이중범, 『국제법신강(제7개정판)』, 서울, 일조각, 1996.

이상윤, 『노동법』, 서울, 법문사, 2007.

이상태, 「중국물권법」, 서울, 건국대학출판부, 2007.

이석용, "우리나라와 중국간 해양경계획정", 『국제법학회논총』, 제52권 제2호, 2007.

이승영, "중국무역구제제도의 체계와 운영에 관한 연구", 『중국학연구』 제28집, 중국학연구회, 2004. 6.

이신규, 『국제통상의 이해』, 서울, 도서출판두남, 2001.

이옥자, "중국외자유치의 현황과 전망", 『밖에서 본 중국의 외국인 투자법제(제8회 한중법학회 국제학술회의록)』, 2002. 11.

이은섭, 『국제통상법』, 부산, 부산대학교출판부, 1999.

이은영, 『물권법』, 서울, 박영사, 2006.

이재기, 『FTA의 이해』, 서울, 한올출판사 2004.

이정태, "중국의 해양영토 귀속판단", 『한국동북아논총』, 제44집, 2007.

이춘삼, 『중국통상법』, 서울, 대왕사, 2004.

이항복, "WTO반덤핑협정과 중국반덤핑법에 관한 비교와 대중국협상활용방안", 『협상연구』, 제9권 제1호, 2003. 6.

임채환, "중국내 탈북자의 성격 분석", 「한국동북아논총」, 제19집, 2001.

장동식, "중국반덤핑 조례에 대한 비판적분석", 『한국경제논총』 제19권 2호, 한국경상학회, 2001. 1.

장효상, 『국제통상법』, 서울, 법영사, 2000.

전정기, "中國 WTO 加入에 따른 通商法制 改編과 우리나라의 對中 通商

政策 樹立에 關한 硏究", 『통상법률』, 제45호, 2002. 6.

정갑용, "한반도주변 해양경계에 관한 연구", 『해양전략』, 제20호, 2003.

정우형, 『부동산공법의 이해』, 서울, 2007.

정인교·노재봉, 『글로벌시대의 FTA전략』, 서울, 해냄, 2005.

정종섭, 『헌법학원론』, 서울, 박영사, 2006.

조영정, 『국제통상법의 이해』, 서울, 무역경영사, 1999.

지만수, "한중마늘분쟁에서 얻은 몇 가지 교훈", 『LG주간경제』, 2001. 5. 23.

최승환, 『국제경제법(제3판)』, 서울, 법영사, 2006.

최종고, 『법학통론(제2전정신판)』, 서울, 박영사, 2008.

최종화, 『현대국제해양법』, 서울, 도서출판 두남, 2005.

탁세령, "반덤핑조례 등의 주요 개정내용과 전망", 『수은해외경제』, 2004. 6.

하갑래, 『근로기준법』, 서울, (주)중앙경제, 2008.

한국국제경제법학회, 『국제경제법』, 서울, 박영사, 2006.

한대원외 14인 공저, 『현대중국법개론』, 서울, 박영사, 2002.

허영, 『한국헌법론』, 서울, 박영사, 2007.

허운학, 『중국투자에 필요한 중국법 해설』, 서울, 매일경제신문사, 2002.

홍준형, 『환경법(제2판)』, 서울, 박영사, 2005.

환경과학연구구협의회, 『환경행정의 제도적 기반분석, 평가 및 개선책강구』, 서울, 영진출판사, 1989.

〈중국・일본 참고자료〉

葛洪義, 『法理學』, 北京, 中國政法大學出版社, 2002.
江平, 『中國土地立法研究』, 北京, 中國政法大學出版社, 2001.
____, 『比較法在中國』, 北京, 法律出版社, 2005.
顧敏康, "以公司法爲本, 中國外資法體系", 『國際經濟法論叢』, 北京, 法律出版社, 2004.
高之國, "關于蘇岩礁和'冲之島'礁的思慮", 『國際海洋發展趨勢研究』, 北京, 海軍出版社, 2007.
高之國・張海文, "關于韓國,日本經營蘇岩礁和'冲之島'礁對我形成戰略威脅的思慮和建議", 『海洋國策研究文集』, 北京, 國家海洋局 海洋發展戰略研究所, 2007.
孔祥儁, 『WTO法律的國內適用』, 北京, 人民法院出版社, 2002.
郭碁, "從投資激勵看TRIMs協議與招商引資的衝突調適", 『當代法學』(18－10), 2003. 10.
郭英傑, 『勞動法』, 北京, 中國人民大學出版社, 2008.
郭捷, 『勞動和社會保障法』, 北京, 法律出版社, 2008.
喬木, 『振興東北－中國經濟"第四極"的戰略與實踐』, 北京, 中國工人出版社, 2004.
董保華, 『勞動合同研究』, 北京, 中國勞動社會保障出版社, 2005.
金瑞林, 『環境法學』, 北京, 北京大學出版社, 2007.
盧炯星, "加入WTO與我國外商投資法面臨的挑戰及對策", 『中國法學』, 12－4, 2000. 8.
戴德生, "WTO與『貿易有關投資措置協議』與中國加入", 『現代法學』(23－3), 2002. 6.
董保華, "論我國無固定期限勞動合同", 『法商研究』, 2007. 6.
董和平, 『憲法學』, 北京, 法律出版社, 2004.
董和平・韓大元・李樹忠, 『憲法學』, 北京, 法律出版社, 1999.
董和平・常安, 『中國憲法』, 法律出版社, 2009.
杜承銘, "人權主體憲政理念的差異與調適－我國加入公民權利與政治權利國際公約的憲法調整問題", 『廣東商學院學報』(84), 2006. 12.

鄧小平, 『鄧小平文選(第3卷)』, 北京, 人民出版社, 1994.

鄧旭, "WTO 爭端解決機制與反傾銷領域新問題的研究", 『法學研究』, 2004. 6.

滕威.胡傳伶, 『中外事實婚制度比較研究』, 北京, 中國法院出版社, 2005.

廖鳴衛, "中國內地和香港特別行政區的法律解釋體制一个比較法的視角", 『河北法學』(18 - 3), 2003.

劉　誠, "論勞動合同法的指導原則", 『上海師範大學學報』, 2007. 2.

劉樹橋, "我國適用WTO規則的若干問題的研究", 『政法學刊』(20 - 4), 2003. 8.

劉　筍, 『WTO法律規則體系對國際投資法的影向』, 北京, 中國法制出版社, 2001.

劉　俊, 『區域貿易按排的法學進路』, 北京, 中信出版社, 2004.

劉會春, "試論中國對外貿易法修訂之意義", 『廣州大學學報』(3 - 12), 2005.

陸大道, 『中國區域發展的理論與實踐』, 北京, 科學出版社, 2003.

李延榮, "從征地改革看征用補償制度的完善", 『法學雜志』(34 - 2), 2004. 2.

李志萍, "我國婚姻法領域人權保障的特点探討", 『中共福建省委党校學報』(81), 2008.

馬英杰 · 田其云, 『海洋資源法律研究』, 淸島, 中國海洋大學出版社, 2006.

馬忠法 · 李路根, "我國外商投資企業法存在的問題及其對策", 『安徽大學報』(14 - 9), 2004. 9.

馬洪, 王夢奎, 『中國發展研究』, 北京, 中國發展出版社, 2003.

莫紀宏, 『人權保障法與中國』, 北京, 法律出版社, 2008.

莫世健, "世貿組織內的大中國自由貿易區法律框架初探", 『國際法研究』, 2001.

房紹坤, 『房地產法』, 北京, 北京大學出版社, 2007.

法律出版社 編輯部, 『中國投資法律指南 · 第1輯』, 北京, 法律出版社, 1999.

法律出版社法規中心, 『學生常用法律手冊』, 北京, 法律出版社, 2008.

法專在線 http://www.fazhuan.com/

符啓林, 『房地產法』, 第3版, 法律出版社, 2004.

傅思明, "香港基本法的實施對香港法制走向的影響", 『福州大學學報(哲學社會科學版)』(01 - 2), 2001.

射慶奎, 『當代中國政府與政治』, 北京, 高等教育出版社, 2006.

史先社, "解析世界貿易組織爭端解決机制及其新發展", 『上海大學學報』(18 - 9), 2001.

李正華, "經濟法的定位和經濟法學体系之重构", 『河北法學』(9 - 6), 2003.

史曉麗, 『WTO與中國外貿管理制度』, 北京, 中國政法大學出版社, 2002.

史尙寬, 『親屬法論』, 北京, 中國政法大學出版社, 2008.

商務部 産業被害調査局 사이트 http://dcj.mofcom.gov.cn

商務部 輸出入公平貿易局 사이트 http://gpj.mofcom.gov.cn

舒國瑩·蔣傳光, 『法理學』, 北京, 中國人民大學出版社, 2002.

徐明棋, 『經濟强國』, 北京, 人民出版社, 2004.

徐祥民, 『中國環境資源法學評論』, 北京, 人民出版社, 2008.

徐祥民·陣書全, 『中國環境資源法的産生學與發展』, 北京, 科學出版社, 2006.

薛榮久, "對外貿易法修訂研究", 『國際貿易探索』(4－7), 2004.

孫國華·朱景文, 『法理學』, 北京, 中國人民大學出版社, 2004.

孫憲忠, 『論物權法』, 北京, 法律出版社, 2001.

宋志紅, "我國物權法中征收征用制度之理解與評釋", 『中國國土資源經濟』(18－10), 2007.

植明, "淺論開發區戰略決策的科學性", 『中國開發區』(110), 2004.

辛禾, "內地与香港自由貿易的關系式制度安排－評CEPA", 『經濟法制論壇』, 6－2, 2003. 2.

沈木珠, 『WTO與中國法制』, 北京, 法律出版社, 2002.

______, 『國際貿易法研究』, 北京, 法律出版社, 2002.

______, 『WTO規制下中國商貿法制的走向』, 武漢, 武漢大學出版社, 2007.

______, "完善中國外商投資法的若干建議", 『政治與法律』(17-1), 1997. 2.

______, "論國際反傾銷與中國因應對策", 『法商研究』, 2002. 7.

沈四寶, "新外貿法的新特徵", 『首都師範大學學報(社會科學版)』, 2005.

沈宗靈, 『法理學』, 北京, 高等敎育出版社, 2001.

______, 『比較法研究』, 北京, 北京大學出版社, 2004.

______, "中國內地與香港法律制度的重要差別", 『中國法學』, 北京, 中國法學會, (89), 1996.

岳向陽, "對加入WTO後我國經濟法若干理論問題的思考", 『政法學刊』, 20－4, 2003. 8.

安麗, "WTO規則與中國外資法重構", 『法商研究』, 2002.

楊光, "論WTO規則與中國外資法的修訂", 『政法學刊』(20－4), 2003. 8.

楊逢華 主編, 『研究生敎育的改革與探索』, 北京, 對外經濟貿易大學出版社, 2004.

楊亞非, 『比較法總論』, 長春, 吉林大學出版社, 2004.

余勁松, 『國際投資法』, 北京, 法律出版社, 2003.

______, "TRIMS協議研究", 『法學評論』, 26－2, 2001. 2.

余先予, 『涉外經濟法總論』, 北京, 法律出版社, 2004.

呂岩峰·何志鵬·孫璐, 『國際投資法』, 北京, 高等教育出版社, 2005.

余塋, "經濟全球化背景下我國外資法的調整與走向", 『中南民族大學學報』
　　　(12－9), 2004. 9.

呂政, 『中國能成爲世界工場嗎』, 北京, 經濟管理出版社, 2003.

呂忠梅, 『環境法導論』, 北京, 北京大學出版社, 2008.

______, "中國需要環境保護法", 『法商研究』(27－3), 2004. 6.

黎學玲, 『中國涉外經貿法』, 北京, 人民法院出版社, 2004.

吳建依·黃賢宏, "試論外商投資法與『TRIMS協議』的沖突與協助", 『河北
　　　法學』(21－2), 2003. 2.

吳敬璉, 『比較·第十一輯』, 北京, 中信出版社, 2004.

吳愛明, 『當代中國政府』, 北京, 中國人民大學出版社, 2003.

吳津, "論入世與我國外資立法的完善", 『河南教育學院學報』, 2004.

溫世揚, "物權法的中國特色與時代精神", 『江西社會科學』, 2007.

王劍, "促進對外貿易的快速發展", 北京, 『人民司法』, 2004. 6.

汪勁, 『中國環境法』, 北京, 北京大學出版社, 2006.

王關義, 『中國經濟五大特區可持續發展戰略研究』, 北京, 經濟管理出版社,
　　　2004.

王貴國, 『國際投資法』, 北京, 北京大學出版社, 2001.

王利明, 『物權法論』, 北京, 中國政法大學出版社, 2003.

王明遠, 中國環境資源法的發展, 『回顧與展望,國際環境法與比較環境法論
　　　叢』, 北京, 法律出版社, 2006.

王薇, 『非婚同居法律制度比較研究』, 北京, 人民出版社, 2009.

______, "论一国两制下香港特别行政区行政长官的独特作用", 『河北法学』
　　　(19-1), 2003.

王小莉, 『土地法』, 北京, 法律出版社, 2001.

王樹義, 『環境與自然資源法學案例教程』, 北京, 知識産權出版社, 2004.

汪秀蘭·王天喜, "淺談香港与內地區際法律冲突及其解決－析广州中院首
　　　宗适用香港法判决的涉港借款担保案", 『法律适用』(8－1), 2000.

王玉明, "香港特別行政區基本法的幾個理論問題", 『政法論壇』(90－3), 1999.

王月明, 『憲法學基本問題』, 北京, 法律出版社, 2006.

王傳麗, 『國際經濟法』, 北京, 中國政法大學出版社, 2003.

王鐵厓, 『國際法』, 法律出版社, 2007.

汪太賢, 『法學緒論』, 北京, 中國人民大學出版社, 2004.

王曉曄, "入世與中國反壟斷法的制定", 『法學研究』, 2003. 6.

魏國君, 『國際經濟法學』, 北京, 北京大學出版社, 2003.

劉國光, 『2004年 中國經濟形勢分析與豫測』, 北京, 社會科學文獻出版社, 2004.

劉東生, "行政征用制度初探", 『行政法學研究』(18－2), 2000.

劉福奇, "對勞動合同制度若干問題的探討", 『中國勞動關係學院學報』, 2002. 4.

陸立軍, 『中國工業園區發展』, 北京, 中國經濟出版社, 2003.

殷嘯虎, 『憲法學』, 上海, 上海人民出版社, 2003.

李擊萍, "關于修正環境保護法的若干思考", 『环境科學研究』(315), 2006. 4.

李景治, 『鄧小平政治體制理論研究』, 北京, 中國人民大學出版社, 1999.

李莉·杜宛晏, "我國新對外貿易法初探", 『經濟論壇』(04－21), 2004.

李明春, 『海洋權益 中國崛起』, 北京, 海軍出版社, 2007.

李培誌, "勞動合同法應全力紐轉合同短期化趨勢", 『中國勞動』, 2006. 2.

李炳安, 『勞動和社會保障法』, 廈門, 廈門大學出版社, 2008.

李步云, 『憲法比較研究』, 北京, 法律出版社, 1999.

李壽初, 『中國政府制度』, 北京, 中國中央黨校出版社, 2006.

李延榮·周珂, 『房地産法』, 北京, 中國人民大學出版社, 2002.

李勇, 『中國經濟特區可持續發展問題研究』, 北京, 中國經濟出版社, 2000.

李義松, 吳國振, "論環境基本法", 『當代』(216), 2008. 6.

李恒遠·常紀文, 『中國環境法治』, 北京, 法律出版社, 2008.

林善浪·吳肇光, 『核心競爭力與未來中國』, 北京, 中國社會科學出版社, 2003.

張慶福, 『憲政論叢』, 北京, 法律出版社, 2006.

張敦富, 『區域經濟學 原理』, 北京, 中國輕工業出版社, 2001.

張梅, 『外國投資企業法律的統一』, 北京, 法律出版社, 1999.

張文顯, 『法理學』, 北京, 高等教育出版社, 1999.

張召堂, 『中國開發區可持續發展戰略』, 北京, 中共中央黨校出版社, 2003.

張辛太, 『環境與資源法學』, 北京, 科學出版社, 2002.

張幼文, 『中國國際地位報告』, 北京, 人民出版社, 2004.

張志强, "國家級經濟技術開發區經濟高速增長", 『中國開發區』(111), 2003.

全人大常委法制工作委員會民法室, 『物權法』, 北京, 北京大學出版社, 2007.

鄭功成, 『勞動合同法 釋義與案例分析』, 北京, 人民出版社, 2007.

鄭尙元, 『勞動法學』, 北京, 中國政法大學出版社, 2007.

鄭成良, 『法理學』, 北京, 高等教育出版社, 1999.

程信和・劉國臻, 『房地産法學』, 北京, 北京大學出版社, 2006.

鄭永流・程春明・龍衛球, "中國憲法應如何設置人權", 『政法論壇』 (202), 2003. 4.

程雲, 『難民地位國際公約和朝鮮'難民'問題之研究』, 大蓮海事大學法學碩士學位論文, 鄭偉, "關于完善中國外商投資法的幾点建議", 『北方經貿』(16-4), 2004. 4.

程洁, "土地征用糾紛的司法審査權", 『法學研究』, 21-4, 2004.

曹建明・賀小勇, "WTO与兩岸關系", 『國際商務研究』(9-6), 1999.

趙崑坡 編著, 『中國法制史』, 北京, 北京大學出版社, 2002.

趙靜 等, 『勞動合同爭議處理程序』, 北京, 法律出版社, 2008.

趙喜臣, 『中國涉外經濟法概論』, 北京, 中國政法大學出版社, 2000.

鐘立國, 『中國: WTO法律制度的適用』, 長春, 吉林人民出版社, 2002.

______, "WTO區域貿易協定的規則及期完善", 『法律家』(36-3), 2005.

左祥琦, 『學好用好勞動合同法』, 北京, 北京大學出版社, 2008.

左海聰, 『國際貿易法』, 北京, 法律出版社, 2005.

周珂, 『環境法的修改與歷史典型』, 北京, 科學出版社, 2005.

朱景文, 『比較法總論』, 北京, 中國人民大學出版社, 2004.

周成新, "論中國對外國投資的法律保護", 『法學評論』(15-2), 1990. 2.

朱淑梅, 『中國經濟行政法治與國際化』, 北京, 同濟大學出版社, 2002.

周葉中, 『代議制度比較研究』, 武漢, 武漢大學出版社, 1995.

______, 『法律基礎』, 北京, 中國人民大學出版社, 2003.

周旺生, 『立法學』, 北京, 法律出版社, 2007.

周偉, "論中央對香港、澳門特別行政區的立法權限", 『現代法學』(26-2), 2000.

朱厚論, 『中國區域經濟發展戰略』, 北京, 社會科學文獻出版社, 2004.

周曉林, "征地工作中若干問題的思考", 『中國土地科學』(12-1), 2001.

中華人民共和國 國家外換管理局(SAFE) http://www.safe.gov.cn/

中華人民共和國 法律法規信息系統 http://law.npc.gov.cn:87/home

中華人民共和國 商務部 http://www.mofcom.gov.cn/
中華人民共和國 貿易救濟情報 http://www.cacs.gov.cn
中國普法綱 http://www.legalinfo.cn/
中華人民共和國 環境保護部 http://www.mep.gov.cn/
中華人民共和國 住房和城鄉建設部 http://www.cin.gov.cn/
中國大陸房地産政策与建設法律法規數据庫
　　　　http://www.law110.com/law/index.htm
中國大陸房地産政策与建設法律法規數据庫大全
　　　　http://www.law110.com/law/index.htm
中國蘇岩网 http://www.suyanrock.com>http://www.suyanrock.com
中華人民共和國 國家海洋局 http://www.soa.gov.cn
中華人民共和國 國務院 http://news.xinhuanet.com/ziliao
中華人民共和國 國土資源部 http://www.mlr.gov.cn/
中華人民共和國 人力資源和社會保障部 http://www.mohrss.gov.cn
中華人民共和國 全國人民代表大會 http://www.npc.gov.cn/
中華人民共和國 最高人民法院 http://www.court.gov.cn./
中華人民共和國 司法部 http://www.spp.gov.cn/
曾明强·翁杰, "入世後中國外資立法若干問題探析", 『甘肅政法學院學報』,
　　2004. 6.
曾憲義, 『中國法制史』, 北京, 中國人民大學出版社, 2002.
曾憲義, 張文顯, "中國法學專業教育教學改革與發展戰略研究", 北京, 高
　　等教育出版, 2003.
曾華群, 『WTO規則與中國經貿法制的新發展』, 厦門, 厦門大學出版社,
　　2006.
陳家貴, 『2008年 中國經濟形勢分析與豫測』, 北京, 社會科學文獻出版社,
　　2008.
陳瑞洪, "論憲法作爲國家的根本法與高級法", 『中外法學』, 第26卷 4號,
　　2008. 8.
陳安, 『國際投資法學』, 北京, 北京大學出版社, 1999.
____, 『國際經濟法專論(上)』, 北京, 高等教育出版社, 2002.
____, 『國際經濟法專論(下)』, 北京, 高等教育出版社, 2002.
____, 『國際經濟法論叢(第7卷)』, 北京, 法律出版社, 2003.

陳安・曾華群, 『WTO與中國外資法的新領域』, 北京, 北京大學出版社, 2006.

秦前紅・陳俊敏, "論我國人權憲政体制的變遷 - 國際人權公約与我國憲法的冲突与協調", 『淮陰師范學院學報』(4 - 26), 2006. 6.

陳俊, "WTO與中國經濟特區立法創新研究", 『法學研究』(90), 北京, 中國法學研究會, 2003.

陳泉生, 『環境法學』, 廈門, 廈門大學出版社, 2008.

陳泉生等, 『環境法學基本理論』, 北京, 中國環境科學出版社, 2004.

肖光輝, 劇宇宏, "法律移植及其本土化現象的關聯考察", 『中國人民大學書報資料中心夏印資料: 法理學・法史學』, 2001.

肖蓓, "論入世與我國外資立法的完善", 『西北第二民族學院學報』, 2004. 2.

肖蔚云, 『香港基本法的成功實踐』, 北京, 北京大學出版社, 2000.

______, 『憲法學概論』, 北京, 北京大學出版社, 2002.

焦洪昌, 『憲法』, 北京, 北京大學出版社, 2005.

村尾龍雄, 『中國・勞働契約法の仕組みと實務』, 東京, 日本經濟新聞出版社, 2007.

劉伯文, "我國戶籍制度改革的總体趨勢", 『經濟体制改革』(36), 2007.

劉紅芬, "試述我國事實婚姻制度的完善", 『西南民族學院學報・哲學社會科學版』(23 - 9), 2002.

萩野敦司 外, 『中國勞働契約法の實務』, 東京, 中央經濟社, 2007.

沖の鳥島 http://homepage2.nifty.com/shot/okinotori.htm

治彦在線 http://www.guozhy.com/fagui/11f1fg.htm

吳佳淸・杜承銘, 『比較与調試:我國加入<公民權利与政治權利國際公約>的憲法調整問題』, 北京, 法律出版社, 2006.

卓澤淵, 『法學導論』, 北京, 法律出版社, 2003.

彭莉, "WTO架构下祖國大陸涉台經貿立法的調整 - 兼談入世后福建再創涉台經貿立法新优勢問題", 『台湾研究集刊』, 2001.

蒲杰, 『房地産開發法律實務與理論研究』, 北京, 法律出版社, 2007.

鮑克, 『中國開發區研究』, 北京, 人民出版社, 2002.

馮濤, 『勞動合同法研究』, 北京, 中國檢察出版社, 2008.

馮秋燕, "不動産征收衝突的法律制度性成因及化解路徑分析", 『法學雜誌』, 17 - 3, 2007.

皮黔生·王愷, 『走出孤都－中國經濟技術開發區槪論』, 北京, 三聯書店, 2004.

賀　鑒, "論中國憲法與國際人權法對三代人權的保護", 『法律科學(西北政法大學學報)』(12－2), 2001. 4.

夏雅麗, "對外商投者的法律保護問題芻議", 『理論導刊』, 9－3, 2000. 3.

賀偉方, 『中國法律敎育之路』, 北京, 中國政法大學出版社, 2003.

夏正林, "憲法的人權保障機制硏究", 『國家行政學院學報』, 2004. 5.

何華輝, 『比較憲法學』, 武漢, 武漢大學出版社, 1998.

何靜, "判例法在香港的發展", 『中共銀川市委党校學報』(06－3), 2006.

韓大元, 『憲法學基礎理論』, 北京, 中國政法大學出版社, 2009.

韓大元·林來梵, 『憲法學專制硏究』, 北京, 中國人民大學出版社, 2004.

韓大元·胡錦光, 『憲法敎學參考書』, 北京, 中國人民大學出版社, 2002.

項雪平, "外貿法修訂案槪評", 杭州, 『浙江樹人大學學報』, 2004. 5.

解薇, "我國外資立法體系的現狀與重構", 『山東社會學報』(6－11), 2004. 11.

海洋信息網 www.coi.gov.cn

向鈞, "我國開發區二次創業面臨的新形勢與對策", 『中國開發區』(105), 2004.

向玉蘭, "論財産權的憲法保障－兼論國際人權公約與我國憲法的本文比較", 『中南財經政法大學硏究生學報』(10－1), 2009. 1.

許崇德, 『憲法』, 北京, 中國人民大學出版社, 2004.

湖北人民出版社, 『中國文化知識精華』, 武漢, 湖北人民出版社, 2001.

胡鞍鋼·王紹光·周建明, 『國家制度建設』, 北京, 淸華大學出版社, 2004.

胡振杰, 『WTO與我國新法律法規』, 北京, 人民法院出版社, 2002.

黃寧, 勞動合同若干實踐問題硏究, 『廣西政法官吏幹部學院學報』, 2002. 4.

黃文平, 『經濟, 法律與政府政策』, 北京, 中國經濟出版社, 2007.

黃輝, 『WTO與國際投資法律事務』, 長春, 吉林人民出版社, 2001.

侯富强, "TRIMS協議對中國外資立法的衝擊與對策", 『當代法學』, 18－5, 2003. 5.

楊大文, 『婚姻家庭法學』, 上海, 夏旦大學出版社, 2005.

蔣紅彬·方慧, "淺論环境法中的公衆參与權", 『經濟与社會發展』, 16－3, 2008. 3.

趙維田, 『世貿組織(WTO)的法律制度』, 吉林, 吉林人民出版社, 2000.

陳柏峰, "關于我國婚約制度的立法思考", 『广西政法管理干部學院學報』, 16, 2001.

陳小君, 『農村土地法律制度硏究』, 北京, 中國政法大學出社, 2004.

韓紅根, "農村集体土地所有者主体的确認与利益保障", 『法學』, 23－5, 1996.

WTO與法治論壇 http://www.wtolaw.gov.cn/

〈서양 참고자료〉

Begovic B., "The Economic Approach to Optimal City Size", *Progress in Planning*, New York: Pergamon Press, 1991.

Campbell－Mohnm Breen, *Sustainable Environment Law*, West Publishing, Co., 1993.

Douglas M. Johnston, *The theory and history of ocean boundary－making*, McGill－Queen's University Press, 1988.

Eckart Klein, "Free Citie", Rudolf Bernhardt(ed.), *Encyclopedia of Public International Law*, Vol.10, Amsterdam, North－Holland, 1987.

Eric A. Posner, *Law and Economics,* New York, Foundation Press, 2000.

Francis A. L., *China Superpower: Requistes for high Growth*, New York, ST. Martin's Press. 1997.

G. Frankenberg, "Critical Comparison: Re－thinking Comparative Law", *Harvard International Law Journal,* Vol.26, 1985.

Haeyoung, Lee, "Findings from Hae－young Lee's Interviews of North Korean Women in China Between 2004－2006", *LIVES FOR SALE －Personal Accounts of Women Fleeing North Korea to China*, Committee for Human Rights in North Korea, 2009.

Joseph Wrongka, *Human Rights and Social Justice,* Sage Publications, 2008.

K. Zweigert · H. KöFtz, *EinfüFhrung in die Rechtsvergleichung, 3.* Aufl., TüFbingen, 1996.

Lawerence Saez, "A Comparison of India and China's Foreign Investment

Strategy toward Energy Infrastructure", *The Journal of Developing Areas*, Vol.32. No.2, 1998, Winter.

M. Mashayekhi & M. Gibbs, "Lesson from the Uruguay Round Negotiation on Investment", *Journal of World Trade*, Vol.33, No.1, January 1999.

Marius Oliver, "Hong Kong; An Exercise In Autonomy", *18 South African Yearbook of Int'l* I, 1992 – 1993.

Patrick McAuslan, "Developing a Land Market in China", Holder, J. and Harrison (eds.), *Law and Geography,* Oxford, Oxford University Press, 2002.

Paul Sieghart, *The International Law of Human Rights*, Oxford University Press, 1983.

Potter B. P., *Foreign Business Law in China: Past Progress and Future Challenges,* CA, San Francisco, 1990.

Routledge Curzon, *New York: Asian Discourses of Rule of Law,* 2004.

Rhona K. M. Smith, *International Human Rights*, 2nd ed., Oxford University Press, 2005.

Robert D. Hodgson, *Island: Normal and Special Circumstances,* U.S. Department of State Research Study GRE – 3 1973.

Roda Mushkat, "The Transition from British to Chinese Rule in Hong Kong; A discussion of International Legal Issues", *14 Den, J. Int'l L& Poly*, 1986.

Sam Bateman, "Economic growth, marine resources and naval arms in East Asia*", Maine Policy*, Vol.22, 1988.

Steiner, Alston, and Gooman, *International Human Rights in Context*, 3rd ed., Oxford University Press, 2008.

Winer Katz, *Foundations of the Economic Approach to Law,* New York, Free Press, 1998.

WTO Secretariat, "Guide to the Uruguay Round Agreements", *Kluwer Law International*, 1999.

Xian – chu Zhang, "The practice of "One Country, Two Systems" in the Economic Integration of Mainland China and Hong Kong: Review and Prospects", Kobe University Law Review 「International

Edition』, Vol.35, 2001.

Yash Ghai, *Hong Kong's New Constitutional Order, The Resumption of Chinese Sovereign and the Basic Law*, Hong Kong University Press, 1977.

강효백 ─────────────────────────────

경희대학교 법과대학을 졸업하고 대만 국립사범대학에서 수학한 후 대만 국립정치대학에서 법학박사 학위를 받았다. 베이징대학과 중국인민대학, 중국화동정법대 등에서 강의를 하기도 한 그는 주 대만 대표부와 주 상하이 총영사관을 거쳐 주 중국 대사관 외교관을 12년간 역임한 바 있다.

저서로는 『창제』(2010), 『중국법통론』(2005), 『황금중국』(2004), 『중국인의 상술』(2002), 『협객의 나라 중국』(2002), 『중국내 한민족 항일독립운동 100대사적』(2001), 『차이니즈 나이트 I, II』(2000), 『협객의 칼끝에 천하가 춤춘다』(1995), 『중국? 중국, 중국!』(1995), 『동양스승, 서양제자』(1992)와 동인시집 『야간열차, 바닷가에서』(1982) 등이 있다.

20여 편의 중국법 관련 학술논문과 중임제개헌, 영수증복권제 등 법제개혁과 윤봉길 연행사진, 이어도 기점 등 역사·지리적 오류를 바로잡는 80여 편의 칼럼을 썼다. 또 인민일보로 하여금 상하이 임시정부에 관한 기사를 대서특필하게 했으며 한국인으로서는 최초로 기고문(2000)이 실려 화제를 모으기도 했다. 한중법학회 부회장과 한중친선협회 상임감사를 맡고 있으며 세계100대 저명법학자로서 중국인민대회당에 초빙(2010)되기도 하였다. 현재 경희대학교 국제법무대학원 교수(2003~)로 재직하고 있다.

G2시대 중국법연구

초판인쇄 | 2010년 12월 30일
초판발행 | 2010년 12월 30일

지 은 이 | 강효백
펴 낸 이 | 채종준
펴 낸 곳 | 한국학술정보㈜
주　　소 | 경기도 파주시 교하읍 문발리 파주출판문화정보산업단지 513-5
전　　화 | 031) 908-3181(대표)
팩　　스 | 031) 908-3189
홈페이지 | http://ebook.kstudy.com
E-mail | 출판사업부　publish@kstudy.com
등　　록 | 제일산-115호(2000. 6. 19)

ISBN　　978-89-268-1838-1　03360 (Paper Book)
　　　　978-89-268-1839-8　08360 (e-Book)